"十二五"职业教育国家规划教材
经全国职业教育教材审定委员会审定
"十三五"卫生高等职业教育校院合作"双元"规划教材

供临床医学类及相关专业用

妇产科学

第5版

主　编　熊立新　赵　萍

副主编　张兴平　唐国霞　陈　霞　梁　磊

编　委　（按姓名汉语拼音排序）

曹姣玲（洛阳职业技术学院）　　　　王运贤（南阳医学高等专科学校）
陈仁娇（贵阳护理职业学院）　　　　魏　伟（菏泽医学专科学校）
陈　霞（遵义医药高等专科学校）　　熊立新（江西医学高等专科学校第一附属医院）
高　慧（菏泽医学专科学校）　　　　赵　萍（南阳医学高等专科学校）
蒋　娜（湖南环境生物职业技术学院）赵瑞芳（乌兰察布医学高等专科学校）
梁　磊（哈尔滨医科大学附属第五医院）张兴平（毕节医学高等专科学校）
唐国霞（岳阳职业技术学院）

北京大学医学出版社

FUCHANKEXUE

图书在版编目（CIP）数据

妇产科学/熊立新，赵萍主编. — 5 版. — 北京：北京大学医学出版社，2019.10（2024.8 重印）
ISBN 978-7-5659-2107-0

Ⅰ. ①妇… Ⅱ. ①熊… ②赵… Ⅲ. ①妇产科学-教材 Ⅳ. ① R71

中国版本图书馆 CIP 数据核字（2019）第 257015 号

妇产科学（第 5 版）

主　　编：熊立新　赵　萍
出版发行：北京大学医学出版社
地　　址：（100191）北京市海淀区学院路 38 号　北京大学医学部院内
电　　话：发行部 010-82802230；图书邮购 010-82802495
网　　址：http://www.pumpress.com.cn
E-mail：booksale@bjmu.edu.cn
印　　刷：北京瑞达方舟印务有限公司
经　　销：新华书店
责任编辑：刘云涛　　责任校对：靳新强　　责任印制：李　啸
开　　本：850 mm×1168 mm　1/16　印张：25.25　字数：720 千字
版　　次：2019 年 10 月第 5 版　2024 年 8 月第 4 次印刷
书　　号：ISBN 978-7-5659-2107-0
定　　价：52.00 元

版权所有，违者必究

（凡属质量问题请与本社发行部联系退换）

修订说明

《国务院办公厅关于深化医教协同进一步推进医学教育改革与发展的意见》要求加快构建标准化、规范化医学人才培养体系，全面提升人才培养质量。《国家职业教育改革实施方案》指出要促进产教融合育人，建设一大批校企"双元"合作开发的国家规划教材。新时期的卫生职业教育面临前所未有的发展机遇和挑战。

本套教材历经4轮建设，不断更新完善、与时俱进，为全国高职临床医学类人才培养做出了贡献。第3轮教材入选教育部普通高等教育"十一五"国家级规划教材15种，第4轮教材入选"十二五"职业教育国家规划教材17种。

高质量的教材是实施教育改革、提升人才培养质量的重要支撑。为深入贯彻《国家职业教育改革实施方案》，服务于新时期高职临床医学类人才培养改革发展需求，北京大学医学出版社经过前期广泛调研、系统规划，启动了第5轮"双元"数字融合高职临床医学教材建设。指导思想是：坚持"三基、五性"，符合最新的国家高职临床医学类专业教学标准，结合高职教学诊改和专业评估精神，突出职业教育特色和专业特色，重视人文关怀，与执业助理医师资格考试大纲要求、岗位需求对接。强化技能训练，既满足多数院校教学实际，又适度引领教学。实践产教融合、校院合作，打造深度数字融合的精品教材。

教材的主要特点如下：

1. 全国专家荟萃

遴选各地高职院校具有丰富教学经验的骨干教师参与建设，力求使教材的内容和深浅度具有全国普适性。

2. 产教融合共建

吸纳附属医院或教学医院的临床双师型教师参与教材编写、审稿，学校教师与行业专家"双元"共建，使教材内容符合行业发展、符合多数医院实际和人才培养需求。

3. 知名专家审定

聘请知名临床专家审定教材内容，保证教材的科学性、先进性。

4. 教材体系优化

针对各地院校课程设置的差异，部分教材实行"双轨制"。如既有《人体解剖学与组织胚胎学》，又有《人体解剖学》《组织学与胚胎学》，便于各地院校灵活选用。按照专业教学标准调整规范教材名称，如《医护心理学》更名为《医学心理学》，《诊断学基础》更名为《诊断学》。

5. 职教特色鲜明

结合最新的执业助理医师资格考试大纲，教材内容体现"必需、够用，针对性、适用性"。以职业技能和岗位胜任力培养为根本，以学生为中心，贴近高职学生认知，夯实基础知识，培养实践技能。

6. 纸质数字融合

利用二维码技术打造融媒体教材，提供拓展阅读资料、音视频学习资料等，给予学生自主学习和探索的空间及资源。

本套教材的组织、编写得到了多方面大力支持。很多院校教学管理部门提出了很好的建议，职教专家对编写过程精心指导、把关，行业医院的临床专家热心审稿，为锤炼精品教材、服务教学改革、提高人才培养质量而无私奉献。在此一并致以衷心的感谢！

本套教材出版后，出版社及时收集使用教材院校师生的质量反馈，响应《关于推动现代职业教育高质量发展的意见》，按职业教育"岗课赛证"融通教材建设理念及时更新教材内容；对照《高等学校课程思政建设指导纲要》《职业教育教材管理办法》等精神要求，自查自纠、深入贯彻课程思政教学要求，更新数字教学资源；力争打造培根铸魂、启智增慧，适应新时代要求的精品卫生职业教育教材。

希望广大师生多提宝贵意见，反馈使用信息，以臻完善教材内容，为新时期我国高职临床医学教育发展和人才培养做出贡献！

"十三五"卫生高等职业教育
校院合作"双元"规划教材审定委员会

顾　　问　王德炳（北京大学医学部）

　　　　　文历阳（卫生职业教育教学指导委员会）

主任委员　刘玉村（北京大学医学部）

副主任委员　（按姓名汉语拼音排序）

　　　　　陈地龙（重庆三峡医药高等专科学校）　　潘岳生（岳阳职业技术学院）

　　　　　范　真（南阳医学高等专科学校）　　　　沈国星（漳州卫生职业学院）

　　　　　蒋继国（菏泽医学专科学校）　　　　　　周争道（江西医学高等专科学校）

秘 书 长　王凤廷（北京大学医学出版社）

委　　员　（按姓名汉语拼音排序）

　　　　　陈裛裛（贵阳护理职业学院）　　　　　　邱志军（岳阳职业技术学院）

　　　　　郭家林（遵义医药高等专科学校）　　　　宋印利（哈尔滨医科大学大庆校区）

　　　　　黎　梅（毕节医学高等专科学校）　　　　孙建勋（洛阳职业技术学院）

　　　　　李金成（邵阳学院）　　　　　　　　　　孙　萍（重庆三峡医药高等专科学校）

　　　　　李　玲（南阳医学高等专科学校）　　　　吴　勇（黔东南民族职业技术学院）

　　　　　林建兴（漳州卫生职业学院）　　　　　　闫　宫（乌兰察布医学高等专科学校）

　　　　　刘　军（宜春职业技术学院）　　　　　　杨　翀（广州卫生职业技术学院）

　　　　　刘其礼（肇庆医学高等专科学校）　　　　赵其辉（湖南环境生物职业技术学院）

　　　　　宁国强（江西医学高等专科学校）　　　　周恒忠（淄博职业学院）

前　言

《妇产科学》是为高职临床医学专业学生编写的数字融合教材。在教材编写过程中，我们坚持以职业能力培养为根本，力求与课程教学大纲、临床岗位、行业需求及临床执业助理医师资格考试大纲对接，突出基本知识、基本理论和基本技能，体现教材的思想性、科学性、先进性、启发性和实践性。其中基本知识和基本理论以"必需、够用"为度，基本技能贴近职业岗位培养重点，力求理论联系实际，满足临床职业岗位需要，充分体现高等职业教育的特点。同时紧跟妇产科学发展前沿，并在内容形式、教材风格等方面进行了创新。

本教材共二十六章，介绍了女性生殖系统解剖和生理、妊娠与分娩、产科与妇科常见疾病、计划生育及妇女保健等方面的内容。教材按照学习目标、导学案例、正文、自测题、本章临床执业助理医师资格考试要点的顺序进行编写，有利于学生掌握基本知识点，培养学生分析问题和解决问题的能力，有助于学生提高临床执业助理医师资格考试的通过率。在教材的编排中适时穿插"知识链接"，提高学生的学习兴趣。

为逐步实现以学生为中心的教学新模式，本教材在保留传统教材特点的基础上，又融入了"互联网+"元素。每章除了章节文字、图片外，还配备了思维导图、教学视频、导学案例解析、自测题解析、临床执业助理医师资格考试模拟试题及解析等数字化资源。学生通过章节文字、图片等，可以满足线下教学活动要求；通过手机扫描二维码查看数字资源，可实现线上学习的目的。

在教材编写中，我们得到了北京大学医学出版社领导及编辑的大力支持，同时也得到了北京大学医学部、江西医学高等专科学校、湖南环境生物职业技术学院、洛阳职业技术学院、南阳医学高等专科学校、毕节医学高等专科学校、菏泽医学专科学校、哈尔滨医科大学大庆校区、乌兰察布医学高等专科学校、贵阳护理职业学院、遵义医药高等专科学校、岳阳职业技术学院各级领导及专家的协助，在此一并致谢。

本版教材的编委们大多在临床一线工作，有些仍活跃在临床岗位，均有丰富的临床和教学经验，同时编委们也参阅了大量资料，反复审修书稿。但由于各种原因，书中不足之处在所难免，尚祈使用本教材者不吝指出，有待再版时予以更正。

熊立新

目 录

第一章 绪论　　1

第二章 女性生殖系统解剖　　4
 第1节 外生殖器　4
 第2节 内生殖器　5
 第3节 血管、神经、淋巴　9
 第4节 邻近器官　11
 第5节 骨盆　12
 第6节 骨盆底　15

第三章 女性生殖系统生理　　18
 第1节 妇女一生各时期的生理特点　18
 第2节 月经及月经期的临床表现　20
 第3节 卵巢的功能及其周期性变化　20
 第4节 子宫内膜及其他生殖器官的周期性变化　23
 第5节 月经周期的调节　25

第四章 妊娠生理　　28
 第1节 受精、胚胎及胎儿发育　28
  一、受精　28
  二、受精卵着床　29
  三、受精卵的发育　29
  四、胚胎及胎儿发育的特征　30
 第2节 胎儿附属物的形成及其功能　30
  一、胎盘　30
  二、胎膜　32
  三、脐带　32
  四、羊水　33
 第3节 妊娠期母体变化　33

第五章 妊娠诊断　　37
 第1节 早期妊娠的诊断　37
 第2节 中、晚期妊娠的诊断　39
 第3节 胎产式、胎先露、胎方位　40

第六章 孕期监护与孕期保健　　44
 第1节 孕前检查　44
 第2节 产前检查　46
  一、产前检查的时间及次数　46
  二、首次产前检查　47
  三、妊娠中晚期检查　48
 第3节 胎儿宫内监护　52
  一、高危妊娠、高危儿　52
  二、胎儿宫内状况的监护　52
 第4节 遗传咨询、产前筛查与产前诊断　56
  一、遗传咨询　56
  二、产前筛查　58
  三、产前诊断　59
 第5节 孕期指导及常见症状的处理　60
  一、孕期指导　61
  二、常见症状的处理　62

第七章　正常分娩　65

第1节　影响分娩的因素　65
一、产力　65
二、产道　66
三、胎儿　67
四、精神心理因素　68

第2节　枕先露的分娩机制　69
一、衔接　69
二、下降　69
三、俯屈　69
四、内旋转　69
五、仰伸　69
六、复位及外旋转　69
七、胎肩及胎儿娩出　70

第3节　先兆临产、临产及产程分期　71
一、先兆临产　71
二、临产诊断　71
三、总产程与产程分期　72

第4节　分娩的临床经过及处理　72
一、第一产程的临床经过及处理　72
二、第二产程的临床经过及处理　74
三、第三产程的临床经过及处理　77

第5节　剖宫产术后再次妊娠阴道分娩　79

第6节　导乐陪伴分娩与分娩镇痛　80
一、导乐陪伴分娩　80
二、分娩镇痛　81

第八章　异常分娩　84

第1节　概述　84
第2节　产力异常　86
一、子宫收缩乏力　86
二、子宫收缩过强　89

第3节　产道异常　90
一、骨产道异常　91
二、软产道异常　94

第4节　胎位异常　95
一、持续性枕后位或枕横位　95
二、前不均倾位　97
三、面先露（颜面位）　98
四、臀先露　99
五、肩先露　102
六、复合先露　103

第5节　肩难产　103

第九章　妊娠并发症　106

第1节　妊娠时限异常　106
一、流产　106
二、早产　110
三、过期妊娠　113

第2节　异位妊娠　115
一、输卵管妊娠　116
二、其他部位妊娠　120

第3节　妊娠晚期出血性疾病　122
一、前置胎盘　122
二、胎盘前置状态　125
三、胎盘早剥　126

第4节　妊娠期高血压疾病　130
第5节　妊娠剧吐　138
第6节　羊水量异常　140
一、羊水过多　141
二、羊水过少　142

第7节　多胎妊娠　144
第8节　胎儿生长发育异常及死胎　148
一、胎儿生长受限　148
二、死胎　151

第 9 节　胎儿窘迫与胎膜早破　152

一、胎儿窘迫　152

二、胎膜早破　154

第十章　妊娠合并症　159

第 1 节　妊娠合并心脏病　159

第 2 节　妊娠合并病毒性肝炎　163

第 3 节　妊娠合并糖尿病　167

第十一章　分娩期并发症　172

第 1 节　脐带异常　172

第 2 节　产后出血　175

第 3 节　子宫破裂　179

第 4 节　羊水栓塞　181

第十二章　正常产褥　185

第 1 节　产褥期母体变化　185

第 2 节　产褥期临床表现　187

第 3 节　产褥期处理与保健　188

第 4 节　母乳喂养　189

第十三章　异常产褥　193

第 1 节　产褥感染　193

第 2 节　晚期产后出血　196

第 3 节　产褥期抑郁症　198

第十四章　妇科病史、体格检查及妇科常用特殊检查　201

第 1 节　妇科病史　201

第 2 节　妇科疾病常见症状的鉴别要点　202

第 3 节　体格检查　205

第 4 节　妇科常用特殊检查　207

一、阴道清洁度检查　207

二、生殖道脱落细胞学检查　208

三、子宫颈脱落细胞 HPV 检测　209

四、女性生殖器官活组织检查　210

五、常用穿刺检查　211

六、女性内分泌激素测定　214

七、基础体温测定　215

八、输卵管通畅检查　216

九、妇科影像检查　218

十、妇科内镜检查　219

第十五章　外阴色素减退性疾病及外阴瘙痒　224

第 1 节　外阴慢性单纯性苔藓　224

第 2 节　外阴硬化性苔藓　226

第 3 节　外阴瘙痒　227

第十六章　女性生殖系统炎症　230

第 1 节　外阴炎及前庭大腺炎　231

一、非特异性外阴炎　231

二、前庭大腺炎　231

第 2 节　阴道炎　232

一、滴虫性阴道炎　232

二、外阴阴道假丝酵母菌病　233

三、细菌性阴道病　235

四、萎缩性阴道炎　236

第 3 节　子宫颈炎　237

一、急性子宫颈炎　237

二、慢性子宫颈炎　238

第 4 节　盆腔炎性疾病　240

第十七章　女性生殖系统肿瘤　246

第 1 节　外阴肿瘤　246

一、外阴良性肿瘤　246

二、外阴鳞状上皮内病变　247

三、外阴恶性肿瘤　248

第2节　子宫颈鳞状上皮内病变与
　　　　子宫颈癌　249
　　一、子宫颈鳞状上皮内病变　249
　　二、子宫颈癌　251
第3节　子宫肌瘤　256
第4节　子宫内膜癌　259
第5节　卵巢肿瘤　263

第十八章　妊娠滋养细胞疾病　272

第1节　葡萄胎　272
第2节　妊娠滋养细胞肿瘤　275

第十九章　子宫内膜异位症与子宫腺肌病　280

第1节　子宫内膜异位症　280
第2节　子宫腺肌病　285

第二十章　女性生殖器官损伤性疾病　288

第1节　外阴阴道损伤　288
　　一、外阴血肿　288
　　二、外阴阴道裂伤　289
第2节　阴道壁膨出与子宫脱垂　289
　　一、阴道壁膨出　289
　　二、子宫脱垂　290
第3节　生殖器官瘘　292
　　一、尿瘘　293
　　二、粪瘘　295
第4节　压力性尿失禁　295

第二十一章　女性生殖内分泌疾病　298

第1节　异常子宫出血　298
　　一、无排卵性异常子宫出血　299
　　二、排卵性异常子宫出血　304

第2节　闭经　306
第3节　多囊卵巢综合征　311
第4节　痛经　313
第5节　绝经综合征　314

第二十二章　女性生殖器官发育异常　319

第1节　处女膜闭锁　319
第2节　阴道发育异常　320
　　一、先天性无阴道　320
　　二、阴道纵隔　321
　　三、阴道横隔　321
第3节　子宫发育异常　321
第4节　性分化及发育异常　323
　　一、性染色体异常　324
　　二、性腺发育异常　324
　　三、性激素与功能异常　325

第二十三章　不孕症和辅助生殖技术　328

第1节　不孕症　328
第2节　辅助生殖技术　331

第二十四章　计划生育　333

第1节　避孕　333
　　一、宫内节育器避孕　333
　　二、药物避孕　336
　　三、其他避孕方法　338
第2节　计划生育相关的输卵管
　　　　手术　338
　　一、输卵管结扎术　338
　　二、输卵管吻合术　339
第3节　计划生育措施的知情
　　　　选择　340
第4节　人工流产　340

一、药物流产　340
　　　二、手术流产　341
　第5节　妊娠中期引产术　343
　　　一、依沙吖啶引产　343
　　　二、水囊引产　344
　　　三、前列腺素引产　344

第二十五章　妇女保健　346

　第1节　妇女保健的意义与组织机构　346
　第2节　妇女保健工作任务　347
　第3节　妇女保健常用指标　350

第二十六章　妇产科常用诊疗手术　352

　第1节　会阴切开缝合术及会阴裂伤缝合术　352
　　　一、会阴切开缝合术　352
　　　二、会阴裂伤缝合术　355
　第2节　子宫颈裂伤缝合术　358
　第3节　胎头吸引术　359
　第4节　产钳术　361
　第5节　臀位助娩术　364
　第6节　剖宫产术　367
　第7节　子宫颈手术　372
　　　一、子宫颈活检及宫颈管搔刮术　372
　　　二、子宫颈超高频电波刀手术　373
　　　三、子宫颈切除术　374
　第8节　输卵管切除术　375
　第9节　卵巢囊肿切除术　376
　第10节　经腹全子宫切除术　377
　第11节　妇科腔镜手术　380
　　　一、腹腔镜手术　380
　　　二、宫腔镜手术　382

中英文专业词汇索引　384

主要参考文献　388

第一章 绪 论

妇产科学是临床医学的重要组成部分,是临床医学中一门涉及面较广、整体性较强的独立学科,是临床医学专业的必修课程和主干课程之一。

【妇产科学的范畴】

妇产科学(obstetrics and gynecology)是专门研究妇女生理、病理变化以及生育调控的一门临床医学学科,由产科学(obstetrics)和妇科学(gynecology)组成。

思政之光

产科学是一门研究妇女在妊娠、分娩和产褥全过程中孕产妇、胚胎及胎儿所发生的生理、心理、病理改变,并对其进行预防、诊断及处理的医学学科。产科学通常包括产科学基础、生理产科学、病理产科学和胎儿医学。母胎医学(maternal fetal medicine)概念的提出,使产科学从以母体为中心的理论体系转向母胎统一管理的理论体系。

妇科学是一门研究女性生殖系统的生理和病理改变(主要在非妊娠期),并对疾病进行预防、诊断和处理的临床医学学科。妇科学通常包括妇科学基础、女性生殖器炎症、女性生殖器肿瘤、女性生殖器损伤与发育异常、女性生殖内分泌疾病、不孕症及其他生殖器特有疾病。

计划生育(family planning)在我国是一门独立的亚学科。女性计划生育主要研究生育的调控,包括生育时期的选择、生育数量和间隔的控制及非意愿妊娠的预防和处理等。

【妇产科学的起源与发展】

(一)西医妇产科学发展史

妇产科学是在社会发展及医疗实践过程中逐步形成的。西医妇科学历史资料显示,出现于古埃及的"纸草书"是最早的医学文档,其中书写于公元前1825年的《Kahun妇科纸草书》就专门论述了女性的健康及疾病的处理方法,被认为是第一部妇产科学专著。希波克拉底(公元前460年—前370年)提出"体液学说",《希波克拉底文集》中涉及解剖学、生理学及内科、外科、妇科、儿科等诸多内容。公元前4世纪希腊解剖学家赫罗菲拉斯(Herophilus)第一次对女性生殖器官进行了描述。索兰纳斯(Soranus,公元98—138年)撰写的《论妇女病》对月经、避孕、分娩做了详细的描述。文艺复兴时期解剖学的迅速发展推动了妇产科学的发展,意大利解剖学家法罗皮奥(Falloppio)首次发现了输卵管并完整描述了女性内生殖器官。16世纪法国外科医生Pare发明了转胎位术。1609年法国助产士Bourgeois出版了最早的助产术专著。17世纪英国Chamberlen家族发明了产钳。1774年英国产科医师威廉·亨特(W. Hunter)出版了《妊娠子宫的解剖学》(*Anatomy of the Human Gravid Uterus*),描述了胎儿发育的各个阶段。至此,产科学基本形成。

18世纪中叶以后,产钳得到普遍应用,可以说产钳的出现使产科从妇科中独立出来。

妇科学与外科学发展同步,1801年阴道窥器问世,使妇科检查发生了重大进展;1809年,美国外科医师McDowell完成了人类历史上第一例腹部手术"巨大卵巢囊肿切除术";1813年完成第一例经阴道子宫切除术;1853年英国医师Burnham成功完成经腹子宫切除术,1878年开始采用手术治疗子宫颈癌;1898年奥地利医师Wertheim首创了广泛性子宫切除术。直到20

世纪 30 年代，随着抗生素和输血技术的应用，子宫切除术才广泛应用于临床。20 世纪 40 年代，腹腔镜技术应用于临床。华裔美国医师李敏求于 1957 年成功应用氨甲蝶呤治愈了绒毛膜癌；1960 年避孕药在美国批准上市，通过控制生育改变了妇女的生活。1967 年第一部腹腔镜手术专著出版，迄今为止，绝大多数妇科手术均能在腹腔镜下完成。1978 年英国医师 Edwards 采用体外受精和胚胎移植技术创造了第一例试管婴儿。20 世纪 80—90 年代，以德国科学家 Hausen 为代表的科学家确立了人乳头瘤病毒与子宫颈癌之间的因果关系，使子宫颈癌成为第一个病因明确的恶性肿瘤。2006 年子宫颈癌疫苗问世。

（二）西医妇产科学在中国的发展

19 世纪初，西方医学传入中国。1929 年杨崇瑞在北京创办了第一家助产学校和附属产院，开创了中国人创办西医妇产科学校和医院的先河。1877 年和 1892 年在中国分别完成了第一例子宫肿瘤手术和剖宫产手术。新中国成立后，妇产科学和妇女保健事业迅猛发展。20 世纪 50 年代的大规模子宫颈癌普查、普治和子宫脱垂与尿瘘的防治，极大提高了妇女的健康水平，在以林巧稚为代表的广大妇产科工作者的长期努力下，我国妇产科学发展迅速。通过对妊娠合并症和并发症的研究，催产、引产及剖宫产技术不断改进，产前、产时各种胎儿监测技术的普及应用，以及围生保健制度的建立，降低了孕产妇和围生儿的死亡率，产科技术达到世界中等以上发达国家水平。妇科方面，子宫内膜异位症的基础与临床研究水平持续提升，以腹腔镜和宫腔镜为主的微创手术的发展形成了妇科诊治特色。妇科恶性肿瘤进展机制的研究及手术、化疗等治疗方案的不断完善，使卵巢癌患者的生存率达到世界先进水平。子宫颈癌的筛查、手术及放疗技术的改进，降低了子宫颈癌的发生率和死亡率。宋鸿钊对妊娠滋养细胞肿瘤的系列研究引领了世界潮流。他所制定的临床分期在 20 世纪 60 年代被世界卫生组织（WHO）采纳，基本框架被国际妇产科联盟（International Federation of Gynecology and Obstetrics，FIGO）沿用至今。1988 年我国首例试管婴儿诞生，辅助生殖技术进入世界先进行列。我国口服避孕药于 1963 年成功上市，使我国在避孕药和宫内节育器的研发应用领域达到世界先进水平。

（三）中医妇产科学史

中医是世界上最古老的医学形式之一。据考古学证实，早在公元前 14—公元前 11 世纪的甲骨文中就记载有"疾育"等 20 余种病名，公元 852 年我国最早的产科学专著《经效产宝》问世，到隋代的《诸病源候论》中有了专门论述妇产科疾病的分卷。公元 1098 年杨子建撰写的《十产论》详细叙述了各种难产及助产方法，书中记载的转胎技术早于西方近半个世纪。《妇科百问》《妇人大全良方》则代表了宋元时代妇产科学的最高成就。1590 年出书的《本草纲目》和 1620 年出书的《济阴纲目》使中医妇产科理论更为系统化、条理化。中医妇产科学为中华民族的繁衍生息做出了巨大贡献。

【医学发展下妇产科学的展望】

20 世纪末自然科学特别是生物学的快速发展，给未来医学带来了美好前景。1997 年英国科学家克隆羊获得成功，1998 年美国科学家培养出了全能胚胎干细胞。2001 年美、英、法、中、日、德六国公布了人类基因组图谱，使人类迈进了功能基因组学时代。2006 年日本科学家将成熟细胞编程为诱导多能干细胞，使人类干细胞治疗成为可能。分子靶向治疗和基因治疗成为疾病治疗的重要手段，分子标记物测定和分子成像技术也让疾病诊断变得更为准确，最终实现"精准医学"。医学工程的进步，开创了手术的新时代，机器人手术向微型化、远程化和无人操作化的更高境界迈进。人工智能引入医学将使得疾病的诊疗决策发生革命性的变化。互联网、大数据、云计算在医疗领域的应用，将现有的诊疗模式推向全过程健康管理模式。医学将进入"个体化（personal）、预测性（predictive）、预防性（preventive）、参与性（participatory）"的"4P"时代，实现集疾病预防和健康维护与促进为一体的"健康医学"的转变。

现代医学和生物技术的进步将胎儿医学发展成独立的学科，产前诊断与胎儿手术等各种干预技术将把出生缺陷降到最低限度，功能基因组学将揭示妇产科疾病的病因，多种抗妇科肿瘤的疫苗将会问世。女性生殖器官结构和功能的重建、分子成像、干细胞移植、生物治疗、器官克隆等新兴技术引入妇产科疾病的防治，必将促进妇产科学快速发展。

【妇产科学课程的特点与学习方法】

正确认识妇产科学课程的特点，对全面掌握妇产科学理论与实践极为重要。首先，妇产科学虽然主要涉及女性生殖系统，但却与整体密不可分。例如妊娠后除了生殖系统有变化外，全身其他系统也相应发生了变化。其次，妇产科学虽然分为产科学和妇科学，但两者有共同的基础即女性生殖系统，很多产科疾病和妇科疾病互为因果。例如分娩导致的骨盆底软组织损伤可导致生殖器脱垂，反之输卵管炎症可引起输卵管妊娠或不孕等。再次，妇产科学不仅是临床医学，同时也是预防医学。例如，妇女保健、产前筛查、子宫颈癌筛查等均为预防医学内容，也是教材的重要组成部分。

妇产科学是一门实践性很强的学科。在妇产科临床工作中，常因孕产妇病情变化快，家属对母婴安全的期望值高，涉及伦理道德或涉及隐私等，引发医患纠纷。所以培养临床医学生的临床思维能力是妇产科学习的重点。临床思维能力是在临床工作中分析和处理患者的基本能力，是医学生进入工作岗位的必备能力。在学习过程中，以病例和问题为导向，尽可能开展以学生为主体的实践活动，让学生有机会用所学专业知识解决临床问题，提升学生的职业素养和应变能力。

学习妇产科学课程，一定要认识到理论是基础，要认真学习，扎实掌握专业基础理论和专业技能，为临床实践打下基础。同时还应认识到，必须具备高尚的医德医风和良好的人文素养，才能充分发挥已掌握的医疗技术，更好地为患者服务。医学生应以培养临床思维为核心，以执业助理医师资格考试大纲为导向，在不断学习和反复临床实践中，逐步把自己培养成为一名技术过硬、医德好、服务好的合格医师。

（熊立新）

第二章
数字资源

第二章

女性生殖系统解剖

思政之光

学习目标

通过本章内容的学习，学生应能够：
识记：
1. 说出内、外生殖器的解剖结构与功能。
2. 说出内生殖器的邻近器官。
3. 说出骨盆的组成与分界。
理解：
1. 区分骨盆平面及其径线。
2. 总结支配生殖系统的血管、淋巴和神经。
3. 说明骨盆底的组成及会阴解剖。
运用：
1. 正确区分女性生殖系统各个器官，并运用相关知识进行临床实践，提高临床诊疗水平。
2. 正确指出内生殖器与邻近器官的关系，并运用相关知识进行临床实践。

女性生殖系统包括内、外生殖器官及其相关组织。骨盆为生殖器官的所在部位，其结构及形态跟分娩关系密切，故一并叙述。

第1节 外生殖器

女性外生殖器（external genitalia）又称外阴，是指女性生殖器官外露的部分，位于两股内侧，前面为耻骨联合，后面为会阴。包括阴阜、大阴唇、小阴唇、阴蒂和阴道前庭（图2-1）。

【阴阜】

阴阜（mons pubis）为耻骨联合前面隆起的脂肪垫。青春期开始生长阴毛，分布呈尖端向下的倒三角形，其疏密、色泽存在个体和种族差异，是女性第二性征之一。

【大阴唇】

大阴唇（labium majus）为两股内侧一对纵行隆起的皮肤皱襞，起自阴阜，止于会阴。大阴唇外侧面与皮肤相同，内有皮脂腺和汗腺，青春期后有色素沉着和阴毛；内侧面皮肤湿润似黏膜。皮下为脂肪组织和疏松结缔组织，富含血管、淋巴管和神经，局部受撞击时易形成血肿。未产妇女两侧大阴唇自然合拢，遮盖阴道口及尿道口。经产妇大阴唇受分娩影响向两侧分

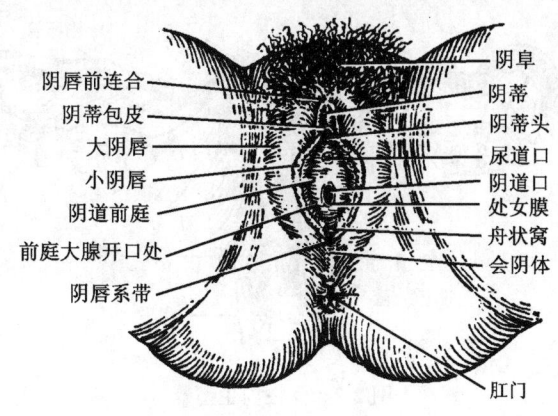

图 2-1 女性外生殖器

开，绝经后大阴唇逐渐萎缩。

【小阴唇】

小阴唇（labium minus）为位于大阴唇内侧的一对薄皮肤皱襞，表面湿润、色褐、无毛，富含神经末梢，较敏感。两侧小阴唇前端相互融合并分为前后两叶，包绕阴蒂，前叶形成阴蒂包皮，后叶形成阴蒂系带。大、小阴唇的后端相会合，在正中线形成阴唇系带。

【阴蒂】

阴蒂（clitoris）位于两侧小阴唇顶端下方，与男性的阴茎同源，为海绵体组织，具有勃起性。分为3部分，前端为阴蒂头，暴露于外阴，富含神经末梢，极为敏感；中间为阴蒂体；后部分为两个阴蒂脚，附着于各侧的耻骨支上。

【阴道前庭】

阴道前庭（vaginal vestibule）为两侧小阴唇之间的菱形区，前为阴蒂，后为阴唇系带。在此区域内，前方有尿道口，后方有阴道口，阴道口与阴唇系带之间有一浅窝，称舟状窝，又称阴道前庭窝，经产妇受分娩影响，此窝消失。在此区域内有以下各部：

1. 前庭球（vestibular bulb） 又称球海绵体，位于前庭两侧，由具有勃起性的静脉丛构成。

2. 前庭大腺（major vestibular gland） 又称巴氏腺，位于大阴唇后部，被球海绵体肌覆盖，如黄豆大，左右各一。腺管细长（1~2 cm），向内侧开口于前庭后方小阴唇与处女膜之间的沟内，性兴奋时分泌黏液起润滑作用。此腺在正常情况下不能触及，若腺管口阻塞，可形成前庭大腺囊肿或脓肿。

3. 尿道外口（external orifice of urethra） 位于阴蒂头的后下方，呈不规则圆形孔。尿道外口后壁上有一对腺体，称为尿道旁腺，因开口小，易有细菌潜伏。

4. 阴道口（vaginal orifice）及处女膜（hymen） 阴道口位于尿道口下方、前庭的后部，其形状、大小常不规则。阴道口覆盖有一层较薄的黏膜，称处女膜。处女膜中央有一小孔称处女膜孔，呈圆形或新月形，少数呈筛状或伞状。孔的形状、大小及膜的厚薄因人而异。处女膜可因性交或其他损伤破裂，受分娩影响而进一步破损，产后仅留有处女膜痕。

第 2 节　内生殖器

女性内生殖器（internal genitalia）位于真骨盆内，包括阴道、子宫、输卵管及卵巢，临床上将后两者合称子宫附件（图 2-2）。

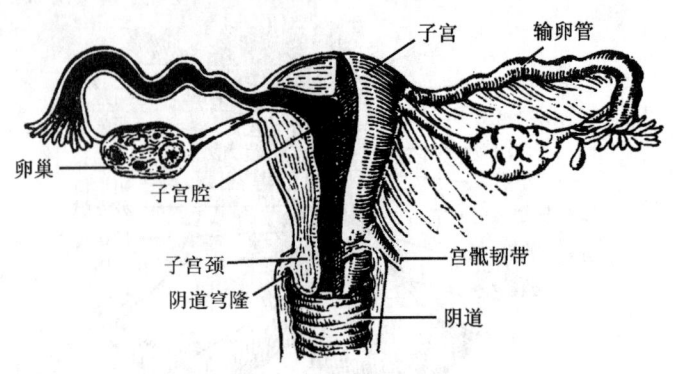

图 2-2 女性内生殖器

【阴道】

1. 功能 阴道（vagina）位于子宫与外阴之间，为性交、月经血排出及胎儿娩出的通道。

2. 位置与形态 阴道位于真骨盆下部中央，呈上宽下窄的管道，前壁长 7~9 cm，与膀胱和尿道相邻，后壁长 10~12 cm，与直肠贴近。上端包绕宫颈阴道部，下端开口于阴道前庭后部。环绕子宫颈所形成的凹陷称阴道穹隆，按其位置分前、后、左、右 4 部分，其中后穹隆最深，与直肠子宫陷凹紧密相邻，为盆腔最低部位，临床上可经此处穿刺，引流或作为手术入口。

3. 组织结构 阴道壁自内向外由黏膜、肌层和纤维组织膜构成，阴道黏膜由复层鳞状上皮覆盖，呈淡红色，无腺体，有很多横纹皱襞，有较大伸展性。阴道上端 1/3 处黏膜受性激素的影响，有周期性变化。阴道肌层由两层平滑肌构成，内层环行，外层纵行。在肌层的外面有一层纤维组织膜，与其紧密粘贴。阴道壁有丰富的静脉丛，故受损伤后易出血或形成血肿。

【子宫】

1. 功能 子宫（uterus）是孕育胚胎、胎儿和产生月经的空腔器官。

2. 位置与形态 子宫位于骨盆腔中央，形态似略扁的倒置梨形，呈前倾前屈位。长 7~8 cm，宽 4~5 cm，厚 2~3 cm，重 50~70 g，容量约 5 ml。可分为子宫体和子宫颈两部分。子宫上部较宽为子宫体，其上端隆突部分为子宫底，子宫底两侧为子宫角。子宫下部较窄、呈圆柱状为子宫颈（图 2-3）。子宫体与子宫颈的比例，因年龄和卵巢功能而异，青春期前为 1:2，生育期妇女为 2:1，绝经后为 1:1。

子宫腔为上宽下窄的三角形，两侧通输卵管，尖端朝下接子宫颈管。子宫体与子宫颈之间形成最狭窄的部分称为子宫峡部，非孕期长约 1 cm，其上端因解剖上最为狭窄，称解剖学内口；峡部下端因黏膜组织在此处由子宫内膜转变为宫颈黏膜，称组织学内口（图 2-4）。妊娠期子宫峡部逐渐伸展变长，妊娠晚期可长 7~10 cm，形成子宫下段，成为软产道的一部分，

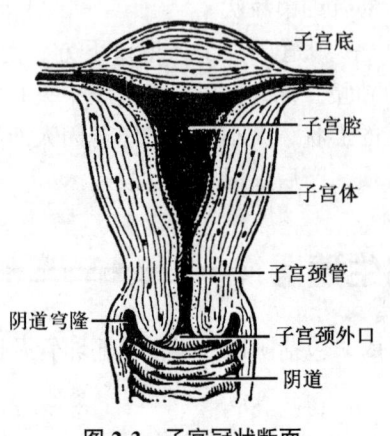

图 2-3 子宫冠状断面

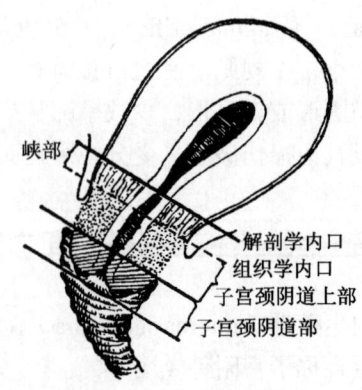

图 2-4 子宫矢状断面

也是剖宫产术常用切口部位。子宫颈内腔呈梭形的为子宫颈管，成年妇女长 2.5~3.0 cm，其下通向阴道，开口称宫颈外口。子宫颈以阴道为界，分为上下两部，上部占子宫颈的 2/3，称为子宫颈阴道上部；下部占子宫颈的 1/3，伸入阴道内，称为子宫颈阴道部。未产妇的宫颈外口呈圆形，经产妇的宫颈外口受分娩影响形成横裂状。

3. 组织结构

（1）子宫体：子宫体壁由 3 层组织构成，从内向外，分为子宫内膜层、子宫肌层和子宫浆膜层。

1）子宫内膜层：又称黏膜层。分为 3 层：致密层、海绵层和基底层。其表面 2/3 为致密层和海绵层，统称为功能层，受卵巢激素的影响可发生周期性变化；靠近子宫肌层的 1/3 内膜不受卵巢激素的影响，无周期性变化，称基底层。功能层脱落后，由基底层再生。

2）子宫肌层：较厚，非孕时厚约 0.8 cm，由平滑肌束及弹性纤维组成。大致分 3 层：外层纵行，内层环行，中层交叉排列如网状（图 2-5）。肌层中含丰富的血管，子宫收缩时血管被压缩，能有效地制止子宫出血。

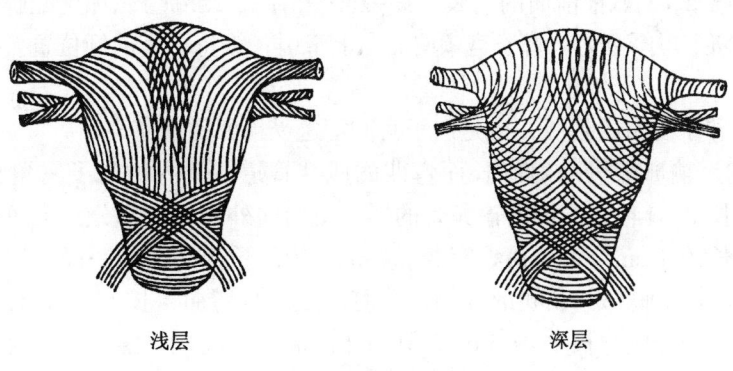

浅层　　　　　　　　　深层

图 2-5　子宫肌层肌束排列

3）子宫浆膜层：为覆盖宫底部及其前后面的脏腹膜，与肌层紧贴。在子宫前面近子宫峡部处，腹膜向前反折覆盖膀胱，形成膀胱子宫陷凹。在子宫后面，腹膜沿子宫壁向下，在子宫颈后方和阴道后穹隆处向后返折覆盖直肠前壁，形成直肠子宫陷凹，亦称道格拉斯凹，是盆腔位置最低的部位。

（2）子宫颈：主要由结缔组织构成，含有少量平滑肌纤维、血管及弹性纤维。子宫颈管黏膜为单层高柱状上皮，内有腺体可分泌碱性黏液，形成黏液栓堵塞子宫颈管。黏液栓成分及性状受性激素影响，发生周期性变化。子宫颈阴道部为复层鳞状上皮覆盖，表面光滑。在子宫颈外口柱状上皮与鳞状上皮交界处是宫颈癌的好发部位。

4. 子宫韧带　与盆底肌肉和筋膜共同维持子宫正常位置，共 4 对（图 2-6）。

（1）子宫圆韧带（round ligament of uterus）：呈圆索状，由结缔组织与平滑肌组成，全长 12~14 cm。起于两侧子宫角的前面，输卵管近端的稍下方，在阔韧带前叶的腹膜覆盖下向前外侧走行，达到两侧骨盆侧壁后，穿过腹股沟管止于大阴唇前端。具有维持子宫前倾的作用。

（2）子宫阔韧带（broad ligament of uterus）：位于子宫两侧呈翼状的腹膜皱襞。覆盖在子宫前后壁的腹膜从子宫两侧开始，各向外伸展达到骨盆侧壁。子宫阔韧带上缘呈游离状，其内侧 2/3 包绕输卵管（伞端无腹膜遮盖），外侧 1/3 由伞端下方向外侧延伸达骨盆壁，称骨盆漏斗韧带，又称卵巢悬韧带，内含卵巢的动静脉。卵巢内侧与子宫角之间的阔韧带稍有增厚，称卵巢固有韧带或卵巢韧带。在子宫体两侧的子宫阔韧带中有丰富的血管、神经、淋巴管及大量疏松结缔组织，称为宫旁组织。子宫动、静脉和输尿管均从子宫阔韧带基底穿过。子宫阔韧带的作用是维持子宫在盆腔中央的位置。

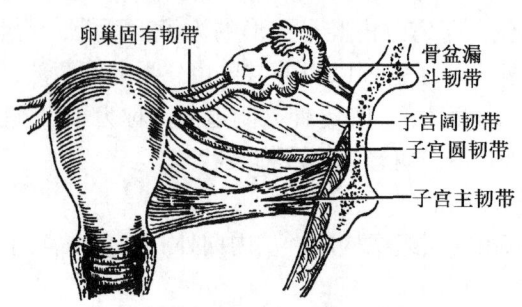

图 2-6 子宫韧带

（3）子宫主韧带（cardinal ligament of uterus）：又称宫颈横韧带。位于子宫阔韧带的下部，横行于子宫颈两侧和骨盆侧壁之间，为一对坚韧的平滑肌与结缔组织纤维束，有固定宫颈正常位置的作用。

（4）宫骶韧带（uterosacral ligament）：起自子宫体和子宫颈交界处后面的上侧方，向两侧绕过直肠到达在第 2、3 骶椎前面的筋膜。韧带含平滑肌、结缔组织和支配膀胱的神经，外有腹膜覆盖。宫骶韧带短厚有力，将子宫颈向后向上牵引，维持子宫前倾位置。

【输卵管】

1. 功能 是卵子受精的场所，也是向子宫腔运送受精卵的通道。

2. 解剖结构 输卵管为一对细长而弯曲的肌性管道，其内侧与子宫角相连，外侧端游离，呈伞状，全长 8~14 cm。根据输卵管的形态由内向外分为 4 部分：①间质部，为通入子宫壁内的部分，长约 1 cm，管腔最狭窄。②峡部，为间质部外侧的一段，细而直，管腔较狭窄，长 2~3 cm。③壶腹部，在峡部外侧，管腔较宽大且弯曲，长 5~8 cm，是受精的部位。④伞部，在输卵管最外侧，长 1~1.5 cm，开口于腹腔，游离端呈漏斗状。管口处有许多指状突起，有"拾卵"作用（图 2-7）。

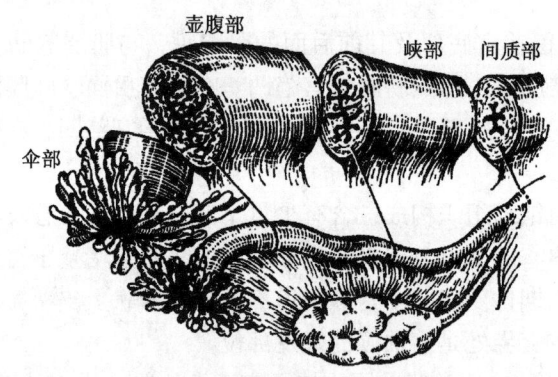

图 2-7 输卵管各部及横断面

3. 组织结构 输卵管由 3 层构成：外为浆膜层，是腹膜的一部分；中为平滑肌层，由内环、外纵两层肌纤维组成，当肌肉收缩时，有协助拾卵、运送孕卵及一定程度阻止经血逆流的作用；内为黏膜层，由单层高柱状上皮组成，上皮细胞分纤毛细胞、无纤毛细胞、楔状细胞及未分化细胞 4 种。纤毛细胞能摆动，协助运输孕卵；无纤毛细胞有分泌作用；楔状细胞可能为无纤毛的前身；未分化细胞为上皮的储备细胞。输卵管肌肉的收缩和黏膜上皮细胞的形态、分泌及纤毛摆动均受性激素影响，有周期性变化。

【卵巢】

1. 功能 具有生殖和内分泌功能。

2. 解剖结构 为一对扁椭圆形的腺体，是女性的性腺器官。成年妇女的卵巢约 4 cm×3 cm×1 cm，重 5~6 g，呈灰白色；青春期前，卵巢表面光滑；排卵后表面逐渐凹凸不平；

绝经后卵巢萎缩变小变硬，妇科检查时不易触及。卵巢位于输卵管的后下方，由卵巢系膜连于子宫阔韧带后叶的部位，为卵巢门，卵巢血管与神经由此出入卵巢。

3. 组织结构　卵巢表面无腹膜，由单层立方上皮覆盖，称为生发上皮。上皮的深面有一致密纤维组织，称为卵巢白膜。其内为卵巢实质，分为皮质与髓质两部分；皮质在外层，是卵巢的主体，其中有数以万计的原始卵泡（又称始基卵泡）及致密结缔组织（卵巢间质）；髓质在中心，与卵巢门相连，由疏松结缔组织及丰富的血管、神经、淋巴管及少量平滑肌纤维组成（图2-8）。

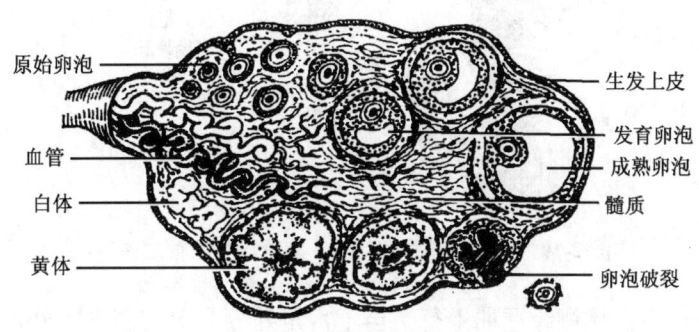

图2-8　卵巢切面示意图

第3节　血管、神经、淋巴

【血管】

女性生殖器官的血液供应主要来自卵巢动脉、子宫动脉、阴道动脉及阴部内动脉（图2-9）。各部位静脉与同名动脉伴行，并在各器官及其周围形成静脉丛，且相互吻合。

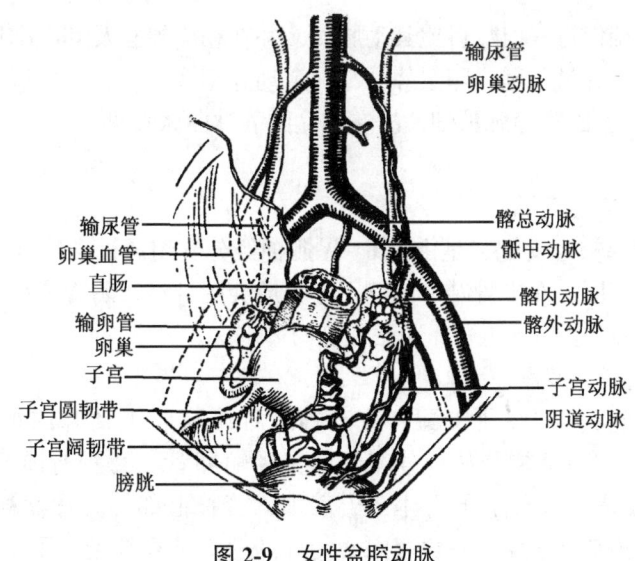

图2-9　女性盆腔动脉

（一）动脉

1. 卵巢动脉　自腹主动脉分出。在腹膜后沿腰大肌前下行至骨盆腔，并跨过输尿管与髂总动脉下段，经过骨盆漏斗韧带向内横行，再穿过卵巢系膜进入卵巢门，卵巢动脉在进入卵巢前，尚有若干分支走行于输卵管系膜内供应输卵管，其末梢在子宫角附近与子宫动脉上行的卵巢支吻合。

2. 子宫动脉　为髂内动脉的前干分支，沿骨盆侧壁向前向下行，直达子宫阔韧带基底部、宫旁组织到达子宫外侧，在相当于子宫颈内口水平约 2 cm 处横跨输尿管至子宫侧缘（图 2-10），此后分为上下两支。

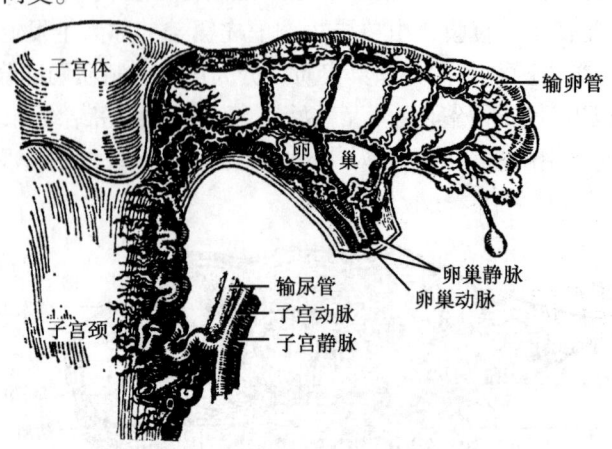

图 2-10 子宫和卵巢的动脉、静脉与输尿管之关系

（1）子宫体支：沿宫体侧缘迂曲上行，至子宫角处分为子宫底支（分布于子宫底部）、输卵管支（分布于输卵管）及卵巢支（与卵巢动脉末梢吻合）。

（2）子宫颈－阴道支：为向下行的较细小支，分布到子宫颈、阴道上段。

3. 阴道动脉 为髂内动脉前干的一个分支，与子宫颈－阴道支和阴部内动脉的分支相吻合。供应阴道中下段、膀胱颈和膀胱顶。

4. 阴部内动脉 为髂内动脉前干的终支，经坐骨大孔的梨状肌下孔穿出骨盆腔，绕过坐骨棘，再经坐骨小孔到达坐骨肛门窝，分出痔下动脉、会阴动脉、阴唇动脉、阴蒂动脉 4 支，供应肛门及直肠下段、会阴部、大小阴唇、阴蒂及前庭球的血液。

（二）静脉

静脉与同名动脉相伴行，但数目比其动脉多，并在相应器官及其周围形成静脉丛，且相互吻合，使盆腔静脉感染容易蔓延。卵巢静脉与同名动脉相伴而行，右侧汇入下腔静脉，左侧汇入左肾静脉（图 2-10）。因肾静脉较细，故左侧盆腔静脉曲张多见。

【神经】

（一）外生殖器的神经支配

外阴部主要由阴部神经支配，是由第Ⅱ~Ⅳ骶神经分支组成，含感觉和运动神经纤维，走行与阴部内动脉途径相同。在坐骨结节内侧下方分成会阴神经、阴蒂背神经和肛门神经（又称痔下神经）3 支，分布于会阴、阴唇、阴蒂及肛门周围。

（二）内生殖器的神经支配

主要由交感和副交感神经所支配。交感神经纤维自腹主动脉前神经丛分出，下行入盆腔后分成两部分。①卵巢神经丛：分布于卵巢和输卵管。②骶前神经丛：大部分在子宫颈旁，形成骨盆神经丛，分布于子宫体、子宫颈、膀胱上部等。骨盆神经丛中还有来自第Ⅱ~Ⅳ骶神经的副交感神经纤维，并含有向心传导的感觉神经纤维。子宫平滑肌有自律活动，完全切除其神经后仍有节律性收缩，还能完成分娩活动。临床上可见低位截瘫产妇仍能自然分娩。

【淋巴】

女性生殖器官和盆腔具有丰富的淋巴系统，均伴随相应的血管而行。主要分为外生殖器淋巴与盆腔淋巴两大组。当内外生殖器官发生感染或肿瘤时，可沿各部回流的淋巴管扩散或转移，导致相应淋巴结肿大（图 2-11）。

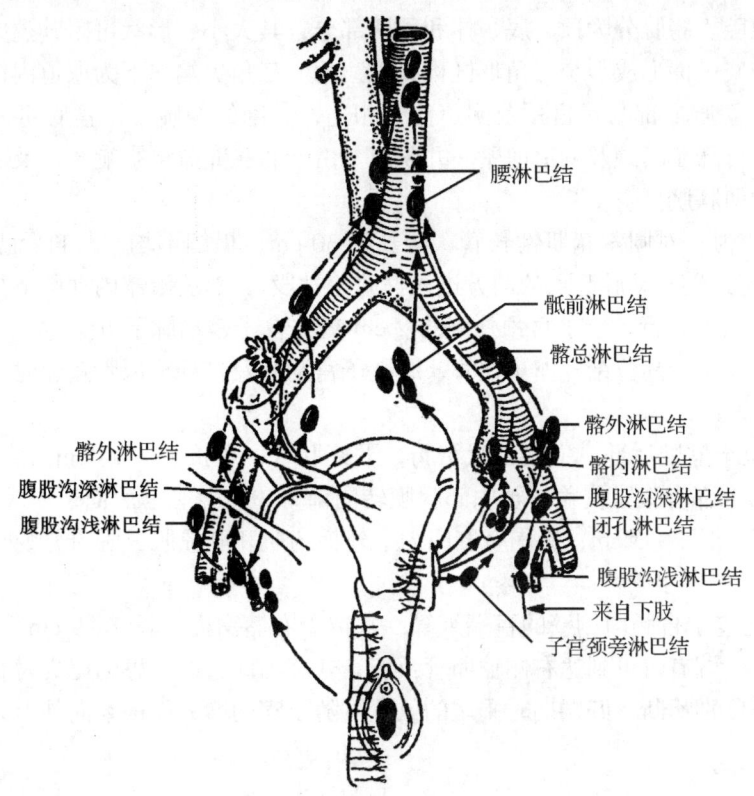

图 2-11 盆腔淋巴系统

1. **外生殖器淋巴** 分深浅两部分。①腹股沟浅淋巴结：位于腹股沟韧带下方，分上下两组。上组沿腹股沟韧带排列，收容外生殖器、阴道下段、会阴及肛门部淋巴；下组位于大隐静脉末端周围收容会阴及下肢的淋巴。②腹股沟深淋巴结：位于股静脉内侧之股管内，收容阴蒂、股静脉区淋巴及腹股沟浅淋巴。外生殖器淋巴均汇入髂外淋巴结组。

2. **盆腔淋巴** 分为三组：①髂淋巴组，沿髂动脉排列，由闭孔、髂内、髂外、髂总和淋巴结组成；②腰淋巴组，在腹主动脉旁；③骶前淋巴组，位于骶骨前面与直肠之间。

阴道下段的淋巴主要入腹股沟浅淋巴结。阴道上段淋巴回流基本与子宫颈淋巴回流相同，大部入闭孔与髂内淋巴结；小部入髂外淋巴结，并经髂总淋巴结汇入腰淋巴结和（或）骶前淋巴结。子宫底淋巴与输卵管、卵巢淋巴部分汇入腰淋巴结，部分汇入髂内外淋巴结。子宫体两侧淋巴可沿子宫圆韧带进入腹股沟浅淋巴结。

第4节 邻近器官

女性生殖器官与尿道、膀胱、输尿管、直肠及阑尾相邻。由于位置相邻且血管、神经、淋巴之间相互联系，因此，当女性生殖器官出现病变时，常会累及邻近器官，增加诊断与治疗的难度，反之亦然。

1. **尿道** 为一肌性管道，长 4~5 cm，直径约 0.6 cm。始于膀胱三角尖端，位于阴道前方、耻骨联合后面，穿过泌尿生殖膈，终止于阴道前庭部的尿道外口。尿道由两层组织构成，即外面的肌层和内面的黏膜。肌层又分为两层，内层为纵行平滑肌，排尿时可缩短、扩大尿道管腔；外层为横纹肌，称尿道括约肌，可持久收缩保持尿道长时间闭合。内面的黏膜衬于腔面，与膀胱黏膜相延续。由于女性尿道短而直，又接近阴道，易引起泌尿系统感染。

2. **膀胱** 为一囊状肌性空腔器官，排空的膀胱位于耻骨联合与子宫之间，充盈时可越过耻骨联合凸向腹腔。膀胱分为顶、底、体和颈四部分，其大小、形状可因其盈虚及邻近器官情况而变化。膀胱底内面形成一个三角形区称膀胱三角。三角尖端向下为尿道内口，三角底的两侧为输尿管口。膀胱底部与子宫颈及阴道前壁相连，其间组织疏松，盆底肌肉及其筋膜受损时，膀胱与尿道可随子宫颈及阴道前壁一并脱出。由于膀胱充盈可影响子宫及阴道，故妇科检查及手术前必须使膀胱排空。

3. 输尿管　为一对圆索状肌性长管，全长约 30 cm，粗细不均。起自肾盂，沿腰大肌前下行（腰段），跨过髂外动脉起点的前方进入盆腔（盆段），然后沿髂内动脉下行，到达阔韧带基底部，再向前内方走行。于子宫颈外侧的 2 cm 处，在子宫动脉下方穿过，然后穿越输尿管隧道进入膀胱。在施行高位结扎卵巢血管、结扎子宫动脉及打开输尿管隧道时，应高度警惕以免损伤输尿管。

4. 直肠　位于盆腔后部，上接乙状结肠，下接肛管，全长 10~14 cm。前为子宫及阴道，后为骶骨。直肠上部有腹膜覆盖，至中部腹膜转向前方，覆盖子宫后面，形成直肠子宫陷凹。直肠下端为肛管，长 2~3 cm，周围有肛门内、外括约肌和肛提肌，阴道分娩时应注意避免损伤肛管、直肠。

5. 阑尾　为连于盲肠内侧壁的盲端细管，常位于右髂窝内，长 7~9 cm。其位置、长短、粗细变化较大，下端有时可到达右侧输卵管及卵巢处。因此，妇女患阑尾炎时有可能累及附件及子宫，应注意鉴别诊断。妊娠期时阑尾的位置可随子宫的增大而逐渐向外上方移位，容易延误诊断。

第 5 节　骨　盆

女性骨盆（pelvis）是躯干和下肢之间的骨性连接，具有支持躯干及保护盆腔脏器的重要作用，同时又是胎儿娩出时必经的骨性产道，其大小、形态对分娩有直接影响。

【骨盆的组成】

（一）骨盆的骨骼

骨盆由骶骨、尾骨及左右两块髋骨所组成。每块髋骨又由耻骨、髂骨及坐骨融合而成。骶骨由 5~6 块骶椎融合而成，其上缘明显向前突出，称为骶岬，是妇科腹腔镜手术的重要标志之一。尾骨由 4~5 块尾椎合成（图 2-12）。

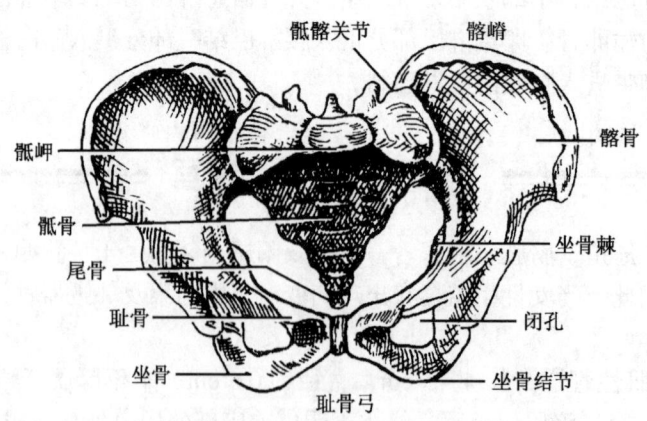

图 2-12　正常女性骨盆

（二）骨盆的关节

包括耻骨联合、骶髂关节、骶尾关节。在骨盆前方两耻骨之间由纤维软骨连接形成耻骨联合，妊娠期受女性激素影响可变得松动，分娩过程中可出现轻度分离，有利于胎儿娩出。在骨盆后方，两髂骨和骶骨相连形成骶髂关节，骶骨与尾骨之间形成骶尾关节，有一定活动度，分娩时尾骨后移可加大出口前后径。

（三）骨盆的韧带

骨盆各部之间的韧带中有两对重要的韧带，一对是骶、尾骨与坐骨结节之间的骶结节韧带；另一对是骶、尾骨与坐骨棘之间的骶棘韧带。骶棘韧带宽度即为坐骨切迹宽度，是判断中骨盆是否狭窄的重要指标。妊娠期受激素影响，韧带稍松弛，各关节活动度略有增加，有利于娩出。

【骨盆的分界】

以耻骨联合上缘、髂耻缘和骶岬上缘的连线为界，可将骨盆分为上下两部分：分界线以上是假骨盆又称大骨盆，与分娩无直接关系，但其某些径线的长短关系到真骨盆的大小。分界线之下是真骨盆也称小骨盆，是胎儿娩出的骨产道，其大小、形状与分娩有直接关系。真骨盆有上、下两口，上口为骨盆入口；下口为骨盆出口，两口之间为骨盆腔。骨盆前壁为耻骨联合和耻骨支，后壁为骶骨与尾骨，两侧为坐骨、坐骨棘及骶棘韧带。坐骨棘位于真骨盆中部，可经肛门检查或阴道检查触及。两坐骨棘是分娩过程中衡量胎先露部下降程度的重要标志，其连线的长度是衡量中骨盆横径的重要径线。耻骨两降支的前部相连构成耻骨弓，女性骨盆耻骨弓角度约90°（图2-13）。

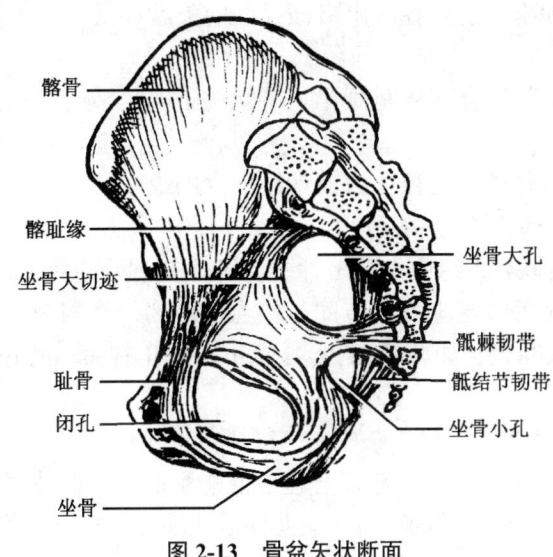

图2-13 骨盆矢状断面

【骨盆的平面及径线】

1. 骨盆入口平面 即真假骨盆的交界面，呈横椭圆形。其前方为耻骨联合上缘，两侧为髂耻缘，后方为骶岬上缘。有4条径线，即入口前后径、入口横径及左、右入口斜径（图2-14）。

（1）入口前后径：也称真结合径，为耻骨联合上缘中点至骶岬前缘中点的距离，平均为11 cm。其长短与胎先露衔接关系密切。

（2）入口横径：左右髂耻缘间最大的距离，平均为13 cm。

（3）入口斜径：左右各一。左斜径为左骶髂关节至右侧髂耻隆突间的距离，右斜径为右骶髂关节至左侧髂耻隆突间的距离，平均为12.75 cm。

2. 中骨盆平面 为骨盆的最小平面，是骨盆腔最狭窄的部分，呈纵椭圆形，其大小与分娩关系最为密切。其前方为耻骨联合下缘，两侧为坐骨棘，后方为骶骨下端。有2条径线，即中骨盆前后径和中骨盆横径（图2-15）。

（1）中骨盆前后径：耻骨联合下缘中点通过两侧坐骨棘连线中点至骶骨下端的距离，平均为11.5 cm。

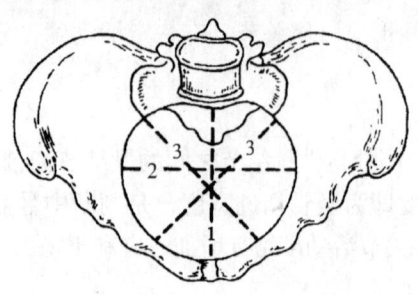

1. 入口前后径 11 cm　2. 入口横径 13 cm
3. 入口斜径 12.75 cm

图 2-14　骨盆入口平面

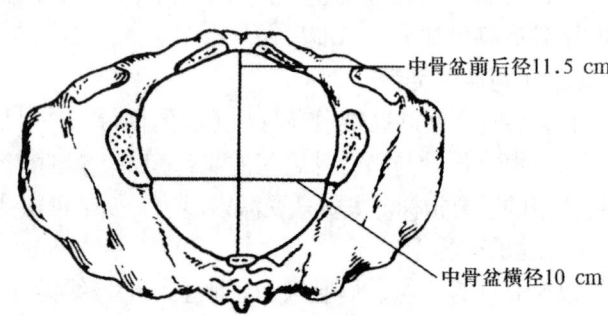

——中骨盆前后径 11.5 cm

——中骨盆横径 10 cm

图 2-15　中骨盆平面

（2）中骨盆横径：即坐骨棘间径。指两坐骨棘间的距离，平均为 10 cm，其长短与胎先露内旋关系密切。

3. 骨盆出口平面　由不在同一平面的两个三角形组成。前三角顶端为耻骨联合下缘，两侧为左右耻骨降支；后三角顶端为骶尾关节，两侧为左右骶结节韧带。其共同的底边为坐骨结节间径。有 4 条径线，即出口前后径、出口横径、前矢状径及后矢状径（图 2-16）。

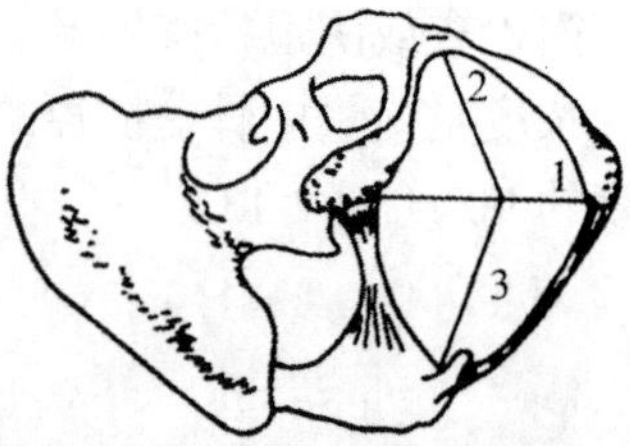

（1）出口前后径：耻骨联合下缘至骶尾关节间的距离，平均为 11.5 cm。

1. 出口横径　2. 前矢状径　3. 后矢状径

图 2-16　骨盆出口平面（斜面）

（2）出口横径：即坐骨结节间径。两坐骨结节内侧缘间的距离，平均为 9 cm，其长短与分娩关系密切。

（3）前矢状径：耻骨联合下缘中点至坐骨结节间径中点间的距离，平均为 6 cm。

（4）后矢状径：骶尾关节至坐骨结节间径中点的距离，平均为 8.5 cm。若出口横径较正常短，则应测量出口后矢状径，如两径之和 >15 cm 时，正常大小的妊娠足月胎头可通过后三角区经阴道娩出。

【骨盆轴与骨盆倾斜度】

1. 骨盆轴　骨盆轴亦称产轴，为连接骨盆各假想平面中点的曲线，其上段向下向后，中段向下，下段向下、向前，分娩及助产时，胎儿即沿此轴方向娩出（图 2-17）。

2. 骨盆倾斜度　妇女在直立时，骨盆入口平面与水平面（地平面）所形成的角度，称骨盆倾斜度，一般为 60°（图 2-18）。若倾斜度过大，常影响胎头衔接。

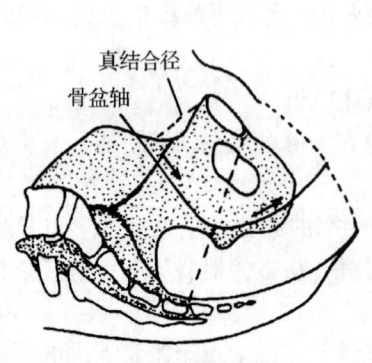

图 2-17　骨盆轴

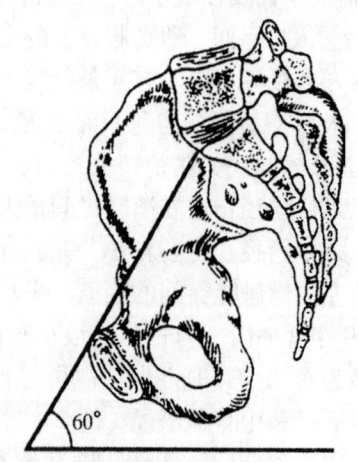

图 2-18　骨盆倾斜度

第6节 骨盆底

骨盆底由多层肌肉和筋膜所组成，封闭骨盆出口，承托并保持盆腔脏器于正常位置，与分娩关系密切。若骨盆底组织结构和功能发生异常，可导致盆腔脏器膨出、脱垂或引起功能障碍；分娩处理不当，也可损伤骨盆底组织。

骨盆底前方为耻骨联合和耻骨弓，后方为尾骨尖，两侧为耻骨降支、坐骨升支和坐骨结节，由外向内分为3层。

【外层】

外层位于外生殖器、会阴皮肤及皮下组织的下面。由会阴浅筋膜及其深面的三对肌肉及一括约肌组成。该层肌肉的肌腱汇合于阴道外口与肛门之间，形成会阴中心腱（图2-19）。

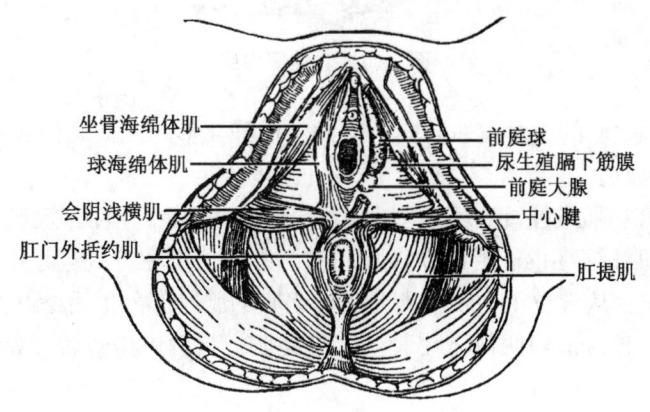

图2-19　骨盆底外层

1. 球海绵体肌　位于阴道两侧覆盖前庭球及前庭大腺，向后与肛门外括约肌交叉混合。该肌肉收缩时可缩紧阴道，故又称阴道括约肌。

2. 坐骨海绵体肌　起自坐骨结节内侧，沿坐骨升支内侧与耻骨降支前行，最终集合于阴蒂海绵体。

3. 会阴浅横肌　从两侧坐骨结节内侧面，向中线汇合于中心腱。

4. 肛门外括约肌　是围绕肛门周围的环行肌束，前端汇合于中心腱，后端与肛尾韧带相连。

【中层】

中层即泌尿生殖膈。由上、下两层坚韧的筋膜与中间的一对由两侧坐骨结节至中心腱的会阴深横肌和位于尿道周围的尿道括约肌组成，覆盖在骨盆出口前部的三角形平面上，又称三角韧带。其上有尿道与阴道穿过（图2-20）。

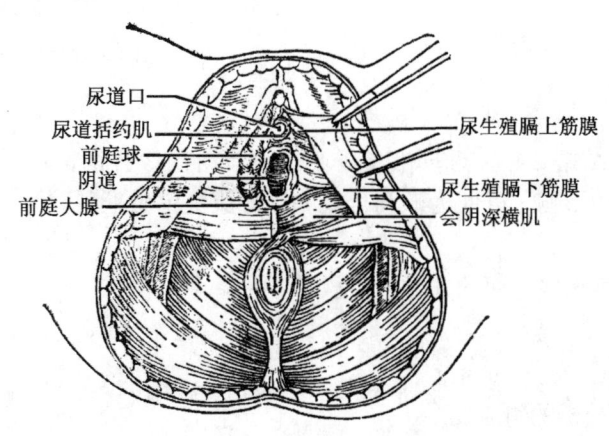

图2-20　骨盆底中层及筋膜

【内层】

内层即盆膈，是骨盆底最里面且最坚韧的一层，由肛提肌及其内、外覆盖的筋膜所组成，其间有尿道、阴道及直肠贯穿（图2-21）。

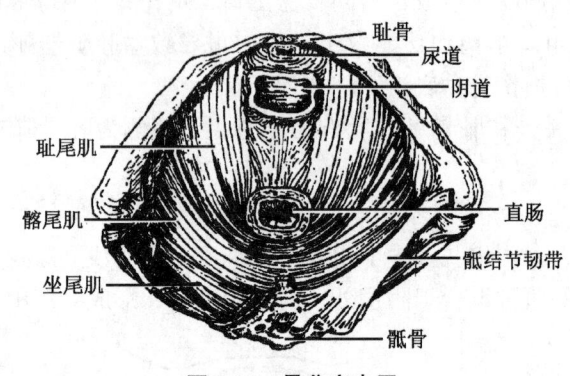

图2-21　骨盆底内层

肛提肌：位于骨盆底的成对扁肌，向下向内合成漏斗形。肛提肌构成骨盆底的大部分，每侧肛提肌由三部分组成。

①耻尾肌：为肛提肌的主要部分，从耻骨降支内面开始，沿阴道、直肠向后而终止于尾骨，其中有小部分肌纤维终止于阴道和直肠周围。此层组织在分娩过程中容易损伤可致膀胱、直肠膨出。②髂尾肌：从腱弓（为闭孔内肌表面筋膜的肥厚部分）后壁开始，向中间及向后走行，与耻尾肌汇合，再绕肛门两侧至尾骨。③坐尾肌：自两侧坐骨棘开始，止于尾骨与骶骨。肛提肌有加强盆底托力的作用。

【会阴】

会阴有广义与狭义两个概念。广义的会阴是指封闭骨盆出口的所有软组织，前至耻骨联合下缘，后至尾骨尖，两侧是耻骨降支、坐骨升支、坐骨结节和骶结节韧带。狭义的会阴是指阴道口与肛门之间的软组织，呈楔形，厚3～4cm，又称会阴体。由表及里为皮肤、皮下脂肪、筋膜、部分肛提肌及会阴中心腱。会阴中心腱由部分肛提肌及其筋膜和会阴浅横肌、会阴深横肌、球海绵体肌及肛门外括约肌的肌腱共同交织而成。会阴伸展性很大，妊娠后期会阴组织变软，有利于分娩。分娩时应注意保护，以免发生撕裂伤。

（蒋　娜）

● 自测题 ●

一、案例分析

胡女士，25岁，结婚2年，近期准备备孕，至产科门诊咨询，想了解女性生殖系统的骨盆结构对妊娠及分娩的影响，以便为顺利分娩一个健康宝宝做准备。

讨论分析：

你应该对胡女士做哪些方面的知识宣传教育？

二、问答题

1. 简述女性内生殖器的组成。

2. 简述女性生殖系统的血管分布。
3. 试述女性内生殖器与邻近器官的关系。

本章临床执业助理医师资格考试要点

1. 外生殖器解剖。
2. 内生殖器解剖。
3. 生殖系统血管分布、淋巴引流和神经支配。
4. 内生殖器与邻近器官的关系。
5. 骨盆的组成、分界和类型。
6. 骨盆底的组成与会阴解剖。

第三章
数字资源

第三章

女性生殖系统生理

思政之光

> **学习目标**
>
> 通过本章内容的学习，学生应能够：
> 识记：
> 1. 说出女性一生各阶段的生理特点。
> 2. 说出卵巢分泌激素的生理作用。
> 3. 说出子宫内膜的周期性变化。
> 理解：
> 1. 总结生殖器其他部位的周期性变化。
> 2. 说明月经周期的调节。
> 3. 区分女性一生各阶段的生理特点。
> 运用：
> 运用月经周期的调节理论，阐述子宫内膜的周期变化和月经的形成。

第1节 妇女一生各时期的生理特点

女性一生根据不同的生理特征可划分为七个阶段，但并无截然界限，可因营养、遗传、环境等条件影响而有个体差异。

【胎儿期】

受精卵是由父系和母系来源的23对染色体组成的新个体，其中一对在性发育中起决定作用的为性染色体。性染色体X与Y决定胎儿的性别，XX合子发育为女性，XY合子发育为男性。如为XX合子，则至胚胎第8~10周性腺组织出现卵巢的结构。原始生殖细胞分化为初级卵母细胞，性索皮质的扁平细胞围绕卵母细胞构成原始卵泡。卵巢形成后，因无雄激素、无副中肾管抑制因子，所以中肾管退化，两条副中肾管发育为女性生殖道。

【新生儿期】

出生后的4周内为新生儿期（neonatal period）。女性胎儿在孕期受到胎盘及母体性腺所产生的雌性激素影响，出生的新生儿外阴较丰满，乳房略隆起或有少许泌乳，出生后脱离母体环境，胎儿体内雌性激素水平迅速下降，可出现少量阴道流血。这些生理变化短期内均能自然消退。

【儿童期】

出生4周至12岁左右称儿童期（childhood）。

1. 儿童早期（8岁之前） 下丘脑-垂体-卵巢轴的功能处于抑制状态，此期生殖器官仍为幼稚状态。阴道狭长、上皮薄、无皱襞，细胞内缺乏糖原，阴道酸度低，抗感染力弱，容易发生炎症；子宫小，子宫肌层薄，宫颈较长，约占子宫全长的2/3；卵巢长而窄，卵泡虽能大量生长，但仅发育到窦前期即萎缩、退化。输卵管弯曲且细。子宫、输卵管及卵巢均位于腹腔内。

2. 儿童后期（约8岁之后）　卵巢形态逐步变为扁卵圆形，卵巢中的卵泡受促性腺激素的影响有一定程度的发育，并分泌少量性激素，但仍达不到成熟阶段。子宫、输卵管及卵巢逐渐向骨盆腔内下降。皮下脂肪在胸、髋、肩部及耻骨前面堆积，乳房也开始发育，逐渐呈现女性特征。

【青春期】

从乳房发育等第二性征出现至生殖器官发育成熟的阶段为青春期（adolescence or puberty）。世界卫生组织（WHO）规定青春期一般为10～19岁。

1. 体格发育　青春期少女体格生长发育呈直线加速，平均每年生长9 cm，月经初潮后生长逐渐缓慢。

2. 第一性征（生殖器官发育）　由于受促性腺激素的作用，卵泡开始发育并分泌雌激素，生殖器从幼稚型变为成人型。阴阜隆起，大、小阴唇变肥厚且有色素沉着；阴道长度及宽度增加，阴道黏膜变厚并出现皱襞。子宫增大，尤其宫体增大明显，子宫体与宫颈的比例为2∶1。输卵管弯曲度减小且变粗。卵巢增大，皮质内出现不同发育阶段的卵泡，致使卵巢表面稍呈凹凸不平。此时虽已初步具备生育能力，但整个生殖系统的功能尚未完善。

3. 第二性征（除生殖器官以外的其他女性特有的征象）　乳房发育是女性第二性征最初特征，一般女性接近10岁时乳房开始发育，约经过3.5年发育为成熟型。而肾上腺功能初现，引起阴毛和腋毛的生长；此外，还可出现音调变高；骨盆横径发育大于前后径；肩、胸、臀部皮下脂肪增多等女性特有征象。

4. 月经初潮　是青春期的一个重要标志，指女性第一次月经来潮。青春早期体内各种激素水平开始出现有规律性的波动，直至雌激素水平达到一定高度而下降时，引起子宫内膜脱落出血即月经。月经初潮平均晚于乳房发育约2.5年时间。由于此时卵巢功能尚不健全，故初潮后月经周期常不规律且多无排卵，经5～7年后逐渐正常。

【性成熟期】

性成熟期（sexual maturity）又称生育期，一般从18岁开始，历时约30年。此期妇女生育功能旺盛，卵巢已发育成熟，并已建立周期性的排卵，月经周期规律，各生殖器官和乳房在卵巢分泌的性激素作用下发生周期性变化。

【绝经过渡期】

绝经过渡期（menopausal transition period）是指开始出现绝经趋势直至最后一次月经的时期。此期长短不一，因人而异。可始于40岁，历时短至1～2年，长至10～20年。此期卵巢功能逐渐衰退，卵泡数量明显减少且易发生卵泡发育不全，因而月经不规律且常无排卵。最终由于卵巢内卵泡自然耗竭，导致卵巢功能衰竭。月经永久性停止，称绝经。我国妇女平均绝经年龄为49.5岁，80%在44～54岁之间。

【绝经后期】

绝经后期（postmenopausal period）指女性绝经后的生命时期。在早期阶段，虽然卵巢停止分泌雌激素，但卵巢间质仍能分泌少量雄激素并可在外周转换为雌酮。一般60岁后妇女机体逐渐老化，进入老年期（senility）。此期卵巢变小变硬，功能完全衰竭，性激素水平低落，第二性征退化，生殖器官进一步萎缩。骨代谢失常引起骨质疏松，易发生骨折。

第 2 节　月经及月经期的临床表现

【月经】

月经（menstruation）是指伴随卵巢周期性变化而出现的子宫内膜周期性的脱落及出血。

【月经的临床表现】

1. 月经初潮（menarche）　月经第一次来潮称月经初潮。一般在 11~16 岁之间出现，大多数在 13~14 岁之间，月经初潮的早晚主要受遗传因素控制，其他因素如营养、体质、地理环境等也起着重要作用。近年来，月经初潮年龄有提前趋势。

2. 月经周期（menstrual cycle）　出血的第 1 日为月经周期的开始，两次月经第 1 日的间隔时间称一个月经周期，一般为 21~35 日，平均 28 日。月经周期长短因人而异，但每个妇女的月经周期有自己的规律性。

3. 经期及经量　每次月经持续时间称为经期，一般为 2~8 日；经量为一次月经总失血量，正常月经量为 20~60 ml。超过 80 ml 为月经过多。

4. 月经血的特征　月经血呈暗红色，含有血液、子宫内膜碎片、宫颈黏液及脱落的阴道上皮细胞。由于月经血中含有前列腺素和来自子宫内膜的大量纤维蛋白溶酶，故月经血不凝，但在出血量多和出血速度快的情况下偶尔有些小凝血块。

5. 月经期的症状　月经属生理现象，一般经期无特殊症状。但由于经期盆腔充血及前列腺素的作用，有些妇女可有下腹及腰骶部下坠感，个别可有轻度神经系统不稳定症状（如头痛、失眠、抑郁、易激动），胃肠功能紊乱（如食欲缺乏、恶心、呕吐、便秘或腹泻）等，但一般并不严重，不影响正常的工作和学习。

第 3 节　卵巢的功能及其周期性变化

【卵巢的功能】

卵巢是女性性腺，其功能主要为产生卵子和分泌雌性激素，分别称为卵巢的生殖和内分泌功能。

【卵巢的周期性变化】

卵泡的发育始于胚胎时期，主要为自主发育和闭锁，不依赖于促性腺激素，其机制尚不清楚。胎儿期的卵泡不断闭锁，至新生儿出生时卵巢约剩 200 万个卵泡（图 3-1）；儿童期多数卵泡退化，近青春期只剩下约 30 万个卵泡；每个原始卵泡内含有一个卵母细胞，周围有一层梭形或扁平细胞围绕。

从青春期开始到绝经前，卵巢在形态和功能上发生的周期性变化称为卵巢周期（ovarian cycle）。

1. 卵泡的发育及成熟　青春期以后，卵泡由自主发育推进至发育成熟的过程，这个过程依赖于促性腺激素的刺激。在垂体促性腺激素的作用下，卵泡开

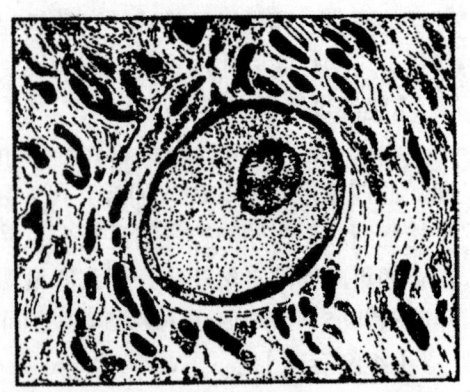

图 3-1　原始卵泡

始发育，周围的单层梭形细胞变为复层立方形细胞，胞质中出现颗粒，称为颗粒细胞。颗粒细胞继续分裂，在细胞群中渐渐形成空隙，称为卵泡腔，腔内的液体称为卵泡液。在卵泡发育过程中，位于卵泡周围的卵巢间质逐渐分化成卵泡内膜和卵泡外膜。此时的卵泡称为生长卵泡。生育期每月发育一批（3~11 个）卵泡，经过征募、选择，其中一般只有一个优势卵泡可完全

成熟，并排出卵子。在女性一生中，只有400~500个卵泡发育成熟并排卵，其余绝大多数发育到一定程度通过细胞凋亡机制而自行退化，称卵泡闭锁。成熟卵泡（图3-2）卵泡腔增大，卵泡液急剧增加，体积显著增大，直径可达18~23mm，卵泡移行向卵巢表面突出。其结构从内向外依次为：①卵细胞；②透明带；③放射冠；④卵丘；⑤卵泡腔；⑥颗粒细胞；⑦卵泡内膜；⑧卵泡外膜。

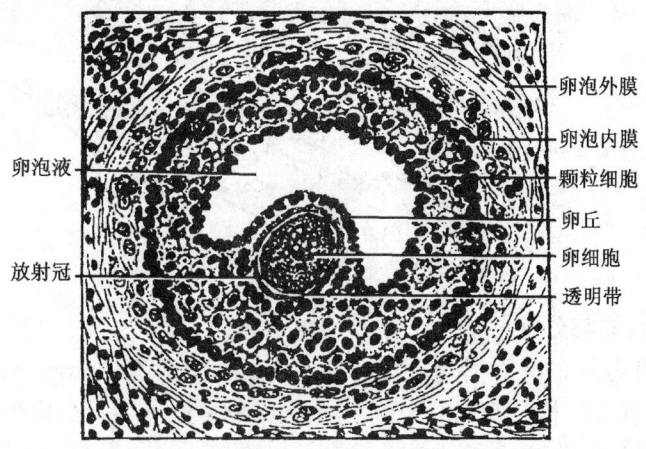

图3-2 发育成熟的卵泡

2. 排卵（ovulation） 成熟卵泡突出于卵巢表面，卵泡膜和卵巢包膜发生溶解和破裂，卵细胞及其周围的透明带、放射冠一起被排出的过程称排卵。排出的卵细胞称为卵子。排卵多发生在下次月经来潮前14日左右。卵子可由两侧卵巢轮流排出，也可由一侧卵巢连续排出。卵子排出后，经输卵管伞部捡拾进入输卵管，并借输卵管壁蠕动以及黏膜纤毛活动等协同作用，在输卵管内向子宫方向移动。

3. 黄体形成及退化 排卵后，卵泡液流出，卵泡腔塌陷，血管破裂出血，凝成血块而形成血体。残存于卵泡的颗粒细胞及卵泡内膜细胞体积变大，并在黄体生成素（luteinizing hormone，LH）刺激下黄素化，形成颗粒黄体细胞和泡膜黄体细胞，周围有卵泡外膜包绕，形成黄体（图3-3）。排卵后7~8日（相当于月经周期第22日左右）黄体体积和功能达最高峰，直径1~2cm，外观色黄。若排出的卵子受精，黄体则转变为妊娠黄体，至妊娠3个月末才退化。此后胎盘形成并分泌甾体激素维持妊娠。若卵子未受精，黄体在排卵后9~10日开始退化，黄体细胞萎缩变小，逐渐由结缔组织代替，组织纤维化，外观色白，称白体。正常排卵周期黄体功能仅限于14日左右，黄体衰退后月经来潮，卵巢中又有新的卵泡发育，开始新的周期（图3-4）。

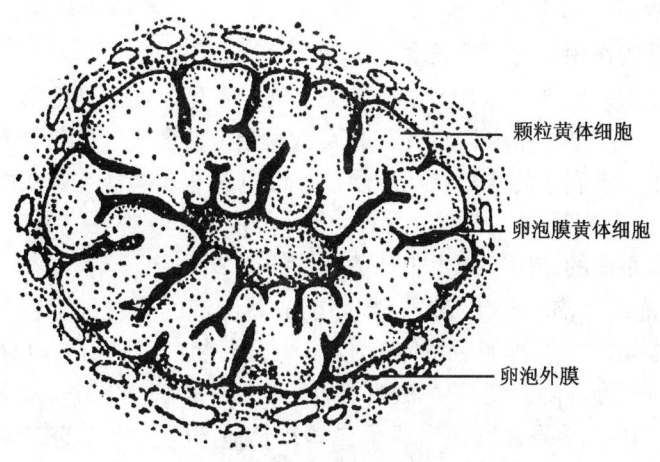

图3-3 卵巢黄体

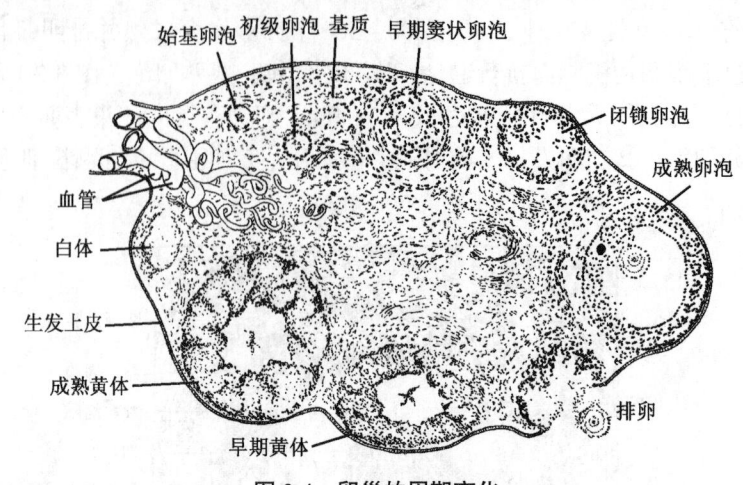

图 3-4 卵巢的周期变化

【卵巢性激素的合成与分泌】

卵巢主要合成并分泌的激素有雌激素（estrogen）、孕激素（progestogen）和少量雄激素（androgen）。它们的基本结构与胆固醇相似，属类固醇激素，亦称甾体激素。正常妇女卵巢激素的分泌随卵巢周期而变化。

1. 雌激素　卵泡开始发育时，雌激素分泌量很少，至月经第 7 日卵泡分泌雌激素量迅速增加，于排卵前到达高峰；排卵后由于卵泡液中雌激素释放至腹腔使循环中雌激素暂时下降，排卵后 1~2 日，黄体开始分泌雌激素使循环中雌激素水平又逐渐上升，约在排卵后 7~8 日黄体成熟时，循环中雌激素水平形成又一高峰。此后，黄体萎缩，雌激素水平急剧下降，在月经期到达最低水平。雌激素基本结构为雌烷核，如雌二醇（E_2）、雌酮（E_1）和雌三醇（E_3）。雌激素的活性以雌二醇最强，雌酮次之，雌二醇与雌酮可相互转化，再进一步形成代谢产物雌三醇，雌三醇与葡糖醛酸结合后失去活性，经尿和粪便排出。其生理作用如下：

（1）对子宫的作用：促进子宫肌细胞增生和肥大，使肌层变厚，促进和维持子宫发育；提高子宫平滑肌对缩宫素的敏感性；使子宫内膜腺体和间质增生；使宫颈口松弛，宫颈黏液分泌增加，质变稀薄，拉丝度变长，有利于精子的通过。

（2）对输卵管的作用：促进输卵管肌层发育和上皮的分泌活动，加强输卵管节律性收缩的振幅。

（3）对卵巢的作用：协同卵泡刺激素（follicle stimulating hormone，FSH）促进卵泡发育。

（4）对阴道的作用：使阴道上皮细胞增生和角化，使黏膜变厚并增加细胞内糖原含量，维持阴道酸性环境，增强局部的抵抗力。

（5）对外生殖器的作用：使阴唇发育、丰满、色素加深。

（6）对乳房的作用：使乳腺腺管增生，乳头、乳晕着色；促进其他第二性征的发育。

（7）代谢作用：促进钠、水潴留；促进肝高密度脂蛋白合成，抑制低密度脂蛋白合成，降低血液中胆固醇水平，有利于防止冠状动脉硬化；促进钙盐及磷盐在骨质中沉积，以维持正常骨质。

（8）对下丘脑和垂体的作用：产生正、负反馈的调节作用。

2. 孕激素　卵泡期卵泡不分泌孕酮，排卵前成熟卵泡的颗粒细胞在 LH 排卵峰的作用下黄素化，开始分泌少量孕酮，排卵后黄体分泌孕酮逐渐增加至排卵后 7~8 日黄体成熟时，分泌量达最高峰，以后逐渐下降，到月经来潮时降至卵泡期水平。孕激素基本结构为孕烷核，如孕酮（progesterone，P）。孕酮在肝代谢成孕二醇及其他产物，并与葡糖醛酸结合，经尿液和胆汁排出。其生理作用如下：

（1）对子宫的作用：使子宫平滑肌松弛，降低子宫平滑肌对缩宫素的敏感性，抑制子宫收缩，有利于受精卵在子宫腔内生长发育；使增殖期子宫内膜转化为分泌期内膜，为受精卵着床做好准备；使宫颈口闭合，黏液减少、变稠，拉丝度减少，阻止细菌和精子进入宫腔。

（2）对输卵管的作用：使输卵管收缩减弱，蠕动减慢，并调节受精卵的运行。

（3）对阴道的作用：使阴道上皮细胞脱落加快。

（4）对乳房的作用：在已有雌激素影响的基础上，促进乳腺腺泡发育成熟。

（5）对体温的作用：兴奋下丘脑体温调节中枢，使排卵后基础体温上升 0.3~0.5 ℃。临床上可以此作为排卵日期的判断。

（6）对代谢的作用：促进水与钠的排泄。

（7）对下丘脑和垂体的作用：产生负反馈的调节作用。

孕激素与雌激素有协同和拮抗作用。一方面，孕激素在雌激素作用的基础上，可促使生殖器官和乳房发育，为妊娠准备条件，两者有协同作用；另一方面，雌激素和孕激素又有拮抗作用，表现为子宫舒缩、输卵管蠕动、宫颈黏液稀稠、阴道上皮细胞角化和脱落、水钠的潴留与排泄等方面。

3. 雄激素　女性体内的雄激素主要来自肾上腺皮质，卵巢也能分泌部分雄激素，包括睾酮、雄烯二酮和脱氢表雄酮。卵泡内膜层是合成雄烯二酮的主要部位，卵巢的间质细胞和门细胞主要分泌睾酮。排卵前循环中雄激素升高，一方面可以促进非优势卵泡闭锁，另一方面可提高性欲。雄激素基本结构为雄烷核，其生理作用如下：

（1）拮抗雌激素，减缓子宫及其内膜的生长及增生，抑制阴道上皮的增生和角化。

（2）促进阴蒂、阴唇和阴阜的发育，促进阴毛和腋毛的生长。

（3）可使基础代谢率增加，促进蛋白质的合成，促进肌肉的生长。

（4）刺激骨髓中红细胞的增生，并参与造血功能。

（5）在性成熟期前，促使长骨骨基质生长和钙的保留；性成熟后可致骨骺关闭，使生长停止。

第4节　子宫内膜及其他生殖器官的周期性变化

卵巢的周期性变化使女性生殖器发生一系列周期性变化，尤以子宫内膜的周期性变化最显著（图3-5）。

【子宫内膜的周期性变化】

子宫内膜在结构上分为基底层和功能层。基底层直接与子宫肌层相连，不受卵巢激素变化的影响，在月经期不发生脱落。其表面的功能层受卵巢激素的影响呈周期性增殖、分泌和脱落性变化。以一个正常月经周期28日为例，其周期性改变可分为三期。

1. 增殖期（proliferative phase）　月经周期的第5~14天，与卵巢周期中的卵泡期相对应。在雌激素的作用下，子宫内膜重新再生修复并长出新的功能层。表现为内膜增厚，腺体增多，血管增生、延长弯曲呈螺旋状。此期内膜增厚至3~5 mm。增殖期又可分早、中、晚3期。

增殖早期：月经周期第5~7天。此期内膜薄，仅1~2 mm；腺体短、细、直，腺上皮细胞呈立方或低柱状；间质致密，间质中的小动脉较直、壁薄。

增殖中期：月经周期第8~10天。此期内膜腺体数增多，腺体长、稍有弯曲，腺上皮细胞呈柱状，开始有分裂象；间质中螺旋小动脉逐渐发育，间质水肿在此期最明显。

增殖晚期：月经周期第11~14天。此期内膜进一步增厚，达3~5 mm；腺上皮变为高柱状，核分裂象增多，腺体更长，呈弯曲状；间质细胞相互结合成网状；螺旋小动脉增生，管腔增大，呈弯曲状，组织内水肿明显。

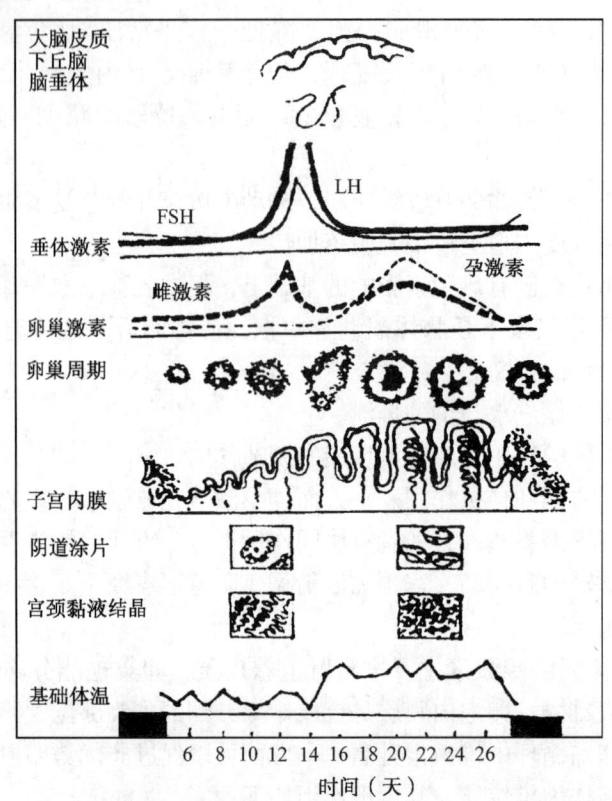

图 3-5 垂体、卵巢、子宫内膜、宫颈黏液、基础体温等的周期性变化

2. 分泌期（secretory phase） 月经周期的第 15～28 日，与卵巢周期中的黄体期相对应。黄体形成后，在雌、孕激素作用下，子宫内膜进一步增厚，可达 10 mm 并呈海绵状。腺上皮细胞增生，出现分泌现象（胞质中含有许多分泌颗粒，腺腔内含大量的分泌物）。间质水肿、疏松。此时，子宫内膜已为受精卵的着床发育准备好条件。整个分泌期也分 3 个时期：

（1）分泌早期：月经周期第 15～19 日。此期内膜腺体更长，弯曲更明显，腺上皮细胞开始出现含糖原的核下空泡，为该期的组织学特征。间质中螺旋小动脉继续增生、弯曲。

（2）分泌中期：月经周期第 20～23 日。子宫内膜较前更厚。腺体内的分泌上皮细胞顶端胞膜破裂，细胞内的糖原溢入腺体，称顶浆分泌。子宫内膜的分泌活动在月经中期 LH 峰后第 7 日达到高峰，恰与囊胚植入同步。此期间质更加疏松、水肿，螺旋小动脉进一步增生并卷曲。

（3）分泌晚期：月经周期第 24～28 日。此期为月经来潮前期，相当于黄体退化阶段。该期子宫内膜呈海绵状，厚达 10 mm。间质更疏松、水肿；螺旋小动脉迅速增长，超出内膜厚度，更加弯曲，血管管腔也扩张。

3. 月经期 月经周期第 1～4 天。为子宫内膜功能层从基底层崩解脱落期，这是体内孕酮和雌激素撤退的最后结果。经前 24 h，内膜螺旋小动脉持续痉挛，内膜组织缺血坏死、剥脱，脱落的内膜碎片与血液相混一起从阴道流出形成月经。

【生殖器其他部位的周期性变化】

1. 阴道黏膜的周期性变化 在月经周期中，阴道黏膜随着雌、孕激素的变化而发生周期性改变，尤其在阴道上段更明显。排卵前，阴道上皮在雌激素的影响下，底层细胞增生，逐渐演变为中层与表层细胞，使阴道上皮增厚；表层细胞出现角质化，以排卵期最明显；细胞内富有糖原，糖原经寄生在阴道内的阴道乳酸杆菌分解而成乳酸，使阴道内保持一定酸度，可以防止致病菌的繁殖。排卵后，在孕激素的作用下，主要为表层细胞脱落。临床上常借助阴道脱落细胞的变化了解体内雌激素水平和有无排卵。

2. 子宫颈黏液的周期性变化　在卵巢激素的影响下，子宫颈黏液的理化性质有明显的周期性改变。月经干净后，体内雌激素水平低，子宫颈管分泌的黏液量很少；随着雌激素水平不断提高，子宫颈黏液至排卵期分泌量增加，质稀薄、透明，拉丝度可达 10 cm 及以上；此时，子宫颈外口松弛呈圆形，出现所谓"瞳孔"现象，有利于精子通过。若将黏液做涂片检查，干燥后可见羊齿植物叶状结晶，这种结晶在月经周期第 6~7 日开始出现，到排卵期最为典型。排卵后，受孕激素影响，黏液分泌量逐渐减少，质地变黏稠而混浊，拉丝度差，易断裂。涂片检查时结晶逐步模糊，至月经周期第 22 日左右完全消失，而代之以排列成行的椭圆体。根据子宫颈黏液的周期性变化，可了解当时的卵巢功能。

3. 输卵管的周期性变化　雌激素促进输卵管发育及输卵管肌层的节律性收缩振幅，使得黏膜上皮纤毛细胞生长，体积增大，非纤毛细胞分泌增加，为卵子提供运输和种植前的营养物质。孕激素则能抑制输卵管肌层的节律性收缩振幅，抑制黏膜上皮纤毛细胞的生长，减低分泌细胞分泌黏液的功能。雌、孕激素的协同作用，保证受精卵在输卵管内的正常运行和营养。

第 5 节　月经周期的调节

月经周期的调节主要是通过下丘脑、垂体、卵巢的激素作用实现的。下丘脑-垂体-卵巢轴（HPO）是一个完整而协调的神经内分泌系统（图 3-6），它的每个环节均有其独特的神经内分泌功能，并且相互调节、相互影响。HPO 的主要生理功能是控制女性生育，维持正常月经周期和性功能，因此又称性腺轴。

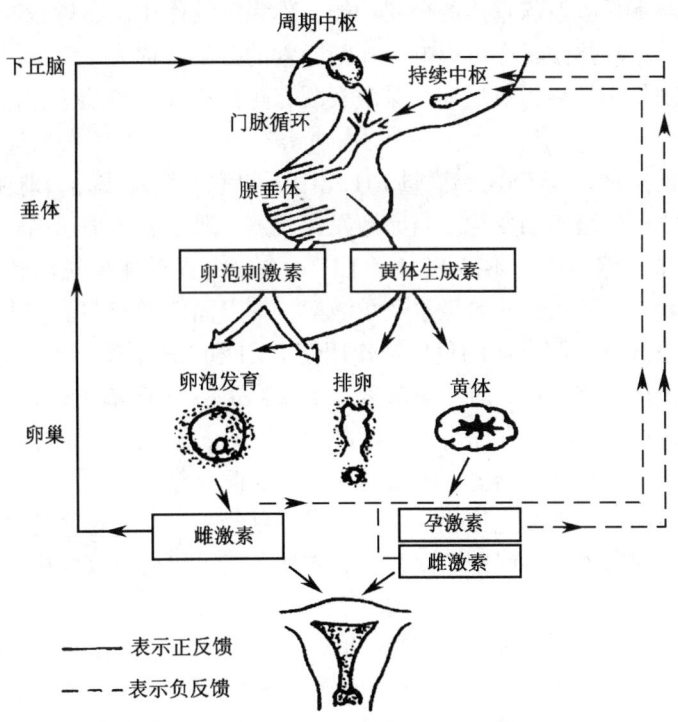

图 3-6　下丘脑-垂体-卵巢轴相互关系示意图

【下丘脑对垂体的调节】

下丘脑的神经内分泌细胞分泌促性腺激素释放激素（gonadotropin-releasing hormone，GnRH），即卵泡刺激素释放激素（follicle stimulating hormone releasing hormone，FSHRH）和黄体生成素释放激素（luteinizing hormone releasing hormone，LHRH）。通过下丘脑与脑垂体之间的门静脉系统进入腺垂体，使之分泌产生促性腺激素。

【腺垂体对卵巢的调节】

腺垂体接受促性腺激素释放激素的调节，刺激腺垂体的促性腺激素细胞分泌卵泡刺激素（follicle-stimulating hormone，FSH）和黄体生成素（luteinizing hormone，LH），它们对GnRH的脉冲式刺激起反应，并受卵巢性激素和抑制素的调节。两者均属糖蛋白激素，其共同作用促使卵泡发育成熟和排卵，形成黄体，并使卵巢分泌性激素。

FSH在少量LH的协同作用下，促使卵泡发育及成熟，并分泌雌激素。LH在FSH的共同作用下，促使成熟卵泡排卵和黄体形成，并分泌孕激素与雌激素。

【月经调节激素的周期性变化】

1. 卵泡刺激素（FSH）的变化　在月经来潮时，血中FSH开始略有上升，在卵泡期的前半期维持在较低水平，至卵泡期后半期，随着卵泡的发育，E_2分泌量增加，FSH略有下降，至排卵前24h，出现低值，随即迅速上升。24h后自最高值直线下降，黄体期维持在较低水平，月经来潮前达最低值，月经期开始再度上升。

2. 黄体生成激素（LH）的变化　卵泡期的前半期，血中LH含量较低，此后逐渐上升，至排卵前24h左右与FSH同时出现一个陡峭的高峰，且较FSH峰值更高，于24h后自最高值骤降。在黄体期，LH维持在较低水平，但较FSH略高。黄体后期也逐渐下降，至月经前达最低水平。LH在月经期处于低水平。

【月经周期的调节机制】

月经周期的调节是相当复杂的过程。下丘脑分泌的促性腺激素释放激素（GnRH）作用于腺垂体，使腺垂体分泌FSH和LH，它们作用于卵巢，使之产生周期性变化并分泌雌激素及孕激素。这些激素反过来影响下丘脑及腺垂体的分泌功能，称为反馈作用。卵巢激素对下丘脑及腺垂体的反馈又称为长反馈；垂体激素亦可影响下丘脑激素的分泌，称为短反馈。产生促进作用的称为正反馈，产生抑制作用的称为负反馈。雌激素既有正反馈又有负反馈作用，孕激素具有负反馈作用。

在月经周期的前半期，在FSH和少量LH作用下卵泡发育及成熟，雌激素水平逐渐升高，作用于子宫内膜使之产生增殖期变化。当卵泡发育成熟，雌激素水平达高峰时，对下丘脑、腺垂体进行正反馈调节，腺垂体分泌的FSH和LH达高峰，促使卵巢排卵和黄体形成，随着黄体的进一步发育成熟，分泌大量的雌激素及孕激素，一方面使增殖期子宫内膜变为分泌期子宫内膜，另一方面对下丘脑、腺垂体的负反馈作用使FSH和LH下降。当腺垂体分泌受到抑制，FSH和LH下降，黄体萎缩退化，雌、孕激素水平急剧下降，子宫内膜失去激素的支持而发生坏死、剥脱、出血，成为月经。在卵巢性激素减少的同时，解除了对下丘脑的抑制，下丘脑得以再度分泌有关激素，于是又开始另一个新的周期，如此反复循环。

下丘脑、垂体与卵巢激素彼此相互依存，又相互制约，调节着正常的月经周期。其他内分泌腺如甲状腺、肾上腺等与月经周期的调节亦有密切关系，而所有这些生理活动均受大脑皮质调控。

（蒋　娜）

一、案例分析

李女士，26岁，新婚1年，平时月经规律，近期计划备孕，至产科门诊咨询，想了解有关排卵的相关知识。

讨论分析：

什么是排卵？排卵时间如何计算？

二、问答题

1. 简述卵巢的功能。
2. 简述雌激素生理功能。
3. 简述青春期生理特点。

本章临床执业助理医师资格考试要点

1. 女性一生各阶段的生理特点。
2. 卵巢功能与卵巢周期性变化。
3. 子宫内膜周期性变化及月经。
4. 生殖器其他部位的周期性变化。
5. 月经周期的调节。

第四章

妊娠生理

第四章
数字资源

思政之光

学习目标

通过本章内容的学习，学生应能够：

识记：
1. 复述胎儿附属物的构成，妊娠期母体各系统的变化特点。
2. 熟记胎儿附属物的功能，胎儿发育的特征。
3. 了解受精、胚胎及胎儿的发育。

理解：
1. 总结精卵结合及胚胎、胎儿发育的过程。
2. 列举胎儿附属物的形成及功能。

运用：
1. 运用妊娠生理知识，根据妊娠期母体变化及胎儿发育特点，判断孕妇的生理状态，进行健康教育。
2. 具备较好的沟通能力，培养学生关爱患者、团结协作、沉着冷静、快速及准确处置患者的职业素质。

妊娠是胚胎和胎儿在母体内发育成长的过程。卵子受精是妊娠的开始，胎儿及其附属物从母体排出是妊娠的终止。临床上常以末次月经的第一天作为妊娠的开始，全过程平均约40周（280天）。妊娠是一个非常复杂但极为协调的生理过程。

第1节 受精、胚胎及胎儿发育

一、受精

精子和卵子结合的过程称为受精。当精液射入阴道内，精子离开精液，经子宫颈管进入子宫腔及输卵管腔后，获得受精的能力。一次射精有数亿精子进入阴道，但只有300~500个到达输卵管壶腹部，其余的大部分精子被排出阴道外，还有一部分被白细胞吞噬。卵子从卵巢排出后，经输卵管伞部的"拾卵"作用进入输卵管内，停留在输卵管壶腹部与峡部连接处，等待受精。受精发生在排卵后12 h内，整个受精过程约需24 h。

精子获能后，与卵子的放射冠接触，精子顶体前膜与精子头部表面的细胞膜融合后破裂，释放出顶体酶，溶蚀放射冠及透明带的过程称为顶体反应。借助酶的作用，精子与卵子表面接触，卵子浅层胞质内的皮质颗粒释放溶酶体酶，引起透明带反应，阻止其他精子进入卵子内。

进入卵子内的精子与卵子两性原核逐渐融合，恢复46条染色体，形成二倍体受精卵，完成受精过程。受精卵的形成标志着新生命的诞生。

二、受精卵着床

受精后30 h，受精卵借助输卵管的蠕动和输卵管内膜上皮纤毛的推动向子宫腔方向移动，同时进行有丝分裂，此过程称为卵裂。约在受精后72 h，形成由16个细胞组成的实心细胞团，称为桑葚胚。随后细胞继续分裂并在细胞间隙集聚来自宫腔的液体形成早期囊胚。受精后第4日，早期囊胚进入宫腔，细胞继续分裂，受精后第5～6日早期囊胚透明带消失，总体积迅速增大，形成晚期囊胚，又称为胚泡。晚期囊胚逐渐侵入子宫内膜的过程，称为受精卵着床或植入（图4-1）。着床于受精后第6～7日开始，第11～12日完成。着床部位一般在子宫体部和底部，后壁多见。

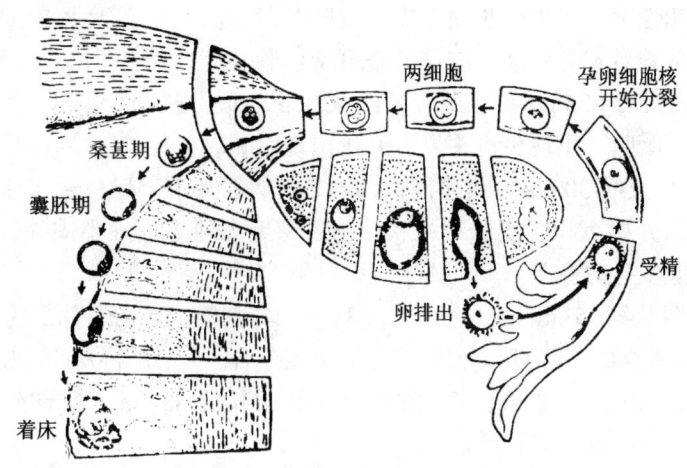

图4-1　卵子受精和受精卵着床

受精卵着床必须具备的条件是：①透明带消失；②囊胚细胞滋养细胞分化出合体滋养细胞；③囊胚和子宫内膜同步发育且功能协调；④孕妇体内有足够数量的雌激素和孕酮。

三、受精卵的发育

囊胚植入后，内细胞团的细胞增殖很快，分为两层，靠近滋养层的称上胚层，靠近中央的称下胚层。上胚层形成一个腔，叫羊膜腔。下胚层出现一个囊，叫卵黄囊。羊膜腔的底与卵黄囊的顶直接贴近，形成卵圆形组织板，称胚盘，为人体的始基，以后由此分化出胎儿身体各部。与此同时，滋养层分化成为两层：内层称细胞滋养层，由排列整齐的细胞滋养细胞组成；外层称合体滋养层，由合体细胞组成，合体细胞是一片原生质和分开的细胞核，细胞间界线（细胞膜）消失。

受精后3周左右，在上下胚层之间，从胚盘的上胚层分化出中胚层。此时，胚盘变厚隆起，前端发展较快，使羊膜腔顶部逐渐与滋养层分离。仅有一部分中胚层细胞，在胚盘尾部与滋养层相连，称为体蒂，日后形成脐带。卵黄囊后部分出一条细长的管状组织伸入体蒂中，称为尿囊。在受精后3周末，三胚层胚盘已形成，分别称为外、中、内胚层。原上胚层细胞全部置换了下胚层的细胞，形成一层新的细胞，称为内胚层，上胚层改称为外胚层，三个胚层均起源于上胚层。受精后4～8周，三个胚层形成胎儿身体各个器官的原基。外胚层将形成整个中枢神经系统、皮肤、毛发、指甲和眼睛的晶状体等；中胚层将形成真皮、骨骼、结缔组织、大部分骨骼肌和平滑肌，以及循环、生殖和泌尿三个系统等；内胚层将形成消化系统、膀胱、阴道、前庭、呼吸系统的上皮和有关的腺体等。

四、胚胎及胎儿发育的特征

妊娠10周（受精后8周）内为人胚主要器官分化形成阶段，称为胚胎。妊娠11周（受精后9周）开始称为胎儿，是生长成熟阶段。胎儿发育以4周为一个妊娠月，作为一孕龄单位，按孕龄单位阐述胚胎及胎儿发育的特征如下：

4周末：可辨认胚盘与体蒂。

8周末：胚胎初具人形，头大，几乎占整个胎体的一半，能分辨出眼、耳、鼻、口、手指及足趾，超声显像可见心脏搏动。

12周末：胎儿身长约9 cm，双顶径长约2.3 cm，顶臀长6~7 cm。外生殖器可初辨性别，四肢有微弱活动。

16周末：胎儿身长约16 cm，双顶径长约3.3 cm，顶臀长约12 cm，体重约110 g。从外生殖器可以确定胎儿性别。头皮已长出毛发，皮肤菲薄呈深红色，无皮下脂肪。胎儿已开始出现呼吸运动，部分孕妇自觉有胎动，腹部检查可听到胎心音。

20周末：胎儿身长约25 cm，双顶径长约4.7 cm，顶臀长约16 cm，体重约320 g。皮肤暗红，胎身有毳毛、胎脂，出现少许头发。开始出现吞咽、排尿功能。胎儿运动明显增加。

24周末：胎儿身长约30 cm，双顶径长约6.1 cm，顶臀长约21 cm，体重约630 g。各脏器已发育，皮下脂肪开始沉积，皮肤皱缩状，出现眉毛和睫毛。细小支气管和肺泡已经发育。出生后可有呼吸，但生存力极差。

28周末：胎儿身长约35 cm，双顶径长约7.3 cm，顶臀长约25 cm，体重约1000 g。皮肤粉红，表面覆盖胎脂。四肢活动好，有呼吸运动。出生后可能存活，但易患特发性呼吸窘迫综合征。

32周末：身长约40 cm，双顶径长约8.5 cm，顶臀长约28 cm，体重约1700 g。毳毛已脱落，生存力尚可，适当护理可以存活。

36周末：身长约45 cm，双顶径长约9.1 cm，顶臀长约32 cm，体重约2500 g。皮下脂肪发育好，面部皱褶消失，趾（指）甲已达趾（指）端。出生后能啼哭及吸吮，生存力好，能较好存活。

40周末：身长约50 cm，双顶径长约9.3 cm，顶臀长约36 cm，体重约3400 g。胎儿发育成熟，皮下脂肪发育好，皮肤粉红色，外观体形丰满。足底皮肤有纹理。女性大小阴唇发育好，男性睾丸已降至阴囊内。出生后哭声响亮，吸吮力强，能很好存活。

第2节 胎儿附属物的形成及其功能

胎儿附属物包括胎盘、胎膜、脐带、羊水，它们维持胎儿宫内生长及发育。

一、胎盘

（一）胎盘的形成

胎盘由底蜕膜、叶状绒毛膜及羊膜构成。

1. 蜕膜的形成　囊胚着床后的子宫内膜称蜕膜，依其与囊胚着床部位的关系可分为三部分。

（1）底蜕膜：与叶状绒毛膜接触的蜕膜部分，将来发育成为胎盘的母体部分。

（2）包蜕膜：覆盖在囊胚上面的蜕膜部分。

（3）壁（真）蜕膜：除包蜕膜与底蜕膜外，覆盖于子宫腔表面其他部分的蜕膜（图4-2）。

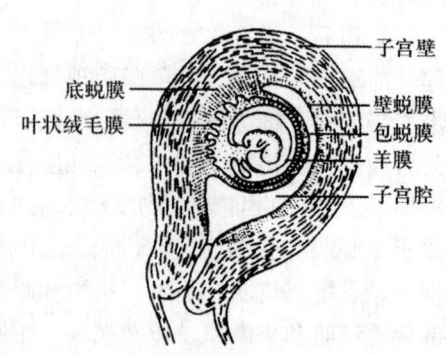

图4-2　早期妊娠子宫蜕膜与绒毛膜的关系

随着囊胚的发育，羊膜腔不断增大逐渐凸向子宫腔，约在妊娠12周时包蜕膜与壁蜕膜逐渐贴近吻合，将形成胎膜的一部分，子宫腔消失。

2. 绒毛膜　囊胚着床完成后，滋养层细胞迅速分裂增殖为细胞滋养层和合体滋养层，滋养层内面有一层胚外中胚层，与滋养层共同组成绒毛膜。与底蜕膜接触的绒毛，因营养丰富，分支增多，这部分绒毛膜称叶状绒毛膜，是构成胎盘的胎儿部分，是胎盘的主要组成部分。与包蜕膜接触的绒毛膜，因营养缺乏而退化，变得光滑，构成胎膜的一部分，称平滑绒毛膜。

叶状绒毛膜的绒毛有两种：少数绒毛似树根状，深扎于底蜕膜中，有支持固定作用，叫固定绒毛；大部分绒毛末端游离，称游离绒毛。绒毛之间的间隙称为绒毛间隙。脐动脉和脐静脉随着绒毛干不断分支，脐血管越来越细，最终分化为毛细血管进入到绒毛末梢，建立胎儿-胎盘循环。子宫螺旋小动脉穿过蜕膜层进入绒毛间隙，子宫螺旋血管破裂，直接开口于绒毛间隙，绒毛间隙充满母血，游离绒毛悬浮于其中，母儿间物质交换在悬浮于母血的绒毛处进行。胎儿血液经脐动脉直至绒毛毛细血管壁，经与绒毛间隙中的母血进行物质交换，两者不直接相通，而是隔着绒毛毛细血管壁、绒毛间质及绒毛表面细胞层进行物质交换，有胎盘屏障的作用，吸收营养物质的血液再经脐静脉返回胎儿体内。母血则经底蜕膜螺旋动脉开口通向绒毛间隙内，再经开口的螺旋静脉返回孕妇体内（图4-3）。

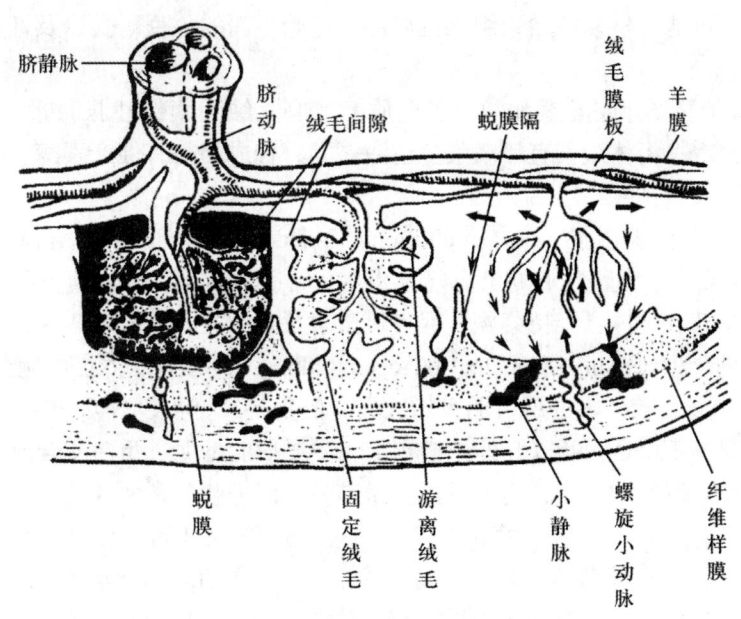

图4-3　胎盘血液循环模式图

3. 羊膜　由羊膜囊壁发育而成的半透明薄膜。附着在胎盘胎儿面、胎膜及脐带的表面。羊膜光滑，无血管、神经及淋巴。

（二）胎盘的形态结构

胎盘于妊娠6~7周开始形成，至妊娠12周已基本成形。正常足月胎盘呈盘状，圆形或椭圆形，直径16~20 cm，厚1~3 cm，中间厚，边缘薄，重450~650 g，约为新生儿体重的1/6。胎盘分为子面与母面，其母面粗糙，色暗红，有约20个胎盘小叶；子面光滑，由羊膜覆盖，呈灰白色，表面有血管分布，脐动静脉从附着处分支向四周呈放射状分布达胎盘边缘。脐带附着在胎盘中央或偏侧。

（三）胎盘的功能

1. 气体交换　在母体与胎儿之间，O_2及CO_2以简单扩散方式进行交换，相当于出生后的肺功能。子宫动脉血氧分压（PO_2）较高，绒毛间隙中的血氧分压次之，胎儿脐动脉的血氧分压最低，从而保证了O_2经扩散作用进入胎儿血循环，且胎儿血红蛋白对O_2亲和力强。CO_2扩

散速度比 O_2 快 20 倍，且胎血对 CO_2 亲和力低于母血。当胎盘血液循环受阻时，临床上即可出现胎儿宫内窘迫。

2. 供给营养　胎儿生长发育所需的营养，经胎盘由母体供给。如葡萄糖以易化扩散方式通过胎盘，胎儿体内的葡萄糖均来自母体。氨基酸、钙、磷、碘和铁以主动运输方式通过胎盘。游离脂肪酸、水、钾、钠、镁，维生素 A、维生素 D、维生素 E、维生素 K 以简单扩散方式通过胎盘。胎盘还能将简单物质合成糖原、蛋白质、脂肪等大分子物质储存起来，替代了胎儿的消化功能。

3. 排泄作用　胎儿代谢的产物如尿素、尿酸、肌酐、肌酸等，经胎盘渗入母血而排出，相当于出生后的肾功能。

4. 防御功能　胎盘具有一定的屏障作用，但它是极为有限的。各种体积微小的病毒（如风疹病毒、巨细胞病毒）及某些对胎儿有害的药物可通过胎盘进入胎儿体内，引起胎儿感染或致畸。细菌、弓形虫、衣原体、螺旋体可在胎盘部位形成病灶，破坏绒毛结构进入胎体感染胚胎及胎儿。母血中的免疫球蛋白（IgG）可通过胎盘进入胎儿体内，因此，胎儿出生后一段时间内具有一定的被动免疫力。

5. 免疫功能　胎儿和胎盘对母体而言似同种异体移植，但母体并不产生排斥现象。其机制目前尚不清楚，可能与早期胚胎组织无抗原性、母胎界面的免疫耐受以及妊娠期母体免疫力低下有关。

6. 合成功能　主要合成激素和酶。蛋白质激素有人绒毛膜促性腺激素、人胎盘催乳素、妊娠特异性糖蛋白等；甾体激素有雌激素、孕激素等；合成的酶有催产素酶、耐热性碱性磷酸酶等。

（1）人绒毛膜促性腺激素（human chorionic gonadotropin，hCG）：由合体滋养层细胞分泌，于受精后 10 天可在孕妇血中测出，妊娠 8~10 周达高峰，以后迅速下降，产后 2 周内消失。其主要作用是营养黄体，维持妊娠；促进雌激素及孕激素合成；刺激甲状腺活性。

（2）人胎盘催乳素（human placental lactogen，hPL）：由合体滋养层细胞分泌。妊娠 5~8 周时可在母血中测出，随妊娠进展及胎盘增大，分泌量持续增加，妊娠 39~40 周达高峰并维持至分娩，产后迅速下降，产后 7 h 即不能测出。主要功能是促进蛋白质合成，有利于胎儿生长发育；促进孕妇乳腺腺泡发育，为产后泌乳做准备；促进胰岛素生成。

（3）雌激素：包括雌酮、雌二醇和雌三醇。从妊娠 17 周开始，母血中雌激素含量逐渐增加，足月妊娠时达高峰。雌激素中以雌三醇为主（E_3）。雌三醇由胎盘、胎儿肾上腺和肝共同作用而生成。临床上常以孕妇血和尿中雌三醇含量推测胎儿胎盘功能。至妊娠末期，雌三醇值为非孕妇女的 1000 倍，雌二醇及雌酮值为非孕妇女的 100 倍。

（4）孕激素：由合体滋养层细胞分泌，随妊娠进展母血中孕酮水平逐渐增加，与雌激素协调参与妊娠期母体各系统的生理变化。

二、胎膜

胎膜是由平滑绒毛膜及羊膜构成，胎膜外层为绒毛膜，内层为半透明的羊膜。两层互相紧贴，但是可以分开。胎膜的重要作用是维持羊膜腔的完整性，防止细菌进入宫腔，避免感染，对胎儿起到保护作用，在分娩发动上有一定作用。

三、脐带

脐带是连接胎儿与母体的条索状组织，脐带一端连接胎儿腹壁的脐轮，另一端附着于胎盘胎儿面中央或偏于一侧，表面被覆羊膜，呈灰白色。脐带内有一条脐静脉和两条脐动脉。血管周围有华通胶，起保护血管的作用。脐带长 30~100 cm，平均约 55 cm，直径 0.8~2.0 cm。

胎儿通过脐带与母体进行营养物质、代谢物质的交换，若脐带受压或缠绕打结，使血流受阻，可致胎儿缺氧，甚至危及胎儿生命。

四、羊水

充满在羊膜腔内的液体，称为羊水。妊娠早期羊水主要来源于母体血浆通过胎膜进入羊膜腔的透析液。自妊娠中期起，胎儿的尿液成为羊水的重要来源。母儿间的液体交换主要通过胎盘，每小时约 3600 ml。妊娠期羊水量逐渐增加，妊娠 38 周约 1000 ml，此后逐渐减少，至妊娠足月时羊水量约 800 ml。过期妊娠时，羊水量明显减少，可少至 300 ml 甚至以下。羊水成分随妊娠时期不同而异。妊娠早期羊水为无色澄清液体，足月时羊水略浑浊、不透明，羊水内常悬有小片状物，包括胎脂、毳毛、上皮细胞、尿酸、尿素等，还含大量激素和酶，pH 约为 7.20，内含水分 98%~99%。

羊水的功能有：①起缓冲作用，避免对脐带直接压迫导致胎儿窘迫，减少母体因胎动引起的不适。②防止羊膜与胎体粘连，使胎儿有一定的活动度。③保持宫腔的恒温、恒压。④通过羊水检查可测定胎儿的成熟度、性别及某些先天性疾病和遗传性疾病。⑤临产宫缩时，羊水能使宫缩压力均匀分布，避免胎儿局部受压。前羊水囊具有扩张子宫颈口的作用，破膜后羊水冲洗阴道，可减少感染机会。

第 3 节　妊娠期母体变化

妊娠后母体全身各系统均发生一系列显著的生理性改变，以满足胚胎和胎儿生长发育的需要。了解妊娠期母体变化，有助于做好妊娠期各项保健工作。

【生殖系统的变化】

1. 子宫

（1）子宫体：子宫在妊娠期的改变最为明显。随着胎儿的生长发育，肌纤维肥大变长并增生，间质的血管、淋巴管增生，子宫体逐渐增大变软。妊娠 6 周时，子宫体呈球形，12 周时子宫底超出盆腔，可在耻骨联合上方触及。子宫体积由妊娠前的 7 cm×5 cm×3 cm 增大至足月时的 35 cm×25 cm×22 cm，容量增加近 1000 倍，可达 5000 ml，足月子宫重量约 1100 g，增加近 20 倍。因盆腔左后方有乙状结肠占据，故子宫常有不同程度的右旋现象。子宫周围的韧带随子宫的增大亦增粗变长。

（2）子宫峡部：非孕期长约 1 cm，妊娠后逐渐变软并伸展拉长变薄，至妊娠 12 周约增长 3 倍，临产时可达 7~10 cm，成为软产道的一部分，此时称为子宫下段。

（3）子宫颈：子宫颈因黏膜充血、组织水肿，外观肥大、变软，呈紫蓝色。子宫颈管内腺体增生，分泌旺盛，浓稠的黏液栓塞于子宫颈管内，形成"黏液栓"，可防止细菌侵入子宫腔。临近产期，子宫颈变短并轻度扩张。

2. 卵巢　妊娠期卵巢无新卵泡发育及停止排卵。妊娠早期卵巢稍增大，在一侧卵巢可见妊娠黄体，产生雌激素及孕激素以维持妊娠，妊娠黄体在妊娠 10 周后开始萎缩，其功能由胎盘取代。

3. 输卵管　妊娠期增长，充血、水肿，但肌层无明显肥厚，有时黏膜可有蜕膜反应。

4. 阴道　阴道黏膜增厚、充血、水肿，呈紫蓝色，皱襞增多。平滑肌细胞肥大，结缔组织松软，伸展性增加，有利于分娩时胎儿通过。阴道上皮细胞糖原增加，乳酸含量增多，阴道 pH 降低，有利于防止感染。上皮细胞通透性增加，分泌物增多。

5. 外阴　妊娠期外阴充血，皮肤增厚，大、小阴唇色素沉着，有时可见大阴唇静脉曲张，结缔组织变疏软，弹性增加，有利于分娩时胎儿通过。由于妊娠期受增大的子宫压迫，盆腔及

下肢静脉回流障碍，部分患者可出现外阴或下肢静脉曲张，产后多自行消失。

【乳房的变化】

在雌激素、孕激素、胎盘生乳素等激素的作用下，妊娠早期乳房开始增大，充血明显。孕妇自觉乳房发胀是妊娠早期的常见表现。乳头、乳晕色素沉着，乳头周围皮脂腺呈结节状隆起，称为蒙氏结节。妊娠晚期，挤压乳房可有少量黄色稀薄液体溢出，称为初乳。

【血液、循环系统的变化】

1. 血液 血容量自妊娠6~8周开始增加，至妊娠32~34周达高峰，并一直持续至分娩。整个妊娠期总血容量较原来增加40%~45%，平均增加约1450 ml，其中红细胞平均增加450 ml，血浆平均增加1000 ml，红细胞增加少于血浆量增加，出现生理性血液稀释。由于血液稀释，红细胞计数降为3.6×10^{12}/L（非孕妇女约为4.2×10^{12}/L），血红蛋白值降为110 g/L（非孕妇女约为130 g/L），血细胞比容降为0.31~0.34（非孕妇女为0.38~0.47）。妊娠期白细胞轻度增加，一般为$(5\sim12)\times10^9$/L，有时可升至15×10^9/L。临产和产褥期白细胞计数显著增加，一般为$(14\sim16)\times10^9$/L，有时可达25×10^9/L。主要是中性粒细胞增加，淋巴细胞增加不多，单核细胞及嗜酸性粒细胞几乎无改变。血清总蛋白较正常非孕妇低，主要是白蛋白减少。血液黏稠度增加，血液处于高凝状态，有利于预防产后出血。

2. 心脏 由于血容量增加，使心脏负担增加，心率增加10~15次/分，妊娠10周心排血量渐增加，至32~34周达高峰，持续至分娩。妊娠子宫不断增大，推压横膈上升，造成心脏向左上移位，并向前旋转贴近胸壁，心尖部左移1~2 cm，心浊音界稍扩大。心脏移位还可造成大血管扭曲，部分孕妇可在心尖部和肺动脉区听到柔和的吹风样收缩期杂音，产后逐渐消失。

3. 血压 妊娠早期及中期血压偏低，由于妊娠后外周血管扩张，血液稀释及胎盘动静脉短路，妊娠早、中期常有舒张压轻度偏低现象，妊娠24~26周后血压轻度升高。妊娠晚期因流向下腔静脉的血量增多，且增大的子宫压迫下腔静脉使血液回流受阻，易出现下肢水肿、静脉曲张或痔，且下腔静脉压升高，若孕妇长时间平卧，可引起回心血量减少，心排血量降低，血压下降，出现仰卧位低血压综合征，应予重视。因此，妊娠中、晚期鼓励孕妇宜侧卧位休息。

【泌尿系统的变化】

妊娠早期及晚期，子宫压迫膀胱，出现尿频。由于孕妇及胎儿代谢产物增多，肾负担加重，肾血流量（renal blood flow, RPF）约增加35%，肾小球滤过率（glomerular filtration rate, GFR）约增加50%，受体位影响，孕妇仰卧位时尿量增加，故夜尿量多于日尿量。当超过其负荷时则回吸收障碍，出现生理性糖尿，应注意与糖尿病鉴别。由于子宫对输尿管的压迫，输尿管内压力增高，孕激素使得泌尿系统平滑肌张力降低，可见肾盂及输尿管有生理性扩张现象，蠕动减弱，尿流缓慢，易发生急性肾盂肾炎，因子宫右旋使右侧输尿管受压，因此以右侧多见。

【呼吸系统的变化】

子宫增大使膈肌上升，肺底上移，肋骨向外扩展，胸腔横径及前后径加宽使周径加大。由于孕妇耗氧量于妊娠中期增加10%~20%，气体需要量增加，肺通气量增加40%左右，有过度通气现象，呼吸较深，但次数改变不大，每分钟不超过20次。妊娠期上呼吸道（鼻、咽、气管）黏膜增厚，轻度充血、水肿，纤毛摆动受抑制，抵抗力下降，易发生上呼吸道感染。

【消化系统的变化】

受雌激素影响，牙龈充血、水肿、增生，刷牙时易牙龈出血。孕激素使胃贲门括约肌松弛，胃内酸性内容物逆流至食管下部产生烧灼感，而胃排空时间并不延长。妊娠早期常有恶心、呕吐、食欲缺乏等现象，称为妊娠反应。肠蠕动减弱，常有肠胀气或便秘，常可发生痔疮或原有痔疮加重。肝功能没有明显变化，但胆囊排空时间延长，故孕妇易发生胆囊炎及胆

石症。

【骨骼及韧带的变化】

妊娠期骨盆关节及椎骨间韧带松弛，常觉腰骶部及肢体疼痛，耻骨联合可有分离现象。妊娠期由于重心前移，为了保持平衡，孕妇头及肩向后移，腰部向前挺，形成典型的孕妇姿势，因而也易有腰部酸痛感。妊娠期间骨质通常无改变，仅在妊娠次数过多、过密又不注意补充维生素 D 及钙时，引起骨质疏松。

【皮肤的变化】

妊娠期腺垂体分泌促黑素细胞刺激激素，雌、孕激素刺激黑色素分泌，使孕妇面颊、乳头、乳晕、腹白线及外阴常有棕色色素沉着。面颊呈蝶形分布的褐色斑，称妊娠斑，产后逐渐消退。汗腺分泌旺盛。随着妊娠子宫增大，使孕妇腹壁皮肤张力加大，弹力纤维过度伸展而断裂，使腹壁皮肤出现紫色或淡红色的裂纹，称妊娠纹。妊娠纹在初孕妇为紫色或淡红色，产后变为银白色，持久不退。

【内分泌系统的变化】

1. 垂体　妊娠晚期腺垂体明显增大，嗜酸性粒细胞肥大增多，形成"妊娠细胞"，产后 10 日左右可恢复。产后若发生出血性休克，可使垂体缺血、坏死，从而导致希恩综合征。大量雌、孕激素对下丘脑及腺垂体呈负反馈作用，使促性腺激素分泌减少，卵巢无排卵。催乳素分泌增加。

2. 甲状腺　妊娠期甲状腺呈中度增大，血管增多，功能增强。血中甲状腺激素虽增多，但游离甲状腺激素并未增多，故孕妇一般无甲状腺功能亢进表现。孕妇与胎儿体内促甲状腺激素均不能通过胎盘，而是各自调节，但抗甲状腺药均可透过胎盘，故使用时应慎重。

3. 肾上腺皮质　妊娠期肾上腺肥大，皮质增厚，促肾上腺皮质激素分泌增多，糖皮质醇进入血液后大部分与蛋白质结合，游离的糖皮质醇不多，因此孕妇一般无肾上腺皮质功能亢进的表现。

【新陈代谢的变化】

1. 糖代谢　妊娠期胰岛素功能旺盛，孕妇血内胰岛素稍高，空腹血糖偏低，餐后高血糖和高胰岛素血症，以利于对胎儿葡萄糖的供给。至妊娠后期，产生相对胰岛素不足，导致血糖升高，且妊娠期肾排糖阈下降，可出现临床糖尿，产后则恢复正常。妊娠期糖代谢的特点和变化可致妊娠期糖尿病的发生。

2. 蛋白质代谢　孕妇对蛋白质的需要量明显增加，妊娠中、后期呈正氮平衡。母体内氮的储存除供应胎儿生长发育及子宫、乳腺增长的需要外，还为分娩消耗及产后泌乳做储备。

3. 脂肪代谢　妊娠期孕妇脂肪储存多，能量消耗大，糖的储备减少，若有过多能量消耗时，即动员脂肪来补充，因而可能有氧化不全产生的酮血症。

4. 矿物质代谢　胎儿骨骼及其他组织的发育，需要多量的钙与磷，若代谢失常或摄入量不足，可因血钙过低造成肌肉痉挛或骨质疏松。因此，妊娠中、晚期应注意加强饮食中钙的摄入，并注意补充钙剂。妊娠期尤其是后半期，需铁量增多，有指征时可额外补充铁剂，以满足胎儿生长和孕妇的需要。如母血清铁不足，易发生贫血。

5. 基础代谢率及体重　基础代谢率在妊娠早期略有下降，中期以后随着氧的消耗及胎儿活动的增加逐渐上升，晚期可增高 15%～20%，每日需热量为 300 kcal。妊娠期间体重平均增加 12.5 kg，妊娠晚期每周体重增加超过 500 g 应考虑有隐性水肿。

（陈　霞）

• 自测题 •

一、选择题

1. 受精卵开始着床的时间是受精后
   A. 6~7天　　　　　　　　　　B. 7~8天
   C. 8~9天　　　　　　　　　　D. 9~10天
   E. 10~11天

2. 正常脐带内含有
   A. 一条脐动脉，一条脐静脉　　B. 一条脐动脉，两条脐静脉
   C. 两条脐动脉，一条脐静脉　　D. 两条脐动脉，两条脐静脉
   E. 只有两条脐静脉

3. 初孕妇，27岁，妊娠36周。查体：P 87次/分，BP 120/80 mmHg，叩诊心浊音界稍向左扩大，心尖部闻及Ⅱ级收缩期吹风样杂音。踝部轻度水肿，最可能的诊断是
   A. 妊娠期高血压性心脏病　　　B. 风湿性心脏病合并妊娠
   C. 风湿病合并妊娠，性质待查　D. 正常妊娠改变
   E. 围生期心肌病

二、案例分析

李某，女，30岁，停经20周。查体：腹部膨隆，宫底脐下一横指，B型超声检查闻及胎心音145次/分。

讨论分析：
1. 请问可以通过B型超声检查判断胎儿的性别吗？
2. 胎儿现阶段的生理特征有哪些？

三、问答题

1. 简述不同时期（妊娠8周末、16周末、28周末、36周末及40周末）胚胎及胎儿发育的生理特点。
2. 简述胎盘的组成、结构和功能。
3. 简述妊娠期母体子宫的变化、乳房的变化、血液和循环系统的变化、呼吸系统的变化及体重的变化等。

• **本章临床执业助理医师资格考试要点** •

1. 妊娠的概念。
2. 受精及受精卵发育、输送与着床。
3. 胎儿附属物的形成及其功能。
4. 妊娠期母体变化。

第五章

妊娠诊断

第五章
数字资源

学习目标

通过本章内容的学习，学生应能够：

识记：
1. 说出早期妊娠诊断方法。
2. 复述胎产式、胎先露、胎方位的定义及分类。

理解：
总结中、晚期妊娠的诊断方法。

运用：
1. 能运用早期妊娠相关知识和技能，进行早期妊娠的诊断。
2. 通过触摸大、小囟门和矢状缝，判断胎方位。
3. 演示各妊娠月份手测宫底高度，培养学生关爱患者、团结协作、沉着冷静、快速及准确处理患者的职业素质。
4. 能与孕妇及家属进行沟通，开展孕期健康教育。

思政之光

妊娠期一般从末次月经（last menstrual period，LMP）的第一日开始计算，约280日（40周）。为便于掌握妊娠不同时期的特点，临床上将妊娠期分为3个时期：妊娠未达14周称为早期妊娠（first trimester of pregnancy）；妊娠14周至未满28周称为中期妊娠（second trimester of pregnancy）；满28周及以后称为晚期妊娠（third trimester of pregnancy）。

第1节　早期妊娠的诊断

导学案例5-1

李某，女，25岁，结婚半年，未避孕，平素月经规律，月经周期为28天，每次持续3~4天，末次月经为11月12日，现已停经50天，1周前出现晨起恶心、呕吐，食欲减退等不适。

思考：
1. 该患者最可能是哪种情况？诊断依据是什么？
2. 还应做哪些检查以利于明确诊断？

早期妊娠也称早孕，是胚胎及胎儿生长发育的重要时期。早期妊娠的诊断主要是确定妊娠、胎数及孕龄，排除病理情况，如异位妊娠、葡萄胎等。

【临床表现】

（一）症状

1. 停经　生育年龄、有正常性生活、未避孕的妇女，平素月经周期规律，一旦月经过期10日或以上，应高度怀疑妊娠。停经是妇女可能妊娠最早出现、最重要的症状，但停经不一定是妊娠，有闭经、哺乳期等可能。需注意哺乳期妇女虽未有月经来潮，仍有可能再次妊娠。

2. 早孕反应（morning sickness）　于停经6周左右出现头晕、乏力、嗜睡、流涎、食欲缺乏、喜食酸物或厌恶油腻、恶心、晨起呕吐等症状，称为早孕反应，部分患者有情绪变化。早孕反应的出现可能与体内人绒毛膜促性腺激素（human chorionic gonadotropin, hCG）分泌增多、胃酸分泌减少以及胃排空时间延长有关。早孕反应多于妊娠12周左右自行消失。

3. 尿频　是由于妊娠子宫增大，在盆腔内压迫膀胱所致。在妊娠12周后，当宫体超出盆腔进入腹腔，尿频症状自然消失。

4. 乳房胀痛　自妊娠8周起，受增多的雌激素及孕激素影响，乳腺腺泡及乳腺小叶增生发育，孕妇自觉有乳房胀痛。哺乳期妇女一旦受孕，乳汁常明显减少。

（二）体征

1. 乳房变化　乳房逐渐增大，乳头也增大，乳头及其周围的乳晕着色加深，乳晕周围皮脂腺增生，出现深褐色结节，称为蒙氏结节（Montgomery's tubercles）。

2. 生殖器官　妊娠后阴道黏膜及宫颈充血水肿、变软呈紫蓝色。妊娠6~8周时，双合诊检查发现子宫颈变软，子宫峡部极软，感觉子宫颈与子宫体似不相连，称为黑加征（Hegar sign）。随妊娠进展，子宫体增大变软，妊娠5~6周子宫体呈球形，妊娠8周宫体约为非孕子宫体的2倍，妊娠12周时约为非孕子宫体的3倍。当子宫底超出骨盆腔时，可在耻骨联合上方触及。

3. 其他　部分患者因雌激素增多出现蜘蛛痣、肝掌、皮肤色素沉着（面部、腹白线、乳晕等）。

【辅助检查】

1. 妊娠试验　受精卵着床后合体滋养层细胞分泌hCG，即可用放射免疫法测出受检者血液中hCG。hCG经孕妇尿液排出，故临床上多采用早孕试纸检测受检者尿液，阳性提示可能妊娠。需排除异位妊娠、妊娠滋养细胞疾病等。

2. B型超声检查　妊娠早期超声检查的主要目的是确定宫内妊娠，排除异位妊娠、妊娠滋养细胞疾病、盆腔包块等。在增大的子宫轮廓中，可见来自羊膜囊的圆形光环，称孕囊，妊娠环内为液性暗区。超声最早在妊娠5周时见到妊娠囊。妊娠6周时可见到胎芽，妊娠7~8周可探及胎心。若在妊娠囊内见到有节律的胎心搏动，可确诊为早期妊娠活胎（图5-1）。B型超声检查是确定妊娠的金标准。早期妊娠B型超声可用于估计孕龄、校正预产期、排除胎儿畸形等。

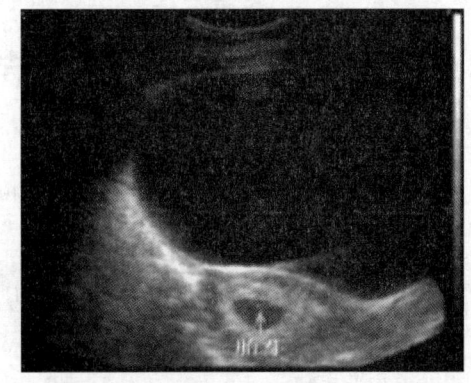

图5-1　B型超声检查早期妊娠孕囊

第2节 中、晚期妊娠的诊断

导学案例 5-2

某初孕妇,月经周期约28天。已停经一段时间,末次月经及胎动开始时间记不清,无明显早孕反应。现手测宫底位于脐上三指,用尺测量耻骨联合上子宫长度为26 cm。

思考:此孕妇妊娠大约多少周?

中、晚期妊娠是胎儿生长和各器官发育成熟的重要时期,中、晚期妊娠诊断主要判断胎儿生长发育情况、宫内状况和发现胎儿畸形。

【临床表现】

1. 子宫增大　子宫随妊娠进展逐渐增大,孕妇自觉腹部逐渐膨隆,可根据手测宫底高度或尺测耻上子宫长度(图5-2,表5-1),判断妊娠周数,初步估计胎儿大小。宫底高度因胎儿的大小、胎数、羊水量等而有差异。不同孕周的子宫底增长速度不同,妊娠20~24周时增长速度较快,平均每周增长1.6 cm,至36~39^{+6}周增长速度减慢,每周平均增长0.25 cm。一般情况下,宫高在妊娠36周时最高,至妊娠足月时可因胎先露入盆略有下降。

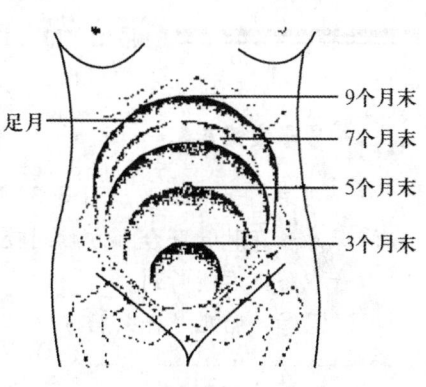

图 5-2　妊娠各周子宫底的高度

表 5-1　不同妊娠周数的宫底高度及子宫长度

妊娠周数	手测宫底高度	尺测耻上子宫长度
12周末	耻骨联合上2~3横指	
16周末	脐耻之间	16 cm
20周末	脐下1横指	18(15.3~21.4)cm
24周末	脐上1横指	24(22.0~25.1)cm
28周末	脐上3横指	26(22.4~29.0)cm
32周末	脐与剑突之间	29(25.3~32.0)cm
36周末	剑突下2横指	32(29.8~34.5)cm
40周末	脐与剑突之间或略高	33(30.0~35.3)cm

2. 胎动　指胎儿的躯体活动。妊娠18~20周孕妇可自觉胎儿在子宫内活动,称胎动(fetal movement,FM),胎动是妊娠诊断依据,也是胎儿宫内安危的重要指标。胎动随着妊娠进展逐渐增强,至妊娠32~34周达高峰,妊娠38周逐渐减少。胎动夜间和下午较为活跃,常在胎儿睡眠时消失。妊娠28周以后,正常胎动次数≥10次/2小时。

3. 胎心音　妊娠12周应用Doppler可听到胎心音,妊娠18~20周用听诊器可经孕妇腹壁听到胎儿心音(简称胎心),胎心音呈双音色,如钟表的"滴答"声,110~160次/分,在胎背处听诊最清楚。但需与孕妇子宫杂音、腹主动脉音、脐带杂音相鉴别。

4. 胎体　妊娠20周及以后,可经孕妇腹壁触到子宫内的胎体,妊娠24周后触诊更为清楚。触诊可区分胎头、胎背、胎臀及胎儿肢体:圆而硬的胎头有浮球感,宽而软的胎臀形状不规则,宽而平坦的胎背和小而不规则的四肢。随妊娠进展，可通过四步触诊法查清胎儿在子宫内的位置。

5. 皮肤变化　在面部、乳头、乳晕及腹壁正中线等有色素沉着。

【辅助检查】

1. 超声检查　B 型超声检查能显示胎儿数目、胎产式、胎先露、胎方位、有无胎心搏动、胎盘位置及其与宫颈内口的关系、羊水量，评估胎儿体重，还能测量胎头双顶径、头围、顶臀长和股骨长等多条径线，了解胎儿生长发育情况及有无胎儿体表畸形。在妊娠 20~24 周，可采用超声进行胎儿系统检查，筛查胎儿结构畸形。超声检查对腹部检查不能确定胎产式、胎先露、胎方位或胎心听不清者有意义。

2. 彩色多普勒　在增大的子宫区内，用超声多普勒仪能听到有节律、单一高调的胎心，胎心率为 110~160 次 / 分，可确诊为早期妊娠且为活胎，最早出现在妊娠 7 周时。此时，还可听到脐带血流音。

第 3 节　胎产式、胎先露、胎方位

导学案例 5-3

刘某，女，27 岁，妊娠 37 周，腹部检查：子宫呈纵椭圆形，子宫底部圆且硬，有浮球感。在耻骨联合上方触到较软而宽、不规则的胎臀，胎背位于母体腹部右前方；胎心音在脐上右侧听到。

思考：胎儿是什么胎方位？

妊娠未达 28 周胎儿较小，羊水相对较多，胎儿在子宫内活动范围较大，胎儿位置不固定。妊娠达 32 周及以上后，胎儿生长迅速，羊水相对减少，胎儿活动范围较小，胎儿的姿势和位置相对恒定。胎儿在子宫内的姿势称为胎姿势，正常的胎姿势是：胎头俯屈，颏部贴近胸壁，脊柱略前弯，四肢屈曲交叉于胸前。由于胎儿的位置不同，可有不同的胎产式、胎先露和胎方位。胎儿位置与母体骨盆的关系对分娩过程影响极大，故在妊娠后期至临产前，尽早确定胎儿在子宫内的位置非常重要，以便及时将异常胎位纠正为正常胎位。

【胎产式】

胎体纵轴与母体纵轴的关系称胎产式（fetal lie）。两者纵轴平行称纵产式（longitudinal lie），如头位、臀位，占足月妊娠分娩总数 99.7%；两者纵轴垂直为横产式（transverse lie），如横位，仅占分娩总数的 0.25%。两者纵轴交叉为斜产式，斜产式是暂时的，在分娩过程中可转成纵产式，偶转成横产式（图 5-3）。

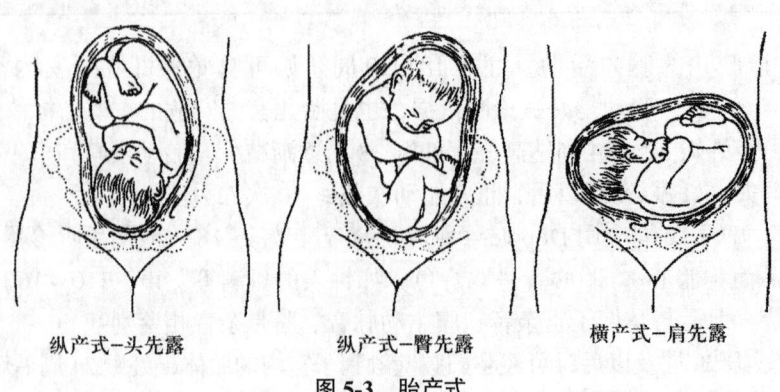

图 5-3　胎产式

【胎先露】

最先进入母体骨盆入口平面的胎儿部分称胎先露（fetal presentation）。纵产式有头先露和臀先露，横产式为肩先露。

头先露因胎儿屈伸程度不同可分为枕先露、前囟先露、额先露、面先露（图5-4）。

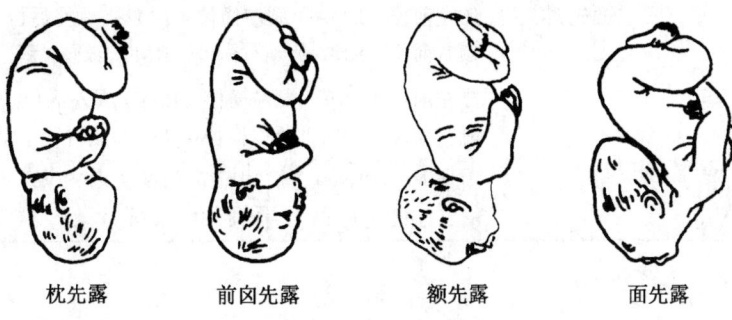

枕先露　　前囟先露　　额先露　　面先露

图5-4　头先露的类型

臀先露时由于入盆的先露部分不同，可分为完全臀先露（混合臀先露）、单臀先露、单足先露、双足先露（图5-5）。

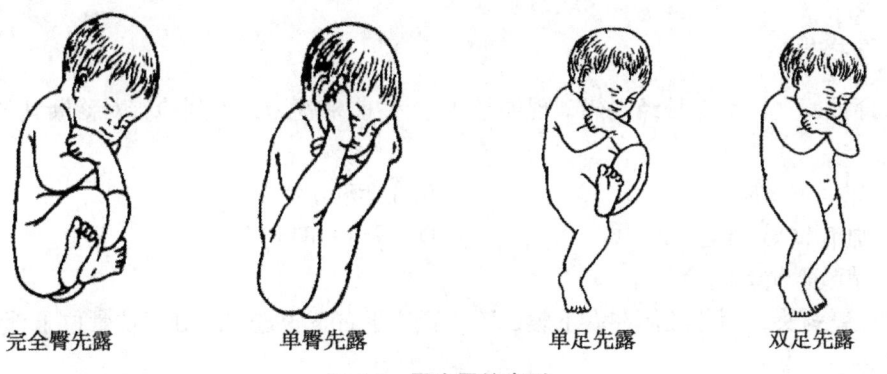

完全臀先露　　单臀先露　　单足先露　　双足先露

图5-5　臀先露的类型

复合先露是头先露或臀先露与胎手或胎足同时入盆（图5-6）。

【胎方位】

胎先露的指示点与母体骨盆的关系称胎方位（fetal position）。枕先露以枕骨、面先露以颏骨、臀先露以骶骨、肩先露以肩胛骨为指示点。根据指示点与骨盆前后左右的关系而有4~6种不同胎方位（图5-7，表5-2）。

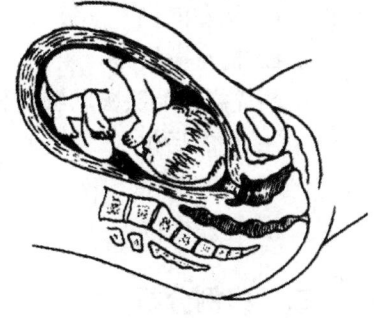

图5-6　复合先露

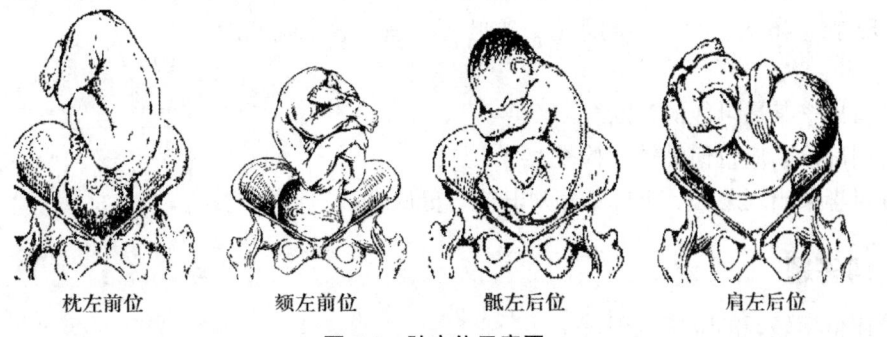

枕左前位　　颏左前位　　骶左后位　　肩左后位

图5-7　胎方位示意图

表 5-2　各种胎产式、胎先露和胎方位

胎产式	胎先露		胎方位
纵产式	头先露	枕先露	枕左前位（LOA）枕左横位（LOT）枕左后位（LOP） 枕右前位（ROA）枕右横位（ROT）枕右后位（ROP）
		面先露	颏左前位（LMA）颏左横位（LMT）颏左后位（LMP） 颏右前位（RMA）颏右横位（RMT）颏右后位（RMP）
	臀先露		骶左前位（LSA）骶左横位（LST）骶左后位（LSP） 骶右前位（RSA）骶右横位（RST）骶右后位（RSP）
横产式	肩先露		肩左前位（LScA）肩左后位（LScP） 肩右前位（RScA）肩右后位（RScP）

（高　慧）

自测题

一、选择题

1. 某育龄妇女，平素月经规律，现停经 46 天，前来就诊，下列检查对诊断其早孕没有帮助的是
   A. 尿妊娠试验　　　　　　　　　B. B 型超声
   C. 血 β-hCG 测定　　　　　　　　D. 尿雌三醇测定
   E. 孕激素撤退试验

2. 胎先露为头，胎儿肢体在右下腹，胎心音位于右下腹近中线处，枕骨位于骨盆左后方，本例胎方位是
   A. 枕右后位　　　　　　　　　　B. 枕左后位
   C. 枕左前位　　　　　　　　　　D. 枕右前位
   E. 枕左横位

3. 头先露，胎头矢状缝在骨盆入口左斜径上，枕骨在骨盆右前方，本例胎方位是
   A. 枕右后位　　　　　　　　　　B. 枕左后位
   C. 枕左前位　　　　　　　　　　D. 枕右前位
   E. 枕左横位

二、案例分析

李某，26 岁，已婚，平素月经规律，周期 28 天，未避孕，停经 35 天时自测尿妊娠试验为阳性，现停经 46 天，出现晨起恶心、呕吐等不适，故来院就诊。

讨论分析：
1. 请写出李某最可能的诊断。
2. 为明确诊断应行何种辅助检查？
3. 针对李某出现恶心、呕吐如何对其进行健康宣教？

三、问答题

1. 简述早期妊娠的临床表现。

2. 简述中、晚期妊娠不同孕周的子宫底高度，胎动、胎心音听诊开始的时间及其正常值。
3. 简述胎产式、胎先露及胎方位概念。

本章临床执业助理医师资格考试要点

1. 妊娠的分期。
2. 早期妊娠的临床表现、辅助检查、诊断。
3. 中、晚期妊娠的临床表现、辅助检查、诊断。
4. 胎产式、胎先露、胎方位。

第六章 孕期监护与孕期保健

> **学习目标**
>
> 通过本章内容的学习，学生应能够：
> 识记：
> 1. 说出围生期、高危妊娠及高危儿的定义。
> 2. 列举产前检查的内容及方法。
>
> 理解：
> 1. 解释遗传咨询、产前筛查与产前诊断的区别。
> 2. 总结胎儿监护的内容及方法。
>
> 运用：
> 1. 运用孕期监护与孕期保健知识为孕妇进行产前检查、孕期指导及常见症状的处理。
> 2. 培养学生的工作责任心，在孕期监测中仔细观察监测结果，初步学会判断并处置胎儿宫内窘迫的能力；初步学会判断及处理孕妇孕期高危的因素。

第1节 孕前检查

提高人口质量，实行优生优育是我国的一项重要国策，夫妻双方在孕前应充分了解各自的身体状况，以便尽早发现异常或不适合妊娠的问题，并能及时进行治疗和矫治。孕前咨询及计划妊娠是预防出生缺陷发生的关键。

【常规检查与保健】

（一）评估孕前高危因素

应详细询问夫妇的健康状况，包括既往慢性疾病史，家族和遗传病史，如结核、腮腺炎等；不良孕产史（如流产、早产、死胎、死产史，生殖道手术史，有无胎儿畸形或幼儿智力低下）；本人及配偶家族史和遗传病史；生活方式、饮食营养、职业状况及工作环境、运动（劳动）情况、家庭暴力、人际关系等。

（二）常规保健

孕前检查一般在孕前3~6个月开始做检查。女方的孕前检查最好是在月经干净后3~7天之内进行。

1. 全身检查　测量血压、体重，计算体重指数（BMI）[BMI=体重（kg）/身高^2（m^2）]，进行全身常规检查，检查乳房时，若有乳头过于扁平或内陷，需作乳头伸展和牵拉练习进行纠正。

2. 常规妇科检查　若有女性生殖系统方面畸形或炎症，孕前应进行矫治。

第六章 孕期监护与孕期保健

【备查项目】

（一）女性孕前检查的主要项目

1. 血常规、血型、地中海贫血筛查 及早发现贫血等血液系统疾病，因为当母亲贫血时，不仅会引起产后出血、产褥感染等并发症，还会导致胎儿生长发育受限等。

2. 尿常规 有助于肾疾患早期的诊断。孕期对于母亲的肾是一个巨大的考验，身体的代谢增加，会使肾的负担加重。

3. 便常规 消化系统疾病、寄生虫感染诊断，例如弓形虫感染，如果不及早发现，会造成流产、胎儿畸形等严重后果。

4. 肝功能、肾功能检查。

5. 空腹血糖测定，必要时行口服葡萄糖耐量试验（oral glucose tolerance test，OGTT）。

6. 血脂检查。

7. 甲、乙、丙、丁、戊型肝炎病毒检测、梅毒螺旋体测定、HIV 筛查。

8. 性激素六项检查 月经不调、婚后长时间不孕，一定要做性激素六项检查。性激素六项是女性不孕的常规检查，特别是针对月经不调、卵泡发育不良的患者，是必不可少的一项检查项目。常用的性激素六项即卵泡刺激素（FSH）、黄体生成素（LH）、雌二醇（E_2）、孕酮（PG）、睾酮（TEST）、催乳素（PRL）。

9. 甲状腺功能检测 甲状腺功能异常易导致不孕、自然流产、早产、妊娠期高血压疾病等。有不孕、早产或流产等不良孕产史的妇女备孕前应检查甲状腺功能，一般检查甲状腺五项（T_3、T_4、FT_3、FT_4、TSH），必要时行甲状腺 B 型超声检查。

10. 阴道分泌物检查 筛查是否存在滴虫、真菌、细菌及沙眼衣原体等感染，如果患有性传播疾病，最好先彻底治疗，然后再怀孕。否则会引起流产、早产、胎膜早破等危险。

11. 宫颈细胞学检查（1 年内未查者）以排除宫颈病变。

12. TORCH 检查 是指一组病原微生物（即弓形虫、巨细胞病毒、风疹病毒、单纯疱疹病毒）的检查，这组病原体常可通过胎盘传给胎儿，引起围生期感染，导致流产、死胎、早产、先天畸形和智力障碍等各种异常结果。

13. 心电图（ECG）检查。

14. 盆腔 B 型超声检查：检查子宫以及附件各方面的情况。例如患卵巢肿瘤的女性，即使肿瘤为良性，怀孕后常常也会因为子宫的增大，影响了对肿瘤的观察，甚至导致流产、早产等危险。

15. 胸部 X 线检查（透视检查） 排除是否存在肺部疾病。患有结核的女性怀孕后，会使治疗用药受到限制，影响结核病的治疗。而且，活动性的结核常会因为产后的劳累而加重病情，并有传染给孩子的危险。进行此项检查前首先要除外妊娠。

（二）男性孕前检查的主要项目

1. 男性泌尿生殖系统检查 主要检查男性外生殖器官发育情况，有无畸形。

2. 精液检查 正常精液量为 2~6 ml，一般为 3~4 ml，pH 为 7.5~7.8，在室温中放置 20 min 完全液化，精子数 $>6\times10^7$/ml，活动数 >60%，异常精子 <20% 者被认为有正常生育能力。若精子数为 $(2~6)\times10^7$/ml，则生育力差；若少于 2×10^7/ml，则生育力极差。

【健康教育及指导】

医护人员应对准备怀孕的女性做以下健康教育及指导：女性应有计划地安排受孕，避免高龄妊娠；合理营养，控制体重增加；孕前 3~6 个月起应补充叶酸 0.4~0.8 mg/d，既往发生过神经管缺陷（neural tube defects，NTD）的妇女，则需每天补充叶酸 4 mg；对患遗传病、慢性疾病和传染病等疾病且准备怀孕的女性，应接受专业评估、合理用药，避免使用可能影响胎儿正常发育的药物。另外，准备怀孕的女性应避免接触生活及职业环境中的有毒、有害物质（放射线、高温、铅、汞、苯、砷、农药等），避免亲密接触宠物，改变不良生活习惯（吸烟、酗酒、吸毒等）及生活方式；保持心理健康，解除精神压力，预防孕期及产后心理问题的发生；合理选择运动方式。

男性在备孕前应少抽烟、喝酒、熬夜,少吃烧烤煎炸食物,提高生殖能力。男性自备孕期开始要调整饮食,多吃一些锌含量高的食物,因为锌直接参与精子的生成与活动。牡蛎、牛肉、小米、花生、豆类、萝卜等含锌量较高,海鲜也是不错的选择,海鲜不仅含锌量高,还能增加男性性功能。需避免使用一些杀精子类的药物。若男性欲生二孩,建议先进行孕前检查,比如验精,若有前列腺炎等症状,应及早治疗。

第 2 节 产前检查

产前检查是监测胎儿发育及宫内生长情况,监护孕妇各系统变化,促进健康教育与咨询,降低出生缺陷的重要措施。规范系统的产前检查可及早发现各种病理妊娠和妊娠合并症,及时发现并纠正异常胎位和发现胎儿发育异常,保证孕妇和胎儿健康、估计分娩方式。

围生期是指产前、产时和产后的一段时期。国际上对围生期的规定有4种:①围生期Ⅰ:从妊娠满28周(即胎儿体重≥1000 g或身长≥35 cm)至产后1周;②围生期Ⅱ:从妊娠满20周(即胎儿体重>500 g或身长≥25 cm),至产后4周;③围生期Ⅲ:从妊娠满28周至产后4周;④围生期Ⅳ:从胚胎形成至产后1周。我国采用围生期Ⅰ计算围生期死亡率。

一、产前检查的时间及次数

产前检查应从确定早期妊娠开始。其目的是:①确定受孕时间,并了解健康状况,是否适合妊娠;②估计和核对孕周或胎龄;③制订产前检查计划。合理的产前检查时间及次数不仅能保证孕期保健的质量,也能节省医疗卫生资源。针对发展中国家无合并症的孕妇,世界卫生组织(2016年)建议产前检查次数至少8次,分别为:妊娠<12周、20周、26周、30周、34周、36周、38周和40周。首次检查时间以妊娠6~8周为宜。根据我国《孕前和孕期保健指南(2018年)》,目前推荐的产前检查孕周分别是:妊娠6~13^{+6}周,14~19^{+6}周,20~24周,25~28周,29~32周,33~36周,37~41周(每周1次),见表6-1。有高危因素者,可酌情增加次数。

表 6-1 产前检查方案

产检次数	常规保健内容	必查项目	备查项目	健康教育及指导
第1次 (6~13^{+6}周)	1. 建立孕期保健手册 2. 确定孕周,推算预产期 3. 评估孕期高危因素 4. 血压、体重、胎心率测定 5. 妇科检查 6. 胎心率(妊娠12周左右)	1. 血常规 2. 尿常规 3. 血型(ABO和Rh) 4. 肝、肾功能 5. 空腹血糖 6. HbsAg、HIV、梅毒螺旋体 7. 地中海贫血筛查 8. 早期超声检查(确定宫内妊娠和孕周)	1. HCV筛查 2. 抗D滴度检查(Rh阴性者) 3. 75 g OGTT(高危妇女) 4. 甲状腺功能检测 5. 血清铁蛋白常规 6. 宫颈细胞学检查 7. 宫颈分泌物检测淋球菌、沙眼衣原体 8. 细菌性阴道病(BV)的检测 9. 早孕期非整倍体母体血清学筛查 10. 在妊娠11~13^{+6}周超声检查测量胎儿NT厚度 11. 妊娠10~13^{+6}周绒毛活检 12. 心电图	1. 流产的认识和预防 2. 营养和生活方式的指导 3. 继续补充叶酸0.4~0.8 mg/d至孕3个月,有条件者可继续服用含叶酸的复合维生素 4. 避免接触有毒、有害物质和宠物 5. 慎用药物和疫苗 6. 改变不良的生活习惯及生活方式 7. 避免高强度的工作、高噪声环境和家庭暴力

续表

产检次数	常规保健内容	必查项目	备查项目	健康教育及指导
第2次 (14~19^{+6}周)	1. 分析首次检查的结果 2. 血压、体重 3. 宫高、腹围 4. 胎心率测定	无	1. 无创产前检测（NIPT）（12~22^{+6}周） 2. 中孕期非整倍体母体血清学筛查（最佳检测孕周为15~20周） 3. 羊膜腔穿刺检查（妊娠16~22周）	1. 中孕期筛查的意义 2. 非贫血者，血清铁蛋白<30 μg/L，补充元素铁60 mg/d；诊断明确的缺铁性贫血孕妇补充100~200 mg/d 3. 开始补充钙剂，0.6~1.5 g/d
第3次 (20~24周)	1. 血压、体重 2. 宫高、腹围 3. 胎心率测定	1. 妊娠20~24周行胎儿系统超声筛查 2. 血常规 3. 尿常规	阴道超声测量宫颈长度	1. 早产的认识和预防 2. 营养和生活方式的指导 3. 胎儿系统超声筛查的意义（筛查胎儿的严重畸形）
第4次 (25~28周)	1. 血压、体重 2. 宫高、腹围 3. 胎心率测定	1. 75 g OGTT 2. 血常规 3. 尿常规	1. Rh阴性者：抗D滴度检查 2. 早产高危者：宫颈阴道分泌物检测胎儿纤维连接蛋白（fFN）水平	1. 早产的认识和预防 2. 营养和生活方式的指导 3. 妊娠期糖尿病（GDM）筛查的意义
第5次 (29~32周)	1. 血压、体重 2. 宫高、腹围 3. 胎心率测定 4. 胎位	1. 超声检查：胎儿生长发育情况、羊水量、胎位、胎盘 2. 血常规 3. 尿常规	无	1. 分娩方式指导 2. 开始注意胎动 3. 母乳喂养指导 4. 新生儿护理指导
第6次 (33~36周)	1. 血压、体重 2. 宫高、腹围 3. 胎心率测定 4. 胎位	尿常规	1. B族链球菌（GBS）筛查（妊娠35~37周） 2. 妊娠32~34周肝功能、血清胆汁酸检测 3. NST（孕34周开始）	1. 分娩前生活方式的指导 2. 分娩相关知识 3. 新生儿疾病筛查 4. 抑郁症的预防
第7~11次 (37~41周)	1. 血压、体重 2. 宫高、腹围 3. 胎心率测定 4. 胎位	1. 超声检查：评估胎儿大小、羊水量、胎盘成熟度、胎位和S/D比值等 2. 每周1次NST检查	宫颈检查（Bishop评分）	1. 分娩相关知识 2. 新生儿免疫接种指导 3. 产褥期指导 4. 胎儿宫内情况的监护 5. 妊娠≥41周，住院并引产

二、首次产前检查

（一）询问病史

1. 年龄　年龄过小易发生难产；年龄过大，35岁以上初产妇，妊娠高血压综合征、产力异常、产道异常、遗传病儿及先天缺陷儿的发病率较高，应予重视。

2. 职业　接触有毒物质的孕妇应注意检查血常规及肝功能。高温作业的孕妇在孕后期应调换工作。

3. 本次妊娠过程　妊娠早期有无恶心、呕吐、心悸、气短、水肿、头昏、阴道出血等症状及饮食、睡眠、大小便和劳动情况，有无胎动，胎动开始的时间，有无病毒感染及孕期用

药、接触射线史。

4. 推算预产期（expected date of confinement，EDC） 询问末次月经日期（last menstrual period，LMP），从末次月经第一天算起，月份减3或加9，日数加7，即为预产期。例如末次月经第一日为公历2月6日，预产期为同年11月13日；末次月经第一日为6月10日，则预产期应为翌年3月17日。若孕妇仅记住农历末次月经第一日，应由医生为其换算成公历，再推算预产期。由于月经周期的不同，受精时间不同，实际分娩日期与推算的不同，受精时间不同，实际分娩日期与推算的预产期可以相差1~2周。若孕妇记不清末次月经，或在哺乳期月经未复潮而受孕者，可根据早孕反应开始出现的时间、胎动开始时间以及手测子宫底高度或尺测耻上子宫长度估计，尤其孕12周以内的超声检查对估计孕周更为准确。

5. 月经史及既往孕产史 询问初潮年龄，月经周期，有助于更准确地推算预产期。若为经产妇，应了解有无流产、死产、难产、急产及产前产后出血史，并问明末次分娩或流产的日期及处理情况，还应了解新生儿情况。

6. 既往史及手术史 着重了解与本次妊娠有关的疾病，如高血压、心脏病、肺结核、血液病、肝肾疾病、骨软化病等；了解其发病时间及治疗情况；是否做过手术，如子宫肌瘤剔除术、剖宫产术等，以便在妊娠和分娩过程中，适时地进行处理。

7. 家族史 询问家族中有无结核病、高血压、糖尿病、双胎及其他与遗传有关的疾病。

8. 丈夫情况 着重询问健康状况及有无遗传性疾病等。

（二）全身检查

通过全身检查，了解孕妇发育、营养、身长、步态、有无水肿、检查心肺有无病变、乳房发育情况、乳头有无凹陷；测量血压，正常孕妇血压不应超过140/90 mmHg，或与基础血压相比升高不超过30/15 mmHg，超过者属病理状态。注意检查有无水肿，孕妇仅膝以下或踝部水肿经休息后消退，属生理现象；测体重，妊娠晚期每周体重增加不应超过500 g，超过者多有水肿或隐性水肿，应进一步检查。必要时检查血红蛋白、尿蛋白。

（三）健康教育

医护人员需对孕妇进行以下健康教育和指导：①流产的认识和预防；②营养和生活方式的指导（卫生、性生活、运动锻炼、旅行、工作）；③继续补充叶酸0.4~0.8 mg/d至孕3个月，有条件者可继续服用含叶酸的复合维生素；④避免接触有毒、有害物质和宠物；⑤慎用药物和疫苗；⑥改变不良的生活习惯及生活方式；⑦避免高强度的工作、高噪声环境和家庭暴力。

三、妊娠中晚期检查

（一）询问孕期产检情况

复诊时应询问前次检查后有何自觉症状，有无水肿、头痛、眼花、阴道出血、胎动出现特殊变化等。

（二）全身检查

测量体重、血压，评估孕妇体重增加是否合理；检查是否有水肿及其他异常。复查血、尿常规，了解孕妇是否存在贫血和尿蛋白。

（三）产科检查

产科检查包括腹部检查、骨盆外测量、阴道检查、肛诊检查及胎儿情况。

1. 腹部检查 主要了解胎儿大小、胎产式、胎先露及胎方位。

（1）视诊：排空膀胱后，孕妇双腿屈曲仰卧于检查床上，检查者站在孕妇右侧进行检查，注意腹形及大小，腹部有无妊娠纹、手术瘢痕及水肿等，注意有无悬垂腹。

（2）触诊：注意腹部肌肉的紧张度，有无腹直肌分离。运用四步触诊法（four maneuvers

of Leopold）确定胎产式、胎先露、胎方位及胎先露部是否衔接，测量宫底高度及腹围，估计胎儿大小及羊水多少等。在做前三步手法时，检查者应面向孕妇，做第四步时，检查者则应面向孕妇足端（图 6-1）。

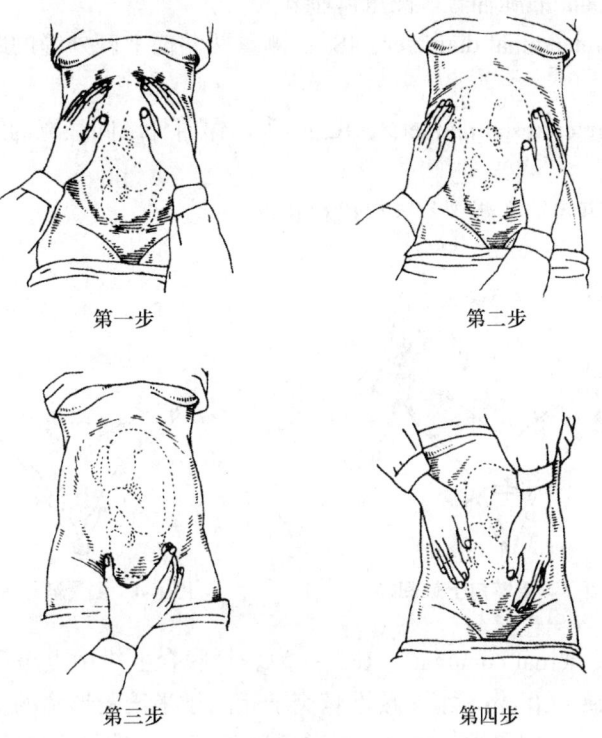

图 6-1　腹部触诊手法

第一步手法：检查者两手置于宫底部，了解子宫外形并测得子宫底高度，估计胎儿大小与妊娠周期是否相符。然后两手相对，以指腹轻轻揉摸，仔细分辨占据宫底的胎儿部分，如为胎头，则圆而硬且有浮球感；如为胎臀，则软而宽且不规则；如在宫底部未触及较大的部分而有空虚感，应想到可能为横产式。

第二步手法：检查者两手分别置于腹部左右侧，一手固定，另一手轻轻深按检查。两手交替，从上到下仔细分辨胎背、胎儿四肢的位置，平坦而硬的部分为胎背，高低不平易变形的部分为胎儿肢体。同时应注意胎背朝向何方。

第三步手法：检查者右手拇指与其余四指分开，置于耻骨联合上方握住胎先露，进一步查清是胎头或胎臀。左右推动确定先露是否衔接。若已衔接，则先露部较固定，不易推动。

第四步手法：检查者面向孕妇足端，两手分别置于先露两侧，轻轻深按，复核先露部的诊断是否正确，并确定先露入盆的程度。

通过四步触诊法，绝大多数能判定胎头、胎臀及胎儿四肢的位置。若胎先露部是胎头抑或胎臀难以确定时，可行肛诊和 B 型超声检查协助诊断。

（3）听诊：胎儿取正常姿势时，可在胎儿背部近胎头处的孕妇腹壁上，清楚地听到胎心音（图 6-2）。头先露者，在脐部下方左（右）方；臀先露者，在脐上右（左）侧；横位者，则在脐部周围听得最清楚。应注意其速率，正常胎心率 110～160 次 / 分，并注意与子宫杂音、脐带杂音、母体腹主动脉搏动音区别。当腹壁紧，子宫较敏感，确定胎儿方位有困难时，可借助胎心音及胎先露综合分析判定。

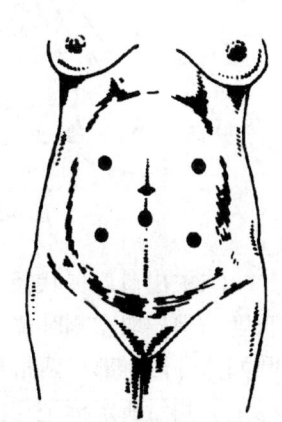

图 6-2　胎心音听取部位图

2. 骨盆外测量　骨盆的大小和形状关系到分娩难易，是决定胎儿能否经阴道分娩的重要因素，临床上常借助骨盆外测量来了解骨产道情况。

测量时，备好骨盆测量器。让孕妇取伸腿仰卧位，测量髂棘间径、髂嵴间径；孕妇侧卧背向检查者，将左腿屈曲，右腿伸直，测量骶耻外径。

（1）髂棘间径（interspinal diameter，IS）：测量两髂前上棘外缘的距离（图6-3），正常值为23～26 cm。

（2）髂嵴间径（intercrestal diameter，IC）：为两髂嵴外缘间最宽的距离（图6-4），正常值为25～28 cm。

根据以上两径线可间接推测骨盆入口横径长度。

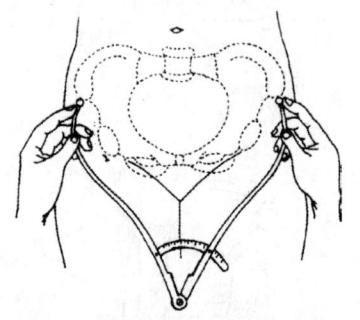 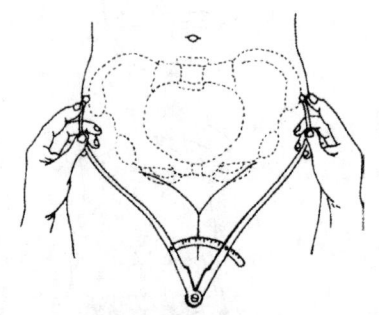

图6-3　测量髂前上棘间径　　　　　图6-4　测量髂嵴间径

（3）骶耻外径（external conjugate，EC）：为耻骨联合上缘中点至第5腰椎棘突下的距离（图6-5），正常值为18～20 cm。第5腰椎棘突下相当于米氏菱形窝的上角，或相当于髂嵴后连线中点下1.5 cm处，可间接推测骨盆入口前后径长度，是骨盆外测量的重要径线。

（4）坐骨结节间径或称出口横径（transverse outlet，TO）：孕妇取仰卧位，两腿弯曲，双手紧抱双膝，使髋关节和膝关节全屈。测量两坐骨结节内侧缘的距离（图6-6），正常值为8.5～9.5 cm。也可用检查者的拳头测量，若其间能容纳成人手拳，则大于8.5 cm，属正常。此径线直接测出骨盆出口横径长度。若此径值小于8 cm时，应加测出口后矢状径。

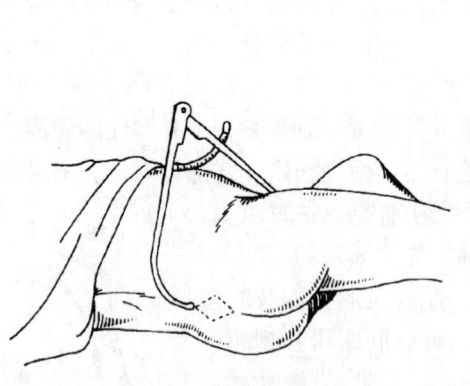 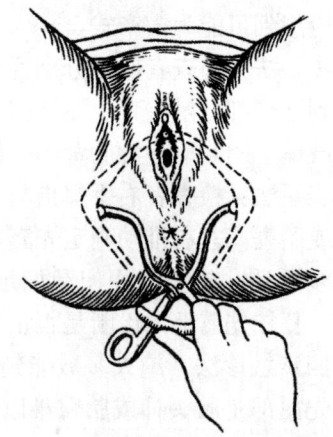

图6-5　测量骶耻外径　　　　　图6-6　测量坐骨结节间径

（5）出口后矢状径（posterior sagittal diameter of outlet）：为坐骨结节间径中点至骶尾关节长度。孕妇取左侧卧位，检查者将戴有指套的右手示指伸入肛门，指腹向骶骨方向，拇指置于孕妇体外骶尾部，两指共同找到骶尾关节，并予以标记。若骶尾关节已固定，则应以尾骨尖为标记。测量所定标记与出口横径中点的距离，正常值为8～9 cm。出口后矢状径与坐骨结节间径值之和>15 cm时，表明骨盆出口狭窄不明显。

（6）耻骨弓角度（angle of subpubic arch）：用左右手拇指指尖斜着对拢，放置在耻骨联合下缘，以估计耻骨弓角度，正常值为90°，小于80°为不正常。此角度反映骨盆出口横径的宽度。

3. 阴道检查　妊娠期可行阴道检查，特别是出现阴道流血或阴道分泌物异常时。临产前行阴道检查可以了解骨盆的情况、子宫颈管长度及子宫颈口的容受及扩张程度，进行宫颈Bishop评分。

骨盆内测量可以帮助了解产妇骨盆的情况，当外测量值异常或者产程异常时，均应行骨盆内测量。测量时，孕妇取膀胱截石位，严格外阴消毒，检查者戴无菌手套，并涂以润滑油，动作要轻柔，依次进行检查。主要测量的径线有：

（1）骶耻内径（对角径，diagonal conjugate，DC）：为耻骨联合下缘至骶岬上缘中点间距离，正常值为 12.5～13.0 cm，此值减去 1.5～2.0 cm，即为骨盆入口前后径长度，又称真结合径。方法是检查者将示指与中指放入阴道，用中指尖触到骶岬上缘中点，示指上缘紧贴耻骨联合下缘，用另手示指正确固定此接触点抽出手来，测量中指尖与示指上接触点之间的距离，即为对角径（图 6-7）。真结合径正常值约为 11 cm。若测量时中指尖触不到骶骨岬，表示对角径值不小于 12 cm。

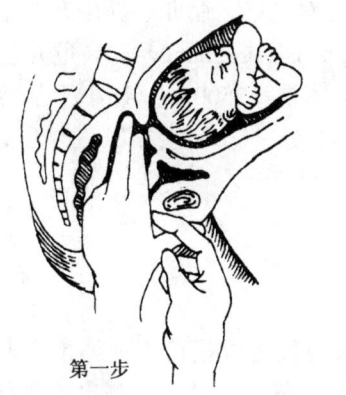 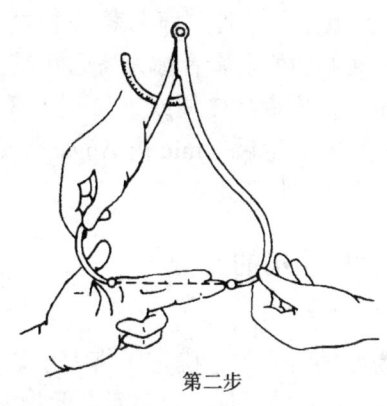

第一步　　　　　　　　　　第二步

图 6-7　骶耻内径测量法

（2）坐骨棘间径（bi-ischial diameter）：测量两侧坐骨棘间的距离，正常值为 10 cm。测量时用示、中两指分别触诊两侧坐骨棘，估计其间距离（图 6-8）。最好用中骨盆测量器以手引导测量之。

（3）坐骨切迹宽度：代表中骨盆后矢状径，其宽度是坐骨棘与骶骨下部间的距离，即骶棘韧带长度。检查时，可将内诊手指并排置于坐骨切迹间，韧带之上以估计其宽度，其数值大多介于 5.0～5.5 cm，约 3 指宽。否则属中骨盆狭窄，将有 90% 发生难产（图 6-9）。

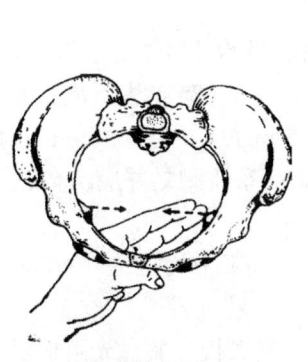 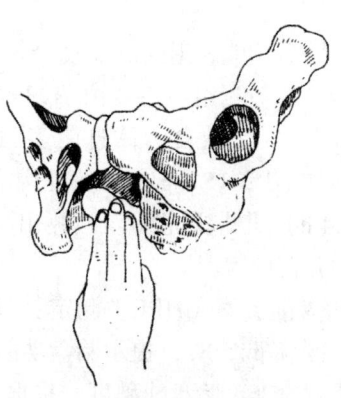

图 6-8　测量坐骨棘间径　　　图 6-9　测量坐骨切迹宽度

4. 肛诊 可了解先露部、骶骨弯曲度、坐骨棘、后矢状径及骶尾关节活动度。

（四）辅助检查

常规进行血常规、尿常规、肝功能、肾功能、糖耐量、阴道分泌物、宫颈细胞学、尿蛋白、尿糖等检查，还应根据病情需要选择超声、羊水、肝功能、血液生化、乙肝病毒表面抗原、心电图等检查。

（五）卫生宣传教育

对孕妇进行孕期卫生宣传教育，并预约下次复诊时间。

第3节 胎儿宫内监护

胎儿宫内监护是判断胎儿宫内安危，降低围生儿发病率和死亡率的重要措施。主要包括：①确定是否为高危儿；②胎盘功能及胎儿成熟度的检查；③胎儿宫内安危情况的监护；④胎儿发育畸形及遗传性疾病的宫内诊断。

一、高危妊娠、高危儿

在妊娠期和分娩期，某种致病因素和并发症可能对孕妇、胎儿、新生儿产生影响，增加孕妇和围生儿的发病率和死亡率者称为高危妊娠（high-risk pregnancy）。高危儿包括：①高危妊娠产妇的新生儿；②孕龄<37周或≥42周；③出生体重<2500 g；④小于孕龄儿或大于孕龄儿；⑤手术产儿；⑥出生后1 min内Apgar评分0~3分；⑦产时感染；⑧新生儿的兄姐有严重的新生儿病史或新生儿期死亡等。

二、胎儿宫内状况的监护

（一）妊娠早期监护

应从确诊为妊娠时开始，确定子宫大小与妊娠周数是否相符；推算预产期；B型超声检查，胎囊最早可在妊娠第5周超声显示，胎囊为圆形，妊娠第7周可测出胎芽及胎心搏动，孕8~9周时有明显胎动。早孕超声测量妊娠囊、顶臀长结合hCG值是估计孕周比较准确的方法，尤其早孕超声对于判断双胎的绒毛膜性有非常重要的作用。

（二）妊娠中、晚期监护

通过产前检查，测量耻上子宫长度及腹围；B型超声检查测量胎头双顶径，协助判断胎儿大小与妊娠周数是否相符；了解胎盘位置及胎盘成熟度；同时注意胎盘功能及胎儿成熟度的检查，以及胎儿电子监护。

1. 胎盘功能检查 能间接判断胎儿的宫内状态，早期发现胎儿窘迫，有助于及时采取处理措施。

（1）胎动：胎盘功能减退时，胎动会较前期有所减少。

（2）雌三醇（E_3）测定：主要由孕妇体内的胆固醇经胎儿肾上腺、肝以及胎盘共同合成。需收集24 h尿测定，受饮食、休息诸多因素的影响，因测定方法不同，正常值变异很大。正常足月时，尿中E_3>15 mg/24 h为正常值，10~15 mg/24 h为警戒值，<10 mg/24 h为危险值，<8 mg/24 h胎儿非常危险。当测出异常值时应动态监测，并应结合胎动及其他检测方法，综合考虑胎儿宫内状况。

（3）血清胎盘催乳素（HPL）测定：妊娠30周后血浆平均值为4~11 mg/L，孕足月时若<4 mg/L或突然降低50%，提示胎盘功能低下。

（4）B型超声检查：胎盘成熟度，根据绒毛膜板、基底板、胎盘光点加以判定。三级胎盘（绒毛膜板凹陷深达基板，胎盘被分成多个小叶状结构，基底层线状高回声连成环状，胎盘实

质内散在着呈环状分布的强回声斑,其中有不规则血池液性区),为成熟胎盘。若孕足月胎盘有增强光点或羊水量过少,提示胎盘功能减退。

2. 胎儿成熟度的检查

(1)推算妊娠周数:通过末次月经或其他妊娠征象加以推算,但要问清月经周期是否正常,有无延长或缩短。

(2)B型超声检查:测量胎头双顶径、胸腹围及股骨长径,胎头双顶径>8.5 cm 提示胎儿成熟;三级胎盘出现的平均孕周为 38 周以后,提示胎儿成熟。

(3)羊水检查:羊水卵磷脂/鞘磷脂(L/S)比值>2,提示胎儿肺已成熟。

3. 胎儿宫内安危情况监护

(1)胎动计数:监测胎动是判断胎盘功能及胎儿安危的主要临床标志,是孕妇进行自我监护的基本方法之一。正常情况下孕妇于孕 18~20 周开始感觉到胎动,以后逐渐增加,28~32 周达高峰,38 周以后逐渐减少,一昼夜间胎动次数亦明显变化,根据测胎动次数了解胎盘功能是否正常。常用的胎动监测方法:嘱孕妇每天早、中、晚自行计数胎动各 1 h,3 h 胎动之和乘以 4 即得到 12 h 胎动计数。胎动计数<10 次/12 h 或减少 50% 者提示胎儿缺氧可能。从胎动减少到胎动消失往往历时数日至 1 周,从胎动消失到胎儿死亡,短者数小时,长者 1~2 天,因此胎动异常时完全有时间进一步监测以挽救胎儿。

(2)胎儿电子监护:胎儿电子监护可以连续观察并记录胎心率的动态变化,同时可以记录胎动和宫缩,根据连续记录胎心率及子宫收缩图形,结合临床情况,评估胎儿宫内安危情况。监护可从妊娠 34 周开始,高危孕妇可提前监护。

1)胎心率的监测:胎儿监护仪记录的胎心率有两种变化,即胎心率基线(FHR-baseline)及一过性胎心率变化。

①胎心率基线:指任何 10 min 内胎心率平均水平(除外胎心加速、减速和显著变异的部分),至少观察 2 min 以上的图形,该图形可以是不连续的。它反映了管理心脏节律的脑中枢神经的变化。正常胎心率基线为 110~160 次/分。胎心率基线的摆动幅度在 6~25 bpm(每分钟胎心搏动数)之间为正常,若摆动的幅度在 0~5 bpm 之间,则提示胎儿活力减低;若基线摆动的幅度≥25 bpm,则为显著变异,考虑胎儿脐带受压或胎儿胎盘循环紊乱导致的缺氧(图 6-10)。

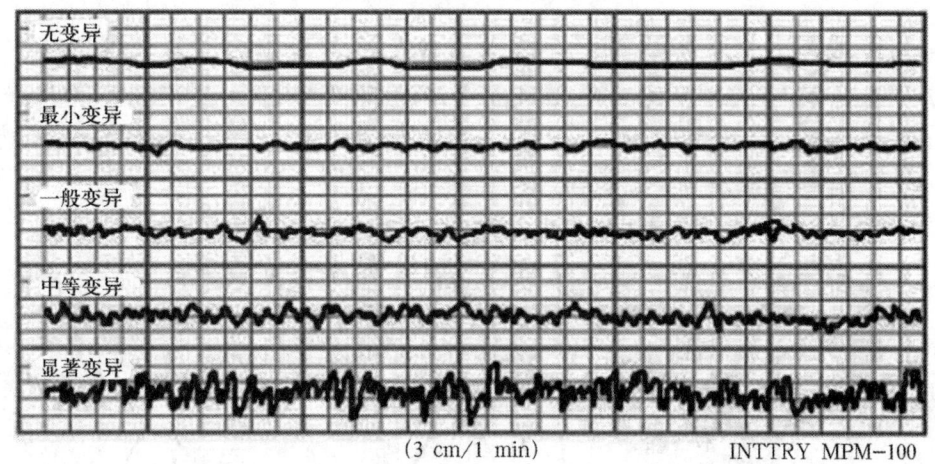

图 6-10 胎心率与基线摆动

②一过性胎心率:指与子宫收缩有关的胎心率变化,有加速型和减速型两种。

加速型:指子宫收缩后胎心率基线暂时增加 15~20 次/分,持续时间>15 s,但不超过 2 min。胎心加速≥10 min,则考虑胎心率基线变化。

减速型：指当子宫收缩时胎心率减慢，主要有三种类型。

早期减速型（ED）：其特点是伴随宫缩开始的减速，减速的开始到胎心率最低点的时间≥30 s，减速的最低点与宫缩的峰值同时出现，幅度不超过 50 bpm，子宫收缩停止后，胎心率恢复正常（图 6-11）。早期减速一般认为是胎头受压，脑血流量一时性减少（一般无伤害性）的表现。

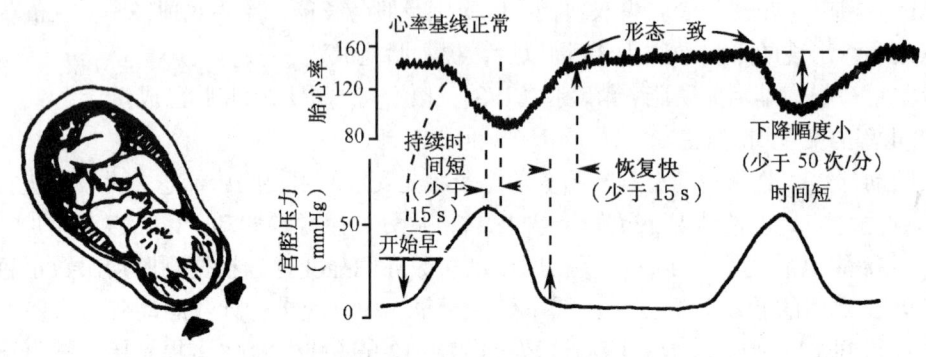

图 6-11　早期减速

晚期减速型（LD）：其特点为宫缩高峰时，胎心率开始减慢，宫缩消失后，胎心率并不立即恢复，而是一般后延 30～60 s 才恢复（图 6-12）。频发的晚期减速一般认为是胎儿缺氧的表现，提示对胎儿安危应予以高度重视。

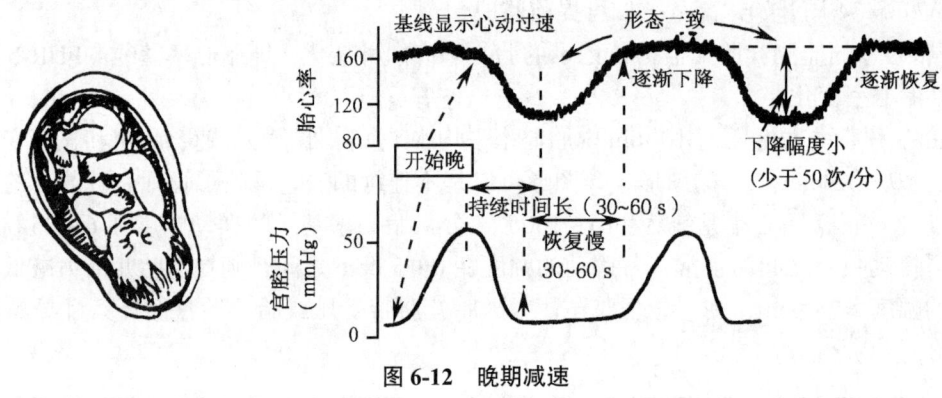

图 6-12　晚期减速

变异减速型（VD）：指突发的显著胎心率下降。胎心率减慢与宫缩关系并不恒定，但一旦出现，下降迅速且下降幅度大（60～80 bpm），持续时间长短不一，恢复也迅速，图形常呈"V"形或是呈"W"形（图 6-13）。一般认为变异减速是因子宫收缩时脐带受压兴奋迷走神经所致。频发的变异减速也是缺氧的表现。

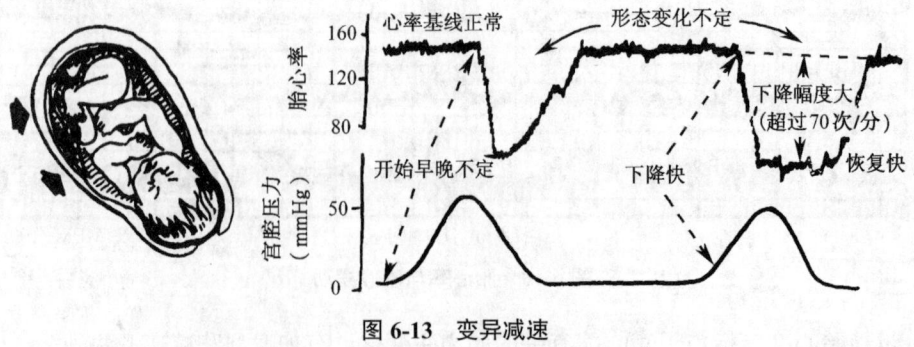

图 6-13　变异减速

2）胎儿电子监护的临床应用

①无应激试验（non-stress test，NST）：是以胎动时伴有一过性胎心率加快为基础的产前

胎儿监护方法，故又称胎心率加速试验。本试验是在无宫缩情况下观察胎心基线率，以及胎动、胎心的关系，了解胎儿的储备能力。方法是：让孕妇取半卧位，将电子监测探头放置在孕妇腹壁上，嘱孕妇自觉有胎动时，手按机器按钮在描记胎心率纸上做出胎动标记，至少连续监测 20 min。此法可作为宫缩素激惹试验前的筛选试验，试验结果有正常 NST、不典型 NST 和异常 NST，见表 6-2。

表 6-2 NST 的判读和处理

参数	正常（反应型）NST	不典型（可疑型）NST	异常（无反应型）NST
基线	110～160 次 / 分	100～110 次 / 分或＞160 次 / 分（30 min 内）	胎心过缓＜100 次 / 分胎心过速＞160 次 / 分，超过 30 min
变异	6～25 次 / 分（中等变异）≤5 次 / 分，（无变异及最小变异）持续＜40 min）	≤5 次 / 分，持续 40～80 min	≤5 次 / 分，持续≥80 min≥25 次 / 分（持续≥10 min）正弦型
减速	无减速或者偶发变异减速持续＜30 s	变异减速持续 30～60 s	变异减速时间≥60 s晚期减速
加速 ≥32 周	40 min 内≥2 次加速超过 15 次 / 分，持续 15 s	40～80 min 内＜2 次加速超过 15 次 / 分，持续 15 s	＞80 min 2 次以下加速超过 15 次 / 分，持续 15 s
＜32 周	40 min 内≥2 次加速超过 10 次 / 分，持续 10 s	40～80 min 内＜2 次加速超过 10 次 / 分，持续 10 s	＞80 min 2 次以下加速超过 10 次 / 分，持续 10 s
处理	继续随访或者进一步评估	需要进一步评估（复查 NST）	复查；全面评估胎儿状况；生物物理评分；及时终止妊娠

② 缩宫素激惹试验（oxytocin challenge test，OCT）：又称宫缩应激试验（contraction stress test，CST），其原理为通过子宫收缩造成的胎盘一过性缺氧负荷试验及测定胎儿储备能力的试验。用于产前监护及引产时胎盘功能的评价。有两种方法可以诱导宫缩产生：静脉滴注缩宫素和牵拉乳头法。结果可分为Ⅰ类、Ⅱ类、Ⅲ类，CST/OCT 的评估及处理（美国妇产科医师学会，2009 年），见表 6-3。

表 6-3 CST/OCT 的评估及处理（美国妇产科医师学会，2009 年）

Ⅰ类	满足下列条件：胎心率基线 110～160 次 / 分；基线变异为中度变异；没有晚期减速及变异减速；存在或者缺乏早期减速、加速
处理	提示观察时胎儿酸碱平衡正常，可以常规监护，不需采取特殊措施
Ⅱ类	除了第Ⅰ类和第Ⅲ类胎心监护的其他情况均划为Ⅱ类
处理	尚不能说明存在胎儿酸碱平衡紊乱，但是应该综合考虑临床情况、持续胎儿监护、采取其他评估方法来判定胎儿有无缺氧，可能需要宫内复苏来改善胎儿状况
Ⅲ类	有两种情况：胎心率基线无变异且存在下面之一：复发性晚期减速、复发性变异减速胎心过缓（胎心率基线＜110 次 / 分）正弦波型
处理	提示在观察时胎儿存在酸碱平衡失调即胎儿缺氧，应立即采取相应措施纠正胎儿缺氧，包括改变孕妇体位、给孕妇吸氧、停止缩宫素使用、抑制宫缩、纠正孕妇低血压等措施，如果这些措施均不奏效，应立即终止妊娠

（3）胎儿生物物理评分（biophysical profile，BPP）：是综合电子胎心监护及超声检查所示某些生理活动，以判断胎儿有无急、慢性缺氧的一种产前监护方法，可供临床参考。常用的是Manning评分法（表6-4）。但由于BPP评分较费时，且受诸多主观因素的影响，故临床应用日趋减少。

表6-4　Manning评分法

项目	2分（正常）	0分（异常）
NST（20 min）	呈有反应型	无反应型
FBM（30 min）	≥1次，持续≥30 s	无或持续时间<30 s
FM（30 min）	躯干和肢体活动≥3/30 min（连续出现计1次）	躯干和肢体活动≤2次，30 min
FT	30 min至少有一次躯体、四肢屈曲或伸展	无活动，四肢或躯体完全伸展，胎动后不呈屈曲状态
AFV	最大羊水池垂直深度>2 cm	最大羊水池垂直深度≤2 cm

NST：无应激试验；FBM：胎儿呼吸运动；FM：胎动；FT：胎儿张力；AFV：羊水最大暗区垂直深度

（4）彩色多普勒超声血流监测：通过胎儿血流动力学监测，可以对子痫前期、胎儿生长受限等高危妊娠孕妇的胎儿宫内状况做出客观判断，为临床选择终止妊娠的适宜时机提供依据。常用指标包括脐动脉和胎儿大脑中动脉的血流，S/D比值（收缩期与舒张期血流速度）、RI值（阻力指数）、PI值（搏动指数）等。应当重视舒张末期脐动脉无血流。

4. 胎儿先天畸形及胎儿遗传性疾病的宫内诊断

（1）羊水细胞培养做染色体核型分析：孕16~20周抽取羊水培养做核型分析，一旦染色体数目结构异常即终止妊娠。

（2）妊娠早期绒毛活检：B型超声指示下经颈管针吸绒毛后培养，行核型分析，协助诊断。

（3）测定羊水中的酶含量诊断代谢缺陷病：通过羊水中酶的含量确定诊断，可否继续妊娠。

第4节　遗传咨询、产前筛查与产前诊断

出生缺陷（birth defects）指婴儿出生前发生的身体结构、功能或代谢异常。出生缺陷可由染色体异常、基因突变等遗传因素或环境因素引起，也可由这两种因素交互作用或其他不明原因所致。出生缺陷可以非常轻微，以至于出生时难以发现，也可以非常严重，甚至危及生命。通常表现为先天性结构异常、发育异常或功能异常。出生缺陷的防治可分三级：一级预防是孕前干预，防止出生缺陷胎儿的发生；二级预防是产前干预，包括产前筛查、诊断及可能的宫内干预；三级预防是产后干预，包括早期诊断和早期治疗，防止严重的致残。遗传咨询、产前遗传学筛查和产前诊断及宫内干预是出生缺陷一级和二级防治的主要方法。三级防治不在本章讨论的范畴。

一、遗传咨询

遗传咨询是由从事医学遗传的专业人员或咨询医师，对咨询者就其提出的家庭中遗传性疾病的发病原因、遗传方式、诊断、预后、复发风险率、防治等问题予以解答，并就咨询者提出的婚育问题提出医学建议供咨询者参考。遗传咨询是预防遗传性疾病的一个重要环节。

（一）遗传咨询的意义

遗传咨询是在临床遗传学、细胞遗传学、分子生物学、分子遗传学迅猛发展的基础上，与临床医学紧密结合而建立起来的一门新兴学科，其目的就是及时确定遗传性疾病患者和携带者，并对其生育患病后代的发生危险率进行预测，商谈应该采取的预防措施，从而减少

遗传病患儿出生，降低遗传性疾病发生率，提高人群遗传素质和人口质量，获取优生效果。

（二）遗传咨询的对象

1. 夫妇双方或家系成员患有某些遗传病或先天畸形者。
2. 曾生育过遗传病患儿的夫妇。
3. 不明原因智力低下或先天畸形儿的父母。
4. 不明原因反复流产或有死胎、死产等情况的夫妇。
5. 近亲结婚者。
6. 35岁以上的高龄孕妇。
7. 孕期接触不良环境因素以及患有某些慢性病的孕妇。
8. 常规检查或常见遗传病筛查发现异常者。
9. 婚后多年不育的夫妇。
10. 其他需要咨询者。

（三）遗传咨询的步骤

1. 明确诊断 通过家系调查、家谱分析、临床表现和实验室检查（如皮纹检查、染色体检查、生化检查及基因诊断等方法），首先应明确是不是遗传性疾病，要与先天性疾病和家族性疾病区别开来。遗传性疾病是指个体生殖细胞或受精卵的遗传物质发生突变引起的疾病，具有垂直传递和终生性特征。先天性疾病又称先天缺陷，是指个体出生后即表现出来的疾病，如先天梅毒、先天性白内障是先天性疾病而不是遗传性疾病，伴有形态结构异常则为先天畸形。家族性疾病是指表现出家族聚集现象的疾病，即在一个家庭中有两个以上成员患相同疾病。要依靠收集详细的病史资料，了解夫妻双方三代直系血亲。直系血亲是指具有直接血缘关系的亲属，即生育自己和自己所生育的上下各代亲属，如父母与子女、祖父母、外祖父母与孙子女、外孙子女等。若咨询者为近亲结婚，则应正确估计其对遗传性疾病的影响，应进行必要的、系统的体格检查和实验室检查来明确诊断。

2. 确定遗传方式，预测子代再发风险 人类遗传性疾病分为五类：单基因遗传病、多基因遗传病、染色体病、体细胞遗传病和线粒体遗传病，后两种多发生在成人，目前尚无产前诊断方式，故不在此讨论。预测遗传性疾病患者子代再发风险率可以根据遗传性疾病类型和遗传方式进行估计。

（1）单基因遗传病：是指某种疾病的发生主要受一个基因控制，它们的传递方式遵循孟德尔分离定律。在单基因遗传病中，根据决定该疾病的基因所在染色体的不同（常染色体或性染色体），以及该基因性质的不同（显性或隐性），可将人类单基因遗传病分为三种主要遗传方式：①常染色体遗传：其中又包括常染色体显性遗传和隐性遗传；② X伴性遗传：其中又包括X连锁显性遗传和X连锁隐性遗传；③ Y伴性遗传。

1）常染色体显性遗传病：夫妻一方患病，子女预期危险率为1/2，未发病的子女，其后代通常不发病。不应该再生育。

2）常染色体隐性遗传病：夫妻均为携带者，出生儿有1/4发病风险，以不生第二胎为佳。夫妻一方患病，另一方正常，且非近亲结婚，其子女通常不发病，均为携带者；若为近亲结婚，其子女的发病率明显增高。

3）X连锁显性遗传病：妻患病，夫正常，其子女各有1/2发病风险，避免生第二胎。夫患病，妻正常，女儿全部发病，儿子均正常，只能允许生男胎。

4）X连锁隐性遗传病：在妊娠第二胎后，应做产前诊断进行性别预测。妻患病，保留女胎；夫患病，妻正常，保留男胎；妻为携带者、夫正常，其儿子发病风险为1/2；夫妻均患病，即使有特殊原因也避免生第二胎。

（2）多基因遗传病：这类疾病的发生不是取决于一个基因，而是由两个或两个以上的基因

座共同作用所致,同时疾病的形成还受到环境因素的影响。生第二胎应该做产前诊断,发现患儿应终止妊娠。

(3)染色体病:由染色体形态结构或数量上的异常所导致的疾病称为染色体病,包括染色体单体、三体征、三倍体等各种类型的染色体病。夫妻染色体正常,或夫妻之一为平衡易位携带者,允许生第二胎,但需做产前诊断。发现患儿应终止妊娠。

(四)遗传咨询的原则

在遗传咨询过程中,必须遵循以下伦理和道德原则:

1. 自主原则　尊重咨询对象的意愿和决定,确保任何决策的选择均不受任何压力的胁迫和暗示,尤其对于妊娠方式、妊娠结局的选择以及遗传学检测。尊重来咨询者的宗教信仰和社会背景而产生的不同态度及观念。

2. 知情同意原则　遗传咨询过程中,应确保咨询对象对于所有涉及自身及家庭成员的健康状态及疾病风险、遗传学检测可能出现的临床意义不明的基因变异、不同诊疗计划的利弊均有充分的理解,并完全自主地进行医疗方案的选择。某些遗传学检测结果,尤其是一些主要检测目标以外的"额外发现",如晚发性遗传病、肿瘤易感性等,受检者有知情权,也有选择不知情的权利。遗传咨询应在此类检测前,明确受检者对于"额外发现"的态度和承受能力,按照其意愿告知或者不告知相关结果。

3. 无倾向性原则　在遗传咨询的选择中,没有绝对正确的方案,也没有绝对错误的方案,医务人员的角色是帮助来咨询者了解不同方案的利弊,而不是替来咨询者做出选择。无倾向性原则一直是医学遗传咨询遵循的原则,同时也被世界卫生组织遗传咨询专家委员会认可。2002年卫生部颁布的《产前诊断技术管理办法》中明确提出医师可以提出医学建议,患者及其家属有选择权。

4. 保守秘密和尊重隐私原则　保守秘密是遗传咨询的一种职业道德。在未经许可的情况下,将遗传检查结果告知除了亲属外的第三者,包括雇主、保险公司和学校等都是对这一原则的破坏。遗传学检测有可能发现某些家庭的隐私(如亲缘关系不符等),遗传咨询中应依照来咨询者的意愿,保护其隐私。

5. 公平原则　理想的状态是所有遗传学服务(包括咨询与检测)应该被平等地提供给所有需要的人。

二、产前筛查

产前筛查是对胎儿的遗传筛查,通过简便、经济和较少创伤的检测方法,从孕妇群体中发现某些怀疑有先天畸形和遗传性疾病胎儿的高危孕妇,以便进一步明确诊断,是减少出生缺陷,提高人口素质的重要措施。产前筛查是对一般妊娠妇女进行筛查,发现子代具有患遗传性疾病高风险的可疑人群,对可疑者再进一步确诊,是预防遗传性疾病发生的重要步骤。但必须注意,产前筛查试验不是确诊试验,筛查阳性结果意味着患病的风险升高,需要进一步确诊;阴性结果提示患病风险未增加,并非正常。产前筛查要遵循知情同意的原则。目前广泛应用产前筛查的疾病有非整倍体染色体异常、神经管畸形和胎儿结构畸形。

(一)非整倍体染色体异常

大约有8%的受精卵是非整倍体染色体异常的胎儿,其中50%在妊娠早期流产,存活下来但伴有缺陷的染色体异常占新生儿的0.64%。以唐氏综合征为代表的非整倍体染色体异常是产前筛查的重点。

1. 孕早期筛查　孕早期检查的方法包括孕妇血清学检查,超声或二者结合孕10~13周时测定妊娠相关性血浆蛋白A(pregnancy associated plasma protein-A,PAPP-A)及游离hCG,唐氏综合征的检出率约为65%,假阳性率为5%,是孕早期筛查唐氏综合征的最佳组合。孕11~13^{+6}周测定胎儿颈后透明层厚度(nuchal translucency,NT)可预测胎儿染色体异常,与

唐氏综合征血清学指标联合应用可以提高染色体筛查的敏感性和特异性，以 NT ≥ 2.5 mm 为诊断标准。

2. 孕中期筛查　孕 15～20 周，可进行孕妇血清学二联筛查（AFP 和游离 hCG）、三联筛查（AFP、游离 hCG、游离 E_3）或四联筛查（三联指标加抑制素 A）。

NT、hCG 和 AFP：在孕 10～14 周时测定 NT，在孕 15～20 周时测定 hCG、AFP，唐氏综合征的阳性检出率为 87%。

3. 超声遗传学标志物筛查　核型异常的胎儿往往存在解剖学改变和畸形，所以可通过超声检查发现异常，但染色体异常相关的超声指标异常仅提示染色体非整倍体异常的风险增高，可以是正常胎儿的变异，也可以是一过性的，至妊娠晚期或出生后可缓解或消失，不一定发生后遗症。另外，超声发现结构性畸形的胎儿也可提示染色体异常的风险增高，但何种风险取决于具体的畸形和发现的时机，如淋巴水囊瘤在妊娠早期发现与三倍体有关，在妊娠中期发现与 X 染色体单体有关。超声软指标异常应注意是否存在其他结构畸形，并根据特定软指标的风险度，决定是否需要进一步产前诊断。

4. 无创产前检测（noninvasive prenatal test，NIPT）技术　NIPT 技术是根据孕妇血浆中胎儿来源的游离 DNA（cell-free DNA）信息筛查常见的非整倍体染色体异常的方法。目前绝大部分采用二代测序和信息生物学技术，筛查的准确性高，对 21 三体、18 三体和 13 三体筛查的检出率分别为 99%、97% 和 91%，假阳性率在 1% 以下。但在可能存在胎儿其他染色体或基因疾病风险的孕妇、胎儿结构畸形、孕妇本身存在染色体异常、胎盘嵌合体等特殊情况下，不宜采用 NIPT 技术。NIPT 技术目前仅用于高危人群的次级筛查，但是否可用于低危人群的一级筛查，还需要卫生经济学的进一步评价。

（二）神经管畸形筛查

1. 血清学筛查　90% 神经管畸形者母亲血清和羊水中 AFP 增高，因此血清中 AFP 增高可以作为神经管畸形的筛查指标。筛查时间为妊娠 14～22 周。

2. 超声筛查　妊娠中期超声筛查可发现无脑儿和脊柱裂畸形。

三、产前诊断

产前诊断又称宫内诊断或出生前诊断，是指在胎儿出生之前应用各种先进的科技手段，采用影像学、生物化学、细胞遗传学及分子生物学等技术，了解胎儿在宫内的发育状况（例如观察胎儿有无外形畸形，分析胎儿染色体核型有无异常，检测胎儿细胞的生化项目和基因等），对先天性和遗传性疾病做出诊断，以便进行选择性流产。

（一）产前诊断的对象

1. 羊水过多或者过少者。
2. 胎儿发育异常或者胎儿有可疑畸形者。
3. 孕早期时接触过可能导致胎儿先天缺陷的物质者。
4. 有遗传病家族史或者曾经分娩过先天性严重缺陷婴儿者。
5. 年龄超过 35 周岁者。

（二）产前诊断的疾病种类

1. 染色体病　包括染色体数目异常和结构异常。常染色体数目异常较常见，常表现为某对常染色体多一条额外的染色体，称三体。报道较多的有唐氏综合征（先天愚型）、18 三体综合征和 13 三体综合征。常染色体结构异常以缺失、重复、倒位、易位较常见。性染色体数目异常，常见有先天性卵巢发育不全症（45，XO）。

2. 性连锁遗传病　以 X 连锁隐性遗传病居多，如红绿色盲、血友病、无丙种球蛋白血症等。致病基因在 X 染色体上，携带致病基因的男性必定发病，携带致病基因的女性为携带

者，生育的男孩可能一半是患者，一半为健康者；生育的女孩外表虽均正常，但可能有一半为携带者，故判断为男胎后，应行人工流产终止妊娠。反之，患性连锁隐性遗传病的男性与正常女性婚配，生育的男孩不会患病，生育的女孩均为携带者，故判断为女胎后，应行人工流产终止妊娠。

3. 先天性代谢缺陷病　因基因突变导致某种酶缺失，引起代谢抑制、代谢中间产物累积而出现临床表现。除极少数疾病在早期用饮食控制法（如对于苯丙酮尿症）、药物治疗（如治疗肝豆状核变性）外，至今尚无有效治疗方法。

4. 先天畸形　特点是有明显的结构改变，如无脑儿、脊柱裂等神经管缺陷，通常通过B型超声检查即可确诊。

（三）产前诊断的方法

主要从以下四个方面进行检测：

1. 观察胎儿外形　利用B型超声、X线检查、胎儿镜、磁共振成像等观察胎儿体表畸形。
2. 染色体核型分析　利用羊水、绒毛细胞或胎儿血细胞培养，检测染色体病。
3. 检测基因　利用DNA分子杂交、限制性核酸内切酶、聚合酶链反应（polymerase chain reaction，PCR）技术检测DNA。
4. 检测基因产物　利用羊水、羊水细胞、绒毛细胞或血液，进行蛋白质、酶和代谢产物检测，诊断胎儿神经管缺陷、先天性代谢疾病等。

（四）染色体病的产前诊断

染色体病的产前诊断主要依靠细胞遗传学方法。近年分子细胞遗传学不断进展，原位杂交技术（如荧光原位杂交和引物原位DNA合成技术）具有诊断准确、快速的优点。获取胎儿细胞的方法有胚胎植入前遗传诊断、绒毛穿刺取样、羊膜腔穿刺、经皮脐血穿刺、胎儿组织活检等。

（五）性连锁遗传病的产前诊断

性连锁遗传病患儿需确定性别，以便决定取舍。目前常用Y染色体特异性探针进行原位杂交，或Y染色体特异性DNA序列的聚合酶链反应（PCR）扩增，效果良好，结果准确。

（六）先天性代谢缺陷病的产前诊断

先天性代谢缺陷病多是常染色体隐性遗传病，由于基因突变导致某种酶或结构蛋白的缺失，引起代谢过程受阻，代谢中间产物积累而出现症状。测定培养的羊水细胞或绒毛细胞特异酶活性是产前生化诊断的经典方法。近年基因诊断（又称DNA诊断）能利用分子生物学技术在DNA分子水平上对待测的基因进行分析，能对有关的先天性代谢缺陷病做出诊断。常用的产前基因诊断技术有快速DNA斑点杂交法、限制性核酸内切酶酶谱分析、寡核苷酸探针杂交法、DNA限制性片段长度多态性分析、聚合酶链反应（PCR）等。

（七）先天畸形的产前诊断

1. 胎儿影像学检查　妊娠18～20周进行超声筛查无脑儿、脊柱裂、脑积水等畸形。磁共振成像（magnetic resonance imaging，MRI）可用于诊断胎儿中枢神经系统的畸形。
2. 测定羊水中酶、蛋白质　测羊水甲胎蛋白（AFP），诊断胎儿开放性神经管缺陷畸形。

第5节　孕期指导及常见症状的处理

妇女怀孕后，胎儿在体内发育，使孕妇生理上产生一系列变化，为了保护孕妇及胎儿健康，应对孕妇进行卫生指导。

一、孕期指导

(一) 饮食及营养指导

妊娠期由于需供给胎儿足够的营养,以保证其正常生长发育,孕期需增加营养,贮存供产后哺乳之用。

1. 热量 妊娠期为满足胎儿、胎盘、母体组织增长,一定数量的蛋白质和脂肪贮存以及代谢增加需要,孕妇对热量的需要量增加,但以孕中后期为更多。热能来源于膳食的蛋白质、脂肪、糖类(碳水化合物)三大产热营养素,所以需增加膳食以保持热能平衡。

2. 蛋白质 是人体所需的重要营养素,不仅是构成组织细胞成分,也是各种重要物质,如血红蛋白、酶、激素和抗体的构成成分,并参与供给热量。孕妇对蛋白质需要量增加,孕中后期需摄入 80~90 g/d。膳食中的蛋白质主要来自豆类、蛋、瘦肉、禽、鱼等。

3. 无机盐和微量元素 无机盐在体内含量较多,微量元素在体内含量较少,其他主要是构成机体组织,维持组织渗透压,调节体内酸碱平衡,构成体内一些生理活性物质等。妊娠期对其需要量增加,膳食中易缺乏的是钙、铁、锌。

成年妇女体内含钙 75 mmol/L,妊娠期为满足胎儿生长需要,孕后期每日需摄入钙 1000~1500 mg。含钙丰富的食物有牛奶、虾皮、海带、小鱼干、豆制品、绿叶蔬菜等。

铁是人体所需的重要微量元素,是构成血红蛋白的重要原料,参与体内氧的运输和利用,在组织呼吸、生物氧化过程中起着重要作用。缺铁引起贫血是普遍存在的营养问题,是孕妇最常见的营养缺乏病。妊娠期为满足胎儿、胎盘、母体红细胞增加的需要,以补充丢失的铁,估计需补铁 1000 mg 左右。膳食铁的来源以猪肝、猪血等动物性食物为最多。

4. 维生素 是维持身体健康,促进生长发育和调节生育功能的必需营养素。孕期如维生素 A、B、C、D、E 和叶酸等摄入不足或缺乏可导致流产、畸形、死胎。这些维生素来源的膳食为蔬菜、水果、谷豆类、肉类、酵母、麦芽等。

总之,为保证孕妇、胎儿健康,饮食要均衡,适量增加副食的种类和数量。每天有足够的蛋、豆类、蔬菜、维生素、钙铁的补充,虽不限食盐,但孕后期不宜吃过量咸的食物,多晒太阳有利于维生素 D 的吸收。

(二) 孕期生活指导

1. 劳动与休息 健康孕妇,仍可参加工作;但接触有毒气体或化学物品的妇女尽可能调离岗位;避免重体力工作;保证足够睡眠,要保持每天 8~9 h 睡眠。

2. 清洁卫生 孕妇的汗腺和皮脂腺分泌增多,应经常洗澡,勤洗外阴,勤换内衣,孕 7 个月后采用淋浴,不宜盆浴,以免污水进入阴道引起感染。

3. 乳房乳头的卫生 妊娠 5~6 个月起用肥皂和水每日擦洗乳头一次,擦洗乳头上积聚的分泌物干痂,然后涂一层油脂,以防哺乳期发生乳头皲裂。有乳头凹陷者,孕期每日牵拉,以免新生儿哺乳时吸吮困难。

4. 性生活 妊娠早期 3 个月以内及孕末期均避免性生活,以免流产、早产或感染。

5. 排便 孕期肠蠕动减弱,全身运动量减小,孕妇易发生便秘,所以要多吃水果、蔬菜,养成定时排便习惯。禁用泻剂,以免流产或早产。

(三) 孕期用药指导

孕期用药,药物影响母体的同时,也间接影响胚胎或胎儿,很多药物还可通过胎盘屏障,直接影响胚胎或胎儿。特别是在孕早期,药物可能影响到胚胎的分化和发育,但受精后 2 周,用药对胚胎的影响不大,计划妊娠的妇女在月经的后半期仍应慎重用药。

1. 孕产妇用药原则

(1) 必须有明确指征,避免不必要的用药。

（2）必须在医生指导下用药，不要擅自使用药物。

（3）尽可能用一种药物，避免联合用药。

（4）尽可能用疗效肯定的药物，避免用尚难确定对胎儿有无不良影响的新药。

（5）尽可能用小剂量药物，避免用大剂量药物。

（6）严格掌握药物剂量和用药持续时间，注意及时停药。

（7）妊娠早期若病情允许，尽量推迟到妊娠中晚期再用药。

（8）若病情所需，在妊娠早期应用对胚胎、胎儿有害的致畸药物，应先终止妊娠，随后再用药。

2. 药物对胎儿的危害性等级　美国食品和药物管理局（FDA）将药物对妊娠的危险性分为A、B、C、D、X五类。A类：药物对胎儿无不良影响，无致畸作用，如适量维生素。B类：在动物实验研究中，未见到药物对胎儿的不良影响，如青霉素、红霉素、胰岛素等。C类：动物实验表明，对胎儿有不良影响，如四环素、氯霉素、异丙嗪、异烟肼等。D类：有足够证据证明对胎儿有危害，如硫酸链霉素等。X类：会导致胎儿畸形，如抗肿瘤类药物、性激素等。

孕早期用药时要注意选择，C、D、X类药物应禁用。

（四）心理咨询

妊娠期妇女要保持心情舒畅、愉快，注意饮食，不宜激动、恼怒，这样有利于胎儿的生长发育。妇产科医师应协助孕妇解决精神上的压力，为胎儿及新生儿准备良好的生长发育条件。

（五）免疫代谢

近年来正常人群的乙肝表面抗原（HBsAg）阳性者约占6%，如有条件可检测乙肝表面抗体、e抗原、e抗体和核心抗体，则更为准确。新生儿娩出后应给婴儿注射乙肝疫苗。

（六）胎教

研究发现胎儿在母体内有进行交流的能力，可以通过胎教形式促使胎儿宫内智力发育。胎教有很多种类和途径，包括音乐和语言等方式。

二、常见症状的处理

（一）消化系统症状

于妊娠早期可出现胃灼热、恶心、呕吐，可给维生素 B_6 10~20 mg，每日3次口服；消化不良者可给维生素 B_1 20 mg，干酵母片3片及胃蛋白酶0.3 g，饭前用，每日3次，也可给予健脾开胃中药汤剂。

（二）下肢肌肉痉挛

常发生于小腿腓肠肌部，夜间发作较多，发作时可给予局部按摩，小腿弯曲放松，症状即可缓解。妊娠晚期出现下肢肌肉痉挛的孕妇应及时补充钙剂。

（三）贫血

妊娠后半期，孕妇对铁需要量增加，单靠日常饮食不够，故在孕期要给一些铁剂补充，以防贫血。已贫血者，要找出原因，并予以纠正。妊娠期大多是缺铁性贫血，可给予硫酸亚铁0.3~0.6 g 或富马酸亚铁 0.2 g，每日3次。维生素C 100 mg、乳酸钙 1 g，每日3次口服，有助于钙的吸收。

（四）腰背痛

妊娠期子宫增大，为了保持身体平衡，重心后移，脊柱前凸，背伸肌保持紧张，再加上妊娠期关节韧带松弛，造成腰背疼痛，休息后症状可减轻。若腰背部痛明显者，应及时查找原因，按病因进行治疗。

（五）下肢及外阴部静脉曲张

妊娠期子宫增大，盆腔血管增多及血管平滑肌张力减低，随着妊娠进展，子宫压迫下腔静脉，导致下肢及盆腔静脉压增高，下肢静脉曲张加重，下午为重，卧床后或抬高患肢缓解。外阴静脉曲张在孕晚期或产时也偶有发生破裂出血，产前检查时要特别注意这种情况。

（六）痔疮

妊娠时，尤其在妊娠后期，腹压增高，子宫增大压迫使痔静脉回流受阻，痔静脉曲张，加速痔疮发生和发展。另外，由于妊娠期常有便秘，加剧了痔疮的程度。因此，应纠正便秘，多吃蔬菜，禁吃辛辣食物。分娩后痔疮多减轻或自行消失。

（七）白带增多

妊娠期间，雌激素水平升高，阴道分泌物增多，常常出现孕期阴道微生态异常，其中常见的有外阴阴道假丝酵母菌病、细菌性阴道炎、需氧菌性阴道炎，根据阴道微生态检查予以明确诊断后进行治疗。同时保持外阴的清洁、干燥和透气。

（八）仰卧位低血压综合征

妊娠后期，孕妇较长时间取仰卧位时，巨大的子宫压迫下腔静脉，使回心血量及心搏出量减少，出现低血压，此时改为侧卧位后，血压随之恢复正常。

（九）下肢水肿

孕妇在孕后期常有踝部及小腿下半部轻度水肿，经抬高患肢或休息后消退，属正常现象。可取左侧卧位，抬高下肢改善血液回流，水肿减退。如休息后不消退，应想到妊娠高血压疾病、肾炎或低蛋白血症等，查明原因及时治疗。

（唐国霞）

自测题

一、案例分析

李某，36岁，因"停经8个月"于2017年4月10日就诊。该孕妇平素月经周期规律，末次月经2016年8月14日，停经40天行B型超声检查提示"宫内早孕"；孕早期无明显早孕反应，无毒物及射线接触史，无异常阴道流血，孕4个月感胎动至今，定期产前检查，现遵照医嘱例行产检。

讨论分析：
1. 该孕妇预产期是什么时间？
2. 就诊时孕周是多少？该做哪些检查？
3. 如何进行孕期健康教育指导？

二、问答题

1. 简述产前检查的时间与内容、预产期的推算、妊娠晚期胎心听诊的部位。
2. 说出骨盆外测量的方法及各径线的正常值。
3. 说出胎儿电子监护的方法，NST及OCT的临床意义。
4. 简述腹部四步触诊的操作方法。
5. 简述妊娠期常见症状的临床表现及处理。

本章临床执业助理医师资格考试要点

1. 围产医学的范畴和概念。
2. 孕妇监护和产前检查的方法及时间。
3. 孕妇管理和高危妊娠的监护及管理。
4. 胎儿监护。

第七章

正常分娩

第七章
数字资源

思政之光

学习目标

通过本章内容的学习，学生应能够：

识记：
1. 说出分娩、早产、足月产、过期产、临产、总产程的概念。
2. 说出决定分娩的四个因素。
3. 复述临产的诊断及产程分期。
4. 描述三产程的临床经过。

理解：
1. 分析影响产程进展的各种因素，区别假临产与临产。
2. 解释枕先露的分娩机制。
3. 说明产程中的观察内容、方法及意义。

运用：
1. 能够运用正常分娩模型演示分娩步骤。
2. 具备观察产程的能力，初步学会三个产程的处理。
3. 能正确地评估新生儿。
4. 能够关心产妇，建立良好的沟通，详细了解病史，培养临床思维能力。

分娩是指妊娠达到或超过 28 周，胎儿及其附属物从母体内全部娩出的过程。妊娠满 28 周至不满 37 周期间的分娩称早产，妊娠满 37 周至不满 42 周期间的分娩称足月产，妊娠满 42 周及其以后的分娩称过期产。

第 1 节 影响分娩的因素

影响分娩的四个因素包括产力、产道、胎儿及产妇的精神心理因素。若这四个因素均正常且相互适应，则胎儿可经阴道顺利自然娩出，称为正常分娩。临床上把正常分娩又称为平产或顺产。

一、产力

产力是指产妇自身将胎儿及其附属物从子宫内逼出的力量。它包括子宫收缩力、腹肌、膈肌收缩力及肛提肌收缩力。其中子宫收缩力在整个分娩过程中是主力，其他则为辅助力。

（一）子宫收缩力

子宫收缩力简称宫缩，是临产后的主要产力，它是一种规律、阵发性的收缩（俗称阵痛），

贯穿于分娩的全过程。其作用是使宫颈管消失、宫口扩张、胎先露下降、胎儿及胎盘娩出。正常宫缩具有节律性、对称性、极性及缩复作用的特点。

1. 节律性　宫缩的节律性是临产的重要标志。子宫平滑肌是不随意肌，有自发节律的阵发性收缩。每次子宫收缩总是由弱到强（进行期），维持一段时间（极期），再由强到弱（退行期），直至消失进入间歇期（图7-1）。宫缩时宫内的压力升高，子宫肌壁和胎盘血流灌注量减少，宫缩间歇期子宫平滑肌松弛，子宫肌壁和胎盘血流恢复。宫缩的节律性确保了胎儿血液供应。临产开始时，宫缩持续约30 s，间歇5~6 min。随着产程的进展，宫缩持续时间逐渐延长，强度逐渐增加，间歇期逐渐缩短。当子宫口开全（10 cm）时，子宫收缩持续时间可长达60 s，间歇期1~2 min。

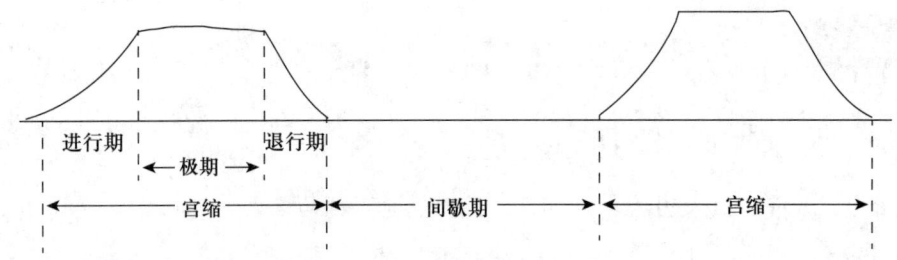

图7-1　正常宫缩节律性示意图

2. 对称性和极性　正常宫缩起自两侧子宫角部，左右对称并迅速向宫底中线集中，然后向子宫下段扩散，约15 s均匀协调地遍及整个子宫，称为宫缩的对称性。子宫收缩力以子宫底部最强最持久，在向下传导的过程中逐渐减弱，这个特点称为子宫收缩力极性（图7-2）。

3. 缩复作用　宫缩时子宫体部肌纤维缩短变宽，间歇期肌纤维松弛，但不能完全恢复到原来的长度，经过反复的收缩，子宫体部的肌纤维越来越短，这种现象称为缩复作用。缩复作用使子宫底部肌壁进行性增厚，宫腔变小，而子宫下段逐渐被拉长、扩张，使宫颈管逐渐消失及宫口扩张，并迫使胎先露部持续下降。

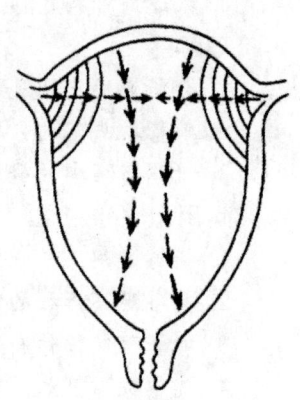

图7-2　对称性和极性

（二）腹肌、膈肌收缩力

腹肌、膈肌收缩力统称腹压，是第二、第三产程的主要辅助力量。宫缩时，前羊水囊或胎先露部压迫盆底组织及直肠，反射性地引起产妇排便动作，产妇主动屏气向下用力，腹肌、膈肌及肛提肌收缩，使腹压增加，协助宫缩，使胎儿及胎盘娩出。在宫口未开全前，使用腹压可造成产妇疲乏和宫颈水肿，导致产程延长而发生难产。

（三）肛提肌收缩力

肛提肌收缩力可协助胎先露在骨盆腔中完成内旋转、仰伸及胎儿娩出，并促进胎盘的娩出。

二、产道

产道是胎儿从母体娩出的通道，分骨产道和软产道两部分。

（一）骨产道

骨产道是指真骨盆，是产道的重要组成部分，其大小及形态与分娩关系密切。产科学上把骨盆腔分为3个假想平面（详见第2章），各个平面的大小及形态不同，分娩时胎儿只有适应骨盆各个平面的形态特点，才能经阴道顺利娩出，否则，将使产程进展受阻而致难产。

（二）软产道

软产道是由子宫下段、宫颈、阴道及骨盆底软组织构成的弯曲管道。

1. **子宫下段的形成**　由非妊娠时的子宫峡部（约 1 cm）伸展形成，至妊娠末期逐渐被拉长形成子宫下段，临产开始发动伴随规律宫缩进一步使其伸展至 7~10 cm，肌壁变薄成为软产道的一部分。

2. **子宫颈管的消失与子宫口扩张**　临产前子宫颈管长 2~3 cm，初产妇较经产妇稍长。临产后由于宫缩的牵拉、胎先露部及前羊水囊对子宫颈的压迫扩张作用，使子宫颈内口向上、向外扩张，子宫颈管形成漏斗状，随后子宫颈管逐渐缩短、消失。初产妇子宫颈管先消失，然后子宫颈口扩张；经产妇通常是子宫颈管的消失与子宫口扩张同时进行（图7-3）。临产前，初产妇子宫颈外口仅容一指尖，经产妇能容一指。临产后，胎先露部衔接使前羊水于宫缩时不能回流，子宫下段的胎膜与该处蜕膜分离而向子宫颈管突出形成前羊水囊，协助子宫口扩张。胎膜多在子宫口近开全时自然破裂，称为破膜。破膜后，胎先露部直接压迫子宫颈，扩张子宫口的作用更明显。

3. **阴道、骨盆底及会阴的变化**　临产后前羊水囊及胎先露将阴道上部撑开，破膜后胎先露直接压迫骨盆底软产道，使软产道下段形成一个向前弯曲的筒状通道（图7-4），阴道黏膜皱襞展平使阴道扩张加宽，肛提肌向下向两侧扩展，肌纤维拉长，会阴中心腱（会阴体）由 3~4 cm 厚变成 2~4 mm 薄，以利胎儿通过。正常情况下阴道及会阴体伸展性好，常不会影响分娩。但会阴体承受压力较大时，若会阴保护不当可造成裂伤。

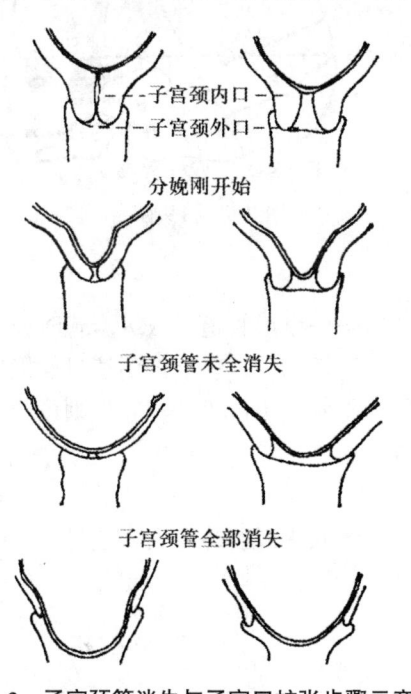

图7-3　子宫颈管消失与子宫口扩张步骤示意图

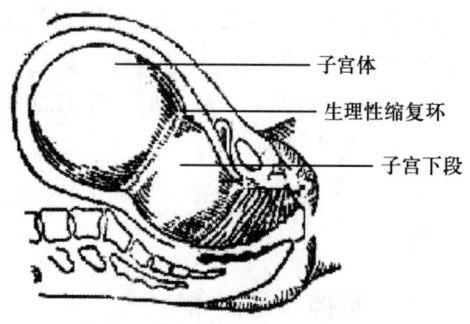

图7-4　临产后软产道的变化

三、胎儿

胎儿是影响分娩及决定能否正常分娩的重要因素之一。胎儿因素包括胎儿的大小、胎位、胎儿发育有无畸形。

（一）胎儿大小

胎头是胎儿身体最大、最难通过骨盆的部分。胎儿过大致胎头径线增大或因胎儿过熟致胎头颅骨较硬，不易变形，即使骨盆大小正常，也可引起相对头盆不称，造成难产。

1. **胎头颅缝及囟门**　胎头颅骨组成由顶骨、额骨、颞骨各2块及枕骨1块构成。在胎儿

期各骨尚未愈合在一起,其间留有缝隙称颅缝,额骨与顶骨之间的颅缝称冠状缝,两侧顶骨之间的颅缝称矢状缝,顶骨与枕骨之间的缝隙称人字缝,颞骨与顶骨之间的颅缝称颞缝,两额骨之间的缝隙称额缝。两颅骨交界空隙较大处称囟门,胎头前部菱形的区域称前囟,后部三角形区域称后囟。囟门和矢状缝是确定胎位的重要标志(图7-5)。颅缝与囟门的存在,使胎头有一定的可塑性,头颅通过产道时通过颅缝轻度重叠使其变形,胎头体积缩小,有利于胎头娩出。

2. 胎头径线　胎头径线(图7-5,图7-6)主要有4条:

(1)双顶径:两顶骨隆突间的距离,正常足月胎儿平均值约为9.3 cm,是胎儿最大横径,可通过B型超声检查测量此径线来估计胎儿大小。

(2)枕额径:也称前后径,为鼻根至枕骨隆突下方的距离,正常足月胎儿平均值约11.3 cm。胎头常以此径线衔接。

(3)枕下前囟径:又称小斜径,前囟中央至枕骨隆突下方的距离,正常足月胎儿的平均值约9.5 cm。胎头俯屈后以此径线通过产道。

(4)枕颏径:又称大斜径,颏骨下部中央至后囟顶部的距离,足月胎儿平均值13.3 cm。

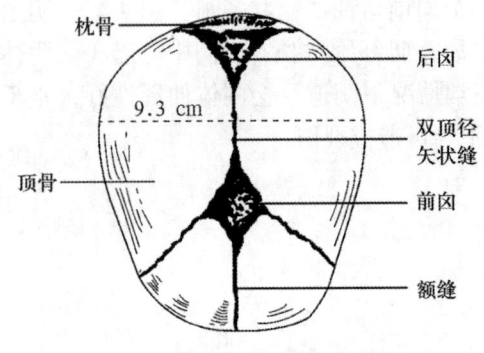

图7-5　胎头颅骨、颅缝及囟门

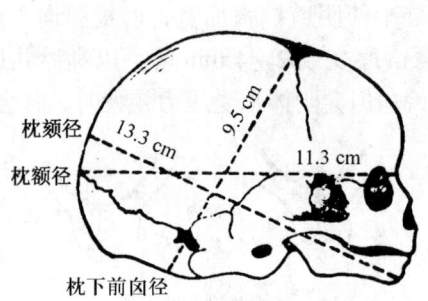

图7-6　胎头径线

(二)胎位

常见的胎位有三大类,即头位、臀位和横位。因产道是一纵形管道,故纵产式时,胎体纵轴与骨盆轴相一致,较易通过产道。头先露中以枕前位为正常胎位,多能经阴道自然娩出,但持续性枕后位、枕横位、高直位、颏后位、前不均倾位等易发生头位难产;臀位则可能会因出现后出头困难而难产;横位时,足月活胎不能通过产道。

(三)胎儿畸形

当胎儿某部分发育异常,如连体双胎、脑积水等,导致胎头或胎体过大,通过产道时常发生困难。

四、精神心理因素

精神心理因素对分娩过程影响很大,在分娩过程中,它会影响产力,并进而影响产程的进展。分娩虽然是一个正常的生理过程,但它对产妇却是一种持久而强烈的应激源。分娩应激会引起一系列特征性的心理情绪反应,常见的有焦虑、恐惧和抑郁。大部分产妇对分娩都会有这样或那样的担忧,比如能否正常分娩,分娩过程中的疼痛能否承受;担心胎儿是否健康,胎儿的长相、性别是否满意。应激状态的产妇,心理承受能力下降,缺乏自信,降低或失去了对分娩的自控力,其对疼痛的恐惧和分娩的紧张可引起宫缩乏力、子宫口扩张缓慢、胎先露下降受阻,从而导致产程延长、胎儿窘迫、产后出血等发生。

在分娩的过程中应尽量消除产妇紧张焦虑的心理状态,指导产妇相应的放松技巧,使分娩顺利完成。

第 2 节　枕先露的分娩机制

分娩机制是指胎儿先露部在产力作用下通过产道时，为适应骨盆各平面的不同形态而被动地进行一系列适应性转动，以最小径线通过产道的全过程。临床上头先露占 95.55%～97.55%，而头先露中以枕左前位最常见。包括衔接、下降、俯屈、内旋转、仰伸、复位及外旋转等动作。现以枕左前位分娩为例来说明。

一、衔接

胎头双顶径进入骨盆入口平面，胎头颅骨的最低点接近或达到坐骨棘水平，称衔接。胎头以半俯屈状态进入骨盆入口，以枕额径衔接（11.3 cm），由于枕额径大于骨盆入口前后径，枕左前位时，胎头矢状缝坐落于骨盆入口右斜径上，枕骨在骨盆的左前方。初产妇可在预产期前 1～2 周内胎头衔接，经产妇在分娩开始后胎头衔接（图 7-7A）。若初产妇临产后胎头仍未衔接，则应警惕头盆不称。

二、下降

胎头沿骨盆轴前进的动作称下降。下降始终间歇性地贯穿于分娩的全过程。宫缩是胎头下降的主要动力，初产妇胎头下降速度因子宫口扩张缓慢和软组织阻力大较经产妇慢。胎头在下降过程中受骨盆底的阻力发生俯屈、内旋转、仰伸、复位及外旋转等动作。胎头下降的程度是临床上判断产程进展的重要标志之一，并以胎先露部颅骨最低点与坐骨棘水平的关系来表示。

三、俯屈

当胎头继续下降至骨盆底时遇肛提肌阻力，借杠杆作用，使原处于半俯屈状态的胎头枕部进一步俯屈，胎头由原来衔接时的枕额径（11.3 cm）变为枕下前囟径（9.5 cm），以此径线适应产道继续下降（图 7-7B）。

四、内旋转

胎头到达中骨盆平面及出口平面时，为适应中骨盆平面的特点而发生内旋转，枕左前位的胎头枕部向母体前方旋转 45°，使胎头矢状缝与中骨盆及骨盆出口前后径相一致，后囟转至耻骨弓下方，有利于胎头下降。此时胎头的枕下前囟径与中骨盆平面的最大径线（前后径）相一致，但胎肩并未转动。胎头于第一产程末完成内旋转动作（图 7-7C）。

五、仰伸

完成内旋转后，胎头在宫缩和腹压作用下继续下降，到达阴道外口时，肛提肌的收缩又将胎头向前推进，在两者的共同作用下，胎头枕骨达到耻骨联合下缘时，以耻骨弓为支点逐渐仰伸，胎头的顶、额、鼻、口、颏相继娩出（图 7-7D、图 7-7E）。胎头仰伸时，胎肩已进入骨盆，并落在骨盆入口的左斜径上。

六、复位及外旋转

胎头娩出时，胎儿双肩径沿骨盆入口左斜径下降。胎头娩出后，胎头枕部向原方向回转 45°，使胎头与胎肩恢复正常关系，称复位。胎肩在盆腔内继续下降，前（右）肩向前向中线旋转 45°时，胎儿双肩径转成与出口前后径相一致的方向，胎肩内旋转带动胎头枕部在外继续向同一方向旋转 45°，以保持胎头矢状缝与胎儿双肩径的垂直关系，称外旋转（图 7-7F）。

七、胎肩及胎儿娩出

胎头完成外旋转后,胎儿前肩在耻骨弓下先娩出(图7-7G),胎体侧弯,随即后肩从会阴前缘娩出(图7-7H),最后胎体及胎儿下肢随之顺利娩出。

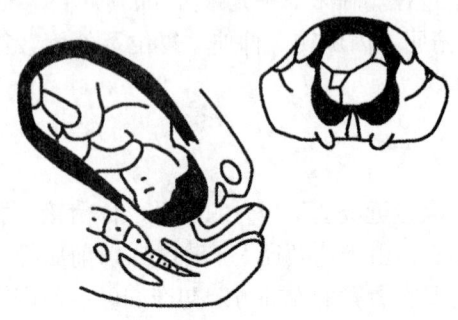
A 衔接前胎头尚浮

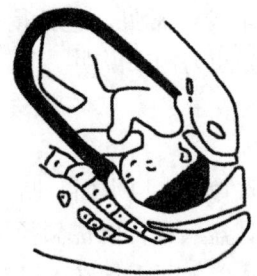
B 衔接下降俯屈

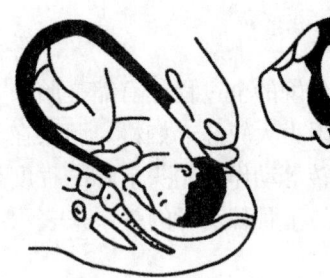
C 内旋转完成

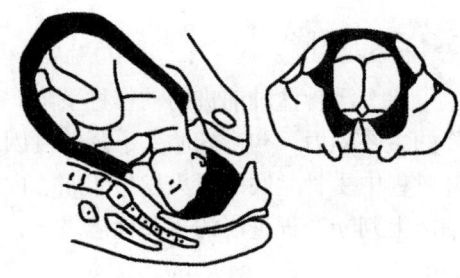
D 继续下降、开始仰伸

E 仰伸已完成

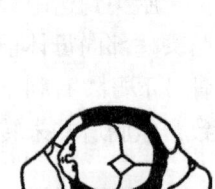
F 胎头复位、外旋转与胎肩内旋转

G 前肩娩出

H 后肩娩出

图 7-7 枕左前分娩机制示意图

第3节 先兆临产、临产及产程分期

导学案例 7-1

李某，28岁，初产妇，孕39周，于昨天晚上感觉腹部一阵阵发紧，每半个小时1次，每次持续3~5 s，今天早上孕妇感觉腹部疼痛，每5~6 min 1次，每次持续35 s左右。

思考：
1. 昨天晚上孕妇的情况属于什么情况？
2. 今天早上孕妇的情况属于什么情况？

一、先兆临产

分娩发动之前，出现一些预示孕妇不久将要临产的征兆，称为先兆临产，又称为分娩先兆。主要有以下表现：

（一）胎儿下降感

初产妇多在临产前2~3周，由于胎先露部入盆，使子宫底下降，多有轻松感，此时孕妇感到上腹部较前舒适，进食量增多，呼吸较轻松，但因胎先露部入盆腔压迫膀胱，常伴有尿频症状。

（二）不规则宫缩

分娩发动之前1~2周，孕妇常出现"假临产"，又称不规则宫缩。其特点是宫缩频率、持续时间不定，10~20 s，间歇时间不规律，强度不增强，不伴子宫颈管的消失与子宫口扩张，常在夜间出现而于清晨消失。或在体位变化或行走时出现，产妇通常并不感到疼痛。

（三）见红

在分娩发动前1~2天，或更长时间。初期多为粉红血丝状、黏液状、块状分泌物，是子宫颈内口附近的胎膜与该处的子宫壁分离，毛细血管破裂而少量出血，与子宫颈管内的黏液相混和呈少量血性黏液排出，称见红。可先有不规则宫缩，再有见红，或先有见红，然后发动宫缩。有的产妇经过长时间的不规则宫缩活动后，会有较多的黏稠果冻状血性分泌物排出，是临产即将开始的可靠征象。若阴道流血量超出平时月经量，或持续出血，应注意与妊娠期异常出血相鉴别。

二、临产诊断

临产开始的标志为有规律且逐渐增强的子宫收缩，持续30 s或以上，间歇5~6 min，同时伴随子宫颈管消失、子宫口扩张和胎先露部下降。给予镇静剂不能抑制临产。临产后应行阴道检查，了解子宫颈成熟度，估计试产的成功率。目前采用Bishop评分法判断子宫颈成熟度（表7-1），该评分法满分为13分，≥10分均成功，7~9分成功率为80%，4~6分成功率为50%，≤3分均失败。

表7-1 Bishop评分法判断子宫颈成熟度

指标	分数			
	0	1	2	3
子宫口开大（cm）	0	1~2	3~4	5~6
子宫颈管消退（%）（未消退为2 cm）	0~30	40~50	60~70	80~100

续表

指标	分数			
	0	1	2	3
先露位置（cm） （坐骨棘水平 =0）	-3	-2	-1~0	+1~+2
子宫颈硬度	硬	中	软	
子宫口位置	后	中	前	

三、总产程与产程分期

分娩的全过程是指从规律宫缩至胎儿、胎盘全部娩出为止，称总产程。临床上分为3个产程：

（一）第一产程（子宫颈扩张期）

从规律宫缩到子宫口开全。第一产程又分为潜伏期和活跃期两个阶段：潜伏期为子宫口扩张的缓慢阶段，初产妇≤20 h，经产妇≤14 h；活跃期为子宫口扩张的加速阶段，大多产妇在子宫口开至4~5 cm进入活跃期，最迟至6 cm才进入活跃期，直到子宫口开全（10 cm），此期子宫口扩张速度应≥0.5 cm/h。

（二）第二产程（胎儿娩出期）

从子宫口开全到胎儿娩出。未实施麻醉镇痛者，初产妇≤3 h，经产妇≤2 h；实施麻醉镇痛者，初产妇≤4 h，经产妇≤3 h。初产妇第二产程>1 h即应关注产程进展，>2 h必须由有经验的医师进行母胎情况全面评估，决定下一步处理方案。

（三）第三产程（胎盘娩出期）

从胎儿娩出到胎盘娩出。初产妇与经产妇无区别，需5~15 min，不超过30 min。

第4节　分娩的临床经过及处理

导学案例7-2

钱某，26岁，第一胎，孕39周，下腹部阵痛1 h于昨晚9时入院，一夜未入眠，今天上午8时查房时检查宫缩4~5 min 1次，每次持续40 s，胎心140/min，枕左前位，胎儿估计3000 g。阴道检查：宫口开3 cm，先露棘平，羊膜囊存在。骨盆外测量：24-27-20-9-90°。

思考：

1. 该产妇的诊断是什么？
2. 其入院后诊疗计划是什么？应做哪些相关检查？
3. 对该产妇如何进行产程的观察及处理？

一、第一产程的临床经过及处理

（一）临床经过

1. 规律宫缩　产程开始时，宫缩持续时间较短（30~40 s）且弱，间歇期较长（5~6 min）。随着产程进展，宫缩持续时间渐长（50~60 s），且强度不断增加，间歇期渐短（2~3 min）。当子宫口接近开全时，宫缩持续时间可长达1 min，间歇期仅1~2 min。

2. 子宫口扩张　当宫缩渐频且不断增强时，子宫的收缩及缩复作用使子宫颈管逐渐缩短直至展平，子宫口逐渐扩张。子宫口扩张于潜伏期较慢，进入活跃期后加快。当子宫口开全时，子宫口边缘消失，子宫下段及阴道形成宽阔的管腔。

3. 胎头下降　胎头下降以胎头颅骨最低点与坐骨棘的关系标明。潜伏期时，胎头下降不明显，活跃期平均每小时下降0.86 cm。临床上以坐骨棘水平（S）为判断胎先露下降的标志。胎头颅骨最低点在平坐骨棘水平时，用"S^0"表示。在坐骨棘连线以上1 cm时用"S^{-1}"表示，在坐骨棘连线以下1 cm时用"S^{+1}"表示，以此类推（图7-8）。

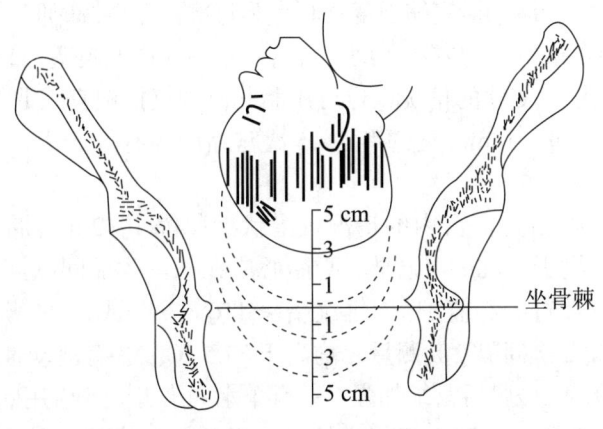

图7-8　胎头下降示意图

4. 胎膜破裂　简称破膜。宫缩时，子宫羊膜腔内压力升高，胎先露部下降，将羊水阻断为前、后两部分，在胎先露部前方的羊水不多，约100 ml，称前羊水，形成的前羊水囊称胎胞，它有助于扩张子宫口。宫缩逐渐增强，子宫羊膜腔内压力逐渐增加，当羊膜腔压力增加达到一定程度时自然破膜，前羊水流出。破膜多发生在子宫口近开全时。

（二）观察及处理

1. 一般处理

（1）精神安慰：产妇的精神状态能影响宫缩及产程进展。特别是初产妇，容易产生焦虑、紧张和急躁情绪，不能按时进食和很好地休息。医务人员要关心体贴，加强与产妇及其家属的沟通，耐心讲解分娩的正常生理过程，指导产妇采取良好的应对措施，增强产妇对自然分娩的信心。对每项检查及治疗事先给以解释、指导，交流和操作始终稳重而熟练，使产妇在分娩过程中密切配合，分娩得以顺利进行。

（2）活动与休息：临产后，若宫缩不强，胎头已衔接，可在室内活动，若胎膜已破、胎头未衔接者，应卧床休息，取头低脚高位，抬高臀部，以免脐带脱垂。对精神紧张，宫缩过频者给予少量镇静剂，有利于分娩的顺利进行。

（3）饮食：分娩消耗体力较大，应鼓励产妇在宫缩间歇期少量多餐，进食高蛋白、高热量、易消化的食物，摄入足够的水分，以保证充沛的精力和体力。

（4）排尿与排便：临产后，应鼓励产妇2~4 h排尿1次，以免膀胱过度膨胀影响宫缩及胎头下降。因胎头压迫致使排尿困难者，应警惕头盆不称，必要时导尿。不主张用灌肠等方法过早干涉产程的进展。

（5）减轻产痛：提供良好的环境，待产室内保持舒适、整洁、安静，减少不良刺激。鼓励产妇变换体位、应用放松技巧、呼吸技巧等非药物镇痛法来解除疼痛。注意产妇不要弯腰过低，避免挤压腹部，助产护理人员提供良好的支持协助，防止产妇滑倒或坠床。若有以下情况者不适合自由体位：①胎膜已破胎头高浮者；②并发重度妊娠期高血压疾病者；③有异常出血者；④妊娠合并心脏病者；⑤臀位或横位已出现产兆者。

（6）其他：用肥皂水和温开水清洗外阴，初产妇、有难产史的经产妇应再次评估产道情况。

2. 观察产程　临产后，医务人员要耐心细致地观察产程，认真检查记录，发现异常及时处理。

（1）监测生命体征：每隔4~6 h测量1次生命体征并记录。第一产程期间，宫缩时血压升高5~10 mmHg，间歇时复原。如发现异常可酌情增加测量次数。产妇有循环、呼吸等其他系统合并症或并发症时，还应监测呼吸、氧饱和度、尿量等。

（2）子宫收缩：子宫收缩包括宫缩强度、频率和每次宫缩持续时间、间歇时间、子宫放松情况。腹部触诊是最简单最重要的方法：助产者将一手置于产妇腹壁，当宫缩时感觉宫体隆起变硬，宫缩间歇期宫体松弛变软的情况。也可用胎儿监护仪描记宫缩曲线。1~2 h观察1次，每次至少连续观察3次。若10 min之内有3~5次宫缩即为有效产力，若10 min内超过5次以上宫缩为宫缩过频。

（3）胎心：胎心反映胎儿在宫内的情况。潜伏期每隔1~2 h听胎心1次，活跃期每隔30 min听胎心1次，每次听1 min并记录。听胎心应在子宫收缩间歇期在产妇腹壁听诊。出现以下情况时应当持续性行胎心监护：①胎心率<110次/分或>160次/分。②产妇体温有1次超过38 ℃，或连续2次间隔2 h测量，均高于37.5 ℃。③有活动性阴道出血。④需要应用缩宫素加强宫缩。⑤人工破膜后宫缩加强，并有羊水粪染者。⑥应用麻醉镇痛者。

（4）子宫口扩张与胎先露下降：经阴道检查子宫颈扩张情况（图7-9）、胎先露下降程度（图7-10）。初产妇在潜伏期一般2~3 h检查1次，活跃期每1~2 h检查1次。同时，阴道检查还了解骨盆情况、胎儿俯屈程度、胎方位、是否存在脐带先露或脱垂，并进行Bishop子宫颈成熟度评分。可根据产妇的产次、宫缩强度、产程进展情况增减检查次数。如产妇过早开始屏气用力，或胎心有异常等时，应行阴道检查。

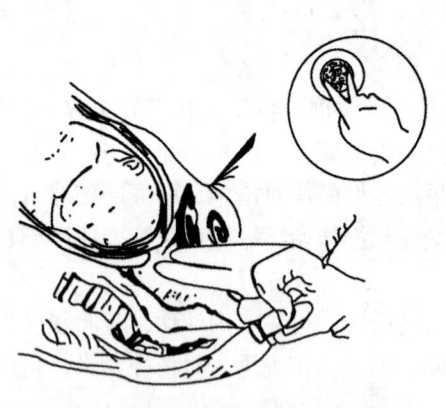
图7-9　阴道检查判断子宫口扩张情况

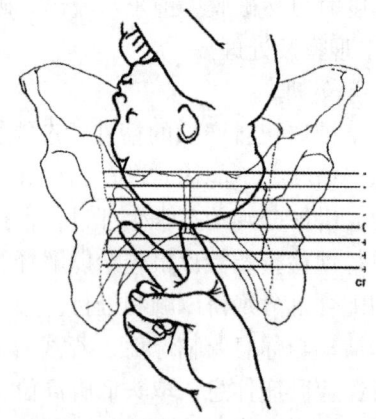
图7-10　阴道检查判断胎头下降

（5）观察破膜及羊水：一旦破膜，应立即听胎心音并记录胎心率、破膜时间，观察羊水的性状、颜色和量。已破膜的产妇如胎头未入盆者应使其臀部抬高，注意外阴清洁，预防脐带脱垂。破膜超过12 h，应给予抗感染药物并引产。

二、第二产程的临床经过及处理

（一）临床经过

1. 宫缩增强　子宫颈口开全后，宫缩频率及强度进一步增强，宫缩持续时间约1 min，间歇时间缩短至1~2 min。

2. 产妇屏气　子宫口开全后，胎先露部下降达盆底，直接压迫直肠，反射性引起排便感，使产妇不自主屏气用力，协同宫缩迫使胎儿进一步下降，同时肛门逐渐松弛，尤其宫缩时更加明显。

3. 胎头拨露与胎头着冠　胎头于宫缩时显露于阴道口，间歇时又回缩于阴道内，称胎头拨露。胎头经过几次拨露，胎头外露部分不断增加，直至胎头双顶径越过骨盆出口平面横径，在宫缩间歇期不再回缩，称胎头着冠（图7-11、图7-12）。

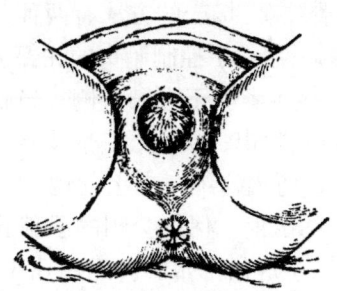
图 7-11　胎头拨露示意图

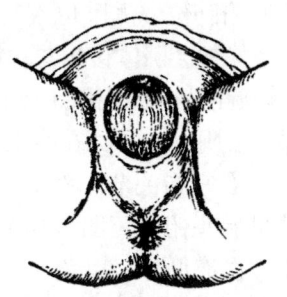
图 7-12　胎头着冠示意图

4. 胎儿娩出　胎头着冠后会阴极度扩张，胎头枕骨抵达耻骨弓下，并以此为支点，出现胎头仰伸、复位及外旋转等动作，随后前肩后肩相继娩出，胎身很快随之娩出，后羊水也随之涌出，子宫底降至平脐。胎儿娩出后，产妇疼痛不适感迅速消失。

（二）观察与处理

1. 监测胎心　第二产程宫缩更加频繁且强烈，胎盘血液循环受到影响，应勤听胎心，密切观察胎儿有无急性缺氧。一般于宫缩间歇期每5～10 min听取胎心音1次，最好持续用胎儿监护仪监测。若胎心异常，应立即行阴道检查，尽快结束分娩。

2. 监测宫缩　第二产程宫缩持续时间长达40～60 s，间隔时间1～2 min。宫缩的强度与频率与第二产程时限密切相关。应注意评估产妇的子宫收缩强度、频率和两次宫缩间是否能全部放松，警惕强直性子宫收缩和病理性缩复环的出现。如有宫缩乏力，应遵医嘱给予催产素静脉滴注。

3. 阴道检查　每隔1 h或有异常情况时行阴道检查，评估羊水性状、胎方位、胎头下降、胎头产瘤及胎头变形情况。若此时胎膜仍未破，影响胎先露下降，应立即于宫缩间歇期行人工破膜。若出现胎心异常、第二产程延长等情况，应结合腹部检查情况，判断难产因素，采取相应措施，尽快结束分娩。

4. 指导产妇用力　子宫口开全后，在产妇有向下屏气用力的感觉后再指导用力，从而更有效地利用好腹压。胎头下降有异常时需同时评估产妇用力方法是否得当有效，并给予正确指导。方法是让产妇两足蹬在产床上，两手紧握床沿把手，手往上提，宫缩时深吸气，向下屏气用力，如排便样向下用力以增加腹压，宫缩间歇时，让产妇自由呼吸并全身肌肉放松。如此反复，以促使产程进展。当胎头仰伸时，嘱产妇张口哈气不能用力。同时关注会阴膨起情况。

（三）接产

1. 接生准备　初产妇子宫口开全、经产妇子宫口开大6 cm以上且宫缩规律有力时，将产妇送上分娩床，提前打开新生儿辐射台预热。若分娩进展较快者，应适当提前做好准备。在宫缩时阴道外口可见到胎头头皮直径4 cm左右，开始进行外阴消毒。方法是：让产妇仰卧在产床上，两腿屈曲分开暴露外阴，用0.5%聚维酮碘溶液进行消毒，遵循从上到下，从内到外的顺序进行消毒即大小阴唇→阴阜→大腿内上1/3→会阴及肛门周围（图7-13），连续消毒三遍。接生人员按无菌操作常规刷手、消毒后戴无菌手套及穿手术衣，助手

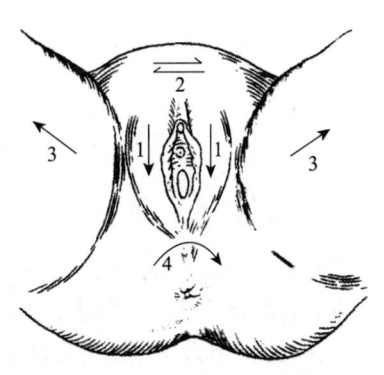
图 7-13　外阴消毒顺序

协助打开产包,铺好消毒巾准备接生。

2. 接产

(1)接产要领:接产主要是保护胎儿安全娩出,防止产道损伤。接产人员与产妇有良好的沟通,配合产妇不同体位与用力方式接产,宫缩时均匀地控制胎头娩出速度,慢慢地娩出胎儿。

(2)接产的方法:产妇一般采取平卧位分娩,也鼓励产妇采取自己感到舒适和方便用力的自由体位分娩(手膝俯卧位、侧卧位或其他非平卧位)。接产的方法有两种,第一种为一手控制胎头,另一手扶持保护会阴体接生法;第二种为只用一手控制胎头的无保护会阴接生法。

1)保护会阴体接生法:产妇取平卧位分娩,接生者立于产妇右侧,当胎头拨露阴唇后联合紧张时,开始保护会阴。方法:在会阴部铺消毒治疗巾,接生者右肘支在产床上,右手拇指与其余四指分开,用右掌指关节正对会阴体中心,每当宫缩时向上向内托压会阴,左手轻轻下压胎头枕部,协助胎头俯屈(图7-14A)。宫缩间歇期,保护会阴的手稍放松,但不离开会阴,以恢复会阴正常血液循环,以免会阴受压过久引起局部水肿。经过几次拨露后胎头着冠,此时右手用力保护会阴,并嘱产妇张口哈气以消除腹压,左手协助胎头仰伸,使胎头缓慢娩出(图7-14B)。当胎头娩出后,继续保护会阴,左手拇指从胎儿鼻根向下挤压出鼻、口腔内的黏液和羊水,随后等待胎头复位及外旋转,使胎儿双肩径与骨盆出口前后径一致,轻压胎儿颈颊部,使前肩从耻骨联合下娩出(图7-14C),再托胎颈向上使后肩从会阴前缘缓慢娩出(图7-14D)。双肩娩出后,此时保护会阴的手可以离开会阴体,然后双手协助胎体及下肢娩出,胎儿娩出后,羊水随之涌出。胎儿娩出后,将器皿置于产妇臀下计量产后失血量。胎头娩出后,若发现脐带绕颈一周且较松者,可以用手将脐带顺胎肩上推或沿胎头下滑;若脐带绕颈2周以上或较紧者,可用两把止血钳夹住颈部脐带,从中间剪断脐带,注意勿伤及胎儿颈部,松解脐带后再协助胎肩娩出。

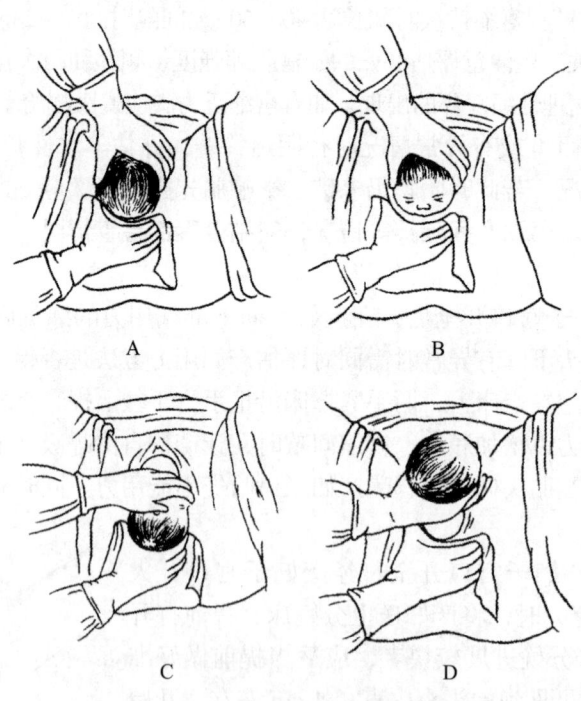

图7-14 保护会阴体接生示意图

2)无保护会阴接生法:接生者正位站位,在产妇阴道口处女膜环及胎先露部涂适量润滑剂(消毒的液状石蜡或橄榄油),指导产妇用力至胎头着冠1/3时,助产士将右手五指分开置于胎头上,但并不用力,只是为了防止胎头过快出来。指导产妇在宫缩期张口快节奏地哈气,宫缩间歇缓缓屏气用力至胎头着冠2/3时,再次涂润滑剂,要求产妇在宫缩期继续快节奏地哈气,间歇期停止用力，放松休息。在娩肩时也不保护会阴，而是慢慢地顺势旋转着胎儿躯体直至背朝下娩出双脚。成功的关键是指导产妇密切配合接生者，利用哈气运动所产生的腹肌力量将胎儿缓慢从阴道里滑出。无保护会阴接生法的优点：①最大限度地减轻产妇分娩过程中的痛苦，减少了出血和感染的机会。②使产妇的盆底功能很快恢复，减少了因盆底功能障碍而引起的许多后遗症。③充分体现了人性化分娩，使分娩回归自然。④可以最大限度地减少会阴撕裂伤，甚至使会阴无裂伤，更有利于减少会阴切开率，还大大促进了自然分娩的成功率。

3. **晚断脐与新生儿处理**　胎儿娩出后，立即评估新生儿情况，无窒息者置于母亲两腿之间或腹部不高于胎盘位置，用预热温暖毛巾或其他物品保暖，不钳夹和切断脐带，直到搏动消失（3～5 min），或胎盘娩出后再断脐。再置新生儿于母亲胸部开始早接触、早吸吮。晚断脐可增加50～80 ml血液，为新生儿提供必要的血液容量，有利于新生儿呼吸功能的建立，增加铁储备，预防新生儿贫血。如果有新生儿窒息情况，保留脐带不要剪断，将新生儿置于母亲两腿之间开始复苏急救措施。

4. **限制性会阴切开**　不对初产妇常规会阴切开。接产者在接生前应评估产妇产道情况、胎儿的大小及胎儿娩出的速度，估计分娩时会阴裂伤不可避免者，应先行会阴切开术。会阴切开指征：阴道助产手术、会阴组织瘢痕或过紧、胎儿过大估计分娩时会阴撕裂不可避免者，或母儿有病理情况急需结束分娩者。一般在胎头着冠时切开或决定手术助产时切开。应严格掌握会阴切开指征。不提倡常规的会阴部利多卡因局部麻醉，不提倡分娩过程中按摩外阴和扩展阴道。

三、第三产程的临床经过及处理

（一）临床经过

胎儿娩出后，子宫底下降至平脐，宫缩暂时停止，几分钟后再次出现宫缩。在子宫的缩复作用下，宫腔容积明显缩小，而胎盘不能相应缩小，导致胎盘与子宫壁发生错位、剥离，剥离面出血形成胎盘后血肿。随血肿增大，局部压力增加，胎盘剥离面不断扩大，直至胎盘完全从子宫壁剥离而娩出（图7-15）。

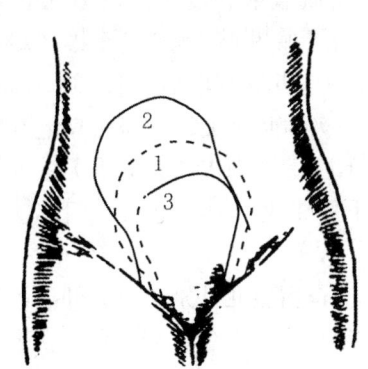
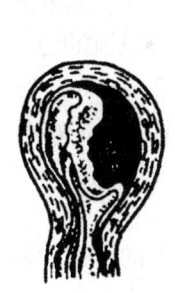
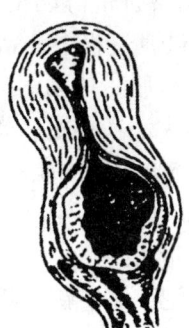

图7-15　胎盘娩出过程

1. 胎盘剥离征象
(1) 子宫体变硬由球形变为狭长形，子宫底升高达脐上。
(2) 阴道口下降的脐带自行延长。
(3) 阴道少量出血。
(4) 用左手掌侧缘轻压产妇耻骨联合上方，将子宫体上推，外露的脐带不再回缩。

2. **胎盘剥离及娩出方式**　胎盘娩出有两种方式。
(1) 胎儿面先娩出：胎盘先从中心剥离，形成胎盘后血肿，而后向周边剥离，特点是先见胎盘的胎儿面娩出，后见少量阴道流血，临床多见，约占3/4。

（2）母体面先娩出：胎盘从边缘开始剥离，血液沿剥离面流出，而后中心剥离。其特点是先见较多阴道流血，后见胎盘母体面娩出，临床少见，约占1/4。

3. 阴道少量流血　由于胎盘与子宫壁分离所致，正常分娩的出血量一般不超过300 ml。

（二）观察与处理

1. 新生儿处理

（1）清理呼吸道：新生儿娩出后置于辐射台上，擦干、保暖，用吸球吸去气道黏液及羊水，若气道黏液确已吸净而新生儿仍无哭声时，可用手拍打新生儿足底，使其啼哭。

（2）新生儿阿普加评分（Apgar score）及其意义：新生儿Apgar评分法可准确判断新生儿有无窒息及窒息程度，它以出生1 min内的心率、呼吸、肌张力、喉反射及皮肤颜色5项体征为依据，每项0~2分，满分为10分（表7-2）。8~10分属正常新生儿；评分4~7分为轻度窒息，经一般处理通常可以恢复；0~3分为重中度窒息，应紧急抢救，并于出生后5 min、10 min再次评分。

表7-2　新生儿Apgar评分标准

体征	0分	1分	2分
心率/每分钟	0	<100/分	≥100/分
呼吸	0	浅慢不规则	佳，哭声响
肌张力	松弛	四肢稍屈	四肢屈曲，活动好
喉反射	无反射	有些动作	咳嗽、恶心
皮肤颜色	全身苍白	躯干红，四肢紫	全身红润

（3）早接触、早吸吮：新生儿一般在出生后3~5 min脐带搏动停止，在这个时期将新生儿放置到母亲腹部，开始早接触，鼓励新生儿早吸吮，在出生后1 h内多数新生儿能够成功开始吸吮。对新生儿进行初步查体，观察生命体征，四肢能否自由活动，有无外观畸形，可在母亲身边观察进行，不打扰母子的接触。

（4）脐带处理：观察脐带搏动情况，据观察足月新生儿血氧饱和度在产后10 min才达85%~95%，故在这个过渡过程中，新生儿应保持脐带不扎（晚断脐），有利于维持新生儿生命体征稳定平衡。等待脐带搏动消失后，无菌断脐（可在新生儿完成吸吮后进行）。脐带处理的方法目前常用脐带夹法：在距脐轮0.2~0.5 cm处夹上一次性脐带夹，在脐带夹上0.2 cm处平行切断脐带，用0.5%聚维酮碘溶液消毒脐带残端及夹下脐带周围皮肤，无需无菌纱布覆盖及绷带包扎，暴露即可，24~48 h待脐带残端干枯时取下脐带夹。其他还有气门芯法、线扎法、血管钳等结扎脐带法。

（5）体格检查和标记：清洁新生儿身上的血迹和羊水，检查新生儿性别、有无外伤、外观有无畸形；称体重、测量头围与身长；在新生儿左手腕系上标有母亲姓名、床位号、新生儿性别、体重、身长、出生时间的腕带。在新生儿记录单上按上新生儿左足印和母亲右拇指印，并将新生儿穿好衣服包裹，注意保暖，其外系上标有与腕带内容完全一致的小牌，用抗生素眼药水滴眼，以防新生儿眼病。

2. 观察胎盘剥离征象，协助胎盘娩出　应正确判断胎盘剥离征象，切忌过早用手按揉下压子宫或牵拉脐带。当确认胎盘已完全剥离时，立即协助胎盘娩出。方法是：接产者一手牵拉脐带，另一手经腹壁轻压宫底，嘱产妇增加腹压，当胎盘娩出至阴道口时，双手捧住胎盘，向一个方向旋转并缓慢向外牵拉，协助胎盘、胎膜完整娩出（图7-16）。如果在胎盘娩出的过程中有部分断裂，可用血管钳夹住断裂胎膜的上端，再继续朝原方向旋转，直至胎膜完全娩出。胎盘胎膜娩出后，继续按摩宫底刺激子宫收缩减少出血，如子宫收缩不佳宫体不硬，应注射宫缩剂促进子宫收缩，预防产后出血。

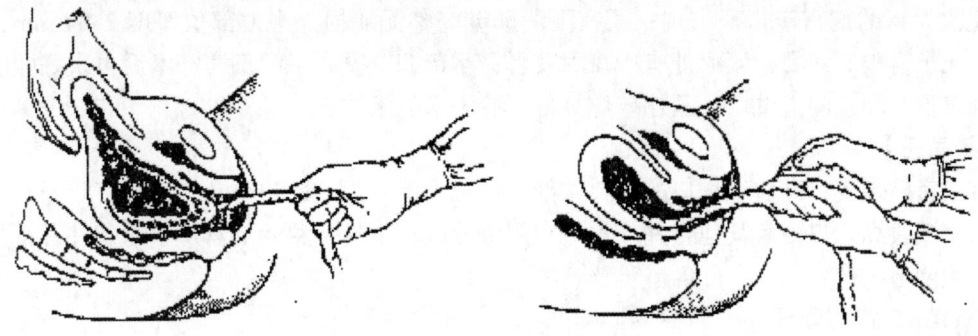

图 7-16 助娩胎盘示意图

3. 检查胎盘胎膜 先将脐带提起，检查胎膜是否完整，然后将胎膜撕开平铺检查胎盘母体面，注意有无小叶缺损，测量胎盘直径与厚度；检查胎儿面边缘有无血管断裂，以便及时发现是否存在副胎盘。若有副胎盘或部分胎盘残留，应在严密无菌操作下徒手进入宫腔取出残留组织；如确认是小部分胎膜残留，但产后出血不多，亦可于产后使用宫缩剂，待其自然排出。需在分娩记录单上书写明确，以便产后观察。

4. 检查软产道 胎盘娩出后应仔细从上到下，从外到内检查会阴、尿道口周围、小阴唇内侧、阴道及子宫颈有无裂伤，如有裂伤应立即缝合。

5. 预防产后出血 正常分娩出血量一般在 150~300 ml，不应超过 300 ml。对有产后出血史或有宫缩乏力诱因（如双胎、羊水过多、多产、滞产等）者，当胎儿双肩娩出后立即给产妇肌内注射缩宫素 10 U 以加强子宫收缩，减少产后出血。若胎盘未剥离而阴道出血多时，应徒手剥离胎盘（图 7-17）。

6. 产后观察 第三产程结束后，产妇须留在产房内观察 2 h。严密观察血压、脉搏、子宫收缩情况、宫底高度、阴道流血量、膀胱充盈程度、肛门坠胀感及会阴切口情况，如有异常，立即处理。2 h 后一切正常送回爱婴区，继续观察和护理。若在一体化产房内，则产后不必转运产妇。鼓励产妇进食进水，在产后 6 h 自行排尿。记录好产妇第一次排尿时间。

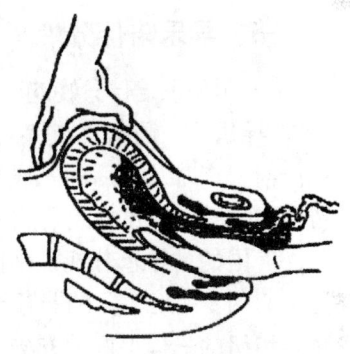

图 7-17 徒手剥离胎盘示意图

第 5 节 剖宫产术后再次妊娠阴道分娩

剖宫产术后瘢痕子宫再次妊娠面临分娩方式的选择：重复剖宫产或剖宫产术后再次妊娠阴道试产（trial of labor after cesarean，TOLAC）。

随着我国两孩政策的实施，既往的高剖宫产率，造成瘢痕子宫妊娠孕产妇的增加。剖宫产术后再次妊娠阴道分娩（vaginal birth after cesarean，VBAC）有助于减少重复剖宫产及相关母婴并发症。

TOLAC 的成功率 60%~70%，子宫破裂率通常低于 1%。评估瘢痕子宫孕妇病史，详细了解患者一般情况，既往有无阴道分娩史；剖宫产时的孕周，剖宫产指征（尤其是头盆不称或产程异常），剖宫产的时机（择期、急诊或产程中转剖宫产），宫口开大情况，子宫切口类型及缝合方式，是否有手术并发症（子宫切口撕裂、产后出血或感染）以及新生儿出生体重、是否存活等，2 次分娩间隔≥18 个月者可以 TOLAC。

【适应证】

既往 1 次子宫下段剖宫产史且无阴道试产禁忌证者；前次剖宫产的指征在此次妊娠中不存

在，此次无新的剖宫产指征出现；子宫下段前壁完整无缺损，瘢痕部位厚度 2~4 mm，无薄弱区，无子宫破裂病史；瘢痕处有胎盘附着者；孕妇及家属了解剖宫产术后再次妊娠阴道分娩的利弊，并同意阴道试产；医疗单位具备急诊手术的条件。

【禁忌证】

有子宫破裂史；高位纵切口的古典式剖宫产史，倒"T"或"J"开切口或广泛子宫底部手术；子宫下段纵切口；有其他合并症不适宜阴道分娩；不具备急诊剖宫产手术条件者；孕妇及家属拒绝阴道试产者。

【TOLAC 产程管理】

分娩发动后，做好术前准备。产程中给予连续电子胎心监护，早期识别子宫破裂征象。异常胎心监护图是发现子宫破裂最早、最常见的征象。产程中应注意有无瘢痕部位的压痛，尤其在宫缩间歇期；子宫破裂的其他表现有异常阴道流血、血尿、低血容量休克、胎头位置升高或从阴道回缩等。严密监测产程进展，当产程进展缓慢，尤其是活跃期进展不佳或胎头下降受阻时，应高度警惕子宫破裂的可能性，放宽重复剖宫产指征。当怀疑或诊断子宫破裂时，应迅速启动急救预案，实施紧急剖腹探查术。

第 6 节　导乐陪伴分娩与分娩镇痛

一、导乐陪伴分娩

（一）导乐陪伴分娩的定义

"导乐"一词出自希腊文"Doula"。导乐陪伴分娩是指一位有分娩经验或助产经验的女性，在产前、产时及产后的一段时间内陪伴产妇，给予产妇生理上、心理上、情感上的持续支持，帮助和鼓励产妇建立起自然分娩的信心。

美国的"导乐分娩"是世界上开展最早的，开始于 1996 年。导乐陪伴分娩是一种以产妇为中心的"一对一"的服务模式，能给予产妇安全和依赖感，是减轻产妇分娩疼痛和消除产时紧张情绪的一种很好的方法。几乎 100% 的产妇都期望能够有人陪伴，有了专业的、和蔼的导乐陪伴让产妇很安心。

（二）导乐陪伴分娩的要求

为了确保专业性，国内绝大多数"导乐"都是有经验的产房老助产士、助产小组的组长和产科医生，医院在选择"导乐"陪产人员时要求很严格，必须是有生育经历，有爱心、耐心和责任心，能够全身心地投入助产工作，善于与不同类型的人沟通交流；熟悉医院常用医疗程序；熟悉分娩过程相关知识，及时提供产程进展情况；及时提供各种分娩镇痛术供产妇知情选择；具有临危不乱的能力，并需要经过特殊的课程训练后才能上岗。

（三）导乐陪伴分娩的工作内容

导乐陪伴分娩是在产妇宫口开至 2 cm 时导乐就来到产妇身边，从此刻开始导乐就一刻不离地陪伴在产妇身旁，直到产后 2 h。导乐陪伴分娩的时间长短不一，有的长达 7~8 h。

1. 产前访视　导乐来到产妇身边要向待产妇进行自我介绍，了解她的心理状态，向她介绍分娩知识，介绍临产及产程进展的相关信息，了解产妇的一般情况及心理状态，回答产妇及家属提出的问题，与产妇建立情感交流，消除顾虑及紧张、焦虑情绪，陪伴产妇及家属熟悉医院环境。

2. 产时　向产妇讲解分娩的生理过程，为产妇进行心理疏导，让她对分娩树立信心，消除顾虑及恐惧，降低对疼痛的感觉，细心观察产妇的各种情况，以便及时通知医生尽心处理；同时要回答产妇及家属提出的各种问题。

（1）第一产程

1）支持性护理：实行"一对一"的助产士连续性支持性护理。与产妇保持良好的沟通，提供精神心理与生理支持；宫缩间歇期鼓励产妇进食、饮水；提供分娩支持工具，如分娩球、各种舒适的坐椅、垫子等；保持产妇清洁卫生；及时排空膀胱，每2 h自行排尿1次，如发生尿潴留，可进行导尿。

2）减轻产痛：活跃期是产痛的时期，应注意产妇的精神状态及主观感觉，对产痛进行评估。对于低危产妇，应鼓励产妇取自己感到舒适的体位，鼓励产妇更换体位，应用放松技巧、呼吸技巧等非药物镇痛法来解除疼痛，注意产妇不要弯腰过低，避免挤压腹部，陪伴者要提供良好的支持协助，防止产妇滑倒或坠床。

（2）第二产程：给予精神支持，向产妇多解释产程进展情况。注意产妇的呼吸节律，不要过度呼气；提供非药物镇痛：呼吸法、音乐疗法或按摩子宫、腰骶部等等；鼓励并协助产妇采取自己感到舒适的体位，或更换体位等来减轻疼痛。宫缩间歇期给予产妇饮水、喂饭、擦汗等生活护理。

（3）第三产程：胎儿娩出后，与产妇共同分享喜悦，鼓励产妇配合医生完成胎盘娩出、缝合会阴伤口。让新生儿与产妇早接触、早吸吮。协助对新生儿进行护理。观察产妇子宫收缩情况、膀胱充盈情况等，防止产后出血。

3. 产后　鼓励产妇进水饮食，协助产妇产后进行第一次排尿。

（四）导乐陪伴分娩的优点

国内外研究表明，由"导乐"陪伴的产妇由于有了安全感、自信心及得到科学指导，产程缩短25%；催产素滴注减少40%；镇痛药应用减少30%；剖宫产率下降50%。而且产后母亲恢复快，产后抑郁少，对婴儿关心照顾多，母乳喂养多而使婴儿发病减少。导乐陪伴分娩能帮助产妇顺利完成分娩，减少剖宫产和难产，体现了世界卫生组织倡导的"爱母分娩行动"的实质，使分娩回归自然。

二、分娩镇痛

在自然分娩中，疼痛是最主要的问题，而因疼痛出现的产程延长导致的各种分娩问题层出不穷。减轻分娩疼痛是促进自然分娩的关键。

（一）非药物性镇痛

WHO提倡的非药物性镇痛方法主要有：提供舒适温馨的分娩环境；产时播放音乐，分散和转移产妇的注意力，增加对不适的耐受力；按摩和深呼吸，在宫缩间歇期有意识放松身体；以产妇舒适、缓解疼痛为准的自由体位分娩；热敷、温水浴及水中分娩等。

（二）药物性镇痛

药物性镇痛可达到镇静、安眠、减轻恐惧及焦虑心理的作用。硬膜外麻醉镇痛技术是近年来产科应用较为广泛的方法。产妇进入临床至第二产程均可用药。常用药物有地西泮、哌替啶、丁哌卡因、芬太尼等。麻醉剂可通过胎盘进入胎儿体内，可影响宫缩及抑制新生儿呼吸，应避免在胎儿娩出前4 h内使用。

1. 药物镇痛的必备条件　①药物起效快，作用可靠，便于给药。②对产妇及胎儿不良作用小，母婴安全；③无运动神经阻滞，不影响子宫收缩频率及强度；④产妇清醒，能参与和配合分娩过程；⑤必要时可满足手术要求。

2. 适应证与禁忌证

（1）适应证：①无剖宫产适应证；②无硬膜外麻醉禁忌证；③产妇有意愿。

（2）禁忌证：①产妇拒绝；②凝血功能障碍、接受抗凝治疗期间；③局部皮肤感染和全身感染未控制；④产妇患有难治性低血压及低血容量、显性或隐性大出血；⑤原发性或继发性宫缩乏力和产程进展缓慢；⑥对所使用的药物过敏；⑦已经过度镇静；⑧伴严重的基础疾病，包

括神经系统严重病变引起的颅内压增高、严重主动脉瓣狭窄和肺动脉高压、上呼吸道水肿等。

在分娩的过程中，只要产妇提出要求，排除分娩镇痛禁忌，均可镇痛。分娩镇痛不等于无痛分娩，只是设法减轻疼痛，目前分娩镇痛已被广泛地应用于临床。

（熊立新）

自测题

一、选择题

1. 某初孕妇，23 岁，孕 38 周，规律宫缩 10 h 就诊。查体：胎心率 136 次/分，子宫口开大 8 cm，胎头 S^{-2}，胎膜未破。正确的处理措施是

    A. 5 U 缩宫素静脉滴注

    B. 继续观察产程

    C. 100 mg 哌替啶静脉滴注

    D. 人工破膜并静脉滴注缩宫素

    E. 立刻行剖宫产术

2. 张女士，26 岁，妊娠 39 周，规律宫缩 8 h，子宫口开大 5 cm，胎心 136 次/分，宫缩每次持续 50 s，间歇 3~4 min，产妇精神非常紧张不断叫嚷"活不成了"。正确的处理措施是

    A. 5 U 缩宫素静脉滴注

    B. 安抚产妇，继续观察产程

    C. 100 mg 哌替啶静脉滴注

    D. 人工破膜并静脉滴注缩宫素

    E. 立刻行剖宫产术

3. 某初产妇，29 岁。胎儿娩出 30 min 后，出现阴道流血 200 ml，用手在产妇耻骨联合上方轻压子宫下段时，外露脐带回缩，此时正确的处理措施是

    A. 等待胎盘剥离

    B. 按压宫底，牵拉脐带

    C. 立即输血

    D. 徒手剥离胎盘

    E. 子宫体注射麦角新碱

二、案例分析

王某，26 岁，孕 40^{+2} 周，G_1P_0，阵发性腹痛 10 h，加重 2 h 余。查体：T 36.6 ℃，P 96 次/分，R 21 次/分，BP 120/80 mmHg，精神尚可，心、肺未闻及明显异常。足月孕周腹形，LOA 位，胎心 146 次/分，子宫口开大 5 cm，边缘薄，先露坐骨棘下 1 cm，胎膜未破，宫缩 35~45 s/3~4 min。骨盆外测量：26-24-19-9-90°。预测胎儿体重 3400 g。

讨论分析：

  1. 请写出该产妇的诊断。

  2. 该产妇产程是否正常？

  3. 该如何处理？

三、问答题

1. 简述分娩、足月产、早产及过期产的概念。
2. 简述影响分娩的四个因素。
3. 简述分娩先兆及临产的标志。
4. 简述分娩机制的概念、枕左前位的分娩步骤。
5. 简述总产程及产程的划分。
6. 简述第一产程、第二产程、第三产程的临床经过、观察处理。
7. 简述胎盘剥离的征象。
8. 简述新生儿处理，阿普加评分标准内容。
9. 简述产后 2 h 内观察的观察内容及意义。

本章临床执业助理医师资格考试要点

1. 影响分娩的因素。
2. 枕先露的分娩机制。
3. 先兆临产及临产的诊断。
4. 分娩的临床经过及处理。

第八章
数字资源

思政之光

第八章 异常分娩

> **学习目标**
>
> 通过本章内容的学习，学生应能够：
> 识记：
> 1. 说出产力异常、骨产道异常、胎位异常的分类、临床表现、诊断。
> 2. 列举产力异常、骨产道异常、胎位异常对母儿的影响。
> 理解：
> 1. 解释产力异常、骨产道异常、胎位异常的病因。
> 2. 分析产力异常、骨产道异常、胎位异常的防治措施。
> 运用：
> 1. 评估异常分娩，并制订诊疗方案。
> 2. 通过演示异常分娩全过程，培养学生快速应变的临床诊疗思维能力和关爱孕妇、吃苦耐劳的工作作风。

影响分娩的因素包括产力、产道、胎儿及产妇的精神心理因素。这些因素在分娩过程中相互影响，其中任何一个或一个以上因素发生异常以及各因素之间不能相互协调、适应，而使分娩进展受到阻碍，称为异常分娩（abnormal labor），俗称难产（dystocia）。

第1节 概 述

发生异常分娩时，必须早期识别，综合分析产力、产道、胎儿及社会心理思想因素，如骨盆狭窄可导致胎位异常及宫缩乏力，宫缩乏力亦可引起胎位异常，宫缩乏力和胎位异常经处理后有可能转化为正常分娩；而骨盆狭窄导致的头盆不称则应尽早行剖宫产术。应寻找引起异常分娩的病因，及时做出正确判断，恰当处理，以保证分娩顺利和母胎安全。

【病因】

1. **产力异常** 包括各种收缩力异常，其中主要是子宫收缩力异常。子宫收缩力异常包括子宫收缩乏力（简称宫缩乏力）和子宫收缩过强（简称宫缩过强）两类，每类又分为协调性和不协调性子宫收缩。子宫收缩乏力可致产程延长或停滞，子宫收缩过强可引起急产或严重的并发症。

2. **产道异常** 包括骨产道异常及软产道异常，以骨产道狭窄多见。骨产道狭窄可导致产力异常或胎位异常。骨产道狭窄，导致或使得正常胎儿无法通过，称为头盆不称。

3. **胎儿异常** 包括胎位异常（头先露异常、臀先露及肩先露等）、胎儿相对过大及胎儿发育异常。

【临床表现】

（一）母体表现

1. 产妇全身衰竭症状　由于产程延长，产妇休息不好，进食少，体力消耗大，致疲乏无力、肠胀气、排尿困难等，严重时可引起脱水、酸中毒。

2. 产科情况　表现为子宫收缩乏力或过强；子宫颈水肿或子宫颈扩张缓慢、停滞；胎先露下降延缓或停滞。头盆不称或胎位异常时可出现胎膜早破。梗阻性难产可出现病理性缩复环、子宫下段压痛、血尿等先兆子宫破裂，甚至子宫破裂。

（二）胎儿表现

1. 胎头未衔接或延迟衔接　临产后胎头高浮，子宫口扩张5 cm以上胎头仍未衔接或才衔接为衔接延迟，提示骨盆入口平面有严重的头盆不称或胎头位置异常。

2. 胎位异常　胎头位置异常是导致头位难产的主要原因。有衔接异常的包括高直位、不均倾位，有内旋转受阻的持续性枕后位及枕横位，胎头姿势异常的顶先露、额先露及面先露。胎位异常使胎头下降受阻，子宫颈扩张延缓、停滞，继发宫缩乏力。

3. 胎儿颅骨缝过度重叠　分娩过程中，通过颅骨缝轻度重叠，可以缩小胎头体积，有利于胎儿娩出。若骨产道狭窄导致产程延长时，胎儿颅骨缝过度重叠，表示存在明显头盆不称。

4. 胎头水肿或血肿　产程进展缓慢或停滞时，胎头先露部软组织长时间受产道挤压或牵拉使骨膜下血管破裂，形成胎头水肿（又称产瘤）或头皮血肿。

5. 胎儿窘迫　产程延长，特别是第二产程延长，导致胎儿急性缺氧，胎儿代偿能力下降或失代偿可出现胎儿窘迫征象。

（三）产程异常

子宫收缩乏力影响子宫颈扩张和胎先露下降，表现为：

1. 潜伏期延长　从临产出现规律宫缩开始至活跃期起点（4~6 cm）称为潜伏期。初产妇>20 h，经产妇>14 h。

2. 活跃期异常　包括活跃期延长、活跃期停滞。

（1）活跃期延长：从活跃期起点（4~6 cm）至子宫颈口开全为活跃期。此期子宫颈口扩张速度<0.5 cm/h为活跃期延长。

（2）活跃期停滞：当破膜且子宫颈口扩张≥6 cm后，若宫缩正常，子宫颈口停止扩张≥4 h；若宫缩欠佳，子宫颈口停止扩张≥6 h称为活跃期停滞。

3. 第二产程异常　包括胎头下降延缓、胎头下降停滞、第二产程延长。

（1）胎头下降延缓：第二产程胎头下降速度初产妇<1 cm/h、经产妇<2 cm/h，称为胎头下降延缓。

（2）胎头下降停滞：第二产程胎头停留在原处不下降>1 h，称为胎头下降停滞。

（3）第二产程延长：初产妇第二产程>3 h，经产妇>2 h（硬膜外麻醉镇痛分娩时，初产妇>4 h，经产妇>3 h），产程无进展（包括胎头下降、旋转），称为第二产程延长。

上述产程异常可单独或合并存在。

【处理】

原则应以预防为主，应综合评估子宫收缩力、胎儿大小与胎位、骨盆大小以及头盆关系是否相称等，综合分析决定分娩方式。

（一）阴道试产

若无明显的头盆不称，原则上应尽量阴道试产。为了避免随意诊断难产，应注意：第一产程宫颈扩张4 cm之前，不应诊断难产；人工破膜和缩宫素使用后，方可诊断难产。试产过程中，若出现产程异常，根据不同情况及时处理。

1. 潜伏期延长　由于难以确定准确的临产时间，使潜伏期延长的诊断造成困难。潜伏期延长不是剖宫产的指征。子宫颈口开大 0~3 cm 而潜伏期超过 8 h，可给予地西泮 10 mg 或哌替啶 100 mg 肌内注射，以纠正不协调性子宫收缩，缓解引起的疼痛，让产妇充分休息后，常能进入活跃期。协调性宫缩乏力，排除骨盆狭窄、胎位异常及胎儿窘迫情况，当子宫颈口开大 ≥ 3 cm 而子宫颈口扩张 2~4 h 无进展，应给予人工破膜和缩宫素静脉滴注加强产力，以促进产程进展。

2. 活跃期异常　活跃期延长时，应先行阴道检查详细了解骨盆情况及胎方位，若无明显头盆不称及严重的胎头位置异常，可行人工破膜，然后给予缩宫素静脉滴注加强产力，促进产程进展。发现胎方位异常如枕横位或枕后位，可手转胎头矫正胎方位。活跃期停滞提示头盆不称，应行剖宫产术。

3. 第二产程异常　第二产程异常时，需立即评估产妇屏气用力情况、胎儿大小、胎方位、胎心率、骨盆、胎头位置、胎头水肿或颅骨重叠程度，若无头盆不称或严重胎头位置异常，可用缩宫素加强产力；指导产妇屏气用力；若胎头为枕横位或枕后位，可徒手旋转胎头为枕前位。若胎头下降到 ≥ S^{+3}，可行阴道助娩术；若经处理胎头下降无进展，胎头位置在 S^{+2} 水平以上，需行剖宫产术。

（二）剖宫产

产力异常发生病理性缩复环或先兆子宫破裂时，不论胎儿是否存活，应抑制宫缩同时行剖宫产术。严重的胎位异常如高直后位、前不均倾位、额先露及持续性颏后位，应停止阴道试产，立即行剖宫产术结束分娩。骨盆绝对狭窄或胎儿过大、明显头盆不称、肩先露或臀先露或足先露时，应行择期剖宫产术。产程中出现胎儿窘迫而宫口开全，胎头位置 ≤ S^{+2}，需行剖宫产术。

第 2 节　产力异常

导学案例 8-1

某女，26 岁，$G_1 P_0$，现孕 40 周入院待产。临产后，患者精神较紧张，进食差。产科检查：宫缩具有正常的节律性、对称性和极性，但宫缩强度弱，持续 30 s，间歇 5~10 min，临产 20 h，子宫口开大 3 cm，无头盆不称，胎心 140 次 / 分。腹部检查：宫底部为胎臀，腹部前方可触及胎背。阴道检查：胎头已达到坐骨棘下 2 cm，矢状缝与骨盆前后径一致，小囟门在前。

思考：

1. 本例的诊断是什么？
2. 对该产妇应如何处理？

产力包括子宫收缩力、腹肌及膈肌收缩力和肛提肌收缩力，其中子宫收缩力是主要产力，贯穿于分娩全过程。分娩过程中，子宫收缩的节律性、对称性、极性不正常或者频率、强度发生改变，称子宫收缩力异常（abnormal uterine action），简称产力异常。包括子宫收缩乏力（简称宫缩乏力）和子宫收缩过强（简称宫缩过强）两类，每类又分为协调性和不协调性子宫收缩（图 8-1）。

一、子宫收缩乏力

【原因】

子宫收缩乏力（uterine inertia）多由几种因素综合引起，常见原因有以下几种：

1. 精神因素　由于产妇对分娩有恐惧心理，精神过度紧张或临产后进食少，甚至呕吐以

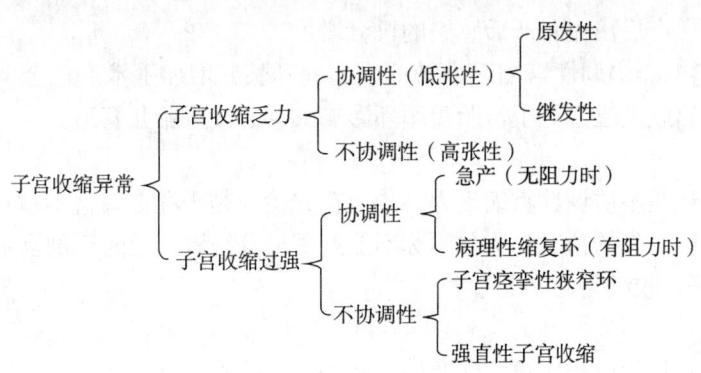

图 8-1 子宫收缩力异常的分类

及过多地消耗体力，使产妇处于疲惫状态，均可导致宫缩乏力。

2. 产道及胎儿因素　产力异常往往继发于头盆不称或胎位异常。如骨盆狭小及骨盆形状异常，胎儿过大或胎位异常，胎儿先露部下降受阻，不能紧贴子宫下段及子宫颈部，因而不能引起反射性子宫收缩，导致继发性宫缩乏力。

3. 子宫因素　子宫发育不良、子宫畸形（如双角子宫等）、子宫壁过度膨胀（如双胎妊娠、巨大胎儿、羊水过多等）、多次妊娠分娩或曾有慢性子宫感染病史，可使子宫肌层发生纤维变性，结缔组织增生或子宫肌瘤等，均能引起宫缩乏力。

4. 内分泌及电解质等异常　临产后，产妇体内缩宫素、前列腺素、乙酰胆碱等合成或释放不足，电解质浓度（钾、钠、钙、镁等）异常，雌激素不足致低缩宫素受体水平均可影响子宫肌纤维收缩能力。

5. 药物影响　临产后使用大剂量镇静剂及镇痛剂，如氯丙嗪、硫酸镁、哌替啶、苯巴比妥钠等，可使子宫收缩受到抑制。

【临床表现】

（一）协调性子宫收缩乏力

亦称低张性宫缩乏力。特点是子宫收缩节律性、对称性和极性表现正常，收缩力弱，持续时间短，间隔时间长且不规律，宫缩<2/10 min。胎先露下降及子宫颈口扩张缓慢，产程延长。由于宫腔内张力低，对胎儿影响不大。

协调性子宫收缩乏力按发生时间可分为原发性和继发性两种。①原发性子宫收缩乏力：产程一开始就出现子宫收缩乏力。②继发性子宫收缩乏力：产程开始时子宫收缩正常，当产程进展到某一阶段后，出现宫缩乏力。多发生在第一产程的活跃期或第二产程，子宫收缩力减弱，产程停滞，多伴有胎位或骨盆异常。

（二）不协调性子宫收缩乏力

亦称高张性子宫收缩乏力。子宫收缩无对称性，子宫收缩的兴奋点不是自两侧子宫角开始，而是从子宫一处或多处开始；无节律性；极性倒置，收缩波自子宫颈开始向上扩散。这种宫缩宫腔内压力高，宫缩间歇期子宫不能很好地放松，使子宫口扩张受限，胎先露不能如期下降，为无效宫缩。产妇感到下腹部持续疼痛、拒按，烦躁不安，严重时伴发肠胀气、尿潴留、酸中毒、脱水及电解质紊乱、胎儿-胎盘循环障碍，胎儿宫内窘迫。此种宫缩多为原发性宫缩乏力。

【对母儿影响】

1. 对产妇的影响　由于产程延长，产妇休息不好，进食少，体力消耗大，致疲乏无力、肠胀气、排尿困难等，影响子宫收缩，严重时可引起脱水、酸中毒。由于第二产程延长，胎头对盆底组织持续压迫，可损伤局部组织，导致产后子宫脱垂或膀胱膨出，甚至出现泌尿生殖道

瘘。滞产使手术产、产后出血和产后感染的机会增加。

2. 对胎儿的影响　协调性宫缩乏力易造成产程延长，增加手术产机会，可能引起产伤及感染。不协调性子宫收缩乏力对子宫胎盘循环影响大，易发生胎儿窘迫。

【处理】

无论是协调性还是不协调性宫缩乏力，均应首先检查是否存在头盆不称和胎位异常，了解子宫颈扩张和胎先露下降的情况，头盆不称不能经阴道分娩者，及时行剖宫术。

（一）协调性子宫收缩乏力

1. 第一产程

（1）一般处理：指导产妇休息，嘱产妇左侧卧位，消除精神紧张，保存体力；鼓励产妇进食进水，必要时静脉补充液体和能量。及时排尿、排便，一般临产后督促产妇每2~4 h排尿一次，以免膀胱充盈影响宫缩，必要时给予导尿。必要时行分娩镇痛。对产程长、产妇过度疲劳或烦躁不安者按医嘱给予地西泮10 mg或哌替啶100 mg肌内注射，地西泮能使子宫颈平滑肌松弛，软化子宫颈，促进子宫口扩张。经上述处理后，多数产妇宫缩可以转好。

（2）加强子宫收缩：经过上述处理，子宫收缩仍然乏力，且能排除头盆不称、胎位异常和骨盆狭窄，无胎儿窘迫，可选用以下方法加强子宫收缩。

1）刺激乳头。

2）针刺合谷、三阴交、关元等穴位。

3）人工破膜：子宫颈口扩张≥3 cm、无头盆不称，胎头已衔接而产程延缓者，可行人工破膜，使先露部紧贴子宫下段及子宫颈内口，反射性加强子宫收缩。破膜前应行阴道检查，了解有无脐带先露、评价子宫颈成熟度，估计人工破膜引产或加强宫缩的效果；签署知情同意书。破膜应在宫缩间歇期进行。破膜后术者手指应停留在阴道内，经过1~2次宫缩待胎头入盆后，术者再将手指取出，便于查看和处理脐带脱垂。同时应观察羊水量、性状和胎心变化。

4）催产素静脉滴注：适用于产程延长且协调性宫缩乏力、胎心良好、胎位正常、头盆相称者。用法：将催产素2.5 U加入0.9%的生理盐水500 ml内，使每滴液含缩宫素0.33 mU，从4~5滴/分开始，根据宫缩强弱进行调整，每隔15~30 min观察1次子宫收缩、胎心、血压、脉搏及产程进展，若子宫收缩不强，可逐渐加快滴速，最大剂量通长不超过60滴/分（20 mU/min），维持宫缩时宫腔内压力达50~60 mmHg，以子宫收缩达到持续40~60 s，间隔2~3 min为好。

使用催产素加强宫缩注意事项：需签知情同意书；在胎儿娩出前禁止肌内注射；必须专人监护，监测宫缩、胎心、血压及产程进展等状况，并记录。

通过触诊子宫、电子胎儿监护和宫腔内导管测量子宫收缩力的方法，评估宫缩强度。随时调节剂量、浓度和滴速，若10 min内宫缩≥5次、宫缩持续1 min以上或胎心率异常，应立即停止使用催产素，避免因子宫收缩过强而发生子宫破裂或胎儿窘迫等严重并发症。

（3）剖宫产术的准备：经上述处理，试产2~4 h产程无进展（如活跃期延长或停滞）或出现胎儿窘迫征象时，应做好剖宫产的术前准备。

2. 第二产程　进入第二产程期，密切观察生命体征、子宫收缩、胎心及胎先露下降情况。若出现宫缩乏力，应先给予导尿，补充能量，给予催产素静脉滴注促进产程进展；若出现第二产程延长或者胎头下降停滞，或者出现胎儿窘迫征象时，行阴道检查，若胎头双顶径已通过坐骨棘平面，则行阴道助产结束分娩；若胎先露在S^{+3}以上水平时，应行剖宫产术并做好抢救新生儿的准备。

3. 第三产程　密切观察子宫收缩、阴道出血情况及生命体征各项指标。为预防产后出血，当胎儿前肩娩出时，可静脉推注或肌内注射缩宫素10 U，并同时静脉滴注缩宫素10~20 U，亦可肌内注射麦角新碱0.2 mg（无心脏疾病或高血压患者），加强宫缩，促使胎盘剥离与娩出及子宫血窦关闭。凡破膜时间超过 12 h、总产程超过 24 h 者，应用抗生素预防感染。产后注意保暖，及时帮助产妇摄入一些高热量饮品，使产妇得到休息与恢复。

（二）不协调性子宫收缩乏力

处理原则是调节子宫收缩，恢复其对称性、极性及节律性。可给予镇静剂地西泮 10 mg 静脉注射，或哌替啶 100 mg 肌内注射，使产妇充分休息，多能恢复为协调性宫缩。若宫缩力弱，可采用协调性宫缩乏力时加强宫缩的各种方法处理。但在协调性子宫收缩恢复之前，严禁应用缩宫素。若经过处理，不协调性宫缩乏力得不到纠正，或发现头盆不称、胎儿窘迫征象均应行剖宫产术。

二、子宫收缩过强

【病因】

目前尚不十分明确，但与以下因素有关：

1. 急产 经产妇多见，主要原因是软产道阻力小。
2. 缩宫素应用不当 如引产时剂量过大或个体对缩宫素过于敏感，分娩发生梗阻或胎盘早剥血液浸润子宫肌层，均可导致强直性子宫收缩。
3. 待产妇精神过度紧张、过度疲劳、胎膜早破及粗暴地实施阴道内操作等。
4. 胎盘早剥 血液浸润子宫肌层导致全子宫肌强直性收缩。

【临床表现及诊断】

1. 协调性子宫收缩过强 子宫收缩的对称性、节律性和极性正常，但子宫收缩力过强、过频（宫缩次数 ≥ 5 次 /10 分钟，持续 60 s 或以上），产妇疼痛难忍，往往有痛苦面容。若产道无梗阻，无头盆不称及胎位异常情况，可使子宫口迅速开全，分娩会在短时间内结束，初产妇总产程不足 3 h 分娩者，称为急产。若存在产道梗阻或瘢痕子宫，宫缩过强可发生病理性缩复环甚至子宫破裂。

2. 不协调性子宫收缩过强

（1）强直性子宫收缩：其特点是子宫颈内口以上部分的子宫肌层出现强直性痉挛性收缩，失去节律性，间歇期短或无间歇期。产妇烦躁不安，持续性腹痛、拒按。胎方位触诊不清，胎心音听不清。合并产道狭窄时可出现病理性缩复环，腹部呈葫芦状，子宫下段压痛明显，并伴有血尿。

（2）子宫痉挛性狭窄环：子宫壁局部肌肉呈痉挛性不协调性收缩形成环状狭窄，持续不放松，称子宫痉挛性狭窄环。狭窄环可因精神紧张、过度疲劳、不适当使用缩宫药物或粗暴地进行阴道内操作所致。狭窄环可发生在宫颈、宫体的任何部分，多在子宫上下段交界处，也可在胎体某一狭窄部，以胎颈、胎腰处常见。产妇出现持续性腹痛，烦躁，宫颈扩张缓慢，胎先露下降停滞，胎心不规则。阴道检查时在宫腔内可触及狭窄环（图 8-2）。

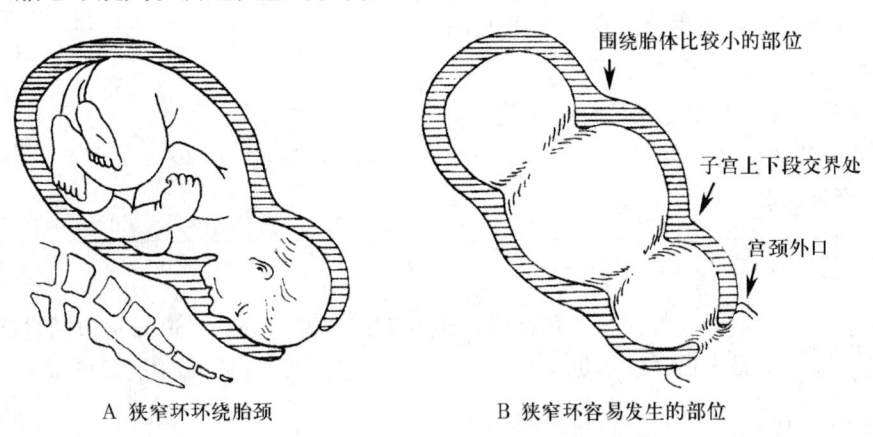

A 狭窄环环绕胎颈　　B 狭窄环容易发生的部位

图 8-2　子宫痉挛性狭窄环

【对母儿的影响】

1. 对产妇的影响　由于宫缩过强过频，产程过快，可导致产妇软产道裂伤，产褥感染机会增加；若存在产道梗阻或瘢痕子宫者，则可能出现病理性缩复环，甚至子宫破裂。

2. 对胎儿的影响　子宫收缩过强影响子宫胎盘血液循环，易发生胎儿窘迫、新生儿窒息甚至死亡；胎儿娩出过快易发生新生儿颅内出血。接产准备不充分，新生儿易发生感染或坠地外伤等。

【处理】

1. 急产的处理　有急产史的孕妇在预产期前1~2周住院待产，以防院外分娩，造成损伤和意外。急产来不及消毒接生者，严格消毒后协助结扎脐带、缝合软产道裂伤；观察新生儿有无外伤和颅内出血情况，给予新生儿破伤风抗毒素、维生素 K_1 和抗生素肌内注射，预防新生儿破伤风、颅内出血和其他感染。

2. 协调性子宫收缩过强的处理　应迅速做好接产准备；吸氧；分娩时尽可能行会阴侧切术；宫口开全后，指导产妇宫缩时张口哈气，勿屏气，协助胎儿娩出，防止软产道裂伤。若伴有产道狭窄或出现胎儿窘迫者，应行剖宫产术并做好新生儿抢救的准备。

3. 不协调性子宫收缩过强的处理

（1）强直性子宫收缩：一经确诊，应立即给予宫缩抑制剂，如25%硫酸镁20 ml加入5%~10%葡萄糖液20 ml中缓慢静脉注射（不少于5 min）。若属梗阻性原因，应立即行剖宫产术。若胎死宫内可用乙醚吸入麻醉，若仍不能缓解强直性宫缩，应行剖宫产术。

（2）子宫痉挛性狭窄环：寻找可能导致子宫痉挛性狭窄环的原因，及时纠正。停止阴道操作及缩宫素的使用。给予吸氧的同时应用宫缩抑制剂，如硫酸镁或特布他林等，必要时使用镇静剂如哌替啶100 mg，或吗啡10 mg肌内注射，消除异常宫缩，等宫缩恢复正常时，可行阴道助产或等待自然分娩。如经过上述处理，狭窄环仍不能缓解，或胎儿宫内窘迫，均应行剖宫产术并做好新生儿抢救的准备。

第3节　产道异常

导学案例8-2

程某，女，31岁，G_1P_0，妊娠40周，规律宫缩8 h入院。查：髂棘间径24 cm，骶耻外径20 cm，坐骨结节间径7 cm，坐骨结节间径加后矢状径之和为14 cm，枕右前位，胎心134次/分。阴道检查：子宫口开大4 cm，胎先露S^0。3 h后产妇呼叫腹痛难忍，检查宫缩1~2 min一次，持续45 s，胎心105次/分，子宫下段压痛明显。出现病理性缩复环和血尿。阴道检查：子宫口开大5 cm。

思考：

1. 此时产程受阻于骨盆的哪个平面？
2. 此时的诊断是什么？
3. 如何处理？

产道是胎儿经阴道分娩的通道，包括骨产道和软产道两部分。产道异常包括骨产道异常及软产道异常，临床上骨产道异常多见。

一、骨产道异常

骨产道异常是指骨盆径线过短或形态异常，致使骨盆腔小于胎先露可通过的限度，阻碍胎先露部下降，影响产程顺利进展，又称为狭窄骨盆。常见有四种类型：骨盆入口平面狭窄、中骨盆及出口平面狭窄、三个平面均狭窄（均小骨盆）和畸形骨盆。

【狭窄骨盆的类型及表现】

（一）骨盆入口平面狭窄

常见于扁平骨盆。主要是骨盆入口平面前后径狭窄，骶耻外径<18 cm、对角径<11.5 cm。扁平型骨盆包括单纯扁平骨盆和佝偻病性扁平骨盆两种。骨盆入口平面狭窄影响胎头衔接，易发生胎位异常（如臀先露、面先露或肩先露等）、胎膜早破和继发性子宫收缩乏力。临产时初产妇腹部多呈尖腹，经产妇多呈悬垂腹，跨耻征阳性。临产后表现为潜伏期及活跃早期延长。

（1）单纯性扁平骨盆（图8-3）：骨盆入口平面形态呈横扁圆形，骶骨岬向前下突出，使骨盆入口前后径缩短而横径正常。

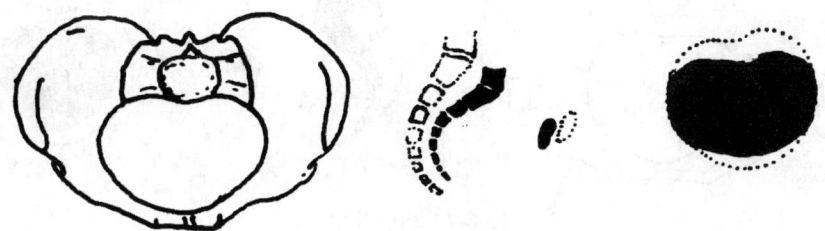

图8-3 单纯性扁平骨盆

（2）佝偻病性扁平骨盆（图8-4）：骨盆入口平面形态呈肾形，骶骨岬向前突，骨盆入口前后径缩短；骶骨变直向后翘，尾骨呈钩状突向骨盆出口平面。髂棘间径≥髂嵴间径，耻骨弓角度>100°。

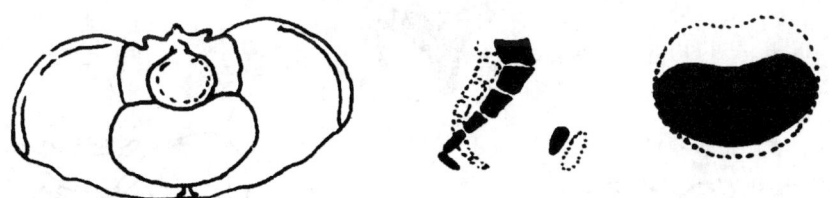

图8-4 佝偻病性扁平骨盆

（二）中骨盆平面及出口平面狭窄

比较常见，主要见于男型骨盆及类人猿型骨盆，以中骨盆及出口横径缩短为特点。临产后先露入盆不困难，胎头能正常衔接，但影响胎头的内旋转，常出现持续性枕横位或枕后位，同时出现继发性宫缩乏力，产程进入活跃晚期及第二产程后进展缓慢，甚至停滞。

（1）男型骨盆（图8-5）：又称为漏斗型骨盆。骨盆入口平面各径线正常，两侧骨盆壁向内收，状似漏斗，其特点是中骨盆及骨盆出口平面均明显狭窄，使坐骨棘间径和坐骨结节间径缩短，坐骨切迹宽度（骶棘韧带宽度）小于2横指，耻骨弓角度<90°，坐骨结节间径与出口后矢状径之和<15 cm。

（2）类人猿型骨盆（图8-6）：又称为横径狭窄骨盆。骨盆各平面横径均缩短，入口平面呈纵椭圆形。常因中骨盆及骨盆出口平面横径狭窄导致难产。

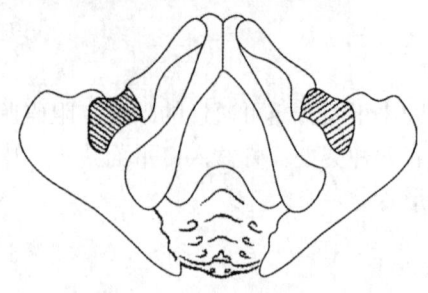
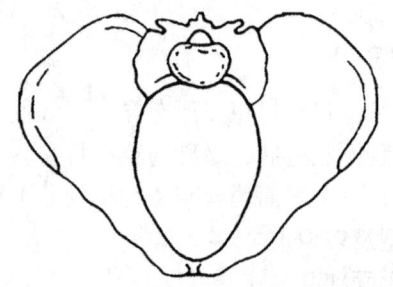

图 8-5　男型（漏斗型）骨盆　　　　　　　图 8-6　类人猿型（横径狭窄）骨盆

（三）三个平面均狭窄

骨盆外形属正常女性骨盆，但骨盆三个平面各径线均比正常值小 2 cm 或更多，称为均小骨盆（图 8-7）。多见于身材矮小、体形匀称的妇女。若胎儿体重超过 3000 g，易发生头盆不称而导致难产。

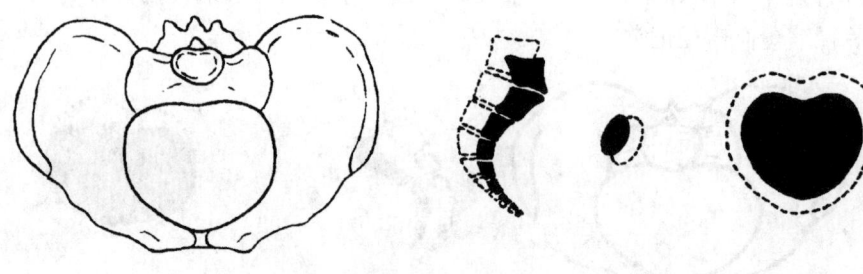

图 8-7　均小骨盆

（四）畸形骨盆

骨盆失去正常形态及对称性，包括跛行及脊柱侧突所致的偏斜骨盆和骨盆骨折所致的畸形骨盆（图 8-8）。孕妇常有米氏菱形窝不对称等表现。

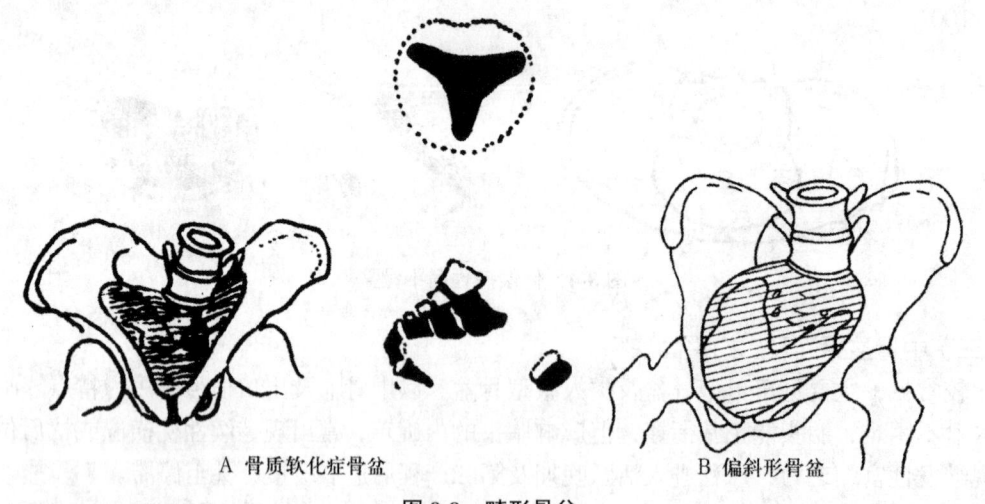

A 骨质软化症骨盆　　　　　　　　　　　B 偏斜形骨盆

图 8-8　畸形骨盆

【对母儿的影响】

1. 对产妇的影响　骨盆狭窄影响胎头衔接和内旋转，容易发生胎位异常、胎膜早破、宫缩乏力和异常产程，手术助产机会增加。产程延长，导致产道受压过久可形成生殖道瘘；若子宫收缩过强，可导致子宫破裂危及产妇生命。

2. 对胎儿及新生儿的影响　头盆不称易致胎膜早破、脐带脱垂，诱发早产、胎儿窘迫甚至死亡；产程延长胎头受压过久，易致新生儿颅内出血、颅骨骨折；手术助产可增加新生儿产伤的发生率。

【诊断】

（一）病史

询问孕妇幼年有无佝偻病、结核病及外伤史。对经产妇应详细询问既往分娩经过。

（二）一般检查

测量身高。孕妇身高＜145 cm 应注意均小骨盆。观察孕妇体型、步态，孕妇有跛足、脊柱及髋关节畸形、米氏菱形窝不对称、尖腹或悬垂腹等，均应警惕狭窄骨盆。

（三）腹部检查

1. 测量子宫底高度和腹围，估计胎儿大小。

2. 腹部四步触诊了解胎先露、胎方位。

3. 评估头盆关系　正常情况下，初产妇在预产期前 1～2 周、经产妇在临产后胎头入盆。若初产妇临产后胎头未入盆，应行跨耻征检查，判断头盆是否相称。方法为：产妇排空膀胱后仰卧，两腿伸直，检查者将手放在耻骨联合上方，向骨盆腔方向推压浮动的胎头。如胎头低于耻骨联合平面，为跨耻征阴性，表示头盆相称；若胎头与耻骨联合在同一平面，为跨耻征可疑阳性，表示头盆可能不称；若胎头高于耻骨联合平面，为跨耻征阳性，表示头盆明显不称（图 8-9）。

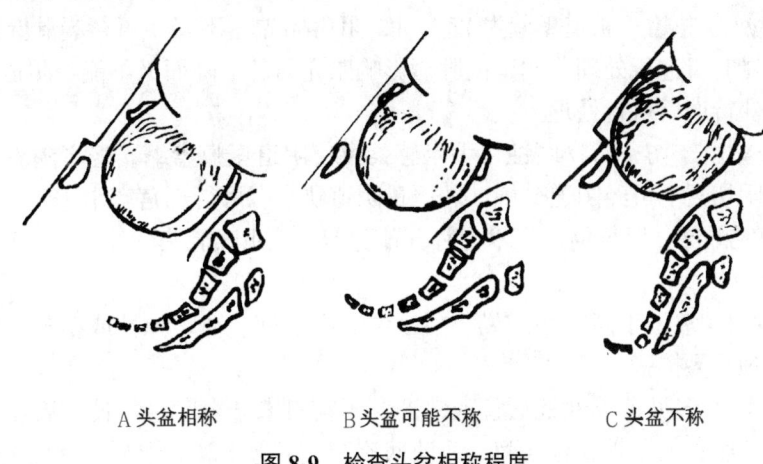

A 头盆相称　　　B 头盆可能不称　　　C 头盆不称

图 8-9　检查头盆相称程度

（四）辅助检查

1. B 型超声检查　观察胎先露与骨盆的关系，测量胎头双顶径、胸径、腹径、股骨长度，预测胎儿体重，判断胎儿能否通过骨产道。

2. 电子胎儿监护仪　监测子宫收缩和胎儿胎心率的情况。

【处理】

明确骨盆狭窄类型及程度，了解胎位、胎心、胎儿大小、宫缩、宫口扩张情况及胎先露下降程度等，结合产妇年龄、产次、既往分娩史等进行综合判断，决定分娩方式。

1. 剖宫产　骨盆入口平面明显头盆不称，胎先露部不能入盆，必须以剖宫产结束分娩。子宫口开全后，若胎头未达坐骨棘水平，并出现胎儿窘迫征象，应做好剖宫产术前准备。出口平面狭窄者不宜试产。

2. 试产　如轻度头盆不称，足月活胎体重＜3000 g，胎心率及产力均正常，应在严密监护下试产。胎膜未破者可在子宫口扩张 3 cm 时行人工破膜。若破膜后宫缩较强，产程进展顺利，多数能经阴道分娩。试产过程中若出现宫缩乏力，可用缩宫素静脉滴注加强宫缩。试产 2～4 h，胎头仍迟迟不能入盆，子宫口扩张缓慢，或伴有胎儿窘迫征象，应及时行剖宫产术结束分娩。

3. 阴道助产　子宫口已开全，胎头双顶径达坐骨棘水平或更低，可采用阴道助产术结束

分娩,并做好抢救新生儿的准备。

二、软产道异常

软产道包括阴道、子宫颈、子宫下段及盆底软组织。软产道异常所致的异常分娩相对少见,容易被忽视。应在妊娠早期常规行妇科检查,了解软产道有无异常。

【外阴异常】

1. 外阴坚韧　常见于外阴营养不良或创伤后瘢痕。组织坚韧,缺乏弹性,会阴伸展性差,易造成严重撕裂伤,应行预防性会阴侧切术,以利胎儿娩出,严重者宜行剖宫产术终止。

2. 外阴水肿　重度妊娠期高血压疾病,重症贫血、心脏病及慢性肾炎孕妇,在全身水肿的同时,可伴有外阴水肿。临产前局部可用50%硫酸镁湿热敷。临产后可在消毒下多点针刺放液,并行会阴切开术。

【阴道异常】

1. 阴道横隔和纵隔　阴道横隔薄时,可将横隔做X形切开,待分娩结束再切除剩余的隔。若横隔高且坚厚,妨碍胎先露部下降,则需行剖宫产结束分娩。阴道纵隔薄时,在分娩时被推向对侧,分娩多无阻碍,若纵隔厚阻碍胎先露部下降时,须在纵隔中间剪断才能分娩。

2. 阴道壁囊肿或肿瘤　阴道壁囊肿较大时,阻碍胎先露下降,可行囊肿穿刺抽出其内容物,待产后再选择时机进行处理。阴道内肿瘤影响胎先露部下降而又不能经阴道切除者,应行剖宫产。原有病变待产后再行处理。

3. 阴道狭窄　由产伤、药物腐蚀、手术感染致使阴道瘢痕挛缩,轻者随着妊娠的进展可渐渐变软,在会阴切开下可经阴道分娩。若严重阴道狭窄者可行剖宫产术。

4. 阴道壁尖锐湿疣　以行剖宫产术为宜,预防新生儿患喉乳头状瘤。

【子宫颈异常】

1. 子宫颈坚韧　常见于高龄初产妇、子宫颈成熟不良、缺乏弹性或精神过度紧张使子宫颈挛缩,致子宫颈不易扩张。

2. 子宫颈水肿　多见持续性枕后位或滞产,子宫口未开全时过早使用腹压,致使子宫颈前唇长时间被压于胎头与耻骨联合之间,血液回流受阻引起水肿,影响子宫颈扩张。轻者可抬高产妇臀部,减轻胎头对子宫颈压力,也可于子宫颈两侧各注入0.5%利多卡因5~10 ml或地西泮10 mg静脉推注,待子宫口近开全,用手将水肿的子宫颈前唇上推,使其逐渐越过胎头即可经阴道分娩。若经上述处理无效者行剖宫产术。

3. 子宫颈肌瘤　若较大的子宫肌瘤位于子宫下段及子宫颈部,占据盆腔或阻塞产道,均应行剖宫产术。若不阻塞产道,不影响分娩,可于产后再行处理(图8-10)。

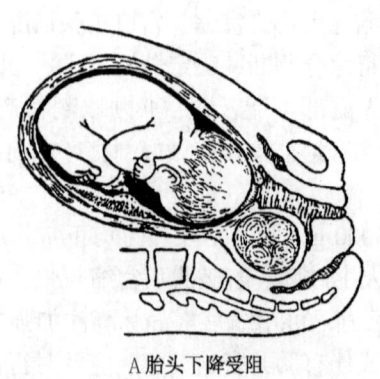
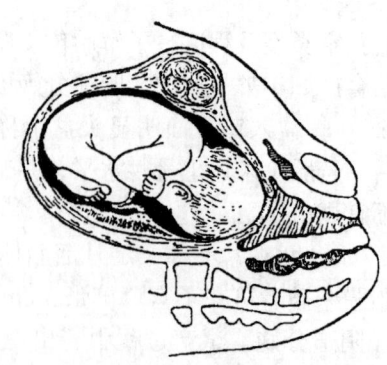

A 胎头下降受阻　　　　B 不影响胎头下降

图8-10　妊娠合并子宫肌瘤

4. **子宫颈癌** 子宫颈硬而脆且缺乏伸展性,临产后影响子宫颈口扩张,若经阴道分娩,有发生大出血、裂伤、感染及癌扩散等危险,故不应经阴道分娩,应行剖宫产术。

【子宫异常】

1. **子宫畸形** 包括纵隔子宫、双子宫、双角子宫等,子宫畸形时难产发生概率明显增加;胎位和胎盘位置异常的发生率增加;易出现子宫收缩乏力、产程异常、子宫颈扩张慢和子宫破裂。有子宫畸形者,临产后适当放宽剖宫产手术指征。

2. **瘢痕子宫** 包括曾经行剖宫产术、子宫肌瘤剔除术、子宫成形等手术后形成的瘢痕子宫。这类妇女再孕分娩时子宫破裂的风险增加。应当注意有剖宫产史并非剖宫产指征。详情见第7章第5节"剖宫产术后再次妊娠阴道分娩"。

第4节 胎位异常

 导学案例8-3

刘某,女,24岁,G_1P_0,妊娠40周,规律宫缩24 h,检查宫口开全1 h 20 min,胎头下降无进展。阴道检查:坐骨棘间径为9.5 cm,胎头前囟位于耻骨联合后方,胎先露S^{+1},胎膜已破,羊水浑浊绿色,胎心104次/分。

思考:

1. 该产妇可能的诊断是什么?
2. 该产妇应采取哪种处理?

一、持续性枕后位或枕横位

在分娩过程中,胎头枕骨持续不能转向前方,直至分娩后期仍位于母体骨盆后方或侧方,致使分娩发生困难者,称为持续性枕后位(图8-11)或持续性枕横位。

【原因】

1. **骨盆异常** 常发生于男型骨盆或类人猿型骨盆。这两类骨盆的特点是骨盆入口平面前半部较狭窄,后半部较宽,胎头容易以枕后位或枕横位衔接;且这两类骨盆的中骨盆平面及骨盆出口平面有狭窄,影响胎头在中骨盆平面向前旋转,为适应骨盆形态而成为持续性枕后位或持续性枕横位。扁平骨盆及均小骨盆容易使胎头以枕横位衔接,若伴胎头俯屈不良、内旋转困难,导致胎头枕横位,胎头嵌顿在中骨盆形成持续性枕横位。

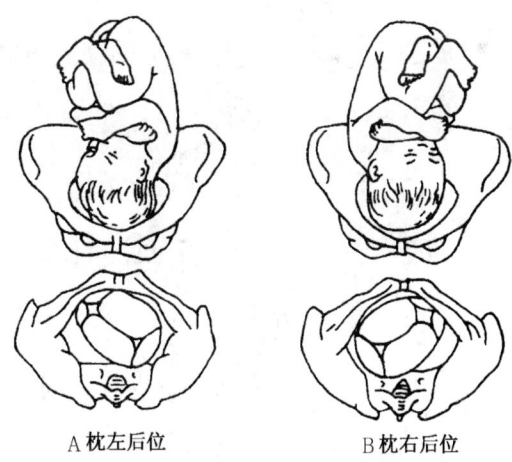

图8-11 持续性枕后位

A 枕左后位　　　B 枕右后位

2. **其他** 胎头俯屈不良、头盆不称、胎儿过大或过小、胎儿发育异常、子宫收缩乏力、前置胎盘、子宫肌瘤均可影响胎头下降、俯屈及内旋转,容易造成持续性枕后位或枕横位。

【诊断】

1. **临床表现** 临产后胎头衔接较晚及俯屈不良,枕后位的胎先露部不易紧贴子宫下段及子宫颈内口,常导致协调性宫缩乏力及第二产程延长。因胎头持续位于骨盆后方压迫直肠,产

妇自觉肛门坠胀及排便感，致使子宫口尚未开全时过早使用腹压，产妇疲劳、子宫颈前唇水肿、胎头下降延缓或停滞及产程延长。若在阴道口已见到胎发，历经多次宫缩时屏气，却不见胎头继续下降时，应考虑持续性枕后位可能。

2. 腹部检查　前腹壁易触及胎儿肢体，胎背偏向母体后方或侧方。胎心在脐下一侧偏外方听得最响亮，枕后位时因胎背伸直，前胸贴近母体腹壁，胎心在胎儿肢体侧闻及。

3. 阴道检查或肛门检查　枕后位时盆腔后部空虚。胎头矢状缝位于骨盆斜径上，前囟在骨盆右前方，后囟（枕部）在骨盆左后方则为枕左后位，反之为枕右后位。胎头矢状缝位于骨盆横径上，后囟在骨盆左侧方为枕左横位，反之为枕右横位。当出现胎头水肿、颅骨重叠、囟门触不清时，需借助胎儿耳郭及耳屏位置及方向判定胎位，若耳郭朝向骨盆后方，诊断为枕后位；若耳郭朝向骨盆侧方，诊断为枕横位。可借助肛门检查了解骨盆后部情况，协助确定胎方位。

4. B型超声检查　根据胎头颜面及枕部位置，能准确探清胎头位置以明确诊断。

【分娩机制】

胎头多以枕横位或枕后位衔接，90%以上在强有力的宫缩推动下，将转为枕前位娩出。在分娩过程中，若不能转成枕前位时，其分娩机制有：

1. 枕左（右）后位　胎头枕部到达中骨盆向后行45°内旋转，使矢状缝与骨盆前后径一致。胎儿枕部朝向骶骨呈正枕后位。其分娩方式有：

（1）胎头俯屈较好：胎头继续下降，前囟先露抵达耻骨联合下时，以前囟为支点，胎头继续俯屈使顶部及枕部自会阴前缘娩出。继之胎头仰伸，相继由耻骨联合下娩出（图8-12A）额、鼻、口、颏。此种分娩方式为枕后位经阴道助娩最常见的方式。

（2）胎头俯屈不良：当鼻根出现在耻骨联合下缘。以鼻根为支点，胎头先俯屈，从会阴前缘娩出前囟、顶部及枕部。然后胎头仰伸，使鼻、口、颏部相继由耻骨联合下娩出（图8-12B）。因胎头以较大的枕额周径旋转，胎儿娩出更加困难，枕后位分娩机制多需手术助产。

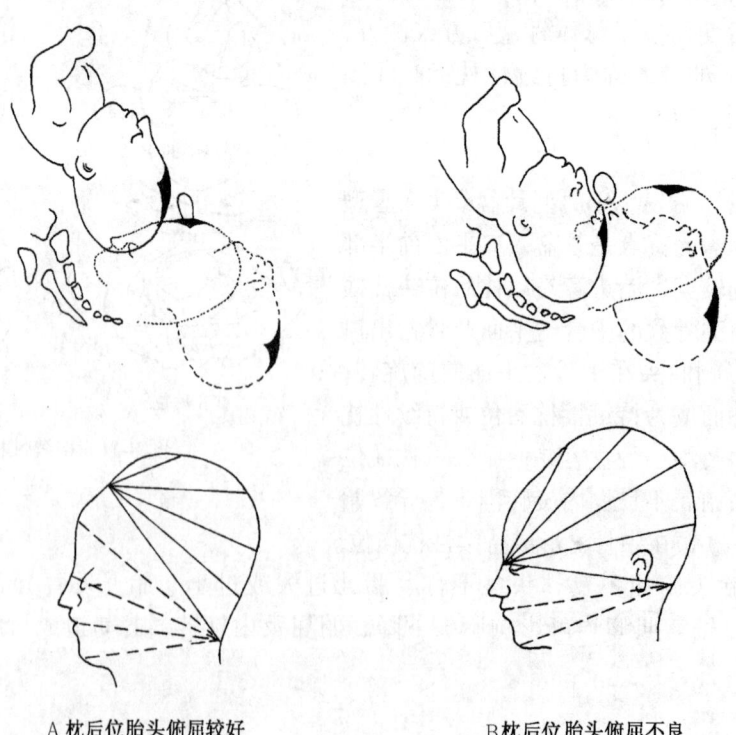

A 枕后位胎头俯屈较好　　　　B 枕后位胎头俯屈不良

图 8-12　枕后位分娩机制示意图

2. 枕横位　部分枕横位于下降过程中无内旋转动作，或枕后位的胎头枕部仅向前旋转45°成为持续性枕横位。持续性枕横位虽能经阴道分娩，但多数需用手或行胎头吸引术将胎头转成枕前位娩出。

【对母儿影响】

1. 对产妇的影响　胎位异常导致继发性宫缩乏力，使产程延长，常需手术助产。容易发生软产道损伤，增加产后出血及感染机会。若胎头长时间压迫软产道，可发生缺血坏死脱落，形成生殖道瘘。

2. 对胎儿的影响　第二产程延长和手术助产机会增多，常出现胎儿窘迫和新生儿窒息，使围生儿死亡率增高。

【处理】

持续性枕后位、枕横位在骨盆无异常、胎儿不大时，可以试产。试产时应严密观察产程，注意胎头下降、子宫口扩张程度、宫缩强弱及胎心有无改变。

1. 第一产程

（1）潜伏期：需保证产妇充分营养与休息。若有情绪紧张，睡眠不好可给予哌替啶或地西泮。让产妇朝向胎背的对侧方向侧卧，以利胎头枕部转向前方。若宫缩欠佳，应尽早静脉滴注缩宫素。子宫口开全之前，嘱产妇不要过早屏气用力，以免引起子宫颈前唇水肿，影响产程进展。

（2）活跃期：子宫口开大3~4 cm产程停滞，排除头盆不称等禁忌证，可行人工破膜，若产力仍欠佳，可静脉滴注缩宫素促进产程进展。若经过上述处理效果不佳，子宫口扩张速度<0.5 cm/h或无进展时，则应行剖宫产手术结束分娩。在试产过程中，出现胎儿窘迫征象，应行剖宫产术结束分娩。

2. 第二产程　若第二产程进展缓慢，初产妇已近2 h，经产妇已近1 h，应行阴道检查。当胎头双顶径已达坐骨棘平面或更低时，可先行徒手将胎头枕部转向前方，使矢状缝与骨盆出口前后径一致，等待自然分娩或阴道助产（胎头吸引术）。若转成枕前位有困难时，也可向后转成正枕后位，再以产钳助产。若以枕后位娩出时，需做较大的会阴后斜切开，以免造成会阴裂伤。若第二产程延长而胎头双顶径仍在坐骨棘以上或 $\leq S^{+2}$，或者胎儿宫内窘迫，需行剖宫产术。

3. 第三产程　因产程延长容易发生产后宫缩乏力，胎盘娩出后应立即静注或肌注子宫收缩剂，以防发生产后出血。有软产道裂伤者应及时修补。新生儿应重点监护。凡行手术助产及有软产道裂伤者，产后应给予抗生素预防感染。

二、前不均倾位

枕横位入盆时，若前顶骨先嵌入骨盆，矢状缝偏后，称为前不均倾位（anterior asynclitism）。易发生在头盆不称、骨盆倾斜度过大、腹壁松弛时。

【临床表现及诊断】

1. 临床表现　产程延长，胎头迟迟不衔接，或衔接后难以顺利下降，宫口扩张至3~5 cm时产程停滞，前顶骨嵌于耻骨联合后方压迫尿道及宫颈前唇，导致尿潴留、宫颈前唇水肿及胎膜早破。胎头受压过久，出现胎头水肿。

2. 腹部检查　前不均倾位时胎头不易入盆，常于临产早期，在耻骨联合上方可触及胎头前顶部。随着产程进展，胎头继续侧屈使胎头与胎肩折叠于骨盆入口处，使胎肩高于耻骨联合平面，胎头则折叠于胎肩之后，此时在耻骨联合上方可能触到胎肩而触及不到胎头，易误认为胎头已入盆。

3. 阴道检查　胎头矢状缝于骨盆入口横径上，向后靠近骶岬，前顶骨嵌于耻骨联合后方，受

压后于前顶骨处形成产瘤,而后顶骨大部分在骶岬之上,使骨盆后半部空虚(图8-13)。

【处理】

如确诊为前不均倾位,应以剖宫产结束分娩。

三、面先露(颜面位)

面先露(face presentation)多发生于临产后胎头极度仰伸、下降,使胎儿枕部与胎背接触。面先露以颏部最低。以颏为指示点有:颏左前、颏左横、颏左后、颏右前、颏右横、颏右后六种胎方位。以颏左前及颏右后位较多见。

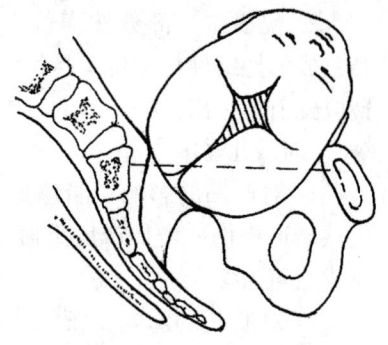

图8-13 前不均倾位示意图

【病因】

在临产后胎头衔接受阻,阻碍胎头俯屈,导致胎头极度仰伸。一些特殊情况,如无脑儿、胎儿甲状腺肿大等均可使胎头以仰伸姿势嵌入骨盆入口。

【诊断】

1. 腹部检查　因胎头入盆受阻,极度仰伸,胎体伸直,故宫底位置较高,颏前位时,孕妇腹前壁容易触及胎儿肢体;颏后位时,胎背靠近孕妇腹壁,在耻骨联合上方可触及胎儿枕骨隆突与胎背间有明显凹陷沟。

2. 肛门及阴道检查　先露为凸凹不平、软硬不均的颜面部,若宫口开大可触及胎儿口、鼻、颧骨及眼眶等面部特征。但偶可将胎儿的口腔误认为肛门。然而肛门与坐骨结节在一直线,而口与颧突形成一个三角形,以此可以作为鉴别面先露与臀先露的参考。

3. B型超声检查　可以明确面先露并能探清胎方位。

【分娩机制】

颏前位时,胎头以仰伸姿势衔接、下降,达骨盆底时,胎头极度仰伸,颏部为最低点,向前内旋转45°使颏部达耻骨弓下,胎头继续下降,当颏部自耻骨弓下娩出后,由于胎颈可以适应产道的小弯(耻骨联合),胎头俯屈,胎头后部可以适应产道的大弯(骶骨凹),使口、鼻、眼、额、前囟及枕部相继自会阴前缘娩出(图8-14A)。颏后位时,胎颈已极度伸展,不能适应产道大弯,故足月活胎不能经阴道自然娩出(图8-14B),需行剖宫产术结束分娩。

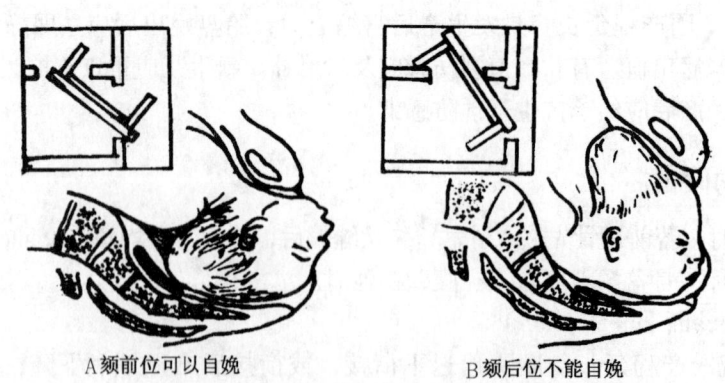

A 颏前位可以自娩　　B 颏后位不能自娩

图8-14 颏前位及颏后位分娩示意图

【对母儿影响】

1. 对母体的影响　颏前位时,常引起宫缩乏力,使产程延长。容易发生软产道裂伤。颏后位时,若处理不及时,可发生梗阻性难产,造成子宫破裂,危及产妇生命。

2. 对胎儿的影响　由于产程延长,胎儿面部受压,颜面部青紫肿胀,口唇及会厌水肿,出生后影响吸吮及吞咽动作,需加强护理。

【处理】

1. 颏前位　若无骨盆狭窄,产力正常,有可能自然分娩。若第二产程延长,可行低位产钳助娩。如有头盆不称或胎儿窘迫征象,应行剖宫产术结束分娩。

2. 颏后位　持续性颏后位者需行剖宫产术结束分娩。

四、臀先露

臀先露是最常见的异常胎位。臀先露以骶骨为指示点,有骶左(右)前、骶左(右)横、骶左(右)后6种胎位。

【原因】

妊娠30周前,臀先露较多见,妊娠30周以后多能自然转成头先露。临产后持续为臀先露的原因尚不十分明确,可能的因素有:

1. 胎儿在宫腔内活动范围过大　羊水过多、经产妇腹壁松弛以及早产儿羊水相对偏多,胎儿易在宫腔内自由活动形成臀先露。

2. 胎儿在宫腔内活动范围受限　子宫畸形(如单角子宫、双角子宫等)、胎儿畸形(如无脑儿、脑积水等)、双胎妊娠及羊水过少等,容易发生臀先露。胎盘附着在宫底宫角部易发生臀先露,占73%;而头先露仅占5%。

3. 胎头衔接受阻　狭窄骨盆、前置胎盘、肿瘤阻塞骨盆腔及巨大胎儿等,也易发生臀先露。

【临床分类】

根据胎儿两下肢所取的姿势分为以下3类:

1. 单臀先露或腿直臀先露　胎儿双髋关节屈曲、双膝关节直伸,以臀部为先露,最多见。

2. 完全臀先露或混合臀先露　胎儿双髋关节及双膝关节均屈曲,有如盘膝坐,以臀部和双足为先露,较多见。

3. 不完全臀先露　以一足或双足、一膝或双膝,或一足一膝为先露。膝先露是暂时的,临产后转为足先露。

【诊断】

1. 阴道检查　阴道检查时,了解子宫口扩张程度及有无脐带脱垂。若胎膜已破,能直接触到胎臀、外生殖器及肛门,此时应注意与颜面相鉴别。若为胎臀,可触及肛门与两坐骨结节连在一条直线上,手指放入肛门内有环状括约肌收缩感,取出手指可见有胎粪。若为颜面,口与两颧骨突出点呈三角形,手指放入口内可触及齿龈和弓状的下颌骨。若触及胎足时,应与胎手相鉴别。

2. B型超声检查　能准确探清臀先露类型以及胎儿大小、胎头姿势等。

【分娩机制】

胎儿头的径线最大,肩次之,臀最小。头位分娩只要胎头能娩出,正常胎儿其余部分基本娩出没有困难。而臀位则以最小的臀部先娩出,胎肩和头娩出的阻力大,故需要掌握胎臀、胎肩、胎头三部分的分娩机制,才能减少围生儿的死亡率及并发症。以骶右前位为例加以阐述(图8-15)。

1. 胎臀娩出　临产后胎臀以粗隆间径衔接于骨盆入口右斜径上[图8-15-(1)],骶骨位于骨盆右前方。逐渐下降,前髋下降稍快故位置低,遇骨盆阻力后,前髋向母体右侧行45°内旋转,使前髋位于耻骨联合后方,此时粗隆间径与母体骨盆前后径一致[图8-15-(2)]。继续下降,胎体侧屈以适应产道,后髋先从会阴前缘娩出,随即胎体稍伸直,使前髋从耻骨弓下娩出[图8-15-(3)]。继之双腿双足娩出。当臀及双下肢娩出后,胎体外旋转,胎背转向右前方或前方[图8-15-(4)]。

2. 胎肩娩出　胎体行外旋转的同时，双肩径衔接于骨盆入口右斜径或横径上，继续下降达盆底时，前肩向右旋转45°至耻骨弓下，双肩径与骨盆前后径一致，胎体侧屈，后肩及其上肢从会阴前缘娩出，继之前肩及其上肢从耻骨弓下娩出。

3. 胎头娩出　当双肩通过会阴时，胎头矢状缝衔接于骨盆入口左斜径或横径上［图8-15-（5）］，继续下降的同时胎头俯屈［图8-15-（6）］，当枕骨达骨盆底时，内旋转45°或90°，枕骨转向耻骨联合［图8-15-（7）］。胎头继续下降，当枕骨下凹到达耻骨弓下缘时，以此处为支点，胎头继续俯屈，使颏、面及额部相继自会阴前缘娩出，最后枕部自耻骨弓下娩出［图8-15-（8）］。

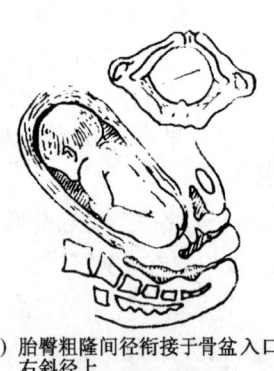
(1) 胎臀粗隆间径衔接于骨盆入口右斜径上

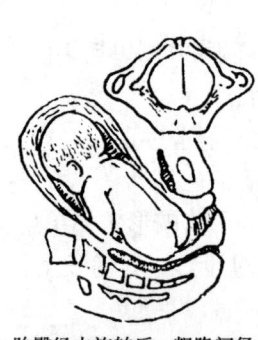
(2) 胎臀经内旋转后，粗隆间径与母体骨盆出口前后径一致

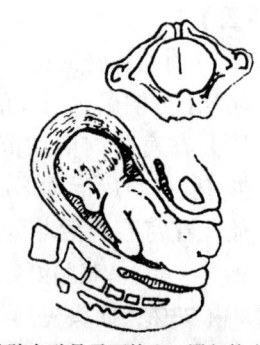
(3) 前髋自耻骨弓下娩出，臀部娩出时粗隆间径与骨盆出口前后径一致

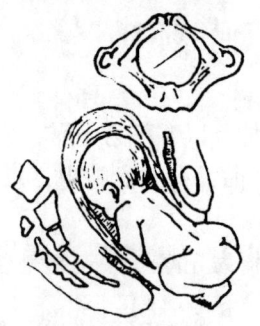
(4) 胎臀娩出后顺时针方向旋转，胎臀转向前方

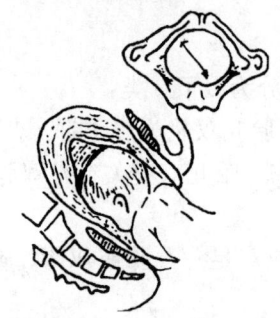
(5) 胎头矢状缝衔接于骨盆入口的左斜径上

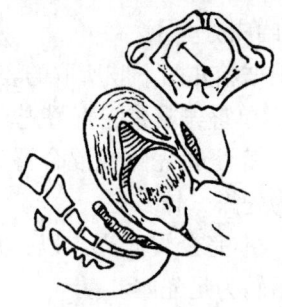
(6) 胎头入盆后矢状缝沿骨盆左斜径下降

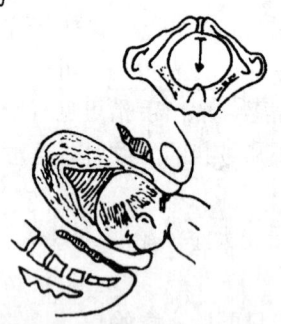
(7) 枕骨经内旋转达耻骨联合下方时，矢状缝与骨盆出口前后径一致

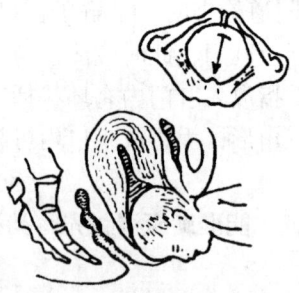
(8) 枕骨下凹达耻骨弓下时，胎头俯屈娩出，此时胎头矢状缝仍与骨盆出口前后径一致

图8-15　骶右前位分娩

【对母儿影响】

1. 对产妇的影响　胎臀形状不规则，不能紧贴子宫下段及子宫颈内口，容易发生胎膜早破或继发性宫缩乏力，使产后出血与产褥感染的机会增多。若子宫口未开全而强行牵拉，容易造成子宫颈撕裂甚至延及子宫下段。

2. 对胎儿及新生儿的影响　胎臀高低不平，对前羊膜囊压力不均匀，常致胎膜早破，发生脐带脱垂是头先露的10倍，脐带受压可致胎儿窘迫甚至死亡；胎膜早破使早产儿及低体重儿增多。后出胎头牵出困难，常发生新生儿窒息、臂丛神经损伤及颅内出血，颅内出血的发病率是头先露的10倍。臀先露导致围生儿的发病率与死亡率均增高。

【处理】

1. 妊娠期　于妊娠30周前，臀先露多能自行转为头先露。若妊娠30周后仍为臀先露应予矫正。常用的矫正方法有以下几种：

（1）胸膝卧位：让孕妇排空膀胱，松解裤带，做胸膝卧位姿势，每日2次，每次15 min，连做1周后复查（图8-16）。这种姿势可使胎臀退出盆腔，借助胎儿重心改变，使胎头与胎背所形成的弧形顺着宫底弧面滑动而完成胎位矫正。成功率70%以上。

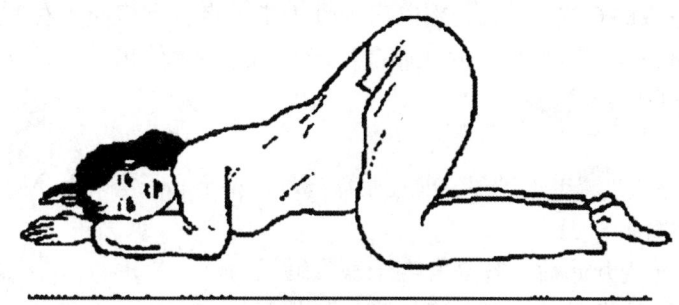

图8-16　胸膝卧位

（2）激光照射或艾灸至阴穴：近年多用激光照射两侧至阴穴（足小趾外侧趾甲角旁0.3 cm），也可用艾条灸，每日1次，每次15~20 min，5次为一疗程。

（3）外转胎位术（ECV）：通过向孕妇腹壁施加压力，用手向前或向后旋转胎儿，使其由臀先露或肩先露变成头先露一种操作。应用上述方法矫正无效时，一般建议在36~37周后，排除ECV禁忌证后选择适宜人群，在严密监测下实施。术前做好行紧急剖宫产术的准备，在超声及电子胎心监护下进行。

2. 分娩期　应根据产妇年龄、胎产次、骨盆类型、胎儿大小、胎儿是否存活、臀先露类型以及有无合并症，于临产初期做出正确判断，决定分娩方式。

（1）择期剖宫产术指征：狭窄骨盆、软产道异常、胎儿体重大于3500 g且存活、胎儿窘迫、高龄初产、有难产史、不完全臀先露等，均应行剖宫产术结束妊娠。

（2）决定经阴道分娩的处理

1）第一产程：产妇应侧卧，不宜站立走动。少做肛查，尽量避免胎膜破裂。一旦破膜，应立即听胎心，观察羊水的性状。若胎心变慢或变快，应行阴道检查，了解有无脐带脱垂。若有脐带脱垂，胎心尚好，子宫口未开全，为抢救胎儿，需立即行剖宫产术。若无脐带脱垂，可严密观察胎心及产程进展。若出现协调性宫缩乏力，应设法加强宫缩。当子宫口开大4~5 cm时，胎足即可经子宫口脱出至阴道。为了使子宫颈和阴道充分扩张，消毒外阴之后，使用"堵"外阴方法（单臀先露除外）。当宫缩时用无菌巾以手掌堵住阴道口，让胎臀下降，避免胎足先下降，待子宫口及阴道充分扩张后才让胎臀娩出（图8-17）。

2）第二产程：接产前，应导尿排空膀胱。初产妇应作会阴后-斜切开术。有3种分娩方式：①自然分娩：胎儿自然娩出，不作任何牵拉。极少见，仅见于经产妇、胎儿小、宫缩强、骨盆腔宽大者；②臀助产术：当胎臀自然娩出至脐部后，胎肩及后出胎头由接产者协助娩出。脐部娩出后，一般应在2~3 min

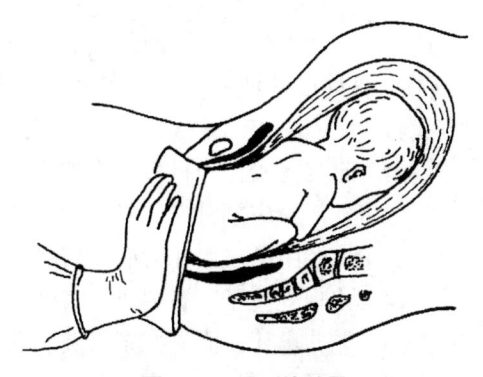

图8-17　用手堵胎臀

娩出胎头，最长不能超过 8 min。后出胎头娩出用单叶产钳，效果佳；③臀牵引术：胎儿全部由接产者牵拉娩出，此种手术对胎儿损伤大，一般情况下应禁止使用。

3）第三产程：产程延长易并发子宫收缩乏力性出血。胎盘娩出后，应肌注缩宫素或麦角新碱，防止产后出血。行手术操作及有软产道损伤者，应及时检查并缝合，给予抗生素预防感染。

五、肩先露

当胎儿横卧在骨盆入口之上，胎体纵轴与母体纵轴相垂直，先露部为肩时，称肩先露（亦称横位），占分娩总数的 0.25%。肩先露以肩胛骨为指示点，有肩左（右）前、肩左（右）后 4 种胎位，是对母儿最不利的胎位，除死胎及早产儿胎体折叠娩出外，足月活胎不能经阴道娩出。若处理不及时可造成子宫破裂。

【原因】

常见原因有：早产儿、羊水过多、前置胎盘、骨盆狭窄、子宫畸形、腹壁松弛等。

【临床表现及诊断】

1. 临床表现　分娩开始后，容易发生子宫收缩乏力并易发生胎膜早破。破膜后，羊水迅速外流，胎儿上肢或脐带容易脱垂，导致胎儿窘迫甚至胎儿死亡。在破膜后，宫缩渐加强，胎肩及胸廓部分被挤入盆腔，上肢脱出于阴道口外，胎头与胎臀仍被阻止于骨盆入口上方，嵌顿性（或称忽略性）肩先露（图 8-18）。若不及时处理将发生子宫破裂。

2. 腹部检查　子宫呈横椭圆形，子宫横径宽。宫底部及耻骨联合上方空虚，在母体腹部一侧触到胎头，另一侧触到胎臀。胎心在脐周两侧最清楚。

3. 肛门检查及阴道检查　胎膜未破者，肛查不易触及胎先露部。胎膜已破、宫口已扩张者，阴道检查可触到肩胛骨或肩峰、肋骨及腋窝。腋窝尖端指向胎儿头端，据此决定胎头在母体左（右）侧。肩胛骨朝向母体前（后）方决定肩前（后）位。如胎头在母体右侧，肩

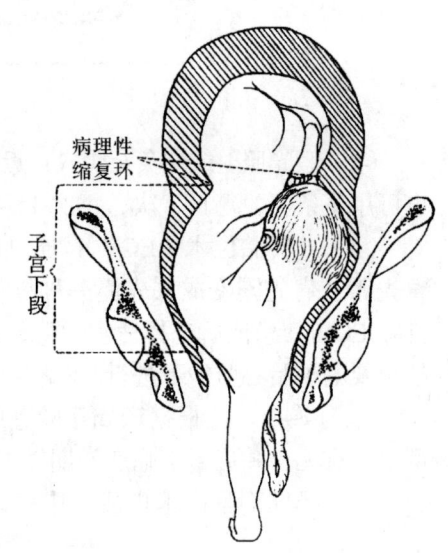

图 8-18　嵌顿性（或称忽略性）肩先露

胛骨朝向后方，则为肩右后位。胎手若脱出阴道口外，可用握手法，检查者只能与胎儿同侧手相握。例如肩右前位时左手脱出，检查者用左手与胎儿左手相握。

4. B 型超声检查　能确定肩先露具体胎位。

【处理】

1. 妊娠期处理　妊娠后期发现肩先露应及时矫正。可采用胸膝卧位、激光照射至阴穴。上述矫正方法无效，应提前住院决定分娩方式。

2. 分娩期处理　根据胎产次、胎儿大小、是否存活、有无并发症等综合判断，决定分娩方式：

（1）足月活胎伴产科指征应于临产前行剖宫产术。

（2）初产妇应剖宫产，经产妇首选剖宫产术。

（3）双胎中第二胎儿为肩先露时，可行内倒转术。

（4）出现先兆子宫破裂或子宫破裂征象，无论胎儿死活，均应立即行剖宫产术。

（5）胎儿已死，无先兆子宫破裂征象，子宫口近开全，在全麻下行断头术或碎胎术。术后应常规检查子宫下段、子宫颈及阴道有无裂伤，如有裂伤应及时缝合。预防产后出血，给抗生

素预防感染。

六、复合先露

复合先露（compound presentation）是指先露部除头或臀之外，尚有肢体同时进入骨盆。

【病因】

凡胎先露部不能完全充满骨盆入口，在其周围有空隙时，均可发生复合先露。临床上常见的原因有临产后胎头高浮、骨盆狭窄、早产、双胎、羊水过多及经产妇腹壁松弛等。

【诊断】

当产程进展缓慢或停滞时，行阴道检查发现胎先露部为胎头，其旁有小肢体、胎手或胎足，即可明确诊断。诊断时应注意与臀先露、肩先露相鉴别。

【临床经过及对母儿影响】

仅胎头旁为胎手者，多能顺利分娩。若破膜后上臂完全脱出，则阻碍分娩。下肢和胎头同时入盆，直伸的下肢也能阻碍胎头下降，若不及时处理，可致梗阻性难产，威胁母儿生命。胎儿可因产程过长或脐带脱垂，致使缺氧造成胎儿窘迫，甚至死亡。

【处理】

发现复合先露，首先应检查是否存在头盆不称。若为头盆不称，则让产妇向脱出肢体的对侧侧卧，肢体常可自然缩回。脱出肢体与胎头已入盆，待子宫口近开全或开全后上推肢体将其还纳以产钳助娩。若头盆不称明显或伴有胎儿窘迫征象，均应尽早行剖宫产术。

第 5 节 肩 难 产

头位阴道分娩时，胎头娩出后，胎儿前肩被嵌顿于耻骨联合上方，用常规助产方法不能娩出胎肩，需用额外的产科干预完成分娩者，称肩难产。肩难产的发生率约3%，具有突发性和缺乏可靠预测因素的特点，是阴道分娩的潜在并发症，增加了母儿受伤的风险。肩难产产伤的总发生率约为5.2%，其中大部分是臂丛神经、肱骨和锁骨损伤。

【病因】

产前高危因素有：①巨大儿；②既往肩难产病史；③妊娠糖尿病；④过期妊娠；⑤孕妇骨盆解剖结构异常。

超过50%的肩难产发生于胎儿体重<4000 g的正常分娩过程中，这就意味着大多数肩难产可能是胎儿肩部的下降与骨盆不称所引起，胎儿与骨盆都不存在显著的解剖异常，因此无法准确地预测和预防肩难产。

【临床表现及诊断】

分娩时主要表现为：①第一产程活跃期延长；②第二产程延长伴"乌龟征"（胎头娩出后未发生外旋转而又回缩至阴道）；③使用胎头吸引器或产钳助产。

当较大胎头娩出后，胎颈回缩，使胎儿颈部紧紧压向会阴部，胎肩娩出受阻，用常规方法无法使胎肩娩出，除外胎儿畸形，即可诊断为肩难产。

【处理】

缩短胎头胎肩娩出的间隔，是新生儿能否存活的关键。应做好新生儿复苏抢救准备。

1. 请求援助和会阴切开　一旦诊断肩难产，立即召集有经验的产科医生、麻醉师、助产士和儿科医生到场援助。进行会阴切开或加大切口，以增加阴道内操作空间。

2. 屈大腿法　让产妇双腿极度屈曲贴近腹部，双手抱膝，减小骨盆倾斜度，使腰骶部前凹变直，骶骨位置相对后移，骶尾关节稍增宽，骨盆入口径因此增大，使嵌顿在耻骨联合上方的前肩自然松解，同时适当用力向下牵引胎头而娩出前肩（图8-19）。

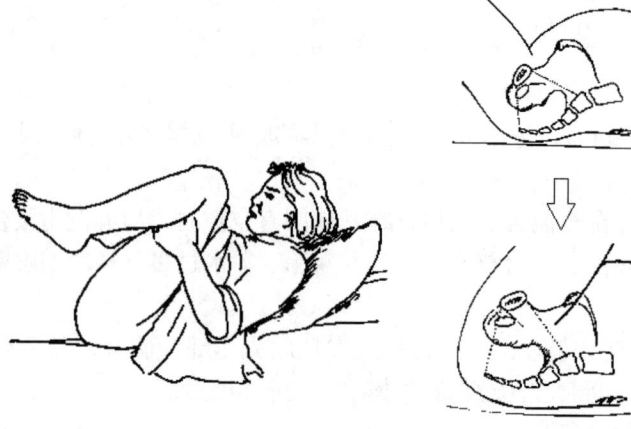

图 8-19 屈大腿法

3. 耻骨上加压法　助手在产妇耻骨联合上方加压触到胎儿前肩部位并向下加压，使胎肩内收，双肩径缩小，同时助产者牵拉胎头，两者相互配合持续加压与牵引，注意不要用暴力。经过以上操作方法，超过50%的肩难产得以成功解决。

4. Woods旋肩法　助产者以示、中指伸入阴道，紧贴胎儿后肩的前面，将后肩向侧上方旋转，助手协助胎头向同方向旋转，当后肩逐渐旋转到前肩时娩出。操作时，胎背在母体右侧用左手，胎背在母体左侧用右手。

5. 牵引后臂后肩法　助产者的手沿骶骨伸入阴道，握住胎儿后上肢，使其肘关节屈曲于胸前，以洗脸的方式娩出臂，从而协助后肩娩出。切忌抓胎儿的上臂，以免肱骨骨折。

6. 四肢着地法　产妇翻转至双手和双膝着地，重力作用或这种方法产生的骨盆径线的改变可能会解除胎肩嵌顿状态，是处理肩难产的一种安全、快速而又有效的操作方法。在使用以上操作方法时，也可考虑使用此体位。

7. 耸肩法　将胎儿颈部向前肩弯曲，然后将手滑入后肩，以拇指和示指环绕握住后肩，并在后肩腋窝处会合，呈钳状，类似于"OK"手法。将后肩移至耸肩位置（注意抬高后肩），将腋窝向新生儿头部方向牵拉，同时向内压缩后肩，使肩部向阴道口方向收缩。将头部恢复到新生儿身体轴线的方向，以形成头肩整体，一只手持续保持对后肩的牵拉和压缩，用另一只手固定住头部；使压缩的肩膀（后肩）和头部作为一个整体，沿胸部（面部）方向旋转180°。旋转后，前肩转到了后方，从嵌顿的位置移出，此时以最小的向外牵引力进行分娩。

8. 其他　如耻骨联合切开术、锁骨切断术（适用于死胎或畸形儿）等。

（熊立新）

自测题

一、案例分析

案例一：初产妇，足月妊娠临产7 h，产妇烦躁不安，疼痛难忍。检查：子宫收缩弱，宫缩间歇时不放松，宫底高度34 cm，腹围102 cm，胎心138次/分，子宫口开大3 cm，胎头最低点S^0，骨盆测量正常。

讨论分析：

1. 该产妇出现了什么情况？

2. 对该产妇实施的处理原则是什么?

案例二：孙女士，30岁，初产妇，某日凌晨4时临产，21时检查：宫缩具有正常的节律性、对称性和极性，宫缩 20~30 s/5~6 min；行阴道检查：子宫口开大2 cm，头先露，S^{-1}。

讨论分析：

1. 本例的诊断是什么?
2. 对该产妇应如何处理?

二、问答题

1. 简述宫缩乏力的病因及对母儿的影响。
2. 简述协调性子宫收缩乏力的处理原则。
3. 简述协调性宫缩乏力时使用缩宫素的方法及注意事项。
4. 简述异常产程的判断。
5. 简述跨耻征的检查方法和判断标准。
6. 简述臀位在妊娠期与分娩期的处理原则。

本章临床执业助理医师资格考试要点

1. **产力异常**　产力异常的分类；子宫收缩乏力的原因、临床特点和诊断；子宫收缩乏力对母儿的影响；子宫收缩乏力的预防与处理；子宫收缩过强的分类、诊断、处理。
2. **产道异常**　骨产道异常的分类、诊断、对母儿的影响及处理；软产道异常的分类。
3. **胎位异常**　临床分类；持续性枕横位、枕后位的诊断、处理；臀先露的分类、诊断、处理。

第九章
数字资源

思政之光

第九章

妊娠并发症

学习目标

通过本章内容的学习，学生应能够：

识记：
1. 说出流产和异位妊娠的定义、分类、病理结局、临床表现、诊断及治疗。
2. 说出前置胎盘和胎盘早剥的概念、分类、诊断要点和治疗。
3. 复述妊娠期高血压疾病的概念、分类、病理生理、临床表现、诊断及治疗原则。
4. 复述胎儿窘迫与胎膜早破的定义、诊断及治疗要点。

理解：
1. 解释引起流产、早产、过期妊娠、异位妊娠、前置胎盘、胎盘早剥、胎儿窘迫及胎膜早破的病因。
2. 总结羊水过多、羊水过少、妊娠剧吐、胎儿窘迫、胎膜早破的定义、诊断标准及治疗的方法。
3. 总结胎儿生长受限的定义、临床表现及分类、治疗原则。
4. 分析前置胎盘和胎盘早剥的并发症。
5. 总结死胎的定义、临床表现及诊断、治疗方法。

运用：
1. 能运用妊娠并发症相关知识和技能，进行常见病理妊娠的分类、诊断及治疗。
2. 通过演示妊娠并发症诊治过程，培养学生关爱患者、团结协作、沉着冷静、快速及准确处理患者的职业素质。

第1节 妊娠时限异常

一、流产

 导学案例 9-1

已婚女性，26岁，既往月经规律，现停经48天，阴道流血伴阵发性下腹痛1天，加重4 h。妇科检查：阴道内少许血液，无血块，子宫稍大，宫口开大1 cm，宫口处有胚胎组织堵塞。

思考：

1. 患者可能诊断哪种疾病？

2. 对患者应采取哪些治疗措施？

妊娠在 28 周前，胎儿体重不足 1000 g 而终止妊娠者，称流产（abortion）。在妊娠 12 周之前终止者为早期流产，发生在妊娠 12 周或之后者称晚期流产。流产不仅影响妇女身体健康、劳动和学习，甚至可因急性出血或严重感染而威胁孕妇生命。流产分自然流产和人工流产，自然流产的发生率占全部妊娠的 15% 左右，多数为早期流产。在早期流产中，约 2/3 为隐性流产，即发生在月经期前的流产，也称生化妊娠（biochemical pregnancy）。

【病因】

导致流产发生的原因主要有以下几方面。

（一）胚胎因素

胚胎或胎儿染色体异常是早期流产最常见的原因，占 50%～60%，遗传、感染、药物等因素均有可能引起胚胎染色体异常。多数为染色体数目异常，其次为染色体结构异常。染色体异常的胚胎多数结局为流产，极少数可能继续发育成胎儿，但出生后会发生畸形或有功能缺陷，若已流产，妊娠产物有时仅为一空孕囊或已退化的胚胎。

（二）母体方面

1. 全身性疾病　妊娠期急性高热可引起子宫收缩而发生流产；细菌毒素或病毒通过胎盘进入胎儿循环，使胎儿死亡导致流产；慢性疾病如严重贫血或心力衰竭，致胎儿严重缺氧，可引起流产；慢性肾炎或原发性高血压患者的胎盘可以发生梗死而引起晚期流产；TORCH 感染也可导致流产。

2. 内分泌失调　黄体功能不全的妇女，排卵受精后体内孕激素不足，蜕膜发育不良，影响胚泡的植入与发育，而致流产；甲状腺功能低下的妇女，也可因胚胎发育不良而导致流产，糖尿病血糖控制不满意者也可导致流产。

3. 生殖器官异常　子宫畸形（子宫发育不良、双子宫、子宫纵隔等）、子宫肌瘤等均可以影响胚胎着床和发育而导致流产。子宫颈重度裂伤，子宫颈内口松弛易致胎膜早破而发生晚期流产。

4. 创伤刺激　外力撞击或妊娠早、中期腹部手术可刺激子宫收缩而引起流产。

（三）免疫因素

妊娠犹如同种异体移植，胚胎与母体间存在复杂而特殊的免疫学关系，这种关系使胚胎不被排斥。若孕妇于妊娠期间对胎儿免疫耐受降低可致流产。如父方的人白细胞抗原（human leukocyte antigen，HLA）、胎儿抗原、母胎血型抗原不合、母体抗磷脂抗体过多、抗精子抗体存在、封闭抗体不足等，均是引发流产的危险因素。

（四）环境因素

影响生殖功能的外界不良因素可以直接或间接对胚胎或胎儿造成损害。过多接触某些有害化学物质（如砷、铅、苯等）和物理因素（如放射线及高温等），均可引起流产。

【病理变化】

由于流产发生的时间不同，其病理过程亦不一致。早期流产胚胎多数先死亡，随后发生底蜕膜出血，造成胚胎的绒毛与蜕膜层分离，已分离的胚胎组织如同异物，引起宫缩而被排出。早期妊娠胎盘绒毛发育尚不成熟，与子宫蜕膜联系还不牢固，故在妊娠 8 周以前的流产，整个胎囊及绒毛可从子宫壁完全剥离而排出，出血不多。在妊娠 8～12 周，胎盘绒毛发育繁盛已深植蜕膜中，与蜕膜层联系牢固，但尚未形成完整的胎盘，故此时流产，胎儿及其附属物往往不易完整剥离排出，常有部分组织残留宫内，影响子宫收缩，出血较多。妊娠 12 周后，胎盘已完全形成，其流产过程与足月分娩相似。往往先有腹痛，然后排出胎儿、胎盘。

【临床表现】

停经、腹痛及阴道流血是流产的主要症状。

阴道流血发生在妊娠12周以内流产者,开始时绒毛与蜕膜分离,血窦开放,即开始出血。当胚胎完全分离排出后,子宫收缩,出血停止。早期流产的全过程均伴有阴道流血;晚期流产时,胎盘已形成,流产过程与早产相似,胎盘继胎儿娩出后排出,一般出血不多,特点是往往先有腹痛,然后出现阴道流血。早期流产时阴道流血往往出现在腹痛之前。晚期流产则阴道流血出现在腹痛之后。

【临床类型】

按自然流产发展的不同阶段,分为以下临床类型。

1. 先兆流产（threatened abortion） 指妊娠28周前,先出现少量阴道出血,量比月经量少,初为鲜红色、粉红色,渐为深褐色;早孕反应仍存在,有时伴有轻微下腹痛、腰背痛。妇科检查:子宫颈口未开,子宫大小与妊娠月份相符。尿妊娠试验阳性。如胚胎正常,病因去除后,出血停止,腹痛消失,妊娠可以继续。

2. 难免流产（inevitable abortion） 由先兆流产发展而来,流产已不可避免。表现为阴道出血量增多,由于宫缩而致阵发性下腹痛加重,或出现阴道流液（胎膜早破）。妇科检查:子宫颈口已开,有时可见胚胎组织或胎囊堵于子宫颈口;子宫大小与停经月份相符或稍小。

3. 不全流产（incomplete abortion） 由难免流产继续发展,部分妊娠物已排出体外,尚有部分残留于子宫腔内,子宫不能很好地收缩,致使阴道出血持续不止,严重时可引起出血性休克,如不及时处理可危及生命。妇科检查:子宫颈口已扩张,有时可见胎盘组织堵于子宫颈口,子宫大小较停经周数小。

4. 完全流产（complete abortion） 指妊娠产物已全部排出,阴道出血渐停止,腹痛随之消失。妇科检查:子宫颈口关闭,子宫接近正常大小。

上述流产的临床类型,即流产的发展过程简示如下:

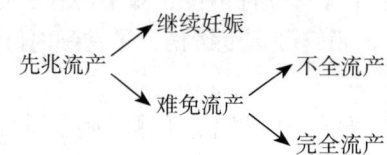

此外,流产还有三种特殊类型:

1. 稽留流产（missed abortion） 又称过期流产,指胚胎或胎儿已死亡滞留宫腔内尚未自然排出者。胚胎或胎儿死亡后子宫不再增大反而缩小,早孕反应消失。若已到中期妊娠,孕妇腹部不见增大,胎动消失。妇科检查:子宫颈口未开,子宫小于妊娠月份,质地不软,未闻及胎心。有时坏死蜕变的胎盘蜕膜组织可释放凝血活酶进入血内,引起弥散性血管内凝血（disseminated intravascular coagulation, DIC）,死亡的胚胎组织滞留于宫腔内越久,发生DIC的可能性越大。

2. 复发性流产（recurrent spontaneous abortion, RSA） 指与同一性伴侣连续发生3次及3次以上的自然流产。部分专家认为连续2次的自然流产即应予以重视。每次流产往往发生在同一妊娠月份,其临床过程与一般流产相同。早期复发性流产的常见原因为胚胎染色体异常、免疫功能异常、黄体功能不足、甲状腺功能减退。晚期复发性流产的常见原因为子宫畸形或发育不良、子宫颈内口松弛、自身免疫异常、血栓前状态等。子宫颈内口松弛者常发生于妊娠中期,随胎儿长大,羊水增多,宫腔内压力增加,胎囊自子宫颈内口突出,子宫颈管逐渐缩短、扩张。患者多无自觉症状,一旦胎膜破裂,胎儿迅速排出。

3. 流产合并感染（septic abortion） 流产过程中,若阴道流血时间过长、宫腔内有残留

组织,有可能引起宫腔内感染,严重时感染扩散而并发盆腔炎、腹膜炎、败血症及感染性休克等。

【诊断】

根据病史,体格检查,辅助检查(如血 hCG、孕酮、B 型超声检查)等,先明确是否为流产,再确定流产类型。

1. 病史　询问患者有无停经史和反复流产史;有无早孕反应、阴道流血,阴道流血量及持续时间;有无妊娠物排出;有无腹痛、发热症状。

2. 体格检查　检查生命体征,有无贫血及感染征象。妇科检查注意子宫大小与停经月份是否相符,有无压痛;子宫颈口是否扩张,有无妊娠物堵塞;双附件有无压痛、增厚或包块。操作要轻柔。

3. 辅助检查

(1) B 型超声检查妊娠囊的形态,有无胎心搏动,确定胎儿是否存活。

(2) 测定血 hCG 和孕酮的水平。

4. 子宫颈机能不全的诊断　因子宫颈先天发育异常或后天损伤所造成的子宫颈机能异常而无法维持妊娠,最终导致流产,称之为子宫颈机能不全。非孕期妇科检查时子宫颈内口可顺利通过 8 号扩张器;妊娠期子宫颈管缩短并软化,B 型超声检查测量子宫颈内口宽度大于 15 mm 可协助诊断。

【鉴别诊断】

应鉴别流产的类型(表 9-1),早期流产还应与异位妊娠、葡萄胎、功能失调性子宫出血及子宫肌瘤等相鉴别。

表 9-1　各型流产的临床表现

类型	病史			妇科检查	
	出血量	下腹痛	组织排出	子宫颈口	子宫大小
先兆流产	少	无或轻	无	闭	与妊娠周数相符
难免流产	中→多	加剧	无	扩张或有胚胎堵塞	相符或略小
不全流产	少→多	减轻	部分排出	扩张或有组织物堵塞	小于妊娠周数
完全流产	少→无	无	全部排出	闭	正常或略大

【治疗】

确定自然流产后,应根据流产的不同类型,及时进行相应的处理。

1. 先兆流产　适当休息,禁止性生活。阴道检查尽可能操作轻柔。精神上的支持与心理治疗也是重要的治疗措施之一。对黄体功能不全的妇女,黄体酮 20 mg,每日一次肌内注射,或口服孕激素制剂。一般在阴道出血停止一周后停药,经治疗后如阴道流血停止,B 型超声提示胚胎存活,可继续妊娠。如临床症状不见好转反而加重者,提示可能胚胎发育异常,应进行 B 型超声检查及血 hCG 测定,根据胚胎状况给予相应处理。

2. 难免流产　一旦确诊,应尽早促使胚胎和胎盘组织完全排出,以防止出血和感染。早期流产应及时行吸宫术,对妊娠物要仔细检查,并送病理检查,如有条件可行绒毛染色体核型分析,对明确流产的原因有帮助。晚期流产时子宫较大,吸宫或刮宫有困难,可用缩宫素 10 U 加入 5% 葡萄糖溶液 500 ml 中静脉滴注,促使子宫收缩。当胎儿、胎盘排出后需检查是否完全,必要时刮宫以清除宫腔内残留的妊娠物。出血较多,子宫口已开大者,亦可行钳刮术。

3. 不全流产　一旦确诊,应及时行吸宫术或钳刮术以清除宫腔内残留组织。出血时间较

长者，应同时给予抗生素预防感染。出血较多时，可在静脉滴注宫缩剂的同时进行钳刮术，必要时输血。

4. 完全流产　如无感染，一般不需要特殊处理。

5. 稽留流产　需住院治疗。尽早促使宫腔内组织排出，以防稽留日久发生凝血功能障碍，有时因胎盘组织机化，与子宫壁紧密粘连，造成刮宫困难。处理前应检查血常规、凝血功能等，并做好输血准备，若凝血功能正常，则口服炔雌醇 1 mg，每日 2 次，连用 5 日。以提高子宫肌对缩宫素的敏感性。子宫 < 12 孕周者，可行刮宫术。术前做输血准备，术中可注射宫缩剂以减少出血。由于胎盘与子宫壁粘连较紧，操作应轻柔小心，防止子宫穿孔。一次刮不净者，一周后再次刮宫。目前有报道用药物流产疗效较好，效果肯定的药物是米非司酮配伍米索前列醇，具体用法：米非司酮 150 mg 分 2 日服完，第 3 日一次性口服米索前列醇 600 μg，大部分患者用药后可一次性排出胚胎。如用药后胚胎排出不完全，宫内有残留，可行清宫术，一般一次即可。子宫 ≥ 12 孕周者，可给予静脉滴注缩宫素（5~10 U 加入 5% 葡萄糖溶液内），促使宫腔内容物排出。若凝血功能障碍，应尽早使用肝素、纤维蛋白原及新鲜血、血浆等，待凝血功能好转后，再行引产或刮宫。

6. 复发性流产　应在怀孕前进行必要检查，包括卵巢功能检查、基础代谢率、男方精液、夫妇双方染色体核型分析和血型检查。女方尚需进行生殖道的详细检查，包括有无子宫肌瘤、宫腔粘连，并做子宫输卵管造影及宫腔镜检查等。①染色体异常夫妇，应于妊娠前进行遗传咨询，确定是否可以妊娠。②子宫颈机能不全者应在妊娠 12~14 周行预防性子宫颈环扎术，术后定期随诊，妊娠达 37 周或以后拆除缝线，以免造成子宫颈撕裂。③女性生殖器官有病变者，影响妊娠的需在怀孕前治疗，例如子宫黏膜下肌瘤需行宫腔镜治疗，纵隔子宫行纵隔切除术等。④抗磷脂抗体阳性患者可在确定妊娠后使用低分子肝素皮下注射，或加服小剂量阿司匹林。⑤黄体功能不足者给予黄体酮治疗，每日 20~40 mg 肌内注射。⑥甲状腺功能低下者应在孕前至整个孕期补充甲状腺素片。

7. 流产合并感染　治疗原则是积极控制感染。若阴道出血不多，应用广谱抗生素 2~3 日，待感染控制后，清除宫腔残留组织以止血，若阴道出血量多，静脉滴注广谱抗生素的同时，用卵圆钳将宫腔内残留组织挟出，使出血减少，切不可用刮匙全面搔刮宫腔，以免造成感染扩散。术后应继续应用广谱抗生素，待感染控制后再行彻底刮宫。若已合并感染性休克者，应积极抢救休克，若感染严重或腹腔、盆腔有脓肿形成时，应手术引流，必要时切除子宫。

二、早产

导学案例 9-2

已婚女性，30 岁，既往曾有 2 次早产史，现妊娠 32 周，下腹坠痛伴少量阴道流血 1 h 余。查体：可触及不规律性宫缩，胎心率 142 次/分，头先露，枕左前位，子宫颈口未开。

思考：
1. 患者可能诊断哪种疾病？
2. 对患者应采取哪些治疗措施？

早产（premature delivery）是指妊娠满 28 周至不满 37 足周间的分娩。此时娩出的新生儿称早产儿（premature infant），出生体重为 1000~2499 g。早产儿各器官发育尚不够成熟，出生孕周越小，体重越轻，预后越差。早产占分娩总数的 5%~15%。早产儿中约 15% 于新生

儿期死亡。75%以上的围生儿死亡与早产有关。近年来由于早产儿治疗及监护手段不断进步，其生存率明显提高。

【分类及病因】

早产可分为自发性早产和治疗性早产。前者包括胎膜完整早产和未足月胎膜早破早产；后者是因妊娠合并症或并发症，为母儿安全考虑而提前终止妊娠。

1. 胎膜完整早产　最常见的早产类型，约占45%。

（1）感染：大约70%以上的早产与感染有关。尤其是下生殖道及泌尿道感染，如B族溶血性链球菌、苍白密螺旋体、淋病奈瑟菌、沙眼衣原体、支原体的感染，以及急性肾盂肾炎等。

（2）子宫膨胀过度及胎盘因素：如羊水过多、多胎妊娠、前置胎盘、胎盘早剥等。

（3）子宫异常：如纵隔子宫、双子宫、双角子宫与子宫肌瘤、子宫内口松弛等。

（4）孕妇的不良行为：如酗酒、吸烟、吸毒等。

2. 未足月胎膜早破早产　与宫内感染、细菌性阴道病、子宫颈机能不全、子宫畸形、子宫过度膨胀、辅助生殖技术受孕等有密切关系。

3. 治疗性早产　因孕妇患妊娠期高血压疾病、心脏病、肾炎等疾病，或胎儿健康原因不允许继续妊娠，在未达到37周时采用引产或行剖宫产术终止妊娠。

【预测】

对有高危因素的孕妇定期预测，有助于评估早产的风险。

1. 具有晚期自然流产或早产史　但不包括治疗性晚期流产或早产。

2. 经阴道超声对子宫颈长度（cervical length，CL）的测定　妊娠24周前经阴道超声检查CL<25 mm，或子宫颈内口漏斗形成伴有子宫颈缩短，提示早产风险增大。强调标准化测量CL的方法：

（1）排空膀胱后经阴道超声检查；

（2）探头置于阴道前穹窿，避免过度用力；

（3）标准矢状面，将图像放大到全屏的75%，测量子宫颈内口至外口的直线距离，连续测量3次后取其最短值。

3. 子宫颈分泌物生化检查　胎儿纤连蛋白（fetal fibronectin，fFN）检测，当fFN>50 ng/ml为阳性，提示早产风险增加；若fFN阴性，则一周内不分娩的阴性预测值达97%，两周内不分娩的阴性预测值达95%。

 知识链接

胎儿纤连蛋白

胎儿纤连蛋白是由胎膜分泌的一种糖蛋白，在蜕膜与绒毛间隙起到黏附作用。孕16~18周前存在于正常宫颈阴道分泌物中，随后在妊娠末期再次出现。当绒毛与蜕膜在子宫下段发生分离时胎儿纤连蛋白释放。胎儿纤连蛋白的阴性预测价值更大。

【临床表现及诊断】

早产最常见的症状是子宫收缩，最初为不规则收缩，常伴有少许阴道流血及血性分泌物，以后可发展为规则宫缩，子宫颈管先逐渐消退，然后扩张，与足月临产相似。临床上，早产可分为先兆早产和早产临产两个阶段。

1. 先兆早产　凡妊娠满28周至不满37足周，出现规则或不规则宫缩，伴有子宫颈管进

行性缩短，诊断为先兆早产。

2. 早产临产　我国将妊娠满28周至不满37足周，出现规律宫缩（20 min 宫缩≥4次，或 60 min 宫缩≥8次），伴子宫颈管进行性缩短（子宫颈缩短≥80%），子宫颈扩张 1 cm 以上，诊断为早产临产。部分患者可伴有少量阴道流血或阴道流液。

【鉴别诊断】

诊断早产一般不难，但需与妊娠晚期的生理性子宫收缩（Braxton Hicks contractions）相鉴别。生理性子宫收缩一般不规则，无痛感，不伴有子宫颈管的缩短及子宫口扩张。

【治疗】

若胎儿存活、无胎儿窘迫、胎膜未破，应设法抑制宫缩，尽可能使妊娠继续维持至34周。若胎膜已破，早产已不可避免时，应尽力设法提高早产儿的存活率。

1. 适当休息　宫缩频繁，但子宫颈无改变，可适当减少活动强度和避免长时间站立；子宫口已有改变的先兆早产者，可住院并注意休息；已早产临产，需住院治疗。取左侧卧位，可减少自发性宫缩，增加子宫血流量，增加胎盘对氧气、营养和代谢物质的交换。

2. 促胎肺成熟　糖皮质激素可促进胎儿肺泡Ⅱ型上皮细胞早日成熟，明显降低新生儿呼吸窘迫综合征的发生。所有妊娠<35周，一周内有可能分娩的孕妇，应用地塞米松注射液 6 mg 肌内注射，每 12 h 1次，共 4 次；必要时羊膜腔内注射 10 mg。也可应用倍他米松 12 mg 肌内注射，间隔 24 h，共 2 次。如果用药后超过 2 周，仍存在<34周早产可能，可重复一个疗程。

3. 宫缩抑制剂　应用宫缩抑制剂是为了防止即刻早产，完成促胎肺成熟治疗，以及转运孕妇到有早产儿抢救条件的医院进行分娩赢得时间。

（1）钙通道阻滞剂：是一类能抑制钙离子通过平滑肌细胞膜上的钙通道重吸收，从而抑制子宫平滑肌兴奋性收缩，从而抑制子宫收缩。常用硝苯地平（nifedipine），起始剂量 20 mg，然后每次 10～20 mg，每日 3～4 次，应密切注意孕妇心率及血压的变化。已用硫酸镁者慎用，以防血压急剧下降。

（2）前列腺素合成酶抑制剂：减少前列腺素的合成或抑制前列腺素的释放以抑制宫缩。常用的药物有吲哚美辛，开始 50～100 mg 经阴道或直肠给药，也可口服，然后每 6 h 给 25 mg，维持 48 h。因该药可使胎儿动脉导管狭窄或过早闭合，并引起胎儿肾血流量下降而尿排出量减少，临床上应慎用，故此类药应在孕 32 周前短期选用。用药过程中需密切监测羊水量及胎儿动脉导管血流。

（3）β_2 肾上腺素能受体激动剂：能激动子宫平滑肌中的 β_2 受体，抑制子宫平滑肌收缩，减少子宫的活动而延长妊娠期。主要不良反应有：孕妇心率增快，心肌耗氧量增加，心肌缺血，肺水肿，血糖升高及血钾降低等。胎儿可出现心动过速等。对合并心脏病、高血压、未控制的糖尿病、重度子痫前期、明显产前出血的孕妇慎用或禁用。常用的药物有利托君（ritodrine）：起始剂 50～100 μg/min 静脉滴注，每 10 min 可增加剂量 50 μg/min，至宫缩停止，最大剂量不超过 350 μg/min，共 48 h。用药期间注意观察心率、血压、宫缩变化，限制静脉输液量（每日不超过 2000 ml），以防肺水肿。如患者心率>120 次/分，应减滴数；如心率>140 次/分，应停药并行心电监护。

（4）缩宫素受体拮抗剂：阿托西班（atosiban）是一种选择性缩宫素受体拮抗剂，作用机制是竞争性结合子宫平滑肌及蜕膜的缩宫素受体，使缩宫素兴奋子宫平滑肌的作用削弱。用法：起始剂量为 6.75 mg 静脉滴注 1 min，继之 18 mg/h 维持 3 h，接着 6 mg/h 缓慢滴注，持续 45 h，副作用轻，无明确禁忌。

4. 硫酸镁（magnesium sulfate，$MgSO_4$）的应用　妊娠 32 周前早产者常规应用硫酸镁作为胎儿中枢神经系统保护剂治疗。循证医学研究指出，硫酸镁不但能降低早产儿的脑瘫风险，而且能减轻妊娠 32 周前早产儿脑瘫严重程度，但长期应用硫酸镁可引起胎儿骨骼脱钙，造成

新生儿骨折。常用方法为：首次量为 4 g，加入 5% 葡萄糖溶液 100 ml 中，在 30 min 内静脉滴注，然后以 1 g/h 维持至分娩，应用硫酸镁时间不超过 48 h，每日总量不超过 30 g。用药过程中注意膝腱反射、呼吸及尿量等。

5. 抗感染　因为感染是早产的重要诱因，故对于胎膜完整的早产，下生殖道 B 族溶血性链球菌检测阳性时，需应用抗生素。对于胎膜早破的早产，在胎膜破裂 12 h 后需应用抗生素，预防胎膜早破时阴道微生物上行感染，可降低产褥感染及新生儿感染率。

6. 分娩期处理　大部分早产儿可经阴道分娩，缩短第二产程，但不提倡常规会阴侧切，也不支持没有指征的产钳应用。早产儿出生后适当延长 30～120 s 后断脐带，可减少新生儿出血，大约可减少 50% 的新生儿脑室内出血。对于早产有产科指征者，在权衡新生儿存活利弊基础上，可考虑行剖宫产术结束分娩。

【预防】

积极预防早产是降低围产儿死亡率的重要措施之一。

1. 加强产前保健系统　孕妇尽早就诊，建立围产保健卡，定期产前检查；指导孕期卫生，积极治疗生殖道及泌尿系统感染。

2. 及时评估早产高危因素并处理　如子宫颈机能不全者，于妊娠 12～14 周，行预防性子宫颈环扎术。近年的临床研究提示孕酮对预防早产有一定的作用。

三、过期妊娠

导学案例 9-3

女性，31 岁，既往月经周期规律，现妊娠 42 周，胎心监护 NST 反应型。B 型超声检查提示双顶径 9.1 cm，羊水指数 8.3 cm，胎心率 142 次/分。查体：未触及宫缩，子宫颈口未开。

思考：

1. 患者目前诊断是什么？
2. 对患者应采取哪些治疗措施？

平时月经周期规律的孕妇，妊娠达到或超过 42 周尚未分娩者，称过期妊娠（postterm pregnancy）。其发生率占总妊娠数的 3%～15%。过期妊娠的围生儿患病率和死亡率增高，为足月分娩的 3～6 倍，并随妊娠期延长而增加。过期妊娠是影响围生儿发育与生存的病理妊娠。近年来由于对妊娠超过 41 周孕妇的积极处理，过期妊娠的发生率明显下降。

【病因】

过期妊娠的病因目前尚不清楚，可能与下列因素有关：

1. 内源性前列腺素和雌二醇分泌不足而孕酮水平增高　有学者认为过期妊娠系雌孕激素比例失调导致孕激素优势，抑制前列腺素和缩宫素，使子宫不收缩，延迟分娩发动。

2. 胎儿因素　胎儿畸形如无脑儿、脑积水或成骨发育不全等均伴有肾上腺皮质发育不良，不能产生足够的皮质激素和脱氢表雄酮供给胎盘产生雌激素以刺激分娩。

3. 胎盘缺乏硫酸酯酶　是一种罕见的 X 性连锁遗传病，均见于孕男性胎儿的病例。此酶缺乏时胎盘无法将活性较弱的脱氢表雄酮转化为雌二醇和雌三醇，并影响前列腺素的合成，使分娩发动延迟。

4. 遗传因素　少数女性可反复发生过期妊娠，有时可见于一个家族，说明这种现象可能与遗传有关。

知识链接

胎盘硫酸酯酶缺乏症

胎盘缺乏硫酸酯酶,胎儿肾上腺与肝产生的16α-羟脱氢表雄酮硫酸酯不能脱去硫酸根转变为雌二醇、雌三醇,使雌二醇、雌三醇明显减少,降低子宫对缩宫素的敏感性,分娩难以启动。

【病理】

1. 胎盘的变化　过期妊娠的胎盘有两种类型。一种是胎盘功能正常,胎盘外观和镜检均与妊娠足月胎盘相似,仅重量略有增加。另一种是胎盘出现退行性变,功能减退,胎盘绒毛内血管床减少,间质纤维化增加,合体细胞小结增加,某些合体细胞小结断裂、脱落,绒毛表面出现缺损,缺损部位出现钙化灶,绒毛上皮和血管基底膜增厚,另外有绒毛间血栓、胎盘梗死等胎盘老化现象,使物质交换与转运能力下降。有资料证明,25%~30%过期妊娠胎盘中的绒毛和血管正常,15%~20%仅有血管形成不足,但无缺血现象,另有40%出现血灌流不足而导致缺血,供氧不足,使胎儿在临产后不能适应子宫收缩附加的缺氧而易发生意外。

2. 羊水　过期妊娠时,羊水量明显减少,可减少至300 ml 以下。因胎儿可能缺氧,肛门括约肌松弛,胎粪排出,使羊水粪染。

3. 胎儿　过期妊娠胎儿宫内生长模式有以下几种:

(1) 正常生长:胎盘功能正常时,胎儿继续生长,体重增加,成为巨大胎儿,颅骨钙化明显,不易变形,导致阴道分娩困难,使新生儿病率相应增加。

(2) 胎儿过熟综合征:由于胎盘血流不足致使胎儿缺氧及养分供应不足,胎儿不易再继续生长发育。为过度成熟的表现,胎儿容貌似"小老人",表现为胎脂消失,皮下脂肪减少,皮肤干燥、松弛、多皱褶,头发浓密,指(趾)甲长,身体瘦长。

(3) 胎儿生长受限:小样儿(又称小于胎龄儿)可与过期妊娠共存,后者更增加胎儿的危险,约1/3过期妊娠死产儿为生长受限小样儿。

【对母儿的影响】

1. 胎儿窘迫　过期妊娠胎盘老化,可致血流灌注量明显减少,影响母儿气体交换,使胎儿缺氧,尤其在临产后,胎儿不能适应子宫收缩所附加的缺氧而易发生窘迫。

2. 羊水过少　由于羊膜分泌功能降低,羊水减少,在分娩过程中,由于缺少正常羊水的适当缓冲作用,胎儿及胎盘直接承受反复增高的宫内压力,使胎儿宫内缺氧进一步加重。

3. 分娩困难及损伤　有些过期妊娠,胎盘功能正常时,因胎儿巨大或因颅骨坚硬,可能发生难产,因而胎儿颅内出血和手术产率增多。

【诊断】

准确核实妊娠周数,判断胎儿安危状况是诊断的关键。

1. 核实妊娠周数

(1) 病史:①月经规则,月经周期28~30天,按末次月经第一天计算预产期(月数减3或加9,天数加7),若停经≥42周尚未分娩,应诊断为过期妊娠。若月经周期超过30日,则酌情顺延预产期。②按照排卵日计算,若排卵日后≥280天未分娩,应诊断为过期妊娠。③辅助生殖技术根据胚胎移植日期计算,若为囊胚,以移植日前19天为末次月经第一天计算;若为冻胚,以移植日前17天为末次月经第一天计算。

(2) 临床表现:月经周期不规则、末次月经记忆不清或哺乳期受孕,不能准确计算预产期

时，则可根据早孕反应出现的时间，早孕检查子宫的大小，孕妇首次感到胎动的时间，子宫底的高度，胎儿的大小等来判断。

（3）辅助检查：①通过 B 型超声检查确定孕周，妊娠 11～13^{+6} 周胎儿顶臀径（CRL）能较准确推算孕周，若月经周期规律的孕妇，按末次月经推算的日期与 B 型超声推算日期相差≤5 天，则按末次月经计算孕周，如果相差≥6 天，则按早期 B 型超声推算孕周。妊娠 15～20 周内以胎儿双顶径（BPD）、股骨长度（FL）推算孕周较准确。②根据妊娠初期血、尿 hCG 增高的时间推算孕周。

2. 判断胎儿安危状况

（1）胎动情况：通过胎动自我监测，如胎动明显减少提示胎儿宫内缺氧。

（2）电子胎心监护：如无应激试验（NST）为无反应型需进一步做缩宫素激惹试验（OCT），若多次反复出现胎心晚期减速，提示胎盘功能减退，胎儿明显缺氧。

（3）B 型超声检查：观察胎动、胎儿肌张力、胎儿呼吸运动及羊水量。另外，脐血流仪检查胎儿脐动脉血流 S/D 比值，有助于判断胎儿安危状况。

（4）羊膜镜检查：了解羊水量及胎粪污染程度。

【治疗】

目前一般在妊娠 41 周以后，为了预防胎儿宫内窘迫及各种并发症，应考虑终止妊娠，避免出现过期妊娠。一旦诊断过期妊娠应及时终止妊娠，终止妊娠方法应根据胎儿宫内状况、宫颈成熟度和胎盘功能等综合考虑。

1. 促子宫颈成熟　子宫颈成熟是引产成功的关键，是成功阴道分娩的决定因素之一。目前，判断子宫颈成熟程度最常用的方法是 Bishop 评分法（详见第 7 章"临产诊断"），评分≥6 分提示子宫颈成熟，评分越高，引产的成功率越高，评分＜6 分提示子宫颈不成熟，需要促子宫颈成熟。目前常用的促子宫颈成熟的方法有前列腺素制剂和子宫颈扩张球囊。前列腺素制剂主要通过软化子宫颈和诱发宫缩的双重作用促进子宫颈成熟，国内常用的前列腺素制剂主要有可控释地诺前列酮栓（PGE$_2$）和米索前列醇（PGE$_1$）。

2. 引产　适用于胎盘功能尚好，估计能阴道分娩者。当子宫颈已成熟，可行引产术，常用静脉滴注小剂量缩宫素，诱发宫缩直至临产。当胎头已衔接，可采用人工方法使胎膜破膜，刺激内源性前列腺素和缩宫素释放，诱发宫缩，增加引产效果，同时可观察羊水性状，如羊水粪染合并胎心监护异常，短时间内不能阴道分娩者应行剖宫产术，如宫口开全，胎先露部在棘下 2 cm 以下可行阴道助产术。

3. 剖宫产术　过期妊娠时，胎盘功能减退，胎儿储备能力下降，需适当放宽剖宫产指征。

第 2 节　异位妊娠

导学案例 9-4

已婚女性，33 岁，停经 54 天，3 天前出现少量阴道流血，淋漓不净，昨日起自觉右下腹疼痛，未就诊。今晨疼痛加剧，伴呕吐 2 次。查体：T 37.5 ℃，R 110 次 / 分，BP 80/50 mmHg。妇科检查：阴道见少量暗红色血液，子宫口闭，宫颈举痛（+），子宫前位，较正常稍大，软，子宫右侧可触及直径约 5 cm 大小肿块。

思考：

1. 该患者最可能的诊断是什么？
2. 进一步确诊需做哪些检查？

受精卵在子宫体腔外着床发育，称为异位妊娠（ectopic pregnancy），习称宫外孕。异位妊娠以受精卵在子宫体腔外种植部位不同而分为输卵管妊娠、卵巢妊娠、腹腔妊娠、子宫颈妊娠、阔韧带妊娠及子宫残角妊娠。此外，剖宫产瘢痕部位妊娠近年在国内明显增多。

一、输卵管妊娠

在异位妊娠中，输卵管妊娠（tubal pregnancy）最为常见，约占95%。输卵管妊娠因其发生部位不同又可分为间质部、峡部、壶腹部、伞部妊娠（图9-1）。以壶腹部妊娠最多见，约占78%，其次为峡部妊娠，伞部及间质部妊娠少见。输卵管妊娠流产或破裂后，可引起腹腔内急性出血，发病急，病情重，处理不当可危及生命，是妇产科常见的急腹症之一。

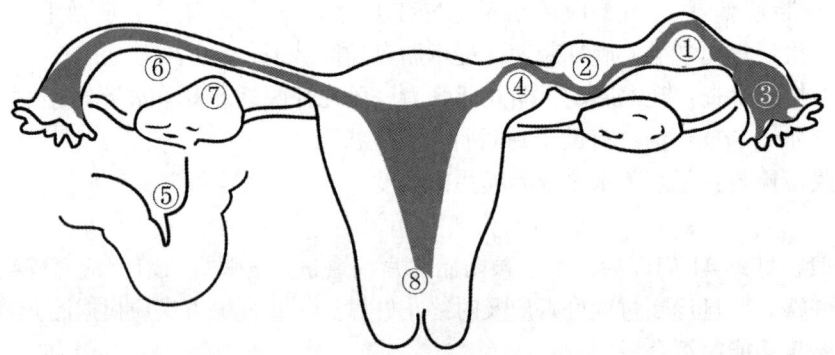

①输卵管壶腹部妊娠；②输卵管峡部妊娠；③输卵管伞部妊娠；④输卵管间质部妊娠；
⑤腹腔妊娠；⑥阔韧带妊娠；⑦卵巢妊娠；⑧子宫颈妊娠

图9-1 异位妊娠的发生部位

【病因】

1. 输卵管炎症　输卵管炎症是引起输卵管妊娠的主要病因。可分为输卵管黏膜炎和输卵管周围炎。输卵管黏膜炎可使管腔黏膜皱襞粘连，管腔变窄，或纤毛功能受损，从而导致受精卵在输卵管内运行受阻而于该处着床；输卵管周围炎可造成输卵管周围粘连，输卵管扭曲，管腔狭窄，蠕动减弱，影响受精卵的运行。淋病奈瑟菌及沙眼衣原体感染所致的输卵管炎常累及黏膜，而流产和分娩后的感染往往引起输卵管周围炎。结节性输卵管炎病变重，多由结核杆菌感染生殖道引起，治愈后多造成不孕，偶尔妊娠者，为异位妊娠。

2. 输卵管发育不良或功能异常　输卵管发育不良常表现为输卵管过长、肌层发育差、黏膜纤毛缺乏等。输卵管功能（包括蠕动、纤毛活动以及上皮细胞分泌）受雌、孕激素调节。若调节失常，可影响受精卵正常运行。

3. 输卵管妊娠史或手术史　既往有1次输卵管妊娠史，无论是保守治疗后自然吸收，或者行输卵管保守性手术后，其重复异位妊娠概率为10%；有过2次以上病史者，则再发的风险增加25%以上。输卵管绝育术及其他手术史者，输卵管妊娠的发生率为10%~20%，如输卵管绝育术后形成输卵管瘘管或再通，均有导致输卵管妊娠的可能，尤其是腹腔镜下电凝输卵管及硅胶环套术绝育。

4. 辅助生殖技术　近年来随着辅助生育技术的应用，输卵管妊娠的发生率增加，既往少见的异位妊娠，如卵巢妊娠、子宫颈妊娠、腹腔妊娠的发生率增加。

5. 避孕失败　宫内节育器（intrauterine device，IUD）避孕失败，口服紧急避孕药避孕失败，发生异位妊娠的概率较大。

6. 其他　输卵管周围有子宫肌瘤或卵巢肿瘤压迫，影响输卵管管腔通畅性，使受精卵运行受阻。子宫内膜异位症可增加受精卵着床于输卵管的可能性。

【病理】

1. 输卵管妊娠的特点　由于输卵管管腔狭小，管壁薄且缺乏黏膜下的组织，其肌层远不如子宫肌壁厚与坚韧，妊娠时不能形成完好的蜕膜，当孕卵植入后，不能适应孕卵发育，可导致以下结果：

（1）输卵管妊娠流产（tubal abortion）：多见于妊娠8～12周输卵管壶腹部妊娠。受精卵种植在输卵管黏膜皱襞内，由于蜕膜形成不完整，发育中的囊胚常向管腔突出，最终突破包膜而出血，囊胚与管壁分离，落入管腔，随输卵管蠕动由伞端排入腹腔，成为完全流产，往往流血不多（图9-2）。如囊胚剥离不完整，妊娠产物部分排除到腹腔内部分尚附着于输卵管壁，导致输卵管妊娠不全流产，形成输卵管血肿或输卵管周围血肿。血液不断流出并积聚在直肠子宫陷凹，形成盆腔血肿，量多时甚至流入腹腔。

（2）输卵管妊娠破裂：多见于输卵管峡部妊娠，发病多在妊娠6周左右。受精卵着床后，囊胚生长发育时绒毛向管壁方向侵蚀输卵管肌层及浆膜时，可将管壁穿破，形成输卵管妊娠破裂（图9-3）。输卵管肌层血管丰富，短期大量血液流入腹腔，严重时可引起休克；出血较缓慢，可形成较大的血肿包块。孕卵由破裂口排出，若囊胚较小，则可被吸收，若过大则可在直肠凹陷内形成包块。输卵管间质部妊娠虽较少见，但后果严重，其结局几乎均为输卵管妊娠破裂。由于输卵管间质部肌肉组织较厚，孕卵在此处发育较长时间后才穿破肌层。一般在妊娠3～4个月发病，由于此处血管丰富，妊娠月份较大，一旦破裂，可发生大量内出血，若抢救不及时，可危及生命。

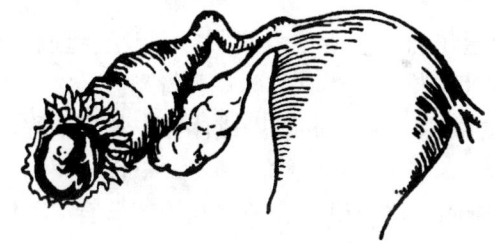
图9-2　输卵管妊娠流产

图9-3　输卵管妊娠破裂

（3）陈旧性宫外孕：输卵管妊娠流产或破裂后，未能及时治疗，孕卵已死亡，内出血也逐渐停止，形成血肿包块，较长时间后血肿机化变硬，与周围组织粘连，临床上称为陈旧性宫外孕。

（4）继发性腹腔妊娠：少数输卵管妊娠破裂或流产，胚胎被排入腹腔后，种植于附近脏器，继续发育，形成继发性腹腔妊娠。

2. 子宫的变化　输卵管妊娠与正常妊娠一样，滋养细胞产生的hCG维持黄体生长，使甾体激素分泌增加，致使月经停止来潮，子宫增大变软，子宫内膜出现蜕膜反应。当胚胎死亡后，滋养细胞活力消失，蜕膜自子宫壁剥离而发生阴道流血。有时蜕膜完整脱落呈三角形蜕膜管型，有时成碎片排出。排出的组织无绒毛。子宫内膜的形态呈多样性，若胚胎死亡已久，内膜可呈增生期改变。有时可呈Arias-Stella（A-S）反应，镜检见内膜腺体上皮细胞增生、增大，细胞边界不清，腺细胞排列成团，突入腺腔，细胞极性消失，细胞核肥大、深染，胞质有空泡。这种子宫内膜过度分泌的反应可能为甾体激素过度刺激所致。虽对诊断有一定价值，但并非异位妊娠时所特有。

知识链接

由于甾体激素的刺激，使子宫内膜呈现高度分泌反应，内膜腺体细胞增生、增大，细胞边界不清，腺细胞排列成团，细胞极性消失，细胞核肥大，胞质有空泡。并非异位妊娠所特有，不能单凭A-S反应诊断异位妊娠，仅供参考。

【临床表现】

输卵管妊娠的典型临床表现包括停经、腹痛及阴道出血。在未发生流产或破裂之前，可无明显症状，有时患者停经后有早孕征象，或在下腹一侧有隐痛或酸胀感。

（一）症状

1. 停经　大多具有6～8周停经史，但输卵管间质部妊娠停经时间较长。个别由于体内激素不足难以维持子宫内膜生存而发生出血，故误认为月经来潮而无停经史。

2. 腹痛　为本病的主要症状。输卵管妊娠发生流产或者破裂之前，由于胚胎在输卵管内逐渐增大，常表现为一侧下腹部隐痛或酸胀感。当发生输卵管流产或者破裂时，患者突感一侧下腹部出现撕裂样疼痛，常伴恶心、呕吐。随着血液由下腹部流向全腹，疼痛可由下腹部向全腹扩散，刺激膈肌时引起肩胛部疼痛。当血液积聚在直肠子宫陷凹处，可引起肛门坠胀。

3. 阴道出血　胚胎死亡后，常有不规则阴道出血，量少呈点滴状，一般不超过月经量，少数患者阴道流血量较多，似月经量。偶有蜕膜完整排出呈管状称为蜕膜管型。

4. 晕厥与休克　由于急性大量内出血及剧烈腹痛，可引起晕厥或休克，其严重程度与阴道外出血不成比例。内出血愈多休克愈严重。

5. 腹部包块　病程迁延较长者，可因血液凝固，逐渐机化变硬并与周围器官（子宫、输卵管、卵巢、肠管等）发生粘连而形成包块。

（二）体征

1. 一般情况　当内出血多时，患者面色苍白，呈贫血貌，脉搏快而弱，血压下降，体温正常或偏低，内出血吸收时体温可升高，一般不超过38℃。

2. 腹部检查　下腹有明显压痛，反跳痛，尤以患侧为重，腹肌紧张不明显，腹腔内出血多时，叩诊可有移动性浊音，血凝后下腹部可触及包块。

3. 盆腔检查　子宫颈略呈紫蓝色，变软，子宫颈口或阴道内有少量血液，后穹隆饱满，触痛明显。子宫颈举痛或摇摆痛明显，将子宫颈轻轻上抬或向左右摇动时引起剧烈疼痛，此为输卵管妊娠的主要体征之一。子宫稍大，变软，与停经月份不符。当大量内出血时，子宫呈漂浮感，有时于子宫一侧或其后方可触及包块。

【诊断】

根据上述症状和体征，诊断并不困难，但在输卵管妊娠流产或破裂前，诊断较为困难，必要时采取下列辅助检查。

1. 超声检查　超声检查是诊断异位妊娠的主要方法，同时还可辅助明确异位妊娠的部位和大小，是否破裂等，经阴道超声检查较经腹部超声检查准确性高。异位妊娠的声像特点为：子宫腔内未探及妊娠囊，于附件区可见含有卵黄囊和（或）胚芽的宫外孕囊，可明确诊断。若阴道超声检查发现附件区独立于卵巢的肿块或包含低回声的肿块，应高度怀疑异位妊娠。

2. 血清人绒毛膜促性腺激素（hCG）　异位妊娠时，尿或血的hCG呈阳性，对诊断异位妊

娠至关重要，单独的血 hCG 水平无法明确妊娠部位；连续的血 hCG 测定有助于区分正常与异常妊娠。异位妊娠时，体内 hCG 水平较宫内妊娠低，若血 hCG ≥ 3500 U/L，阴道超声未见宫内妊娠囊，应怀疑异位妊娠存在。若 < 3500 U/L，则需继续观察 hCG 的变化，间隔 48 h（不短于 48 h）重复血 hCG 测定，如果 hCG 持续上升，复查经阴道超声明确妊娠部位，如果 hCG 不上升或者上升缓慢，应高度怀疑异位妊娠或早期妊娠流产。

3. 阴道后穹隆穿刺术　是一种简单可靠的诊断方法。适用于疑有腹腔内出血的患者。抽出不凝血或陈旧性血则可确诊，如未能抽出也不能排除异位妊娠。若针头误入静脉，则血液较红，将标本放置 10 min 左右，即可凝固。

4. 腹腔镜检查　此项检查不再是异位妊娠诊断的"金标准"，目前很少将腹腔镜检查作为检查手段，而更多作为手术治疗的方法。在早期输卵管妊娠，尤其是输卵管妊娠尚未破裂或流产时，术中可见一侧输卵管肿大，表面紫蓝色，腹腔内无出血或少量出血。

5. 诊断性刮宫　目前很少利用诊断性刮宫协助诊断，仅适用于阴道流血量较多的患者，目的在于排除宫内妊娠。将宫腔排出物或刮出物做病理检查，切片中见到绒毛，可诊断为宫内妊娠，仅见蜕膜未见绒毛有助于诊断异位妊娠。

【鉴别诊断】

应与流产、急性阑尾炎、黄体破裂、卵巢囊肿蒂扭转等鉴别（表 9-2）。

表 9-2　异位妊娠的鉴别诊断

	输卵管妊娠	流产	急性阑尾炎	黄体破裂	卵巢囊肿蒂扭转
停经	多有	有	无	无	无
腹痛	突然撕裂样剧痛，自下腹一侧开始向全腹扩散	下腹中央阵发性坠痛	持续性疼痛，从上腹开始经脐周转至右下腹	自下腹一侧开始向下坠痛	下腹一侧突发性疼痛
阴道流血	量少，暗红色，可有蜕膜组织或管型排出	先量少，后增多，有小血块或绒毛排出	无	无或如月经量	无
休克	程度与外出血不成正比	程度与外出血成正比	无	无或轻度休克	无
盆腔检查	子宫颈举痛，直肠子宫陷凹有肿块	无宫颈举痛，宫口稍开，子宫增大，变软	无肿块触及	无肿块触及，一侧附件压痛	子宫颈举痛，卵巢肿块边缘清晰，蒂部触痛明显
体温	正常	正常	升高	正常	稍高
血红蛋白	下降	正常或稍低	正常	下降	正常
白细胞计数	正常或稍高	正常	升高	正常或稍高	稍高
hCG 检测	多为阳性	多为阳性	阴性	阴性	阴性
阴道后穹隆穿刺	可抽出不凝血	阴性	阴性	可抽出血液	阴性
超声	一侧附件区低回声，其内有妊娠囊	宫内可见妊娠囊	子宫附件区无异常	一侧附件低回声	一侧附件区低回声，边缘清晰，有条索状蒂

【治疗】

分为手术与非手术治疗。

（一）手术治疗

1. 手术适应证　手术治疗适用于：①生命体征不稳定或有腹腔内出血征象者；②异位妊娠有进展者（如血 hCG>3000 U/L 或持续升高、有胎心搏动、附件区大包块等）；③药物治疗禁忌证或无效者；④持续性异位妊娠者；⑤随诊不可靠者。

2. 术式　严重内出血并发休克者，应在纠正休克补充血容量的同时进行手术。常采用以下方式：

（1）根治术：即输卵管切除术。适用于无生育要求的输卵管妊娠、内出血并发休克的急症患者。有绝育要求者，可同时结扎对侧输卵管。

（2）保守性手术：适用于有生育要求的年轻妇女，特别是对侧输卵管已经切除或者有病变者。根据受精卵着床部位及输卵管病变情况选择术式，若为伞部妊娠可行挤压将妊娠产物挤出；壶腹部妊娠行输卵管切开术，取出胚胎再缝合；峡部妊娠行病变节段切除及断端吻合。术后密切监测血 hCG 水平，若术后血 hCG 升高，应怀疑持续性异位妊娠，及时给予药物治疗，必要时手术。

输卵管妊娠手术通常在腹腔镜下完成，一般采用腹腔镜输卵管切除术（切除部分或全部受影响的输卵管），或腹腔镜输卵管切开取胚术（移除异位妊娠灶，保留输卵管），具有缩短住院日、术后恢复快等优点。经腹手术适用于患者生命体征不平稳，伴有大量的腹腔内出血，腹腔镜检查中视野受限，需尽早快速入腹腔止血者。腹腔镜手术与经腹手术两者相比较，后续妊娠率无差异。

（二）非手术治疗

1. 化学药物治疗　主要适用于病情稳定，要求保留生育能力的年轻患者。一般认为符合以下条件，可采用此法：①无药物治疗的禁忌证；②输卵管妊娠未破裂；③输卵管妊娠肿块直径<4 cm，未见心管搏动；④血 hCG<2000 U/L；⑤无明显内出血。常用药物为氨蝶甲呤（MTX），可采用全身或局部用药，治疗机制是抑制滋养细胞增生，破坏绒毛，使胚胎组织坏死、脱落、吸收而免于手术。用法：①全身性用药：常用剂量为 0.4 mg/（kg·d），肌内注射。5 日为一个疗程；若单次剂量肌内注射常用 50 mg/m^2，在治疗第 4 日和第 7 日测血 hCG，若治疗后 4~7 天血 hCG 下降 15%，应重复治疗。然后每周测血 hCG，直至血 hCG 恢复到正常水平，一般需 2~4 周，最长可至 8 周。②局部用药：通过腹腔镜直接将 MTX 注入病变部位，或在超声引导下经宫颈、输卵管插管注药。治疗期间应用超声和血 hCG 进行监护，若病情无改善，甚至发生急性腹痛或输卵管破裂症状，应立即手术治疗。治疗中需关注 MTX 副反应，严重的副反应有：骨髓抑制、肺纤维化、非特异性肺炎、肝硬化、肾衰竭和胃溃疡等；常见的副反应有：脱发，胃肠道反应（肠胀气、恶心呕吐、口腔炎），肝酶升高是少见的不良反应，在停药后自然下降恢复。建议患者在接受 MTX 治疗的最后一次剂量后至少 3 个月再妊娠，MTX 不会对患者的后续生育结局或卵巢储备功能产生不良影响。

2. 期待疗法　少数输卵管妊娠可能发生自然流产，或被吸收，症状较轻而无需手术或药物治疗。适用于：①无腹痛或合并轻微腹痛的病情稳定患者；②超声未提示有明显的腹腔内出血；③输卵管妊娠肿块直径<3 cm 且没有心管搏动；④血清 hCG<1500 U/L，且继续下降者。在期待过程中及时与患者说明病情并征得其同意，应密切注意生命体征、腹痛变化，并进行超声和血 hCG 的监测。所有患者随访至非孕状态。

二、其他部位妊娠

【卵巢妊娠】

卵巢妊娠（ovarian pregnancy）是指受精卵在卵巢组织内着床和生长、发育。临床表现与输卵管妊娠相似，表现为停经、腹痛及阴道出血。卵巢妊娠术前容易误诊为输卵管妊娠或是卵

巢黄体破裂，需手术和组织病理检查方能明确诊断。卵巢妊娠的诊断标准为：①双侧输卵管正常，并与卵巢分开；②囊胚位于卵巢组织内；③卵巢及囊胚以卵巢固有韧带与子宫相连；④绒毛组织中有卵巢组织。

卵巢妊娠的治疗方法为手术治疗，可根据病情选择在经腹或经腹腔镜辅助下行卵巢病灶楔形切除术、卵巢切除术或是患侧附件切除术。

【子宫颈妊娠】

子宫颈妊娠（cervical pregnancy）指受精卵在子宫颈管内着床并发育，临床表现为停经、无痛性阴道流血，出血多时可危及生命。妇科检查：子宫颈明显膨大、蓝紫色、质地软、子宫颈外口边缘变薄，子宫体大小及硬度正常。超声检查发现妊娠囊位于子宫颈管内可确诊。治疗可选择子宫颈管吸刮术，术前做好输血准备；有条件者可术前行子宫动脉栓塞减少术中出血，亦可在MTX治疗后再行刮宫术，降低大出血风险；出血多时，应及时采用纱布填塞或是水囊压迫方法止血，严重时可行双侧髂内动脉结扎止血甚至切除子宫以挽救患者生命。

【腹腔妊娠】

腹腔妊娠（abdominal pregnancy）是指胚胎或胎儿位于输卵管、卵巢及阔韧带以外的腹腔内，分为原发性和继发性两类。原发性腹腔妊娠是指受精卵直接种植于腹膜、肠系膜、大网膜等处，极少见；继发性腹腔妊娠常发生于输卵管妊娠流产或破裂后，偶可继发于卵巢妊娠时囊胚落入腹腔。腹腔妊娠胎盘附着异常，血液供应不足，胎儿不易存活至足月。患者常表现为停经、腹痛、胎动时腹痛明显。腹部检查发现子宫轮廓不清、胎儿肢体极易触及、胎位异常。超声检查子宫内无胎儿或胎儿位于子宫以外。

一旦确诊腹腔妊娠，应立即剖腹取出胎儿。胎盘的处理应根据附着部位、胎儿存活及死亡时间决定：如胎盘附着于子宫、输卵管及阔韧带，可将胎盘及其附着器官一并切除；若胎儿死亡已久，可试行胎盘剥离；若胎盘附着于重要器官而不宜切除或无法剥除，可结扎脐带后将胎盘留在腹腔内，术后定期复查超声及血hCG以了解胎盘退化吸收情况。

【子宫残角妊娠】

残角子宫是先天性子宫发育异常的一种类型，表现为除正常子宫外，另可见一小子宫与正常子宫宫腔不相连。子宫残角妊娠（pregnancy in rudimentary horn）指受精卵经残角子宫侧输卵管进入残角子宫着床并生长发育。残角子宫肌层通常发育不良，早孕期可发生胚胎停育，出现流产症状；若继续生长至中孕期可发生残角子宫破裂引起严重内出血致休克，症状与输卵管间质部妊娠破裂类似；偶有妊娠达足月者，临产后胎儿常死亡，同时在分娩过程中可出现残角子宫破裂。子宫残角妊娠确诊后应及早手术，切除残角子宫及同侧输卵管，如为足月活胎，可在剖宫产后行残角子宫切除术。

【剖宫产瘢痕部位妊娠】

剖宫产瘢痕部位妊娠（cesarean scar pregnancy，CSP）即子宫切口瘢痕处妊娠，指受精卵着床于前次剖宫产子宫切口瘢痕处的一种异位妊娠，是一个限时定义，仅限于早孕期（≤12周）。到了中晚期则为胎盘植入及前置胎盘，形成凶险性前置胎盘（pernicious placenta previa）。CSP是剖宫产的远期并发症之一，在所有妊娠者中发生率为1/2216~1/1800，占有剖宫产史妇女的1.15%，占有前次剖宫产史妇女异位妊娠的6.1%。近年来随着剖宫产手术比例逐年增高，此病的发生率也有增高的趋势。

（一）病因

病因不明，目前认为与子宫切口愈合不良、瘢痕宽大或者炎症导致瘢痕部位有微小裂孔有关，当受精卵抵达瘢痕处时通过微小裂孔进入子宫肌层而着床。

（二）临床表现及诊断

1. 病史　既往有子宫下段剖宫产的病史。

2. 临床表现　停经后出现不规则阴道流血，妊娠早期较难确诊，一旦继续妊娠或者行刮宫术，可发生大出血，甚至子宫破裂。

3. 超声检查　经阴道超声检查是诊断的主要手段。超声可显示：①子宫腔内及子宫颈管内未见妊娠囊；②妊娠囊着床于子宫前壁下段肌层（相当于前次剖宫产子宫切口部位），部分妊娠囊内可见胎芽或胎心搏动；③子宫前壁肌层连续性中断，妊娠囊与膀胱壁之间的肌层明显变薄甚至消失；④彩色多普勒超声（CDFI）血流显像显示妊娠囊周边高速低阻血流信号。

（三）分型

根据超声检查显示的着床于子宫前壁瘢痕处的妊娠囊的生长方向以及子宫前壁妊娠囊与膀胱间子宫肌层的厚度进行分型，分为 3 型。

Ⅰ型：①妊娠囊部分着床于子宫瘢痕处，部分或大部分位于子宫腔内，少数甚或达宫底部宫腔；②妊娠囊明显变形、拉长、下端成锐角；③妊娠囊与膀胱间子宫肌层变薄，厚度＞3 mm；④CDFI 瘢痕处见滋养层血流信号（低阻血流）。

Ⅱ型：①妊娠囊部分着床于子宫瘢痕处，部分或大部分位于子宫腔内，少数甚或达宫底部宫腔；②妊娠囊明显变形、拉长、下端成锐角；③妊娠囊与膀胱间子宫肌层变薄，厚度≤3 mm；④CDFI 瘢痕处见滋养层血流信号（低阻血流）。

Ⅲ型：①妊娠囊完全着床于子宫瘢痕处肌层并向膀胱方向外凸；②子宫腔及子宫颈管内空虚；③妊娠囊与膀胱之间子宫肌层明显变薄、甚或缺失，厚度≤3 mm；④CDFI 瘢痕处见滋养层血流信号（低阻血流）。当超声诊断不明确时，MRI 检查可协助诊断。血 hCG 主要用于指导治疗方法的选择和监测治疗效果。

（四）治疗

尽早终止妊娠，减少出血量，尽可能保留患者的生育功能。一旦确诊要立即住院治疗。对于早期妊娠患者，如无腹痛、阴道出血不多、妊娠包块未破裂可选择保守治疗，用氨甲蝶呤局部用药或全身用药；或子宫动脉栓塞，待血 hCG 明显下降，包块周围血供减少后在超声引导下行清宫术；晚期妊娠患者，瘢痕处胎盘多有植入，分娩前需做好充分手术准备。对于清宫术后、引产及足月分娩后大量出血者，应立即行宫腔填塞或水囊压迫止血，必要时行子宫动脉栓塞术。胎盘植入大出血时，为了抢救患者的生命需行子宫切除术。

第 3 节　妊娠晚期出血性疾病

一、前置胎盘

导学案例 9-5

初产妇，33 岁，妊娠 35 周。4 h 前无诱因出现阴道流血，多于月经量，无明显腹痛。查体：T 36.5 ℃，P 105 次 / 分，R 19 次 / 分，BP 95/50 mmHg，贫血外观，孕 8 月余腹型，腹软无压痛，可触及胎体，臀先露，胎心率 146 次 / 分，耻骨联合上方可闻及胎盘血流杂音。

思考：

1. 该患者可能诊断哪种疾病？诊断依据是什么？
2. 进一步确诊还需做哪些检查？

正常情况下胎盘附着于子宫体的底部、后壁、前壁或侧壁；妊娠28周后若胎盘附着在子宫下段，其下缘达到或覆盖子宫颈内口，位置低于胎儿先露部，称为前置胎盘（placenta previa）。前置胎盘是妊娠晚期出血的常见原因之一，是妊娠期的严重并发症，处理不当可危及母儿生命。国外发病率为 0.3%~0.5%，国内报道为 0.24%~1.57%。

【病因】

目前确切病因不清楚，可能与下列因素有关。

1. 子宫内膜病变与损伤　多产、产褥感染、子宫体部手术或多次刮宫使子宫内膜受损，使子宫蜕膜生长不全，当孕卵植入后局部血液供应不足，为了得到足够的营养，促使胎盘面积扩大并延伸至子宫下段。

2. 受精卵滋养层发育迟缓　受精卵到达宫体部时，尚未发育到植入阶段，受精卵继续下移而植入于子宫下段，在此处发育生长而形成前置胎盘。

3. 胎盘面积过大　如多胎、有核红细胞增多症及副胎盘等，胎盘面积过大，常伸展至子宫下段，形成前置胎盘。

【分类】

根据胎盘下缘与子宫颈内口的关系分为以下四种类型（图9-4）。

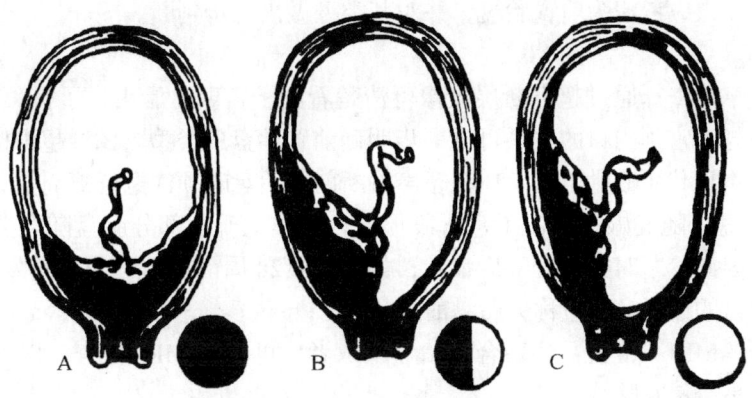

图 9-4　前置胎盘的类型

A. 完全性前置胎盘；B. 部分性前置胎盘；C. 边缘性前置胎盘

1. 完全性前置胎盘（complete placenta previa）　又称中央型前置胎盘（central placenta previa），胎盘覆盖整个子宫颈内口。

2. 部分性前置胎盘（partial placental previa）　胎盘组织覆盖一部分子宫颈内口。

3. 边缘性前置胎盘（marginal placental previa）　胎盘附着于子宫下段，其边缘接近子宫颈内口，但未超越。

4. 低置胎盘　胎盘附着于子宫下段，边缘距子宫颈内口的距离<20 mm。因为胎盘边缘与子宫颈口的关系随子宫颈管的消失和子宫颈口的逐渐扩大而改变，诊断时期不同分类也不同，建议以临床处理前的最后一次检查来确定其分类。

根据疾病的凶险程度，前置胎盘又可分为凶险性和非凶险性。凶险性前置胎盘（pernicious placenta previa）指前次有剖宫产史，此次妊娠为前置胎盘并覆盖在前次剖宫产手术瘢痕部位，发生胎盘植入的危险约为50%。

【临床表现】

1. 症状　前置胎盘的典型症状是妊娠晚期或临产时，发生无诱因、无痛性、反复阴道流血。妊娠晚期及临产时，子宫开始有不规则的收缩，子宫下段肌纤维被动伸展，子宫颈组织逐渐被向上牵引，附着在子宫下段及子宫颈内口上的胎盘不能相应地跟着扩张，胎盘前置部分与其附着处之间发生错位，导致部分胎盘剥离而发生出血。阴道出血发生时间的早晚，反复发作

的次数，出血量的多少与前置胎盘的类型有很大关系。完全性前置胎盘往往初次出血的时间早，约在妊娠 28 周左右，反复出血次数频，量较多；边缘性前置胎盘初次出血发生较晚，量也较少，多发生在妊娠 37~40 周或临产后；部分性前置胎盘出血时间和出血量介于两者之间。

2. 体征

（1）一般情况：患者一般情况与出血量、出血速度密切相关，大量出血时可有面色苍白、脉搏微弱、血压下降等休克表现。反复出血表现为贫血貌。

（2）腹部检查：宫高与正常妊娠相同，胎头高浮或胎位异常；子宫较软而无压痛；胎心音清楚（胎儿宫内窘迫可使胎心音变化），反复出血或一次出血量过多可使胎儿宫内缺氧，胎心有异常甚至消失，严重者胎死宫内。当胎盘位于子宫下段前壁，在耻骨联合上方可闻及胎盘血流杂音。

（3）阴道检查：如前置胎盘诊断明确则不必做阴道检查，但是如果反复阴道出血，怀疑子宫颈阴道疾病，或选择分娩方式时可行阴道检查。阴道检查有引起致命性大出血的危险，故应严格掌握指征。严禁行肛门检查。检查前必须做好输液、输血及紧急剖宫产手术的一切准备。

【诊断】

1. 病史及临床表现　既往有流产史、宫腔操作史、产褥期感染史、高龄、剖宫产史等。有上述症状及体征，应考虑为前置胎盘，并对其类型做出初步判断。

2. 辅助检查

（1）B 型超声检查：通过超声断层显像可清楚看到子宫壁、胎头、子宫颈和胎盘的位置，并根据胎盘边缘与子宫颈内口的关系可进一步明确前置胎盘的类型。B 型超声检查胎盘定位准确率达 95%，基本取代了其他方法。B 型超声诊断前置胎盘时须注意妊娠周数，在妊娠中期超声检查为前置胎盘，随妊娠进展，子宫下段形成，宫体上升，部分胎盘随之上移而改变成正常位置的胎盘，因此诊断时需结合临床症状，如妊娠<28 周前 B 型超声检查发现胎盘前置者，一般不做前置胎盘的诊断，而应称为胎盘前置状态。

（2）磁共振（MRI）检查：怀疑合并胎盘植入者，可选择 MRI 检查，以了解胎盘植入子宫肌层的深度，是否侵及膀胱等。

3. 产后检查胎盘及胎膜　对产前出血者，产后应仔细检查娩出的胎盘，以便核实诊断。若前置部分的胎盘有陈旧性黑色血块附着，或胎膜破口距胎盘边缘<7 cm，则为前置胎盘。

【鉴别诊断】

前置胎盘应与胎盘早期剥离、胎盘边缘血窦破裂、帆状胎盘血管破裂及子宫颈病变如息肉、糜烂及子宫颈癌相鉴别。

【对母儿的影响】

1. 早产及围生儿死亡率高　前置胎盘出血大多发生于妊娠晚期，导致早产率增高；产妇阴道大量出血而出现贫血、休克，使胎儿严重缺氧而致胎儿窘迫，甚至死于宫内；早产儿生活能力差，出生后不易存活，围产儿死亡率增高。

2. 产后出血　由于子宫下段肌肉组织菲薄，收缩力较差，附着于此处的胎盘剥离后血窦一时不易缩紧闭合，故常发生产后出血。

3. 产褥感染　胎盘剥离面接近子宫颈口，细菌易从阴道侵入胎盘剥离面；产妇贫血体质虚弱，抵抗力降低，故易发生感染。

4. 胎盘植入　占前置胎盘中的 15%，由于子宫蜕膜发育不良，胎盘绒毛可植入子宫下段肌层，使胎盘剥离不全，而引发大出血。

【治疗】

治疗原则是抑制宫缩，止血，纠正贫血和预防感染，适时终止妊娠。应根据前置胎盘类型、出血程度、妊娠周数、胎儿宫内状况、是否临产等情况综合分析，给予相应治疗。具体措

施有期待疗法和终止妊娠。

（一）期待疗法

目的是在保证孕妇安全的前提下，尽量延长妊娠时间，提高胎儿存活性。适用于妊娠不足36周、一般情况良好，胎儿存活，阴道流血不多、无需紧急分娩的患者。

1. 一般处理　住院观察，阴道流血期间减少活动，禁止肛门检查及不必要的阴道检查。密切观察阴道流血情况，监测母儿状况。

2. 纠正贫血　目标是维持血红蛋白含量在110 g/L以上，红细胞压积在30%以上，增加母体储备，改善胎儿宫内缺氧情况。

3. 止血　对于有早产风险的患者可酌情给予宫缩抑制剂，防止因宫缩引起的进一步出血，赢得促胎肺成熟的时间。常用药物有钙通道阻滞剂，前列腺素合成酶抑制剂，β_2肾上腺素能受体激动剂，缩宫素受体拮抗剂等，32周前应用硫酸镁对胎儿有神经保护作用（详见"早产"章节）。

4. 促胎肺成熟　妊娠<35周，应用地塞米松促胎肺成熟治疗，每次6 mg，肌内注射，每12 h 1次，共4次。

（二）终止妊娠

1. 紧急剖宫产　指征包括：①孕妇出血量大甚至休克，无论胎儿成熟与否，为了孕妇安全应终止妊娠；②期待过程中，若出现胎儿窘迫征象或胎心电子监护发现胎心异常等产科指征，并且胎儿已可存活；③部分或边缘性前置胎盘，临产后出血量较多，估计短时间不能分娩者，也选择急诊剖宫产终止妊娠。

2. 择期终止妊娠　对于无症状的前置胎盘合并胎盘植入者可于妊娠36周后终止妊娠；无症状的完全性前置胎盘，妊娠达37周，可考虑终止妊娠；边缘性前置胎盘满38周可考虑终止妊娠；部分性前置胎盘应根据胎盘遮盖子宫颈内口情况适时终止妊娠。

术前应积极纠正贫血、预防感染、备血，做好处理产后出血和抢救新生儿的准备。根据前置胎盘类型与附着部位选择子宫切口非常重要。切口应避开胎盘附着处以减少出血，胎盘附着于后壁选子宫下段横切口；附着于前壁选子宫下段偏高纵切口或体部切口；胎儿娩出后，于子宫肌壁内立即注射宫缩剂，如缩宫素10 U或麦角新碱0.2 mg，促使胎盘迅速娩出，使子宫下段血窦尽快闭合，减少出血。

3. 阴道分娩　适用于边缘性前置胎盘、低置胎盘，枕先露，阴道出血少，或者部分性前置胎盘，宫口已经扩张，估计短时间内可以结束分娩者，在有条件的医疗机构，备足血源的同时可在严密监测下行阴道试产。

4. 预防产后出血及感染　当胎儿娩出后，及早使用宫缩剂，以预防产后出血。产时、产后给予抗生素预防感染。

5. 新生儿复苏　做好抢救新生儿的准备，新生儿出生后测定血红蛋白，贫血者应予以纠正。

（三）紧急转送的处理

前置胎盘大出血，若无输血、手术等抢救条件时，应立即建立静脉通道，在消毒条件下用无菌纱布进行阴道填塞、腹部加压包扎，迅速将孕妇送到上级医院治疗。对于B型超声提示凶险性前置胎盘者，应建议在三级医院住院行剖宫产术结束妊娠。

二、胎盘前置状态

胎盘前置状态是指妊娠28周前，胎盘附着在距离子宫颈内口较近的位置甚至部分或全部覆盖子宫颈内口，其位置低于胎儿先露部。

【胎盘前置状态的自然转归】

在孕早期胎盘附着于子宫下段比较常见，妊娠晚期胎盘附着于子宫下段的现象明显减少。

Mustafa 等发现在孕 11~14 周时胎盘边缘达到或覆盖子宫颈内口的比例为 42%，在 20~24 周时该比例降至 3.9%，到足月时该比例进一步降至 1.9%。这说明大多数胎盘前置状态属于一过性现象，随着孕周的增加胎盘位置将上升、远离子宫颈内口。文献上经常用"胎盘迁移（placenta immigration）"来描述胎盘位置的上升，事实上胎盘位置的改变与胎盘迁移无关。目前认为随着孕周的增加胎盘位置上升的机制可能是：①由于子宫下段或子宫颈内口蜕膜血管形成不良，附着于该处的叶状绒毛膜逐步退化；附着于宫体部的绒毛膜由于血供丰富，生长迅速，因此，临床上出现胎盘前置消失。②随着孕周的增加，子宫下段延伸，这也使得胎盘远离子宫颈内口。

胎盘前置状态的消失与否取决于胎盘的位置。在孕 18~23 周时，如果胎盘位置刚达到子宫颈内口但未覆盖子宫颈内口，那么足月时诊断为前置胎盘的可能性为 0；如果胎盘覆盖子宫颈内口超过 15 mm，到足月时就有可能为前置胎盘；如果胎盘覆盖子宫颈内口超过 25 mm，足月时诊断为前置胎盘的概率为 40%~100%。随着孕周的延续，胎盘的位置有可能发生变化，临床上根据处理前的最后一次检查结果决定其分类。

【临床表现】

胎盘前置状态最常见的症状是孕中期无诱因、无痛性反复阴道流血，其原因是在子宫下段形成过程中，附着于该处的胎盘由于不能相应地延伸而剥离，结果血窦出血，表现为无痛性阴道流血。

【诊断】

孕中期有无痛性阴道流血者应高度怀疑胎盘前置状态。明确诊断需行超声检查和磁共振成像。经阴道超声检查（transvaginal sonography，TVS）可以准确地测量胎盘边缘和子宫颈内口之间的距离。

【治疗】

1. 休息　平时无出血时应减少活动，多卧床休息，忌性生活。

2. 加强孕检　胎盘前置状态的消失与否取决于胎盘的位置，随着孕期的增长，胎盘位置可能随着子宫的增大而上升回到正常位置。应动态观察胎盘位置的变化。

3. 阴道流血的处理　孕中期阴道流血期间要绝对卧床休息，必要时住院治疗。有宫缩需抑制宫缩。若阴道出血量多，出现休克症状应积极输血、输液、纠正休克，同时应终止妊娠。

4. 终止妊娠的方法　如为中央性胎盘前置状态以剖宫取胎术较为安全。如是部分性或边缘性胎盘前置状态可采用中期引产术，如术中阴道出血量多即行剖宫取胎术结束妊娠。

三、胎盘早剥

导学案例 9-6

初孕妇，28 岁，妊娠 35 周，重度子痫前期。突然发生剧烈腹痛，伴阴道少量流血。查体：T 36.5 ℃，P 110 次/分，R 20 次/分，BP 80/60 mmHg，面色苍白，贫血外观，痛苦表情，子宫硬如板状，有压痛，胎位触不清，胎心率 165 次/分。

思考：

1. 该患者最可能的诊断是什么？

2. 进一步确诊还需做哪些检查？如何治疗？

妊娠 20 周后正常位置的胎盘在胎儿娩出前，部分或全部从子宫壁剥离者称胎盘早期剥离，简称胎盘早剥（placental abruption）。往往起病急，发展快，处理不及时可威胁母儿安全，是

妊娠晚期的严重并发症。胎盘早剥的发病率国内报道为0.46%~2.1%。

【病因】

目前尚不十分清楚，可能与下列因素有关。

1. 血管病变　孕妇患重度子痫前期、慢性高血压和慢性肾疾病或全身血管病变时，胎盘早期剥离发生率高。其原因是底蜕膜层的螺旋小动脉痉挛或硬化，引起远端毛细血管缺血坏死，以致破裂出血，血液流到底蜕膜层形成血肿，导致胎盘自子宫壁剥离。

2. 宫腔内压力改变　双胎第一胎娩出后，羊水过多破膜时羊水流出过快，均可使宫腔内压力骤减，子宫突然收缩，引起胎盘与子宫错位而剥离。

3. 机械因素　外伤如腹部受撞击、外转胎位术矫正胎位、脐带过短及脐带绕颈和缠绕肢体造成脐带相对过短，均可引起胎盘早剥。

4. 子宫静脉压突然升高　妊娠晚期或临产后，孕产妇长时间取仰卧位，巨大的子宫压迫下腔静脉，回心血量减少、血压下降，而子宫静脉淤血、静脉压升高，导致蜕膜静脉床淤血或破裂，而发生胎盘剥离。

5. 其他　如吸烟、可卡因滥用、孕妇代谢异常，孕妇有血栓形成倾向、子宫肌瘤（尤其是胎盘附着部位的子宫肌瘤）等与胎盘早剥发生有关，有胎盘早剥史的孕妇再次发生胎盘早剥的危险性比无胎盘早剥史者高10倍。

【病理及类型】

胎盘早剥主要病理变化是底蜕膜血管破裂出血和底蜕膜层的血肿形成，以致胎盘从附着处分离。如剥离面小，血液很快凝固，临床可无症状，如剥离面大，破裂血管继续出血，血肿随之增大，剥离面亦相应增大，形成胎盘后血肿。

胎盘早剥分为显性、隐性及混合性剥离三种类型（图9-5）。当血液流至胎盘边缘冲开胎膜，自胎膜与宫壁间向子宫颈口外流出，为显性剥离或外出血。当胎盘边缘未剥离，血液不向外流而向胎盘后壁内浸润，为隐性剥离或内出血。当内出血过多时，血液也可冲开胎盘边缘，向子宫颈口外流出，形成混合性出血。有时出血穿破羊膜流入羊水中，形成血性羊水。当血液不能外流，胎盘后血液越积越多，宫底会随之升高。内出血严重时，血液向子宫肌层内浸润，引起肌纤维分离、断裂、变性，此时子宫表面出现紫蓝色瘀斑，尤在胎盘附着处特别明显，称子宫胎盘卒中（uteroplacental apoplexy），又称库弗莱尔子宫（Couvelaire uterus）。

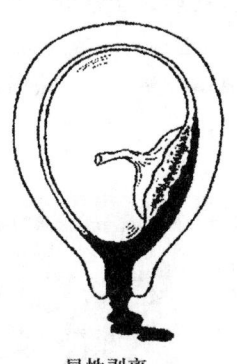 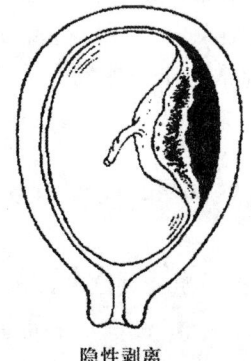 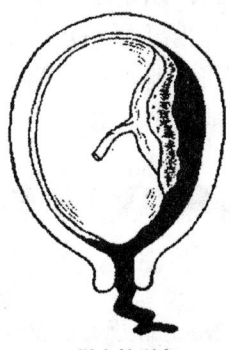

显性剥离　　　　　隐性剥离　　　　　混合性剥离

图9-5　胎盘早剥的类型

严重的胎盘早剥往往发生凝血功能障碍，主要是由于从剥离的胎盘绒毛和蜕膜中释放大量的组织凝血活酶，进入母体循环内，激活凝血系统而发生弥散性血管内凝血（DIC）。

【临床表现及分级】

临床表现是阴道流血、腹痛，可伴有子宫张力增高和子宫压痛，尤以胎盘剥离处最明显。阴道出血特征为陈旧性不凝血，但胎盘早剥的严重程度与阴道出血量不相符，后壁胎盘的隐性剥离多表现为腰背部疼痛，子宫压痛可不明显。早期表现常常是胎心率首先发生变化，宫缩间歇期子宫呈高张状态，胎位触诊不清。严重时子宫呈板状，压痛明显，胎心率改变或消失，失血过多时，可出现恶心、呕吐、面色苍白、脉搏细弱、血压下降等休克表现。

临床上推荐使用胎盘早剥分级标准作为对病情的判断与评估（表9-3）。

表9-3 胎盘早剥的分级

分级	标准
0级	无临床表现，产后见胎盘后有小凝血块
Ⅰ级	外出血，子宫软，无胎儿窘迫
Ⅱ级	可能有阴道出血；产妇无休克；有胎儿窘迫或胎死宫内
Ⅲ级	可能有阴道流血；持续性腹痛，子宫强直性收缩；产妇有失血性休克，伴或者不伴DIC，胎儿死亡

【诊断】

（一）病史与体征

患者常有妊娠期高血压疾病或外伤史，在妊娠晚期或临产时突然发生腹部剧痛，有急性贫血或休克现象，其严重程度与阴道出血量不成比例，子宫坚硬，宫底升高，胎位不清，胎心弱或消失等不难诊断。0级和Ⅰ级临床表现不典型，需结合辅助检查来判断。Ⅱ级和Ⅲ级胎盘早剥症状与体征比较典型，容易诊断。

（二）辅助检查

1. 超声检查　可协助了解胎盘的部位及胎盘早剥的类型，并判断胎儿是否存活。典型的声像图可见胎盘与宫壁之间有液性暗区，界线不太清楚，若血肿较大时，可见到胎盘胎儿面向羊膜腔内突出。如血液流出未形成血肿时，超声检查则无特异图像。故不能完全依赖超声检查，要结合临床表现动态观察。

2. 电子胎心监护　胎心监护用于判断胎儿宫内状况，胎盘早剥时可出现胎心监护的基线变异消失、变异减速、晚期减速、正弦波形及胎心率减慢等。

3. 实验室检查　了解患者贫血程度及凝血功能情况。应进行血常规、血小板、凝血功能、肝功能及纤维蛋白原等与DIC有关的检查，Ⅲ级患者应检测肾功能，尿常规、血气分析等。

弥散性血管内凝血（DIC）致凝血障碍时，纤维蛋白原、凝血酶原时间、凝血酶时间、血浆鱼精蛋白副凝试验（3p试验）均异常。血小板减少是急性DIC的一个特殊指征，可以较早地在外周血反映出来。

 知识链接

全血凝块观察及溶解试验方法

取2~5ml血放入小试管内。将试管倾斜，如果血液在6min内不凝固，或凝固不稳定，于1h内又溶化，提示血凝异常。如凝固时间在6min内，血纤维蛋白原的含量一般＞150 mg/dl；血凝固时间超过6 min，且血块不稳定，血纤维蛋白原含量一般为100~150 mg/dl；超过30 min仍不凝固，则血纤维蛋白原含量＜100 mg/dl。

【鉴别诊断】

应注意与前置胎盘、先兆子宫破裂相鉴别（表9-4）。

表 9-4　胎盘早期剥离、前置胎盘、先兆子宫破裂的鉴别诊断

	胎盘早期剥离	前置胎盘	先兆子宫破裂
病因	有妊娠期高血压疾病或外伤史	无原因	有分娩梗阻史或瘢痕子宫
腹痛	发病急，有剧烈腹痛	发病慢，无腹痛	强烈子宫收缩，烦躁不安
阴道出血	有内、外出血，阴道出血与全身失血量不成正比	外出血，阴道出血与全身失血量成正比	少量阴道出血，可有血尿
子宫	板状硬，有压痛，子宫底升高	子宫软，无压痛	可见病理性缩复环，子宫下段有压痛
胎儿	胎位不清，胎心多消失	胎位清楚，胎心正常	胎儿窘迫或胎心消失
阴道检查	未触及胎盘	宫口内触及胎盘	宫口内未触及胎盘
胎盘检查	早剥部分有凝血块压迹	胎膜破口距胎盘边缘在 7 cm 以内	无特殊变化
B 型超声	胎盘位置正常，有胎盘后血肿	胎盘位于子宫下段或覆盖子宫颈内口	无特殊变化

【并发症】

1. 胎儿宫内死亡　如早剥面积大，出血多，胎儿可因缺血、缺氧而死亡。

2. 弥散性血管内凝血（DIC）　胎盘早剥是妊娠期发生凝血功能障碍最常见的原因，约 1/3 伴有死胎发生。临床表现为皮下、黏膜或注射部位出血，切口渗血、阴道出血不凝。有时可出现血尿、咯血、呕血和便血。

3. 产后出血　发生子宫胎盘卒中时，子宫肌层收缩受影响致产后出血，若发生 DIC，出血是极其严重的。

4. 急性肾衰竭　大量出血使肾灌注严重受损，导致肾皮质或肾小管缺血坏死，出现急性肾衰竭。

【对母儿的影响】

胎盘早剥对母儿影响极大。剖宫产率、贫血、产后出血率、DIC 发生率均升高。由于胎盘早剥还会引起胎儿急性缺氧，故新生儿窒息率、早产率、胎儿宫内死亡率明显升高，围产儿死亡率约为 11.9%，是无胎盘早剥的 25 倍。

【预防】

加强产前检查，预防和及时治疗妊娠期高血压疾病、慢性高血压、肾疾病等，避免腹部外伤，对高危患者不主张行外倒转术，处理羊水过多和双胎时，避免子宫腔压力下降过快。

【治疗】

（一）纠正休克

患者入院情况比较危急，处于休克状态者，积极开放静脉通路，补充血容量，输新鲜血，纠正休克，尽快改善患者状况。有 DIC 表现者要尽早纠正凝血功能障碍。使血红蛋白维持在 100 g/L，血红细胞压积>30%，尿量>30 ml/h。

（二）监测胎儿宫内情况

持续监测胎心以判断胎儿宫内情况，对于有外伤史的产妇疑有胎盘早剥时，除常规行超声检查外，至少行 4 h 胎心监护，以便及时发现胎盘早剥。

（三）保守治疗

对于妊娠 32～34 周 0～Ⅰ级胎盘早剥者，可保守治疗，孕 34 周以前者需给予糖皮质激素促胎肺成熟。孕 28～32 周，以及<28 周的极早孕产妇，如为显性阴道出血，子宫松弛，产妇及胎儿状态稳定时，行促胎肺同时考虑保守治疗。在保守治疗过程中，应密切行超声检查，监测胎盘早剥情况，一旦出现阴道出血多，子宫张力高，凝血功能障碍及胎儿窘迫时，应立即终

止妊娠。

（四）终止妊娠

胎盘早剥危及母儿生命，其预后与处理的及时性密切相关。胎盘剥离时间越长，病情越重，因此，一旦确诊Ⅱ、Ⅲ级胎盘早剥，必须及时终止妊娠。

1. 阴道分娩　①如胎儿已死亡，在产妇生命体征平稳前提下首选阴道分娩。应尽快实施人工破膜促进产程进展，减少出血，如严重的胎盘早剥致胎儿死亡，且合并凝血功能异常，抢救产妇是治疗的重点，可行剖宫产术。若伴有胎儿横位等明确剖宫产指征时，可行剖宫产术。②胎儿存活，0～Ⅰ级患者，宫口已开大，经产妇一般状况良好，估计短时间内能迅速结束分娩，且出血量不多者，先人工破膜可减少子宫张力，并能加速产程可经阴道分娩。产程中，需密切观察患者血压、脉搏、子宫底高度、子宫体压痛、阴道出血及胎心音变化，必要时用缩宫素静脉滴注，以缩短产程。建议全程行胎心监护，备足血制品。

2. 剖宫产　妊娠32周以上，胎儿存活，胎盘早剥Ⅱ级以上，建议尽快、果断进行剖宫产术，以降低围产儿死亡率。阴道分娩过程中，出现胎儿窘迫或者破膜后产程无进展者，应尽快行剖宫产术结束分娩。近足月的轻度胎盘早剥者，病情可随时加重，可考虑终止妊娠并建议剖宫产术为宜。产妇病情急剧加重危及生命时，无论胎儿是否存活，均应立即行剖宫产术。

（五）处理并发症

1. 产后出血　胎儿娩出后，立即给予子宫收缩的药物，如缩宫素、前列腺素制剂、麦角新碱等，加强宫缩，促使胎盘尽快娩出。如子宫收缩不良，经按摩及注射宫缩剂后，仍不收缩，可考虑子宫压迫止血，动脉结扎，动脉栓塞，子宫切除等。

2. 凝血功能障碍

（1）抗凝治疗：在DIC早期应用肝素，可阻断DIC的发展。

（2）补充凝血因子：输新鲜血与血浆，1L血浆含纤维蛋白原3g，如无新鲜血，可选血浆应急。也可直接输入凝血因子如纤维蛋白原2～4g，或补充血小板。

（3）抗纤溶治疗：当DIC处于血液不凝固而出血不止的纤溶阶段时，可在肝素化与补充凝血因子的基础上应用抗纤溶药物。

3. 急性肾衰竭　在治疗过程中应随时注意尿量，如少于30 ml/h，应及时补充血容量，如少于17 ml/h或无尿时，应考虑有肾衰竭的可能，可用20%甘露醇250 ml快速滴注，或呋塞米40 mg静脉注射，必要时可重复应用。注意监测肾功能，维持电解质及酸碱平衡。出现尿毒症时，应及时进行血液透析。

第4节　妊娠期高血压疾病

导学案例9-7

初孕妇，28岁，定期孕检，未发现异常。现妊娠33周，1周前出现血压升高，未治疗，今日产检，无头晕、眼花等不适。查体：T 36.5 ℃，P 110次/分，R 20次/分，BP 161/104 mmHg，一般状态尚可，下肢水肿（+）。孕8月腹型，胎心率146次/分，胎心监护NST反应型。B型超声检查提示：宫内单活胎，随机尿蛋白（++），血小板90×10^9/L。

思考：

1. 该患者的诊断是什么？
2. 下一步的治疗是什么？

妊娠期高血压疾病（hypertensive disorders in pregnancy，HDP）是妊娠与血压升高并存的一组疾病，是妊娠期特有的，发生率5%~12%。多数病例分娩后症状消失。严重影响母婴健康，迄今为止，仍为孕产妇及围产儿病死率升高的主要原因。

【病因和发病机制】

至今病因和发病机制尚未完全阐明。相关的学说有以下几种：

1. 子宫螺旋小动脉重铸不足　正常妊娠时，细胞滋养层细胞分化为绒毛滋养细胞和绒毛外滋养细胞。绒毛外滋养细胞沿螺旋小动脉逆行浸润，逐渐取代血管内皮细胞，并使血管平滑肌弹性层为纤维样物质所取代，使血管腔扩大、血流增加，以便更好地供给胎儿营养，这一过程称"血管重铸"，入侵深度可达子宫肌层内1/3。当子痫前期绒毛外滋养细胞浸润能力受损，造成"胎盘浅着床"和子宫螺旋动脉重铸极其不足，仅蜕膜层重铸，子宫螺旋动脉的管腔径为正常妊娠1/2，血管阻力大，胎盘灌注减少，从而引发子痫前期一系列的症状。

知识链接

胎盘浅着床

正常孕妇的绒毛滋养细胞从10周开始沿螺旋小动脉逆行浸润，入侵深度可达子宫肌层内1/3。而妊娠期高血压疾病的滋养细胞浸润仅达蜕膜段，少数血管甚至不发生此种生理变化，因而导致胎盘缺血，此种病理现象称为"胎盘浅着床"。

2. 免疫学说　胚胎对母体来说是一种同种半异体移植，妊娠被认为是成功的自然同种异体移植。正常妊娠的维持，有赖于胎儿母体间免疫平衡的建立与稳定。这种免疫平衡一旦失调，即可导致一系列血管内皮细胞病变，从而发生妊娠期高血压疾病。

3. 血管内皮细胞受损　血管内皮细胞受损是子痫前期的基本病理变化，它使扩血管物质如一氧化氮（nitric oxide，NO）、前列环素I_2合成减少，而缩血管物质如内皮素（endothelin，ET）、血栓素A_2合成增加，从而使血管痉挛。

4. 遗传因素　临床上可见妊娠期高血压疾病患者具有家族遗传倾向，目前研究表明可能为单基因隐性遗传，但多基因隐性遗传也不除外。

5. 营养缺乏　多种营养物质如钙、镁、锌、硒缺乏，低蛋白血症与子痫前期发生发展有关。

【病理生理变化】

本病的基本病理生理变化是全身小动脉痉挛和血管内皮损伤。导致全身各系统、脏器灌流减少，引起心、脑、肺、肝、肾等重要器官严重缺血而产生一系列症状和体征。全身各主要器官的病理变化如下：

1. 脑　因脑血管痉挛，造成脑组织缺血、缺氧，脑水肿，若痉挛时间过长，还可发生微血管内血栓形成和局部脑组织软化。血管明显破裂时，则发生大面积脑出血，因而出现头痛、头晕、恶心、呕吐，甚至抽搐、昏迷。

2. 肾　因肾小球毛细血管痉挛缺氧、肾小球内皮细胞肿胀、体积增大，使管腔狭窄、血流阻滞，并可能发生血管内凝血，因而肾血流量减少，肾小球滤过率下降，于是出现少尿，肾小球通透性增加而出现蛋白尿，严重者可出现肾衰竭。

3. 心血管　血管痉挛，血压升高，外周阻力增加，心血管系统处于低排高阻状态。冠状小动脉痉挛，心肌缺血、间质水肿、点状出血及坏死，肺水肿，又因水钠潴留，血容量增加，加重了心脏负担，可出现心力衰竭。

4. 肝　病情严重时，肝内小动脉痉挛后随即松弛，血管内突然充血，使静脉窦内压力骤然升高，门静脉周围可发生局限性出血。若小动脉痉挛时间持续过久，肝细胞可因缺血、缺氧而发生不同程度的坏死。肝包膜下偶可发生出血和坏死。

5. 胎盘　正常妊娠时，子宫血管的生理改变，表现在蜕膜与子宫肌层的螺旋小动脉粗大、卷曲，以利增加子宫—胎盘的血液供应。妊娠期高血压疾病时这种变化仅限于蜕膜层的部分血管分支，而子宫肌层与蜕膜其他部分血管则发生急性动脉粥样硬化，影响母体血流对胎儿的供应，损害胎盘功能，导致胎儿宫内生长受限，甚至胎死宫内；严重时发生螺旋动脉栓塞，蜕膜坏死出血，导致胎盘早期剥离。

6. 眼　主要为眼底视网膜小动脉痉挛，组织缺氧、水肿，严重时可引起视网膜出血、剥离，突然失明。

7. 血液

（1）容量：由于全身小动脉痉挛，血管壁渗透性增加，血液浓缩，大部分患者血容量在妊娠晚期不能像正常孕妇增加到 1500 ml 而达到 5000 ml，血细胞比容上升。当血细胞比容下降时多合并贫血、红细胞受损或溶血。

（2）凝血：妊娠期高血压疾病患者伴有一定量的凝血因子缺乏或变异所致的高凝状态，特别是重症患者可发生微血管性溶血，主要表现血小板减少（血小板 $<100\times10^9$/L），氨基转移酶升高，溶血。

8. 内分泌及代谢　由于血浆孕激素转换酶增加，妊娠晚期盐皮质激素、去氧皮质酮升高可致钠潴留，胶体渗透压降低，可致水肿。但水肿与疾病的预后关系不大。子痫抽搐后患者可出现酸中毒。

以上各种病理变化，多为暂时性，经适当处理及分娩后，可于短期内迅速恢复。

【分类与临床表现】

妊娠期高血压疾病的分类与临床表现（表 9-5）。

表 9-5　妊娠期高血压疾病分类与临床表现

分类	临床表现
妊娠期高血压	妊娠 20 周后出现高血压，收缩压≥140 mmHg 和（或）舒张压≥90 mmHg，于产后 12 周内恢复正常；尿蛋白（−），产后方可确诊
子痫前期	妊娠 20 周后出现高血压，收缩压≥140 mmHg 和（或）舒张压≥90 mmHg，伴有尿蛋白≥0.3 g/24 h 或随机尿蛋白（+）； 或虽无尿蛋白，但符合下列任何一项者： • 血小板 $<100\times10^9$/L • 肝功能损害：血清 ALT 或 AST 升，超过正常值 2 倍 • 肾功能损害：血肌酐大于 1.1 mg/dl，或为正常值的 2 倍 • 肺水肿 • 新发生的中枢神经系统异常或视觉障碍
子痫	在子痫前期基础上发生抽搐，不能用其他原因解释
慢性高血压并发子痫前期	慢性高血压妇女，妊娠 20 周前无蛋白尿，妊娠 20 周后出现蛋白尿；或妊娠 20 周前有蛋白尿，妊娠 20 周后蛋白尿明显增加，或血压进一步升高，或出现血小板减少 $<100\times10^9$/L，或出现其他肝肾功能损害、肺水肿，神经系统异常或视觉障碍等严重表现
妊娠合并慢性高血压	既往存在高血压或妊娠 20 周前收缩压≥140 mmHg 和（或）舒张压≥90 mmHg（除外滋养细胞疾病），妊娠期无明显加重；或妊娠 20 周后首次诊断高血压并持续至产后 12 周以后

注：（1）普遍认为<34 周发病者为早发型子痫前期（early onset preeclampsia）；

（2）大量蛋白尿（24 h 蛋白尿≥5 g）既不作为评判子痫前期严重程度的标准，亦不作为终止妊娠的指征，但需严密监测。

子痫前期—子痫是妊娠特有的疾病,在妊娠 20 周之后发生。并且是动态发展性疾病,"轻度"子痫前期只代表诊断时的状态,任何程度的子痫前期都可导致严重不良预后,故不再以"轻度"和"重度"来区分子痫前期,而统一诊断为子痫前期。当病情发展,出现严重表现的子痫前期即诊断为"重度"子痫前期(表 9-6)。

表 9-6 重度子痫前期的诊断标准

子痫前期伴有下面任何一种表现:
① 收缩压≥160 mmHg 和(或)舒张压≥110 mmHg(卧床休息,两次测量间隔至少 4 h)
② 血小板减少(血小板<100×10^9/L)
③ 肝功能损害(血清转氨酶水平为正常值 2 倍以上),严重持续性右上腹或上腹疼痛,不能用其他疾病解释,或二者均存在
④ 肾功能损害(血肌酐大于 1.1 mg/dl,或无其他肾疾病时肌酐浓度为正常值 2 倍以上)
⑤ 肺水肿
⑥ 新发生的中枢神经系统异常或视觉障碍

【诊断】

(一)病史

应了解患者孕前有无高血压、肾病、糖尿病、系统性红斑狼疮、血栓性疾病等;有无妊娠期高血压家族史及高危因素;了解此次妊娠后出现高血压、尿蛋白、头痛、眼花、视力模糊、少尿、抽搐等症状出现的时间和严重程度。

(二)症状和体征

1. 高血压 同一手臂至少两次测量,收缩压≥140 mmHg 和(或)舒张压≥90 mmHg。若血压较基础血压升高 30/15 mmHg,但低于 140/90 mmHg 时,不作为诊断依据,但需要严密观察。对首次发现血压升高者,应间隔 4 h 或以上复测血压,如 2 次测量均为收缩压≥140 mmHg 和(或)舒张压≥90 mmHg 诊断为高血压。对于严重高血压孕妇收缩压≥160 mmHg 和(或)舒张压≥110 mmHg 时,间隔数分钟重复测定后即可诊断。

2. 蛋白尿 蛋白尿的诊断标准:①尿蛋白定量≥0.3 g/24 h;②尿蛋白/肌酐≥0.3;③尿蛋白定性(+),随机尿蛋白定性不准,应留取 24 h 尿做定量检查。

(三)辅助检查

1. 尿常规检查 注意尿量、测尿比重,如尿蛋白定量>0.5 g/24 h,同时有管型出现,说明肾功能已受损伤。

2. 血液检查 ①血常规:测血细胞比容、血红蛋白含量、血液黏稠度,以了解血液浓缩情况。②凝血功能检查。③测定血液电解质和二氧化碳结合力,动脉血气分析,以了解有无电解质紊乱及酸中毒。④肝功能、肾功能及尿酸检查。

3. 其他常规检查 ①心电图检查;②超声检查胎儿、胎盘和羊水等;③电子胎心监护;④胎盘功能检查。

4. 视病情酌情增加的检查项目 ①眼底检查;②肝、胆、脾、胰、双肾彩超;③心脏彩超及心功能检查;④脐动脉血流、子宫动脉等多普勒血流监测;⑤胎儿成熟度及头颅 CT 检查等。

【鉴别诊断】

妊娠期高血压疾病应与妊娠合并慢性肾炎及原发性高血压相鉴别(表 9-7)。子痫发作时,应与癫痫、癔症、脑出血、尿毒症及糖尿病引起的昏迷相鉴别。

表 9-7　妊娠期高血压疾病、妊娠合并慢性肾炎及原发性高血压的鉴别诊断

	妊娠期高血压疾病	妊娠合并慢性肾炎	妊娠合并原发性高血压
病史	无高血压史	有急性肾炎史	有高血压史
年龄与胎次	年轻初孕妇	30 岁以下	年龄多为较大经产妇
发病时间	妊娠 20 周后	妊娠前	妊娠前
水肿	由踝部逐渐向上	眼睑与全身水肿	无或轻
血压	不超过 200/120 mmHg	随病情而定	常达 200/120 mmHg
蛋白尿	+ ~ ++++	+++ ~ ++++ 有各种管型	-
眼底	血管痉挛、视网膜水肿	蛋白尿性视网膜炎	动脉硬化，出血，渗出
血化验	尿酸可增高	尿素氮增高	正常
肾功能	正常略低	显著减低	正常
产后恢复	产后短期即可恢复	妊娠促使恶化 产后不易恢复	产后持续高血压

【高危因素及预防】

1. 高危因素　流行病学调查发现以下高危因素：孕妇年龄 ≥ 40 岁、抗磷脂抗体阳性、子痫前期病史、慢性高血压、慢性肾炎、糖尿病或遗传性血栓形成倾向、初次产检 BMI ≥ 35 kg/m^2、子痫前期家族史、初产妇、多胎妊娠、妊娠间隔时间 ≥ 10 年以及孕早期收缩压 ≥ 130 mmHg 或舒张压 ≥ 80 mmHg 等。

2. 预防　具有超过一项高危因素（子痫前期病史、多胎、肾病、自身免疫性疾病、1 型或 2 型糖尿病、慢性高血压）或超过 2 项中危因素（初产、年龄 ≥ 35 岁，BMI > 30 kg/m^2、子痫前期家族史等）的女性，建议在 12 ~ 28 周间（最好在 16 周前）开始应用小剂量阿司匹林（81 mg/d）预防子痫前期，并持续至分娩。

【治疗】

治疗目的是预防重度子痫前期和子痫发生，减低母儿围产期患病率和死亡率，改善围产结局。

（一）妊娠期高血压

可住院也可在家治疗。加强孕期检查，密切观察病情改变，防止发展为重症。

1. 休息　应注意休息，睡眠时多取左侧卧位，可以解除偏右旋的妊娠子宫对下腔静脉的压迫，有利于改善子宫胎盘血液循环。

2. 饮食　饮食中应有足够的蛋白质、维生素，补足铁剂和钙剂。食盐不必严格限制，以免发生低钠血症，但也不宜进食过咸，全身水肿者应适当限制食盐的摄入。

3. 药物　为保证充分休息，适当给予镇静剂，如地西泮 2.5 ~ 5.0 mg，睡前口服。若血压增高，可予降压治疗。

4. 间断吸氧　可增加血氧含量，改善全身主要脏器和胎盘的氧供。

5. 密切监护母儿状态　注意孕妇的自觉症状，每日测体重及血压，每两日复查尿蛋白。定期监测胎儿发育状况和胎盘功能。

（二）子痫前期

子痫前期患者可门诊治疗，重度子痫前期患者应住院治疗。治疗目的是控制病情发展，延长孕周，确保母儿安全。子痫前期的治疗原则为休息、降压、解痉、镇静，密切监测母儿情况，适时终止妊娠是最有效的处理措施。

1. 休息　注意适当休息，保证充足的蛋白质和热量，不建议限制食盐摄入。
2. 降压　降压治疗的目的是预防心脑血管意外和胎盘早剥等严重母胎并发症。收缩压≥160 mmHg和（或）舒张压≥110 mmHg的高血压孕妇必须降压治疗。收缩压≥150 mmHg和（或）舒张压≥100 mmHg的高血压孕妇建议降压治疗；收缩压140～150 mmHg和（或）舒张压90～100 mmHg的高血压孕妇，不建议降压，但对并发脏器功能损伤者可考虑降压治疗。妊娠前已进行降压治疗的孕妇应继续降压治疗。

目标血压：孕妇未并发器官功能损伤，收缩压应控制在130～155 mmHg为宜，舒张压应控制在80～105 mmHg；孕妇并发器官功能损伤，则收缩压应控制在130～139 mmHg，舒张压应控制在80～89 mmHg。降压过程力求血压下降平稳，不可波动过大，且血压不可低于130/80 mmHg，以保证子宫胎盘血流灌注。在出现严重高血压，或发生器官损害如急性左心室功能衰竭时，需要紧急降压到目标血压范围，注意降压幅度不能太大，以平均动脉压（MAP）的10%～25%为宜，24～48 h达到稳定。

常用药物有肾上腺素能受体阻滞剂、钙离子通道阻滞剂及中枢性肾上腺素能神经阻滞剂等药物。常用口服降压药物有拉贝洛尔、硝苯地平等。如口服药物血压控制不理想，可静脉给药，常用的有拉贝洛尔、酚妥拉明等。

（1）拉贝洛尔（labetalol）：为α、β肾上腺素能受体阻滞剂。对α、β受体均有拮抗作用，并能直接作用于血管，降低血压，不影响肾及子宫胎盘血流量，并可对抗血小板凝集，促进胎儿肺成熟。用法：每次50～150 mg口服，每日3～4次。静脉注射：初始剂量20 mg，10 min后如果未有效降压则剂量加倍，最大单次剂量80 mg，直至血压被控制，每日最大总剂量220 mg。静脉滴注：50～100 mg加入5%葡萄糖溶液250～500 ml，根据血压调整滴速，血压稳定后改口服。

（2）硝苯地平（nifedipine）：是钙离子通道阻滞药，抑制钙离子内流，能松弛血管平滑肌，降低外周阻力，使血压下降，不推荐舌下含服。用法：每次10 mg口服，每日3～4次，一般每日30～90 mg，24 h总量不超过120 mg。其副作用为心悸、头痛，使用时需监测血压变化，警惕血压太低。其与硫酸镁有协同作用，不建议联合使用。

（3）尼莫地平（nimodipine）：是钙离子通道阻滞剂，其优点在于选择性扩张脑血管。用法：20～60 mg口服，每日2～3次。静脉滴注：20～40 mg加入5%葡萄糖溶液250 ml，每日总量不超过360 mg，该药副作用为头痛、恶心、心悸及颜面潮红。

（4）尼卡地平（nicardipine）：是钙离子通道阻滞剂。用法：口服初始剂量20～40 mg，每日3次，静脉滴注1 mg/h起，根据血压变化每10 min调整剂量。

（5）酚妥拉明（phentolamine）：为α肾上腺素能受体阻滞剂。用法：10～20 mg溶于5%葡萄糖溶液100～200 ml，以10 μg/min的速度开始静脉滴注，应根据降压效果调整剂量。

（6）硝酸甘油（nitroglycerin）：作用于氧化亚氮合酶，可同时扩张动脉和静脉，降低前后负荷，主要用于合并心力衰竭和急性冠脉综合征时高血压急症的降压治疗。起始剂量5～10 μg/min静脉滴注，每5～10 min增加滴速至维持剂量20～50 μg/min。

（7）硝普钠（sodium nitroprusside）：强有力的速效血管扩张剂，扩张周围血管使血压下降。由于药物能迅速通过胎盘进入胎儿体内，并保持较高浓度，其代谢产物（氰化物）对胎儿有毒性作用，不宜在妊娠期使用，多用于分娩期或产后血压过高，其他降压药物效果不佳时使用。用法：50 mg加入5%葡萄糖溶液500 ml中，以0.5～0.8 μg/（kg·min）缓慢静脉滴注，严格监测血压及心率。妊娠期使用仅适用于其他降压药物无效的高血压危象患者，产前应用时间不宜超过4 h。

3. 解痉　首选药物为硫酸镁，硫酸镁有预防和控制子痫发作的作用。镁离子能抑制运动神经末梢对乙酰胆碱的释放，阻断神经和肌肉间传导，故能有效地预防和控制子痫发作；镁离

子可使血管内皮合成前列环素增多，解除小动脉痉挛，血压下降；镁离子通过阻断谷氨酸通道阻止钙离子的内流，解除血管痉挛、减少血管内皮的损伤；镁离子可提高孕妇和胎儿血红蛋白的亲和力，改善氧代谢。

（1）用药指征：控制子痫抽搐及防止再抽搐，预防重度子痫前期发展为子痫，子痫前期临产前用药防止抽搐。

（2）用药方案：①控制子痫：通常采用静脉给药。硫酸镁首次负荷量为 4~6 g，溶于 25% 葡萄糖溶液 20 ml 中缓慢静脉注射（15~20 min），或溶于 5% 葡萄糖溶液 100 ml 快速静脉滴注（15~20 min），继而以每小时 1~2 g 静脉滴注维持。24 h 总量 25~30 g。②预防子痫发作：适用于重度子痫前期和子痫发作后，负荷剂量 4~6 g，维持剂量与控制抽搐相同。用药时间长短根据病情需要调整，一般每日静脉滴注 6~12 h，24 h 总量不超过 25 g，用药期间每日评估病情变化，用药时限一般不超过 5 日。

（3）毒性反应：面颊潮红、头晕、恶心，硫酸镁过量时会引起呼吸和心搏抑制，甚至死亡。正常孕妇血清中镁离子浓度为 0.7~1.2 mmol/L，治疗有效浓度为 1.8~3.0 mmol/L，超过 3.5 mmol/L，将出现中毒现象。首先为膝腱反射消失，随着浓度的增加则进一步出现肌张力减退及呼吸抑制，严重者可出现心脏停搏。

（4）注意事项：应用硫酸镁必备条件：①膝腱反射存在；②呼吸每分钟≥16 次；③尿量≥17 ml/h 或≥400 ml/24 h；④备 10% 葡萄糖酸钙溶液。

4. 镇静　可消除患者的焦虑和精神紧张，达到降低血压，缓解症状及预防子痫发作的作用。

（1）地西泮：具有较强的镇静、抗惊厥、松弛肌肉的作用，对胎儿及新生儿影响较小。用法：2.5~5.0 mg，每日 2~3 次口服，或 10 mg 缓慢肌内注射或静脉注射（＞2 min）。24 h 总量不超过 100 mg。

（2）冬眠药物：可广泛抑制神经系统，控制抽搐。冬眠合剂由哌替啶 100 mg、异丙嗪 50 mg、氯丙嗪 50 mg 组成，通常以 1/3 或 1/2 量肌内注射，或以半量加入 5% 葡萄糖溶液 250 ml 内静脉滴注，由于氯丙嗪可使血压急剧下降，导致肾及胎盘血流量降低，而且对孕妇及胎儿肝有一定损害，故仅用于硫酸镁治疗效果不佳者。

（3）苯巴比妥：具有较好的抗惊厥、抗抽搐的作用。镇静时口服剂量为一次 30 mg，每日 3 次，控制抽搐时肌内注射 0.1 g。

5. 利尿　目前已不主张常规应用，只用于全身水肿、肺水肿、脑水肿、急性左心衰竭者。因应用利尿剂后，血管内水分和电解质丢失，可加重血液浓缩和电解质紊乱，使病情加重。使用呋塞米快速利尿，甘露醇主要用于脑水肿。

（1）呋塞米：20~40 mg，静脉注射，注意低钾血症、低钠血症等并发症。

（2）甘露醇：为渗透性利尿剂，进入体内后因渗透作用使组织间液渗入血液，引起血容量增加，增加心脏负担，故心力衰竭、肺水肿时禁用。常用剂量为 20% 甘露醇 250 ml，快速静脉滴注，一般应在 15~20 min 内滴完。

6. 促胎肺成熟　孕周＜35 周的子痫前期患者，预计 1 周内可能分娩者，均应给予糖皮质激素促胎肺成熟治疗（详见"早产"章节）。

7. 适时终止妊娠　妊娠期高血压疾病是孕妇特有的疾病，故适时终止妊娠是治疗的有效措施，对母儿有利。

（1）终止妊娠时机：①妊娠期高血压、病情未达重度的子痫前期孕妇可期待至妊娠 37 周以后。②重度子痫前期患者：妊娠＜24 周经治疗病情不稳定者建议终止妊娠；妊娠 24~28 周根据母儿情况及当地医疗条件和医疗水平决定是否期待治疗；妊娠 28~34 周，若病情不稳定，经积极治疗 24~48 h 病情仍加重，促胎肺成熟后终止妊娠；若病情稳定，可考虑期待治疗，

并建议提前转至有早产儿救治能力的医疗机构；妊娠≥34周，应考虑终止妊娠。

（2）终止妊娠方式：①阴道分娩，适用于无剖宫产指征，病情尚稳定的患者。综合评估患者病情及子宫颈成熟情况，必要时促子宫颈成熟治疗后给予引产治疗，临产后注意对胎儿和产妇的监护；血压控制在＜160/110 mmHg；适当缩短第二产程，根据情况行会阴切开和（或）胎头吸引、低位产钳助娩；第三产程注意胎盘和胎膜及时娩出，防止产后出血，产时不可使用麦角新碱类药物。②剖宫产术，适用于有产科指征、胎盘功能严重减退或有胎儿窘迫征象者、子宫颈不成熟、引产失败等，如果短期内不能阴道分娩，病情有可能加重者，可适当放宽剖宫产指征。

8. 产后处理　重度子痫孕妇产后应继续使用硫酸镁24～48 h，预防产后子痫的发生。产后需继续监测血压，也有在产后发生高血压，子痫前期甚至子痫。产后新发生的高血压称为产后高血压（postpartum hypertension），当产后血压≥150/100 mmHg时建议降压治疗。

（三）子痫

子痫是子痫前期的最严重阶段，可分为：产前子痫、产时子痫和产后子痫，以产前子痫最常见，产后48 h约占25%。子痫是造成母儿死亡的最主要原因，应积极处理。

1. 临床表现　78%～83%的子痫患者会有前驱症状，但前驱症状短暂，进展迅速。抽搐时先是眼球固定，瞳孔放大，头迅速扭向一侧，牙关紧咬，继而口角及颜面肌肉开始颤动，全身、四肢肌肉强直，双臂伸直，双手紧握，强烈抽动。抽动时呼吸暂停、面部充血、口吐白沫。持续1～1.5 min。抽搐停止后，呼吸恢复，但患者仍昏迷，虽恢复意识，但困惑、烦躁、易激惹。

2. 诊断与鉴别诊断　子痫通常在子痫前期的基础上发生抽搐，通过询问病史不难与癫痫、脑动脉缺血、梗死性颅内出血、糖尿病高渗性昏迷、低血糖昏迷等相鉴别。

3. 治疗　子痫治疗原则是控制抽搐、预防并发症、及时终止妊娠。

（1）一般急诊处理：子痫发作时应预防患者坠地外伤、唇舌咬伤，需保持气道通畅，维持呼吸、循环功能稳定，密切观察生命体征、尿量等，避免声、光等一切不良刺激。

（2）控制抽搐：首选药物为硫酸镁，必要时加用强有力的镇静药物，如地西泮、苯巴比妥或冬眠合剂等。子痫患者产后需继续应用硫酸镁24～48 h。

（3）控制血压：脑血管意外是子痫患者死亡的最常见原因。当收缩压≥160 mmHg，舒张压≥110 mmHg时要积极降压预防脑血管意外。

（4）降低颅内压：如有脑水肿需降低颅内压时，给予20%甘露醇溶液250 ml快速静脉滴注。

（5）纠正缺氧和酸中毒：面罩和气囊吸氧，根据二氧化碳结合力、动脉血气分析等，给予适量4%碳酸氢钠纠正酸中毒。

（6）严密监护：密切注意血压、脉搏、呼吸、体温及尿量（留置尿管），记出入量，及时送尿常规检查，做眼底、血液化验及心电图等检查，及早发现及处理脑出血、肺水肿、急性肾衰竭及胎盘早剥等并发症。

（7）终止妊娠：一旦抽搐控制后即可考虑终止妊娠。

［附］　HELLP综合征

HELLP综合征（hemolysis, elevated liver enzymes, and low platelets count syndrome, HELLP syndrome）是妊娠期高血压疾病的严重并发症。本病以溶血、肝酶升高及血小板减少为特点。国内报道重度子痫前期患者HELLP综合征发病率为2.7%。

【对母儿的影响】

1. 对孕妇的影响　可并发肺水肿、胎盘早剥、胸腹腔积液、产后出血、弥散性血管内凝

血（DIC）、肾衰竭、肝破裂等，剖宫产率高，死亡率明显增高。

2. 对胎儿的影响　因胎盘供血、供氧不足，胎盘功能减退，导致胎儿生长受限、死胎、死产、早产。

【临床表现】

右上腹部疼痛、恶心、呕吐、全身不适，少数可有轻度黄疸，查体可发现右上腹肌紧张，体重增加明显，全身水肿。如凝血功能障碍可出现血尿、消化道出血。

【诊断】

本病临床表现多为非特异性症状，确诊主要依靠实验室检查，诊断指标有：

1. 血管内溶血　外周血涂片见破碎红细胞、球形红细胞，血清总胆红素 ≥ 20.5 μmol/L（即 1.2 mg/dl），血清结合珠蛋白 < 250 mg/L。血红蛋白轻度下降，LDH 水平升高。

2. 肝酶升高　ALT ≥ 40 U/L 或 AST ≥ 70 U/L。

3. 血小板减少　血小板计数 < 100×10^9/L。

【治疗】

1. 糖皮质激素治疗　当血小板 < 50×10^9/L 考虑糖皮质激素治疗，可使血小板计数、乳酸脱氢酶、肝功能等各项参数改善，尿量增加，并可促胎肺成熟。妊娠期每 12 h 静脉滴注地塞米松 10 mg，产后继续应用 3 次，以免出现血小板再次降低，肝功能恶化，少尿等。

2. 输注血小板　血小板 < 50×10^9/L 且血小板数量迅速下降或存在凝血功能障碍时应考虑备血小板；血小板 < 20×10^9/L 或剖宫产时或有出血时，应输注血小板、新鲜冰冻血浆。

3. 产科处理　①孕龄 ≥ 34 周或胎肺已成熟、胎儿窘迫、先兆肝破裂及病情恶化者，应立即终止妊娠；病情稳定、妊娠 < 34 周、胎肺不成熟及胎儿情况良好者，可延长 48 h，以完成糖皮质激素促胎肺成熟，然后终止妊娠。②分娩方式：HELLP 综合征孕妇综合评估母胎情况，可酌情适当放宽剖宫产指征。③麻醉：血小板 < 75×10^9/L，因考虑血小板减少，有局部出血危险，故阴部阻滞和硬膜外麻醉是禁忌证。阴道分娩采用局部浸润麻醉，剖宫产采用局部浸润麻醉或全身麻醉。

第 5 节　妊娠剧吐

导学案例 9-8

已婚女性，26 岁，既往月经规律，现停经 56 天，恶心、呕吐不能进食 8 天，加重 3 天，呕吐物为胃内容物，伴体重减轻，尿量减少。查体：T 37.0 ℃，P 110 次 / 分，R 20 次 / 分，BP 90/60 mmHg，一般状态差，精神萎靡，皮肤黏膜干燥，面色苍白。

思考：

1. 该患者可能诊断哪种疾病？
2. 为明确诊断还需做哪些检查？

妊娠剧吐（hyperemesis gravidarum，HG）是指妊娠早期孕妇出现严重持续的恶心、呕吐，并引起脱水、酮症甚至酸中毒，需要住院治疗者。有恶心呕吐的孕妇中通常只有 0.3%～1.0% 发展为妊娠剧吐，是否需要住院治疗常作为临床上判断妊娠剧吐的重要依据之一。

【病因】

1. 内分泌因素

（1）绒毛膜促性腺激素（hCG）水平升高：孕妇妊娠早期恶心、呕吐最严重时，血 hCG

急剧上升；孕妇为多胎妊娠或葡萄胎时，血 hCG 浓度明显升高，其早孕反应亦较严重，甚至出现妊娠剧吐；在妊娠终止后，这些症状立即消失，因而目前多认为妊娠剧吐与血中 hCG 水平增高关系密切，但临床表现的程度与血 hCG 水平有时不一定成正比。

（2）甲状腺功能改变：60% 的 HG 患者可伴短暂的甲状腺功能亢进，呕吐的严重程度与游离甲状腺激素有关。

2. 精神、社会因素　精神过度紧张、焦急、忧虑、恐惧及厌烦心理等均使呕吐有不同程度加重，生活环境和经济状况较差的孕妇易发生妊娠剧吐。

【临床表现】

1. 症状　年轻初孕妇妊娠剧吐较多见。几乎所有的妊娠剧吐均发生于妊娠 9 周前，典型表现为妊娠 6 周左右出现恶心、呕吐并随妊娠进展逐渐加重，至妊娠 8 周左右发展为持续性呕吐，不能进食，极为严重者嗜睡、意识模糊、谵妄甚至昏迷，死亡。

2. 体征　患者明显消瘦，体重较妊娠前减少超过 5%。体格检查可见精神萎靡，口唇干裂，皮肤失去弹性，眼球深陷，脉弱。个别严重者，可出现血压下降，体温升高，甚至黄疸等。由于严重呕吐，导致孕妇脱水、电解质紊乱甚至酸中毒；长期饥饿，机体动用脂肪组织供给能量，导致脂肪代谢中间产物酮体的积聚，引起代谢性酸中毒。部分患者由于维生素 B_1 缺乏引发 Wernicke 脑病。

【诊断与鉴别诊断】

妊娠剧吐为排除性诊断，应仔细询问病史，排除可能引起呕吐的其他疾病，如胃肠道感染（伴腹泻）、胆囊炎、胆道蛔虫、胰腺炎（伴腹痛，血浆淀粉酶水平升高达正常值 5～10 倍）、尿路感染（伴排尿困难或腰背部疼痛）、病毒性肝炎（肝炎病毒学阳性、肝酶水平升高达 1000 U/L 及以上）或孕前疾病等。为进一步了解病情轻重还应行相关的辅助检查。

1. 尿液检查　测定尿量、尿比重、尿酮体，注意有无蛋白尿及管型。

2. 血液检查　测定血常规、肝肾功能、电解质等评价病情严重程度。67% 的妊娠剧吐患者肝酶水平升高，但通常不超过正常上限的 4 倍或 300 U/L。血清胆红素水平升高，但不超过 4 mg/dl（1 mg/dl=17.1 μmol/L）。动脉血气分析二氧化碳结合力下降。

3. 眼底检查　妊娠剧吐严重者可出现视神经炎及视网膜出血。

【并发症】

1. 甲状腺功能亢进　60%～70% 的妊娠剧吐孕妇可出现短暂的甲状腺功能亢进（甲亢），表现为促甲状腺激素（TSH）水平下降或游离 T_4 水平升高，原因在于 β-hCG 的 β 亚单位结构与 TSH 化学结构相似，妊娠后 β-hCG 水平升高，刺激甲状腺分泌甲状腺激素，继而反馈性抑制 TSH 水平。常为暂时性，多数并不严重，一般无需使用抗甲状腺药物。原发性甲亢很少出现呕吐，而妊娠剧吐孕妇没有甲亢的临床表现（如甲状腺肿大）或甲状腺抗体，应在孕 20 周复查甲状腺功能，甲状腺激素水平通常会恢复正常。

2. Wernicke 脑病　一般在妊娠剧吐持续 3 周后发病，为严重呕吐引起维生素 B_1 严重缺乏所致，约 10% 的妊娠剧吐患者并发该病，主要特征为眼肌麻痹、躯干共济失调和遗忘性精神症状。临床表现为眼球震颤、视力障碍、步态和站立姿势受影响，个别可发生木僵或昏迷。患者经治疗后死亡率仍达 10%，未治疗者的死亡率达 50%。

【治疗】

1. 一般处理及心理支持治疗　应尽量避免接触容易诱发呕吐的气味、食品或添加剂。避免早晨空腹，鼓励少量多餐，两餐之间饮水、进食清淡干燥及高蛋白的食物。医务人员和家属应给予患者心理疏导，告知妊娠剧吐经积极治疗 2～3 天后，病情多迅速好转，仅少数孕妇出院后症状复发，需再次入院治疗。

2. 纠正脱水及电解质紊乱

（1）每天静脉滴注葡萄糖液、葡萄糖盐水、生理盐水及平衡液共 3000 ml 左右，其中加入维生素 B_6 100 mg、维生素 B_1 100 mg、维生素 C 2~3 g，连续输液至少 3 天（视呕吐缓解程度和进食情况而定），维持每天尿量≥1000 ml。可按照葡萄糖 4~5 g+胰岛素 1 U+10% 氯化钾 1.0~1.5 g 配成极化液输注补充能量，但应注意先补充维生素 B_1 后再输注葡萄糖，以防止发生 Wernicke 脑病。

（2）补钾每天 3~4 g，严重低钾血症时可补钾至每天 6~8 g。注意观察尿量，原则上每 500 ml 尿量补钾 1 g 较为安全，同时检测血清钾水平和心电图，酌情调整剂量。根据血二氧化碳水平适当补充碳酸氢钠或乳酸钠溶液纠正代谢性酸中毒，常用量为每次 125~250 ml。

3. 止吐治疗　由于妊娠剧吐发生于妊娠早期，正值胎儿最易致畸的敏感时期，因而止吐药物的安全性备受关注。目前临床应用药物有：①维生素 B_6 或维生素 B_6- 多西拉敏复合制剂；②甲氧氯普胺（胃复安）；③昂丹司琼（恩丹西酮），早孕期孕妇应用昂丹司琼的安全性研究显示，该药未增加自然流产、胎死宫内、新生儿出生缺陷、早产、新生儿低出生体重及小于胎龄儿的发生风险，但也有报道与胎儿唇裂有关，故使用时需权衡利弊；④异丙嗪；⑤糖皮质激素：甲泼尼龙（甲基强的松龙）可缓解妊娠剧吐的症状，但鉴于早孕期应用与胎儿唇裂相关，应避免在孕 10 周前作为一线用药。

4. 终止妊娠指征　①体温持续高于 38 ℃以上，卧床休息时心率＞120 次/分。②顽固性呕吐经治疗无效。③持续黄疸或蛋白尿。④出现多发性神经炎及神经性体征。⑤有颅内或眼底出血经治疗不好转者。⑥出现 Wernicke 脑病。

【预后】

大多数妊娠剧吐患者，临床经过为良性，经过积极正确的治疗，病情会很快得以改善并随着妊娠进展而自然消退，总体母儿预后良好。

知识链接

Wernicke 脑病是维生素 B_1 缺乏引起的中枢神经系统疾病。约 10% 的严重剧吐患者并发该症。主要特征为眼肌麻痹，躯干性共济失调和遗忘性精神症状。临床表现为眼球震颤、视力障碍、步态和站立姿势受影响。未及时治疗者病死率达 50%，一旦确诊，应立即终止妊娠。

第 6 节　羊水量异常

导学案例 9-9

经产妇，35 岁，妊娠 28 周前孕期检查未见异常，近期出现腹部膨大、胀痛，伴呼吸困难和下肢水肿，于妊娠 31 周来院。查体：T 36.5 ℃，P 105 次/分，R 20 次/分，BP 105/75 mmHg，产科检查：宫底位于剑突下两横指，腹围 110 cm，宫高 30 cm，胎位触不清，听诊胎心遥远，隐约触到胎动。

思考：

1. 该患者腹部增大的原因是什么？
2. 还需做哪些检查来明确诊断？

一、羊水过多

凡在妊娠任何时期羊水量超过2000ml者,称羊水过多(polyhydramnios)。多数孕妇羊水增多较慢,在长时期内形成,称为慢性羊水过多;少数孕妇在数日内羊水急剧增多,称为急性羊水过多。文献报道羊水过多的发病率为0.5%~1.0%,合并糖尿病时发生率高达20%。

【病因】

在羊水过多的孕妇中约1/3原因不明,称为特发性羊水过多。多数与胎儿畸形以及妊娠合并症等因素有关。

1. 胎儿畸形　羊水过多孕妇中18%~40%合并胎儿畸形,以中枢神经系统畸形和消化道畸形最为常见,其中50%为神经管畸形如脊柱裂、脑膜膨出、无脑儿等脑脊膜裸露,脉络膜组织增殖,渗出液增加;无脑儿和脑积水儿,吞咽功能差,又缺乏抗利尿激素,以致尿量增多形成羊水过多。另外,食管或小肠闭锁以及肺发育不全时,不能吞食或吸入羊水,也可导致羊水聚积,引起羊水过多。

2. 胎盘血循环的影响　巨大胎盘、胎盘血管瘤、多胎妊娠等,使胎盘分泌面积增大,导致羊水过多。

3. 孕妇的各种疾病　糖尿病孕妇血糖增高,胎儿血糖可能也会增高,引起多尿而排入羊水中。母儿血型不合时,胎盘水肿,且绒毛水肿影响羊水交换,也可造成羊水过多。

4. 多胎妊娠及巨大儿　多胎妊娠羊水过多的发生率为单胎妊娠的10倍,以单卵双胎居多,此时两个胎儿间血液循环相互沟通,占优势胎儿,循环血量多,尿量增加,致使羊水过多,多发生在其中体重较大的胎儿。巨大儿也容易合并羊水过多。

5. 特发性羊水过多　一般属于轻度羊水过多,多在妊娠31~36周出现,足月的特发性羊水过多约占30%,不合并任何孕妇、胎儿或胎盘异常,其原因至今不明。

【临床表现】

羊水过多的症状之轻重与羊水量的多少和羊水过多发生的速度有直接关系。

1. 急性羊水过多　较少见,多发生在20~24周,数天内子宫迅速增大,孕妇自觉腹部憋胀、行走不便,呼吸困难。查体:腹壁紧张,皮肤发亮,不能平卧,呈端坐呼吸。腹围、宫高明显大于妊娠月份,胎位不清,听不到胎心音或胎心音遥远,下肢及外阴部水肿。

2. 慢性羊水过多　较多见,多数发生在妊娠晚期,羊水量逐渐增加,症状、体征不如急性羊水过多明显。在产前检查时,发现宫高、腹围均大于同期孕妇。腹部皮肤发亮,变薄,触诊时感到皮肤张力大,有液体震颤感,胎位不清,有时扪及胎儿有漂浮感,胎心遥远或听不清。

【诊断与鉴别诊断】

(一)症状、体征

依据上述症状和体征,不难做出诊断,但应注意排除多胎妊娠或妊娠合并卵巢肿瘤及有无胎儿畸形。

(二)辅助检查

1. B型超声检查　是重要的辅助检查方法,不仅能测量羊水量,还可以了解胎儿情况,如无脑儿、脊柱裂、胎儿水肿及双胎等。根据美国母胎医学学会(Society of Maternal—Fetal Medicine, SMFM)颁发的《羊水过多的评估和管理指南(2018)》,超声诊断单胎妊娠的羊水过多的标准有:①羊水最大暗区垂直深度(amniotic fluid volume, AFV), AFV ≥ 8 cm;②羊水指数(amniotic fluid index, AFI), AFI ≥ 24 cm。诊断羊水过多即可根据AFV ≥ 8 cm,也可根据AFI ≥ 24 cm,一项达标即可。羊水过多分度标准见表9-8。

表 9-8　羊水过多分度标准

分度	AFV（cm）	AFI（cm）
轻度	8～11	24.0～29.9
中度	12～15	30.0～34.9
重度	≥16	≥35

注：AFV：羊水最大暗区垂直深度；　AFI：羊水指数

2. 甲胎蛋白（AFP）测定　因羊水过多若伴有开放性神经管畸形时，AFP 常增高，测定孕妇血或羊水 AFP 含量可协助诊断。

3. 其他　孕妇血糖检测排除妊娠期糖尿病，血型检查排除母儿血型不合，胎儿染色体检查了解染色体数目、结构有无异常。

【对母儿的影响】

1. 对母体的影响　羊水过多子宫高张，孕妇易并发妊娠期高血压疾病、早产。患者分娩期因子宫过于膨大，易引起宫缩乏力；破膜时羊水流出过快，宫腔突然缩小，可发生脐带脱垂、胎盘早剥及休克等诸多产科并发症；胎儿娩出后因宫缩乏力易发生产后出血。

2. 对胎儿的影响　胎位异常、胎儿窘迫、早产增多。羊水过多的程度越重，胎儿畸形的发生率越高，故围产儿病死率越高。

【治疗】

视羊水量多少、孕周及胎儿有无畸形决定处理方案。

1. 羊水过多合并胎儿结构异常　如确诊为严重致死性胎儿结构异常，应尽早终止妊娠；对非严重胎儿结构异常，应评估胎儿情况及预后，根据新生儿外科救治能力，与孕妇及家属充分沟通后决定处理方法。如果决定终止妊娠者，根据妊娠周数酌情选择人工破膜引产，或经腹羊膜腔注射依沙吖啶 50～100 mg 引产。

2. 羊水过多合并胎儿正常　应根据羊水过多的程度与胎龄而决定处理方法。

（1）重度羊水过多的患者出现严重的不适或呼吸困难或者两种症状都有的情况下，考虑羊水减量术。放水时应在超声监测下进行，以免损伤胎盘或胎儿。放羊水时注意严格无菌操作，放置一塑料引流管，以每小时 500 ml 的速度放水，一次放水不超过 1500 ml，以孕妇感到症状缓解为度。若放水后羊水继续增长，于 1～2 周后可重复穿刺减压，以延长妊娠时间。严格消毒以防感染，酌情用镇静保胎药以防早产。

（2）吲哚美辛治疗：吲哚美辛为前列腺素合成酶抑制剂，有抑制利尿的作用。有效剂量为 2～3 mg/（kg·d），分 3 次口服。于妊娠 32 周前应用，用药一周胎儿尿量减少明显，羊水再次增加可重复使用。用药期间，应每周做一次超声检查进行监测。鉴于吲哚美辛有引起动脉导管闭合的不良反应，故 32 周后不建议使用。

（3）仅有轻度特发性羊水过多的孕妇不需要进行常规的 NST、胎儿生物物理评分（BPP）和脐血流多普勒检查。建议在足月时自然分娩；如果计划引产，且没有其他适应证的情况下，则应在妊娠 39 周后进行，分娩方式的选择根据常规产科适应证决定。

二、羊水过少

妊娠晚期羊水量少于 300 ml 者，称羊水过少（oligohydramnios）。羊水过少时，羊水呈黏稠、混浊、暗绿色。若羊水量少于 50 ml，胎儿窘迫发生率达 50% 甚至以上，围生儿死亡率达 88%。因此羊水过少是产科重点防治的疾病之一。

【病因】

其发病原因很多，主要与羊水产生减少和羊水外漏增加有关，在孕中期，羊水过少多数与

先天性畸形相关（51%），其次是胎膜早破（34%），胎膜早破是引起羊水过少的最常见原因。临床多见于下列情况：

1. 胎儿结构异常　以先天性泌尿系统结构异常最为多见，如胎儿先天肾缺如、肾发育不全、输尿管或尿道狭窄等畸形致尿少或无尿而引起羊水过少。另外胎儿肺发育不全与羊水过少相伴存在。

2. 胎盘功能减退　过期妊娠、胎儿生长受限、妊娠期高血压、胎盘退行性变等均可导致胎盘功能减退，胎儿宫内慢性缺氧，引起胎儿血液重新分配。为保障胎儿脑和心脏血供，肾血流量降低，胎儿尿生成减少致羊水过少。

3. 羊膜病变　某些原因不明的羊水过少与羊膜本身病变可能有关。

4. 孕妇患病　孕妇脱水、血容量不足时，导致胎儿血浆渗透压增高，尿液生成减少。孕妇服用某些药物（如利尿药、吲哚美辛），也能引起羊水过少。

【临床表现及诊断】

1. 临床表现　羊水过少的临床症状多不典型，孕妇于胎动时感腹痛，胎盘功能减退时常有胎动减少。检查时可发现胎儿在子宫内有充实感，子宫敏感性高，轻微刺激即可引起宫缩，腹围、宫高均小于同期妊娠者。临产后阵痛明显，可出现宫缩不协调，宫口扩张缓慢，产程延长，易发生胎儿窘迫。阴道检查时扪及前羊膜囊不明显，人工破膜时羊水流出极少。

羊水过少发生在妊娠早期，可致胎膜和胎体粘连，造成胎儿畸形，甚至肢体短缺。若发生在妊娠中、晚期，子宫周围压力直接作用于胎儿，可引起肌肉、骨骼畸形。如斜颈、曲背、手足畸形等。

2. B型超声检查　是最重要的检查方法。妊娠晚期羊水最大暗区垂直深度（AFV）≤ 2 cm为羊水过少，AFV ≤ 1 cm为严重羊水过少；②羊水指数（AFI）≤ 5 cm诊断为羊水过少。超声还能及时发现胎儿先天肾缺如、肾发育不全、输尿管或尿道狭窄等畸形。

3. 电子胎心监护　羊水过少胎儿的胎盘储备功能减低，无应激试验（NST）可呈无反应型。分娩时因宫缩导致脐带受压，可出现胎心变异减速和晚期减速。

【对母儿的影响】

1. 对胎儿的影响　围生儿病死率明显增高，死亡原因主要是胎儿缺氧和胎儿结构异常。如发生在妊娠早期，胎膜与胎体粘连造成胎儿畸形；如发生在妊娠中、晚期，可发生胎儿肌肉骨骼畸形；先天性无肾造成的羊水过少可引起Potter综合征（肺发育不全、长内眦赘皮襞、扁平鼻、耳大位置低、铲形手及弓形腿等），预后极差，多数患儿娩出后即死亡。

2. 对母体的影响　手术分娩率和引产率均增加。

【治疗】

视羊水量多少，孕周及胎儿有无畸形决定处理方案。羊水过少是胎儿危险极其重要的信号，临床上应高度重视。

1. 羊水过少合并胎儿结构异常　如确诊为严重致死性胎儿结构异常，应尽早终止妊娠；对非严重胎儿结构异常，应评估胎儿情况及预后，根据新生儿外科救治能力，与孕妇及家属充分沟通后决定处理方法。

2. 羊水过少合并正常胎儿　寻找并去除病因。如果孕妇处于脱水状态，可让孕妇饮水2 L，降低母体血浆渗透压，利于液体进入胎儿及羊膜腔，再行超声检查。动态监测胎儿宫内情况，包括胎动计数、胎儿生物物理评分、超声动态监测羊水量及脐动脉收缩期峰值流速与舒张期流速（S/D）的比值、胎心电子监护等。

（1）终止妊娠：对妊娠足月、胎儿可宫外存活者，应及时终止妊娠。产程中须严密观察胎儿情况，若出现胎儿窘迫，破膜时羊水少且粪染严重伴胎心监护异常，估计于短时间内不能结束分娩者，可采用剖宫产术结束分娩。对胎儿储备功能良好，无明显宫内窘迫者，可阴道试

产,并密切观察产程进展,产时连续监测胎心变化。对于因胎膜早破引起的羊水过少,按照胎膜早破处理。

(2)期待治疗:若妊娠未足月,胎肺不成熟者,可针对病因对症治疗,尽量延长孕周。通过羊膜腔灌注液体法来增加羊水量,解除脐带受压,可降低胎心变异减速率、羊水粪染率以及剖宫产率,提高围生儿成活率。

第7节 多胎妊娠

导学案例 9-10

初产妇,32岁,妊娠35周,双胎妊娠,出现阵发性下腹部疼痛 4 h,阴道有少量血性分泌物。查体:T 36.5 ℃,P 88 次/分,R 20 次/分,BP 105/80 mmHg,一般状态好,心肺听诊无异常,产科检查孕足月腹型,规律性宫缩,胎心 140 次/分,152 次/分,第一个胎儿为骶左前,第二个胎儿为枕右前。内诊检查:子宫颈管已消,子宫口开大 2 cm,臀先露,胎膜未破。

思考:该产妇临产如何处理?

一次妊娠宫腔内同时有两个或两个以上的胎儿时称多胎妊娠(multiple pregnancy)。人类自然发生的多胎妊娠以双胎妊娠(twin pregnancy)较多见。多胎妊娠的发生随地区、种族不同而有差别,孕妇家庭中有多胎史者,多胎发生率则增加。近年来由于辅助生殖技术的广泛开展使多胎妊娠发生率有所上升。多胎妊娠的孕妇并发症多,早产发生率及围生儿死亡率高,故属高危妊娠范围,应予以重视,本节主要讨论双胎妊娠。

【分类】

双胎妊娠可分为双卵双胎和单卵双胎,前者较后者多见。

1. 双卵双胎 由两个卵子分别受精形成的双胎称双卵双胎(dizygotic twin)。占双胎妊娠的 70%。考虑与促排卵药物、多胚胎宫腔内移植及遗传因素有关。两个卵子分别受精形成两个受精卵。两个受精卵可在子宫内不同部位着床,各自形成胎盘、羊膜和绒毛膜(图 9-6)。当两者着床较近时,可能融合成一个大胎盘,但两个胎盘的血循环互不相通,胎儿各自位于自己的胎囊中,两个胎囊之间的中隔由四层组成,两面为两层羊膜,中间为两层绒毛膜,若两层绒毛膜粘连牢固,则中隔可能分为三层。两个胎儿的性别和血型可以相同,也可不同;其容貌与一个家庭中的兄弟姊妹相似。

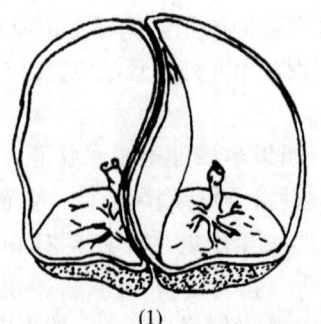
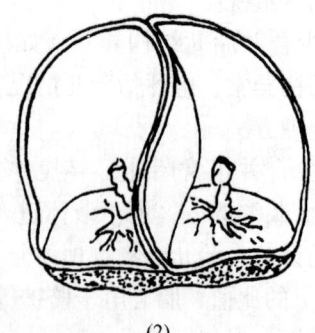

(1) (2)

图 9-6 双卵双胎的胎盘及胎膜示意图

2. 单卵双胎　由一个受精卵分裂而成的双胎妊娠称单卵双胎（monozygotic twin）。约占双胎妊娠的 30%。形成原因不明，不受种族、遗传、年龄、胎次、医源的影响。一个受精卵分裂形成两个胎儿，具有相同的遗传基因，故两个胎儿性别、血型及外貌相同。由于受精卵在早期发育阶段发生分裂的时间不同，形成以下四种类型（图 9-7）：

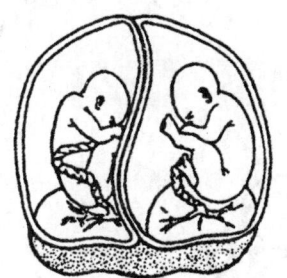
（1）发生在桑葚期前

（2）发生在囊胚期

（3）发生在羊膜囊已形成

图 9-7　受精卵不同分裂时期形成的单卵双胎的胎膜类型示意图

（1）双绒毛膜双羊膜囊单卵双胎：如分裂发生在受精后的 3 日（72h）内（桑葚期），即在内细胞团形成之前，就复制成两个各自独立的胚体，每个胎儿具有自己的胎盘、羊膜和绒毛膜，两个胎囊之间的中隔由两层羊膜及两层绒毛膜组成。约占 30%。

（2）单绒毛膜双羊膜囊单卵双胎：如分裂发生在受精后 4~8 日（囊胚期），即在内细胞团与滋养层明显分化之后，内细胞团复制成为两个发育中心，各自形成独立的胚胎，则两个胎儿具有共同的胎盘及绒毛膜，但有各自的羊膜囊，两个胎囊之间的中隔为两层羊膜。约占 68%。

（3）单绒毛膜单羊膜囊单卵双胎：在受精后 9~13 天分裂，此时羊膜囊已形成，两个胎儿共存一个羊膜腔内，共用一个胎盘。占 1%~2%。

（4）联体双胎：分裂若发生在受精后的 13 天以后，可导致不同程度、不同形式的联体双胎。

单卵双胎时两个胎儿往往用一个胎盘，血液循环相通，心脏功能较强的胎儿发育较好，另一个胎儿发育较差，发育较差的胎儿甚至可因营养缺乏而死亡；若死亡时间过久，可被压成薄片，称纸样胎儿。单羊膜囊双胎妊娠时，若两个胎儿脐带互相缠绕，发生血循环障碍，则可致胎儿死亡。

【诊断】

1. 病史及临床表现　部分双卵双胎有家族史，或妊娠前接受过促排卵药物治疗，或体外受精行多个胚胎移植术。但体外受精-胚胎移植后双胎未必一定是双卵双胎，亦可能移植两个胚胎后，只有一个胚胎存活，而该受精卵又分裂为单卵双胎。双胎妊娠早孕反应较重，腹部增大快，10 周后子宫体积即大于单胎，24 周后子宫增长尤为迅速，妊娠晚期常出现呼吸困难、心悸、下肢水肿和静脉曲张等压迫症状。

2. 产科检查　子宫大于停经周数，妊娠中晚期于腹部可触及多个小肢体或两个以上胎体，在不同部位可听到两个频率不同的胎心音，若两人同时计数 1min，胎心率相差 10 次以上；或两个胎心率虽相差不到 10 次，但两个胎心音之间隔一无音区。双胎妊娠的胎位多为纵产式，以两个头或一头一臀常见，两个均为臀位较少见（图 9-8）。偶可见一个或两个胎儿为横位者。

3. 超声检查　在妊娠 6 周后，宫腔内可见到两个原始心管搏动，妊娠 13 周以后便可见到两个胎头光环和各自拥有的脊柱、躯干、肢体等。超声对中晚期的双胎诊断率几乎达 100%。

4. 绒毛膜性判断　绒毛膜性是影响妊娠结局的决定性因素，也是制订孕期监测和管理方案的关键，并且单绒毛膜性双胎特有的并发症较多，因此在妊娠早期进行绒毛膜性判断非常重要。

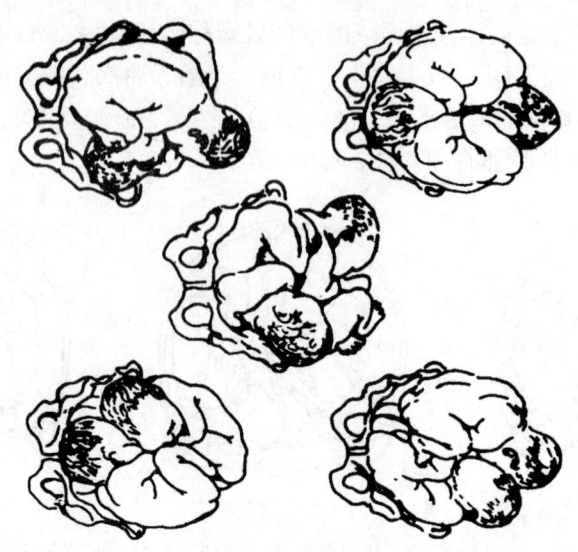

图 9-8　双胎妊娠的胎产式

5. 双胎产前筛查及产前诊断　妊娠 11~13^{+6} 周超声筛查可通过检测胎儿颈项透明层（NT）的厚度，评估胎儿发生唐氏综合征的风险，并可早期发现部分的胎儿畸形。妊娠 12~22^{+6} 周，行母体外周血游离胎儿 DNA 检测，又称无创产前检测（noninvasive prenatal tests，NIPT），作为一种无创的手段也可用于双胎妊娠的非整倍体筛查。由于较高的假阳性率，不建议单独使用妊娠中期生化血清学方法对双胎妊娠进行唐氏综合征的筛查。

【并发症】

（一）母胎并发症

1. 贫血　比单胎妊娠多 2~3 倍，与铁及叶酸的缺乏有关。

2. 妊娠期高血压疾病　双胎妊娠并发妊娠期高血压高达 40%，比单胎多 3~4 倍。

3. 妊娠期肝内胆汁淤积症　发生率是单胎的 2 倍，易引起早产、胎儿窘迫、死胎、死产，围产儿死亡率增高。

4. 羊水过多及胎膜早破　双胎羊水过多发生率约 12%，单卵双胎常在妊娠中期发生急性羊水过多，与双胎输血综合征有关。约 14% 的双胎并发胎膜早破，可能与宫腔内压力增高有关。

5. 流产及早产　约 50% 的双胎妊娠并发早产，多与胎膜早破或宫腔内压力过大有关。

6. 脐带异常　单羊膜囊双胎易发生脐带互相缠绕、扭转，致使胎儿死亡。脐带脱垂是双胎妊娠的常见并发症，多发生在双胎胎位异常或胎先露未衔接出现胎膜早破时，以及第一个胎儿娩出后，第二个胎儿娩出前，是胎儿急性缺氧死亡的主要原因。

7. 胎盘早剥　是双胎妊娠产前出血的主要原因，与妊娠期高血压疾病发生率增高有关。

8. 宫缩乏力　双胎妊娠子宫肌纤维伸展过度，常并发原发性子宫收缩乏力，导致产程延长。

9. 胎头交锁及胎头碰撞　前者多发生在第一胎儿为臀先露、第二胎儿为头先露者。分娩时第一胎儿头部尚未娩出，而第二胎儿头部已入盆，两个胎头颈部交锁，造成难产。后者两个胎儿均为头先露，同时入盆，胎头碰撞引起难产。

10. 产后出血　经阴道分娩的双胎妊娠，阴道流血量 ≥ 500 ml，与子宫过度膨胀导致宫缩乏力有关。

11. 胎儿畸形　发生率是单胎的 2 倍，有些畸形为单卵双胎所特有，如联体双胎、无心畸形等。

（二）单绒毛膜性双胎特有并发症

单绒毛膜性双胎由于两个胎儿共用一个胎盘，胎盘之间存在血管吻合，故可以出现较多且较严重的并发症，围生儿发病率和死亡率均增加。

1. 双胎输血综合征（twin to twin transfusion syndrome，TTTS） 是单绒毛膜双羊膜囊单卵双胎的严重并发症。通过胎盘间的动—静脉吻合支，血液从动脉向静脉单向分流，使一个胎儿成为供血儿，另一个胎儿成为受血儿，造成供血儿贫血、血容量减少，致使生长受限、肾灌注不足、羊水过少，甚至因营养不良而死亡；受血儿血容量增多、动脉压增高、各器官体积增大、胎儿体重增加，可发生充血性心力衰竭、胎儿水肿、羊水过多。目前国际上对 TTTS 的诊断主要依据为：①单绒毛膜性双胎；②双胎出现羊水量改变，一胎羊水最大暗区垂直深度大于 8 cm（20 周后大于 10 cm），另一胎小于 2 cm 即可诊断。有时供血儿出现羊水严重过少，被挤压到子宫的一侧，成为"帖附儿"（stuck-twin）。

2. 选择性胎儿生长受限（selective IUGR，sIUGR） 亦为单绒毛膜性双胎特有的严重并发症。目前诊断主要是根据生长受限胎儿体重估测位于该孕周第 10 百分位以下，两胎儿体重相差 25%。其发病原因主要为胎盘分配不均，生长受限胎儿通常存在脐带边缘附着或帆状插入。

3. 一胎无心畸形 亦称动脉反向灌注序列（twin reversed arterial perfusion sequence，TRAPS），发生率为单绒毛膜妊娠的 1%，双胎之一心脏缺如、残留或无功能。最显著的特征是结构正常的泵血胎通过一根胎盘表面动脉—动脉吻合向寄生的无心胎供血。如不治疗，正常胎儿可发生心力衰竭而死亡。

4. 贫血多血质序列征（twin anemia polythemia sequence，TAPS） TAPS 定义为单绒毛膜双羊膜囊双胎的一种慢性的胎—胎输血，两胎儿出现严重的血红蛋白差异。对 TAPS 的诊断主要通过大脑中动脉收缩期峰值流速（PSV）的检测。TAPS 产前诊断标准为受血儿大脑中动脉 PSV<1.0 中位数倍数（MOM），供血儿 PSV>1.5MOM。

5. 单绒毛膜单羊膜囊双胎 为极高危的双胎妊娠，由于两胎儿共用一个羊膜腔，两胎儿之间无胎膜分离，因脐带缠绕和打结而发生宫内意外可能性较大。

【鉴别诊断】

应与葡萄胎、单胎合并羊水过多、巨大胎儿、畸形儿、妊娠合并子宫肌瘤和卵巢肿瘤等相鉴别，均可通过超声检查确诊。

【治疗】

（一）妊娠期处理及监护

1. 补充足够营养 定期产前检查，争取及早诊断，孕期注意增加营养、补充足够的蛋白质、维生素、铁剂、叶酸、钙剂等，预防贫血和妊娠期高血压疾病。

2. 防治早产 妊娠晚期，需多卧床休息，忌性生活，预防早产的发生。产兆若发生在 34 周以前，应给予宫缩抑制剂。出现宫缩或阴道流液应住院治疗。

3. 及时防治妊娠并发症 双胎宜并发妊娠期高血压疾病，妊娠期肝内胆汁淤积症等应及早治疗。

4. 密切监护胎儿生长发育情况及胎位变化 若确诊为联体胎儿时，妊娠 26 周前行引产术，26 周后一般需行剖宫取胎。对双绒毛膜性双胎，定期（每 4 周 1 次）超声监测胎儿生长情况，对单绒毛膜性双胎，定期（每 2 周 1 次）超声监测胎儿生长情况，若发现双胎输血综合征，可在胎儿镜引导下，激光堵塞胎盘吻合血管，此法并发症较多。妊娠晚期需确定胎位，对分娩方式的选择有帮助。

（二）分娩时机

对于无并发症及合并症的双绒毛膜性双胎可期待至 38 周时考虑分娩，最晚不应超过 39 周。无并发症及合并症的单绒毛膜双羊膜囊双胎可以在严密监测下至妊娠 35~37 周分娩。单绒毛膜单羊膜囊双胎的分娩孕周为 32~34 周。有并发症的单绒毛膜性双胎如 TTTS、sIUGR

及 TAPS 需要结合每个孕妇及胎儿的具体情况制订个体化的分娩方案。

（三）分娩期处理

第一胎儿为头先露的双胎妊娠可经阴道分娩。若第一胎儿为头先露，第二胎儿为非头位，第一胎儿阴道分娩后，第二胎儿需要阴道助产或剖宫产的风险较大。如第一胎儿为臀先露，当发生胎膜早破时，易发生脐带脱垂，而如果第二胎儿为头先露，有发生两胎儿胎头交锁的可能，可放宽剖宫产指征。

1. 第一产程　应密切观察宫缩和胎心率的变化，做好输血、输液及抢救新生儿的准备。如发现子宫收缩乏力或产程延长，可用缩宫素滴注，以加强产力。

2. 第二产程

（1）第一个胎儿的处理：当第一个胎儿娩出后，应立即断脐，并扎紧胎盘侧的脐带，以防第二个胎儿失血。

（2）第二个胎儿的处理：当第一个胎儿娩出后，助手在腹部用手固定第二个胎儿，使其保持纵产式。如无异常情况，可等待第二个胎儿自然娩出，一般应在 20~30 min 内娩出。如超过 15 min 仍无宫缩，可人工破膜或滴注缩宫素以促进宫缩。此时应注意观察胎心及阴道出血，及早发现胎盘早剥和脐带脱垂，一旦发生，应及时用产钳或臀位牵引术娩出第二个胎儿。如第二个胎儿为横位，可试行外转胎位术，不成功时改用联合转胎位术娩出胎儿。

（3）双胎分娩异常情况的处理：①胎头交锁：若第一个胎儿为臀位，第二个胎儿为头位，为避免发生胎头交锁，可用手在腹部上推第二个胎儿的胎头，一旦发生胎头交锁，如第一个胎儿死亡行断头术，以保第二个胎儿。②两头碰撞：若两胎头同时入盆，为防止两头嵌顿，可自阴道用手上推第二个胎头，使第一个胎头下降；另外，第一个胎儿分娩时，助手应从腹部推开第二个胎儿，以免妨碍第一个胎儿肩娩出。

3. 第三产程　①预防产后出血：第二个胎儿肩娩出时，静脉或肌内注射缩宫素或麦角新碱，并持续按摩子宫，以促使其收缩；②预防休克：第二个胎儿娩出后，应立即行腹部包扎或腹部放置沙袋，以防腹压骤降而发生休克；③详细检查胎盘、胎膜，了解其是否完整，并辨别是单卵双胎或双卵双胎；④若有感染可能者，给予抗生素预防感染。

剖宫产指征：①异常胎先露如第一胎儿肩先露，或已发生胎头交锁和碰撞的胎位及单羊膜囊双胎、联体双胎等；②脐带脱垂、前置胎盘、先兆子痫、子痫、胎膜早破、继发性宫缩乏力，经处理无效者；③第一个胎儿娩出后若发生先兆子宫破裂或子宫颈痉挛，为抢救母婴生命也应行剖宫产；④胎儿窘迫，短时间不能经阴道分娩者，行剖宫产术。

第 8 节　胎儿生长发育异常及死胎

一、胎儿生长受限

胎儿生长受限（fetal growth restriction，FGR）是指受母体、胎儿、胎盘等病理因素影响，胎儿生长未达到其应有的遗传潜能，多表现为胎儿超声估测体重或腹围低于相应胎儿第 10 百分位。FGR 是导致围产儿患病和死亡的重要原因，还可能带来远期的不良结局，包括儿童期的认知障碍及成人期疾病（如肥胖、2 型糖尿病、心血管疾病、卒中等）的发生风险增加，因此，科学地预防 FGR，对 FGR 进行早期筛查、诊断和宫内监测，以及适时终止妊娠，尤为重要。

小于胎龄（small for gestation age，SGA）胎儿的定义：指超声估测体重或腹围低于同龄应有体重或腹围第 10 百分位数以下的胎儿。并非所有 SGA 胎儿均为病理性的生长受限，SGA 还包含了部分健康小样儿。

【病因】

导致 FGR 的因素通常涉及母体、胎儿及胎盘、脐带等方面。

1. 母体因素

（1）营养因素：孕妇偏食、妊娠剧吐以及摄入蛋白质、维生素及微量元素不足，胎儿出生体重与母体血糖水平呈正相关，此外孕妇身材矮小、孕前体重低、孕龄过小或过大发生 FGR 的机会均增加。

（2）妊娠合并症与并发症：所有影响子宫、胎盘血流灌注的妊娠合并症，如孕前合并紫绀型心脏病、慢性肾病、慢性高血压、糖尿病、甲状腺疾病、自身免疫性疾病——系统性红斑狼疮、抗磷脂抗体综合征等，或妊娠并发症，如子痫前期、妊娠期肝内胆汁淤积症等均可导致胎儿生长受限。

（3）其他：孕妇吸烟、吸毒、酗酒等不良嗜好，以及社会状况、经济条件较差时，FGR 的发生概率也会增加。

2. 胎儿因素　胎儿生长发育与遗传学异常有关。胎儿基因或染色体疾病也常伴有胎儿生长受限，如唐氏综合征、18 三体综合征、13 三体综合征、Turner 综合征（45，X）、三倍体畸形等，约 10% 的 FGR 围生儿患染色体疾病。胎儿宫内感染（TORCH 感染等），胎儿结构异常（先天性心脏病、腹壁裂等）也影响胎儿生长。

3. 胎盘因素　轮状胎盘、胎盘血管瘤、绒毛膜下血肿、小胎盘、副胎盘等胎盘各种病变导致子宫、胎盘血流量减少，胎儿血供不足。

4. 脐带因素　单脐动脉、脐带过细、脐带扭转、脐带打结等。

【分类与临床表现】

根据其发生的时间、胎儿的生长特征、体重以及病因等分为以下 3 类。

1. 内因性匀称型 FGR　一般发生在胎儿发育的早期，病因多是基因或染色体异常、病毒感染、接触放射性物质及其他有毒物质等。临床表现：体重、身长、头径相称，但均小于该孕龄正常值，故称匀称型。

2. 外因性不匀称型 FGR　胚胎早期发育正常，至妊娠中、晚期，受到有害因素影响如子宫胎盘功能低下所致。临床表现：新生儿头大，外观呈营养不良或过熟儿状态，发育不匀称，身长、头径与孕龄相符而体重偏低。

3. 外因性匀称型 FGR　致病因素在整个妊娠期间均产生影响，常因营养不良，缺乏叶酸、氨基酸、微量元素等重要营养物质，吸烟、酗酒、吸毒等所致。临床表现：新生儿头径、身长、体重均小于该孕龄正常值，且相称。

【诊断】

1. 病史　准确核对孕周，评估胎龄，根据孕妇月经史、辅助生殖技术的相关信息，以及早、中孕期的超声检查结果，综合判断是否存在纠正预产期的指征。详细询问病史，既往是否有出生缺陷儿、FGR、死胎等不良孕产史，本次妊娠是否存在患 FGR 的危险因素。

2. 临床指标　连续定期测量宫高、腹围等，判断胎儿宫内发育状况，此种方法筛查 FGR 的敏感度较低。如宫高值连续 3 周测量均在第 10 百分位数以下，应为筛查 FGR 的指标，预测准确率 13%~86%。

3. 辅助检查

（1）超声监测胎儿生长：①测量胎儿头围、腹围、股骨，并根据本地区个性化的胎儿生长曲线估测胎儿体重（estimated fetal weight，EFW）。估计胎儿体重低于对应孕周胎儿体重的第 10 百分位数或胎儿腹围（abdominal circumference，AC）小于对应孕周腹围的第 10 百分位数，需考虑 FGR，至少间隔 2 周复查 1 次，减少 FGR 诊断的假阳性率。②腹围/头围比值（AC/HC）：比值小于正常同孕周平均值的第 10 百分位数，有助于估算不匀称型 FGR。

（2）脐动脉血流：测定脐动脉收缩期最大血流速度/舒张末期血流速度（S/D）比值≤3为正常值，脐血 S/D 比值升高时提示有 FGR 可能。一旦发现脐动脉血流异常（包括脐动脉搏动指数＞第 95 百分位、脐动脉舒张期血流缺失或反向），需转诊至有 FGR 监护和诊治经验的医疗中心进一步评估和适时终止妊娠。

（3）监测胎盘功能：FGR 常有胎盘功能减退，故测孕妇尿 E_3 和尿雌激素/肌酐比值（E/C 比值）、血胎盘催乳素（HPL）等也有助于诊断。

（4）胎儿电子监护：有利于判断胎儿宫内情况，有助于把握分娩时机选择分娩方式。

【治疗】

排除胎儿畸形后，治疗越早，效果越好。孕 32 周前治疗疗效佳，孕 36 周后疗效差。

1. 一般处理　去除不良因素，改善胎儿缺氧及营养状态。

（1）纠正不良生活习惯，如吸烟、酗酒、吸毒、滥用药物及接触有害物质等。

（2）卧床休息、吸氧　可改善子宫胎盘血液循环。

（3）积极治疗各种并发症及合并症。

（4）药物治疗：尚未证实补充孕激素、静脉补充营养和注射低分子肝素对治疗 FGR 有效。

（5）定期监测：一旦诊断 FGR，建议每 2 周行超声监测胎儿生长情况，同时进行羊水和脐动脉血流监测。如脐动脉血流阻力增高，甚至出现舒张期血流缺失或反向，则建议转诊至有 FGR 监护和诊治经验的医疗中心。同时进行超声多普勒、生物物理评分、电子胎心监护等。

2. 产科处理　关键在于确定分娩的时机和分娩方式的选择。对于可疑 FGR 者，应先排除胎儿畸形，准确计算孕龄，根据各项指标综合评估胎儿宫内情况，确定终止妊娠的时机及方法。

（1）继续妊娠：妊娠未足月，胎儿宫内监护情况良好，胎盘功能良好，治疗有效，孕妇无妊娠合并症及并发症者可在密切监护下继续妊娠至足月，但不应超过预产期。

（2）终止妊娠：FGR 出现单次胎儿多普勒血流异常不宜立即终止妊娠，考虑完善对胎儿健康情况的系统评估，密切随访病情的变化。①若孕周＜32 周出现脐动脉舒张末期血流缺失或倒置，合并静脉导管缺失或倒置，综合考虑孕周、新生儿重症监护水平，完成促胎肺成熟后，可考虑终止妊娠。②若单纯出现脐动脉舒张末期血流倒置，而没有其他胎儿窘迫（如异常电子胎心监护图形、静脉导管缺失或倒置）的证据，则考虑期待至不超过孕 32 周终止妊娠。③若单纯出现脐动脉舒张末期血流消失，而没有其他胎儿窘迫的证据，可期待至不超过孕 34 周终止妊娠。④对于孕周＞34 周的 FGR，如果出现胎儿停滞生长＞2 周，羊水过少（AFV＜2 cm），BPP＜6 分，无应激试验频发异常图形或多普勒血流异常，可考虑终止妊娠。⑤对于孕周＞37 周的 FGR，可考虑积极分娩终止妊娠。

孕周未达 32 周者，应用硫酸镁保护胎儿神经系统。对于预计在孕 34 周之前分娩的 FGR，建议产前使用糖皮质激素促胎肺成熟，对于孕 34～37 周，预计 7 天内有早产风险，且孕期未接受糖皮质激素治疗的，也建议产前使用糖皮质激素促胎肺治疗。如果新生儿重症监护技术不足，应鼓励宫内转运。

（3）分娩方式选择：根据胎儿有无畸形、孕妇合并症及并发症的严重程度、胎儿宫内状况等综合分析。FGR 本身并不是剖宫产指征，但存在脐动脉血流异常（舒张末期血流缺失或倒置）时，建议剖宫产终止妊娠。

【预防】

1. 建立健全三级围生期保健网，定期行产前检查，超声监测胎儿生长径线，做到早发现、早诊断、早治疗。

2. 孕期加强卫生宣传教育，注意营养均衡，避免接触有害毒物。禁烟、酒，孕期需在医生指导下用药。

3. 积极防治妊娠合并症及并发症。

4. 对于既往有 FGR 和子痫前期病史的孕妇，建议从孕 12~16 周开始应用低剂量阿司匹林至 36 周，扩张血管、抗血小板聚集，促进子宫胎盘血液循环。

二、死胎

导学案例 9-11

已婚女性，29 岁，早期妊娠具有恶心、呕吐等早孕反应，血 hCG 阳性，孕 19 周自觉胎动，行唐氏筛查低风险。现妊娠 26 周，近 2 周自觉胎动消失，腹部不再增大，来院就诊。产科检查子宫底平脐，未闻及胎心，立即行 B 型超声检查未见心管搏动及胎动。

思考：
1. 该患者目前诊断是什么？
2. 下一步治疗方案是什么？

妊娠 20 周以后，胎儿在宫内死亡者称死胎（fetal death）。胎儿在分娩过程中死亡者，称为死产（stillbirth），亦是死胎的一种。若死胎在宫腔内滞留过久，可引起母体凝血功能障碍，并发产后出血。

【病因】

1. 母体因素　孕妇有严重的妊娠合并症及并发症，如妊娠期高血压、慢性肾炎、抗磷脂抗体综合征、糖尿病、过期妊娠、心血管疾病、全身和腹腔感染、各种原因引起的休克等。子宫局部因素，如子宫张力过大或收缩力过强、子宫肌瘤、子宫畸形、子宫破裂等致局部缺血而影响胎盘、胎儿。

2. 胎儿因素　如胎儿严重畸形、严重的遗传性疾病、胎儿生长受限、胎儿宫内感染、母儿血型不合等。

3. 胎盘及脐带因素　如前置胎盘、胎盘早剥、绒毛膜羊膜炎、胎盘梗死、脐带脱垂、脐带打结、脐带扭转、前置血管破裂出血等。

【临床表现及诊断】

1. 临床表现　孕妇自觉胎动消失，腹部不再继续增大。检查时听不到胎心，子宫小于停经月份，超声检查可确诊。大多数胎儿于死亡后 2~3 周内自然娩出，如果胎儿宫内死亡时间过长，退行性变的胎盘可以释放凝血活酶进入母体血循环，激活血管内凝血因子，引起弥散性血管内凝血（DIC），消耗血液中纤维蛋白原及血小板等凝血因子。胎儿宫内死亡 4 周以上发生 DIC 的机会明显增加，可引起分娩时严重出血。

2. 超声检查　超声是诊断死胎最常用、最准确、最方便的方法。超声检查不显示胎动及胎心音，若胎儿死亡过久，可显示颅骨塌陷、颅骨重叠、颅内结构不清楚、胎头变形。

【治疗】

死胎一经确诊，无论胎儿死亡时间长短，均应积极处理，尽可能经阴道分娩，剖宫产仅限于特殊情况下使用。

1. 胎儿死亡不久　应详细询问病史，判断有无合并引起产后出血及产褥感染的疾病（如血液系统疾病、肝炎等），并予以及时治疗。若无特殊情况需尽早引产。

2. 死胎超过 4 周　应常规检查凝血功能。若血浆纤维蛋白原含量 <1.5 g/L，血小板 <100×10^9/L，应给予肝素治疗，剂量为每次 0.5 mg/kg，每 6 h 给药 1 次。用药期间注意监测凝血时间。一般用药 24~48 h 后即可使纤维蛋白原和血小板恢复到有效止血水平，然后再引

产。术前应备血，注意预防产后出血和感染。

3. 引产方法　①羊膜腔内依沙吖啶引产：依沙吖啶在妊娠晚期可引起子宫收缩力过强，导致子宫破裂，故对于有前次剖宫产史者应慎用。肝、肾功能不全者禁用。②缩宫素引产：需评估子宫颈成熟程度，使用缩宫素前可促子宫颈成熟治疗。③米非司酮配伍前列腺素引产：此法方便，越来越受到临床医生的认可，只要剂量掌握合适，临床应用是比较安全、可靠的。胎盘娩出后建议尸体解剖，胎盘、脐带、胎膜病理检查及染色体检查，以明确死亡原因。

4. 产后注意事项　密切观察子宫收缩情况，以防产后出血，并及时服用退乳药物，防止泌乳。退乳可给予戊酸雌二醇 1 mg，每日 3 次，连用 5 日。亦可炒麦芽 30 g，煎后代茶饮。

第 9 节　胎儿窘迫与胎膜早破

导学案例 9-12

初产妇，33 岁，妊娠 40^{+2} 周，破膜 14 h，有规律宫缩 10 h，估计胎儿体重 3100 g，骨盆外测量正常。产科检查：宫口开大 8 cm，头先露 S^{+1}，枕左前位，羊水 Ⅰ 度粪染。电子胎心监护显示：胎心率基线 120 次/分，可见频发晚期减速。

思考：
1. 该孕妇可能的诊断是什么？
2. 应如何处理？

一、胎儿窘迫

胎儿在子宫内因急性或慢性缺氧而危及其健康和生命的综合症状，称为胎儿窘迫（fetal distress），发病率为 2.7% ~ 38.5%。胎儿窘迫分为急性胎儿窘迫和慢性胎儿窘迫，急性胎儿窘迫常发生在分娩期，慢性胎儿窘迫多发生在妊娠晚期，但可延续至分娩期并逐渐加重，临产后往往表现为急性胎儿窘迫。

【病因】

涉及多个方面，主要与以下因素有关。

1. 母体因素　任何引起母体血液含氧量不足、胎盘功能障碍的因素，均可导致胎儿窘迫。常见因素有：①红细胞携氧量不足：如妊娠合并各种严重的心、肺疾患，重度贫血等；②胎盘微循环障碍：如妊娠期高血压、慢性高血压、慢性肾炎、过期妊娠等；③血容量不足：如前置胎盘、胎盘早剥等；④子宫、胎盘血运受阻：如缩宫素使用不当、子宫收缩过强、急产、产程延长等；⑤其他：如过量使用镇静药、急性感染、过度紧张、仰卧位低血压综合征等。

2. 胎盘、脐带因素　①胎盘功能低下：如过期妊娠、膜状胎盘等；②脐带异常：如脐带先露、脐带脱垂、脐带打结、脐带扭转等。

3. 胎儿因素　胎儿畸形、严重的心血管系统疾病、母儿血型不合、胎儿宫内感染等均可导致胎儿宫内窘迫。

【病理生理变化】

胎儿对宫内缺氧有一定的代偿能力。轻、中度或一过性缺氧，往往可通过减少自身及胎盘耗氧量、增加血红蛋白释放氧而缓解，不会产生严重的代谢障碍及器官损害，但长时间重度缺氧可引起严重并发症。当胎儿宫内轻度缺氧时，交感神经兴奋，肾上腺儿茶酚胺及肾上腺素分泌增多，引起代偿性血压升高及心率加快。重度缺氧时，转为迷走神经兴奋，心功能失代偿，心率由快变慢。无氧糖酵解增加，丙酮酸及乳酸堆积，胎儿血 pH 下降，出现混合性酸中毒。

重度缺氧时可致胎儿呼吸运动加深,致羊水吸入,出生后可出现新生儿吸入性肺炎。妊娠期慢性缺氧,可使胎儿生长受限;分娩期急性缺氧可导致缺血缺氧性脑病及脑瘫等。

【临床表现及诊断】

主要临床表现为:胎心率异常、羊水粪染、胎动减少甚至消失。

1. 急性胎儿窘迫 常发生在分娩期,多因脐带脱垂、前置胎盘、胎盘早剥、宫缩过强、产程延长及休克等引起。

(1)产时胎心率异常:胎心率变化是急性胎儿窘迫的一项重要指标。产时胎心监护是急性胎儿窘迫的重要征象。应在产时定期胎心听诊或进行连续胎心监护,胎心听诊应在一次宫缩之后,持续60 s。产时胎心监护的结果判读应采用三级判读系统(详见第6章"孕期监护"),当出现胎心率基线无变异并且反复出现晚期减速或变异减速或胎心过缓(胎心基线<110次/分),即Ⅲ类胎心监护图形时,提示胎儿缺氧严重。

(2)羊水粪染:胎儿可在宫内排出粪便,尽管胎儿宫内缺氧时可使肠蠕动亢进,肛门括约肌松弛,促发胎粪排出而污染羊水,但影响胎粪排出的最主要因素仍是孕周,孕周越大羊水粪染的概率越高,故羊水粪染不是胎儿窘迫的征象。依据羊水粪染的程度分为三度:Ⅰ度呈浅绿色,Ⅱ度呈黄绿色、浑浊,Ⅲ度呈棕黄色、稠厚。破膜后发现羊水粪染时,需考虑连续电子胎心监护,如果胎心监护正常,不需要特殊处理;如果胎心监护异常,则提示胎儿宫内缺氧。

(3)胎动异常:胎动是反映胎儿宫内安危的重要指标之一,缺氧初期胎动频繁,随着缺氧的加重,胎动减少直至消失。

(4)酸中毒:对胎儿头皮血进行血气分析,若pH<7.20(正常值7.25~7.35),PO_2<10 mmHg(正常值15~30 mmHg)及PCO_2>60 mmHg(正常值35~55 mmHg),即可诊断为胎儿酸中毒。临床上此项应用较少。

2. 慢性胎儿窘迫 多发生在妊娠晚期,常因妊娠期高血压疾病、慢性肾炎、糖尿病、严重贫血、过期妊娠等所致。

(1)胎动减少或消失:胎动减少为胎儿缺氧的重要表现,应予警惕,临床常见胎动消失,24 h后胎心消失。若胎动计数<10/2 h或胎动减少50%者提示胎儿缺氧可能。(详见第6章"孕期监护"。)

(2)产前胎心电子监护异常:无应激试验(NST)表现为无反应型,提示有胎儿缺氧可能。(详见第6章"孕期监护"。)

(3)胎儿生物物理评分低:5~6分为胎儿可疑缺氧,≤4分提示胎儿缺氧。

(4)胎儿多普勒超声血流异常:胎儿生长受限的胎儿脐动脉多普勒血流可表现为S/D比值升高,提示胎盘灌注不足,若出现脐动脉舒张末期血流缺失或倒置和静脉导管反向"α"波,提示随时有胎死宫内的危险。

【治疗】

1. 急性胎儿窘迫 应果断采取措施,紧急处理,改善胎儿缺氧状态。

(1)一般处理:立即采取相应措施纠正胎儿缺氧,包括改变孕妇体位、吸氧、补液、纠正孕妇低血压等措施,迅速查找原因,排除脐带脱垂、胎盘早剥、子宫破裂等。

(2)病因治疗:积极寻找病因,若为缩宫素使用不当致子宫收缩过强,应立即停用缩宫素,必要时可给予宫缩抑制剂。若考虑仰卧位低血压综合征或脐带受压引起,可立即嘱患者改变体位等,针对病因积极治疗。

(3)尽快终止妊娠:①Ⅲ类电子胎心监护图形,但宫口未开全应急诊行剖宫产术结束分娩。②宫口开全:头盆相称,胎儿双顶径已达坐骨棘以下,尽快行阴道助产结束分娩。无论采取何种分娩方式,均应做好新生儿抢救准备。

2. 慢性胎儿窘迫 根据孕周、胎儿成熟度及胎儿窘迫的严重程度综合分析,针对病因,

制定处理方案。

（1）一般处理：主诉胎动减少者，应进行全面检查以评估母儿状态，包括NST和（或）胎儿生物物理评分，取侧卧位，低流量吸氧，积极治疗妊娠合并症及并发症。

（2）期待疗法：对于孕周小、估计胎儿娩出后存活概率小，尽量保守治疗延长孕周，同时促胎肺成熟，争取胎儿成熟后终止妊娠。但应告知患者及家属期待过程中，胎儿可能随时有胎死宫内可能。胎盘功能低下可能影响胎儿发育，预后不良。

（3）终止妊娠：妊娠近足月或胎儿已成熟，若出现胎动减少或OCT出现频发晚期减速、重度变异减速或胎儿生物物理评分≤4分，应行剖宫产术终止妊娠。

二、胎膜早破

 导学案例9-13

初产妇，31岁，妊娠33周，晨起无诱因出现阴道流水，无腹痛，由120平车送入病房。查体：子宫增大如孕8月余大小，未触及明显宫缩，胎心率144次/分，内诊检查：子宫颈未消，子宫口未开，胎膜已破，可见澄清羊水流出，量约20ml，阴道pH>7.0。

思考：

1. 该产妇目前诊断是什么？诊断依据有哪些？
2. 下一步的治疗方案是什么？

胎膜早破（premature rupture of membrane，PROM）是指在临产前胎膜自然破裂者。依据发生的孕周分为足月PROM（指孕周≥37周的胎膜早破）和未足月PROM（preterm premature rupture of membrane，PPROM）。一旦胎膜早破，可引起脐带脱垂、早产、母儿感染等并发症。足月单胎PROM发生率为8%；单胎妊娠PPROM发生率为2%~4%，双胎妊娠PPROM发生率为7%~20%，PPROM是早产的主要原因之一。

【病因】

导致胎膜早破的因素很多，常见因素有：

1. 生殖道感染　是胎膜早破的主要原因。常见病原体如厌氧菌、衣原体、B族链球菌（group B streptococcus，GBS）和淋病奈瑟菌等可上行侵袭宫颈内口局部胎膜，使胎膜局部张力下降而导致胎膜破裂。

2. 羊膜腔压力增高　多见于双胎妊娠、羊水过多等。

3. 胎膜受力不均　头盆不称、胎位异常使胎儿先露部不能与骨盆很好地衔接，使前羊水囊所受压力不均匀，导致胎膜早破。

4. 营养因素　缺乏维生素C、铜、锌等，使胎膜弹性下降，脆性增加，易发生胎膜破裂。

5. 子宫颈内口松弛　常因手术创伤、产伤或先天性子宫颈局部组织结构薄弱等，使子宫颈内口松弛，前羊水囊楔入，局部受压不均匀，加之此处接近阴道，缺乏子宫颈黏液保护，易受病原微生物感染，发生胎膜早破。

【临床表现】

孕妇突感较多液体自阴道流出，不能控制，增加腹压时阴道流液增多，少数孕妇仅感觉到外阴较平时湿润。阴道检查：上推胎先露部有时可见胎脂或胎粪随羊水流出，流液量的多少与胎膜破口的位置和大小有关。少量间断不能自控的阴道流液需与尿失禁、阴道炎进行鉴别。

【诊断】

（一）胎膜早破的诊断

1. 临床表现　孕妇主诉阴道流液或外阴湿润，阴道窥器检查：可见液体自子宫口流出，流出液或后穹隆积液中可见到胎脂或胎粪污染，是诊断胎膜早破的直接依据。

2. 辅助检查

（1）阴道酸碱度测定：正常阴道液 pH 为 4.5～6.0，羊水 pH 为 7.0～7.5，如阴道液 pH≥6.5时，提示胎膜早破可能性大，该方法诊断正确率可达 90%。若阴道液被血液、尿液、子宫颈黏液、精液及细菌污染，可产生假阳性。

（2）阴道液涂片检查：阴道后穹隆积液涂片见羊齿植物叶状结晶。其诊断 PROM 的敏感度 51%～98%，假阳性率为 6%。

（3）生化指标检测：临床上最多是针对胰岛素样生长因子结合蛋白-1（IGFBP-1），胎盘α微球蛋白-1（PAMG-1），可溶性细胞间黏附分子（sICAM-1）进行检测。上述生化指标检测对诊断 PROM 具有较高的敏感性和特异性，且不受血液、尿液、子宫颈黏液、精液及细菌污染的影响。

（4）超声检查：对于可疑 PROM 孕妇，超声检测羊水量可能有一定帮助，如果超声检查提示羊水量明显减少，同时孕妇还有过阴道排液的病史，在排除其他原因导致的羊水过少的前提下，应高度怀疑 PROM。

（二）绒毛膜羊膜炎的诊断

1. 临床表现　破膜时间越长，出现绒毛膜羊膜炎的风险越大，当孕妇出现：①母体体温≥37.8℃；②母体脉搏增快≥100 次/分；③胎心率增快≥160 次/分；④子宫呈激惹状态，宫体有压痛；⑤阴道分泌物有异味；⑥母体外周血白细胞≥15×10^9/L。孕妇体温升高同时出现②～⑥中的任何 1 项或以上表现可以诊断为绒毛膜羊膜炎。

2. 辅助检查

（1）超声引导下羊膜腔穿刺抽取羊水检查：羊水涂片革兰氏染色检查、葡萄糖水平测定、白细胞计数、细菌培养等，但临床较少使用。

（2）胎盘、胎膜或脐带组织病理检查：如果提示感染或炎症，有助于绒毛膜羊膜炎的诊断。

【对母儿的影响】

1. 对母体的影响　胎膜破裂后，阴道病原微生物上行性感染更容易、更快。感染的机会与破膜时间有关，破膜时间越长，绒毛膜羊膜炎的风险越大，进而导致母体产褥感染概率大。胎膜突然破裂，羊水大量流出，子宫骤然缩小，可导致胎盘早剥。

2. 对胎儿的影响　胎膜早破易引发早产，早产儿易发生新生儿呼吸窘迫综合征、脑室内出血和坏死性小肠炎等。胎膜早破并发绒毛膜羊膜炎时，易引起胎儿及新生儿感染，表现为肺炎、败血症等。胎膜早破常引起脐带脱垂、胎儿窘迫等，严重者可危及围产儿生命。

【治疗】

（一）足月胎膜早破治疗

80% 患者可自然临产，临产后密切观察体温，心率，宫缩，羊水流出量、性状及气味，以及产程进展情况，必要时超声监测了解羊水量。综合评估，若无剖宫产指征，宜在破膜后 2～12 h 内积极引产，对子宫颈成熟的孕妇，首选缩宫素引产；子宫颈不成熟者，可应用前列腺素制剂（地诺前列酮栓）促子宫颈成熟。破膜后 12 h 给予抗生素预防感染。有明确剖宫产指征者宜行剖宫产术终止妊娠。

（二）未足月胎膜早破治疗

未足月胎膜早破是胎膜早破的治疗难点，根据孕周、母胎状况、当地的医疗水平及孕妇和

家属意愿进行决策。

1. 立即终止妊娠放弃胎儿　①孕周<24周,为无生机儿阶段,由于胎儿存活率低、母胎感染风险很大,多不主张继续妊娠,以引产为宜;②孕24~27^{+6}周者,可以根据孕妇本人及家属意愿,新生儿抢救能力等决定是否引产。

2. 期待保胎治疗　①孕24~27^{+6}周,符合保胎条件同时孕妇及家属要求保胎者,但保胎时间长,要充分告知期待保胎过程中的风险。但如果羊水过少,AFV<20 mm宜考虑终止妊娠;②孕28~33^{+6}周,无妊娠禁忌证,应行期待疗法,保胎、延长孕周至34周。

(1) 一般处理:保持外阴部清洁,密切观察体温、心率、宫缩、阴道流液量和性状,定期复查血常规、C反应蛋白、羊水量、胎心监护和超声等,发现异常及时处理。卧床期间注意预防下肢血栓形成。

(2) 预防感染:对破膜超过12 h者,应预防性应用抗生素(如青霉素类、大环内酯类),连续用5~7天。可有效延长孕周,减少绒毛膜羊膜炎和新生儿感染的发生率。

(3) 抑制宫缩:妊娠<34周者,建议给予宫缩抑制剂48 h,配合完成糖皮质激素促胎肺成熟治疗并宫内转运至有新生儿ICU的医院。

(4) 促胎肺成熟:对于妊娠<35周胎膜早破者,应给予地塞米松或倍他米松肌内注射,促胎肺成熟。

(5) 胎儿神经系统的保护:妊娠<32周有早产风险者,给予硫酸镁静脉滴注,预防早产儿脑瘫的发生。

3. 不宜继续保胎采用引产或剖宫产终止妊娠　①妊娠≥34周,90%以上胎儿肺已经成熟,不宜保胎;②无论妊娠孕周,明确诊断的宫内感染、胎儿窘迫、胎盘早剥等不宜继续妊娠者。

4. 分娩方式　综合考虑孕周、早产儿存活率、是否存在羊水过少或绒毛膜羊膜炎、胎儿能否耐受宫缩、胎方位等因素。无剖宫产指征时应选择经阴道分娩,产程中密切观察胎心变化。阴道分娩时不必常规会阴切开,亦不主张预防性产钳助产。胎儿臀位时,综合评估胎儿状况、当地新生儿救治能力,酌情放宽剖宫产指征。

【预防】

1. 加强围生期卫生宣传教育,妊娠晚期禁止性生活。
2. 不宜过劳,避免腹压突然增加。
3. 积极预防和治疗生殖道感染。
4. 注意营养均衡,适量补充维生素、钙、锌、铜等营养素。
5. 有子宫颈内口机能不全者,可于妊娠12~14周行子宫颈环扎术。

(梁　磊)

自测题

一、选择题

1. 初产妇,妊娠33周,规律性腹痛2 h就诊,胎心率140次/分,无阴道流血及流水。阴道检查:子宫颈管消失50%,宫口未开,胎膜未破。

(1) 此时最恰当的诊断是

　　A. 生理性宫缩　　　　　　B. 先兆流产　　　　　　C. 难免流产

　　D. 早产临产　　　　　　　E. 先兆早产

（2）对孕妇最恰当的处理是
    A. 观察待产
    B. 促胎肺成熟同时行剖宫产术
    C. 抑制宫缩同时促胎肺成熟治疗
    D. 抑制宫缩，延长孕周
    E. 促胎肺成熟同时等待自然分娩

2. 女性，29岁，妊娠31周，自妊娠28周开始反复出现无诱因、无痛性阴道流血，共3次，出血量少于月经量。今日再次出现阴道流血似月经量，立即收入院。查体：BP 120/74 mmHg，P 86次/分，子宫软，未触及宫缩，胎心率146次/分。

（1）依据病史及查体主要的诊断是
    A. 先兆早产
    B. 前置胎盘
    C. 胎盘早剥
    D. 胎盘前置状态
    E. 自然临产

（2）首选以下哪项检查
    A. B型超声确定胎盘位置
    B. 内诊检查判断子宫口是否开大
    C. X线检查
    D. 测定血 E_3 判断胎儿成熟度
    E. 核磁检查

（3）以下处理哪项是不恰当的
    A. 立即卧床休息，密切观察血压及阴道流血量情况
    B. B型超声检查确定胎盘位置
    C. 如果仍有阴道大量流血，立即剖宫产终止妊娠
    D. 如果阴道流血少，尽量延长孕周至37周
    E. 静脉点滴缩宫素引产

二、案例分析

女性，28岁，已婚。停经45天，阴道淋漓出血5天，2 h前突然出现左下腹部疼痛，呈撕裂样，伴恶心、呕吐、头晕，急诊入院。查体：T 37.4 ℃，P 115次/分，R 26次/分，BP 80/50 mmHg，平车推入病房，神志清，面色苍白。双肺呼吸音清，未闻及干湿啰音，心率115次/分，律齐，各瓣膜听诊区未闻及杂音。腹平坦，腹肌紧张，左下腹部压痛伴反跳痛，移动性浊音阳性。妇科检查：外阴已婚未产式，阴道内见暗红色血液，宫颈举痛阳性，子宫稍大稍软，子宫左侧可触及不规则包块，大小约 5 cm×4 cm×3 cm，压痛阳性。辅助检查：WBC $14.1×10^9$/L，RBC $2.8×10^{12}$/L，Hb 75 g/L，PLT $230×10^9$/L。

讨论分析：
1. 初步诊断及诊断依据是什么？
2. 为明确诊断还需要哪些检查？
3. 应与哪些疾病相鉴别？
4. 如何治疗？

三、问答题

1. 试述流产的类型及各种类型的治疗。
2. 试述输卵管妊娠的临床表现。
3. 试述胎盘早剥的常见并发症。
4. 试述妊娠期高血压疾病的分类。
5. 试述绒毛膜羊膜炎的诊断标准。

本章临床执业助理医师资格考试要点

1. 流产的概念、病因、临床类型、临床表现、诊断及鉴别诊断、治疗。
2. 早产的概念、病因、临床表现、诊断及鉴别诊断、治疗与预防。
3. 过期妊娠的概念、病因、病理、诊断、对母儿的影响、治疗。
4. 异位妊娠的病因、病理、临床表现、诊断与鉴别诊断、处理。
5. 妊娠高血压疾病的概念与分类、高危因素、病因、病理生理、对母儿的影响、临床表现、诊断、治疗与预防。
6. 前置胎盘的概念、病因、分类、临床表现、诊断与鉴别诊断、对母儿的影响及处理。
7. 胎盘早剥的概念、病因、病理、临床表现、诊断与鉴别诊断、并发症、对母儿的影响及处理。
8. 死胎的概念、病因、诊断方法及处理。
9. 胎儿窘迫的病因、临床表现、诊断及处理。
10. 胎膜早破的概念、病因、诊断、对母儿的影响及处理。

第十章

妊娠合并症

第十章
数字资源

学习目标

通过本章内容的学习，学生应能够：

识记：
1. 说出妊娠合并心脏病、妊娠合并糖尿病及妊娠合并病毒性肝炎的临床表现、诊断及其与妊娠的相互影响。
2. 列举妊娠合并心脏病的常见并发症和防治措施。

理解：
1. 解释妊娠合并心脏病、妊娠合并糖尿病及妊娠合并病毒性肝炎的病因。
2. 分析妊娠合并心脏病、妊娠合并糖尿病及妊娠合并病毒性肝炎的临床表现及防治原则。

运用：
正确地诊断妊娠合并症，并制订诊疗方案。

第1节 妊娠合并心脏病

妊娠合并心脏病是产科严重的合并症，是造成孕产妇死亡的重要原因之一。在我国孕产妇死因顺位中高居第二位，为非直接产科死因的第一位。因此，正确诊断和处理妊娠合并心脏病对降低孕产妇及围生儿死亡率非常重要。

【妊娠、分娩、产褥期对心脏的影响】

1. 妊娠期 一方面孕妇血容量从妊娠6周起增加，妊娠32~34周达高峰，血液总增加量为30%~45%，并维持高水平至足月。血容量的增多使心排出量增加，心率加快（平均每分钟增加10次），心肌耗氧量加大，加重了心脏负担。另一方面，由于子宫增大，膈肌上升，也增加了心脏的负担。在妊娠32周前后，容易导致心脏代偿功能不足，而发生心力衰竭。

2. 分娩期 分娩期为心脏负担最重的时期。子宫收缩使孕妇动脉压与子宫内压之间压力差减小，且每次宫缩时有250~500 ml液体被挤入体循环，增加了全身血容量；每次宫缩时心排血量约增加24%，同时有血压增高、脉压增宽及中心静脉压升高。第二产程时由于孕妇屏气，先天性心脏病孕妇有时可因肺循环压力增加，使原来左向右分流转为右向左分流而出现发绀。胎儿胎盘娩出后，子宫突然缩小，胎盘循环停止，回心血量增加。加之腹腔内压骤减，大量血液向内脏灌注，造成血流动力学急剧变化。此时，患心脏病孕妇极易发生心力衰竭。

3. 产褥期 产后3日内仍是心脏负担较重的时期。除由于子宫缩复，血液进入体循环外，机体组织内潴留的液体也开始回到体循环，使血容量暂时性增加，心脏负担再度加重，仍要警

惕心力衰竭的发生。妊娠期出现的一系列心血管变化，在产褥期尚不能立即恢复到妊娠前状态。心脏病孕妇此时仍应警惕心力衰竭的发生。

综上所述，妊娠32~34周后、分娩期、产后3天内心脏负担最重，是妊娠合并心脏病孕妇最危险的时期，临床上应给予密切监护。

心脏病孕妇因慢性缺氧而引起胎儿生长受限和胎儿窘迫，当心力衰竭时，缺氧可引起子宫收缩，发生流产、早产。围生儿的死亡率是正常妊娠的2~3倍。

【妊娠合并心脏病的种类】

妊娠合并心脏病中先天性心脏病占第一位，其次是风湿性心脏病、妊娠期高血压疾病性心脏病、围生期心肌病、高血压性心脏病等。

（一）先天性心脏病

分为无发绀型和发绀型两类。大部分无发绀型患者能安全度过孕产各期，一部分患者因有不同程度的肺动脉高压，在第二产程产妇屏气用力使肺动脉压力进一步升高，以及产后出血，体循环压力下降而发生血液右向左分流，出现发绀而诱发心力衰竭。发绀型患者对妊娠血流动力学改变的耐受差，一旦妊娠，母儿死亡率可高达35%~50%，因此不宜妊娠。

（二）风湿性心脏病

以单纯二尖瓣狭窄最多见，其次为二尖瓣狭窄合并关闭不全，主动脉病变少见。

1. 二尖瓣狭窄　由于狭窄的二尖瓣阻碍血流从左心房到左心室，妊娠期血液循环量的增加和血流动力学的急剧改变使左心房压力骤增，造成急性肺水肿及心力衰竭。二尖瓣狭窄越严重，血流动力学的改变越明显，妊娠的危险性越大，肺水肿和心力衰竭的发生率越高，母儿的死亡率越高。尤其在分娩和产后，死亡率更高。

2. 二尖瓣关闭不全　单纯二尖瓣关闭不全尚能适应妊娠，很少发生心力衰竭。

3. 主动脉狭窄　单纯主动脉狭窄较少见，轻型孕妇能安全度过妊娠期、分娩期和产褥期。重症者早期即有活动后呼吸困难、眩晕或晕厥、左心衰竭，甚至死亡。

4. 主动脉关闭不全　主动脉关闭不全的孕妇尚能耐受妊娠，但重症者可出现呼吸困难，甚至心力衰竭。

5. 风湿性心脏病患者有下列情况不宜妊娠

（1）有肺动脉高压、慢性心房颤动、Ⅲ度房室传导阻滞者。

（2）近期有活动性风湿热或并发细菌性心内膜炎。

（3）有心力衰竭史。

（4）合并有严重的其他内科疾病，如有慢性肾炎、高血压、肺结核、糖尿病者。

（三）妊娠期高血压疾病性心脏病

妊娠期高血压疾病时冠状动脉痉挛，心肌缺血受累，周围小动脉阻力增加，水、钠潴留及血黏稠度增加等，加重了心脏负担而诱发急性心力衰竭。临床常见为以往无心脏病史及体征，妊娠期出现妊娠期高血压疾病，多骤然发生心力衰竭。诊断及时，治疗得当，常能安全度过妊娠及分娩期，产后病因消除，病情会逐渐缓解，多不遗留器质性心脏病变。

（四）围生期心肌病

围生期心肌病（peripartum cardiomyopathy）指既往无心血管疾病史的孕妇，在妊娠晚期至产后6个月内发生的扩张性心肌病，表现为心肌收缩功能障碍和充血性心力衰竭。确切病因不清，可能与病毒感染、免疫、高血压、肥胖、营养不良及遗传等因素有关。发生于妊娠晚期占10%，产褥期及产后3个月内最多，约占80%，产后3个月以后占10%。

临床表现不尽相同，主要表现为呼吸困难、心悸、咳嗽、咯血、端坐呼吸、胸痛、肝大、水肿等心力衰竭症状。25%~40%患者出现相应器官栓塞症状。轻者仅有心电图T波改变而无症状。胸部X线摄片见心脏普遍增大、肺淤血。心电图示左室肥大、ST段及T波异常改变，

可伴有各种心律失常。超声心动图显示心腔扩大，以左室、左房大为主，室壁运动普遍减弱，射血分数减少。一部分患者可因发生心力衰竭、肺梗死或心律失常而死亡。初次心力衰竭经早期治疗后，1/3～1/2患者可以完全康复，再次妊娠可能复发。曾患围生期心肌病、心力衰竭且遗留心脏扩大者，应避免再次妊娠。

（五）心肌炎

心肌炎（myocarditis）可发生在妊娠任何阶段，是心肌本身局灶性或弥漫性炎性改变。目前认为与病毒感染有关。临床表现缺乏特异性，可为隐匿性发病，常有发热、咳嗽、咽痛、恶心、呕吐、乏力，之后出现心悸、胸痛、呼吸困难、心前区不适。检查可见与发热不平行的心动过速、心律失常、心脏普遍性扩大、心电图 ST 段及 T 波异常改变和各种心律失常。辅助检查见白细胞增多、红细胞沉降率加快、C 反应蛋白增加、心肌酶谱增高。急性心肌炎病情控制良好者，可在密切监护下妊娠。心功能严重受累者，妊娠期发生心力衰竭的危险性很大。

【诊断】

（一）妊娠合并心脏病的诊断

由于正常妊娠的生理性变化，可以表现一些类似心脏病的症状和体征，如心悸、气促、踝部水肿、乏力、心动过速等。心脏检查可以有轻度扩大、心脏杂音。妊娠还可使原有心脏病的某些体征发生变化，增加了诊断难度。诊断时应注意以下有意义的诊断依据：

1. 妊娠前有心悸、气短、心力衰竭史，或曾有风湿热病史。
2. 有劳力性呼吸困难，经常性夜间端坐呼吸、咯血、胸闷、胸痛等症状。
3. 有发绀、杵状指（趾）、持续性颈静脉怒张。心脏听诊有舒张期 2 级以上或粗糙的全收缩期 3 级以上杂音。有心包摩擦音、舒张期奔马律和交替脉等。
4. 心电图有严重心律失常，如心房颤动、心房扑动、Ⅲ度房室传导阻滞、ST 段及 T 波异常改变等。
5. X 线检查显示心脏显著扩大，尤其个别心腔扩大。
6. 超声心动图示心肌肥厚、瓣膜运动异常、心内结构畸形。

（二）心脏病心功能分级

为了更好地预防心力衰竭的发生，判定心脏病的严重程度，根据患者心脏代偿功能的情况，按孕妇所能负担的劳动程度分为四级：

Ⅰ级　一般体力活动不受限。

Ⅱ级　一般体力活动略受限，休息时舒适如常，但在日常体力活动或操作时即感疲劳、心悸和轻度气短。

Ⅲ级　一般日常体力活动明显受限制，轻微活动也感心悸、气短、心绞痛等，只有在完全休息时才无症状，或既往有心力衰竭史者。

Ⅳ级　一般体力活动严重受限制，不能做任何轻微活动，休息时仍出现明显的心功能不全症状。

（三）早期心力衰竭的诊断

1. 轻微活动即感胸闷、心悸、气促。
2. 夜间常因胸闷而坐起呼吸，或到窗口呼吸新鲜空气。
3. 休息时，心率＞110次/分，呼吸＞20次/分。
4. 肺底有少量持续性湿啰音，咳嗽后不消失。

（四）心力衰竭的诊断

1. 诱因　心力衰竭发生前有上呼吸道感染、妊娠期高血压疾病、重度贫血、心房颤动、产后发热或过度劳累等。

2. 临床表现　有气促、发绀、端坐呼吸、咳嗽、咳白色泡沫样痰,严重者咳粉红色泡沫痰。检查:心率增快、呼吸次数增多,肺底部可闻及湿啰音。颈静脉充盈、肝大、下肢水肿,有心脏病体征。

【常见病发症】

1. 心力衰竭　是妊娠合并心脏病常见的严重并发症,也是妊娠合并心脏病孕产妇死亡的主要原因,由于妊娠期及分娩期血流动力学的巨大变化,心力衰竭最容易发生在妊娠32~34周、分娩期及产褥早期。以急性肺水肿为主要表现的急性左心衰竭多见,常为突然发病。病情加重时可出现血压下降、脉搏细弱、神志模糊,甚至昏迷、休克、窒息而死亡。所以,应重视早期心力衰竭的临床表现。

2. 感染性心内膜炎　是指由细菌、真菌和其他微生物(如病毒、立克次体、衣原体、螺旋体等)直接感染而产生的心瓣膜或心壁内膜炎症。最常见的症状是发热、心脏杂音、栓塞表现。若不及时控制,可诱发心力衰竭。

3. 缺氧和发绀　妊娠时外周血管阻力降低,使发绀型先天性心脏病的发绀加重;非发绀型左至右分流的先天性心脏病,可因肺动脉高压及分娩失血,发生暂时性右至左分流引起缺氧和发绀。

4. 静脉栓塞和肺栓塞　妊娠时血液呈高凝状态,若合并心脏病伴静脉压增高及静脉淤滞者,有时可发生深部静脉血栓,虽不常见,一旦栓子脱落可诱发肺栓塞,是孕产妇的重要死亡原因之一。

5. 恶性心律失常　指心律失常发作时导致患者的血流动力学改变,出现血压下降甚至休克,心、脑、肾等重要器官供血不足,多在原有心脏病的基础上发生,是孕妇猝死和心源性休克的主要原因。

【防治】

(一)心脏病患者对妊娠耐受力的判断

孕产妇能否安全度过妊娠期、分娩及产褥期,取决于心脏病的种类、病变程度、是否手术矫治、心功能级别及具体医疗条件等因素。

1. 可以妊娠　心功能Ⅰ~Ⅱ级,既往无心力衰竭史,心脏病变较轻。

2. 不宜妊娠　心功能Ⅲ~Ⅳ级,既往有心衰史、心脏病变较重、有肺动脉高压、发绀型先天性心脏病、严重心律失常、活动性风湿热、心脏病并发细菌性心内膜炎者。

(二)妊娠期

1. 终止妊娠　凡不宜妊娠的心脏病孕妇应在孕12周前行人工流产。妊娠超过12周者,引产的危险不亚于继续妊娠,故一般不宜终止妊娠,应在严密观察下使其安全度过孕产期。对顽固性心衰病例,为减轻心脏负荷,应与内科医生配合,严格监护下行剖宫产术,常能改善预后。

2. 继续妊娠　加强孕期保健,定期产前检查。在妊娠20周前,应每2周行产前检查1次。在妊娠20周后,尤其是孕32周以后,发生心力衰竭的概率增加,产前检查应每周1次,及早发现心力衰竭的早期征象。预防心力衰竭的发生,保证充分休息,避免劳累。给高蛋白、高维生素、低盐、低脂肪饮食。积极防治各种并发症,如上呼吸道感染、贫血、妊娠期高血压疾病等。最好在预产期前2周住院待产。凡有Ⅲ级心功能以上或有心力衰竭征象者,应及时住院治疗。

动态观察心脏功能,定期行超声心动图检查,测定心脏射血分数、每分心搏出量、心指数及室壁运动状态,判断随妊娠进展的心功能变化。

(三)分娩期处理

到妊娠晚期应提前选择好适宜的分娩方式。

1. 剖宫产术 胎儿偏大,产道条件不佳及心功能在Ⅲ级及Ⅲ级以上者,应择期行剖宫产术。选择适当的麻醉方法(硬膜外麻醉),手术期血流动力学改变较阴道分娩少,患者血压、脉搏及心率均较平稳;又由于肢体血管扩张,减少回心血量,避免了胎儿娩出后大量血液突然回心而增加心脏的负担,故剖宫产比较安全,应放宽剖宫产指征。术中、术后应严格限制输液量。不宜再妊娠者,应同时行输卵管结扎术。心功能不全或有心力衰竭者,剖宫产结束分娩较阴道分娩相对安全。手术由有经验的医师进行,并由心血管科医生协助监护。

2. 阴道分娩 心功能Ⅰ~Ⅱ级,胎儿不大,胎位正常,子宫颈条件良好者,可经阴道分娩。产时严密监护心功能。

(1)第一产程:安慰及鼓励产妇,消除其精神紧张。密切注意脉搏、呼吸、血压及心功能情况。阵缩开始后疼痛可加重心脏负担,适当给予地西泮、哌替啶等镇静药物。一旦发生心衰征象,应取半卧位,高浓度面罩吸氧,同时用强心剂,如毛花苷C 0.4 mg加25%葡萄糖溶液20 ml,缓慢静脉注射。必要时每隔4~6 h重复给药1次,每次0.2 mg。产程开始后应给予抗生素预防感染。如心力衰竭不易控制,应在控制心力衰竭的同时行剖宫产术。

(2)第二产程:宫口开全,先露达坐骨棘水平以下时,应阴道助产(胎头吸引术、低位产钳或臀牵引术),尽可能缩短第二产程。

(3)第三产程:胎儿娩出后,腹部应立即加沙袋,防止腹压骤降而诱发心力衰竭。产后宫缩不良者,可静脉或肌内注射缩宫素10~20 U,禁用麦角新碱,以防静脉压增高诱发心衰。必要时可输血、输液,但注意速度宜慢。分娩结束后,不应立即移动产妇,待病情稳定后,方可送回病房。

(四)产褥期处理

产后3天内特别是产后24 h内心脏负担依然很重,加之分娩后胎盘剥离面以及阴道内的小创伤均可能成为感染的来源,故预防心力衰竭及控制感染是产褥期处理的两大关键。应用广谱抗生素预防感染,至产后1周左右,无感染征象时停药。心功能Ⅲ级以上者,不宜哺育婴儿,应严格避孕或行绝育术,一般可在产后1周左右进行输卵管结扎术。但有心力衰竭者,须充分控制后,再选择适当时间行绝育术。

(五)心脏手术指征

妊娠期间血流动力学的改变使心脏储备能力下降,影响心脏手术后的恢复,加之术中用药及体外循环对胎儿的影响,一般不主张在孕期手术,尽可能在幼年、孕前或延至分娩后再行心脏手术。

第2节 妊娠合并病毒性肝炎

病毒性肝炎是由肝炎病毒引起的,妊娠的任何时期都有被肝炎病毒感染的可能。目前已确诊的肝炎病毒有5种,按病原分为甲型、乙型、丙型、丁型和戊型,以乙型肝炎最常见。妊娠合并病毒性肝炎较非孕时重,妊娠期越晚,病情越容易加重,母儿的危险越大。重症肝炎仍是我国孕产妇死亡的主要原因之一。

【妊娠对病毒性肝炎的影响】

妊娠期、产褥期肝结构、功能均发生变化:①妊娠期基础代谢率高,营养物质消耗增多,肝糖原储备降低,对低糖耐受降低;②妊娠期大量雌激素在肝内灭活,妨碍肝对脂肪的转运和胆汁的排泄,血脂升高;③胎儿代谢产物需经母体肝代谢解毒;④妊娠早期食欲降低,体内营养物质相对不足,如蛋白质相对缺乏,使肝抗病能力下降;⑤分娩时体力消耗、缺氧、酸性代谢产物增多及产后出血等因素,加重肝负担。上述因素并不增加肝对肝炎病毒的易感性,但由于妊娠期、产褥期的生理变化,可加重病情。妊娠期间的并发症也易引起肝损害,并易与病毒

性肝炎混淆，增加诊治的复杂性和难度。

【病毒性肝炎对妊娠的影响】

（一）对母亲的影响

妊娠早期发生者，恶心、呕吐症状明显加重。妊娠晚期发病者，易转变成重症肝炎，易发生重度妊娠期高血压疾病（可能与醛固酮的灭活能力下降有关）。肝受损，凝血因子合成功能减退，产后出血率增加，易发生 DIC。妊娠晚期发生急性病毒性肝炎重症率及死亡率较非孕妇高。

（二）对胎儿及新生儿的影响

流产、早产和死产率增高，新生儿窒息率增加。妊娠早期患病毒性肝炎，胎儿畸形发病率升高，近年来有研究指出，病毒性肝炎与唐氏综合征的发病密切相关。妊娠期患病毒性肝炎胎儿可通过垂直传播而感染，围生期感染的婴儿有相当一部分将转为慢性病毒携带状态。不同类型肝炎传播情况也不同。甲型肝炎和戊型肝炎很少发生母婴垂直传播。乙型肝炎、丙型肝炎和丁型肝炎可发生母婴传播。

【诊断】

妊娠期病毒性肝炎诊断与非孕期相同，但比非孕期困难。应根据流行病学详细询问病史，结合临床症状、体征及实验室检查进行综合判断。

（一）病史

有与病毒性肝炎患者密切接触史，或半年内有输血、注射血制品史。潜伏期甲型病毒性肝炎平均为 2~7 周，乙型病毒性肝炎为 6~20 个月，丙型病毒性肝炎为 2~26 周，戊型病毒性肝炎为 2~8 周。

（二）临床表现

主要表现为消化道症状，如恶心、呕吐、食欲缺乏、腹胀、肝区疼痛，不能用妊娠或其他原因解释。有的表现为乏力、畏寒、发热。查体可见部分患者有皮肤及巩膜黄染，肝大、肝区叩击痛。

1. 甲型病毒性肝炎（viral hepatitis type A） 由甲型肝炎病毒（HAV）引起，主要是通过粪－口传染。临床表现为急性起病，畏寒、发热、食欲缺乏、恶心、乏力、肝大，肝功能异常，部分患者出现黄疸。母婴传播少见。但妊娠晚期患甲型肝炎，分娩过程中接触母体血液或受粪便污染可使新生儿感染。

2. 乙型病毒性肝炎（viral hepatitis type B） 由乙型肝炎病毒（HBV）引起，通过血液和体液传播，有慢性携带者。临床表现多样化，可发展成慢性肝炎和肝硬化，甚至肝癌。孕期感染乙肝可通过垂直传播或接触传播给胎儿或新生儿。

3. 丙型病毒性肝炎（viral hepatitis type C） 由丙型肝炎病毒（HCV）引起，已证实 HCV 存在母婴传播。传播途径及临床表现与乙肝相似。主要经血液和血制品传播，是输血后肝炎的主要原因，其次为性接触及家庭内密切接触传播。

4. 丁型病毒性肝炎（viral hepatitis type D） 由丁型肝炎病毒（HDV）引起，这是一种小的缺陷病毒，需与乙肝病毒共生才能复制。传播途径与 HBV 相似，孕期少见。

5. 戊型病毒性肝炎（viral hepatitis type E） 由戊型肝炎病毒（HEV）引起，传播途径及临床表现与甲型病毒性肝炎相似。孕期感染戊型病毒易发生重症肝炎，且易引起流产死胎，需要重视。

（三）实验室检查

血清丙氨酸氨基转移酶增高，血清总胆红素升高。

（四）血清病原学检测

1. 甲型病毒性肝炎 检测血清 HAV 抗体及血清 HAV-RNA。HAV-IgM 阳性代表近期感染，HAV-IgG 在急性后期和恢复期出现，属保护性抗体。

2. 乙型病毒性肝炎 检查血清中 HBV 的标志物，主要是乙肝全套生化检测和 HBV DNA。乙肝病毒血清学标记及其临床意义见表 10-1。

表 10-1　乙型肝炎病毒血清学标记及其临床意义

血清学标记物	定性	提示内容	临床意义
表面抗原（HBsAg）	阳性（+）	感染乙型肝炎病毒	乙型肝炎患者或乙型肝炎病毒携带者
表面抗体（HBsAb）	阳性（+）	曾感染过乙型肝炎病毒	产生免疫
e 抗原（HBeAg）	阳性（+）	血液中有大量乙型肝炎病毒存在	传染性较强
e 抗体（HBeAb）	阳性（+）	乙型肝炎感染恢复期	传染性较低
核心抗体（HBcAb）	IgM 阳性（+）	乙型肝炎病毒复制阶段	处于感染期

3. 丙型病毒性肝炎　单项 HCV 抗体阳性多为既往感染，不可作为抗病毒治疗的证据。

4. 丁型病毒性肝炎　HDV 是一种缺陷的嗜肝 RNA 病毒，需依赖 HBV 的存在而复制和表达，伴随 HBV 引起肝炎。需同时检测血清中 HDV 抗体和乙型肝炎血清学标志物。

5. 戊型病毒性肝炎　由于 HEV 抗原检测困难，而抗体出现较晚，在疾病急诊期有时难以诊断，即使抗体阴性也不能排除诊断，需反复检测。

（五）重症肝炎的诊断

①消化道症状明显；②黄疸迅速加深，血清总胆红素值>171 μmol/L；③肝进行性缩小，有肝臭；④肝性脑病；⑤肝肾综合征；⑥凝血功能障碍，全身出血倾向，PTA<40%。若出现以下三点可临床诊断为重型肝炎：出现乏力、食欲缺乏、恶心呕吐等症状；活化部分凝血酶原时间百分活度<40%；血清总胆红素>171 μmol/L。

【鉴别诊断】

1. 妊娠剧吐　妊娠早期因反复呕吐和长期饥饿，导致水、电解质及酸碱平衡紊乱，甚至肝、肾功能受损。虽然孕妇有恶心、呕吐、肝功能异常，但本病氨基转移酶轻度升高，黄疸轻微，尿酮体阳性，经过补液纠正酸碱平衡，水、电解质紊乱后，症状迅速好转，病毒血清学检查无异常。

2. 妊娠期高血压疾病　病情严重时也可致肝损害，表现为氨基转移酶轻度至中度升高，但胃肠道症状不明显，且有妊娠期高血压疾病的典型表现，终止妊娠后肝功能迅速恢复，这些特点可与肝炎鉴别，但需注意病毒性肝炎常合并妊娠期高血压疾病。

3. 妊娠期肝内胆汁淤积症　妊娠 28 周前后出现全身瘙痒，随后出现黄疸，无明显消化道症状，一般情况良好。血清直接胆红素升高，胆酸明显升高，氨基转移酶正常或轻度升高。

4. 妊娠急性脂肪肝　妊娠晚期特有的疾病，表现为明显的消化道症状、黄疸、出血倾向及肝、肾衰竭，尿胆红素多为阴性，易误诊为重症肝炎。但终止妊娠后病情明显好转及病毒血清学检查有助于鉴别诊断。

5. 妊娠期药物性肝损害　有使用损害肝细胞药物史，无肝炎接触史，无消化道症状，有时出现皮疹、瘙痒、嗜酸性粒细胞增高，可与肝炎鉴别，停药后多数恢复正常。

【处理措施】

与非孕期相同，但孕期需注意尽量避免使用损害肝细胞药物，以免加重肝负担；注意休息、避免劳累，加强营养，予高维生素、高蛋白、足量糖类（碳水化合物）、低脂肪饮食。

1. 积极保肝治疗，可服用葡醛内酯（肝泰乐）等保肝药物。

2. 轻型肝炎可继续妊娠。

3. 重型肝炎的处理

（1）保肝治疗：可用胰高血糖素加胰岛素疗法促进肝细胞再生。可用新鲜血浆 200~400 ml，每 2~3 日 1 次，能补充凝血因子。

(2) 预防和处理肝性脑病：出现肝性脑病前驱症状时,应限制蛋白质摄入,增加糖类(碳水化合物),保持大便通畅,减少氨及毒素的吸收。还可以给一些促肝细胞再生和使患者清醒的药物如支链氨基酸或复方氨基酸；补充鲜血、血浆、白蛋白等。

4. 预防及治疗DIC DIC是妊娠期重症肝炎的主要死因。不应盲目使用肝素,应及时行凝血功能检查,补充鲜血及凝血因子,有DIC时可在监测凝血功能情况下,小剂量使用肝素,肝素剂量宜小不宜大。产前4 h至产后12 h内不宜使用肝素,否则将导致或加重出血。

5. 肾衰竭的治疗 严格限制入液量,及时补充血容量,改善肾血液循环,增加尿量,限制含钾食物,纠正酸中毒。可予利尿及扩血管治疗。

6. 防止感染 重型肝炎患者易发生胆道、腹腔、肺部等部位的细菌感染。注意无菌操作、口腔护理、会阴擦洗等护理,预防感染,有计划逐步升级强有力的广谱抗生素,最初可选用二、三代头孢菌素,使用广谱抗生素2周以上需经验性使用抗真菌药物。

【产科处理】

(一) 孕前处理

感染HBV的生育期妇女应在妊娠前行肝功能、血清HBV DNA检测以及肝超声检查。患者最佳的受孕时机是肝功能正常、血清HBV DNA低水平、肝超声无特殊改变。若有抗病毒治疗指征,可采用干扰素或核苷类药物治疗,应用干扰素治疗的妇女,停药后6个月可考虑妊娠；口服核苷类药物需要长时间治疗,最好应用替诺福韦或替比夫定,可以延续至妊娠期使用。

(二) 妊娠期处理

轻症急性肝炎,经积极治疗后好转者可继续妊娠。慢性活动性肝炎者妊娠后可加重,对母儿危害较大,治疗后效果不好应考虑终止妊娠。治疗主要采用护肝、对症、支持疗法。常用护肝药物有葡醛内酯、多烯磷脂酰胆碱、腺苷甲硫氨酸、还原型谷胱甘肽注射液、门冬氨酸钾镁等。主要作用在于减轻免疫反应损伤,协助转化有害代谢产物,改善肝循环,有助于肝功能恢复。治疗期间严密监测肝功能、凝血功能等指标。

(三) 分娩期处理

非重型肝炎可阴道分娩,分娩前数日肌注维生素K_1,每日20~40 mg。准备好新鲜血液。防止滞产,宫口开全后可行胎头吸引术助产,以缩短第二产程。防止产道损伤和胎盘残留。胎肩娩出后立即使用缩宫素预防产后出血。

(四) 产褥期处理

注意休息和护肝治疗。采用对肝细胞损害小的抗生素预防感染,注意血压、脉搏及阴道出血量,观察病情及肝功能的变化,应用对肝损害较小的广谱抗生素预防或控制感染,是防止肝炎病情恶化的关键。不宜哺乳者应尽早回乳,回乳避免使用雌激素。

(五) 关于剖宫产的问题

轻型肝炎患者,如有产科指征应行剖宫产。妊娠合并重症肝炎选择有利时机采用剖宫产方式结束妊娠。妊娠合并重症肝炎常发生产时及产后出血,这是患者病情加重与死亡的主要原因之一。必要时行剖宫产,同时行子宫次全切除术。

【乙型肝炎病毒母婴传播阻断】

1. HBV母婴传播途径 包括宫内传播、产时传播和产后传播。

(1) 宫内感染:是产后免疫接种失败的主要原因。有关HBV发生宫内感染的机制尚不明确,HBV可能经阴道上行感染胎膜、羊水、胎儿。

(2) 产时感染:是母婴传播的主要途径。分娩时新生儿经过产道,接触含有HBV的母血、阴道分泌物、羊水等,或在分娩中子宫收缩使胎盘绒毛血管破裂,少量母血渗漏入胎儿循环,导致新生儿感染。一般认为,母血清HBV DNA含量越高,产程越长,感染率越高。目前

还没有足够证据证明剖宫产可降低母婴传播风险。

（3）产后感染：可能与新生儿密切接触母亲的唾液和乳汁有关。关于母乳喂养问题，多年来一直争议较多。近年来一般认为，新生儿经主、被动免疫后，母乳喂养是安全的，但HBsAg与HBeAg同时阳性的母亲进行母乳喂养是否安全，目前尚缺乏充分证据。

2. HBV母婴传播阻断　产后新生儿联合使用乙型肝炎疫苗和乙肝免疫球蛋白（HBIG），可以有效地阻断HBV母婴传播。我国新生儿出生后常规行免疫接种及随访，免疫预防方案见表10-2。

表10-2　新生儿乙型肝炎免疫预防方案

母体情况	胎儿情况	接种方案	随访
孕妇HBsAg（-）	足月新生儿	疫苗行3针方案：即0、1、6个月各注射1次	无需随访
	早产儿且出生体重≥2000 g	疫苗行3针方案：即0、1、6个月各注射1次	最好于1~2岁再加强一针疫苗
	早产儿且出生体重<2000 g	待新生儿体重增加≥2000 g时疫苗行4针方案：出生24 h内、1~2个月、2~3个月、6~7个月各注射1次	可不随访或最后1针后1~6个月
孕妇HBsAg（+）	足月新生儿	出生12 h内注射HBIG 100~200 U；并行3针方案：即0、1、6个月各注射1次	7~12月龄随访
	早产儿，无论出生时情况及体重	出生12 h内注射HBIG 100~200 U，3~4周后重复1次；疫苗行4针方案：即出生24 h内、3~4周、2~3个月、6~7个月各注射1次	最后1针后1~6个月

随访检测结果有：①HBsAg阴性，抗-HBs阳性，且>100 mU/ml，说明预防成功，应答反应良好，无需特别处理；②HBsAg阴性，抗-HBs阳性，但<100 mU/ml，表明预防成功，但对疫苗应答反应较弱，可在2~3岁加强接种1针，以延长保护年限；③HBsAg和抗-HBs均阴性（或<10 mU/ml），说明没有感染HBV，但对疫苗无应答，需再次全程接种（3针方案），然后再复查；④HBsAg阳性，抗-HBs阴性，高度提示免疫预防失败；6个月后复查HBsAg仍阳性，可确定预防失败，已为慢性HBV感染。

第3节　妊娠合并糖尿病

孕妇的糖尿病包括妊娠期糖尿病（gestational diabetes mellitus，GDM）和糖尿病合并妊娠（pregestational diabetes mellitus，PGDM）两种情况。妊娠期糖尿病指妊娠时才出现或首次发现的糖尿病。此类孕妇多数于分娩后糖代谢能恢复正常，但将来患2型糖尿病的机会增加。糖尿病合并妊娠指原有糖尿病的基础上合并妊娠者。无论何种情况，由于孕妇糖尿病的临床过程较为复杂，对母儿有较大的危害，必须引起重视。

【妊娠对糖尿病的影响】

1. 妊娠使孕妇对胰岛素的需求量增加　妊娠期甲状腺素、肾上腺皮质激素、生长激素分泌增多，尤其是妊娠中晚期胎盘激素，如胎盘生乳素、雌激素、孕激素显著增多，这些激素可降低周围组织对胰岛素的敏感性。另外，胎盘产生的胰岛素酶又增加了胰岛素的降解，无疑增加了孕妇胰的负担，对胰岛素的需要量与非孕时比约增加了1倍。

2. 妊娠使糖尿病诊断难度加大　妊娠早期的早孕反应；分娩期的体力消耗，同时进食减少等，造成糖代谢大幅度变化，再加上肾糖阈降低，尿糖不能准确反映病情，影响对胰岛素需要量的正确计算。妊娠的各种并发症、哺乳和产后感染也增加了病情的复杂性。胎盘催乳素具

有较强促进脂肪分解及酮体形成作用,在正常妊娠时,尤其饥饿后,脂肪代谢加速,容易形成酮体,发生酮症。产后胎盘娩出后,抗胰岛素激素迅速下降。若不及时调整胰岛素的用量,较易发生酮症酸中毒、低血糖等并发症。

【糖尿病对孕妇、胎儿及新生儿的影响】

(一)对孕妇的影响

1. 自然流产 流产多发生在早孕期,主要见于漏诊糖尿病或显性糖尿病病情严重而血糖未能够控制的情况下的妊娠,早孕期血糖过高常使胎儿发育受累,最终导致胚胎死亡、流产。糖尿病孕妇胎儿畸形发生率高,使自然流产发生率增加。

2. 妊娠期高血压疾病 糖尿病孕妇妊娠期高血压疾病的发病率比正常孕妇高2~4倍。可发生小血管内皮细胞的增厚及管腔狭窄,组织供血不足。尤其并发肾病变时,妊娠期高血压疾病的发生率可高达50%甚至以上。糖尿病孕妇一旦并发妊娠期高血压疾病,病情较重,对母儿影响极大。

3. 感染 糖尿病造成白细胞的多种功能缺陷,抵抗力下降易发生感染,常由细菌或者真菌引起,如泌尿系统感染或外阴阴道假丝酵母菌感染,严重者引起感染性休克。

4. 羊水过多 羊水中含糖量过高,刺激羊膜分泌增加,加之胎儿尿量增多,使羊水过多的发病率较非孕妇多10倍。

5. 手术产及产伤 因巨大儿导致难产,使剖宫产率升高。由于胎儿较大,常导致肩难产及软产道损伤。

6. 产后出血 因糖利用不足,能量缺乏,易出现宫缩乏力,导致产程延长,产后出血。

7. 酮症酸中毒 由于胰岛素相对或绝对缺乏,血糖不能被利用,体内脂肪分解增加,酮体产生增多。少数因为早孕反应严重引起饥饿性酮症。酮症酸中毒严重时诱导昏迷甚至死亡,不仅是糖尿病孕妇死亡的主要原因,发生在孕早期还有致畸作用,发生在妊娠中晚期易导致胎儿窘迫及胎死宫内。

8. 妊娠期糖尿病孕妇再次妊娠时,复发率33%~69%。远期患糖尿病概率增加,17%~63%将发展为2型糖尿病。

(二)对胎儿及新生儿的影响

1. 巨大儿 发生率25%~42%。其原因为葡萄糖可通过胎盘进入胎儿血循环,胎儿长期处于高糖状态,刺激胎儿胰岛B细胞增生,产生过量胰岛素,促进蛋白、脂肪合成和抑制脂解作用,使胎儿全身脂肪聚集,导致胎儿巨大,手术产发生率增高。

2. 胎儿生长受限(FGR) 妊娠早期高血糖有抑制胚胎发育的作用,导致妊娠早期胚胎发育落后。糖尿病合并微血管病变时,胎盘血管常出现异常,影响胎儿发育。

3. 畸形胎儿发生率高 可能与代谢紊乱、缺氧或应用治疗糖尿病的药物有关。

4. 早产 发生率为10%~25%。其原因有羊水过多、妊娠期高血压疾病、胎儿窘迫及其他合并症的出现,常需提前终止妊娠。

5. 新生儿合并症 若糖尿病合并妊娠期高血压疾病、酮症酸中毒,使胎儿慢性缺氧,诱导红细胞生成素产生增多,引起红细胞生成增多,导致新生儿红细胞增多症发生。新生儿出生后体内大量红细胞被破坏,胆红素产生增加,造成新生儿高胆红素血症;高胰岛素血症具有拮抗糖皮质激素的作用,因而使胎儿肺表面活性物质分泌减少导致胎儿肺成熟延迟,故新生儿呼吸窘迫综合征发生增多;胎儿娩出后,母体血糖供应中断出现反应性低血糖。

【诊断】

既往有死胎、巨大儿、畸形儿或多次流产史;糖尿病家族史;反复发作的念珠菌性阴道炎;早孕期出现多饮、多食、多尿,体重不升或下降,甚至出现血糖增高伴酮症酸中毒。或孕前已诊断为糖尿病者,可能是糖尿病合并妊娠。高龄、肥胖、孕期多次尿糖阳性、反复

真菌性阴道炎、本次妊娠胎儿偏大或羊水过多等情况的孕妇，患妊娠期糖尿病的概率较高。

1. 糖尿病合并妊娠的诊断

（1）妊娠前已确诊为糖尿病患者。

（2）首次产前检查时应明确是否存在妊娠前糖尿病，达到以下任何一项标准应诊断为糖尿病合并妊娠：①空腹血糖（fasting plasma glucose，FPG）≥7.0 mmol/L（126 mg/dl）；②糖化血红蛋白≥6.5%；③伴有典型的高血糖或高血糖危象症状，同时任意血糖≥11.1 mmol/L（200 mg/dl）。

2. 妊娠期糖尿病的诊断

（1）有条件的医疗机构，在妊娠24～28周及以后应对所有尚未被确诊为糖尿病的孕妇进行口服葡萄糖耐量试验（oral glucose tolerance test，OGTT）。

OGTT的方法：前一日晚餐后禁食至次日晨（最迟不超过上午9时），OGTT试验前3日正常体力活动，即每日进食糖类（碳水化合物）不少于150 g，检查期间静坐、禁烟，检查时，5 min内口服含75 g葡萄糖的液体300 ml，分别抽取服糖前、服糖后1 h、2 h的静脉血（从开始饮用葡萄糖水计算时间）测定血浆葡萄糖水平。

诊断标准：空腹及服糖后1 h、2 h血糖值分别为5.1 mmol/L、10.0 mmol/L、8.5 mmol/L。任何一点血糖值达到或超过上述标准即诊断为妊娠期糖尿病（GDM）。

（2）医疗资源缺乏的地区，建议妊娠24～28周首先检查空腹血糖（fasting plasma glucose，FPG）。FPG≥5.1 mmol/L，可以直接诊断为GDM，不必再做OGTT；而4.4 mmol/L≤FPG<5.1 mmol/L者，应尽早做75 g OGTT；FPG<4.4 mmol/L，可暂不行OGTT。

（3）具有GDM高危因素的孕妇，首次OGTT正常者，必要时在妊娠晚期重复OGTT。GDM的高危因素：①年龄≥35岁、妊娠前超重或肥胖、糖耐量异常史、多囊卵巢综合征；②糖尿病家族史；③不明原因的死胎、死产、流产史、巨大儿分娩史、胎儿畸形和羊水过多病史；④本次妊娠发现胎儿大于孕周、羊水过多。

【妊娠合并糖尿病的分期】

根据患者发生糖尿病的年龄、病程以及是否存在血管并发症等进行分期（White分类法），有助于判断病情的严重程度及预后。

A级：妊娠前诊断的糖尿病。

A_1级：经饮食控制，空腹血糖<5.3 mmol/L，餐后2 h血糖<6.7 mmol/L。

A_2级：经饮食控制，空腹血糖≥5.3 mmol/L，餐后2 h血糖≥6.7 mmol/L。

B级：显性糖尿病，20岁以后发病，病程小于10年。

C级：发病年龄在10～19岁，或病程10～19年。

D级：10岁以前发病，或病程≥20年，或合并单纯性视网膜病。

F级：糖尿病性肾病。

R级：眼底有增生性视网膜病变或玻璃体出血。

H级：冠状动脉粥样硬化性心脏病。

T级：有肾移植史。

【处理】

（一）妊娠前咨询

已有严重的心血管病史、肾功能减退或眼底有增生性视网膜炎者不宜妊娠，若已妊娠应及早人工终止。器质性病变较轻或血糖控制较好者，可以继续妊娠。

（二）妊娠期处理

1. 饮食控制　饮食控制十分重要，早孕期与非妊娠患者相同，中晚孕期每日热量增加8400 kJ（200 kcal）。其中糖类（碳水化合物）占45%～55%，蛋白质占20%～25%，脂肪占25%～30%。以空腹血糖控制在3.3～5.6 mmol/L，餐前30 min控制在3.3～5.8 mmol/L，餐后2 h

控制在 4.4～6.7 mmol/L，夜间控制在 4.4～6.7 mmol/L，孕妇无饥饿感为理想，否则需给予药物。

2. 药物治疗　通常用胰岛素，剂量应根据血糖水平试用。但由于孕期胰岛素的用量个体差异极大，尚无统一标准可供参考，一般从小剂量开始，并根据病情、孕期进展及血糖值加以调整，维持孕期血糖接近正常范围。调节剂量时，应注意防止低血糖或酮症酸中毒。临产后密切监测血糖及酮体的变化，以防发生低血糖。

3. 加强母儿监护

（1）孕妇监护：包括肾功能监护、眼底检查、血压监测、血糖监测；宫底高度测量、B型超声及早发现羊水过多或巨大儿。妊娠早期应密切监测血糖变化，及时调整胰岛素用量以防发生低血糖。每周检查一次至妊娠第10周。妊娠中期应每2周检查1次，一般妊娠20周时胰岛素的需要量开始增加，需及时进行调整。妊娠32周以后应每周检查1次。注意血压、水肿、尿蛋白情况。

（2）胎儿监测：糖尿病孕妇中死胎及畸形儿发生率较高，应对胎儿进行监测。血糖控制不满意的患者应及时收入院严密监护，包括胎儿生长发育情况、胎儿成熟度、胎盘功能监测。

（三）分娩期处理

1. 分娩时间　严格控制孕期血糖，加强胎儿监测，尽量推迟终止妊娠时间，若妊娠期糖尿病孕妇血糖控制良好，妊娠晚期无合并症，胎儿情况正常，一般应到近预产期再终止妊娠。如果孕期血糖控制不理想，并伴有妊娠期高血压疾病等，或出现了胎儿缺氧情况，应及时终止妊娠。

2. 分娩方式　糖尿病不是剖宫产的指征，决定阴道分娩者，应制订分娩计划，产程中密切监测孕妇血糖、宫缩、胎心变化，避免产程过长。选择性剖宫产手术指征：①糖尿病伴微血管病变及其他产科指征，如怀疑巨大胎儿胎盘功能不良、胎位异常等产科指征者。②妊娠期血糖控制不佳，胎儿偏大（尤其估计胎儿体重≥4250 g者）。③既往有死胎、死产史者。麻醉可选用持续硬脊膜外阻滞。经阴道试产过程中应严密监护胎心率，有胎儿窘迫或产程进展缓慢，应行剖宫产。阴道分娩过程中，应及时监测血糖、尿糖和尿酮体，以防发生低血糖。产程中避免产程过长，应在12 h内结束分娩，产程大于16 h易发生酮症酸中毒。产程中一般停用胰岛素，每2 h测定血糖，维持血糖在 4.4～6.7 mmol/L。血糖升高时检查尿酮体的变化，根据血糖水平决定静脉滴注胰岛素的用量。分娩后应注意电解质平衡，应用广谱抗生素预防切口感染，防治产后出血。

3. 产妇处理　产程中应严密监测血糖、尿糖和尿酮体，预防低血糖的发生。阴道分娩时，产妇采用左侧卧位，密切监测宫缩和胎儿情况，产程应不超过12 h，产程＞16 h易发生酮症酸中毒。

4. 胎儿、新生儿特殊处理

（1）GDM孕妇血糖控制不满意以及其他原因需提前终止妊娠者，应在分娩前48 h行羊膜腔穿刺术，了解胎儿肺成熟情况，同时羊膜腔内注射地塞米松10 mg以刺激肺表面活性物质产生，减少新生儿呼吸窘迫综合征的发生。

（2）剖宫产术前3 h停用胰岛素，以防新生儿发生低血糖。

（3）糖尿病产妇的新生儿抵抗力弱，不论其体重大小均应按早产儿处理。注意防治低血糖、高胆红素血症、低钙血症、低镁血症。由于产后母体血糖来源断绝，新生儿本身又有胰岛B细胞增生，极易发生反应性低血糖，因此新生儿娩出后30 min开始定期滴服25%葡萄糖溶液，多数新生儿在出生后6 h内血糖恢复正常值。足月新生儿血糖＜2.2 mmol/L，可诊断新生儿低血糖。若出生时一般状态较差，则应根据血糖水平必要时静脉滴注葡萄糖液。

（四）产褥期治疗

分娩后由于胎盘排出，抗胰岛素激素水平迅速下降，患者对胰岛素敏感性增加，所需胰岛素量明显下降，故产后24 h内的胰岛素用量应减至原用量的一半，48 h减少至原用量的1/3，有的患者甚至完全不需要用胰岛素治疗。需输液者可按4 g葡萄糖加1 U胰岛素比例，若产后血糖过高

者液体中胰岛素用量适当增加。产后要定期检查血糖情况,以便及时发现糖尿病并进行治疗。

(五)产后处理

大部分 GDM 患者在分娩后即不再需要使用胰岛素,仅少数患者仍需胰岛素治疗。胰岛素用量应减少至分娩前的 1/3~1/2,并根据产后空腹血糖值调整用量。产后 6~12 周行 OGTT,若仍异常,可能为产前漏诊的糖尿病患者。

(唐国霞)

自测题

一、案例分析

李某,女,32 岁。因停经 34 周,呼吸困难、发绀 2 周入院。诉平素月经规律,妊娠早期无特殊,妊娠 4 个月时感觉有胎动至今。孕期行产检 4 次,未发现异常。2 周前,出现四肢末端发绀,呼吸困难,夜间不能平卧休息,活动后明显加重。1 天前,在外院行心脏超声检查提示:先天性心脏病(室间隔缺损),肺动脉明显增宽,心功能指标为临界值。为进一步诊治,遂住院治疗。

讨论分析:

1. 请说出初步诊断、诊断依据(如有两个以上诊断,请分别列出各自的诊断依据)。
2. 进一步需要做哪些检查?
3. 应与哪些疾病相鉴别?
4. 说出此病例的诊疗计划。

二、问答题

1. 说出妊娠合并心脏病早期心力衰竭的诊断标准。
2. 简述妊娠期糖尿病的诊断标准。
3. 简述妊娠合并病毒性肝炎的相互影响。
4. 说出妊娠合并心脏病的相互影响。

本章临床执业助理医师资格考试要点

1. 妊娠合并心脏病的临床表现、常见并发症、诊断和处理。
2. 妊娠合并病毒性肝炎的临床表现、诊断和处理。
3. 妊娠合并糖尿病的临床表现、诊断和处理。

第十一章

分娩期并发症

学习目标

通过本章内容学习，学生应能够：

识记：
1. 说出子宫破裂和产后出血的概念、病因、临床表现、诊断方法。
2. 列举子宫破裂和产后出血的处理方法。

理解：
1. 解释羊水栓塞、脐带先露、脐带脱垂的概念。
2. 分析羊水栓塞的诊断和处理。

运用：
1. 利用分娩期并发症的相关知识，学会对分娩期并发症进行诊断和急救处理。
2. 利用分娩期并发症诊疗过程和急救流程，培养临床诊疗思维和沉着应对产科急危重症的心理素质。

第1节 脐带异常

导学案例 11-1

某产妇，22岁，孕40周，LSA，阵发性腹痛3h。产科检查：宫高34 cm，腹围102 cm，胎心150次/分，宫缩20～30 s/4～5 min。肛查：宫口开大3 cm，胎膜未破。宫缩渐增强，30～40 s/2～3 min，3 h后突然破膜，立即听胎心率为100次/分，胎心监护提示多发性晚期减速。

思考：
1. 本病例的诊断可能是什么？
2. 应如何处理？

【脐带先露与脐带脱垂】

胎膜未破时脐带位于胎先露部前方或一侧，称脐带先露，或隐性脐带脱垂（presentation of umbilical cord）（图11-1）。胎膜破裂时，脐带脱出宫颈口外，降至阴道内甚至露于外阴部，称脐带脱垂（prolapse of umbilical cord）（图11-2）。若脐带受压，血运受阻，可使胎儿窘迫或死亡，严重威胁胎儿的生命。

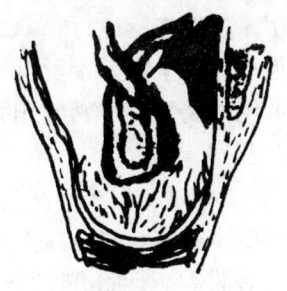 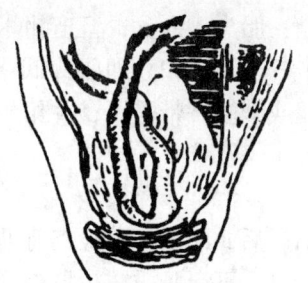

隐性脐带脱垂　　　　　　　　脐带先露

图 11-1　脐带先露

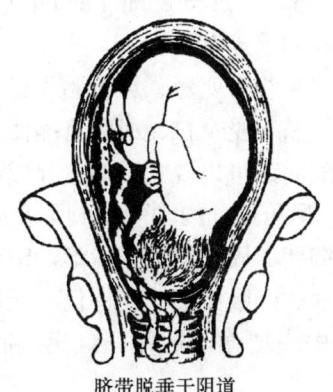 

脐带脱垂于阴道　　　　　　脐带脱垂于会阴口外

图 11-2　脐带脱垂

（一）病因

凡阻碍胎先露部衔接的因素均可造成脐带脱垂，①胎头未衔接：有胎头入盆困难如骨盆狭窄、头盆不称等；②胎位异常如臀先露、肩先露、枕后位等；③脐带过长；④羊水过多或胎儿过小。

（二）对母儿的影响

1. 对母体影响　脐带脱垂对母体无直接影响，为抢救胎儿而增加剖宫产率及手术助产率，增加组织损伤与感染的机会。

2. 对胎儿的影响　若胎先露未衔接，宫缩时先露的脐带一过性受压导致胎心率异常；胎先露部已衔接、胎膜已破者，脐带受压引起胎儿缺氧，甚至胎心消失，以头先露最严重。若脐带血循环阻断超过 7~8 min，可胎死宫内。

（三）诊断

有脐带脱垂危险因素存在时，应警惕脐带脱垂的发生。若胎膜未破，于胎动、宫缩后胎心率突然变慢，改变体位、上推胎先露部及抬高臀部后胎心率迅速恢复者，应考虑有脐带先露的可能，临产后应行胎心监护。若在耻骨联合上方闻及脐带杂音，阴道检查扪及前羊水囊内有条索状物时，即可确诊为脐带先露；若胎膜已破，胎心率出现异常，应立即行阴道检查，了解有无脐带脱垂和脐带血管有无搏动。在胎先露侧或下方以及阴道内触及脐带者，或脐带脱出于外阴者，即可确诊。超声，特别是彩色多普勒超声检查有助于确诊。

（四）处理

1. 脐带先露　若经产妇、胎膜未破、宫缩良好者，取头低臀高位，吸氧，密切观察胎心率，等待胎头衔接，宫口逐渐扩张，胎心仍保持良好者，可经阴道分娩；若为初产妇、或足先露或肩先露者，应行剖宫产术。若胎心消失，脐带搏动停止，则等待自然分娩。

2. 脐带脱垂　发现脐带脱垂，胎心尚好，胎儿存活者，应争取尽快娩出胎儿。

（1）宫口开全：胎头已入盆，行产钳术或胎头吸引术，臀先露应行臀牵引术。

（2）子宫颈未开全：产妇立即取头低臀高位，将胎先露部上推，术者将手放在阴道内阻止胎先露下降以缓解或减轻脐带受压；并给予抑制子宫收缩的药物；严密监测胎心，同时尽快行剖宫产。

（五）预防

妊娠晚期及临产后，B型超声检查有助于尽早发现脐带先露。对头盆不称、胎头浮动及胎位异常者应卧床休息，不灌肠，减少肛查或阴道检查，破膜后应行胎心监护；人工破膜应在宫缩间隙时进行，采取高位破膜，让羊水缓慢流出，以免脐带脱垂及羊水栓塞。

【脐带缠绕】

脐带围绕胎儿颈部、四肢或躯干者，称为脐带缠绕（cord entanglement）。90%为脐带绕颈，发生原因与脐带过长、胎儿小、羊水过多及胎动频繁等有关。

临床特点：①胎先露部下降受阻；脐带缠绕使脐带相对变短，影响胎先露部入盆，可使产程延长或停滞。②胎儿窘迫：当缠绕周数多、过紧使脐带受牵拉，或因宫缩使脐带受压致胎儿血液循环受阻，胎儿缺氧。③胎心率变异：胎儿缺氧时，可出现频繁的变异减速。④超声检查见脐带缠绕处皮肤有明显压迹，脐带缠绕一周呈U形压迹，内含一小圆形衰减包块。并可见其中小短光条；脐带缠绕2周呈"W"形。⑤脐带缠绕3周以上呈锯齿形。出现以上情况应高度警惕脐带缠绕，尤其胎心监护出现频繁的变异减速，经吸氧、改变体位不能缓解者，及时终止妊娠。产前超声诊断为脐带缠绕，在分娩过程中应加强监护，一旦出现胎儿窘迫，及时处理。

【脐带长度异常】

脐带正常长度为30~100 cm，平均长度为55 cm，脐带短于30 cm者称为脐带过短，脐带超过100 cm者称为脐带过长。

妊娠期间脐带过短常无征象，临产后因先露部下降，脐带受牵拉，使胎儿血液循环受阻出现胎心率异常；严重者导致胎盘早剥。先露部下降受阻，引起产程延长。经吸氧胎心率仍然未改善，应立即行剖宫产术。脐带过长易导致脐带绕体、绕颈、打结、脱垂或受压。

【脐带打结】

脐带打结有假结和真结两种。假结指因脐血管较脐带长，血管卷曲似结，或因脐静脉较脐动脉长形成迂曲似结，通常对胎儿无大危害。脐带真结较少见，发生率为1.1%。多先为脐带缠绕胎体，后因胎儿穿过脐带套环而成真结。若脐带真结未拉紧则无症状，拉紧后因胎儿血液循环受阻可致死胎。

【脐带扭转】

胎儿活动可使脐带顺其纵轴扭转呈螺旋状，生理性脐带扭转可达6~11周，脐带过分扭转可使脐轮部变细呈索状坏死，引起血管闭塞或血栓形成导致胎儿死亡。

【脐带附着异常】

脐带分别附着于胎儿处和胎盘处。脐带在胎儿处附着异常时可发生脐膨出、腹裂等，超声检查大多可以明确诊断，根据胎儿有无结构异常及评估预后而选择继续妊娠或终止妊娠。

正常情况下，脐带附着于胎盘胎儿面的近中央处。若脐带附着于胎盘的边缘，称为球拍状胎盘，多在产后检查胎盘时发现，对母儿无大的影响。若脐带附着于胎膜上，脐带血管通过羊膜与绒毛膜间进入胎盘，称为脐带帆状附着，若胎膜上的血管跨过宫颈内口位于胎先露部前方，称为前置血管，前置的血管容易破裂而出现胎儿窘迫或胎儿死亡。

脐带帆状附着对胎儿危害大，超声检查时应注意脐带附着于胎盘的部位。对于有前置血管高危因素的孕妇，如脐带低或帆状附着，双叶胎盘或副胎盘或有阴道流血的孕妇，可行经阴道多普勒超声检查。已诊断为脐带帆状附着和前置血管的孕妇，妊娠期应严密观察，胎儿成熟后

应择期剖宫产,降低围产儿死亡率。

【脐血管数目异常】

正常脐血管有三条血管,一条脐静脉,二条脐动脉。如脐带只有一条动脉时称为单脐动脉。多数在产前用超声检查可以发现。若没有其他结构异常,新生儿预后良好。如超声同时有其他结构异常,染色体非整倍体以及其他畸形的风险增高,如肾发育不全、无肛门、椎骨缺陷等。

第2节 产后出血

导学案例11-2

某产妇,25岁,G_1P_0,妊娠40周阵发性腹痛4h入院待产,查宫口开大3cm,予缩宫素静脉滴注,6h后娩出一女婴,10 min后胎盘娩出,出血量约800 ml,有凝血块,腹部触摸宫体柔软,患者自觉口渴,有头晕、心悸等症状,测血压75/50 mmHg,脉搏110次/分。

思考:
1. 该患者的诊断及诊断依据是什么?
2. 针对该患者的情况,应如何处理?

产后出血(postpartum hemorrhage,PTH)指胎儿娩出后24 h内阴道分娩者出血量≥500 ml,剖宫产者≥1000 ml。产后出血是分娩期严重的并发症,约80%发生在产后2 h内,是我国目前孕产妇死亡的首要原因,严重产后出血指胎儿娩出后24 h内出血量≥1000 ml,国外文献报导产后出血的发生率为5%~10%。

【病因】

子宫收缩乏力、胎盘因素、软产道裂伤和凝血功能障碍是产后出血的主要原因,这些原因可共存和相互影响或互为因果。

(一)子宫收缩乏力

子宫收缩乏力是产后出血最常见原因,占产后出血总数的70%~80%。凡影响子宫收缩和缩复的因素均可引起子宫收缩乏力。

1. 全身性因素 产妇精神过度紧张、恐惧;高龄、肥胖、临产后过多使用麻醉剂、镇静剂;产程延长、产妇衰竭、合并急慢性全身性疾病等。

2. 产科因素 如前置胎盘、胎盘早剥、妊娠期高血压疾病、宫腔感染;子宫肌纤维过度伸展,如双胎妊娠、巨大胎儿、羊水过多等;子宫病变,如子宫畸形、子宫肌瘤等;子宫壁损伤,如剖宫产史、肌瘤剔除术后、产次过多、急产,子宫肌纤维退行性变(分娩过多、过密)等。

(二)胎盘因素

1. 胎盘滞留 胎盘多在胎儿娩出后15 min内娩出,若超过30 min胎盘尚未娩出,称为胎盘滞留,将导致出血。常见原因有:①胎盘剥离后而滞留:由于宫缩乏力、膀胱充盈等因素,胎盘从宫壁全部剥离后未能排出而滞留在宫腔内,影响子宫收缩。②胎盘剥离不全:多见于第三产程处理不当过早牵拉脐带或按压子宫使胎盘部分自子宫壁剥离。由于部分胎盘尚未剥离,影响宫缩,剥离面血窦开放引起出血不止。③胎盘嵌顿:宫缩剂使用不当或粗暴按压子宫等使子宫颈内口附近肌纤维发生痉挛性狭窄环,使已剥离的胎盘嵌顿在狭窄环以上,影响宫缩,多

引起隐性出血。

2. 胎盘植入　指胎盘绒毛侵入或穿透子宫肌层，并根据其侵入子宫肌层的深度分为3种类型，①胎盘粘连：胎盘绒毛黏附于子宫肌层表面为胎盘粘连（placenta accreta）；②胎盘植入：胎盘绒毛侵入子宫肌壁间；③穿透性胎盘植入：胎盘绒毛穿过子宫肌层到达或超过子宫浆膜层，甚至侵及膀胱或直肠。也可根据植入面积分成完全性和部分性胎盘植入。

3. 胎盘、胎膜残留　部分胎盘小叶、副胎盘或部分胎膜残留于宫腔内，影响子宫收缩而引起出血。

（三）软产道裂伤

多见于宫缩过强、产程进展过快、胎儿过大、急产、阴道助产手术、外阴水肿、软产道组织弹性差，可致会阴阴道裂伤。

（四）凝血功能障碍

较少见。常见有妊娠合并重症肝炎、死胎滞留过久、胎盘早剥、重度子痫前期、羊水栓塞等产科并发症，原发性血小板减少、再生障碍性贫血、肝疾病等内科疾病均可引起凝血功能障碍，导致子宫大量出血。

【临床表现】

胎儿娩出后阴道流血、严重者出现失血性休克、贫血等症状。

1. 阴道出血　胎儿娩出后立即发生阴道流血，色鲜红，应考虑软产道损伤；胎儿娩出后数分钟，出现阴道流血量少，色暗红，间断性，考虑胎盘因素；胎盘娩出后的阴道流血量较多，考虑为子宫收缩乏力或胎盘、胎膜残留所致；胎儿娩出后持续性的阴道流血，且血液不凝，应考虑凝血功能障碍。若流血虽然不多，但产妇失血表现明显，伴阴道疼痛，应考虑隐匿性软产道损伤，如阴道血肿。

2. 休克表现　产妇流血多，可出现面色苍白、头晕、出冷汗、烦躁、脉搏细数、血压下降等休克表现。

【诊断】

产后出血的诊断关键是出血量的测量和出血原因的诊断。

（一）测量失血量

常用测定方法有：

1. 称重法　失血量（ml）=[分娩后敷料湿重（g）- 分娩前敷料干重（g）]/1.05 [血液比重（g/ml）]。

2. 容积法　用弯盘或专用的产后接血器收集血液后用量杯测定失血量。

3. 面积法　用纱布血湿面积按 10 cm × 10 cm=10 ml，即每 1 cm^2 为 1 ml 失血量，粗略估计失血量。

4. 休克指数法　休克指数 = 脉率 / 收缩压（mmHg），SI=0.5 为血容量正常；SI=1，失血量 500～1500 ml，失血量为 10%～30%；SI=1.5，失血量为 1500～2500 ml，失血量为 30%～50%；SI=2.0，则失血量为 2500～3500 ml，失血量为 50%～70%。

（二）出血原因的诊断

根据阴道出血发生时间、出血量与胎儿、胎盘娩出之间的关系可初步判断产后出血的原因。

1. 子宫收缩乏力　正常情况下胎盘娩出后，子宫底平脐或脐下一横指，子宫收缩呈球状、质硬。子宫收缩乏力时，出血多为间歇性、暗红色、有血凝块。有时阴道流血量不多，按压宫底有大量血液或血块自阴道涌出。产妇可出现失血性休克表现。腹部检查宫底较高或子宫松软如袋状，轮廓不清，按摩子宫及应用缩宫剂后子宫变硬、流血减少。

2. 胎盘因素　胎儿娩出后胎盘未娩出，出现阴道大量流血，暗红色，应考虑胎盘因素，

如胎盘部分剥离、粘连、嵌顿、植入、胎盘残留等是引起产后出血的常见原因,胎盘娩出后应常规检查胎盘及胎膜是否完整,确定有无残留;如胎盘胎儿面有断裂血管,应想到副胎盘残留的可能。

3. 软产道裂伤　胎儿娩出后,立即出现阴道持续出血,鲜红色,能自凝,考虑软产道裂伤,应仔细检查软产道。①子宫颈裂伤:常发生在宫颈3点、9点处,子宫颈裂伤<1 cm,无明显出血,宫颈裂伤>1 cm时,可引起多量出血;② 阴道、会阴裂伤:分为4度,Ⅰ度裂伤皮肤及阴道口黏膜撕裂,出血不多;Ⅱ度裂伤指裂伤已达会阴体筋膜及肌层,累及阴道后壁黏膜,向阴道后壁两侧沟延伸并向上撕裂,解剖结构不易辨认,出血较多;Ⅲ度裂伤指裂伤向会阴深部扩展,肛门外括约肌已断裂,直肠黏膜尚完整;Ⅳ度裂伤指肛门、直肠和阴道完全贯通,直肠腔外露,组织损伤严重,出血量不一定多。

4. 凝血功能障碍　主要因为失血过多引起的继发性凝血功能障碍。如子宫收缩良好,胎盘胎膜完整,检查软产道无损伤,而产妇出现持续性阴道流血,血液不凝固,同时出现全身多部位出血,应考虑凝血功能障碍。根据病史、出血特点及有关凝血功能的实验室检查,可做出诊断。

【处理】

处理原则:针对出血的原因迅速止血,补充血容量纠正休克及防治感染。

(一)一般处理

在寻找产后出血原因的同时,需要进行一般处理。包括向有经验的助产士、产科医生、麻醉医生及重症医学医生等求助;交叉配血,通知检验科及血库做好准备;建立双静脉通道,积极补充血容量,保持气道通畅,必要时给氧;监测生命体征和出血量,留置尿管,记录尿量;进行基础的实验室检查(血常规、凝血功能、肝肾功能)并动态监测。

(二)止血

1. 子宫收缩乏力性出血　加强宫缩是最有效的止血方法。导尿排空膀胱后采用以下方法:

(1)按摩子宫:① 经腹按摩子宫法:术者一手置于子宫底,拇指在子宫前壁,其余四指在子宫后壁,均匀有节律按摩并压迫宫底,挤出宫腔内积血,直至宫缩恢复正常为止(图11-3);如效果不佳,改为腹部-阴道双手按摩子宫法(图11-4);②腹部-阴道双手按摩子宫法:术者一手戴无菌手套握拳置于阴道前穹隆,顶住子宫前壁,另一手自腹部按压子宫后壁使宫体前屈,双手相对紧紧压迫并按摩子宫。

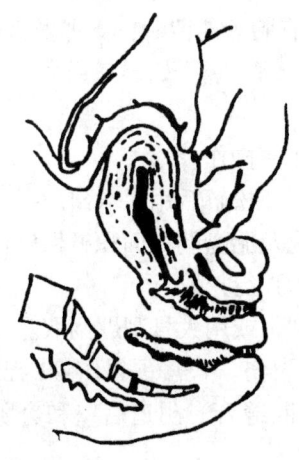 

图11-3　腹部按摩子宫法　　　图11-4　腹部-阴道双手按摩子宫法

(2)应用宫缩剂:按摩子宫同时,应用宫缩剂:①缩宫素10 U加于10%葡萄糖500 ml中静脉滴注;必要时缩宫素10 U肌内注射或直接行宫体注射。②麦角新碱0.2 mg肌内注射或静脉推注,每隔 2~4 h 可以重复给药,但禁用于妊娠期高血压疾病等心血管病变者。③前列腺素类药物:米索前列醇 200 μg 舌下含服;卡前列甲酯栓 1 mg 置于阴道后穹隆;地诺前列酮 0.5~1 mg 直接注入子宫体。

(3)宫腔填塞纱条:经以上方法无效,在缺乏输血和手术的条件下,应用此法为良好的应急措施。方法:助手在腹部固定子宫,术者持卵圆钳将特制无菌不脱脂纱布条(长 1.5~2 m、宽 6~8 cm、4~6 层)塞入宫腔内,自宫底由内向外填紧宫腔,压迫止血(图 11-5),若留有空隙可造成隐性出血。术后观察血压、脉搏、宫底高度,24 h 取出。取出时应用麦角新碱、卡前列素氨丁三醇等强有力宫缩剂。并给抗生素预防感染。也可使用宫腔球囊填塞。

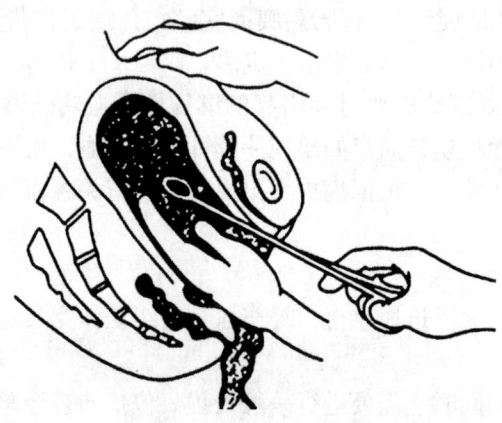

图 11-5 宫腔内纱布填塞法

(4)子宫压缩缝合法:适用于经子宫收缩剂和按压子宫无效者,常用 B-Lynch 缝合法。在剖宫产时使用更方便。将子宫从腹壁切口托出,用两手托住并挤压子宫体,如果出血明显减少或停止,则缝合成功可能性大。

(5)结扎子宫动脉或髂内动脉:经上述处理无效,为抢救产妇生命先经阴道结扎子宫动脉上、下行支,必要时可经腹结扎髂内动脉。

(6)髂内动脉或子宫动脉栓塞术:经股动脉穿刺,将介入导管直接插入髂内动脉或子宫动脉,注入明胶海绵颗粒栓塞动脉。栓塞剂可于 2~3 周后吸收,血管复通。

(7)切除子宫:用上述几种方法无效,危及产妇生命时,可进行子宫次全切除术或子宫全切术。

2. 胎盘因素 处理前先排空膀胱。胎儿娩出后,疑有胎盘滞留时,立即做宫腔检查。

(1)胎盘已剥离而滞留者,一手轻按宫底刺激子宫收缩,嘱产妇屏气用力,另一手轻轻牵拉脐带协助胎盘娩出。

(2)胎盘剥离不全或粘连:应徒手剥离胎盘,注意无菌操作。

(3)胎盘嵌顿者:可在静脉全身麻醉下,待子宫狭窄环松解后用手取出。

(4)胎盘植入:应立即停止剥离,根据患者出血情况及胎盘剥离面积行保守治疗(动脉栓塞、米非司酮、氨甲蝶呤)或行子宫切除术,切忌用手指强行挖取。

(5)胎盘胎膜组织残留:徒手取出困难时,可行钳刮术或用大号刮匙刮取。

3. 软产道裂伤 应彻底止血,按解剖层次逐层缝合裂伤。若宫颈裂伤>1 cm 有活动性出血应缝合,缝合第一针应超过裂口顶端 0.5 cm,常用间断缝合。阴道后壁和会阴缝合时,不留死腔,避免缝线穿透直肠黏膜,缝合完毕常规做肛门指检。

4. 凝血功能障碍 首先应排除子宫收缩乏力、胎盘因素、软产道损伤等原因。尽快输新鲜全血,补充血小板、纤维蛋白原或凝血酶原复合物、凝血因子等。

【预防】

1. 重视产前保健　积极治疗全身性疾病，对于合并凝血功能障碍、重症肝炎等不宜继续妊娠的妇女，及时终止妊娠。加强产前检查，对有产后出血危险的孕妇，督促提前到有抢救条件的医院住院分娩。

2. 正确处理产程

（1）第一产程：密切观察产妇情况及产程进展，消除心理顾虑及紧张情绪，指导休息，注意饮食及大小便，及时补充营养及水分，防止产程延长。

（2）第二产程：指导产妇配合宫缩正确使用腹压，防止胎儿娩出过快；提高接产技术，适时保护会阴；当胎肩娩出后，立即肌注缩宫素 10 U。

（3）第三产程：胎儿娩出后，不宜过早牵拉脐带；胎盘娩出后应仔细检查胎盘、胎膜是否完整，检查软产道有无撕裂或血肿；准确收集并测量产后出血量。

3. 加强产后观察　产妇留在产房观察 2 h，严密观察产妇一般情况、生命体征、宫缩和阴道流血情况。鼓励产妇及时排空膀胱，不能排空者应予导尿；早期哺乳可刺激子宫收缩，减少阴道流血量。

第 3 节　子宫破裂

导学案例 11-3

初孕妇，23 岁，孕 38 周，LOA。规律宫缩 5 h 入院，因产程不佳，给予缩宫素静脉滴注，2 h 后下腹剧烈疼痛，孕妇烦躁不安，呼吸急促，下腹有一环状凹陷，胎心率 100 次 / 分，子宫下段有明显压痛，导尿见血尿。

思考：

1. 该患者最可能的诊断是什么？
2. 应怎样处理？

子宫破裂是指子宫体部或子宫下段于妊娠晚期或分娩期发生的裂伤，是直接威胁母儿生命的严重并发症。

【病因】

1. 瘢痕子宫　是近年来导致子宫破裂的常见原因，如剖宫产、宫角切除术、子宫肌瘤剔除术后形成瘢痕，在妊娠晚期或分娩期由于宫腔内压力增高可使瘢痕破裂。

2. 胎先露下降受阻　当有骨盆狭窄、头盆不称、胎位异常、胎儿发育异常（如脑积水）、软产道阻塞时，均可使胎先露下降受阻，宫缩导致子宫下段被牵拉变薄而发生破裂。

3. 手术创伤　如宫口未开全时行产钳或臀牵引术、毁胎术、穿颅术可因器械、胎儿骨片损伤子宫导致破裂。肩先露行内转胎位术或胎盘植入时强行剥离胎盘，也可造成子宫破裂。

4. 子宫收缩剂使用不当　胎儿娩出前宫缩剂的剂量、使用方法或指征不当，或孕妇对药物的敏感性个体差异，导致子宫收缩过强而破裂。

【临床表现】

子宫破裂多发生于分娩期，大多数分为先兆子宫破裂和子宫破裂两个阶段。子宫破裂通常是渐进的，多数由先兆子宫破裂发展为子宫破裂。胎儿窘迫是最常见的临床表现，另外还包括电子胎心监护（EFM）异常、宫缩间隙仍有严重腹痛、阴道异常出血、血尿、宫缩消失、孕妇心动过速、低血压、晕厥与休克、胎先露异常、腹部轮廓改变等。

(一)先兆子宫破裂

常见于有梗阻性难产的产妇。临产后,胎先露部下降受阻,强有力的宫缩使子宫下段逐渐变薄拉长而宫体增厚变短,两者间形成明显环状凹陷,随产程进展,此凹陷逐渐上升达脐平甚至脐上,称病理性缩复环(图11-6)。此时子宫下段压痛明显,子宫外形呈葫芦状,胎心率改变或听不清,产妇下腹剧痛难忍,烦躁不安、大声呼叫,呼吸、脉搏加快。膀胱受压充血,出现排尿困难或血尿。若不及时处理,将发生子宫破裂。子宫病理性缩复环、下腹部压痛、血尿、胎心率改变是先兆子宫破裂的四大主要表现。

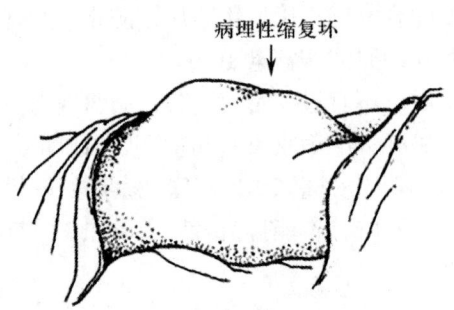

图11-6 先兆子宫破裂时的腹部外观

(二)子宫破裂

1. **不完全性子宫破裂** 子宫肌层全部或部分破裂,浆膜层完整,宫腔与腹腔不相通,胎儿及其附属物仍在宫腔内。腹部检查:子宫轮廓清楚,仅在破裂处有明显压痛。若破裂累及子宫两侧血管,可导致急性大出血或形成阔韧带内血肿,此时在宫体一侧可扪及逐渐增大且有压痛的包块。胎心音多数不规则或消失。

2. **完全性子宫破裂** 子宫壁全层破裂,宫腔与腹腔相通。子宫破裂时,产妇突感腹部撕裂样剧痛,随后宫缩骤然停止,腹痛稍缓解后,又出现持续性腹痛,伴有面色苍白、呼吸急促、脉搏细数、血压下降等休克征象。腹部检查:全腹压痛及反跳痛,在腹壁下可清楚扪及胎体,宫体缩小于胎儿一侧,胎动和胎心音消失。阴道检查:阴道可有鲜血流出,开大的宫口缩小,下降的先露部回升,有时可触及子宫破裂口,若诊断明确,则不必做阴道检查。子宫体部瘢痕破裂多为完全性子宫破裂。常无先兆子宫破裂的典型症状。穿透性胎盘植入者发生子宫破裂时,可表现为持续性的腹痛,伴有胎心率异常,易误诊为其他急腹症或先兆临产。

【诊断及鉴别诊断】

根据典型子宫破裂病史、症状、体征容易诊断。B型超声能协助确定破口部位及胎儿与子宫的关系。主要与胎盘早剥及难产并发腹腔感染相鉴别。

【处理】

1. **先兆子宫破裂** 应立即抑制宫缩,肌注哌替啶100 mg或静脉全身麻醉,尽快手术。

2. **子宫破裂** 一旦确诊,无论胎儿是否存活,均应在抢救休克同时及时手术治疗,以抢救产妇生命。手术中需根据产妇状态、子宫破裂程度、感染程度及产妇有无子女决定是否保留子宫。手术前后给予大量广谱抗生素控制感染。严重休克者应就地抢救,若必须转院者应输血、输液、包扎腹部后方可转送。

【预防】

1. **产前预防** 加强围产期保健,及时发现异常并给予纠正。瘢痕子宫、产道异常者,提前入院待产。

2. **产时预防** 密切观察产程进展,防止产程延长,严格掌握宫缩剂应用指征,胎儿娩出前禁止肌内注射缩宫素,若发现异常,及时处理。正确处理第二产程及第三产程。

3. **产后预防** 胎盘娩出后,留产妇观察2 h,密切监测生命体征、注意阴道流血、宫底的

高度、膀胱充盈情况，鼓励产妇排空膀胱。阴道助产术后应仔细检查宫颈及宫腔，及时发现损伤给予修补。

第4节　羊水栓塞

导学案例 11-4

初孕妇，33岁，孕40周，临产5h入院。查体：T 37.2℃，P 80次/分，R 20次/分，BP 110/70 mmHg，入院后待产，宫缩为50~60 s/1~2 min，1 h后胎膜破裂，不久产妇突然发生寒战，烦躁不安，接着发绀，呼吸困难，心率加快，血压80/50 mmHg。

思考：
1. 该产妇诊断可能是什么？
2. 该产妇急救措施有哪些？

羊水栓塞（amniotic fluid embolism，AFE）是在分娩过程中羊水进入母体血循环而引起的肺动脉高压、低氧血症、循环衰竭、弥散性血管内凝血（DIC）以及多器官功能衰竭等一系列病理生理变化的过程。起病急骤，病情凶险、难以预测、病死率高。

羊水进入母体血液循环有三条途径：宫颈内膜静脉、胎盘附着处的血窦、病理状态下开放的子宫壁血窦。

一般认为羊水栓塞是由于羊水中的有形成分如胎脂、毳毛、胎粪、角化上皮细胞进入母体血循环引起。发生羊水栓塞的基本条件：①强烈宫缩使羊膜腔内压力过高；②胎膜破裂；③子宫颈或子宫体损伤处有开放的静脉或血窦。高龄产妇、多产妇、过强宫缩、急产、胎膜早破、前置胎盘、胎盘早剥、子宫破裂、剖宫产术等，均可诱发羊水栓塞。

【病理生理】

1. 肺动脉高压　羊水中有形成分如胎脂等形成栓子及刺激肺组织，产生及释放血管活性物质，使肺血管反射性痉挛，致使肺动脉高压，右心负荷加重，导致急性右心扩张及充血性右心衰竭；又使左心房回心血量减少，左心排出量减少，导致周围血液循环衰竭，血压下降。羊水中有形物质还可激活凝血系统，使肺毛细血管内形成弥散性血栓，进一步阻塞肺小血管。肺小血管阻塞反射性引起迷走神经兴奋，使支气管痉挛、支气管内分泌物增多，使肺通气、肺换气减少。继而导致呼吸循环功能衰竭、休克，甚至死亡。

2. 过敏样反应　羊水中抗原成分为致敏原，进入母体血液循环，引起Ⅰ型变态反应，发生过敏样反应。

3. 弥散性血管内凝血（DIC）　羊水中含有大量促凝物质，进入母血后，在血管内形成大量微血栓，消耗大量凝血因子和纤维蛋白原，同时炎性介质和内源性儿茶酚胺大量释放，导致DIC。

【临床表现】

羊水栓塞多数发病急骤、来势凶险，多发生于分娩前2 h到产后10 min之间。70%发生在阴道分娩，19%发生在剖宫产，极少数发生在中期引产、羊膜腔穿刺术中。典型临床表现可分三个阶段：

1. 心肺功能衰竭和休克　多发生于分娩过程中，破膜不久，一部分患者出现前驱症状，如呼吸急促、胸痛、憋气、寒战、呛咳、头晕、乏力、心悸、恶心、呕吐、麻木、针刺样感、烦躁、濒死感、胎心基线变异消失。继而出现呼吸困难、发绀、抽搐、昏迷；脉搏细数、血压

急剧下降；意识丧失或昏迷，心率加快、肺底部湿啰音。严重者产妇仅惊叫一声或打一哈欠后，于数分钟内死亡。重视前驱症状有助于及时发现羊水栓塞。

2. 凝血功能障碍　度过心肺功能衰竭和休克期，进入凝血功能障碍阶段，出现难以控制的大量阴道流血、切口渗血、全身皮肤黏膜出血、血尿以及消化道大出血。产妇可死于出血性休克。

3. 急性肾衰竭等脏器受损　全身脏器均可受损，除心肺功能衰竭及凝血功能障碍外，中枢神经系统和肾是最常见受损的器官。存活的患者出现少尿或无尿、尿毒症表现。

以上表现有时按顺序出现，有时不按顺序出现，或出现的症状不典型，仅出现低血压、心率失常、呼吸短促、抽搐、急性胎儿窘迫、心脏骤停、产后出血、凝血功能障碍或前驱症状，其他原因不能解释时考虑羊水栓塞。

【诊断】

根据诱因、临床表现进行诊断，目前尚无国际统一的诊断标准和实验室诊断指标。常用的诊断依据是：

1. 临床表现　出现以下表现之一：①血压骤降或心脏骤停；②急性缺氧如呼吸困难、发绀、呼吸停止；③凝血功能障碍或无法解释的严重的出血。

2. 诱发因素　以上表现发生在阴道分娩、剖宫产、刮宫术或产后短时间内（产后 30 min 内）。

3. 以上临床表现不能用其他疾病解释。

在抢救同时应做以下检查：①床旁胸部 X 线摄片：可见双肺弥散性点片状浸润影，沿肺门周围分布，伴右心扩大；②床旁心电图：提示右心房、右心室扩大，ST 段下降。③实验室检查：进行血小板、凝血酶原时间及纤维蛋白原定量等 DIC 有关的检查。

若患者死亡行尸检，血液中查到羊水有形物质；肺小动脉或毛细血管有羊水有形成分栓塞。

母血涂片或器官病理检查找到羊水有形成分不是诊断羊水栓塞的必需依据，即使找到有形成分，如果临床表现不支持，也不能诊断羊水栓塞。临床表现支持，即使没有找到羊水成分也应诊断羊水栓塞。

【处理】

一旦怀疑羊水栓塞，应立即争分夺秒抢救，多学科密切协作，各种手段应尽快和同时进行。抗过敏、纠正呼吸循环功能衰竭和改善低氧血症、抗休克、防止 DIC 和肾衰竭发生。紧急处理还包括下腔静脉保留插管，即刻测量中心静脉压。

（一）解除肺动脉高压，改善低氧血症

1. 吸氧　保持呼吸道通畅，立即面罩给氧，或行气管插管正压供氧，必要时气管切开。保证供氧，减轻肺水肿，改善脑缺氧。

2. 解除肺动脉高压　推荐使用磷酸二酯酶 -5 抑制剂、一氧化氮（NO）及内皮素受体拮抗剂等特异性舒张肺血管平滑肌的药物。也可考虑应用解痉药，缓解肺动脉高压，改善肺血流灌注，预防右心衰所致的呼吸循环衰竭。①盐酸罂粟碱是首选药物，30～90 mg 加于 25% 葡萄糖液 20 ml 中缓慢静脉推注，日量不超过 300 mg。可松弛平滑肌，扩张肺、脑血管及冠状动脉，降低小血管阻力。②阿托品 1 mg 加于 10%～25% 葡萄糖液 10 ml，每 15～30 min 静脉推注 1 次，直至面色潮红、症状缓解为止；与盐酸罂粟碱合用效果更佳。③氨茶碱 250 mg 加于 25% 葡萄糖液 20 ml 中缓慢静注，松弛支气管平滑肌，解除肺血管痉挛。

（二）抗过敏，抗休克

1. 抗过敏　早期应用大剂量糖皮质激素，氢化可的松 100～200 mg 加入 5%～10% 葡萄糖注射液 50～100 ml 快速静脉滴注，以后依病情 300～800 mg 加入 5% 葡萄糖注射液 250～500 ml 继续静脉滴注维持，日量可达 500～1000 mg，或地塞米松 20 mg 加入 25% 葡萄糖注射液静脉推注后再加 20 mg 于 5%～10% 葡萄糖液中静脉滴注。

2. 补充血容量　尽快补充新鲜血液和血浆，扩容用低分子右旋糖酐 24 h 输入 500～1000 ml。

补足血容量后血压仍不回升，可用多巴胺 20～40 mg 加于 10% 葡萄糖液 250 ml 中静脉滴注，根据血压调整速度。

3. 纠正心衰　用毛花苷 C 0.2～0.4 mg 加入 10% 葡萄糖液 20 ml 中静脉推注，或毒毛花苷 K 0.125～0.25 mg 同法静脉缓注，4～6 h 重复用药。

4. 纠正酸中毒　常用 5% 碳酸氢钠 250 ml 静脉滴注，并及时纠正电解质紊乱。

（三）防治弥散性血管内凝血

1. 肝素　有争议，羊水栓塞初期血液呈高凝状态难以把握，使用肝素弊大于利，不推荐使用。

2. 补充凝血因子　输大量新鲜血或血浆、纤维蛋白原等。必要时静脉注射氨甲环酸。

3. 全面监测　监测血压、呼吸、心率、血氧饱和度、心电图、中心静脉压、心排出量、动脉血气和凝血功能等。

（四）预防感染

应选用对肾毒性较小的广谱抗生素预防感染。

（五）预防肾衰竭

血容量补足后仍少尿应选用呋塞米 20～40 mg 静脉注射，或 20% 甘露醇 250 ml 快速静脉滴注（10 ml/min），扩张肾小球动脉预防肾衰。

（六）产科处理

羊水栓塞发生在第一产程，应立即考虑剖宫产；在第二产程发病应在抢救产妇的同时，及时阴道助产结束分娩。心脏骤停者应立即实施心肺复苏，复苏后仍然无自主心搏可考虑行紧急剖宫产术。对发生无法控制的产后出血，应在抢救休克的同时行子宫全切术。

【预防】

人工破膜应在子宫收缩间隙时进行，让羊水缓慢流出。不行人工剥膜。严格掌握缩宫素使用的指征，静脉滴注过程中，应有专人守护，避免宫缩过强。

（张兴平）

● 自测题 ●

一、选择题

1. 周某，初产妇孕 38 周，临产 9 h，宫口开 3 cm，以 5% 葡萄糖液 500 ml 加催产素 5 U，40～50 滴 / 分静脉点滴，30 h 后宫口开大 8 cm，产妇述下腹剧烈疼痛、呕吐、烦躁，检查下腹部明显压痛，胎心 180 次 / 分，最可能的诊断是

　　A. 子宫破裂　　　　　　　　B. 先兆子宫破裂
　　C. 胎盘早剥　　　　　　　　D. 前置胎盘
　　E. 妊娠合并急性胰腺炎

（2～4 题共用题干）

孙某，24 岁，初产妇，在家中经阴道自然分娩，当胎儿及胎盘娩出后，出现时多时少阴道持续性流血已 1 h，送来急诊。

2. 为确定诊断，需追问对本例有价值的病史是

　　A. 高龄初产妇　　　　　　　B. 滞产
　　C. 贫血　　　　　　　　　　D. 新生儿 3200 g
　　E. 臀先露经阴道分娩

3. 引起该孕妇出血的原因可能是
   A. 胎盘完全粘连 B. 胎盘嵌顿
   C. 子宫收缩乏力 D. 凝血障碍
   E. 软产道损伤
4. 仔细检查见产妇流出的血液有凝血块，此时首选处置应是
   A. 输液输血补充血容量 B. 迅速补给纤维蛋白原
   C. 静脉滴注缩宫素 D. 静脉推注麦角新碱
   E. 消毒纱条填塞宫腔

二、案例分析

案例一：李某，25 岁，G_1P_0，妊娠 40 周临产，因宫口开大缓慢，以 5% 葡萄糖 500 ml 加入催产素 5 U 静脉点滴，半小时后产妇烦躁不安，疼痛难忍，腹部检查发现病理性缩腹环且有压痛，胎心尚在正常范围内，血尿。

讨论分析：

请分析这个患者情况严重吗？应该怎么处理？

案例二：章某，23 岁，初产妇，妊娠 39 周，规律宫缩 15 h，自然破膜 3 h，宫口开大 4 cm，胎心 103 次 / 分，胎心监护频繁出现晚期减速。

讨论分析：

请问这个产妇正常吗？是否需要处理？如果需要，应该怎样处理？

三、问答题

1. 简述先兆子宫破裂的临床表现。
2. 描述产后出血的原因、临床表现及处理原则。
3. 简述子宫收缩乏力的处理方法。
4. 简述羊水栓塞的诊断。

本章执业助理医师资格考试要点

1. 子宫破裂的病因、分类、临床表现、诊断与鉴别诊断、处理与预防。
2. 产后出血的概念及病因、诊断、处理与预防。
3. 羊水栓塞的概念、相关因素、病因、病理生理、临床表现、诊断及处理与预防。
4. 脐带先露与脐带脱垂的病因、对母儿的影响、诊断、处理及预防。

第十二章

正常产褥

学习目标

通过本章内容的学习，学生应能够：

识记：
1. 说出产褥期的定义。
2. 复述正常产褥期母体各系统（生殖系统、泌尿系统及乳房）的生理变化。

理解：
1. 解释正常产褥期母体生殖系统的生理变化。
2. 说明产后子宫复旧情况。
3. 判断产后恶露的类型。

运用：
1. 掌握产褥期检查的基本技能。
2. 能正确进行产褥期处理，能根据产褥期母体变化的特点，制订产后保健方案，并指导产妇做产后康复。

产褥期（puerperium）是指从胎盘娩出至产妇全身各器官除乳腺外恢复或接近正常未孕状态所需的一段时期，一般为6周。

第1节 产褥期母体变化

产褥期母体的变化主要是一个复旧过程，即全身各个系统恢复到未孕前的状况；其中变化最为显著的是生殖系统；而乳腺在此期间，则具有旺盛的分泌功能，以供婴儿营养和生长发育的需要。

【生殖系统变化】

（一）子宫

1. 子宫复旧　产褥期子宫变化最大。胎盘娩出后子宫逐渐恢复至未孕状态的过程称子宫复旧。主要表现为子宫体肌纤维缩复和子宫内膜再生。

（1）子宫体肌纤维的缩复作用：子宫复旧不是肌细胞数目减少，而是肌浆中蛋白质被分解排出，使细胞质减少致肌细胞缩小。被分解的蛋白质及其代谢产物通过肾排出体外。随着子宫体肌纤维不断缩复，子宫体积及重量均发生变化。随着肌纤维的缩复使子宫在产后数小时后位于脐平或脐上1~2横指，于产后1周子宫缩小至约妊娠12周大小，在耻骨联合上方可扪及，约于产后10天，腹部触不到宫底，6周后子宫恢复至孕前大小。产褥初期宫缩引起下腹部阵发性剧烈疼痛称产后宫缩痛。

（2）子宫内膜再生：当胎盘从子宫壁分离后，子宫肌纤维发生强烈的收缩，胎盘附着面立即缩小，面积仅为原来一半，导致开放的螺旋小动脉和静脉窦压缩变窄和栓塞，出血减少至停止，创面坏死组织脱落随恶露排出，基底层再生形成新的子宫内膜。约于产后第3周除胎盘剥离面外，子宫腔表面均被新生内膜所遮盖。胎盘附着面全部修复约需6周。若在此期间胎盘附着面因复旧不良出现血栓脱落，可引起晚期产后出血。

2. 子宫下段及子宫颈　分娩后子宫下段肌纤维缩复，逐渐恢复为非孕时的子宫峡部。胎盘娩出后宫颈松软，壁薄皱起如袖口。于产后2~3日，子宫口仍可通过2指，产后1周后子宫颈内口关闭，子宫颈管复原。产后4周子宫颈恢复至正常形态。因分娩时子宫颈外口3点及9点常发生轻度裂伤，故初产妇子宫颈外口由产前圆形（未产型）而变成"一"字形（已产型）。

（二）阴道

分娩后阴道腔扩大，阴道壁松弛及肌张力低，阴道黏膜皱襞因过度伸展而减少甚至消失，于产褥期阴道腔逐渐缩小，阴道壁肌张力逐渐恢复，黏膜皱襞于产后3周时重现，但阴道在产褥期结束时并不能完全恢复至未孕时状态，阴道较宽松，皱襞减少。

（三）外阴

分娩后外阴轻度水肿，于产后2~3日内逐渐消退。会阴部轻度撕裂或会阴切口缝合后，多能在3~5日内愈合。处女膜在分娩时撕裂形成残缺痕迹称处女膜痕。

（四）盆底组织

盆底肌肉及其筋膜在分娩时过度扩张，常使肌纤维部分断裂。若产褥期坚持做产后保健操，盆底肌肉锻炼，可能使其恢复至未孕状态。若盆底肌肉及筋膜损伤严重，则造成盆底松弛，加之产褥期过早劳动，易发生阴道壁膨出及子宫脱垂。

【乳房变化】

乳房的变化主要是泌乳。分娩后体内胎盘催乳素、雌激素、孕激素水平突然下降，胎盘催乳素在6 h内消失，解除了对垂体催乳素功能的抑制，乳腺开始泌乳。尽管垂体催乳素是泌乳的基础，但以后乳汁分泌很大程度依赖哺乳时的吸吮刺激，新生儿应在出生后半小时内吸吮乳头，吸吮乳头时，来自乳头的感觉信号经传入神经到达下丘脑，通过抑制下丘脑分泌的多巴胺及其他催乳抑制因子，使垂体催乳素呈脉冲式释放，促进乳汁分泌。吸吮乳头还能反射性引起神经垂体释放缩宫素，缩宫素使乳腺腺泡周围的肌上皮细胞收缩，增加乳腺管内压喷出乳汁，此过程称喷乳反射。吸吮及不断排空乳房是保持乳腺不断泌乳的重要条件。另外，乳汁分泌还与产妇的营养、情绪、睡眠和健康状况有关。

【血液及循环系统变化】

产后72 h内，由于子宫胎盘血液循环消失，子宫缩复使得大量血液从子宫涌入体循环，同时妊娠期潴留的组织间液回吸收入血，使得产妇血容量再次增加15%~25%，应注意预防心衰的发生。循环血量于产后2~3周恢复至未孕状态。

产褥早期产妇血液仍处于高凝状态，有利于胎盘剥离创面形成血栓，减少产后出血量，纤维蛋白原、凝血酶、凝血酶原产后2~4周内降至正常。红细胞计数及血红蛋白值逐渐增加，于产后1周左右回升，白细胞总数于产褥早期较高，为$(15~30)\times10^9$/L，中性粒细胞增多，淋巴细胞稍减少。红细胞沉降率于产后3~4周降至正常。

【泌尿系统变化】

妊娠期潴留在体内的水分，主要通过肾排出，故产后1周内尿量增多。孕期生理性扩张的输尿管、肾盂，于产后2~8周恢复。分娩时，膀胱受压，黏膜水肿充血及肌张力降低，加之会阴肿痛等容易发生尿潴留或排尿不畅。

【消化系统变化】

产后活动减少，腹肌及盆底组织松弛，肠蠕动减弱，容易引起便秘。产后1~2天内产妇

常感口渴，喜进流食或半流食，以后逐渐好转。妊娠期胃肠肌张力及蠕动力减弱，胃液中的盐酸分泌减少，常在产后 1～2 周恢复。

【内分泌系统变化】

产后雌激素及孕激素水平急剧下降，产后 1 周雌激素及孕激素降至未孕时状态。胎盘生乳素于产后 6 h 已不能测出。催乳素水平与是否哺乳有关，吸吮乳汁时，催乳素明显升高，不哺乳者的催乳素于产后 2 周降至未孕水平。

月经复潮及排卵功能恢复受哺乳影响。如不哺乳，在产后 6～10 周月经复潮，哺乳产妇一般于产后 4～6 个月月经复潮，同时卵巢恢复排卵。产后首次月经来潮前多有排卵，故哺乳期产妇未见月经来潮却有受孕的可能。

【腹壁变化】

妊娠期间出现的下腹正中线的色素沉着，在产褥期逐渐消退。腹壁紫红色妊娠纹变成银白色妊娠纹。腹壁肌受妊娠子宫膨胀的影响，部分弹力纤维断裂，腹直肌呈不同程度分离，故产后腹壁明显松弛，腹壁紧张度的恢复需 6～8 周。

第 2 节　产褥期临床表现

产妇在产褥期的临床表现属于生理范畴。

【生命体征】

1. 体温　产后的体温多数在正常范围。在产后 24 h 内部分人体温略有升高，一般不超过 38 ℃，于 24 h 内自行恢复，可能与分娩时过于疲劳有关。在产后 2～3 日内由于泌乳，乳房血管、淋巴管极度充盈，乳房胀痛，体温可达 38 ℃ 及以上，一般持续 10～16 h 体温即下降，不属病态，但需排除其他原因特别是感染引起的发热。

2. 脉搏　产后脉搏略缓慢，每分钟为 60～70 次，与子宫胎盘循环停止及卧床休息等因素有关，于产后 1 周恢复正常。

3. 呼吸　产后由于腹压减低，膈肌下降，故呼吸深且慢，每分钟 14～16 次。

4. 血压　产褥期血压维持在正常水平，变化不大。

【子宫复旧】

胎盘娩出后，子宫底位于脐下一指，产后第 1 日由于盆底组织复旧，子宫底略上升，平脐，以后每日下降 1～2 cm，至产后 10 日子宫降入骨盆腔内，腹部检查触不到宫底。

【恶露】

恶露（lochia）指产后随着子宫内膜脱落，内含血液、坏死的蜕膜组织及宫颈黏液等液体经阴道排出。正常恶露只有血腥味，无臭味，持续 4～6 周，总量为 250～500 ml。根据恶露的颜色、内容物及时间不同，可分以下三种：

1. 血性恶露（lochia rubra）　色鲜红，含大量血液、蜕膜组织及黏液，量多，持续 3～5 天，有血腥味，不臭。随后出血逐渐减少，浆液增加。

2. 浆液性恶露（lochia serosa）　色淡红，含少量血液，有较多的坏死蜕膜组织、宫颈黏液、阴道排液，并有细菌，持续 10 日左右。随后浆液逐渐减少，白细胞增多。

3. 白色恶露（lochia alba）　色较白，质黏稠，含大量白细胞、坏死蜕膜细胞及细菌等，持续约 3 周干净。

【产后宫缩痛】

产褥初期因宫缩引起下腹部阵发性剧烈疼痛称产后宫缩痛（after pains）。于产后 1～2 日出现，持续 2～3 日自行消失。多见于经产妇，常发生于哺乳时，不需特殊处理。

【褥汗】

产后皮肤排泄功能旺盛，排出大量汗液，尤以睡眠和初醒时明显，于产后1周后自行好转。

第3节 产褥期处理与保健

导学案例 12-1

王某，27岁，已育有一女孩。于今日上午7点在会阴侧切下助娩一女婴，产后心情低落，流泪，食欲缺乏，食量少，产后5h未排尿，诉下腹胀痛。查体：T 36.8 ℃，HR 90次/分，BP 100/70 mmHg，宫底偏左达脐上3指，子宫较软，按压宫底流出血块约150 ml，膀胱耻上2指。

思考：
1. 该患者可能患哪种疾病？诊断依据是什么？
2. 该如何进行处理？

产褥期母体各系统变化很大，虽属于生理范畴，但若处理和保健不当可转变为病理情况。

【产后2h处理】

产后2h内产妇易发生严重并发症，如产后出血、子痫、心衰等，故产妇应在产房内观察2h，严密观察产妇生命体征（血压、呼吸、脉搏）、子宫收缩情况、宫底高度、阴道流血量、膀胱充盈程度、肛门坠胀感及会阴切口情况，如发现宫缩乏力，应立即按摩子宫，并使用子宫收缩剂（缩宫素、米索前列醇或卡前列甲酯栓）。若产妇诉肛门坠胀感，则提示阴道后壁血肿的可能，应行肛查确诊后及时给予处理。在此期间还应协助产妇首次哺乳。待2h后一切正常再将其连同新生儿送回病房，继续观察。

【饮食】

产后应进食易消化、富有营养的荤素食。水分的含量应适当增加。产后1h可进食清淡的流质或半流质，再进普食。保证食物富有营养并有足够热量和水分，产后最初几天忌食牛奶、豆浆及糖，避免引起肠胀气。宜多进蛋白质和汤类食物，适当补充维生素及铁剂，推荐补充铁剂3个月。

【排尿与排便】

产后1周产妇尿量增多，应鼓励产妇尽早自行排尿。产后4h内应让产妇排尿，产后排尿困难时，鼓励产妇起床排尿。仍无尿意时，可用温热水熏洗会阴、听滴水声诱导排尿，或肌内注射甲硫酸新斯的明1 mg，兴奋膀胱逼尿肌促其排尿，注射前应排除其用药禁忌。也可针刺三阴交、关元等穴位。如上述方法无效，在无菌操作下导尿，必要时留置尿管。

产后产妇因卧床休息、食物缺乏维生素，同时产后肠蠕动减弱，容易发生便秘，应鼓励产妇多吃蔬菜及早日下床活动。若发生便秘，可用缓泻剂。

产妇产后可在室内活动，有利于排尿和排便，以促进机体功能恢复。

【观察子宫复旧及恶露】

产后每日测量子宫底高度，以了解子宫复旧情况。测量前应嘱产妇排尿，并先按摩子宫使其收缩后，再测耻骨联合上缘距子宫底的距离。每日应观察恶露的量、颜色、气味。若子宫复旧不良，恶露增多，色红且持续时间延长，应给予子宫收缩剂如麦角新碱、缩宫素、益母草颗粒等。若恶露有腐臭味且子宫压痛，系合并感染，应给予抗生素控制感染。

【会阴处理】

会阴有缝线者,应每日检查伤口周围有无红肿、硬结及分泌物等。保持外阴清洁以防感染。会阴切开者,嘱产妇向健侧卧。用0.05%聚维酮碘液擦洗外阴,每日2次,擦洗原则为由上至下,由内向外,会阴切口单独擦洗。会阴部水肿者用50%硫酸镁溶液湿热敷;血肿者,小的可用湿敷或远红外灯照射,大的需切开处理;有硬结者用大黄、芒硝外敷。按裂伤程度及愈合情况在产后3~5日内拆线。若伤口感染,应提前拆线引流或行清创处理,定时换药。

【观察产妇情绪变化】

产妇经历了妊娠与分娩、对新生儿性别的期待、对哺育新生儿的担心、产褥期的不适等,均可造成产妇情绪的不稳定,表现为易哭、易激惹、忧虑、不安、有时喜怒无常及轻度抑郁。一般在10日内自然消失。应帮助产妇减轻身体不适,并给予关怀、鼓励、安慰,使其恢复自信,抑郁严重时,需服用抗抑郁药物治疗。

【乳房护理】

详见本章第四节内容"母乳喂养"。

【产褥期保健】

产褥期保健的目的是防止产后出血、感染等并发症产生,促进产后机体生理功能恢复。

1. 饮食起居　产妇居住室应清洁通风,合理饮食,注意清洁卫生,衣着宽大透气,充分的休息和睡眠,以促进组织修复、增强体力。

2. 盆底功能锻炼　产后尽早适当活动,经阴道自然分娩的产妇,产后6~12h内即可起床轻微活动,于产后第2日可在室内随意走动,行会阴切开或剖宫产的产妇,可适当推迟活动时间。产后适当活动及做产后健身操有利于促进腹壁、盆底肌肉张力的恢复;促使产妇机体复原,保持健康体型;促进血液循环,预防栓塞性疾病;促进肠胃蠕动,增进食欲和预防便秘。产后锻炼应由弱到强、循序渐进地进行。分娩后,应避免负重劳动或蹲位活动,以防止子宫脱垂及阴道壁膨出。

3. 计划生育指导　产褥期内应禁性生活及盆浴,若已恢复性生活,应采取避孕措施,哺乳者用工具避孕为宜,未哺乳者可采取工具法或口服避孕药避孕。

4. 产后检查　产妇出院后,由社区服务站保健人员在产妇出院后3日、14日、28日分别进行产后访视,了解产妇及新生儿健康状况。内容包括:产妇饮食、睡眠等情况;哺乳情况;子宫复旧情况;会阴切口、剖宫产切口愈合情况;了解产妇心理状况。如有异常及时指导。

产妇应于产后42天(6周)左右携孩子一起去医院常规随诊,包括全身检查及妇科检查。全身检查包括测血压、脉搏,查血常规、尿常规,了解哺乳情况,检查乳房有无炎症、乳头皲裂,了解乳汁的质和量及喂养情况,若有内科合并症可到相关科室进一步检查;妇科检查主要了解子宫复旧情况、盆底肌肉的托力等。

第4节　母乳喂养

婴儿生长发育迅速,代谢旺盛,对能量和各种营养素的需求相对较高,但其消化功能尚未发育完善。母乳是婴儿最理想的天然食品,母乳喂养对母婴健康均有益。世界卫生组织已将帮助产妇在产后1h内开始哺乳、实施24h母婴同室,坚持纯母乳喂养6个月,提醒母乳喂养2年以上等纳入促进母乳喂养成功的措施之中。

【母乳喂养的优势】

(一)对婴儿的益处

1. 母乳营养丰富,含有优质蛋白质、不饱和脂肪酸、糖类及适当比例的钙、磷,易于消化吸收。

2. 初乳（产后7日内的母乳）中还含有分泌型IgA、补体、溶菌酶等，能增强新生儿抗病能力。

3. 母乳含有促进大脑迅速发育的优质蛋白、必需的脂肪酸和胆固醇，另外，在脑组织发育中起重要作用的牛磺酸的含量也较高，因此，母乳是婴儿大脑快速发育的物质保证。

4. 婴儿在母亲怀中吸吮乳头的过程，有利于联络母子间的感情，促进婴儿牙齿及颜面部的发育。

5. 婴儿与母亲皮肤的频繁接触，母亲的爱抚与照顾，可以促进婴儿的心理和智力发育。

6. 长期哺乳对婴儿可减少过敏、肥胖和儿童糖尿病的风险。

（二）对母亲的益处

1. 婴儿的吸吮动作通过神经反射，能促进子宫收缩，减少产后出血，促使子宫尽快恢复正常。

2. 母乳喂养还可抑制排卵，推迟月经复潮，降低母亲患乳腺癌、卵巢癌的风险。

3. 母乳无菌、温度适宜、喂养方便、经济、省时、安全，对家庭和社会都有好处。

【母乳喂养时间及注意事项】

（一）喂奶时间

一般于产后半小时内开始哺乳。此时乳房内的乳量虽少，但通过新生儿吸吮动作可刺激泌乳。哺乳原则是按需不定时。

（二）喂奶姿势及注意事项

1. 喂奶姿势　每次哺乳时，母亲及新生儿均应选择舒适位置，采取正确的姿势，使母婴紧密相贴。哺乳时，乳头应放在新生儿舌头上方，用一手扶托并挤压乳房，协助乳汁外溢。哺乳时注意使婴儿将大部分乳晕吸吮住，并防止婴儿鼻部被乳房压迫及头部与颈部过度伸展而造成吞咽困难。

2. 注意事项　每次哺乳应先让婴儿吸空一侧乳房，再吸空另一侧，下一次先从未吸空的一侧开始，两侧交替进行，保证乳房的定时排空，有利于乳汁的分泌。哺乳结束时，用示指轻轻向下按压婴儿下颌，避免在口腔负压情况下拉出乳头而引起局部疼痛或皮肤损伤。每次哺乳后，应将新生儿抱起轻拍背部1~2 min，排出胃内空气，以防吐奶，不随便给婴儿其他食物或饮料，以免影响有效吸吮。

（三）乳汁是否充足标准

婴儿在吸吮母乳时喉咙处有吞咽动作，喂奶完毕后测试婴儿无寻乳反射，每日的尿片至少有6~8次尿湿的记录，体重有增加的情形。

【母乳喂养问题及处理】

（一）乳胀

多因乳房过度充盈及乳腺管阻塞所致。哺乳前湿热敷3~5 min，并按摩乳房，频繁哺乳、排空乳房。

（二）催乳

若产妇出现乳汁不足，应鼓励树立信心，指导正确的哺乳方式，按需哺乳，适当调整饮食，多喝汤水。

（三）退奶

若产妇因各种情况不能哺乳，应尽早退奶。最简单的退奶方式是停止哺乳，少喝汤水，必要时辅以药物。常用的退奶方式：

1. 生麦芽　生麦芽水煎当茶饮，每日1剂，连服3~5天。

2. 芒硝　芒硝装于纱布袋内，敷于两乳房，待芒硝湿硬时更换。

3. 维生素B_6　每次200 mg，每日三次口服，连服3~5日。

（四）乳头皲裂

若产妇发生乳头皲裂，轻者可继续哺乳，哺乳期前湿热敷 3~5 min，挤出少量乳汁，涂在乳头及乳晕。哺乳后仍应挤出少量乳汁涂在乳头及乳晕上。皲裂严重者应停止哺乳，可用吸奶器将乳汁吸出喂宝宝。

（高 慧）

自测题

一、选择题

1. 下列产褥期处理，不正确的是
   A. 冲洗外阴及阴道　　　　　　B. 鼓励产妇尽早自解小便
   C. 鼓励产妇早下床活动　　　　D. 外阴擦洗
   E. 每日观察子宫复旧、阴道流血等情况
2. 初产妇，顺产，产后第 15 天，对子宫复旧情况描述不正确的是
   A. 白色恶露　　　　　　　　　B. 子宫颈内口闭合
   C. 子宫内膜尚未充分修复　　　D. 耻骨联合上方可触及宫底
   E. 阴道尚未恢复孕前紧张程度
3. 初产妇，顺产第 2 天，以下临床表现为异常的是
   A. 血压 110/75 mmHg　　　　　B. 体温 36.8 ℃
   C. 呼吸频率 23 次 / 分　　　　　D. 汗液增多
   E. 尿量增多

二、案例分析

李某，既往体健，经阴分娩一女婴，现产后 1 天，饮食睡眠可，阴道少量流血，乳房不涨，泌乳少量，大小便正常。查体：T 36.8 ℃，HR 70 次 / 分，BP 110/75 mmHg，宫底平脐，子宫收缩好，阴道流血不多，无异味。

讨论分析：
1. 该产妇一般情况是否正常？
2. 如何指导产妇饮食？
3. 若该产妇因其他原因不能哺乳，应如何指导其退奶？

三、问答题

1. 简述产褥期的定义。
2. 简述产褥期生殖器官的生理变化。
3. 简述母乳喂养的好处。

本章临床执业助理医师资格考试要点

1. 产褥期母体变化。

2. 产褥期临床表现。
3. 产褥期处理及保健。
4. 母乳喂养。

第十三章 异常产褥

学习目标

通过本章内容的学习，学生应能够：

识记：
1. 说出产褥感染、产褥病率、晚期产后出血的概念、临床表现和诊断。
2. 列举产褥感染、晚期产后出血的主要治疗方法。

理解：
1. 解释产褥感染的病因。
2. 分析产褥期抑郁症的临床表现及防治原则。

运用：
1. 具有对产褥感染进行综合分析的基本技能，评估异常产褥，并制订诊疗方案。
2. 能与患者及家属进行有效沟通，开展产褥期健康教育及保健措施的指导。

第1节 产褥感染

导学案例 13-1

患者，女，26岁，行产钳助产后13天，下腹疼痛2天，血性恶露持续至今，遂来就诊。查体：T 39.5 ℃，P 110次/分，R 21次/分，BP 140/78 mmHg，双侧乳房无红肿及压痛。专科检查：阴道黏膜充血，脓血性分泌物，有腥臭味，子宫颈外口闭合，子宫如孕2月大小，压痛（+），双侧附件压痛（+）。

辅助检查：血常规：白细胞 15×10^9/L，血红蛋白 109 g/L。

思考：
1. 该患者可能患哪种疾病？
2. 造成该疾病的可能原因是什么？

产褥感染（puerperal infection）指分娩及产褥期生殖道受病原体侵袭，引起的局部或全身性感染，发病率约6%。产褥病率（puerperal morbidity）指分娩24 h以后的10天内，用口表每日测量体温4次，间隔4 h，凡体温有2次≥38 ℃者。导致产褥病率的主要原因为产褥感染，但生殖道以外的感染如急性乳腺炎、泌尿系统感染、上呼吸道感染、血栓静脉炎等也可引起产褥病率。

【病因】

（一）感染诱因

病原体入侵机体是否会引起感染及其严重程度与病原体的种类、数量、毒力以及机体的防御能力密切相关。正常女性阴道对外界致病因子侵入有一定防御能力。阴道有自净作用，羊水中含有抗菌物质。只有在机体免疫力与病原体毒力及数量之间平衡失调时，才会导致感染的发生。若产妇伴有贫血、体质虚弱、营养不良、胎膜早破、产程延长、产道损伤、产前产后出血过多、胎盘残留或手术产等，均会使机体抵抗力降低，而成为产褥感染的诱因。

（二）病原体种类

孕期及产褥期生殖道内有许多病原体寄生，包括需氧菌、厌氧菌、衣原体、支原体及真菌，这些非致病病原体在环境发生改变时可以致病。且此时外源性病原体也会入侵引起局部或全身炎症。

1. 需氧性链球菌　是外源性病原体致产褥感染的主要致病菌，其中乙型溶血性链球菌毒力最强，能产生致热外毒素和溶组织酶，可引起严重感染，且炎症可迅速扩散，重者可发生败血症。需氧链球菌可寄生在阴道内，也可通过医务人员或产妇其他部位感染而进入生殖道。

2. 厌氧性革兰氏阳性链球菌　为存在于阴道的条件致病菌，也是产褥感染中最常见的病原体，当胎盘残留、产道损伤局部组织坏死缺氧时，可迅速繁殖，常与大肠埃希菌混合造成感染，产生异常恶臭气味。

3. 大肠埃希菌属　与其相关的革兰氏阴性杆菌、变形杆菌也是产褥感染的主要外源性致病菌，是菌血症和感染性休克最常见的病原菌。

4. 葡萄球菌　易引起伤口感染，其中金黄色葡萄球菌引起的感染最重，多为外源性感染，而表皮葡萄球菌存在于阴道菌群中，只引起较轻的感染。

5. 革兰氏阴性杆菌的厌氧类杆菌属　可导致产褥感染，因这类细菌有加速血液凝固的特点，可引起感染邻近部位的血栓性静脉炎。

6. 其他　淋病奈瑟菌、衣原体和支原体及病毒引起的产褥感染。

综上所述，产褥感染一般为需氧菌和厌氧菌混合感染。

（三）感染途径

1. 内源性感染　正常生育年龄妇女生殖道或其他部位寄生有大量病原体，多数并不致病，当机体抵抗力下降出现感染诱因时则可致病。近年来研究表明内源性感染比外源性感染危害性更大，因其不仅导致产褥感染，还可通过胎盘、胎膜、羊水间接感染胎儿，导致不良妊娠结局：如流产、早产、胎膜早破、胎儿发育不良及死胎等。

2. 外源性感染　由外界病原体进入生殖道所致的感染。可通过医务人员无菌操作不严或被污染衣物、用具、各种手术器械及产妇临产前性生活等途径侵入机体。

【病理及临床表现】

发热、疼痛、异常恶露，为产褥感染三大主要症状。产褥早期发热的最常见原因是脱水。由于感染部位、程度、扩散范围不同，其临床表现也不同。依感染发生部位，分为会阴、阴道、子宫颈、腹部伤口、子宫切口局部感染，急性子宫内膜炎、急性盆腔结缔组织炎、腹膜炎、血栓静脉炎、脓毒血症等。

1. 急性外阴、阴道、子宫颈炎症　最常见为分娩时会阴裂伤或会阴切口处伤口感染。患者自觉局部疼痛、灼热、下坠或小便困难，低热，深部脓肿形成时可出现高热，查体时发现黏膜充血、溃疡，局部伤口红肿、发硬、有脓性分泌物，伤口部分或全部裂开，重者日后会导致阴道粘连或瘢痕形成。分娩时子宫颈会有不同程度裂伤，裂伤处发生感染会形成急性子宫颈炎，表现为局部红肿，表面有脓性渗出，有时裂口边缘有组织坏死，炎症可向深部组织蔓延，向宫旁组织扩散，引起盆腔结缔组织炎。

2. **急性子宫内膜炎、子宫肌炎** 急性子宫内膜炎是产褥感染中常见的病变。病原体经胎盘剥离处的创面侵入,扩散到蜕膜,侵及子宫肌层时则称子宫肌炎。两者常同时存在。轻症致病菌多为大肠埃希菌及厌氧链球菌,重症致病菌多为溶血性链球菌。若为子宫内膜炎,子宫内膜充血、坏死,阴道内有大量脓性分泌物且有臭味。若为子宫肌炎,则腹痛,恶露增多呈脓性,子宫压痛明显,子宫复旧不良,可伴有高热、寒战、头痛、白细胞增高等全身感染症状。治疗不及时,细菌迅速入侵宫旁组织,感染进一步扩散而引起败血症。

3. **急性盆腔结缔组织炎** 炎症继续发展,扩散至子宫浆膜,形成盆腔腹膜炎。继而发展成弥漫性腹膜炎,全身中毒症状明显,高热、恶心、呕吐、腹胀,检查时下腹部明显压痛、反跳痛。腹膜面分泌大量渗出液。检查时,子宫固定,其一侧或两侧组织增厚、压痛,病变部位可出现包块,并形成脓肿。

4. **急性输卵管炎** 大都是由宫颈或子宫壁经淋巴扩散而来,病原体先侵犯输卵管系膜、浆膜,后累及管壁及黏膜,管腔内有浆液或脓性分泌物,伞端可闭锁。常和子宫内膜炎并存。淋病双球菌可沿生殖道黏膜上行感染,侵及输卵管后很快累及输卵管各层,其主要病理特点为:黏膜水肿,出现浆液或脓性渗出,输卵管肿胀、迂曲,伞端闭锁时形成输卵管积脓。多于产后 8~9 日发病,患者高热、腹痛。检查时,子宫两侧或一侧有条索状物,质地稍硬,压痛明显。

5. **急性盆腔腹膜炎及弥漫性腹膜炎** 炎症进一步发展会扩散至子宫浆膜,形成盆腔腹膜炎,继而发展成弥漫性腹膜炎,盆腔腹膜水肿充血,腹膜面分泌大量渗出液,纤维蛋白覆盖使大网膜、肠管和盆腔器官之间相互粘连,其间有炎性渗出物聚集而形成脓肿(即盆腔脓肿)。患者寒战、高热、恶心、呕吐及腹胀、腹痛,检查时下腹部有压痛、反跳痛及腹肌紧张,后穹隆饱满,出现明显触痛,且可触到直肠子宫陷凹肿块,与周围组织粘连,有波动感。炎症累及膀胱可出现排尿困难,直肠子宫陷凹形成脓肿,直肠受炎症刺激可出现腹泻和里急后重。急性期如治疗不彻底可导致输卵管堵塞而导致不孕。

6. **血栓静脉炎** 是产褥感染中较为严重的一种类型,为胎盘剥离处的血栓感染脱落而引起,常在产后 1~2 周发病。盆腔内血栓静脉炎常侵及子宫静脉、卵巢静脉、髂内静脉、髂总静脉及阴道静脉。常见病原体为厌氧菌。检查时体征不明显,不易与盆腔结缔组织炎鉴别。与病变的静脉位置高而且深有关。盆腔静脉炎症向下扩展累及下肢静脉造成下肢静脉栓塞与炎症时称下肢血栓性静脉炎。病变多发生在股静脉及大隐静脉。患者出现寒战、高热、下肢疼痛肿胀。站立时症状加重,可影响行走。检查时见局部静脉压痛,触之呈硬索条状。因血栓使静脉阻塞,血液回流受阻,导致下肢水肿且皮肤发白,故称"股白肿"。彩色超声多普勒检查可协助诊断。

7. **脓毒血症及败血症** 感染血栓脱落后进入血液循环可引起脓毒血症,导致肺、脑、肾脓肿及肺栓塞。细菌进入血液循环并大量繁殖则形成败血症,患者持续高热、寒战、全身出现明显中毒症状,重者谵语、昏迷,发展为感染性休克,甚至危及生命。

【诊断】

1. **病史** 应详细询问病史及分娩全过程,对产后发热者,应首先考虑产褥感染,再排除引起产褥病率的其他疾病。

2. **全身检查** 包括体温、脉搏、血压、上呼吸道视诊、肺部听诊和乳房检查,除外常致产后发热的上呼吸道感染、肺结核、乳腺炎及泌尿系感染等。

3. **局部检查** 行腹部检查及双合诊,必要时三合诊检查。注意伤口愈合情况,恶露量及气味、性状,阴道、子宫颈有无裂伤及其他异常,有无子宫压痛,有无输卵管增粗及盆腔包块等。

4. **实验室及其他检查** 血常规、尿常规,子宫腔分泌物的细菌培养和药物敏感试验,能协助确定致病病原体种类。检测急性期的血清 C 反应蛋白,以利于对感染做出早期诊断。根据病情还可选择其他辅助检查,如疑盆腔脓肿时可行 B 型超声检查,胸部 X 线摄片可协助诊

断肺栓塞并排除肺结核，彩色超声多普勒检查可协助诊断血栓性静脉炎。通过以上检查，可确定病变部位。

5. 确定病原体　通过宫腔分泌物、脓肿穿刺物、后穹隆穿刺物作为细菌培养和药物敏感试验，必要时需做血培养和厌氧菌培养。

【鉴别诊断】

主要与上呼吸道感染、急性乳腺炎、泌尿系统感染相鉴别。

【处理】

一旦诊断产褥感染，原则上应给予广谱、足量、有效抗生素，并根据感染的病原体调整抗生素治疗方案。对脓肿形成或宫内残留感染组织者，应积极进行感染灶的处理。

1. 支持疗法　加强营养并补充足够维生素，纠正酸中毒及电解质紊乱，增强全身抵抗力。贫血或病情严重者应给予输血或血浆，应采取半卧位使炎症局限于盆腔内，有利于恶露排出，避免炎症扩散。高热者则需物理降温。

2. 抗生素的应用　应按细菌培养的药敏试验选用高效而敏感的抗生素。但治疗常需在细菌培养结果出来之前开始，而产褥感染多由需氧菌与厌氧菌混合感染引起，故开始即选抗需氧菌及抗厌氧菌的抗生素联合应用。常首选青霉素类与抗厌氧菌的甲硝唑联合静脉滴注。感染严重时可加用糖皮质激素（短期应用），以提高机体应激能力。

3. 局部处理及手术治疗　在有效抗感染同时，清除宫腔内残留物。急性感染伴发高热，应有效控制感染，同时行宫内感染组织的钳夹术，在感染彻底控制、体温正常后，再彻底清宫，避免因刮宫引起感染扩散、子宫内膜破坏或子宫穿孔。会阴伤口或腹部切口感染，应及时切开引流；有盆腔脓肿形成，而用药物治疗仍高热持续不降可行后穹隆切开引流或经腹部切开引流；子宫严重感染，经积极治疗无效，炎症继续扩散，出现不能控制的出血、脓毒血症或感染性休克时，应及时行子宫切除术，清除感染源，挽救患者生命。

4. 血栓静脉炎的治疗　应用强有力抗生素治疗的同时，应加用肝素钠 150 U/（kg·d）加入 5% 葡萄糖溶液 500 ml，每 6 h 1 次，体温下降后改为每日 2 次，可连用 4~7 日。也可应用活血化瘀及溶栓类中药治疗。

【预防】

加强孕期卫生宣传教育，妊娠晚期避免盆浴及性生活，加强营养，增强体质。治疗外阴、阴道、子宫颈炎症，避免胎膜早破。分娩时，严格无菌操作，正确处理各个产程，防止滞产、产道损伤与产后出血。产褥期严禁性生活，10 日内不坐浴，对可能发生产褥感染和产褥病率者，应用抗生素预防感染。

第 2 节　晚期产后出血

导学案例 13-2

张某，女，26 岁，21 天前经阴分娩一女婴，产时出血约 170 ml，产后无异常。2 日后出院，偶尔头晕，未重视。3 h 前无明显诱因阴道大量出血，量多，伴血块。入院后查体：T 36.5 ℃，P 90 次/分，R 20 次/分，BP 90/50 mmHg，一般情况差，心肺听诊异常，腹部略膨隆，无压痛及反跳痛，移动性浊音（−），专科检查：子宫软，收缩差，宫底位于耻骨联合上两指，阴道内见少量血凝块。辅助检查：血常规：血红蛋白 59 g/L，凝血功能无异常；子宫附件 B 型超声：产后子宫腔稍高杂乱回声，附件及盆腔无明显异常。

思考：
1. 该患者可能患哪种疾病？诊断依据是什么？
2. 应如何处理？

晚期产后出血（late puerperal hemorrhage）是指分娩 24 h 后，在产褥期内发生的子宫大量出血。以产后 1~2 周发病最为常见，亦有迟至产后 6~8 周发病者。阴道流血少量或中量，持续或间断，亦可表现为急剧大量流血，同时可伴有血凝块排出。产妇多伴有寒战、低热，常因失血过多而导致严重贫血或休克。

【病因与临床表现】

1. 胎盘、胎膜残留　为阴道分娩最常见的原因，多发生于产后 10 日左右。残留的胎盘、胎膜组织发生变性、机化，并可形成胎盘息肉，当坏死组织脱落时，使其基底部血管暴露，引起大量出血。临床表现为血性恶露持续时间延长，反复出血或突然大量出血。检查发现子宫复旧不全，宫口松弛，有时可触及残留胎盘组织。

2. 蜕膜残留　正常情况下，蜕膜多在产后 1 周内脱落，随恶露排出。如蜕膜剥离不全而长时间残留宫内，也影响子宫复旧，继发子宫内膜炎而引起晚期产后出血。临床表现与胎盘残留不易鉴别，宫腔刮出物病理检查可见坏死蜕膜组织，混以纤维素或可见玻璃样变的蜕膜和红细胞而不见绒毛。

3. 子宫胎盘附着面感染或复旧不全　子宫胎盘剥离面在分娩后 6~8 周得以修复。但常因修复过程中胎盘附着面感染，血管内形成的血栓溶解脱落，使血窦重新开放或胎盘附着面复旧不全（子宫逐渐恢复到未孕状态的过程延长），而引起大量出血；多发生在产后两周左右，表现为突然阴道大量出血；检查时发现子宫大而软，宫口松弛，阴道及宫颈口有血块堵塞。

4. 剖宫产术后子宫伤口愈合不良　多见于子宫下段横切口的两侧端。近年来子宫下段横切口剖宫产术开展广泛，所以有关剖宫产术后子宫伤口裂开的报道增多，应引起产科医生的注意。产生原因如下：

（1）子宫下段横切口剖宫产术时，切断近切口两端的子宫动脉下斜行分支而使局部血供不足或术中止血不良形成局部血肿，使切口愈合不良造成晚期产后出血。

（2）横切口时切口选择过低或过高：过低近宫颈侧，此处血供差，组织愈合能力差，近阴道易感染；过高时切口上缘宫体肌组织与切口下缘肌组织厚薄相差大，缝合时不易对齐，愈合不良。

（3）缝合切口断端时组织对位不佳，技术不当，切口两侧端回缩血管未能缝扎致两侧角部形成血肿及缝扎组织过紧、过密都会使切口血循环不良，组织坏死，而导致切口愈合差，当缝线溶解脱落后，血窦重新开放后引起出血。出血多在术后 2~3 周。

5. 其他因素　产后子宫内膜炎、子宫黏膜下肌瘤感染、子宫黏膜下肌瘤、妊娠滋养细胞肿瘤也可引起晚期产后出血。

【诊断】

1. 病史　晚期产后出血患者有产后血性恶露持续时间长、有臭味、反复或突然阴道大出血史，致患者贫血甚至休克而危及生命。剖宫产者则要询问手术指征、术式以及术后恢复是否顺利。

2. 临床表现

（1）阴道流血：胎盘、胎膜残留及蜕膜残留多于产后 10 日发生；子宫胎盘附着部位复旧不全常于产后 2 周左右发生，可以突然出现阴道大量流血，也可反复多次阴道流血；剖宫产术后子宫切口裂开或愈合不良多在术后 2~3 周发生，常为子宫突然大量出血，可致失血性休克。

（2）腹痛和发热：常合并感染，伴恶露增加及恶臭。

（3）全身症状：贫血、休克甚至危及生命。

（4）体征：子宫复旧不良可触及子宫增大、变软，宫口松弛，有时可触及残留的组织和血块。

3. 辅助检查　检查血常规、尿常规，了解感染与贫血情况。B型超声检查了解宫腔内有无组织物残留及切口愈合情况。还可做宫腔分泌物细菌培养及涂片检查了解感染菌群。宫腔刮出物标本或子宫切除者行病理组织学检查。

【治疗】

1. 对少量或中等量阴道流血者　可给予子宫收缩剂和广谱抗生素，以促使子宫收缩和预防感染，同时可以配合中药治疗及支持疗法。

2. 对胎盘、胎膜及蜕膜残留或胎盘附着部位复旧不全者　应复查超声，用抗生素的同时或在感染控制后行刮宫术。刮宫可以清除宫腔内容物，促使子宫收缩，一般多能奏效，但操作时动作要轻柔，因子宫软，易穿孔，所以要做好开腹手术的准备。在出血多、患者情况危急时，应积极纠正休克，立即行刮宫术以制止出血，术前应使用宫缩剂。刮出物应送病理检查，术后继续给予抗生素和子宫收缩制剂。

3. 剖宫产子宫切口裂开　少量及中等量出血者应住院，给予抗生素并严密观察。大量流血需积极抢救，剖腹探查。对要求保留子宫，切口裂开部位不大，坏死感染不严重者，可清创缝合及行髂内动脉、子宫动脉结扎止血或行髂内动脉栓塞术。若组织坏死范围大，酌情行子宫次全切除术或子宫全切除术。

4. 肿瘤引起的阴道出血　应做相应处理。如为绒毛膜癌，则应按绒毛膜癌处理；若为黏膜下子宫肌瘤，抗感染治疗无效则在宫腔镜下切除黏膜下肌瘤或行子宫次全切除术。

【预防】

严格掌握剖宫产适应证，加强对正常阴道分娩方式的宣传，减少社会因素的影响。对于具备剖宫产适应证者，应合理选择切口，避免子宫下段横切口两侧角部撕裂并合理缝合。产后仔细检查胎盘、胎膜是否完整，若有残留，应及时取出；不能排除胎盘残留时，应探查子宫腔。严格无菌操作，产后给予抗生素预防感染。

第3节　产褥期抑郁症

导学案例13-3

　　李某，女，23岁，因"心情差、睡眠差2月余"入院。询问病史时发现：李某于7个月前（妊娠5个月）因其爱人忙于做生意，未陪她行产检，变得烦躁，易向他人发脾气，在家不愿意外出等。2个月余前分娩，分娩方式为剖宫产。产后因产后不适、喂奶等原因，夜间入睡困难、睡眠浅、早醒，凌晨3~4点钟醒后无法再次入睡，白天昏昏沉沉；随后逐渐出现心情差，终日闷闷不乐，无愉快感；以前感兴趣的事情也不愿接触；与家人的交流减少，家人主动问其自身情况时，常无法顺畅表达自己的内心感受，回答速度变慢；自觉能力下降、连累家人，反复自责、自罪，觉得活着没意思。今为进一步治疗，遂来就诊。

　　思考：该患者可能患哪种疾病？

　　产妇在产褥期内出现抑郁症状称产褥期抑郁症（postpartum depression，PPD），是产褥期精神综合征中最常见的一种类型。多在产后2周内出现症状。其发生率为8%~15%。

【临床表现】

常表现为产后 2 周内出现易激惹、恐惧、焦虑、沮丧和对自身及婴儿健康状况过度担忧，可失去自理生活能力，不能照料婴儿，甚至还会进入错乱或嗜睡状态。有的产妇还表现为思维受损，主动性降低，反应迟钝，注意力难以集中，工作效率和处理事物的能力下降，以及厌食、睡眠障碍、易疲倦、性欲减退，还可能伴有一些躯体症状，如头昏、头痛、恶心、胃部灼热、便秘、呼吸心率加快、泌乳减少等，重者可出现绝望、有自杀或杀婴倾向。

【诊断】

产褥期抑郁症诊断至今无统一标准。许多产妇有不同程度的抑郁表现，但大多数能通过心理疏导而缓解。根据美国精神病学会（American Psychiatric Association，APA）在《精神疾病的诊断与统计手册》（DSM-IV）中制定的标准，产褥期抑郁症诊断标准如表 13-1 所示。

表 13-1　产褥期抑郁症诊断标准

1. 产后 2 周内出现下列 5 条或 5 条以上的症状，必须具备①②两条 ① 情绪抑郁 ② 对全部或多数活动明显缺乏兴趣或愉悦 ③ 体重显著下降或增加 ④ 失眠或睡眠过多 ⑤ 精神运动性兴奋或阻滞 ⑥ 疲劳或乏力 ⑦ 遇事皆感毫无意义或自罪感 ⑧ 思维力减退或注意力涣散 ⑨ 反复出现死亡想法 2. 在产后 4 周内发病

【治疗】

产褥期抑郁症通常需要心理治疗和药物治疗。

1. 心理治疗　进行心理咨询，以解除致病心理因素。因产褥期抑郁症多有婚姻关系不良、心理恐惧及既往有精神障碍史等诱因，所以家属对产妇应多加关心及开导，给予无微不至的照顾，尽量让产妇心情舒畅，调整好家庭中的各种关系，指导其养成良好的睡眠习惯。

2. 药物治疗　应到精神科或心理科就诊。给予抗抑郁症药物：帕罗西汀（Paroxetine），开始剂量为 20 mg/d，逐渐增量至 50 mg/d 口服；氟西汀（Fluoxetine），开始剂量为 20 mg/d，逐渐增量至 80 mg/d；阿米替林（Amitriptyline），开始剂量为 25 mg/d，逐渐增量至 50~100 mg/d 口服等，因这类药物不会进入乳汁中，故可用于产褥期抑郁症。

【预后】

产褥期抑郁症预后良好，约 70% 的患者在一年内治愈，症状持续一年以上者仅极少数，但再次妊娠有 20% 的复发率。

（高　慧）

自测题

一、选择题

1. 某初产妇产后 6 天，出现发热，伴有腹痛、恶露增多有臭味，查体：T 39.6 ℃，P 112 次/分，子宫如孕 4 个月大，有压痛。对此患者不恰当的处理是
   A. 支持治疗
   B. 静脉滴注抗生素
   C. B 型超声检查
   D. 取分泌物行细菌培养 + 药敏
   E. 立刻切除子宫

2. 某经产妇，产后 1 天，出现寒战，高热，查体：T 41 ℃，HR 139 次/分，BP 85/49 mmHg，子宫压痛，下腹部反跳痛，用升压药无效，即刻处理最恰当是
   A. 静滴抗生素
   B. 肾上腺皮质激素抗休克
   C. 补液对症处理
   D. 降温
   E. 抗休克抗感染同时子宫切除

3. 某女，足月自然产后 3 天，出现下腹痛，体温正常，恶露多，有臭味，子宫底脐上一横指，子宫体软，本例应考虑为
   A. 急性子宫内膜炎
   B. 急性子宫颈炎
   C. 急性盆腔结缔组织炎
   D. 急性输卵管炎
   E. 急性盆腔腹膜炎

二、案例分析

王某，26 岁，初产妇，因活跃期延长、持续性枕横位行剖宫产术，现术后第 15 天，在家突然阴道大量出血，量约 450 ml，急来医院，现阴道流血明显减少，一般情况可，查体：T 36.8 ℃，BP 110/75 mmHg，腹软，无压痛，子宫如孕 2 个月大，轻压痛。

讨论分析：
1. 该产妇应行何种检查？
2. 若 B 型超声检查提示内膜线清晰，该患者的出血最可能的原因是什么？
3. 该如何处理？

三、问答题

1. 简述产褥感染与产褥病率的含义有何不同。
2. 简述晚期产后出血的定义及主要原因。
3. 简述产后抑郁症的主要表现。

本章临床执业助理医师资格考试要点

1. 产褥感染与产褥病率的概念。
2. 产褥感染的病因、病理、临床表现、诊断及鉴别诊断、处理。

第十四章 妇科病史、体格检查及妇科常用特殊检查

学习目标

通过本章内容的学习，学生应能够：

识记：
1. 说出妇科病史的特点。
2. 熟悉妇科体格检查方法、注意事项。

理解：
1. 分析临床常见症状的鉴别要点。
2. 举例说明阴道镜、宫腔镜在临床中的应用。

运用：
演示妇科病史采集过程、体格检查方法及妇产科常用特殊检查，具有妇科临床实践的基本技能。

病史采集和体格检查是诊断疾病的主要依据，也是妇科临床实践的基本技能。熟悉妇科疾病相关的常见症状，掌握盆腔检查的技能，是正确诊断疾病的基础。

第 1 节 妇科病史

【病史采集方法】

妇科病史是否完整、准确是正确诊断疾病的关键。采集病史时，应做到态度和蔼、语言亲切、耐心、细致地询问病情，必要时加以启发，但是避免暗示或主观臆测。对危重患者在初步了解病情后，应立即抢救，以免贻误治疗。对外院转诊者，应索阅病情介绍作为重要参考资料。对不能自己口述的危重患者，可以向了解其病情的家属或亲友询问。要考虑到患者的隐私，遇有不愿说出真情者，不宜反复追问，可先行检查，待明确病情后再补充询问与性生活有关的问题。

【病史内容】

1. 一般项目　包括患者姓名、性别、年龄、籍贯、职业、民族、婚姻、住址、入院日期、病史记录日期、病史陈述者、可靠程度。若非患者陈述，应注明陈述者与患者的关系。

2. 主诉　指促使患者就诊的主要症状（或体征）及持续时间。要求是简单、明了的语言描述，通常不超过20字，如妇科临床常见的症状外阴瘙痒、阴道流血、白带增多、闭经、下腹痛、下腹部包块以及不孕等。例如患者有停经、阴道流血及腹痛三种主要症状，则应按其发生时间的顺序，将主诉书写为：停经52日后，阴道流血3日、腹痛6 h。若患者无任何自觉

症状，仅妇科检查时发现子宫肌瘤，主诉应写为：检查发现"子宫肌瘤"12日。

3. 现病史　是指患者从发病到就诊时疾病发生、发展和诊疗的全过程。应以主诉症状为核心，按时间顺序书写，包括起病时间、主要症状特点、伴随症状、发病后诊疗情况及结果，睡眠、饮食、体重和大、小便等一般情况的变化，以及与鉴别诊断有关的阳性或阴性资料等。

4. 既往史　以往健康情况，曾患何种疾病，特别是妇科疾病，应重点询问，包括手术外伤史、输血献血史、预防接种史、传染病史、药物过敏史，并注明对何种药物过敏。

5. 月经史　包括初潮年龄、月经周期及经期持续时间、经量、经期伴随症状。如12岁初潮，月经周期28～30天，持续3～4天，可简写为$12\frac{3~4}{28~30}$天。月经量可询问每日更换卫生巾的次数，有无血块、痛经、经前有无不适，如乳房胀痛、易激动或精神抑郁等。常规询问末次月经时间（LMP）、前一次月经时间（PMP）、绝经年龄、绝经后有无出血或阴道分泌物增多。

6. 婚育史　婚次及每次结婚年龄，是否近亲结婚（直系血亲及三代以内旁系血亲），男方健康状况，有无性病史及双方同居情况等。生育史包括足月产、早产、流产次数及现存子女数，以4个阿拉伯数字顺序表示。如足月产1，无早产，流产2次，现存子女1人，可简写为1-0-2-1，或用孕3产1（G_3P_1）表示；记录分娩方式，有无难产史，新生儿出生情况；如为流产则注明是自然流产或人工流产；曾否刮宫；有无产后出血、产褥感染史；末次分娩、流产时间。采取何种避孕措施及时间和效果，有无不良反应。

7. 个人史　生活和居住情况，出生地和曾居住地区，有无烟、酒嗜好。有无毒品使用史。

8. 家族史　应了解父母、兄弟、姐妹及子女健康情况。家庭成员中有无遗传性疾病（白化病、血友病等），可能与遗传有关的疾病（卵巢癌、乳腺癌、高血压、糖尿病等）以及传染病（结核等）。

第2节　妇科疾病常见症状的鉴别要点

【阴道流血】

阴道流血是最常见的主诉。流血可来自外阴、阴道、子宫颈、子宫体等部位。

1. 原因　卵巢内分泌功能失调、异常妊娠、生殖器炎症、生殖器肿瘤、外伤、异物、外源性性激素、全身疾病。

2. 阴道流血常见类型

（1）经量增多：月经量多（>80 ml）或经期延长，周期基本正常，多为子宫肌瘤的典型症状，其他如子宫腺肌病、排卵性异常子宫出血、放置宫内节育器等，均可有经量增多。

（2）停经后阴道流血：发生在育龄妇女，一般应考虑与妊娠有关的疾病，如流产、异位妊娠、滋养细胞疾病等。发生在绝经过渡期妇女，多为无排卵性异常子宫出血，但应警惕子宫内膜癌或子宫颈癌的可能。

（3）周期不规则的阴道流血：多为无排卵性异常子宫出血，但应注意排除早期子宫内膜癌的可能。

（4）无任何周期可辨的长期阴道流血：一般考虑生殖道恶性肿瘤、外伤，首先考虑子宫颈癌或子宫内膜癌可能。

（5）接触性出血：性生活或阴道检查后当即有鲜血出现，应考虑急性子宫颈炎、子宫颈息肉、早期子宫颈癌或黏膜下肌瘤的可能。

（6）阴道流血伴白带增多：一般应考虑晚期子宫内膜癌或子宫颈癌，或黏膜下肌瘤伴感染。

（7）经前或经后点滴出血：月经来潮前、后数日，持续极少量褐红色阴道分泌物，可见于放置宫内节育器的副作用或为排卵性异常子宫出血。此外，子宫内膜异位症也可能出现类似情况。

（8）经间出血：发生在下次月经来潮前 14~15 日，历时 3~4 日，且血量少，偶可伴有下腹疼痛和不适，多为排卵期出血。

（9）绝经多年后阴道出血：若出血量极少，历时 2~3 日干净，多为萎缩性阴道炎或绝经后子宫内膜脱落；若出血量较多、流血持续不净或反复阴道流血，应考虑子宫内膜癌可能。

（10）外伤后阴道出血：常见于骑跨伤后，流血量可多可少。

（11）阴道间歇性排出血性液体：应考虑有输卵管癌的可能。

除上述不同形式的阴道出血外，年龄对诊断亦有重要价值。新生女婴出生后数日有少量阴道流血，因离开母体后雌激素水平骤然下降，子宫内膜脱落所致。幼女出现阴道流血，应警惕有性早熟或生殖道恶性肿瘤的可能。青春期少女出现阴道流血，应考虑为无排卵性异常子宫出血。生育期妇女出现阴道流血，多为与妊娠相关的疾病。绝经期妇女出现阴道流血，以无排卵性异常子宫出血最常见，但应首先除外生殖道恶性肿瘤。

【异常白带】

生殖道出现炎症，特别是阴道炎和急性子宫颈炎或发生癌变时，白带数量显著增多且性状也有改变，称异常白带（abnormal leucorrhea）。临床常见的有：

1. 白色或灰黄色泡沫状白带　为滴虫性阴道炎的特征，可伴外阴瘙痒。
2. 凝乳状或豆渣样白带　为外阴阴道假丝酵母菌病的特征，常伴有严重外阴瘙痒或灼痛。
3. 鱼腥味灰色稀薄白带　常见于细菌性阴道病。
4. 脓性白带　多为淋病奈瑟菌所致的阴道炎、急性子宫颈炎。子宫腔积脓、子宫颈癌、阴道癌或阴道内异物亦可导致脓性白带，常伴有异味。
5. 血性白带　安放宫内节育器可引起血性白带，还应考虑子宫颈息肉、子宫内膜癌、子宫颈癌或黏膜下肌瘤的可能。
6. 透明黏性白带　外观与正常白带相似，但是量显著增多，应考虑卵巢功能失调、子宫颈高分化腺癌或阴道腺肌病的可能。
7. 水样白带　持续出现淘米水样白带，奇臭者一般考虑晚期子宫颈癌、阴道癌或黏膜下子宫肌瘤伴感染。间断性排出清澈、黄红色或红色水样白带，应考虑输卵管癌的可能。

【下腹疼痛】

下腹疼痛（subabdominal pain）多由妇科疾病引起。但应除外其他系统疾病，根据下腹痛起病缓急、部位、性质和特点寻找病因。

1. 下腹痛部位　下腹正中部疼痛多为子宫性疼痛；一侧下腹痛，应考虑该侧卵巢囊肿蒂扭转、异位妊娠或输卵管卵巢急性炎症；右侧下腹痛还应考虑急性阑尾炎；输卵管妊娠破裂、盆腔腹膜炎或卵巢囊肿破裂时，可引起整个下腹痛甚至全腹疼痛。
2. 下腹痛性质　持续性钝痛多为炎症或腹腔内积液所致；子宫或输卵管等器官收缩表现为阵发性绞痛；子宫腔内有积血或积脓不能排出常导致下腹坠痛；输卵管妊娠或卵巢肿瘤破裂可引起撕裂性锐痛；顽固性疼痛难以忍受，多为晚期生殖器肿瘤所致。
3. 下腹痛时间　经期出现下腹痛者多称为痛经；如为继发性，应考虑子宫内膜异位症、子宫腺肌病的可能；周期性下腹痛但无月经来潮者，应考虑因经血排出受阻所致，可见于先天性生殖道畸形或术后宫腔、子宫颈管粘连等。与月经周期无关的慢性下腹痛，多见于下腹部手术后组织粘连、盆腔炎性疾病后遗症及妇科肿瘤等。
4. 起病缓急　起病缓慢而逐渐加剧伴发热者，多为内生殖器炎症或恶性肿瘤所引起；发病急骤者，应考虑卵巢肿瘤蒂扭转或破裂；生育年龄妇女，反复隐痛突然出现撕裂样剧痛者，应想到输卵管妊娠破裂或流产的可能。
5. 腹痛伴随症状　腹痛同时有停经史，多为妊娠合并症；伴恶心、呕吐，应考虑有卵巢肿瘤蒂扭转的可能；有畏寒、发热常为盆腔感染；有休克症状，应考虑腹腔内出血；出现肛门

坠胀，常因直肠子宫陷凹有积液所致；伴有恶病质，为晚期恶性肿瘤的表现。

6. 腹痛放射部位　放射至肩部应考虑腹腔内出血；放射至腰部多为子宫颈、子宫病变所致；放射至腹股沟或大腿内侧，一般为该侧子宫附件病变所引起。

【下腹部肿块】

下腹部肿块（subabdominal mass）是妇科患者就诊时常见的主诉。根据肿块的性质不同可分为囊性和实性。囊性肿块多为良性病变，如充盈的膀胱、卵巢囊肿、输卵管积水等。实性肿块除妊娠子宫、子宫肌瘤、卵巢纤维瘤、盆腔炎性包块等为良性外，其他实性肿块应首先考虑为恶性肿瘤。根据肿块发生部位不同可分为：

1. 子宫增大

（1）妊娠子宫：育龄妇女有停经史，妊娠试验阳性，下腹部正中扪及包块，应首先考虑为妊娠子宫。停经后出现不规则阴道出血且子宫迅速增大者，应想到葡萄胎的可能。

（2）子宫肌瘤：子宫均匀增大，或表面有不规则隆起，常伴有月经过多。带蒂的浆膜下肌瘤仅蒂与宫体相连，应与实质性卵巢肿瘤鉴别。

（3）子宫腺肌病：子宫均匀增大、质硬，多有明显的继发痛经。

（4）子宫畸形：双子宫或残角子宫可扪及子宫另一侧有与其对称或不对称的包块，两者相连，硬度亦相似。

（5）子宫腔阴道积血或子宫腔积脓：子宫腔阴道积血多为处女膜闭锁，阴道无孔横隔引起经血外流受阻。患者至青春期无月经来潮，有周期性下腹痛并扪及下腹部肿块。子宫腔积脓或积液也可使子宫增大。

（6）子宫恶性肿瘤：围绝经期妇女，子宫软而增大，伴有不规则阴道出血，有子宫内膜癌的可能。子宫增长迅速，伴有腹痛及不规则阴道出血有可能为子宫肉瘤。以往有葡萄胎史，若子宫增大，甚至外形不规则，且伴有出血，应考虑滋养细胞肿瘤的可能。

2. 附件包块

（1）输卵管妊娠：包块位于子宫旁，大小、形状不一，有明显触痛。多有短期停经后阴道持续少量出血及下腹痛。

（2）炎性包块：多为双侧性，位于子宫两旁，与子宫有粘连，压痛明显。急性期患者有发热、腹痛。慢性附件炎患者常伴有下腹痛及不育史，甚至出现反复急性盆腔炎发作。

（3）卵巢赘生性肿块：包块位于子宫的一侧或双侧。良性肿瘤多发生在生育年龄，包块表面光滑、囊性且可活动，患者一般无腹腔积液。恶性肿瘤多为实性或囊实性、增大迅速、表面不规则、活动受限，患者多伴有腹腔积液和恶病质。

（4）卵巢非赘生性囊肿：多为单侧可活动性囊性包块，直径一般不超过 8 cm。黄体囊肿可在妊娠早期扪及。葡萄胎常并发双侧卵巢黄素化囊肿。卵巢子宫内膜异位症多为与子宫有粘连，活动受限且有压痛的肿块。

3. 其他　盆腔包块还需与来自肠道、泌尿系统的肿块及腹壁或后腹膜肿块相鉴别。

【外阴瘙痒】

外阴瘙痒是妇科疾病中很常见的症状，外阴部位特别敏感，多种妇科病变及外来刺激均可引起瘙痒，使患者寝食难安坐卧不宁，以致影响工作和生活。

1. 原因

（1）局部原因：外阴阴道假丝酵母菌病和滴虫性阴道炎是引起外阴瘙痒的最常见原因。还可见于细菌性阴道病、萎缩性阴道炎、外阴色素减退性疾病、蛲虫病、阴虱、疱疹、湿疹、寻常疣、药物过敏及不良卫生习惯等。

（2）全身原因：黄疸、糖尿病、维生素 A 及 B 族缺乏、重度贫血、白血病、妊娠期肝内胆汁淤积症及不明原因的外阴瘙痒等。

2. 临床表现

（1）外阴瘙痒部位：多发生于阴蒂、小阴唇、大阴唇、会阴和肛周等部位。长期搔抓引起抓痕、血痂或继发毛囊炎。

（2）外阴瘙痒的症状及特点：外阴瘙痒常为阵发性发作，也可为持续性，通常夜间为甚。瘙痒程度因疾病和个体不同而有明显差异。外阴阴道假丝酵母菌性阴道炎、滴虫性阴道炎以外阴瘙痒、白带增多为主要症状。外阴色素减退性疾病以外阴奇痒为主要症状，伴有外阴皮肤色素脱失。糖尿病患者尿糖刺激外阴皮肤，尤其是并发外阴阴道假丝酵母菌病时，外阴瘙痒特别严重。蛲虫病引起的外阴瘙痒夜间明显。无原因的外阴瘙痒仅发生在生育年龄或绝经后妇女，瘙痒症状严重，甚至难以忍受，但局部皮肤和黏膜外观正常，或仅有抓痕和血痂。黄疸、维生素A及B族缺乏、白血病、重度贫血等慢性疾病患者出现外阴瘙痒时，常表现为全身瘙痒的一部分。妊娠期肝内淤积症也可出现包括外阴在内的全身皮肤瘙痒。

第3节　体格检查

体格检查应在采集病史后进行。体格检查包括全身检查、腹部检查和盆腔检查。盆腔检查是妇科特有的检查，又称为妇科检查。除病情危急外，均应按照下列顺序进行。

【全身检查】

常规测量体温、脉搏、呼吸及血压，必要时测量体重和身高。其他检查项目包括患者神志、精神状态、面容、体态、全身发育及毛发状况、皮肤、淋巴结（特别是左锁骨上淋巴结和腹股沟淋巴结）、头部器官（眼、耳、鼻、喉）、颈、甲状腺、乳房（注意发育情况、皮肤有无凹陷、有无包块或分泌物）、心、肺、肝、脾、脊柱及四肢。

【腹部检查】

腹部检查是妇科检查的重要组成部分，应在盆腔检查前进行。应有系统地进行视诊、触诊、叩诊、听诊。视诊注意腹部的形状，有无隆起或呈蛙状腹，腹壁有无瘢痕、静脉曲张、妊娠纹等。触诊有无压痛、反跳痛、肌紧张，有无肿块，疼痛程度，肿块部位、大小、硬度、活动度及有无压痛。叩诊时注意鼓音和浊音的分布范围，有无移动性浊音。必要时听诊，了解肠鸣音情况。若合并妊娠，应检查腹围、子宫底高度、胎位、胎心等。

【盆腔检查】

盆腔检查又称为妇科检查，包括外阴、阴道、宫颈、宫体及双侧附件。

1. 基本要求

（1）医师应关心、体贴被检查者，做到态度严肃，语言亲切，检查仔细，动作轻柔。检查前告知患者盆腔检查可能引起不适，不必紧张。

（2）除尿失禁患者外，检查前都应嘱患者先排空膀胱尿液，必要时导尿。

（3）为避免交叉感染，置于臀部下面的垫单或纸单应一人一换，一次性使用。

（4）患者取膀胱截石位，月经期及阴道出血时应尽量避免做盆腔检查，待月经结束后再检查，以防感染。必须检查时，应先消毒外阴后再检查。

（5）对无性生活史患者禁做双合诊和阴道窥器检查，应行直肠-腹部诊。若确有必要检查，应先征得患者和家属的同意后，方可进行。

（6）男医生对患者进行妇科检查时，需要有其他医护人员在场，以减轻患者紧张心理和避免发生不必要的误会。

（7）疑有盆腔内病变的腹壁肥厚、高度紧张不合作或未婚患者，若盆腔检查不满意，可行B型超声检查，必要时在麻醉下进行盆腔检查。

2. 检查方法及步骤

（1）外阴部检查：观察外阴发育、阴毛多少和分布、阴阜、阴蒂、大阴唇、小阴唇、会阴、前庭大腺等情况，注意有无畸形、炎症、溃疡、瘢痕、赘生物或肿块，外阴皮肤色泽变化。检查时嘱患者向下屏气用力，观察阴道前、后壁及子宫有无脱垂或尿失禁等。

（2）阴道窥器检查：使用阴道窥器（窥阴器）检查阴道和宫颈时，要注意阴道窥器的结构特点，以免漏诊。

1）放置和取出：临床常用鸭嘴形阴道窥器。放置前将两叶并拢的阴道窥器先涂润滑剂，以减轻插入时的不适或局部损伤。但拟做宫颈细胞学检查或取阴道分泌物做涂片检查时，不宜用润滑剂，以免影响检查结果。放置时左手分开小阴唇，右手将窥阴器沿阴道后壁插入，然后旋转成正位，使其柄朝向患者背部，缓慢张开两叶，暴露宫颈及阴道壁（图14-1）。

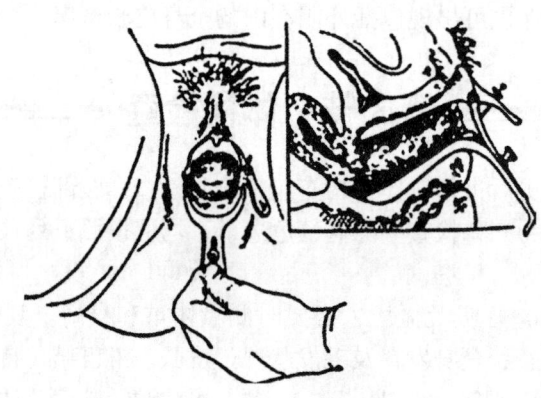

图14-1　阴道窥器检查

2）视诊：观察阴道黏膜有无充血、溃疡、肿物等，注意阴道内分泌物的量、性质、色泽，有无臭味。然后观察子宫颈大小、颜色、外口形状，有无出血、柱状上皮异位、裂伤、外翻、腺体囊肿、息肉或赘生物。若需做子宫颈刮片细胞学检查、子宫颈管分泌物涂片及培养，应在此取材。

（3）双合诊：检查者一手的两指或一指放入阴道，另一手在腹部配合检查称双合诊。目的在于检查阴道、子宫颈、子宫体、输卵管、卵巢、宫旁结缔组织及盆腔其他器官和组织有无异常情况。

方法：检查者一手戴无菌手套，示指和中指蘸润滑剂轻轻沿阴道后壁插入，检查阴道的弹性、宽度、深度，有无畸形、瘢痕、肿块以及阴道后穹窿情况，然后触诊子宫颈的大小、形状、软硬度，有无举痛及接触性出血，再将两手指放在宫颈后方，以指腹按下腹部，双手配合触诊子宫的位置、大小、硬度、活动度及有无压痛（图14-2）。子宫体朝向耻骨方向称前倾（anteversion），子宫体朝向骶骨为后倾（retroversion）。子宫体与子宫颈之间的纵轴形成的角度朝向前方，称为前屈（anteflexion），形成的角度朝向后方，称为后屈（retroflexion）。一般子宫为前倾前屈位。触清子宫后，将阴道内两手指由宫颈后方分别移至两侧穹窿部检查双侧附件（图14-3），左手按压腹壁，与阴道内手指相互对合，触诊子宫旁组织、卵巢、输卵管等处。内、外两手之间在正常情况下不能触及输卵管，正常卵巢偶可触及，有酸痛感。若触到增厚组织或肿块，需注意大小、形状、性质（囊性或实性）、活动度，有无压痛及与子宫的关系。

（4）三合诊：阴道、直肠及腹部联合检查称为三合

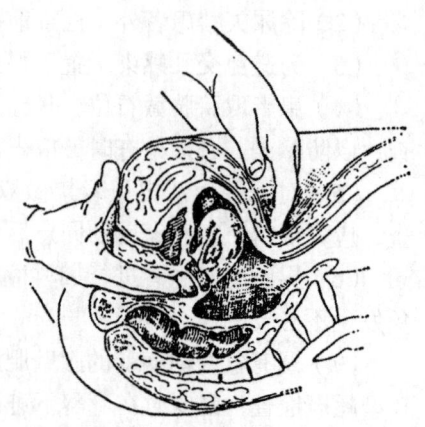

图14-2　双合诊检查子宫

诊。目的在于弥补双合诊的不足。方法：一手示指放入阴道、中指放入直肠，另一手置于腹部进行检查，方法同双合诊（图14-4）。通过三合诊能进一步触清后倾或后屈子宫的大小、子宫后壁、直肠子宫陷凹、子宫骶骨韧带、盆腔后部及直肠的病变。

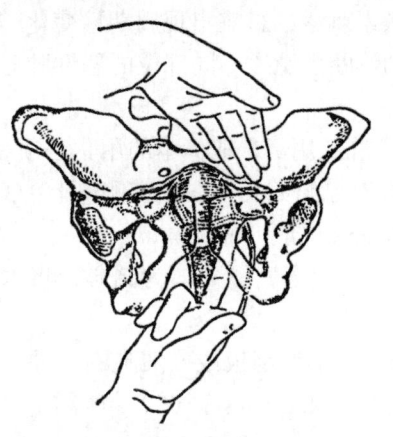
图14-3 双合诊检查双侧附件

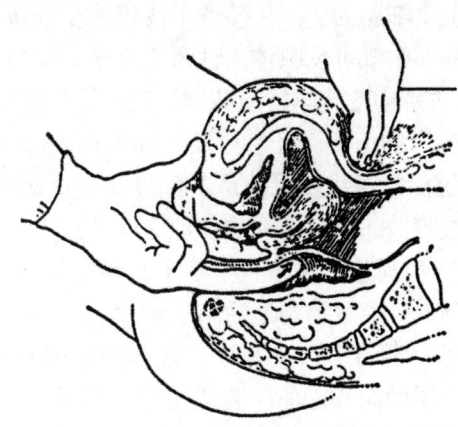
图14-4 三合诊

（5）直肠-腹部诊：检查者一手示指深入直肠，另一手在腹部配合检查，称为直肠-腹部诊。适用于无性生活史、阴道闭锁或其他不宜进行双合诊及三合诊检查的患者。

3. 记录 将盆腔检查结果按生殖器解剖部位顺序记录。

（1）外阴：发育情况及婚产式。有异常发现时，应详加描述。

（2）阴道：是否通畅，黏膜情况，分泌物的量、颜色、性状及有无臭味。

（3）子宫颈：大小、硬度，有无柱状上皮异位、撕裂、息肉、腺体囊肿，有无接触出血及举痛等。

（4）子宫体：位置、大小、硬度、活动度、形态，有无压痛等。

（5）附件：有无肿块、增厚或压痛。若触及包块，记录其大小、硬度、活动度、表面是否光滑，与子宫及盆腔的关系。左、右两侧情况分别记录。

第4节 妇科常用特殊检查

一、阴道清洁度检查

阴道清洁度检查是利用显微镜对阴道分泌物湿片和染色涂片检查，观察其清洁度及有无特殊细菌及细胞等。阴道清洁度改变与雌激素水平密切相关，排卵前，雌激素水平高时，阴道上皮细胞增生，分泌物中的表层鳞状上皮细胞和阴道乳酸杆菌较多，pH偏酸，无杂菌或极少，阴道清洁度较好；月经前或绝经后，雌激素水平低时，阴道分泌物的表层鳞状上皮细胞和阴道乳酸杆菌较少，pH上升，杂菌可能增多，清洁度相对较差。

1. 方法 将阴道分泌物加生理盐水涂片，高倍镜下观察，主要依靠白细胞、上皮细胞、阴道杆菌与杂菌的多少划分清洁度，共分为四度。

2. 阴道清洁度分度

Ⅰ度：大量阴道乳酸杆菌和上皮细胞、白细胞0~5/HPF，杂菌无或极少。

Ⅱ度：中等量阴道乳酸杆菌和上皮细胞、白细胞5~15/HPF，杂菌少量。

Ⅲ度：少量阴道乳酸杆菌和上皮细胞、白细胞15~30/HPF，杂菌较多。

Ⅳ度：无阴道乳酸杆菌、上皮细胞，白细胞>30/HPF，大量杂菌。

3. 临床意义 清洁度Ⅰ度或Ⅱ度为正常、Ⅲ度或Ⅳ度提示阴道炎症。

二、生殖道脱落细胞学检查

女性生殖道细胞通常指阴道、宫颈管、子宫及输卵管的上皮细胞，其中以阴道上段、宫颈阴道部的上皮细胞为主。生殖道上皮细胞受卵巢性激素刺激的影响出现周期性变化，因此检查生殖道脱落细胞既可反映体内性激素水平，又可协助诊断生殖道不同部位的恶性肿瘤。

（一）生殖道细胞学检查取材、制片及相关技术

取标本前 24 h 内禁止性生活、阴道检查、阴道灌洗及用药，取标本的用具必须无菌干燥。

1. 阴道涂片　主要目的是了解卵巢及胎盘功能。对已婚妇女，在阴道侧壁上 1/3 处轻轻刮取黏液及细胞做涂片，薄而均匀地涂于玻片上，置于 95% 乙醇中固定。

2. 子宫颈刮片　是筛查早期子宫颈癌的重要方法。以子宫颈外口为圆心，将木质铲形小刮板轻轻刮取一圈，均匀地涂布于玻片上。

3. 子宫颈管涂片　先将子宫颈表面分泌物拭净，用小型刮板或"细胞刷"进入子宫颈管内，轻刮一圈做涂片。薄层液基细胞学检测（thinprep cytologic test，TCT）所制备单层细胞涂片效果清晰，诊断准确性高。

4. 宫腔吸片　疑子宫腔内有恶性病变时，选择直径 1～5 mm 的不同型号塑料管，一端连于干燥消毒的注射器，将塑料管另一端送入子宫腔内达宫底部，轻轻抽吸注射器，将吸出物涂片、固定、染色。常用的染色方法为巴氏染色法。

（二）生殖道脱落细胞在内分泌检查方面的应用

临床上常用成熟指数、致密核细胞指数、嗜伊红细胞指数和角化指数代表体内雌激素水平。

1. 成熟指数　成熟指数（maturation index，MI）是阴道细胞学卵巢功能检查最常用的一种。计算阴道上皮 3 层细胞百分比。按底层/中层/表层顺序写出。底层细胞百分率高称左移，提示不成熟细胞增多，即雌激素水平下降；表层细胞百分率高称右移，表示雌激素水平升高。

2. 致密核细胞指数　致密核细胞指数（karyopyknotic index，KI）是计算鳞状上皮细胞中表层致密核细胞的百分率。指数越高，表示上皮越成熟。

3. 嗜伊红细胞指数　嗜伊红细胞指数（eosinophilic index，EI）是计算鳞状上皮细胞中表层红染细胞的百分率。指数越高，提示上皮细胞越成熟。

4. 角化指数　角化指数（cornificaton index，CI）指鳞状上皮细胞中表层（最成熟细胞层）嗜伊红致密核细胞的百分率，用以表示雌激素的水平。

（三）生殖道脱落细胞用于妇科肿瘤诊断

阴道细胞学诊断主要有分级诊断及描述性诊断两种。目前我国仍有医院采用分级诊断（巴氏 5 级分类法）。近年来更推荐应用美国制定的阴道细胞 TBS 分类法及其描述性诊断。

1. 阴道细胞学巴氏分类法

巴氏 I 级：正常。为正常阴道细胞涂片。

巴氏 II 级：炎症。

巴氏 III 级：可疑癌。主要是核异质，表现为核大、深染，核型不规则或双核。

巴氏 IV 级：高度可疑癌。细胞有恶性特征，但在涂片中恶性细胞较少。

巴氏 V 级：癌。具有典型的多量癌细胞。

2. TBS 分类法及其描述性诊断内容　TBS 描述性诊断报告主要包括以下内容。

（1）未见上皮内病变细胞和恶性细胞。

（2）上皮细胞异常

1）鳞状上皮细胞异常：

分为：①不典型鳞状上皮细胞（atypical squamous cells，ASC）：包括无明确诊断意义的不

典型鳞状上皮细胞（atypical squmaous of undetermined significance，ASCUS）和不能排除高级别鳞状上皮内病变不典型鳞状上皮细胞（atypical squamous cells- cannot exclude HIS，ASC-H）；②低级别鳞状上皮内病变（low-grade squamous intraepithelial lesions，LSIL）：与 CIN Ⅰ 相符；③高级别鳞状上皮内病变（high-grade squamous intraepithelial lesions，HSIL）：包括 CIN Ⅱ、CIN Ⅲ 和原位癌；④鳞状细胞癌。

2）腺上皮细胞改变：①不典型腺上皮细胞（AGC）：包括宫颈管 AGC 和子宫内膜 AGC；②原位癌（AIS）；③腺癌：若可能，则判断来源于宫颈管、子宫内膜或子宫外。

3）其他恶性肿瘤：原发于子宫颈和子宫体的不常见肿瘤及转移癌。

三、子宫颈脱落细胞 HPV 检测

人乳头瘤病毒（human papilloma virus，HPV）感染能够引起宫颈上皮内病变及子宫颈癌的发生，将 HPV 感染检测作为子宫颈癌及其癌前病变的常规筛查手段已逐渐在临床推广。

1. HPV 的生理特性　HPV 是一种双链 DNA 病毒，病毒无外包膜。HPV 分为高危型（high-risk）和低危型（low-risk）。高危型（如 HPV16、18、31、33、35、39、45、51、52、56、58、59、66、68 等）与癌及癌前病变相关，低危型（如 HPV6、11、42、43、44 等）主要与轻度鳞状上皮损伤和泌尿生殖系统疣、复发性呼吸道息肉相关。性接触为其主要的传染途径。感染的高峰年龄在 18~28 岁。高危型 HPV16、18 型感染普遍没有显著地区差别，宫颈鳞癌中 HPV16 感染率为 56%，而宫颈腺癌中 HPV18 感染率为 56%。HPV52、58 在中国及东亚妇女中检出率较高。

2. HPV 感染与子宫颈癌及其癌前病变的关系　高危型 HPV 持续感染是子宫颈癌发生的必需条件。99.7% 的子宫颈癌中都能发现高危型 HPV 感染，高度病变（HSIL）中约 97% 为阳性，低度病变（LSIL）中约 61.4% 为阳性；研究还表明 HPV-DNA 检测的滴度与子宫颈癌病变程度成正相关；HPV 感染与子宫颈癌的发生有时序关系，从开始感染至发展为子宫颈癌的时间间隔 10~15 年。

3. HPV 的检测方法　大部分 HPV 感染无临床症状或为亚临床感染，只能通过 HPV 检测得知。临床上用于检测 HPV 的方法包括细胞学方法、原位杂交、免疫组化、核酸印迹、斑点杂交和 PCR 等。

4. HPV 检测的临床价值

（1）与细胞学检查联合进行宫颈癌的初筛，有效减少细胞学检查的假阴性结果。

（2）单独用于宫颈癌初筛，HPV 检测阳性的妇女进一步细胞学分流，但不推荐 25 岁以下的妇女采用 HPV 初筛。

（3）对未明确诊断意义的不典型鳞状上皮细胞或腺上皮细胞，应用 HPV 检测可进行有效的分流。

（4）HPV 检测可作为宫颈高度病变手术治疗后的疗效判断和随访监测手段。

5. 子宫颈癌筛查策略

目前有多种子宫颈癌查策略，主要的筛查策略有以下三种：细胞学与 HPV 联合筛查、细胞学初筛和 HPV 初筛。筛查要点：21 岁以上有性生活史的妇女开始定期筛查。细胞学和高危型 HPV 检测均为阴性者，发病风险很低，筛查间隔为 3~5 年；细胞学阴性而高危型 HPV 阳性者发病风险增高，应于 1 年后复查；ASCUS 及以上且 HPV 阳性或细胞学 LSIL 及以上、或 HPV16/HPV18 阳性者需行阴道镜检查。65 岁以上妇女，若过去 20 年有完善的阴性筛查结果、无高级别病变病史，可终止筛查；任何年龄妇女，若因良性疾病已行全子宫切除且无高级别病变史，可终止筛查。

四、女性生殖器官活组织检查

生殖器官活组织检查是指生殖器官病变处或可疑部位取小部分组织做病理学检查,简称活检。绝大多数的活检可以作为诊断的最可靠依据。常用的取材方法有宫颈活组织检查、诊断性宫颈锥形切除、诊断性刮宫。

【宫颈活组织检查】

1. 适应证 阴道镜诊断为子宫颈 HSIL 或可疑癌者;阴道镜诊断为子宫颈 LSIL,但细胞学为 ASC-H 及以上或 AGC 及以上、或阴道镜检查不充分、或检查者经验不足等;肉眼检查可疑癌。

2. 禁忌证 患有急性、亚急性生殖器炎症者应治愈后再取活检,妊娠期原则上不做活检,月经前期不宜做活检。

3. 操作方法 患者取膀胱截石位,阴道窥器暴露子宫颈,用干棉球揩净子宫颈黏液及分泌物,局部消毒。在碘试验阴性区或阴道镜下可疑病变区用活检钳钳取子宫颈组织送检。无上述条件者在子宫颈外口鳞-柱状上皮交界处或特殊病变处取材。为适合组织学评估,取材应钳取上皮全层及部分间质。当病变延伸至子宫颈管或细胞学 AGC 及以上,应进行子宫颈管搔刮术。子宫颈局部用带尾纱布或棉球压迫止血,嘱患者 24 h 后自行取出。

【诊断性宫颈锥切术】

诊断性宫颈锥切术是对子宫颈活检诊断不足或有怀疑时,实施的补充诊断手段,不是子宫颈癌及其癌前病变诊断的必需检查。

1. 适应证 子宫颈活检为 LSIL 及以下,为排除 HSIL,如细胞学检查为 HSIL 及以上、HPV16 和(或)HPV18 阳性等;子宫颈活检为 HSIL,而临床为可疑浸润癌,为明确病变累及程度及决定手术范围时;子宫颈活检诊断为原位腺癌。

2. 禁忌证 急性、亚急性生殖道炎症,凝血功能异常者。

3. 方法 受检者在硬膜外或蛛网膜下腔阻滞麻醉下取膀胱截石位,外阴、阴道常规消毒铺巾。导尿后,阴道窥器暴露宫颈并消毒阴道、宫颈及宫颈外口。宫颈钳钳夹宫颈前唇并向外牵引,扩张宫颈管并做宫颈管搔刮术。宫颈涂碘液在病灶外或碘不着色区外 0.5 cm 处,以尖刀在宫颈表面做环形切口,深约 0.2 cm,包括宫颈上皮及少许皮下组织。按 30°~50° 向内做宫颈锥形切除。根据不同的手术指征,可深入宫颈管 1~2.5 cm,呈锥形切除。也可采用环行电切除术行锥形切除。于切除标本的 12 点处做一标志,以 10% 甲醛溶液固定,送病理检查。创面用无菌纱布压迫止血。若有动脉出血,可缝扎止血,也可加用明胶海绵、凝血酶等止血。需行子宫切除者,子宫切除手术最好在锥切术后 48 h 内进行,可行子宫颈前后唇相对缝合封闭创面止血。若不能在短期内行子宫切除或无需做进一步手术者,则应行宫颈成形缝合术或荷包缝合术,术毕探查宫颈管。

4. 注意事项 用于诊断者,不宜用激光刀、电刀,以免破坏边缘组织影响诊断;用于治疗者,应在月经干净后 3~7 日内施行;术后用抗生素预防感染;术后 6 周探查子宫颈管有无狭窄;2 个月内禁性生活及盆浴。

【诊断性刮宫】

诊断性刮宫简称诊刮,是诊断宫腔疾病最常采用的方法。其目的是刮取子宫内膜和内膜病灶行活组织检查,做出病理学诊断。怀疑同时有子宫颈管病变时,需对子宫颈管及子宫腔分别进行诊断性刮宫,称为分段刮宫术。

(一)一般诊断性刮宫

1. 适应证 子宫异常出血或阴道排液需证实或排除子宫内膜癌、子宫颈管癌,或其他病变(如流产、子宫内膜炎等);异常子宫出血判断类型或怀疑子宫性闭经,在月经后半期确切

了解子宫内膜变化;怀疑子宫内膜结核;不孕症行诊断性刮宫有助于了解有无排卵,并能发现子宫内膜病变;宫腔内有组织残留或异常子宫出血长期多量出血时,彻底刮宫有助于诊断,并有迅速止血的效果。

2. 禁忌证　急性、亚急性生殖器炎症或盆腔炎性疾病。

3. 操作方法　排尿后,受检者取膀胱截石位,做双合诊了解子宫大小及位置。常规消毒外阴,铺孔巾。阴道窥器暴露子宫颈,聚维酮碘、乙醇消毒子宫颈及子宫颈外口,用探针测量子宫颈管及子宫腔深度。将刮匙送达子宫底部,自上而下沿宫壁刮取(避免来回刮)子宫内膜,收集刮出的全部组织固定于10%甲醛溶液中送检。

(二)分段诊断性刮宫

1. 适应证　区分子宫内膜癌及子宫颈管癌,异常子宫出血可疑子宫内膜癌者。

2. 操作方法　先不探查子宫腔深度,以免将子宫颈管组织带入子宫腔混淆诊断。用小刮匙自子宫颈内口至外口顺序刮子宫颈管一周,将所刮取组织置纱布上,然后刮匙进入子宫腔刮取子宫内膜。刮出的子宫颈管组织及子宫腔内膜组织分别装瓶、固定,送病理检查。

3. 诊刮时注意事项

(1)不孕症或异常子宫出血患者,应选在月经前或月经来潮6 h内刮宫,以判断有无排卵或了解黄体功能。

(2)疑子宫内膜结核者,应于经前1周或月经来潮6 h内取材。刮宫时要特别注意刮取子宫两角部内膜,因该部位阳性率较高。

(3)术者在操作时应注意避免过度刮宫伤及子宫内膜基底层,造成子宫内膜炎或宫腔粘连,甚至导致闭经。

(4)刮宫的主要并发症有出血、感染和子宫穿孔。术中严格无菌操作,动作轻柔,术后2周内禁性生活及盆浴,以防感染。

(5)若刮出物肉眼观察未见明显癌组织时,应全面刮宫,以防漏诊。若肉眼观察高度怀疑为癌组织时,刮出物以够用为度,不应过度刮宫,以防出血、癌扩散或子宫穿孔。

五、常用穿刺检查

【经阴道后穹隆穿刺术】

直肠子宫陷凹是腹腔最低位,选择经阴道后穹隆穿刺(culdocentesis)进行抽出物的肉眼观察、实验室检查、病理检查,是妇产科临床常用的辅助诊断方法。

(一)适应证

疑有腹腔内出血,如异位妊娠、卵巢黄体破裂等;疑有盆腔内积液、积脓,穿刺抽液检查了解积液性质;盆腔脓肿穿刺引流及局部注射药物;盆腔肿块位于直肠子宫陷凹内,经后穹隆穿刺直接抽吸肿块内容物做涂片或细胞学检查以协助诊断;B型超声引导下行卵巢子宫内膜异位囊肿或输卵管妊娠部位注药治疗;B型超声引导下经阴道后穹隆穿刺取卵,用于各种助孕技术。

(二)禁忌证

盆腔严重粘连,直肠子宫陷凹被粘连块组织完全占据,并且凸向直肠;疑有肠管与子宫后壁粘连;异位妊娠准备采用非手术治疗时应避免穿刺,以免引起感染。

(三)操作方法

患者排空膀胱后取膀胱截石位,外阴、阴道常规消毒,铺巾。阴道检查了解子宫、附件情况,注意阴道后穹隆是否膨隆。阴道窥器充分暴露子宫颈及阴道后穹隆并消毒。宫颈钳钳夹子宫颈后唇,向前提拉,充分暴露阴道后穹隆,再次消毒。用腰椎穿刺针或22号长针头接5~10 ml注射器,于后穹隆中央或稍偏病侧(最膨隆处),阴道后壁与子宫颈后唇交界处稍下方

平行子宫颈管快速进针刺入 2~3 cm（图 14-5），当针穿过阴道壁有落空感后开始抽吸，必要时适当改变方向。见注射器内有液体抽出时，停止退针，继续抽吸至满足实验室检查需要为止。穿刺检查完毕拔出针头后，穿刺点如有活动性出血，可用棉球压迫片刻。血止后取出阴道窥器。

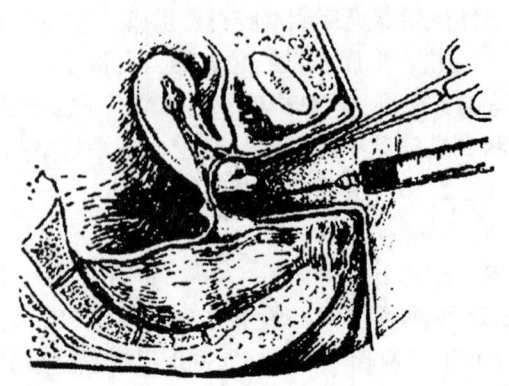

图 14-5　阴道后穹隆穿刺

（四）穿刺液性质和结果判断

放置后迅速凝固，为刺伤血管的新鲜血液；放置 10 min 以上不凝固表明有腹腔内出血，多见于异位妊娠、卵巢黄体破裂或其他脏器破裂（如脾破裂等）。

【经腹壁腹腔穿刺术】

妇科病变主要位于盆腔及下腹部，故可通过腹腔穿刺明确盆、腹腔积液性质或查找肿瘤细胞，达到诊断目的，兼有治疗作用。细针穿刺活检用于盆腔及下腹部肿块的组织学确诊，应在超声引导下进行。抽出的液体应观察其颜色、性状，并根据病史决定送检项目。

（一）适应证

用于明确诊断腹腔积液的性质；鉴别靠近腹壁的盆腔及下腹部肿块性质；腹水过多者，穿刺放出部分腹腔积液，降低腹压、减轻腹胀、暂时缓解临床不适症状，必要时可向腹腔内注药行腹腔内灌注化疗；腹腔穿刺注入二氧化碳气体，拍摄腹部 X 线片，盆腔器官可清晰显影。

（二）禁忌证

可疑腹腔内严重粘连；可疑为巨大卵巢囊肿者；大量腹腔积液伴有严重电解质紊乱者禁大量放腹腔积液；凝血功能异常者；中、晚期妊娠；精神异常或不能配合者。

（三）方法

腹部 B 型超声引导下穿刺，需充盈膀胱，确定肿块部位后排空膀胱，再进行穿刺。经阴道 B 型超声指引下穿刺，则在术前排空膀胱。腹腔大量积液或进行囊内穿刺时患者采用仰卧位，积液量较少时可取半卧位或侧斜位。穿刺部位常取脐与髂前上棘连线中外 1/3 交界处，囊内穿刺应在囊性感最明显处进行。穿刺部位按常规消毒，铺无菌洞巾，术者需戴无菌手套。一般情况下穿刺不需进行麻醉，精神过于紧张者，可用 0.5% 利多卡因行局部浸润麻醉。持 7 号穿刺针从选定的穿刺点垂直刺入，通过腹膜时有抵抗消失感，拔去针芯，即有液体溢出，连接注射器，按需要抽取足够量液体，并送实验室或病理检查。穿刺术毕拔出穿刺针，局部敷以无菌纱布固定。

（四）穿刺液性质和结果判断

1. 腹腔积液　有血性、黏液性、浆液性等。送常规实验室检查，测比重、总细胞数、红细胞数、白细胞数、蛋白定量及细胞学检查等。必要时检查抗酸杆菌、结核杆菌。肉眼血性腹水者，应除外恶性肿瘤，需行癌细胞检查。

2. 血液　鲜血液放置后迅速凝固，多为刺伤血管，应重新穿刺或改变穿刺方向。暗红色陈旧血液，放置10 min以上不凝固表明有腹腔内出血。常见于异位妊娠、卵巢黄体破裂或其他脏器破裂如脾破裂等。小血块或不凝固陈旧性血液，见于陈旧性宫外孕。黏稠巧克力样液体，考虑卵巢子宫内膜异位囊肿破裂。

3. 脓液　盆腔或腹腔内有化脓性感染或脓肿破裂时，可见黄色、黄绿色，质地稀薄或浓稠，有臭味的液体。应行细胞涂片、细菌培养及药敏试验。

4. 炎性渗出液　盆腔及腹腔内有炎症时，可见粉红色、淡黄色混浊液体。应行细胞学涂片、细菌培养及药物敏感试验。

（五）注意事项

1. 术前注意患者生命体征。
2. 严格无菌操作，避免腹腔感染。
3. 控制针头进入深度，以免刺伤血管及肠管。
4. 依据检查目的不同，抽取相应量的腹水，腹腔积液细胞学检查仅需100～200 ml，其他检查仅需10～20 ml。
5. 大量放液时，针头必须固定好，以免针头移动损伤肠管；放液速度不宜过快，每小时放液量不应超过1000 ml，一次放液量不应超过4000 ml，并严密观察患者生命体征，控制放液量及放液速度；若出现休克征象，应立即停止放腹腔积液；放液过程中需腹带束腹，并逐渐缩紧腹带，以防腹压骤降、内脏血管扩张而引起休克。
6. 向腹腔内注入药物应慎重，当行腹腔化疗时，应注意过敏反应等毒副反应。
7. 术后卧床休息8～12 h，必要时给予抗生素预防感染。

【经腹壁羊膜穿刺术】

经腹壁羊膜穿刺术是在妊娠中晚期用穿刺针经腹壁、子宫壁进入羊膜腔抽取羊水用于临床分析诊断，或注入药物或生理盐水用于治疗的一种方法。

（一）适应证

1. 产前诊断　需诊断羊水细胞染色体核型分析、基因及基因产物检测，通过检查以明确胎儿性别、确诊胎儿染色体病及遗传病等。常对产前筛查怀疑有异常胎儿的高危孕妇进行羊膜穿刺抽取羊水细胞检测。

2. 治疗　①促胎肺成熟，胎儿未成熟，但必须在短时间内终止妊娠，常行羊膜腔内注入地塞米松10 mg。②胎儿异常或死胎需做羊膜腔内注药（依沙吖啶等）引产。③羊水异常，羊水过多而胎儿发育正常，需放出适量羊水以改善症状及延长孕期，提高胎儿存活率；羊水过少而胎儿发育正常，可间断向羊膜腔内注入适量生理盐水，以预防胎盘和脐带受压，减少胎儿发育不良或胎儿窘迫。④促进胎儿发育，用于治疗胎儿生长受限，如向羊膜腔内注入氨基酸等治疗。⑤宫内输血，母儿血型不合需给胎儿输血。

（二）禁忌证

1. 产前诊断　①孕妇存在流产征兆；②术前24 h内两次体温在37.5 ℃以上。
2. 引产终止妊娠　①心、肝、肺、肾疾病在活动期或严重功能异常；②有急性生殖道炎症；③各种疾病的急性期；④术前24 h内两次体温在37.5 ℃以上。

（三）术前准备

1. 孕周选择　胎儿异常引产者，宜在妊娠16～26周之内；产前诊断者，宜在妊娠16～22周，此时羊水量相对较多，易于抽取，不易伤及胎儿，且羊水细胞易存活，培养成功率高。

2. 穿刺部位选择　①手法定位：助手固定子宫，于宫底下2～3横指中线或两侧选择囊性感明显部位作为穿刺点。②超声定位：可在超声引导下直接穿刺。也可穿刺前先行胎盘及羊水暗区定位标记后操作，穿刺时尽可能避开胎盘，在羊水量相对较多的暗区进行。

3. 中期妊娠引产术前准备　检测患者生命体征，进行全身检查及妇科检查，注意有无盆

腔肿瘤、子宫畸形及宫颈发育情况；测血、尿常规，出凝血时间，血小板计数和肝、肾功能。

（四）方法

孕妇排尿后取仰卧位，腹部皮肤常规消毒，铺无菌孔巾。在选择好的穿刺点用利多卡因行局部浸润麻醉。用22号或20号腰穿针垂直刺入腹壁，穿刺阻力首次消失表示进入腹腔，继续进针阻力消失表示进入宫壁，阻力再次消失表示已达羊膜腔。拔出针芯可见羊水溢出。抽取所需羊水量或注入药物。将针芯插入穿刺针内，迅速拔针，敷以无菌干纱布，加压5 min后胶布固定。

（五）注意事项

1. 为避免感染，应严格无菌操作。
2. 进针不可过深过猛，尽量一次成功，避免多次操作。最多不得超过两次。
3. 穿刺前应查明胎盘位置，应尽量避开胎盘。经胎盘穿刺者，经穿刺孔羊水可进入母体血循环而发生羊水栓塞。应警惕羊水栓塞发生可能，穿刺与拔针前后应注意孕妇有无呼吸困难、发绀等异常。
4. 羊水中的有形物质阻塞针头可能抽不出羊水，有针芯的穿刺针可避免该情况的发生。必要时调整穿刺方向、深度即可抽出羊水。
5. 抽出血液，出血可来自腹壁、子宫壁、胎盘或刺伤胎儿血管，应立即拔出穿刺针并压迫穿刺点，加压包扎。若胎心正常，可于1周后再行穿刺。
6. 术后应严密观察受术者穿刺后反应。

六、女性内分泌激素测定

女性内分泌系统激素包括下丘脑、垂体、卵巢分泌的激素。测定下丘脑–垂体–卵巢轴各激素的水平，对于某些疾病的诊断、疗效观察和预后评估均具有重要意义。

（一）垂体促性腺激素测定

卵泡刺激素（follicle-stimulating hormone，FSH）和黄体生成素（luteinizing hormone，LH）是腺垂体促性腺激素细胞分泌的糖蛋白激素，受下丘脑促性腺激素释放激素（gonadotropin-releasing hormone，GnRH）、卵巢激素和抑制素的调节。FSH的生理作用主要是促进卵泡成熟及分泌雌激素。LH的生理作用主要是促进卵巢排卵和黄体生成，促使黄体分泌孕激素和雌激素。临床可用于：

1. 排卵检测 测定LH峰值，可以了解排卵情况，估计排卵时间，有助于不孕症的治疗。
2. 测定LH/FSH比值 如LH/FSH ≥ 2，可以协助诊断多囊卵巢综合征。
3. 协助判断闭经原因 FSH及LH水平低于正常值，提示闭经原因在腺垂体或下丘脑。FSH及LH水平均高于正常，病变在卵巢。
4. 诊断性早熟 有助于区分真性和假性性早熟。真性性早熟由促性腺激素分泌增多引起，FSH及LH呈周期性变化。假性性早熟的FSH及LH水平较低，且无周期性变化。

（二）雌、孕激素的测定

1. 雌激素测定 育龄期妇女体内雌激素主要由卵巢产生，孕妇体内雌激素大部分由卵巢、胎盘产生，少量由肾上腺产生。雌激素（E）分为雌酮（estrone，E_1）、雌二醇（estradiol，E_2）及雌三醇（estriol，E_3），其中E_2活性最强，是卵巢分泌的主要性激素之一，对维持女性生殖功能及副性征有重要作用。在正常月经周期中，E_2随着卵巢周期性变化而波动。通过测定雌激素，可检测卵巢功能及监测胎儿–胎盘单位功能。

2. 孕激素测定 女性体内孕激素由卵巢、胎盘和肾上腺皮质产生，在雌激素作用的基础上发挥作用，主要是使子宫内膜转化为分泌期，利于胚胎着床，并防止子宫收缩，使子宫在分娩前处于静止状态。同时孕酮还能促进乳腺腺泡发育，为泌乳做准备。

通过孕激素测定可进行排卵监测，评价黄体功能，辅助诊断异位妊娠、先兆流产，观察胎盘功能，还可进行孕酮替代疗法的监测。

（三）人绒毛膜促性腺激素测定

人绒毛膜促性腺激素（human chorionic gonadotropin，hCG）是一种糖蛋白激素，由 α 及 β 亚单位组成，主要由妊娠滋养细胞产生，妊娠滋养细胞疾病、生殖细胞肿瘤及其他恶性肿瘤（如肺、肾上腺及肝肿瘤）也可产生 hCG。通过人绒毛膜促性腺激素测定可进行妊娠诊断、异位妊娠诊断、妊娠滋养细胞疾病的诊断和监测以及性早熟、肿瘤的诊断检测。

（四）人胎盘催乳素测定

人胎盘催乳素（human placental lactogen，hPL）由胎盘合体滋养细胞产生，其生理作用主要为促进胎儿生长及母体乳腺腺泡发育等。妊娠晚期连续动态检测 hPL 可以监测胎盘功能，于妊娠 35 周后，多次测定血清 hPL 值均在 4 mg/L 以下或突然下降 50% 以上，提示胎盘功能减退。

（五）雄激素测定

女性体内的雄激素主要有睾酮和雄烯二酮，大部分来自肾上腺皮质，小部分来自卵巢。绝经前，血清睾酮是卵巢雄激素来源的标志，绝经后雄激素主要来自肾上腺皮质。临床应用于多囊卵巢综合征、高催乳激素血症、应用雄激素制剂或具有雄激素作用的内分泌药物、卵巢男性化肿瘤、女性多毛症、肾上腺皮质增生或肿瘤、两性畸形的诊断与监测。

（六）催乳素测定

催乳素（prolactin，PRL）由腺垂体催乳激素细胞分泌。受下丘脑催乳素抑制激素（主要是多巴胺）和催乳素释放激素的双重调节。PRL 的主要功能是促进乳房发育及泌乳，与卵巢类固醇激素共同作用促进分娩前乳房导管及腺体发育。PRL 还参与机体的多种功能，特别是对生殖功能的调节。临床主要应用于垂体催乳素瘤、闭经、不孕及月经失调、性早熟、卵巢早衰、黄体功能欠佳、原发性甲状腺功能低下、神经精神刺激、垂体功能减退及单纯性催乳激素分泌缺乏症等的诊断与监测。

七、基础体温测定

基础体温（basal body temperature，BBT）又称静息体温，是指机体经过 6~8 h 以上的睡眠，醒来未进行任何活动之前所测得的口腔温度。它反映了静息状态下的基础能量代谢，未受到运动饮食或情绪变化影响，是机体一昼夜中的最低体温。临床可通过基础体温测定判断甲状腺及卵巢等器官的功能状态，在妇科临床中主要运用于判断卵巢功能状况，测量有无排卵，确定排卵日期、黄体功能和诊断早孕。

1. 基础体温测定方法　置备一支体温表。每晚临睡前将体温表水银柱甩至 35 ℃以下，如果是电子体温计则变成初始值，放在醒来后伸手可及的地方。每天清晨醒后，未进行任何活动，立即将体温计放在舌下，测口腔温度 5 min 后拿出来读数，并记录在特制的表格上。每日测量的时间最好固定，一般在早上 5~7 时，夜班工作者应休息 6~8 h 后测量。同时应将生活中有关情况如感冒、月经期、失眠、饮酒、服药、情绪、性生活等可能影响体温的因素及所采取的治疗记录在基础体温单上，以便随时参考。

2. 测量基础体温的意义

（1）判断有无排卵：基础体温曲线出现双相表现，表示有排卵（图 14-6），单相型无后期升高的体温曲线，提示无排卵（图 14-7）。

（2）判断早孕：基础体温持续升高 16~18 天，提示早孕可能；超过 20 天，可确定为早孕。早孕期基础体温渐降，提示黄体功能不全，有流产倾向。

（3）观察黄体功能：排卵后基础体温即上升，且在高温相持续较长时间，一般大于 11 日。

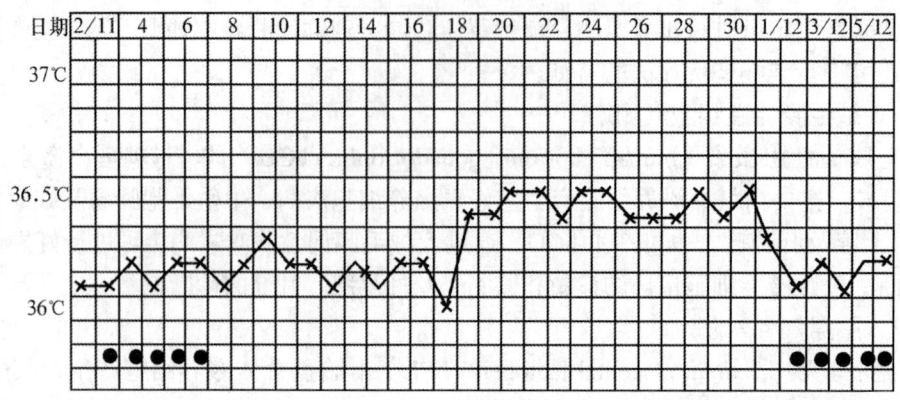

图 14-6　基础体温双相型

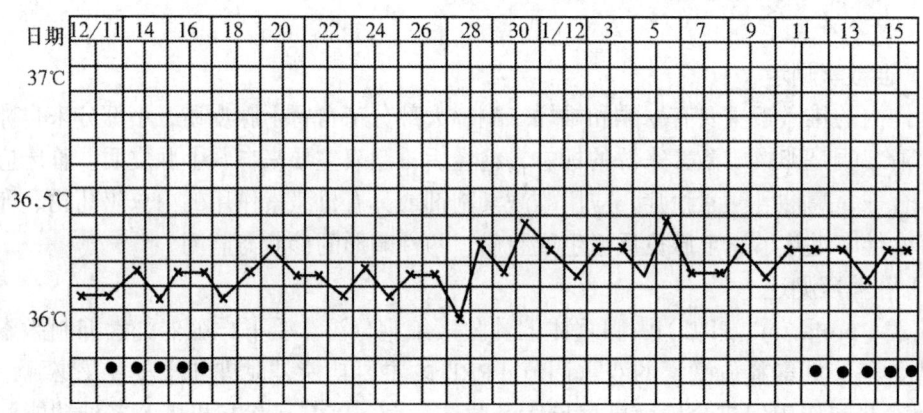

图 14-7　基础体温单相型

若高温相持续时间不足 11 天，考虑黄体功能不足。月经期延长的患者，基础体温表现为高温相下降缓慢，月经期仍为高温相体温，应考虑子宫内膜不规则脱落。

（4）其他病变：双相体温者，经期 BBT 不降低，可能有子宫内膜异位症，子宫内膜异位症的病灶出血后会产生吸收热。原发性闭经患者 BBT 呈双相型时，应考虑子宫性闭经，如先天性无子宫或生殖道结核使子宫内膜破坏等。

八、输卵管通畅检查

【输卵管通液术】

输卵管通液术（hydrotubation）是通过导管向子宫腔内注入液体，根据注液阻力大小、有无回流及注入液体量和患者的感觉等判断输卵管是否通畅。此方法既可检查输卵管是否通畅，又对轻度的输卵管粘连有一定的治疗功效。由于操作简便，无需特殊设备而广泛应用于临床。

（一）适应证

不孕症患者，疑有输卵管阻塞者；检验和评价输卵管再通术或输卵管成形术的效果；对输卵管黏膜轻度粘连有疏通作用。

（二）禁忌证

内外生殖器炎症急性期；体温高于 37.5 ℃；月经期或有不规则阴道流血；严重的全身性疾病，如心、肺功能异常等；可疑妊娠。

（三）术前准备

月经干净后 3~7 日，术前 3 日禁性生活。术前半小时肌内注射阿托品 0.5 mg，以预防输卵管痉挛。嘱患者排空膀胱。

第十四章 妇科病史、体格检查及妇科常用特殊检查

（四）方法

患者取膀胱截石位。双合诊了解子宫位置及大小，常规消毒外阴、阴道，铺无菌巾。放置阴道窥器充分暴露子宫颈，再次消毒阴道穹隆及子宫颈。以宫颈钳钳夹子宫颈前唇，沿子宫腔方向置入宫颈导管，并使其与子宫颈外口紧密相贴。用Y形管将宫颈导管与压力表、注射器相连，压力表应高于Y形管水平，以免液体进入压力表。将注射器与宫颈导管相连，并使宫颈导管内充满0.9%氯化钠注射液或抗生素溶液（庆大霉素8万U、地塞米松5 mg、透明质酸酶1500 U、注射用水20 ml，可加用0.5%利多卡因2 ml以减少输卵管痉挛）。排出空气后沿子宫腔方向将其置入子宫颈管内，缓慢推注液体，压力不超过160 mmHg。观察推注时阻力大小、经子宫颈注入的液体是否回流、患者下腹部是否疼痛等。

（五）结果评定

1. 输卵管通畅　顺利推注液体20 ml，无阻力，压力维持在60~80 mmHg及以下；或开始稍有阻力，随后阻力消失，无液体回流，患者也无不适感。
2. 输卵管通而不畅　推注液体有阻力，再经加压推注又能注入，说明有轻度粘连已被分离，患者感轻微腹痛。
3. 输卵管阻塞　注入液体5 ml即感有阻力，压力持续上升而不见下降，患者感下腹胀痛，停止推注后液体又回流至注射器内。

（六）注意事项

1. 所用无菌液体温度以接近体温为宜，以免液体过冷造成输卵管痉挛。
2. 注入液体时必须使宫颈导管紧贴宫颈外口，防止液体外漏。
3. 术后2周禁盆浴及性生活，酌情给予抗生素预防感染。

【子宫输卵管造影】

子宫输卵管造影（hysterosalpingography，HSG）是通过导管向宫腔及输卵管注入造影剂，行X线透视及摄片，根据造影剂在宫腔、输卵管及盆腔内的显影情况了解宫腔形态、输卵管是否通畅或阻塞部位。该检查损伤小，诊断准确率达80%，且具有一定的治疗作用。

（一）适应证

了解宫腔形态，确定有无子宫黏膜下肌瘤、子宫内膜息肉，有无宫腔粘连及异物，有无子宫畸形及宫颈内口是否松弛等；了解输卵管是否通畅及其形态、阻塞部位；内生殖器结核非活动期。

（二）禁忌证

内、外生殖器急性或亚急性炎症；严重的全身性疾病，如心、肺功能异常等；妊娠期，月经期；产后、流产后、刮宫术后6周内；碘过敏者。

（三）术前准备

月经干净后3~7日，术前3日禁性生活。作碘过敏试验。术前半小时肌内注射阿托品0.5 mg。术前排空膀胱，便秘者术前行清洁灌肠，以使子宫保持正常位置，避免出现外压假象。目前常用碘造影剂：76%泛影葡胺和40%碘化油。76%泛影葡胺为水剂，吸收快，检查时间短，但子宫输卵管边缘部分显影欠佳，细微病变不易观察，有的患者在注药时有刺激性疼痛；40%碘化油为油剂，刺激小，过敏少，密度大，显影效果好，但吸收慢，检查时间长，易引起异物反应，形成肉芽肿或形成油栓。

（四）方法

患者取膀胱截石位，常规消毒外阴、阴道，铺无菌巾，检查子宫位置及大小。以阴道窥器扩张阴道，充分暴露子宫颈，再次消毒子宫颈及阴道穹隆，用宫颈钳钳夹子宫颈前唇，探针探查子宫腔。将40%碘化油充满宫颈导管，排出宫颈导管内空气，沿子宫腔方向将其置入子宫颈管内。缓慢推注碘化油，在X线透视下观察碘化油流经子宫腔及输卵管情况并摄片。24 h

后再摄盆腔平片,以观察腹腔内有无游离碘化油。若用泛影葡胺液造影,应在注射后立即摄片,10~20 min 后第二次摄片,观察泛影葡胺液流入盆腔情况。

(五)结果评定

1. 正常子宫、输卵管　子宫腔呈倒三角形,双侧输卵管显影形态柔软,24 h 后摄片盆腔内见散在造影剂。

2. 子宫腔异常　子宫黏膜下肌瘤可见宫腔充盈缺损;子宫内膜结核时内膜呈锯齿状不平,子宫腔失去原有的倒三角形态;子宫畸形时有相应显示。

3. 输卵管异常　输卵管发育异常,可见过长或过短的输卵管、异常扩张的输卵管、输卵管憩室等;输卵管不通,24 h 后盆腔 X 线摄片盆腔内未见散在造影剂;输卵管积水见输卵管远端呈气囊状扩张;输卵管结核时显示输卵管形态不规则、僵直或呈串珠状,有时可见钙化点。

(六)注意事项

1. 宫颈导管插入不要太深,以免损伤子宫,甚至导致子宫穿孔。
2. 碘化油充盈宫颈导管时必须排尽空气,以免空气进入子宫腔造成充盈缺损,引起误诊。
3. 注入碘化油后,如果子宫角圆钝,输卵管不显影,则考虑输卵管痉挛,可保持原位,肌注阿托品 0.5 mg 或针刺合谷、内关穴,20 min 后再透视、摄片;或停止操作,下次摄片前先使用解痉药物。
4. 注碘化油时推注不可过快,用力不可过大,防止损伤输卵管。
5. 如果发现造影剂进入异常通道,同时患者出现咳嗽,要警惕发生油栓的可能,应立即停止操作,取头低脚高位,严密观察。
6. 术后 2 周禁盆浴及性生活,可酌情给予抗生素预防感染。

【妇科内镜输卵管通畅检查】

近年随着妇科内镜的临床应用,逐渐开展了腹腔镜直视下输卵管通液检查、宫腔镜下经输卵管口插管通液检查和腹腔镜联合检查等方法,其中腹腔镜直视下输卵管通液检查是输卵管通畅检查的"金标准",准确率 90%~95%,但腹腔镜仍是创伤性手术,故并不推荐作为常规检查方法。

九、妇科影像检查

妇科常用影像检查包括超声、X 线、计算机体层成像(CT)、磁共振成像(MRI)等,因其诊断准确且对人体损伤小、可重复,广泛应用于妇科领域。

【超声检查】

超声检查是将探头所在部位脏器或病灶的断面形态及其与周围器官的关系,以强弱不等的光点、光团、光环或光带,显示在荧屏上,并可作动态观察和照相。

(一)检查途径

有经腹壁超声检查、经阴道超声检查及经会阴检查三种。

1. 经腹壁超声检查　检查时要求膀胱适度充盈,形成良好的"透声窗",便于观察盆腔内脏器和病变。

2. 经阴道超声检查　经阴道超声检查不必充盈膀胱,图像分辨率高,尤其对肥胖患者或盆腔深部器官的观察,阴道超声检查效果更佳。但对较大的超出盆腔的包块无法获得完整图像。无性生活史者不宜选用。

3. 经会阴超声检查　将凸阵超声探头置会阴部,检查阴道下段病变以及盆底病变,如子宫内膜异位病灶和阴道下段肿瘤等。

（二）超声检查在妇科领域的应用

1. B型超声检查

（1）子宫肌瘤：目前腹部超声能分辨直径0.5 cm的子宫前壁肌瘤，并可对肌瘤进行较精确定位。

（2）子宫腺肌病和腺肌瘤：子宫腺肌病的声像图像呈现为子宫均匀性增大，子宫断面回声不均；子宫腺肌瘤，呈现子宫不均匀增大，其内散在小蜂窝状无回声区。

（3）卵巢肿瘤：经阴道超声检查可发现盆腔深部小肿块，显示其内部细微结构方面有明显优势，已成为早期筛查卵巢癌的重要辅助项目。

（4）盆腔炎性疾病：盆腔炎性包块与周围组织粘连，境界不清；积液或积脓时为无回声或回声不均。

（5）监测卵泡发育：正常卵泡每日增长1.6 mm，排卵前卵泡直径约达20 mm。通常自月经周期第10日开始连续监测卵泡大小，以了解卵泡发育及排卵情况。

（6）探测宫内节育器：能准确显示宫内节育器在宫腔内的位置及节育器的形状。

（7）介入超声的应用：在阴道超声引导下对盆腔囊性肿块进行穿刺，对成熟卵泡进行采卵，选择性胚胎减灭术。

2. 彩色多普勒超声检查　彩色多普勒超声能很好判断盆、腹腔肿瘤的边界，显示肿瘤内部血流分布，尤其是卵巢恶性肿瘤及滋养细胞肿瘤，其内部血流信息明显增强，有助于诊断。

3. 三维超声扫描技术　可以较清晰地显示盆腔脏器及可能病变组织的立体结构，图像逼真、清晰，有助于盆腔脏器疾患的诊断，特别是良、恶性肿瘤的诊断和鉴别诊断。

【X线检查】

数字化X线摄影（digital radiograph，DR）可借助造影剂检查子宫腔和输卵管腔内形态，是诊断输卵管通畅程度和先天性子宫畸形常用的检查方法，如：单角子宫、双子宫、双角子宫、纵隔子宫、鞍状子宫等。X线胸片是诊断妇科恶性肿瘤肺转移的手段，如妊娠滋养细胞肿瘤肺转移。利用DR还可对妇科恶性肿瘤、子宫出血等进行介入性血管造影和（或）治疗。

【计算机体层扫描检查】

计算机体层扫描（computerized tomography，CT）的基本原理是X线对人体不同密度组织的穿透能力不同，从而产生所接收的信号差异，再由计算机对数字信息进行处理，显示出图像。CT的分辨率高，能显示肿瘤的位置、结构、囊实性、周围侵犯及远处转移情况，常用于妇科肿瘤治疗方案的制订、预后估计、疗效观察及术后复发的诊断。但对卵巢肿瘤定位诊断特异性不如磁共振成像。

【磁共振成像检查】

磁共振成像检查（magnetic resonance imaging，MRI）对软组织分辨率高，无放射性损伤及骨性伪影，尤其适合盆腔病灶定位及病灶与相邻结构关系的确定。磁共振成像能清晰地显示肿瘤信号与正常组织的差异，故能准确判断肿瘤大小、性质及浸润和转移情况，广泛应用于妇科肿瘤和子宫内膜异位症的诊断和手术前的评估。

十、妇科内镜检查

【阴道镜检查】

阴道镜检查（colposcopy）是将充分暴露的阴道和宫颈光学放大10~40倍直接观察，以发现与癌变有关的异型上皮、异形血管，对可疑部位行定位活检，以提高宫颈疾病确诊率。

（一）适应证

1. 子宫颈细胞学检查　LSIL及以上、ASCUS伴高危型HPV DNA阳性或AGC者。

2. **HPV DNA 检测** 16 型或 18 型阳性者，或其他高危型 HPV 持续阳性 1 年以上者。

3. **阴道和外阴病变** 阴道和外阴鳞状上皮内病变、早期阴道癌、阴道腺肌病、梅毒、结核、尖锐湿疣等。

4. 子宫颈锥切术前确定手术范围。

5. 下生殖道肿瘤治疗后随访。

（二）检查方法

1. 患者取膀胱截石位，阴道窥器暴露子宫颈阴道部，用棉球擦净子宫颈分泌物。打开光源，调整阴道镜物镜焦距，使物象清晰。观察被检部位的外形、颜色及血管分布。

2. 醋酸白试验 用 3%~5% 醋酸棉球浸润子宫颈表面，1 min 后子宫颈上皮组织中核质比增加的细胞肿胀、发白。病变级别越高，醋酸白出现得越快，持续时间越长。需密切观察血管时加绿色滤光镜片并放大 20 倍。

3. 碘试验 用复方碘溶液棉球浸湿子宫颈，富含糖的成熟鳞状上皮细胞被碘染成棕褐色，称为碘试验阳性；未成熟化生上皮、柱状上皮、角化上皮及 SIL 上皮内不含糖原，碘试验不着色。

4. 在可疑病变部位或异常图像部位取多点活检送病理检查。

（三）结果判断

根据国际子宫颈病理和阴道镜联盟（IFCPC，2011 年）制定的标准，用于阴道镜诊断的术语包括：

1. 一般评价 检查充分或不充分（不充分需注明原因如子宫颈炎、瘢痕、出血等）。鳞-柱交界的可见性：分为完全可见、部分可见或不可见。转化区类型：1 型转化区全部位于子宫颈外口以外，鳞-柱交界完全可见；2 型转化区鳞-柱交界部分延伸入子宫颈管，但通过辅助手段（如子宫颈扩张器等）可完全暴露转化区；3 型转化区的鳞-柱交界部分可见或完全不可见。

2. 正常阴道镜所见 原始鳞状上皮成熟或萎缩、柱状上皮异位、鳞状上皮化生（子宫颈腺囊肿、腺体开口）、妊娠期蜕膜。

3. 异常阴道镜所见

（1）一般描述：即病变描述（病变部位与转化区的关系，用时钟方向描述病变位置、病变累及的子宫颈象限数及病变面积占据子宫颈表面积的百分率）。

（2）1 级病变（次要病变）：薄醋酸白上皮、边界不规则地图样、细小镶嵌、细小点状血管。

（3）2 级病变（主要病变）：厚醋酸白上皮、边界锐利、粗大镶嵌、粗大血管、袖口状腺体开口、病变内部醋白分界、嵴样隆起、快速醋酸反应等。

（4）非特异病变：白斑（角化或过度角化）、糜烂、碘试验染色或不染色。

4. 可疑癌 可见异型血管，或其他表现：脆性血管、外生型病变、表面不规则、溃疡、坏死、肿瘤和（或）新生肿物等。

5. 杂类 先天性转化区、湿疣、息肉、炎症、狭窄、先天异常、子宫颈治疗后改变、子宫内膜异位症等。

【宫腔镜检查】

宫腔镜是一种用于子宫腔及子宫颈管疾病检查和治疗的内镜。宫腔镜检查是应用膨宫介质扩张宫腔，通过光导玻璃纤维束和柱状透镜将冷光源经宫腔镜导入宫腔内，直视下观察子宫颈管、子宫颈内口、子宫内膜及输卵管开口，以便针对病变组织直观准确取材并送病理检查。大多数子宫腔和子宫颈病变可以在宫腔镜下同时进行手术治疗。

（一）适应证

1. 异常子宫出血的诊断。

2. 不孕症、复发性流产寻找宫内因素。
3. 子宫腔粘连及畸形的诊断。
4. 子宫腔内异物，如嵌顿性节育环、妊娠物残留等。
5. 子宫腔占位性病变，如子宫黏膜下肌瘤、子宫内膜息肉等。
6. 宫腔镜术后相关评估。

（二）禁忌证

1. 绝对禁忌证　生殖道急性感染，心、肝、肾衰竭急性期及其他不能耐受手术者。
2. 相对禁忌证　体温>37.5 ℃；近3个月内有子宫手术史或子宫穿孔史者；子宫颈瘢痕，不能充分扩张者；浸润性子宫颈癌、生殖道结核未经系统抗结核治疗者。

（三）操作步骤

1. 检查时间以月经净后1周内为宜，术前禁食6~8 h。
2. 膨宫液　使用单极电切或电凝时，膨宫液必须选用非导电的5%葡萄糖液，双极电切或电凝则可选用0.9%氯化钠液，后者可减少过量低渗液体灌注导致的过度水化综合征。
3. 受检者取膀胱截石位，消毒外阴、阴道、子宫颈。宫颈钳夹持子宫颈，探针了解宫腔方向和深度，扩张子宫颈至大于镜体外鞘直径半号。排空灌流管内气体后，边向子宫腔内冲入膨宫液（5%的葡萄糖液），边将宫腔镜缓缓插入宫腔。冲洗子宫腔内血液至液体清净，调整液体流量，使子宫腔内压达到所需压力，子宫腔扩展即可看清子宫腔和子宫颈管。

（四）术后随访及处理

宫腔镜检查可在门诊进行，术后观察30 min，酌情给予抗生素预防感染。

（五）并发症

1. 损伤和出血　警惕宫颈裂伤、子宫穿孔和出血。一经发现，应立即处理。
2. 低钠水中毒　大量葡萄糖液吸收入血循环，导致血容量过多及低钠血症，严重者可引起死亡。相应处理包括吸氧、纠正电解质紊乱和水中毒、处理急性左心功能衰竭、防治肺、脑水肿。
3. 其他　感染、子宫腔和（或）子宫颈管粘连等。

【腹腔镜检查】

腹腔镜手术是在密闭的盆、腹腔内进行检查或治疗的内镜手术。20世纪80年代后期，由于腹腔镜设备、器械不断更新，腹腔镜手术范围逐渐扩大，有诊断性腹腔镜手术和手术性腹腔镜手术。绝大多数疾病在腹腔镜探查后，即进行手术，很少有诊断性腹腔镜单独使用。

（一）适应证

1. 怀疑子宫内膜异位症。
2. 不明原因的急、慢性腹痛和盆腔痛的诊断。
3. 了解盆腹腔肿块部位、性质或取活检诊断。
4. 不孕、不育查找病因及治疗。

（二）禁忌证

1. 绝对禁忌证　严重心肺功能不全，不能耐受麻醉者；凝血系统功能障碍；大的腹壁疝或膈疝；绞窄性肠梗阻；腹腔内大出血。
2. 相对禁忌证　腹腔内广泛粘连；晚期或广泛转移的妇科恶性肿瘤；盆腔肿块过大，超过脐水平；妊娠时间超过16周。

（三）术前准备

1. 肠道、泌尿道、阴道准备，腹部皮肤准备，尤应注意脐孔的清洁。
2. 麻醉选择　诊断性腹腔镜可选用局麻或硬膜外麻醉。

（四）操作步骤

患者取仰卧位，常规消毒腹部及外阴、阴道，放置导尿管和举宫器（无性生活史者不用举宫器）。切开脐孔下缘皮肤 10~12 mm，用气腹针穿刺进入腹腔，充入 CO_2，使腹腔内压力达 12 mmHg，拔去气腹针。用套管针从切口处穿刺，将腹腔镜自套管针鞘送入腹腔，即可见盆腔内器官。按顺序常规检查盆腔内各器官。检查后根据盆腔疾病进行输卵管通液、病灶活检等进一步检查。

（五）并发症

1. 出血性损伤　术中出血、腹壁血管损伤、腹膜后大血管损伤。
2. 脏器损伤　主要是肠管、膀胱及输尿管损伤。
3. 与气腹相关的并发症　如皮下气肿、气胸和气体栓塞等。
4. 其他并发症　腹腔镜切口疝、体位摆放不当导致的神经损伤等。

【胎儿镜检查】

胎儿镜检查是用直径 2 mm 左右的光学纤维内镜经母体腹壁穿刺，经子宫壁进入羊膜腔，观察胎儿外形、取胎儿组织活检及对胎儿进行宫腔内治疗的方法。目前临床上尚未普及应用。

（一）适应证

1. 双胎输血综合征　在胎儿镜下对吻合支血管进行激光凝固。
2. 部分单基因疾病　主要用于产前诊断，如白化病、进行性退行性肌营养不良等。
3. 下尿路梗阻　在胎儿镜下利用膀胱镜使用激光消融后尿道瓣膜，并放置尿路支架。
4. 严重的先天性膈疝　胎儿镜下行腔内球囊气管闭塞术。
5. 羊膜束带综合征　可行胎儿镜羊膜束带松解术挽救胎儿肢体和生命。

（二）胎儿镜检查时间

最佳时间是孕 16~26 周。

（三）操作步骤

1. 术前按下腹部手术常规备皮，排空膀胱，术前 10 min 肌内注射哌替啶 50 mg。手术者常规洗手，严格无菌操作。
2. 选择穿刺点前采用 B 型超声检查，选择穿刺点，要求套管刺入子宫时避免贯穿胎盘，并尽可能靠近脐带，可选择子宫体前壁、侧壁或宫底部的无胎盘附着区，但一般不选择子宫下段，因此处收缩性差，穿刺后创口不易闭合。胎盘附着在子宫后壁时，虽无贯穿胎盘的顾虑，但以子宫前壁中央部位为好，便于胎儿镜上、下、左、右移动；胎盘附着在子宫前壁时可选择无胎盘附着区穿刺。还需注意穿刺点下的羊水量，便于顺利刺入羊膜腔。
3. 于选择的穿刺点进行局部浸润麻醉，尖刀片作 2 mm 切口，深达皮下，切口应与子宫表面垂直。助手协助固定子宫，套管针在皮肤切口垂直穿刺进入羊膜腔，后抽出针芯，见羊水流出，换上胎儿镜。接通冷光源，观察胎儿外形，如面部、手指、生殖器官等。
4. 根据检查目的进行操作。
5. 检查结束后，将胎儿镜连同套管同时取出，腹壁穿刺点用纱布压迫 5 min，覆盖敷料。平卧 3~5 h，观察母体血压、脉搏、胎心率、子宫收缩及有无羊水渗漏及出血。一般不用抑制宫缩药物，因为子宫肌松弛，不利于宫壁创面闭合，容易发生羊水渗漏，导致流产。

（四）注意事项

1. 严格掌握适应证。
2. 操作要轻柔、仔细。
3. 胎儿镜检查为有创检查，容易引起羊膜腔出血、感染、胎盘及胎儿损伤、流产及胎死宫内等并发症，操作前应与孕妇及家属充分沟通，理解手术风险及可能出现的并发症。

（五）并发症

1. **出血**　胎儿镜检查时，损伤腹壁或子宫壁血管可引起出血。手术后出血，患者常表现为腹部疼痛。依据出血量的情况，采取相应的处理措施。

2. **感染**　胎儿镜是有创的检查方法，胎儿镜进入羊膜腔可引起母体和胎儿的感染。手术后可能出现孕妇或胎儿感染的征兆，如发热、腹部疼痛、血白细胞升高，甚至羊水细菌培养阳性。明确诊断后，立即给予抗生素治疗。

3. **流产、早产或胎儿死亡**　流产、早产或胎儿死亡多因为手术过程中损伤胎盘、脐带或造成羊水渗漏所导致。

4. **羊水渗漏**　羊水由穿刺点漏出羊膜腔外，沿羊膜–子宫壁间隙渗出，经宫颈、阴道流出。若术后阴道排液增多，应考虑羊水渗漏可能，用 pH 试纸对阴道后穹隆处液体进行检测，如 pH＞7 即可诊断，临床上可按胎膜早破保守治疗。

5. **周围脏器损伤**　如肠管损伤等。

（王运贤）

自测题

一、病史采集

简要病史：女性，30 岁。停经 45 天，恶心、呕吐 2 天。请围绕该病史，进行现病史及相关病史的病史采集。

二、问答题

1. 说出阴道窥器检查的内容。
2. 复述双合诊检查的内容。
3. 说出妇科常见症状。

本章临床执业助理医师资格考试要点

妇科病史采集，盆腔检查、妇科常见症状。

第十五章 外阴色素减退性疾病及外阴瘙痒

学习目标

通过本章内容的学习，学生应能够：
识记：
1. 说出外阴慢性单纯性苔藓、外阴硬化性苔藓的临床表现及主要治疗方法。
2. 复述外阴瘙痒的病因及治疗方法。
理解：
总结外阴慢性单纯性苔藓、外阴硬化性苔藓的临床表现及诊断方法。
运用：
运用所学知识对外阴上皮内非瘤样病变做出初步诊断，并制订治疗方案。

外阴色素减退性疾病是一组以瘙痒为主要症状，外阴皮肤色素减退为主要体征的外阴皮肤疾病。由于病变部位皮肤及黏膜组织多呈白色，故又称"外阴白色病变"。依据 2011 年国际外阴阴道疾病研究学会（International Society for the Study of Vulvovaginal Disease，ISSVD）分类，外阴色素减退性疾病临床表现分类属于白色病变，病理组织学分类包括棘细胞增生型、苔藓样型、均质化型或硬化型。本章主要讨论外阴慢性单纯性苔藓和外阴硬化性苔藓。

第 1 节 外阴慢性单纯性苔藓

 导学案例 15-1

患者，女性，52 岁，因"外阴瘙痒 1 年余"就诊。1 年来患者常感外阴瘙痒，时轻时重，重时难以忍受，曾到皮肤科就诊，给予外用药物治疗，效果欠佳，无白带异常。3 年前绝经。妇科检查：外阴皮肤暗红，可见抓痕，右侧小阴唇与大阴唇间沟处可见白色斑块。阴道壁不充血，子宫颈、子宫、附件未发现异常。

思考：该患者的初步诊断是什么？

外阴慢性单纯性苔藓（lichen simplex chronicus），是以外阴鳞状上皮细胞良性增生为主的外阴疾病。以往所称"外阴鳞状上皮增生"和"增生性营养不良"已不再采用。

【病因】

病因不明。有研究发现可能与局部维 A 酸受体 α 含量减少有关。

【病理】

大体观可见外阴为红色或白色斑块或苔藓样改变。组织学检查主要表现为表皮层角化过度或角化不全，棘细胞层不规则增厚，上皮脚向下延伸，真皮浅层有淋巴细胞和少量浆细胞浸润，但上皮细胞排列整齐，细胞大小极性和核的形态、染色均正常。

【临床表现】

主要症状为外阴瘙痒，其程度较硬化性苔藓严重，以致患者难以忍受。病损主要累及大阴唇、阴唇沟、阴蒂包皮及阴唇后联合等处。病变早期局部皮肤暗红或粉红，角化过度部位也可呈现白色，可见抓痕。病变晚期皮肤增厚似皮革，色素增加，皮肤纹理明显突出，出现苔藓样变，严重患者可因搔抓引起破溃、皲裂。如出现溃疡长期不愈，特别是有结节隆起时，应警惕局部癌变的可能。

【诊断】

根据症状、体征可初步诊断，确诊主要靠组织病理学检查。以多点活检为宜，应在色素减退区、皲裂、溃疡、粗糙、硬结处取材。活检前先用1%甲苯胺蓝涂抹局部皮肤，干燥后用1%醋酸液擦洗脱色，在不脱色区活检，有助于提高不典型增生或早期癌变的阳性检出率。

【鉴别诊断】

1. 外阴白癜风　为局部黑素细胞破坏而引起的疾病，多见于年轻的妇女。外阴皮肤出现界限分明的白色区，但表面光滑润泽，质地正常，且无任何自觉症状，不恶变，不需治疗。

2. 外阴炎　外阴皮肤增厚，发白或发红，伴有瘙痒且阴道分泌物增多者，应首先排除假丝酵母菌、滴虫感染所致阴道炎和外阴炎。炎症治愈后，皮肤色泽可恢复正常，白色区可消失。

3. 银屑病（牛皮癣）　表现为瘙痒及白色片状损害，常伴有其他部位皮肤损害，搔之有鳞屑脱落。

【治疗】

1. 一般治疗　保持外阴部清洁干燥，禁用药皂、肥皂等刺激性药物洗外阴部。忌穿不透气的化纤面料内裤，禁食辛辣、过敏食物，禁止搔抓。积极治疗糖尿病、阴道炎等原发疾病，瘙痒严重者可适当使用镇静、催眠和抗过敏药物。

2. 局部治疗　局部应用皮质激素类药物控制瘙痒。多选用0.025%氟轻松软膏或0.1%曲安奈德软膏，每日3～4次，涂擦局部。因长期使用类固醇药物，易使局部皮肤萎缩，故瘙痒症状得到控制后，应停用上述药物，改用1%～2%氢化可的松软膏，每日1～2次，维持治疗。用药前需用温水坐浴10～15 min，使局部皮肤软化，易于吸收药物，减轻瘙痒症状。

3. 手术治疗　由于外阴鳞状上皮细胞增生的恶变率仅为5%，且手术治疗仍有远期复发可能，故一般不主张采用手术治疗。如反复药物治疗无效或有恶变可能者，可考虑手术。目前采取的手术治疗有单纯外阴切除和激光手术治疗两种。

（1）单纯外阴切除：病变范围较广者多需行单纯外阴切除术。但术后形成的瘢痕组织常导致性交痛，一般需同时行皮瓣移植术，以减少瘢痕挛缩。复发部位多在切口周围，再次手术仍难以避免再度复发。

（2）激光手术治疗：采用CO_2激光或氦氖激光照射治疗，破坏异常上皮组织及神经末梢，阻断瘙痒和搔抓所引起的恶性循环，促进溃疡愈合。具有简单易行、破坏性较小、瘢痕小的优点，但远期复发率在50%左右。

第2节 外阴硬化性苔藓

导学案例 15-2

患者，女性，50岁，绝经2年，性生活困难1年。妇科检查：外阴黏膜变薄、干燥，可见细小破裂口，皮肤无弹性，阴蒂萎缩，大、小阴唇平坦消失，阴道口挛缩狭窄，仅容指尖。

思考：
1. 该妇女可能的诊断是什么？
2. 应如何治疗？

外阴硬化性苔藓（lichen sclerosus of vulva）是一种以外阴及肛周皮肤萎缩变薄、色素减退为主要特征的皮肤疾病。

【病因】

不明。可能与以下因素相关，①与自身免疫性疾病有关：有学者发现患者可合并斑秃、白癜风、甲状腺功能亢进或减退等自身免疫性疾病，似可说明此病与自身免疫有关；②睾酮水平低下：此病好发于成年女性，患者血中二氢睾酮水平明显低于正常同龄妇女，对患处进行睾酮局部治疗有效，提示患者血中睾酮水平低下可能为发病因素之一；③基因遗传性疾病；④局部组织自由基作用。

【病理】

表皮萎缩、变薄，表层过度角化和毛囊角质栓形成，上皮脚变钝或消失，基底细胞液化变性，上皮黑素细胞减少，真皮层有淋巴细胞和浆细胞浸润带。

【临床表现】

本病可发生于任何年龄，但以绝经后妇女最多见，其次为幼女。主要症状为外阴瘙痒、烧灼感及性交痛。病损多呈对称性，常位于大、小阴唇、阴蒂包皮、阴唇后联合及肛门周围。早期皮肤发红肿胀，可出现粉红或象牙白色的小丘疹，丘疹融合成片后呈紫癜状。进一步发展小阴唇萎缩变薄，逐渐与大阴唇内侧融合以致完全消失。晚期皮肤菲薄皱缩似卷烟纸，阴道口挛缩狭窄，仅能容指尖以致性交困难。

幼女患者瘙痒症状多不明显，可能仅在小便或大便后感外阴及肛周不适。检查时在外阴及肛周可见锁孔状珠黄色花斑样或白色病损环，多数患者病变在青春期可自行消失。

【诊断与鉴别诊断】

根据临床表现可做出初步诊断，病理检查可确诊。外阴硬化性苔藓应与老年生理性外阴萎缩相区别，其外阴部皮肤的萎缩情况与身体其他部位皮肤同步，大阴唇变平，小阴唇退化，但患者无任何自觉症状

【治疗】

1. 一般治疗　同外阴慢性单纯性苔藓。
2. 局部治疗　目前认为丙酸睾酮局部涂擦是标准的治疗方法。

（1）2%丙酸睾酮油膏（200 mg丙酸睾酮加入10 g凡士林油膏），局部涂擦，初期每日2~4次，连用3~4周后改为每日1~2次，连用3周。然后改为每日1次或每2日1次作为维持量，根据治疗反应决定用药时间及次数。瘙痒严重者，可加用氢化可的松软膏。如出现毛发增多，阴蒂增大等男性化表现或疗效欠佳时，可改用0.5%黄体酮油膏每日3次（100 mg黄

体酮油剂加 30 g 凡士林油膏），局部涂擦。

（2）对于瘙痒顽固者，可用曲安奈德混悬液皮下注射。将 5 mg 曲安奈德混悬液用 0.9% 氯化钠溶液 2 ml 稀释后，用长穿刺针在耻骨联合下方注入皮下，经过大阴唇皮下组织直至会阴，然后边回抽针头边推药，将混悬液注入皮下组织。注射后轻轻按摩以使混悬液弥散。

（3）幼女硬化性苔藓一般不宜采用丙酸睾酮局部治疗，以免出现男性化。对症状不明者可随访观察。对瘙痒症状明显者，多主张局部涂擦 1% 氢化可的松软膏或 0.5% 黄体酮油膏。

3. 手术治疗　局部病损组织出现不典型增生或有恶变可能者可行激光切除或表浅外阴切除术，但复发率高，因本病恶变机会极少，故目前不主张手术治疗。

第 3 节　外阴瘙痒

外阴瘙痒（pruritus vulvae）是妇科患者常见的症状，多因各种不同的外阴病变所引起，少数发生于外阴完全正常者，多见于中、老年妇女，瘙痒严重时，可影响工作和生活。

【病因】

1. 外阴局部因素

（1）阴道分泌物刺激：外阴阴道假丝酵母菌病及滴虫性阴道炎是引起外阴瘙痒最常见的原因。疥疮、阴虱也可导致瘙痒。

（2）外阴慢性单纯性苔藓：多以奇痒为特征，伴有外阴皮肤发白。

（3）药物过敏或化学刺激：肥皂、避孕套等直接刺激，引起接触性皮炎、过敏性皮炎出现外阴瘙痒症状。

（4）不良卫生习惯：外阴部不洁、经血、汗液、尿液、粪渍、卫生巾、不透气的化纤内裤致长时间湿热郁积刺激均可诱发瘙痒。

（5）其他皮肤病变：湿疹、疣类、肿瘤、擦伤等均可引起外阴瘙痒。

2. 全身性因素

（1）糖尿病：由于尿糖对外阴皮肤的长期刺激，易诱发外阴阴道假丝酵母菌感染，可引起外阴瘙痒。

（2）黄疸、维生素 A、B 缺乏、贫血、白血病等慢性病患者全身瘙痒的同时也可出现外阴瘙痒。

（3）妊娠期肝内胆汁淤积症也可在出现全身皮肤瘙痒的同时出现外阴瘙痒。

（4）妊娠期和经前期外阴部充血，偶可导致外阴部瘙痒不适。

（5）不明原因的外阴瘙痒也可能与心理障碍或精神因素有关。

【临床表现】

瘙痒多位于阴蒂、小阴唇，有时波及大阴唇、会阴甚至肛周等区域，常为阵发性，也可为持续性，一般夜间加剧。瘙痒程度常因不同病因与不同个体而有差异。局部检查可见外阴皮肤潮湿发红，粗糙，有抓痕或血痂。

【诊断】

应详细询问病史，仔细进行局部和全身检查及必要的辅助检查，尽可能明确病因。

【治疗】

1. 一般治疗　注意经期卫生，保持外阴清洁、干燥，不要用肥皂和热水洗烫，有感染者可用 1:5000 高锰酸钾液坐浴。内裤要透气、宽松。忌食辛辣、过敏食物，忌酒。

2. 病因治疗　积极治疗引起外阴瘙痒的局部或全身疾病，如滴虫、假丝酵母菌感染及糖尿病等。

3. 对症治疗

（1）外用药：急性炎症期可用 3% 硼酸液湿敷，局部涂 40% 氧化锌油膏。慢性期可用皮质激素软膏或 2% 苯海拉明软膏涂擦。

（2）全身治疗：症状严重者，口服氯苯那敏 4 mg，或异丙嗪 25 mg，或苯海拉明 25 mg，兼具镇静脱敏之功效。

（曹姣玲）

自测题

一、选择题

1. 属于癌前病变的外阴色素减退性疾病是
   A. 外阴慢性单纯性苔藓
   B. 外阴硬化性苔藓
   C. 混合型营养不良
   D. 外阴慢性单纯性苔藓伴上皮不典型增生
   E. 白癜风

2. 外阴硬化性苔藓的治疗，目前不主张采用的方法是
   A. 口服脱敏药物　　　　　　　B. 手术治疗
   C. 禁用刺激性药物擦洗　　　　D. 激光治疗
   E. 局部用药

3. 外阴色素减退性疾病的确诊主要靠
   A. 临床症状　　　　　　　　　B. 外阴局部皮肤病变特征
   C. 外阴皮肤是否有色素改变　　D. 活检组织病理学检查
   E. 甲苯胺蓝试验

4. 患者，女性，42 岁，外阴瘙痒 1 年余，时轻时重，重时难以忍受，无白带异常及其他不适。妇科检查：外皮肤暗红，可见抓痕，右侧小阴唇与大阴唇间沟处可见白色斑块。外阴活检病理检查报告表皮层角化过度或角化不全，棘细胞层不规则增厚，上皮脚向下延伸。首先考虑
   A. 外阴白癜风　　　　　　　　B. 外阴硬化性苔藓
   C. 外阴慢性单纯性苔藓　　　　D. 外阴白化病
   E. 继发性外阴色素减退性疾病

5. 患者，女性，53 岁，绝经 3 年，性生活困难 1 年。妇科检查：外阴黏膜变薄、干燥，可见细小破裂口，皮肤无弹性，大、小阴唇萎缩，阴道口挛缩狭窄，仅容指尖。外阴组织活检病理检查报告表皮层角化和毛囊角质栓塞，表皮棘层变薄伴基底细胞液化变性，黑素细胞减少，上皮脚变钝或消失。首先考虑
   A. 继发性外阴色素减退性疾病　B. 外阴硬化性苔藓
   C. 外阴慢性单纯性苔藓　　　　D. 外阴白化病
   E. 外阴白癜风

二、案例分析

患者，女性，40岁，因反复发作外阴瘙痒3个月到妇科门诊就诊。患者于3个月前出现外阴瘙痒，时轻时重，瘙痒部位在阴蒂、小阴唇区域，夜间较重。妇科检查：小阴唇、阴唇间沟及阴道前庭黏膜潮湿发红，有抓痕。阴道黏膜无充血，白带无异常，宫颈正常大小，未发现异常。有糖尿病病史3年，半年前曾患假丝酵母菌阴道病已治愈。

讨论分析：

1. 该患者的初步诊断是什么？诊断依据有哪些？
2. 需要与哪些病鉴别？还需要进行哪些检查？
3. 如何治疗？

三、问答题

1. 简述外阴色素减退性疾病主要症状、确诊方法、治疗方法。
2. 简述外阴瘙痒的病因。

思政之光

第十六章

女性生殖系统炎症

学习目标

通过本章内容的学习，学生应能够：

识记：
1. 说出各种阴道炎的病因、临床表现、诊断及治疗方法。
2. 复述宫颈炎的分类、临床表现、诊断及治疗方法。

理解：
总结盆腔炎性疾病的病因、病理、临床表现、诊断标准及治疗方法。

运用：
运用女性生殖系统炎症相关知识，对女性生殖系统炎症患者进行诊断及相应的处理。

女性生殖系统炎症是妇科常见病之一，各年龄组均可发病。因生殖道外口直接与外界相通且与尿道口及肛门相邻，局部潮湿，易受污染；育龄期妇女性活动频繁，且外阴阴道是分娩、宫腔操作必经之路，易造成损伤及感染；婴幼儿及绝经后妇女，雌激素水平低下，局部抵抗能力差，也易发生感染。炎症可局限于一个部位，也可几个部位同时受累。

因女性生殖系统有比较完善的自然防御功能，故虽有上述易感因素存在但并不一定引起炎症，只有当这些防御功能遭到破坏或机体抵抗力下降时，病原体才能侵入引起炎症。

【女性生殖系统的自然防御功能】

1. 两侧大阴唇互相合拢，遮盖阴道口及尿道口，可防止外界的污染。
2. 阴道口闭合，阴道前后壁紧贴，可阻挡病原体侵入。
3. 阴道自净作用　阴道上皮在雌激素的影响下细胞增生，细胞内糖原含量增加，糖原在乳酸杆菌的作用下分解为乳酸，使阴道保持酸性环境（pH 4～5），从而抑制嗜碱性细菌的生长繁殖，称为阴道自净作用。此外，乳酸杆菌还可产生 H_2O_2、细菌素及其他抗微生物因子，抑制或杀灭致病微生物，维持阴道微生态平衡。
4. 子宫颈内口紧闭，子宫颈管内黏液栓的堵塞，可阻止病原体进入子宫腔，碱性的子宫颈黏液能抑制嗜酸性细菌的生长。
5. 子宫内膜周期性的脱落，有利于清除子宫腔内的感染病灶。
6. 输卵管黏膜上皮细胞纤毛向子宫腔方向摆动及输卵管蠕动亦可阻止病原体的侵入。

【病原体】

引起女性生殖系统感染的常见病原体有：

1. 细菌　常见的有大肠埃希菌、链球菌、葡萄球菌、变形杆菌、淋病双球菌、厌氧菌等。
2. 真菌　以白假丝酵母菌多见。

3. 原虫　以阴道毛滴虫多见。
4. 病毒　以疱疹病毒、人乳头瘤病毒多见。
5. 其他　支原体、衣原体及螺旋体等。

【感染途径】

病原体在生殖器官内传播的主要途径有沿生殖道黏膜上行蔓延、经淋巴系统播散、经血液循环传播和直接蔓延四种途径。

【炎症的发展与转归】

1. 痊愈　当机体抵抗力强，病原体的致病力较弱，或抗生素应用治疗及时有效时，病原体被消灭，炎性渗出物被吸收，则为痊愈。
2. 扩散与蔓延　当机体防御机能下降或病原体的致病力强或治疗不及时，炎症可迅速向周围及全身扩散与蔓延，甚至引起败血症、感染性休克而危及患者生命。
3. 转为慢性　急性炎症如治疗不及时、不彻底可转为慢性。慢性炎症经过恰当的治疗，可逐渐好转或痊愈，当机体抵抗力下降时，亦可急性发作。

第1节　外阴炎及前庭大腺炎

一、非特异性外阴炎

非特异性外阴炎是指由物理、化学等非病原体因素所致的外阴皮肤及黏膜的炎症。

【病因】

经血、白带、尿液刺激，粪便污染，化纤内裤、卫生巾的刺激及外阴皮肤不洁均可引起外阴炎。

【临床表现】

外阴皮肤瘙痒、疼痛或烧灼感，活动、性交、排尿时加重。局部充血、肿胀，皮肤常有抓痕，有时形成溃疡或湿疹。长期慢性炎症可使皮肤增厚、变粗、皲裂。

【治疗】

1. 一般治疗　保持局部清洁干燥，穿宽松、舒适的棉织内裤，多吃新鲜果蔬，多饮水，少吃辛辣、刺激性食物，禁食易引起过敏反应的食物，避免用手搔抓，避免用刺激性药物洗外阴。
2. 病因治疗　及时治疗阴道炎、子宫颈炎、糖尿病或修补尿瘘、粪瘘。
3. 局部治疗　急性期应卧床休息，避免性生活。可用 0.1% 聚维酮碘或 1∶5000 高锰酸钾溶液坐浴，每日 2 次，每次 15~30 min。或用中药苦参、蛇床子、地肤子、白鲜皮、土槿皮、百部、金银花、鱼腥草等水煎后熏洗，每次 20 min，每日 2 次。冲洗或坐浴后涂抗生素软膏或紫草油。急性期还可用微波或红外线局部治疗。

二、前庭大腺炎

前庭大腺炎（bartholinitis）是病原体侵入前庭大腺引起炎症。

【病因】

前庭大腺因其解剖位置的关系，在性交、分娩及外阴感染时，病原体易于侵入而发生炎症。主要病原体为葡萄球菌、大肠杆菌、链球菌、肠球菌、淋病奈瑟菌、沙眼衣原体等，常为混合感染。病原体首先侵犯腺管，引起急性化脓性炎症，使腺管口阻塞，脓液不能排出而积聚，形成前庭大腺脓肿（abscess of Bartholin gland）。急性炎症消退、脓液吸收后由黏液分泌物所替代则形成前庭大腺囊肿（bartholin cyst）。

【临床表现及诊断】

多发生于一侧前庭大腺，急性发作期，外阴一侧疼痛、肿胀，行走不便，可有发热、周身不适。检查可见大阴唇下部皮肤红肿、发热、有压痛。脓肿形成时，局部有波动感，加压时腺管开口处可见有脓液溢出，同侧腹股沟淋巴结肿大。脓肿可自行破溃，脓液流出。若破口大，引流通畅，炎症较快消退而痊愈；若破口小，引流不畅，则炎症持续不消退，可反复急性发作。

前庭大腺囊肿多无自觉症状，若囊肿较大，可有外阴坠胀感或性交不适。检查局部可见无压痛的囊性肿块，大小不一，多呈圆形，边界清楚等。囊肿可持续数年不变，也可反复急性发作。

【治疗】

1. 急性期应卧床休息，保持外阴清洁，局部热敷或用 1：5000 高锰酸钾溶液坐浴，每日 2 次。根据细菌培养和药敏试验结果选择抗生素，常用喹诺酮类或头孢菌素与甲硝唑联合抗感染治疗。

2. 前庭大腺脓肿　脓肿形成局部波动感明显时，应及时切开引流并做造口术，在阴唇黏膜面波动感最明显处作与脓肿等长的纵切口，排出脓液，冲洗脓腔后放置引流条，每日坐浴后更换，直至炎症消退。

3. 前庭大腺囊肿　无症状者可随访观察；对囊肿较大或反复发作者可行造口术。造口术方法简单，损伤小，并保留了前庭大腺的功能。近年来采用 CO_2 激光或微波作造口术，效果良好。

第 2 节　阴 道 炎

导学案例 16-1

患者，女性，32 岁，因"外阴瘙痒，白带增多 1 周"就诊。1 周来患者常感外阴瘙痒并伴有外阴烧灼感，白带增多，黄绿色，无臭味，无腹痛。以往月经规律，末次月经10 天前干净，宫内节育器避孕。妇科检查：外阴、阴道壁充血、潮红，白带稀黄，有泡沫。子宫、附件未发现异常。

思考：该患者的初步诊断是什么？

一、滴虫性阴道炎

滴虫阴道炎（trichomonal vaginitis）是由阴道毛滴虫引起的常见阴道炎。

【病因】

由阴道毛滴虫感染引起。滴虫属厌氧寄生原虫，适宜在 25～40 ℃的温度，pH 5.2～6.6 的潮湿环境中生长，pH<5.0 或 pH>7.5 的环境中则不生长。月经前后阴道 pH 发生变化，月经后接近中性，在腺体及阴道皱襞中隐藏的滴虫常于月经前后繁殖而引起炎症的发作。滴虫能消耗阴道黏膜上皮内的糖原，阻碍乳酸形成，使阴道 pH 升高；滴虫还能消耗氧，使阴道成为厌氧环境，易致厌氧菌繁殖，约 60% 患者同时合并细菌性阴道病。滴虫不仅寄生于阴道内，还可寄生于尿道、尿道旁腺及男性包皮褶、尿道或前列腺中。

【传播途径】

1. 直接传播　即通过性交传播，男性感染滴虫后常无症状，多成为传染源。

2. 间接传播　经公共浴池、浴盆、浴巾、坐便器、游泳池、衣物、污染的器械及敷料等

间接传播。

【临床表现】

潜伏期为 4~28 日。25%~50% 患者感染初期无症状,主要症状是白带增多及外阴瘙痒。典型的白带呈灰黄色、泡沫状,可伴有灼热、疼痛、性交痛、不孕等。若有其他细菌混合感染,则分泌物呈脓性,可有臭味。若尿道口有感染,可有尿频、尿痛,有时可见血尿。检查见阴道黏膜充血,严重者有散在出血点,甚至宫颈有出血斑点,形成"草莓样"宫颈。后穹隆有多量泡沫状白带,部分无症状感染者阴道黏膜多无异常。

【诊断】

临床表现典型者不难诊断,在阴道分泌物中找到活动的滴虫即可确诊。阴道分泌物悬滴法方便易行,阳性率为 60%~70%。具体方法:取 0.9% 氯化钠温溶液一滴放于玻片上,取阴道后穹隆处分泌物少许混于其中,立即在低倍镜下寻找滴虫。对可疑患者,多次悬滴法未能发现滴虫者可进行滴虫培养,准确率可达 98%。取分泌物前 1~2 日内避免性生活、阴道灌洗或局部用药,取分泌物前不做双合诊检查,阴道窥器不涂润滑剂,分泌物取出后应及时送检并注意保暖,否则滴虫活动力减弱,影响诊断。

【治疗】

1. 全身用药 首选甲硝唑,具有疗效高,毒性小,男女双方及未婚妇女均可应用的优点,每次 400 mg,每日 2 次,7 日为一疗程;或甲硝唑 2 g 或替硝唑 2 g,单次口服。口服用药治愈率为 90%~95%。个别患者服药后可出现胃肠道反应,如食欲减退、恶心、呕吐等,偶有头痛、皮疹、白细胞减少等,可对症处理或停药。甲硝唑可经乳汁排泄,若哺乳期用药,在用药期间及用药后 24 h 内不宜哺乳。甲硝唑用药期间及用药后 24 h 内、替硝唑用药期间及用药后 72 h 内禁止饮酒。

2. 局部用药 清除阴道内分泌物,改善阴道内环境,然后阴道内放入甲硝唑 200 mg,每晚 1 次,7 日为一疗程。

3. 妊娠合并滴虫性阴道炎的治疗 研究表明,妊娠期应用甲硝唑不增加胎儿畸形的发生率,故妊娠也可以应用。使用药物前,首先取得患者及家属的知情同意。甲硝唑 2 g 单次口服,或者甲硝唑 400 mg,每日 2 次,连服 7 日为一疗程。替硝唑在妊娠期应用的安全性尚未确定,应避免应用。

4. 治愈标准 因滴虫性阴道炎常于月经后复发,故经治疗滴虫转阴后,应在每次月经后复查白带,连续 3 次检查均为阴性,方可认为治愈。

5. 治疗中注意事项 ①治疗后检查滴虫阴性时,应在下次月经后继续治疗一疗程,以巩固疗效,防止复发;②为避免重复感染,内裤及洗涤用的毛巾应煮沸 5~10 min 以消灭病原体;③已婚者还应检查男方是否有生殖器滴虫病,前列腺液有无滴虫,若为阳性,需同时治疗。

二、外阴阴道假丝酵母菌病

导学案例 16-2

患者,女性,28 岁。因"外阴严重瘙痒 3 天"就诊,3 天来患者感严重外阴瘙痒伴有排尿刺痛感,白带增多,黄白色,无臭味,无腹痛。自行涂抹氟轻松软膏,效果欠佳。妇科检查:外阴、阴道壁充血、潮红,白带豆渣样。子宫前位,大小正常,无压痛,双附件(-)

思考:该患者的初步诊断是什么?

外阴阴道假丝酵母菌病（vulvovaginal candidiasis，VVC）是由白假丝酵母菌引起的常见外阴阴道炎症。

【病因】

白假丝酵母菌为双相真菌，有酵母相和菌丝相。白假丝酵母菌对热的抵抗力不强，加热至60℃ 1 h即可死亡，但对干燥、日光、紫外线及化学制剂的抵抗力较强。约10%非孕妇女及30%孕妇阴道中有此菌寄生，但量很少，呈酵母相，并不引起症状。当阴道内糖原增加、酸度增高（pH 4.0~4.7，通常<4.5），局部细胞免疫力下降时，白假丝酵母菌大量繁殖并转变为菌丝相，引起炎症发作。常见诱因有孕妇、糖尿病患者、长期应用广谱抗生素、接受大量雌激素治疗或者大量应用免疫抑制剂者。此外，肥胖或穿紧身化纤材质内裤者，会阴局部的温度及湿度增加，白假丝酵母菌易于繁殖而引起感染。

【传播途径】

1. 内源性传染　为主要方式，白假丝酵母菌寄生在人的口腔、肠道、阴道，可相互传染。
2. 直接传染　少部分患者可通过性生活直接传染。
3. 间接传染　部分患者亦可通过可接触感染的衣物而间接传染。

【临床表现】

主要症状是外阴瘙痒，严重时坐卧不宁，难以忍受，可伴有外阴烧灼痛、尿频、尿痛及性交痛。急性期白带增多，白带特征为白色豆渣样或凝乳块样。检查时可见小阴唇内侧及阴道黏膜充血、水肿，有白色膜状物附着，擦除后露出红肿黏膜面，有时可见糜烂及浅表溃疡。

外阴阴道假丝酵母菌病可分为单纯性VVC和复杂性VVC，后者占10%~20%。单纯性VVC包括非孕期妇女发生的、散发的白假丝酵母菌所致的轻度或中度VVC；复杂性VVC包括非白假丝酵母菌所致的VVC、重度VVC、复发性VVC、妊娠期VVC、未控制的糖尿病VVC、免疫功能低下者的VVC，其临床评分标准见表16-1。评分≥7分为重度，<7分为轻、中度。

表16-1　外阴阴道假丝酵母菌病的临床分类

评分项目	0	1	2	3
瘙痒	无	偶有，可被忽略	明显	持续发作，坐立不安
疼痛	无	轻	中	重
阴道黏膜充血、水肿	无	轻	中	重
外阴抓痕、皲裂、糜烂	无	—	—	有
分泌物	无	较正常稍多	量多，无溢出	量多，无溢出

【诊断】

典型病例较易诊断，若在分泌物中找到白假丝酵母菌孢子和假菌丝，即可确诊。方法是玻片上加10%氢氧化钾一小滴，取少许阴道分泌物混于其中，显微镜下寻找孢子和假菌丝。若有症状而多次检查均为阴性，可用培养法。阴道pH<4.5单纯性假丝酵母菌感染可能性大，若阴道pH>4.5且涂片中有多量白细胞，则混合性感染的可能性大。对顽固病例应详细询问病史，了解有无服用大量雌激素或抗生素的病史，检查尿糖及血糖，以查找病因。

【治疗】

1. 消除诱因　积极治疗糖尿病，及时停用广谱抗生素、雌激素及皮质类固醇激素。勤换内裤，每日将内裤、盆及毛巾用开水烫洗。

2. 单纯性 VVC 治疗

（1）局部用药：选用下列药物放于阴道内：①达克宁栓剂，每晚 1 粒（200 mg），连用 7 日；②克霉唑栓剂或片剂，每晚 1 粒（150 mg）或 1 片（250 mg），连用 7 日；③制霉菌素栓剂或片剂，每晚 2 粒（20 万 U）或 2 片（100 万 U），连用 10~14 日。

（2）全身用药：未婚妇女、局部用药效果差者或病情较顽固者可选用口服药物：①伊曲康唑 200 mg 口服，每日 1 次，连用 3~5 日；或者 400 mg，分 2 次口服。②氟康唑 150 mg，顿服。③酮康唑 200 mg，每日 2 次口服，连用 3~5 日。用药前及用药中应监测肝功能，有肝炎病史者禁用，孕妇禁用。

3. 复杂性 VVC 治疗

（1）对临床表现严重者，无论局部用药还是口服药物，均应延长治疗时间，局部用药延长至 7~14 日；若为氟康唑 150 mg 口服，则 72 h 后加服 1 次。

（2）复发性外阴阴道假丝酵母菌病（recurrent vulvovaginal candidiasis，RVVC）：经治疗临床症状及体征消失，月经前复查阴道分泌物真菌学检查阴性，然后再次出现症状，且真菌学检查阳性，称为复发。1 年内发作 4 次或 4 次以上且经真菌学检查证实者称复发性外阴阴道假丝酵母菌病（RVVC）。发病率约为 5%，对复发病例寻找原因，如是否有糖尿病、应用抗生素、雌激素或类固醇激素、局部药物的刺激等，及时消除诱因。性伴侣应进行白假丝酵母菌的检查及治疗。抗真菌治疗分为初始治疗及维持治疗。由于肠道白假丝酵母菌及阴道深层白假丝酵母菌是重复感染的重要来源，故初始治疗应以全身用药为主，每日口服氟康唑 150 mg，第 4、第 7 日分别加服 1 次。若为局部治疗，则延长治疗时间至 7~14 日。常用的维持治疗方案是：①氟康唑 150 mg，每周 2 次，共 3~6 个月；②克霉唑栓剂 500 mg，每周 1 次，连用 6 个月；③伊曲康唑 400 mg，每月 1 次，连用 6 个月。在治疗前应行真菌培养确诊，治疗期间定期复查，监测疗效及药物副作用，一旦发现副作用，立即停药。

妊娠期 VVC：以局部用药为主，以小剂量长疗程为原则，禁止口服咪唑类抗真菌药物。

4. 注意事项　无需对性伴侣进行常规治疗；症状持续存在或反复发作者需考虑混合感染及非白假丝酵母菌感染的可能，应做真菌培养及药敏试验；对 RVVC 患者在巩固治疗的第 3 个月及 6 个月，建议进行真菌培养。

三、细菌性阴道病

导学案例 16-3

患者，女性，33 岁，因"白带量多伴异味 2 周"就诊。两周来感白带量多，有腥臭味伴外阴瘙痒。妇科检查：外阴及阴道壁无充血，白带量多，灰白色，稀薄，宫颈光滑，子宫前位，大小正常，活动好，质地中等，无压痛，双附件（-）。胺试验（+）。

思考：该患者的初步诊断是什么？

细菌性阴道病（bacterial vaginosis，BV）是阴道内菌群失调，阴道内生态平衡系统改变而引起混合感染，过去亦称为非特异性阴道炎。

【病因】

正常情况下阴道内以乳酸杆菌为主，细菌性阴道病时，阴道内乳酸杆菌减少而其他微生物大量繁殖，主要有加德纳尔菌、动弯杆菌、类杆菌、消化链球菌等厌氧菌以及支原体等。厌氧菌繁殖的同时可产生氨类物质，使阴道分泌物增多并有臭味。阴道菌群失调的原因可能与频繁

性交、有多个性伴侣或阴道冲洗等因素有关。

【临床表现】

主要表现为阴道分泌物增多，呈灰白色、均匀、稀薄，有鱼腥臭味，可伴外阴瘙痒或烧灼感。检查阴道黏膜无炎症表现。10%～40%的患者无临床症状。

【诊断】

主要采用Amsel临床诊断标准，下列4项中有3项符合，多数认为线索细胞阳性为必备条件。

1. 均质、稀薄的阴道分泌物。
2. 阴道pH>4.5，多为5.0～5.5。
3. 线索细胞阳性　线索细胞为脱落的阴道表层细胞，边缘粘有大量颗粒状物即加德纳尔菌。若镜下线索细胞>20%为阳性。
4. 胺试验阳性　取少许阴道分泌物放在玻片上，加10%氢氧化钾1～2滴，产生烂鱼肉样腥臭味为阳性。

【治疗】

1. 全身用药　首选甲硝唑400 mg口服，每日2次，连用7天；或单次口服2 g；或克林霉素300 mg口服，每日2次，共7天。
2. 局部治疗　用甲硝唑栓1枚或甲硝唑片200 mg，每晚1次放于阴道，共7日。或2%克林霉素软膏涂阴道，每晚1次，7天为一疗程。
3. 妊娠期BV治疗　因本病可引起不良妊娠结局，故需取得患者及家属的知情同意后进行治疗。多选择口服用药，用法同前。

四、萎缩性阴道炎

导学案例16-4

患者，女性，53岁，绝经5年，因"白带量多伴外阴瘙痒1个月"就诊。一个月来感白带量多，有臭味伴外阴瘙痒，每日清洗外阴并涂抹抗生素软膏效果欠佳。妇科检查：大小阴唇萎缩，潮红有抓痕，阴道黏膜萎缩变薄、充血、潮红，可见小出血点，白带量多，黄白色，子宫颈光滑，子宫前位，大小正常，活动好，质地中等，无压痛，双附件（－）。

思考：该患者初步诊断是什么？

【病因】

萎缩性阴道炎多见于绝经后的妇女，由于卵巢功能衰退，雌激素水平低落，阴道黏膜萎缩变薄，细胞内糖原含量减少，阴道pH升高，局部抵抗力下降，使致病菌易于侵入繁殖而引起炎症。此外，双侧卵巢切除术后、盆腔放射治疗后及长期哺乳的妇女亦可发生。

【临床表现】

主要症状为阴道分泌物增多，呈黄水样或脓性，甚至血性，常伴有外阴瘙痒、烧灼感。检查见阴道黏膜萎缩变薄，皱襞消失，充血有小出血点或浅表溃疡。溃疡面可与对侧粘连，严重者可造成阴道狭窄或闭锁，炎性分泌物引流不畅导致阴道或宫腔积脓。

【诊断】

根据发病年龄及临床表现，一般不难诊断。取阴道分泌物检查可与其他阴道炎相鉴别。对有血性白带者，应注意与宫颈癌、子宫内膜癌、阴道癌鉴别。应常规作宫颈刮片检查，必要时行宫颈活检或分段诊刮术。

【治疗】

治疗原则为增强阴道黏膜抵抗力、抑制细菌生长。

1. 增强阴道黏膜抵抗力　选用雌激素制剂局部或全身给药。雌三醇软膏局部涂抹，每日 1~2 次，连用 14 天。为防止复发，亦可全身用药，如替勃龙 2.5 mg，每日 1 次；也可用尼尔雌醇口服，首次 4 mg，以后每 2~4 周服 2 mg，持续 3 个月。乳腺癌或子宫内膜癌患者禁用雌激素。

2. 抑制细菌生长　局部使用抗生素，如甲硝唑 200 mg 或诺氟沙星 100 mg 塞入阴道深部，每晚 1 次，7~10 天为一疗程。

第 3 节　子宫颈炎

导学案例 16-5

患者，女性，28 岁，因白带增多，时有血性白带而就诊。妇科检查：外阴（－），阴道壁无充血，阴道分泌物检查：清洁度Ⅱ度，滴虫（－），真菌（－），子宫颈口充血、发红，子宫颈管黏膜增生向外突出，触血（＋），子宫颈管内有脓性分泌物，子宫前位，正常大小，活动好，质地中等，无压痛，双附件（－）。

思考：该患者可能患哪种疾病？

子宫颈炎是妇科最常见的下生殖道炎症之一，包括子宫颈阴道部炎及子宫颈管黏膜炎，临床上多见的是子宫颈管黏膜炎。可分为急性和慢性两种。

一、急性子宫颈炎

【病因及病原体】

1. 诱因　主要见于流产后感染、产褥期感染、子宫颈损伤或阴道异物并发感染。

2. 病原体　①内源性病原体：如细菌性阴道病病原体，生殖道支原体等；②性传播疾病病原体：淋病奈瑟菌、沙眼衣原体等。

【病理】

肉眼见子宫颈红肿，子宫颈管黏膜充血、水肿。镜下见血管充血，子宫颈黏膜及黏膜下组织、腺体周围大量中性粒细胞浸润，腺腔内可见脓性分泌物。

【临床表现】

大部分患者无症状，有症状者表现为阴道分泌物增多，呈黏液脓性，阴道分泌物的刺激可引起外阴瘙痒，伴有腰酸及下腹部坠痛。若合并泌尿道感染，可出现尿急、尿频、尿痛。妇科检查见子宫颈充血、水肿，有黏液脓性分泌物从子宫颈管流出。淋病奈瑟菌感染可见尿道口、阴道口黏膜充血、水肿以及多量脓性分泌物。

【诊断】

出现以下两个典型体征之一，显微镜检查阴道分泌物白细胞增多，即可做出急性宫颈炎的初步诊断，需进一步做淋病奈瑟菌和衣原体的检测。

1. 两个典型体征，可具备其一或同时具备。

（1）子宫颈管或子宫颈管棉拭子标本上，肉眼可见脓性或黏液脓性分泌物。

（2）棉拭子擦拭子宫颈管，可出现子宫颈管内出血。

2. **白细胞检测** 可检测子宫颈管分泌物或阴道分泌物中的白细胞。

（1）子宫颈管分泌物革兰氏染色涂片：中性粒细胞>30/HP。

（2）阴道分泌物湿片检查：白细胞>10/HP。

3. **病原体检测** 检测淋病奈瑟菌的常用检查方法有：①子宫颈分泌物涂片：做革兰氏染色，在多个多形核白细胞内找到典型肾形革兰氏阴性双球菌，则可诊断。此法阳性率为40%～60%。②分泌物培养：是确诊淋病奈瑟菌性宫颈炎的金标准，阳性率80%～90%。③聚合酶链反应（polymerase chain reaction，PCR）技术：只要有淋病奈瑟菌DNA存在，即可做出诊断。④酶联免疫吸附试验（Enzyme-Linked Immunosorbent Assay，ELISA）：用于分泌物的直接检测或淋病奈瑟菌培养物的鉴定。

沙眼衣原体的检查方法有直接培养法、酶联免疫吸附试验及单克隆抗体免疫荧光直接涂片法，还有PCR及DNA杂交技术可应用。

【治疗】

1. **经验性抗生素治疗** 对有性传播疾病高危因素的患者，尤其是年轻女性，在未获得检测结果前，可用阿奇霉素1 g单次口服，或多西环素100 mg，每日2次口服，共7日。

2. **针对病原体的抗生素治疗** 对于无并发症的急性淋病奈瑟菌性子宫颈炎主张大剂量、单次给药，常用的药物有头孢曲松钠250 mg，单次肌内注射；头孢克肟400 mg，单次口服；大观霉素4 g，单次肌内注射。治疗衣原体的药物为四环素类、红霉素类及喹诺酮类，常用药物有多西环素100 mg，口服，每日2次，连用7日；或阿奇霉素1 g，单次口服；或红霉素500 mg，每日4次，口服，连用7日；氧氟沙星300 mg，口服，每日2次，连用7日或左氧氟沙星500 mg，口服，每日1次，连用7日。由于淋病奈瑟菌感染常伴有沙眼衣原体感染，因此，如为淋病奈瑟菌性宫颈炎，治疗时除选用抗淋病奈瑟菌药物外还需应用抗沙眼衣原体药物。

3. **性伴侣治疗** 子宫颈炎患者的病原体如为淋病奈瑟菌或沙眼衣原体，应对其性伴侣进行检查和治疗。

二、慢性子宫颈炎

慢性子宫颈炎（chronic cervicitis）是指子宫颈间质内有大量淋巴细胞、浆细胞等慢性炎症细胞浸润，可伴有子宫颈腺上皮及间质增生和鳞状上皮化生。经产妇多见。

【病因】

慢性子宫颈炎多为急性子宫颈炎治疗不彻底病情迁延而来，也可为病原体持续感染所致。其病原体与急性子宫颈炎相似。

【病理】

1. **慢性子宫颈管黏膜炎** 病变局限于子宫颈管黏膜及黏膜下组织，子宫颈阴道部外观光滑，子宫颈外口可见有脓性分泌物，有时子宫颈管黏膜增生向外突出，可见子宫颈口充血、发红。由于子宫颈管黏膜及黏膜下组织充血、水肿、炎症细胞浸润和结缔组织增生，可使宫颈肥大。

2. **子宫颈息肉** 慢性炎症长期刺激使子宫颈管黏膜增生并向子宫颈外口突出形成息肉。息肉为一个或多个不等，呈舌形，蒂细长，色红，大小不等，质软而脆，易出血。息肉根部多附着于子宫颈外口，少数在子宫颈管壁。光镜下见息肉中心为结缔组织，伴有充血、水肿及炎症细胞浸润，表面覆盖单层高柱状上皮，与子宫颈管上皮相同。子宫颈息肉极少恶变，但易复发。由于炎症存在，除去息肉后仍可复发。

3. **子宫颈肥大** 由于慢性炎症的长期刺激，子宫颈组织充血、水肿，腺体和间质增生，使子宫颈呈不同程度肥大，变硬，但表面多光滑，有时可见到宫颈腺囊肿。

【临床表现】

1. 症状 多数患者无症状，少数表现为白带增多，通常为黏液或脓性白带。有时分泌物中可带有血丝或少量血液，也可有接触性出血。由于白带的刺激可引起外阴瘙痒。

2. 体征 妇科检查时可见子宫颈充血、水肿、黏膜外翻，有黏液脓性分泌物附着甚至从子宫颈管流出，子宫颈管黏膜质脆，容易诱发出血。若为淋病奈瑟菌感染，可见尿道口、阴道口黏膜充血、水肿以及多量脓性分泌物。也可发现子宫颈息肉或子宫颈肥大。

【诊断及鉴别诊断】

根据临床表现和妇科检查可做出初步诊断，但需注意与子宫颈常见的病理生理改变进行鉴别。

1. 子宫颈柱状上皮异位和子宫颈上皮内病变 生理性柱状上皮异位是子宫颈管内的柱状上皮外移至子宫颈阴道部所致。因柱状上皮菲薄，其下间质透出呈红色，外观呈细颗粒状的红色区。在一些生理情况下如青春期、妊娠期或口服避孕药妇女，原始鳞-柱状上皮交界外移，可见子宫颈外口呈红色区域，当雌激素水平下降，柱状上皮又可退回子宫颈管。子宫颈生理性柱状上皮异位、子宫颈上皮内瘤变，甚至早期子宫颈癌都可呈现子宫颈糜烂状外观，应注意鉴别，必要时可选择子宫颈细胞学检查、HPV检查、阴道镜检查或活组织检查，排除子宫颈上皮内瘤变或子宫颈癌。

2. 子宫颈腺囊肿 子宫颈腺囊肿绝大多数是子宫颈的生理性变化，是子宫颈转化区内鳞状上皮取代柱状上皮的过程中，新生的鳞状上皮覆盖了宫颈腺管口或伸入腺管内，堵塞腺管口，使腺体分泌物不能排出，潴留于腺腔内，形成囊肿。子宫颈表面可见多个突起的青白色小囊泡，内为无色黏液，不需处理。深部囊肿造成子宫颈肥大时应与宫颈癌鉴别。

3. 子宫颈恶性肿瘤 子宫颈息肉应与子宫颈癌鉴别，可行息肉切除病理学检查确诊。

 知识链接

子宫颈柱状上皮异位

子宫颈柱状上皮异位是子宫颈管内的柱状上皮外移至子宫颈阴道部所致，因柱状上皮菲薄，色红，使宫颈外口处黏膜呈细颗粒状的红色区，故也称宫颈糜烂样改变。以往的教科书称为"宫颈糜烂"，并认为是慢性子宫颈炎的最常见病理改变。随着阴道镜的发展以及对宫颈病理生理认识的提高，"宫颈糜烂"这一术语在西方国家的妇产科教材中已被废弃，而改称子宫颈柱状上皮异位，并认为"宫颈糜烂"并不是上皮脱落、溃疡的真性糜烂，也不等同于病理学上的慢性子宫颈炎。宫颈糜烂样改变有可能是子宫颈原始鳞-柱交接部的外移，是生理性的，也可能是病理性的，如炎症时的宫颈柱状上皮充血、水肿或子宫颈上皮内瘤变以及子宫颈癌的早期表现。

【治疗】

1. 慢性子宫颈管黏膜炎 对持续性子宫颈管黏膜炎，需要了解有无沙眼衣原体及淋病奈瑟菌的再次感染，性伴侣是否经过治疗，是否持续存在阴道微生物菌群失调，针对不同的病原体积极采用抗生素治疗。对于有接触性出血、乳头状增生、分泌物增多的宫颈糜烂样改变可试用物理疗法治疗。包括激光、冷冻、微波、红外线照射凝结法、波姆灯治疗。治疗前常规作子宫颈癌筛查，有生殖器官炎症及肿瘤者禁用。治疗应在月经干净后3~7天内进行，治疗后阴道分泌物增多，1~2周痂皮脱落时可有少量出血，要注意保持外阴清洁，创面未完全愈合之前（4~8周）禁止性生活、盆浴及阴道冲洗。治疗后须定期复查，观察创面愈合情况。

2. 子宫颈息肉 行息肉切除术，术后送病理学检查。

3. 子宫颈肥大 不需治疗。

知识链接

宫颈糜烂样改变是否需要治疗

国外学者认为：宫颈糜烂样改变无临床症状者，无需治疗，仅需做细胞学筛查，若细胞学异常，则根据细胞学结果进行相应处理。国内部分学者认为：柱状上皮抵抗力低，病原体易侵入而发生炎症，主张采取各种治疗方法破坏柱状上皮和化生上皮，使宫颈阴道部全部为新生的鳞状上皮覆盖，以减少异常化生及感染的机会。

第4节 盆腔炎性疾病

导学案例 16-6

患者，女性，38岁，发热、下腹疼痛伴白带增多3天就诊。以往月经规律，诉近两个月来间断下腹坠痛，3天来发热，体温最高38.5℃，腹痛较前加重伴白带增多，来院就诊。查体：阴道壁无充血，子宫颈口有较多脓性分泌物流出，子宫颈举痛（+），子宫正常大小，前位，有压痛，双附件增厚，压痛明显。阴道分泌物涂片未见滴虫及真菌，清洁度Ⅲ度，盆腔B型超声检查提示双附件低回声包块，形状不规则，伴盆腔积液。血白细胞 $13.8 \times 10^9/L$，C反应蛋白 48 mg/dl。

思考：该患者初步诊断是什么？

盆腔炎性疾病（pelvic inflammatory disease，PID）是指女性上生殖道的一组感染性疾病，主要包括子宫内膜炎、输卵管炎、输卵管卵巢脓肿、盆腔腹膜炎。炎症可局限于一个部位，也可以同时累及几个部位，以输卵管炎、输卵管卵巢炎最常见。盆腔炎性疾病多发生于性活跃期、有月经的妇女，初潮前、绝经后或未婚妇女很少发生盆腔炎性疾病，若发生盆腔炎性疾病也往往是邻近器官炎症的扩散。盆腔炎性疾病若未能及时、彻底治疗可导致不孕、输卵管妊娠、慢性盆腔痛以及炎症反复发作，从而严重影响妇女的生殖与健康。

【病因】

（一）病原体

1. 内源性病原体　来自原寄居于阴道内的菌群，包括需氧菌及厌氧菌，可以仅为需氧菌或仅为厌氧菌感染，但以需氧菌及厌氧菌混合感染多见。主要的需氧菌及兼性厌氧菌有金黄色葡萄球菌、溶血性链球菌、大肠埃希菌，厌氧菌有脆弱类杆菌、消化链球菌等。

2. 外源性病原体　主要为性传播疾病的病原体，如淋病奈瑟菌、沙眼衣原体、支原体等。

（二）感染途径

1. 上行性蔓延　病原菌由外阴进入阴道，沿黏膜间上行，通过子宫颈、子宫内膜、输卵管黏膜蔓延至卵巢、腹腔，是淋球菌、葡萄球菌感染的主要途径。

2. 血行播散　多先有其他脏器如肺、肾盂感染，而后经血循环扩散至生殖器官，是结核分枝杆菌感染的主要方式。

3. 淋巴系统播散　细菌经阴道、子宫颈侵入后，经子宫颈旁淋巴管扩散至盆腔蜂窝组织及子宫附件以至腹腔，常为链球菌、葡萄球菌的蔓延方式。

4. 直接蔓延　由邻近脏器的感染蔓延而来，如腹膜炎、阑尾炎、结肠炎、膀胱炎等均可

蔓延至子宫、输卵管而引起盆腔炎性疾病。

（三）诱因

1. 产后或流产后感染　产后或流产后感染是引起盆腔炎的常见原因。分娩后产妇体质虚弱，子宫颈口未及时关闭，子宫腔内有胎盘的剥离面，分娩造成产道损伤，或有胎盘、胎膜残留等，或产后过早有性生活，病原体乘虚侵入子宫腔内，容易引起感染；自然流产、药物流产过程中阴道流血时间过长，或有组织物残留于宫腔内均可以发生流产后感染。

2. 子宫腔内手术操作后感染　如放置或取出宫内节育环、刮宫术、输卵管通液术、子宫输卵管造影术、宫腔镜检查、黏膜下子宫肌瘤摘除术等。由于术前有性生活或手术消毒不严格或术前适应证选择不当，或生殖道原有慢性炎症，经手术干扰而引起急性发作并扩散；也有患者术后不注意个人卫生，也可使细菌上行感染，引起盆腔炎性疾病。

3. 月经期感染　月经期子宫内膜的剥脱也形成细菌良好的生长环境，如不注意经期卫生也可引起炎症。

【病理】

1. 急性子宫内膜炎、子宫肌炎　子宫内膜充血、水肿，有炎性渗出物，严重者内膜坏死、脱落形成溃疡。镜下见大量白细胞浸润，炎症向深部侵入形成子宫肌炎。

2. 急性输卵管炎、输卵管积脓、输卵管卵巢脓肿　急性输卵管炎因病原体传播途径不同而有不同的病变特点。

（1）炎症经子宫内膜向上蔓延：首先引起输卵管黏膜炎，输卵管黏膜肿胀、间质水肿及充血、大量中性粒细胞浸润，严重者输卵管上皮发生退行性变或成片脱落，引起输卵管黏膜粘连，导致输卵管管腔及伞端闭锁，若有脓液积聚于管腔则形成输卵管积脓。

（2）病原菌通过宫颈旁淋巴播散：病原体经损伤的宫颈侵入通过宫颈旁淋巴管扩散到盆腔结缔组织，首先侵及输卵管浆膜层发生输卵管周围炎，然后累及肌层，而输卵管黏膜层可不受累或受累极轻。病变以输卵管间质炎为主，其管腔常可因肌壁增厚受压变窄，但仍能保持通畅。轻者输卵管仅有轻度充血、肿胀、略增粗；严重者输卵管明显增粗、弯曲，纤维素性脓性渗出物增多，造成与周围组织粘连。卵巢常与发炎的输卵管伞端粘连而发生卵巢周围炎，称为输卵管卵巢炎，也称附件炎。炎症可通过卵巢排卵的破孔侵入卵巢实质形成输卵管卵巢脓肿。

3. 急性盆腔腹膜炎　盆腔内器官发生严重感染时，往往蔓延到盆腔腹膜，发炎的腹膜充血、水肿，并有少量含纤维素的渗出液，形成盆腔脏器粘连。当有大量脓性渗出液积聚于粘连的间隙内，可形成散在小脓肿，积聚于直肠子宫陷凹处形成盆腔脓肿，较多见。脓肿可破入直肠而使症状突然减轻，也可破入腹腔引起弥漫性腹膜炎。

4. 急性盆腔结缔组织炎　病原体经宫颈旁淋巴管进入盆腔结缔组织而引起结缔组织充血、水肿及中性粒细胞浸润。开始局部增厚，质地较软，边界不清，以后向两侧盆壁呈扇形浸润，若组织化脓形成盆腔腹膜外脓肿。

5. 败血症及脓毒血症　当病原体毒力强、数量多、患者抵抗力降低时，常发生败血症。发生盆腔炎性疾病后，若身体其他部位发现多处炎症病灶或脓肿者，应考虑有脓毒血症存在，但需经血培养证实。

6. 肝周围炎（Fitz-Hugh-Curtis综合征）　是指肝包膜炎症而无肝实质损害的肝周围炎。淋病奈瑟菌及衣原体感染均可引起。肝包膜上有脓性或纤维渗出物，早期在肝包膜与前腹壁腹膜之间形成松软粘连，晚期形成琴弦样粘连。5%～10%输卵管炎可出现肝周围炎，临床表现为继下腹痛后出现右上腹痛，或下腹疼痛与右上腹疼痛同时出现。

【临床表现】

（一）症状

可因炎症轻重及范围大小而有不同的表现。轻者无症状或症状轻微。常见症状为下腹痛、

发热、阴道分泌物增多。

1. 全身症状　若病情严重可有寒战、高热、头痛、食欲缺乏等表现。
2. 腹痛　腹痛为持续性、活动或性交后加重。
3. 阴道分泌物增多　多为脓性，有臭味。
4. 月经改变　月经期发病可出现经量增多，经期延长。
5. 消化道症状　若有腹膜炎，则出现消化系统症状，如恶心、呕吐、腹胀、腹泻等。
6. 其他症状　若有脓肿形成，可有局部压迫刺激症状。包块位于子宫前方可出现膀胱刺激症状，如排尿困难、尿频等；包块位于子宫后方可有直肠刺激症状如里急后重、排便困难。若有输卵管炎症并同时有右上腹疼痛者，应怀疑有肝周围炎。

（二）体征

患者体征差异较大，轻者无明显异常或妇科检查仅发现子宫颈举痛或宫体压痛或附件区压痛。严重病例呈急性病容，体温升高、心率加快，下腹部有压痛、反跳痛及肌紧张，甚至出现腹胀，肠鸣音减弱或消失。盆腔检查：阴道可见脓性臭味分泌物；子宫颈充血、水肿，将子宫颈表面分泌物拭净，若见脓性分泌物从子宫颈口流出，说明子宫颈黏膜或子宫腔有急性炎症。后穹隆饱满，触痛明显，子宫颈举痛；子宫体稍大，有压痛，活动受限；子宫两侧压痛明显，若为单纯输卵管炎，可触及增粗的输卵管，压痛明显。若为输卵管积脓或输卵管卵巢脓肿，则可触及包块。宫旁结缔组织炎时，可扪及宫旁一侧或两侧片状增厚，压痛明显；若有直肠子宫陷凹脓肿，可扪及后穹隆有肿块且有波动感，三合诊能协助进一步了解盆腔情况。

【诊断与鉴别诊断】

1. 诊断　根据病史、症状、体征及实验室检查可做出初步诊断。由于 PID 的临床表现差异较大，临床诊断准确性不高（与腹腔镜相比，阳性预测值为 65%~90%）。理想的 PID 诊断标准，既要敏感性高，以发现轻微病例，又要特异性强，避免非炎症患者应用抗生素。但目前尚无单一的病史、体征或实验室检查既敏感又特异。由于临床正确诊断 PID 比较困难，而延误诊断又导致 PID 的后遗症产生，2010 年美国疾病预防控制中心（CDC）推荐的 PID 诊断标准（表 16-2），旨在提高对 PID 的认识，对可疑患者做进一步评价，及时治疗，减少后遗症的发生。

表 16-2　盆腔炎性疾病（PID）的诊断标准（美国 CDC 诊断标准，2010 年）

最低标准
子宫颈举痛或子宫压痛或附件压痛
附加标准
体温超过 38.3 ℃（口表）
子宫颈或阴道异常黏液脓性分泌物
阴道分泌物 0.9% 氯化钠溶液涂片见到大量白细胞
红细胞沉降率升高
血 C 反应蛋白升高
实验室证实的子宫颈淋病奈瑟菌或衣原体阳性
特异标准
子宫内膜活检组织学证实子宫内膜炎
阴道超声或磁共振检查显示输卵管增粗，输卵管积液，伴或不伴有盆腔积液、输卵管卵巢肿块，以及腹腔镜检查发现 PID 征象

最低诊断标准提示性活跃期的年轻女性或者具有性传播疾病的高危人群,若出现下腹痛,并可排除其他引起下腹痛的原因,妇科检查符合最低诊断标准,即可给予经验性抗生素治疗。

附加标准可增加诊断的特异性,多数 PID 患者有子宫颈黏液性脓性分泌物,或阴道分泌物 0.9% 氯化钠溶液涂片中见到白细胞,若子宫颈分泌物正常并且镜下见不到白细胞,PID 的诊断需慎重。

特异标准基本可诊断 PID,但由于除 B 超检查外,均为有创检查或费用较高,特异标准仅适用于一些有选择的病例。

2. 鉴别诊断　盆腔炎性疾病应与急性阑尾炎、输卵管妊娠流产或破裂、卵巢囊肿蒂扭转或破裂等急症相鉴别。

【处理】

主要为抗生素药物治疗,必要时手术治疗。抗生素的治疗原则:经验性、广谱、及时、个体化。

1. 门诊治疗　患者一般情况好,症状轻,能耐受口服抗生素,并有随访条件,可在门诊给予口服或肌内注射抗生素治疗。常用方案:

(1) 氧氟沙星 400 mg 口服,每天 2 次,或左氧氟沙星 500 mg 口服,每天 1 次,同时加服甲硝唑 400 mg,每天 2~3 次,连用 14 天。

(2) 头孢曲松钠 250 mg,单次肌注,或头孢西丁钠 2 g,单次肌注,同时口服丙磺舒 1 g,然后改用多西环素 100 mg,每天 2 次,连用 14 天,可同时口服甲硝唑 400 mg,每天 2 次,连用 14 天;或选用其他第三代头孢菌素与多西环素,甲硝唑合用。

2. 住院治疗　患者一般情况差,病情严重,伴有发热、恶心、呕吐;或有盆腔腹膜炎;或输卵管卵巢脓肿;或门诊治疗无效;或不能耐受口服抗生素;或诊断不清,均应住院给予抗生素药物治疗为主的综合治疗。

(1) 支持疗法:卧床休息,取半卧位,有利于炎症局限。给予高热量、高蛋白、高维生素流食或半流食,补充液体,注意纠正电解质紊乱及酸碱失衡。

(2) 抗生素治疗:给药途径以静脉滴注收效快,常用的配伍方案有:

1) 头孢类药物:头孢西丁钠 2 g,静脉滴注,每 6 h 1 次;或头孢替坦二钠 2 g,静脉滴注,每 12 h 1 次。加多西环素 100 mg,静脉滴注或口服,每 12 h 1 次。临床症状改善至少 24 h 转为口服给药治疗。

2) 克林霉素与氨基糖苷类抗生素联合:克林霉素 900 mg,静脉滴注,每 8 h 1 次,庆大霉素先给予负荷量 2 mg/kg,然后给予维持量 1.5 mg,静脉滴注,每 8 h 1 次,临床症状改善后,克林霉素改口服,每日 4 次,连用 14 天。

3) 青霉素类与四环素类联合:氨苄西林/舒巴坦 3 g,静脉滴注,每 6 h 1 次,加多西环素 100 mg,每日 2 次,连服 14 天。

4) 喹诺酮类与甲硝唑联合:氧氟沙星 400 mg,静脉滴注,每 12 h 1 次,或左氧氟沙星 500 mg,静脉滴注,每日 1 次,加甲硝唑 500 mg,静脉滴注,每 8 h 1 次,连用 14 天。

(3) 手术治疗:主要用于抗生素控制不满意的输卵管卵巢脓肿或盆腔脓肿患者。手术可根据情况选择经腹手术或腹腔镜手术。手术范围应根据病变范围、患者年龄、一般状态等全面考虑,原则以切除病灶为主。

(4) 中药治疗:主要为活血化瘀、清热解毒药物,如银翘解毒液、安宫牛黄丸或紫血丹等。

【盆腔炎性疾病后遗症】

若 PID 未得到及时正确的治疗,可能会发生一系列后遗症。主要病理改变为组织破坏、广泛粘连、增生及瘢痕形成,可导致:①输卵管阻塞、输卵管增粗。②输卵管卵巢粘连形成输卵管卵巢肿块。③若输卵管伞端闭锁、浆液性渗出物聚集形成输卵管积水;或输卵管积脓

或输卵管卵巢脓肿的脓液吸收，被浆液性渗出物代替形成输卵管积水或输卵管卵巢囊肿。④盆腔结缔组织炎增生、变厚、粘连，若病变广泛，可使子宫固定。

（一）临床表现

1. 不孕　输卵管粘连阻塞可致不孕。急性盆腔炎后不孕发生率为20%~30%。

2. 异位妊娠　盆腔炎性疾病后异位妊娠发生率是正常妇女的8~10倍。

3. 慢性盆腔痛　慢性炎症形成的粘连、瘢痕以及盆腔充血，常引起下腹部坠胀、疼痛及腰骶部酸痛，常在劳累、性交后及月经前后加剧。

4. 盆腔炎反复发作　由于PID造成输卵管组织结构的破坏，局部防御机能减退，若患者仍有同样的高危因素，可造成PID的再次感染导致反复发作。

（二）诊断与鉴别诊断

有PID史，症状和体征明显者，诊断多无困难。但不少患者自觉症状较多，而无明显PID病史及阳性体征，诊断困难时，可行腹腔镜检查。

PID后遗症有时与子宫内膜异位症不易鉴别，子宫内膜异位症痛经呈继发性、进行性加重，若能触及典型触痛结节，有助于诊断。鉴别困难时，应行腹腔镜检查。

（三）处理

PID后遗症需根据不同情况选择治疗方案。不孕患者多需要辅助生育技术协助受孕。对慢性盆腔痛，尚无有效治疗方法，对症处理或给予中药、物理治疗等综合治疗。治疗前需排除子宫内膜异位症等其他引起盆腔痛的疾病。PID反复发作者，在抗生素药物治疗的基础上可根据具体情况，选择手术治疗。输卵管积水者需行手术治疗。

【预防】

1. 注意性生活卫生，减少性传播疾病。
2. 及时治疗下生殖道感染。
3. 加强公共卫生教育，提高公众对生殖道感染的认识，宣传预防感染的重要性。
4. 严格掌握妇科手术指征，做好术前准备，术时注意无菌操作，预防感染。
5. 及时治疗PID，预防后遗症发生。

（曹姣玲）

自测题

一、案例分析

患者，女性，26岁，以"下腹痛伴低热2天，加重1天"为主诉到妇科门诊就诊。患者于5天前因不全流产行清宫术，术后2天出现下腹痛及发热，体温37~38℃，白带增多，呈脓血样，有臭味，1天来出现高热及腹痛加重。刮宫术前妇科检查未见异常。体检：急性病容，T 39 ℃，P 108次/分，R 24次/分，BP 110/70 mmHg。下腹部有肌紧张、压痛及反跳痛。妇科检查：外阴（−），阴道内少量脓血性分泌物，有臭味；宫颈充血、水肿，子宫颈举痛（+），子宫略大略软，压痛明显；双侧附件区增厚有压痛。

辅助检查：WBC 13.6×10^9/L，N 80%，Hb 125 g/L，PLT 230×10^9/L。

讨论分析：

1. 提出诊断及诊断依据。
2. 还需要做哪些辅助检查？

3. 需要与哪些病鉴别?
4. 如何治疗?

二、问答题

1. 列表比较各种阴道炎的临床特点及治疗方法。
2. 说出各类慢性宫颈炎的病理表现及治疗方法。
3. 说出急性盆腔炎的临床诊断标准及治疗原则。

本章临床执业助理医师资格考试要点

阴道炎、子宫颈炎、盆腔炎性疾病的病因、病原体、病理变化、分类、临床表现、后遗症、诊断及防治原则。

第十七章

女性生殖系统肿瘤

思政之光

> **学习目标**
>
> 通过本章内容的学习，学生应能够：
> **识记：**
> 1. 说出子宫颈癌的临床分期、临床表现及诊断。
> 2. 说出子宫肌瘤的临床表现、诊断、鉴别诊断及治疗原则。
> 3. 说出卵巢肿瘤的临床表现、诊断、鉴别诊断、临床分期、并发症和治疗要点。
> **理解：**
> 1. 解释子宫内膜癌的临床表现、诊断、临床病理分期及治疗要点。
> 2. 解释子宫肌瘤的分类、病理特点、继发变性。
> 3. 解释子宫颈癌的鉴别诊断及治疗原则。
> 4. 解释子宫颈癌的病理、转移途径。
> **运用：**
> 通过女性生殖系统肿瘤案例分析，对女性生殖系统肿瘤进行诊断及制订治疗方案。

第 1 节 外阴肿瘤

 导学案例 17-1

> 患者，女，65 岁，"自觉外阴瘙痒 10 年，发现外阴肿物 15 天"就诊。妇科检查见外阴大小阴唇皮肤、黏膜发白，粗糙，右侧大阴唇中部有一直径 1.5 cm 左右结节样突起，局部有破溃。双侧腹股沟淋巴结无肿大。
>
> 思考：
> 1. 该患者初步诊断是什么？
> 2. 需进行哪些辅助检查？
> 3. 该患者治疗原则是什么？

一、外阴良性肿瘤

外阴良性肿瘤较少见，主要有外阴乳头瘤、汗腺腺瘤、脂肪瘤、纤维瘤等。

1. **外阴乳头瘤**（vulvar papillomatosis） 常发生于围绝经期和绝经后妇女，表现为外阴肿物和瘙痒。肿物多位于大阴唇，呈单个或多个乳头状突起，可有破溃、出血和感染。需与外阴

湿疣、疣状乳头状瘤、外阴癌等鉴别。恶变率2%~3%，应行局部肿瘤切除。

2. 汗腺腺瘤（hidradenoma） 较少见，由汗腺上皮增生而成。常发生于青春期，与激素有关，可伴有下眼睑及颧骨部位病灶。呈多发丘样隆起，淡黄色，直径在1~2 cm内，边界清楚，生长缓慢。需活检确诊。小病灶行激光治疗，较大的病灶需行手术切除。

3. 脂肪瘤（lipoma） 来自大阴唇或阴阜脂肪组织，位于皮下组织内，生长缓慢。肿块大小不等，质软，呈分叶状，也可形成带蒂肿物。小病灶无需处理，肿瘤较大有不适症状者可手术切除。

4. 纤维瘤（fibroma） 由成纤维细胞增生而成。常位于大阴唇，多单发。初起为皮下硬结，继而可增大，形成光滑、质硬的带蒂肿块，表面可有溃疡和坏死。治疗原则为肿瘤局部切除。

二、外阴鳞状上皮内病变

外阴鳞状上皮内病变（vulvar squamous intraepithelial lesion）是指与HPV感染相关的临床和病理改变，或局限于外阴鳞状上皮内有进展为浸润癌潜在风险的一组病变。多发生于45岁左右妇女。约38%患者的病变可自行消退，2%~4%进展为浸润癌。

【病理】

主要病理特征为上皮层内细胞不同程度的增生伴核异型、核分裂增加，排列紊乱。

1. 低级鳞状上皮内病变（low-grade squamous intraepithelial lesion，LSIL） 年轻女性多见，是HPV感染所致的临床表现和病理改变，与低危和高危型HPV感染均相关。大多数患者的病变会自行退化，进展为浸润癌的风险极低。

2. 高级鳞状上皮内病变（high-grade squamous intraepithelial lesion，HSIL） 多发生于绝经前女性。绝大部分为HPV16型感染所致，进展为浸润癌的风险很高。局部病灶完全切除后有15%的复发率；若切缘受累，则复发率高达50%。

3. 分化型外阴上皮内瘤变（differentiated-type vulvar intraepithelial neoplasia） 多发生于老年女性。可能系 $p53$ 基因突变所致，与HPV感染无关。恶变的风险不清楚，但一旦发生，常在半年内发展为浸润癌。

【临床表现】

部分患者无症状。有症状者多表现为外阴瘙痒、皮肤损伤及溃疡。病变多为单发或多发的斑点、斑块、丘疹或乳头状疣，呈灰白色或粉红色，少数为略高出皮肤的黑色素沉着，可发生于外阴任何部位，严重者可弥漫状覆盖整个外阴。

【诊断】

确诊需依据病理学检查，对可疑病灶作多点取材活组织检查。生殖道HPV检测可协助诊断。诊断时需注意与外阴湿疹、黑色素瘤、棘皮瘤、外阴白色病变、痣等疾病相鉴别。

【处理】

治疗目的在于消除病灶，缓解症状，以防发展为浸润癌。

1. LSIL的处理 若无明显症状可定期随访，暂不予治疗。有症状者，可局部用药，常用药物：5-氟尿嘧啶软膏、咪喹莫特软膏、1%西多福韦。病灶广泛的年轻患者可行激光治疗。

2. HSIL的处理 局限性病灶，行病灶局部表浅切除术，切缘需超过病灶外至少0.5 cm。外阴皮肤切除术适用于较广泛的或多灶性病变，尤其疑为浸润癌者。阴蒂周围或肛周的病灶可行 CO_2 激光消融术。

3. 分化型外阴上皮内瘤变的处理 病变有迅速发展为浸润癌的风险，需及早彻底切除病灶。单纯外阴切除术适用于老年或病灶广泛的患者。

【随访】

各类外阴鳞状上皮内病变治疗后均有不同程度的复发率，尤其有复发高危因素（高危HPV持续感染、高级别病变、切缘阳性）的患者，所以治疗后应定期随访。

三、外阴恶性肿瘤

外阴恶性肿瘤占女性生殖道恶性肿瘤的 3%～5%，其中 80%～90% 为鳞状细胞癌，主要发生于绝经后妇女。其他有恶性黑色素瘤、基底细胞癌、疣状癌等。本章主要介绍原发性鳞状细胞癌。

【发病相关因素】

病因尚不清楚，可能与人乳头状瘤病毒（HPV）感染、外阴硬化性苔藓、分化型外阴鳞状上皮内瘤变等相关。研究发现，40%～60% 的外阴癌与 HPV 感染相关，超过 50% 以上为 HPV16 感染。

【病理】

大体病理为外阴局部单发或多发的浅表溃疡或硬结节肿块，可伴感染、坏死或出血。镜下多数外阴鳞癌分化良好，有角化珠或细胞间桥。

【临床表现】

1. 症状　主要表现为不易治愈的外阴瘙痒、局部肿块或溃疡。合并感染或晚期患者可有疼痛、渗液或出血等。病灶侵犯位置不同也可出现如排尿困难等转移灶症状。

2. 体征　病灶最常位于大阴唇，其次是小阴唇、阴蒂、会阴、尿道口、肛周等。早期外阴局部可见丘疹、结节或小溃疡，晚期外阴有溃疡，或不规则肿块。若癌灶转移至腹股沟淋巴结，可扪及肿大、质硬、固定的淋巴结。

【诊断】

根据病史、临床表现，行病理组织学检查后确诊。对一切外阴赘生物、溃疡和可疑病灶，均需尽早做活组织病理检查，必要时可在阴道镜指引下取材。HPV 检测有助于诊断，CT、MRI、膀胱镜、直肠镜有助于判断有无局部或远处转移。

【临床分期】

目前常用国际妇产科联盟（FIGO）2009 年修订的临床 – 手术病理分期（表 17-1）。

表 17-1　外阴癌的 FIGO 分期（2009 年）

FIGO	肿瘤范围
Ⅰ期	肿瘤局限于外阴和（或）会阴，无淋巴结转移
ⅠA 期	肿瘤病灶直径≤2 cm，间质浸润≤1 mm
ⅠB 期	肿瘤病灶直径>2 cm，或间质浸润>1 mm
Ⅱ期	肿瘤侵犯下 1/3 尿道、下 1/3 阴道、肛门任何部位，淋巴结无转移
Ⅲ期	肿瘤有或无侵犯下 1/3 尿道、下 1/3 阴道及肛门，有腹股沟 – 股淋巴结转移
ⅢA 期	（ⅰ）1 个淋巴结转移（≥5 mm），或（ⅱ）1～2 个淋巴结转移（<5 mm）
ⅢB 期	（ⅰ）≥2 个淋巴结转移（≥5 mm），或（ⅱ）≥3 个淋巴结转移（<5 mm）
ⅢC 期	淋巴结转移伴淋巴结囊外扩散
Ⅳ期	肿瘤侵犯上 2/3 尿道，或上 2/3 阴道，或远处器官
ⅣA 期	肿瘤侵犯下列任何部位：（ⅰ）上尿道和（或）阴道黏膜、膀胱黏膜、直肠黏膜，或固定在骨盆壁，或（ⅱ）腹股沟 – 股淋巴结固定或溃疡
ⅣB 期	任何远处转移，包括盆腔淋巴结转移

【转移途径】

以直接蔓延和淋巴转移为主，晚期可经血行转移。

1. 直接蔓延　肿瘤沿皮肤、黏膜蔓延至阴道、尿道、肛门等，晚期可侵犯膀胱、直肠。

2. 淋巴转移　初期转移至腹股沟浅淋巴结，再到腹股沟深淋巴结，由此进入盆腔内淋巴结（髂外、闭孔和髂内淋巴结），最终转移到腹主动脉旁淋巴结和左锁骨下淋巴结。外阴后部以及阴道下段癌可直接转移至盆腔内淋巴结。若癌灶累及阴道、尿道、膀胱、直肠，可直接转移至盆腔淋巴结。

3. 血行转移　晚期可经血行转移至肺、骨等。

【治疗】

手术治疗为主，辅以放射治疗和化学药物治疗。

1. 手术治疗

（1）Ⅰ期和Ⅱ期小病灶：先行病灶活检，明确手术病理分期，然后决定手术方式。要求手术切缘距离肿瘤边缘至少1 cm，深度应达会阴深筋膜2~3 cm。ⅠA期行外阴局部扩大切除术，术后随访。ⅠB期根据病灶位置决定术式：①单侧病变（病灶距外阴中线≥2 cm），行局部广泛切除术或改良广泛外阴切除术及单侧腹股沟淋巴结评估；②中线部位病变，行局部广泛切除术或改良广泛外阴切除术及双侧腹股沟/股淋巴结评估。

（2）局部晚期肿瘤（病灶>4 cm的Ⅱ期和Ⅲ期）：依据淋巴结病理检查和影像学评估，制订个体化的手术或结合放化疗的综合治疗方案。

（3）Ⅳ期：ⅣA期可行广泛外阴切除术加盆腔廓清术，术后放疗。ⅣB期则行姑息治疗。

2. 放射治疗　放射治疗一般用于术前辅助治疗、术后辅助治疗及转移淋巴结区域照射。

3. 化学药物或靶向治疗　多用于同步放、化疗及晚期癌或复发癌的综合治疗。常用化疗药物：铂类、紫杉醇、氟尿嘧啶等。靶向治疗药物：埃罗替尼、帕姆单抗等。

第2节　子宫颈鳞状上皮内病变与子宫颈癌

导学案例 17-2

患者，女，38岁。G₄P₃。近1年同房后出血3次，伴白带增多，呈浑浊水样。妇科检查：外阴已婚已产型，阴道壁光滑，子宫颈轻度糜烂样改变，有接触性出血。子宫正常大小，前位，活动可，双侧附件未触及异常。

思考：

1. 初步考虑该患者为何种疾病？
2. 还应进行哪些检查？
3. 如何做到早期发现、早期诊断、早期治疗？

一、子宫颈鳞状上皮内病变

子宫颈鳞状上皮内病变（cervical squamous intraepithelial lesion，SIL），好发年龄为25~35岁，是与子宫颈浸润癌密切相关的一组病变。通过筛查SIL，及时发现治疗高级别病变，是预防子宫颈浸润癌的有效措施。

【发病相关因素】

1. 人乳头状瘤病毒（human papilloma virus，HPV）感染　HPV有160多种类型，与SIL和子宫颈癌密切相关的有13~15种。研究发现，近90%的SIL和99%的子宫颈癌患者有高危型HPV感染，其中70%与HPV16和18型相关。大多数妇女在一生中会感染HPV，但多呈一过性表现，常自然消退，仅有一部分患者持续感染，或在其他致病因素联合作用下，才诱

发子宫颈上皮内瘤变。

2. 其他因素　初次性生活<16岁、多个性伴侣、早年分娩、多产、吸烟、性传播疾病、经济状况低下、免疫抑制等也是相关因素。

【子宫颈组织学特点】

子宫颈上皮由子宫颈阴道部鳞状上皮和子宫颈管柱状上皮组成。

1. 子宫颈阴道部鳞状上皮　约20层细胞，由深至浅分为底层、中层及表层。底层由基底细胞和旁基底细胞组成。基底细胞为储备细胞，在某些因素的刺激下可以增生或化生，也可以增生成为不典型的鳞状细胞或分化为成熟的鳞状细胞。中层及表层为完全不增生的分化细胞，细胞渐趋死亡、脱落。

2. 子宫颈柱状上皮　柱状上皮为分化良好的细胞，而柱状上皮下细胞为储备细胞，具有分化或增殖能力。

3. 转化区（transformation zone，TZ）　又称移行带（图17-1），子宫颈鳞状上皮与柱状上皮交接部称为鳞-柱交接。根据其形态发生学变化，鳞-柱交界又分为原始鳞-柱交界部和生理性鳞-柱交界部。原始鳞-柱交界部在胚胎20周即形成，为子宫颈阴道部鳞状上皮（原始鳞状上皮）与子宫颈管柱状上皮的交界。生理性鳞-柱交界部又称为新鳞-柱交界（NSCJ），是化生的鳞状上皮的内周与柱状上皮会合的交界。新鳞-柱交界部随年龄、性激素水平等向内外变化，绝经后新鳞-柱交界部可以上延至子宫颈外口内而不易看到。青春期无性生活者，原始鳞-柱交界部无大变化，子宫颈口外多为正常柱状上皮；有性生活刺激者，子宫颈口外多为化生上皮。妊娠期子宫颈扩张，柱状上皮外翻，产后愈合；老年妇女的NSCJ不清晰，NSCJ可伸向颈管内。原始鳞-柱交界部和生理鳞-柱交界部之间的区域称为移行带。在移行带形成的过程中，其表面被覆的柱状上皮逐渐被鳞状上皮所替代，新生的鳞状上皮覆盖了子宫颈管腺体的开口或伸入腺管，将腺管口堵塞，腺体分泌物潴留于腺管内形成囊肿，称为子宫颈腺囊肿，子宫颈腺囊肿可作为辨认转化区的一个标志。

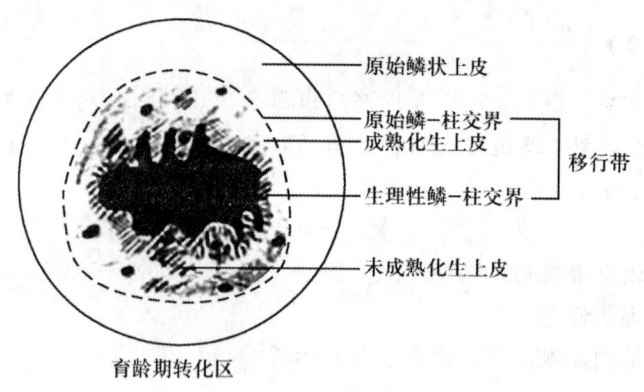

图17-1　转化区示意图

4. 化生上皮　由原始鳞柱上皮交界处的柱状上皮下的储备细胞增生逐渐转化成的鳞状上皮。

5. 不成熟化生上皮　转化区内的柱状上皮在化生早期未成熟时，细胞多层，胞质少，密度较大。

6. SIL上皮　转化区成熟的化生鳞状上皮对致癌物的刺激不敏感，未成熟的化生鳞状上皮在HPV等的作用下，发生细胞异常增生、分化不良、细胞核异常、有丝分裂增加、排列紊乱，最后形成SIL上皮。

【病理学诊断和分级】

1. 低级别鳞状上皮内病变（low-grade squamous intraepithelial lesion，LSIL）　上皮下1/3

层细胞轻度核异型，核分裂象少，极性轻度紊乱，p16染色阴性或在上皮内散在点状阳性。

2. 高级别鳞状上皮内病变（high-grade squamous intraepithelial lesion，HSIL）上皮下2/3层甚至全层细胞核浆比例增加，核分裂象增多，极性紊乱，p16染色在上皮＞2/3层面内呈弥漫连续阳性。

大部分LSIL可自然消退，但HSIL具有癌变潜能。SIL反映了子宫颈癌发生发展中的连续过程。

【临床表现】

一般无特殊症状，多在普查中发现。少数患者表现为接触性出血，或阴道排液增多。检查子宫颈光滑，或局部红斑、白色上皮或糜烂样改变。

【诊断】

1. 子宫颈细胞学检查　是SIL及早期子宫颈癌筛查的首选方法，具有简便易行、经济有效及多次重复的特点。必须在子宫颈外口鳞-柱状上皮移行带处取材。相对于高危型HPV检查，其特异性高，但敏感性较低。筛查应在性生活开始3年后开始，或21岁以后开始，并定期复查。检查的报告形式过去采用巴氏5级分类法，现在普遍采用TBS分类系统。

2. 高危型HPV DNA检查　相对于子宫颈细胞学检查其敏感性高，但特异性较低。对于21~25岁女性，若细胞学初筛为意义未明的不典型鳞状细胞（ASCUS），需进行高危型HPV检测，检测阳性者进一步行阴道镜检查，阴性者12个月后再行细胞学检查。对于25岁以上女性，HPV检测可与细胞学检查联合应用于子宫颈癌筛查，也可用于子宫颈癌初筛，阳性者用细胞学分流，阴性者常规随访。

3. 阴道镜检查　若细胞学检查为ASCUS并高危HPV检测阳性或LSIL及以上者或HPV DNA检查16/18型阳性，应做阴道镜检查。

4. 子宫颈活组织检查　是确诊的可靠方法。一般在子宫颈鳞-柱状上皮交界处3、6、9、12点取活组织，或以碘液涂抹子宫颈在不着色区行多点取材，或在阴道镜下于可疑部位取材。若宫颈有明显病灶，可直接在病灶取材。若需要了解子宫颈管的病变情况，应行子宫颈管搔刮术（endocervical curettage，ECC）。

【治疗】

1. LSIL　约60%会自然消退，LSIL及以下者可随访观察（细胞学检查、HPV检测及阴道镜检查）。若在随访过程中病变发展或持续存在2年以上，应进行治疗。治疗方法以物理治疗为主，有激光、冷冻、微波和射频等方法。若不能排除HSIL或ECC阳性，则行子宫颈锥切术。

2. HSIL　可发展为浸润癌，需要治疗。治疗方法主要是子宫颈锥切术，阴道镜检查充分者也可行消融治疗。经子宫颈锥切确诊后，若年龄较大无生育要求，或合并有其他妇科良性疾病手术指征的，也可行筋膜外全子宫切除术。

【妊娠合并子宫颈鳞状上皮内病变】

妊娠期免疫功能低下，易感染HPV，并且宫颈鳞-柱交界部受高雌激素影响而外移，移行带区的基底细胞可出现不典型增生改变，一般于产后6周可恢复正常。据统计资料显示，大部分妊娠期患者为LSIL，仅14%为HSIL。故妊娠期SIL暂随访观察，产后复查后再处理。

二、子宫颈癌

子宫颈癌（cervical cancer）是最常见的女性生殖道恶性肿瘤，发病高峰年龄为50~55岁。由于子宫颈癌癌前病变阶段较长，且子宫颈易于暴露，可直接进行细胞学及活组织检查，可早期发现、早期治疗，使子宫颈癌的发病率及死亡率逐年下降。

【发病相关因素】

同"子宫颈鳞状上皮内病变"。

【组织发生和发展】

子宫颈转化区未成熟的化生鳞状上皮，在HPV等的作用下，形成子宫颈上皮内瘤样病变，并可能继续发展成为子宫颈浸润癌（图17-2）。

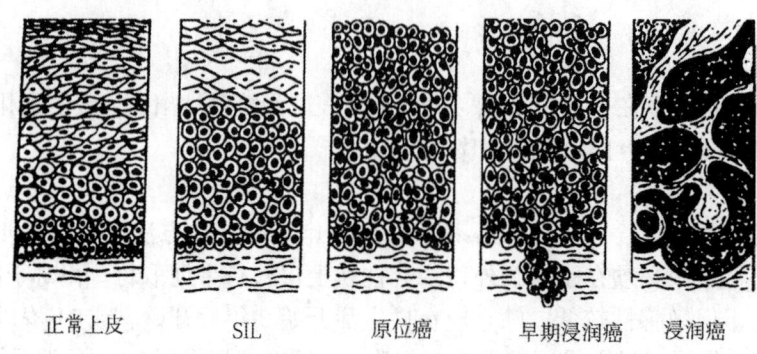

正常上皮　　SIL　　原位癌　　早期浸润癌　　浸润癌

图17-2　子宫颈正常上皮→上皮内病变→浸润癌

【病理】

1. 浸润性鳞状细胞癌　占子宫颈癌的75%~80%。

（1）巨检：肉眼观察，微小浸润癌无明显异常，或类似子宫颈柱状上皮异位。随病变发展，可表现为4种类型（图17-3）。

1）外生型：又称菜花型，最常见。癌组织向外生长，开始呈息肉样或乳头状突起，逐渐增大呈菜花样，质脆、易出血。

2）内生型：癌组织向子宫颈深部组织浸润生长，可见子宫颈肥大呈桶状，质硬，子宫颈表面尚光滑或仅有浅表溃疡。常累及宫旁组织。

3）溃疡型：外生型或内生型癌组织坏死脱落，形成凹陷型溃疡，似火山口样。有时整个子宫颈被空洞所代替。

4）颈管型：癌灶发生于子宫颈管内，常侵入子宫颈管和子宫峡部供血层及转移至盆腔淋巴结。

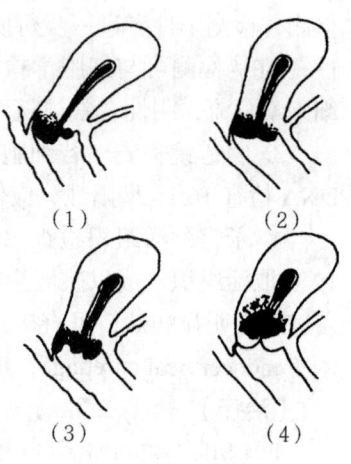

图17-3　子宫颈癌类型（巨检）

（1）外生型　（2）内生型
（3）溃疡型　（4）颈管型

（2）显微镜检

1）微小浸润性鳞状细胞癌：指在HSIL的基础上，镜下发现有癌细胞穿破基底膜浸润间质，但浸润深度不超过5 mm，宽度不超过7 mm，且无癌灶互相融合现象，也无侵犯间质内血管迹象。

2）浸润性鳞状细胞癌：癌组织浸润间质的范围超出微小浸润癌，多呈团块状或网状间质浸润。

根据癌细胞核的多形性与大小及核分裂程度等将鳞状细胞癌分为高（Ⅰ级）、中（Ⅱ级）、低（Ⅲ级）分化3种。

2. 子宫颈腺癌　占子宫颈癌的20%~25%。来源于宫颈管表面或宫颈管内腺体的柱状上皮，主要分为普通型宫颈腺癌和黏液性腺癌两型。

3. 其他少见类型　如腺鳞癌、腺样基底细胞癌、内膜样癌等上皮性癌，神经内分泌肿瘤，间叶性肿瘤等。

【转移途径】

1. 直接蔓延　最常见。癌组织向下侵犯阴道，向上可累及子宫下段及宫体，向两侧扩散到宫旁和阴道旁组织，晚期可向前后侵犯膀胱及直肠。

2. **淋巴转移** 是子宫颈癌转移的主要途径，癌组织局部浸润后可侵入淋巴结。淋巴转移一级组包括子宫旁、闭孔、髂内、髂外、髂总、骶前淋巴结；二级组包括腹股沟深浅和腹主动脉旁淋巴结。晚期还可以出现左锁骨上淋巴结转移。

3. **血行转移** 极少见。晚期可经血转移至肺、肝、骨骼等。

【临床分期】

采用国际妇产科联盟（FIGO）2009年最新修订的临床分期标准（表17-2和图17-4）。临床分期在治疗前进行，治疗后不再更改。

表17-2 子宫颈癌的临床分期（FIGO，2009年）

期别	肿瘤范围
Ⅰ期	癌灶局限在宫颈（包括累及宫体）
ⅠA	镜下浸润癌（肉眼未见癌灶，仅在显微镜下可见浸润癌）
ⅠA1	间质浸润深度≤3 mm，宽度≤7 mm
ⅠA2	间质浸润深度>3 mm 且≤5 mm，宽度≤7 mm
ⅠB	肉眼可见癌灶局限于宫颈，或镜下病变范围超过ⅠA期
ⅠB1	肉眼可见癌灶直径≤4 cm
ⅠB2	肉眼可见癌灶直径>4 cm
Ⅱ期	癌灶已超出子宫，但未达盆壁或未达阴道下1/3
ⅡA	癌灶侵犯阴道上2/3，无明显宫旁浸润
ⅡA1	肉眼可见癌灶直径≤4 cm
ⅡA2	肉眼可见癌灶直径>4 cm
ⅡB	癌灶有宫旁浸润，但未达盆壁
Ⅲ期	癌灶浸润阴道达下1/3，宫旁浸润已达盆壁，引起肾盂积水或肾无功能（非癌所致的肾盂积水或肾无功能者除外）
ⅢA	癌灶累及阴道下1/3，但未达盆壁
ⅢB	癌灶浸润宫旁已达盆壁，或引起肾盂积水或肾无功能
Ⅳ期	癌灶播散超出真骨盆，或癌浸润膀胱黏膜和（或）直肠黏膜
ⅣA	癌灶浸润邻近的盆腔器官
ⅣB	癌灶浸润超出真骨盆，有远处转移

【临床表现】

（一）症状

早期子宫颈癌一般无症状，也无明显体征，多在普查中发现。随病变发展，可出现以下表现：

1. **阴道出血** 表现为性交后或妇科检查后少量出血，称接触性出血。也可表现为不规则阴道流血，晚期癌灶侵犯较大血管时可出现致命性的大出血。老年患者常表现为绝经后不规则阴道流血。一般外生型癌出血较早，内生型癌出血较晚。

2. **阴道排液** 最初量不多，呈白色或血性、稀薄如水样，无臭味。癌组织破溃和继发感染者，阴道可排出大量米汤样、脓性或脓血性液体，伴恶臭。

3. **晚期症状** 癌瘤侵犯范围不同出现相应的继发症状，如尿频、尿急、肛门坠胀、便秘、下腹痛、下肢肿痛等。癌瘤累及输尿管时可出现肾盂积水，甚至尿毒症。晚期患者可出现贫血、恶病质等。

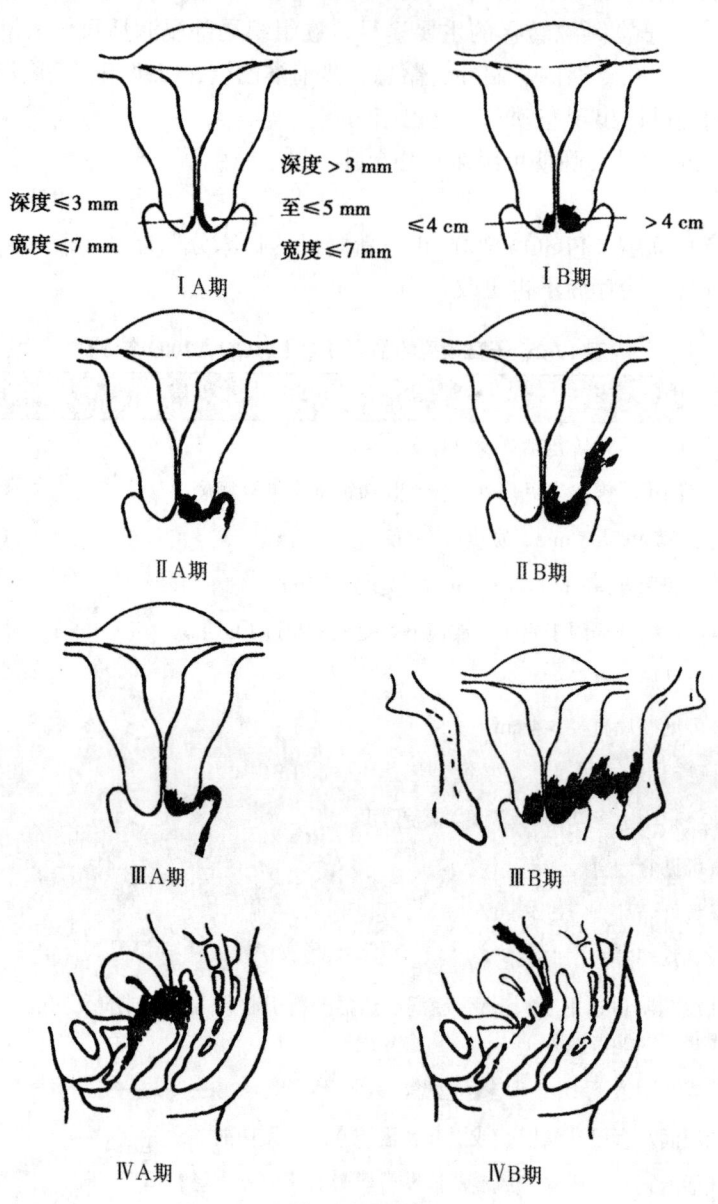

图 17-4 子宫颈癌临床分期示意图

（二）体征

微小浸润癌子宫颈光滑或仅糜烂样改变。随病情发展，可出现不同体征。外生型子宫颈癌表现为息肉样或菜花样赘生物，质脆易出血；内生型表现为子宫颈肥大、质硬、子宫颈管膨大如桶状；晚期癌组织坏死脱落，可形成溃疡或空洞。癌灶侵犯阴道壁时，可见阴道壁变硬或阴道壁赘生物；向宫旁组织侵犯时，子宫颈旁组织增厚、结节状、质硬；若浸润达盆壁则形成"冰冻骨盆"。

【诊断】

早期病例的诊断应采用"三阶梯"程序，即子宫颈细胞学检查和（或）高危型 HPV DNA 检测、阴道镜检查、宫颈活组织检查，确诊依据为组织学诊断。检查方法同"子宫颈鳞状上皮内病变"。

子宫颈锥形切除术适用于活检为 HSIL 但不能排除浸润癌者，或可疑微小浸润癌需要测量肿瘤范围或除外进展期浸润癌者。可采用冷刀切除或环形电切术（LEEP），切除组织做连续病理切片（24~36 张）检查。

确诊子宫颈癌后,应根据需要进行胸部 X 线或 CT 平扫、超声检查及盆腔或腹腔增强 CT 或磁共振、膀胱镜检查、直肠镜检查等,了解病变侵犯范围,协助进行临床分期。

【鉴别诊断】

子宫颈癌应与子宫颈柱状上皮异位、子宫颈息肉、子宫颈乳头状瘤、子宫颈结核、脱出的子宫黏膜下肌瘤及宫颈转移癌等相鉴别,子宫颈活检是最可靠的鉴别方法。

【治疗】

以手术和放疗为主,化疗为辅。依据临床分期、患者年龄、生育要求及全身情况、医疗设备和技术条件,制订个体化治疗方案。

1. 手术治疗　主要适用于早期宫颈癌（ⅠA 期～ⅡA 期）患者。

① ⅠA1 期：无淋巴脉管间隙浸润者行筋膜外全子宫切除术,有淋巴脉管间隙浸润者按 ⅠA2 期处理。要求保留生育功能的年轻 ⅠA1 期患者,无淋巴脉管间隙浸润者可行子宫颈锥形切除术（至少 3 mm 阴性切缘）,有淋巴脉管间隙浸润者行子宫颈锥形切除术加盆腔淋巴结切除术或考虑前哨淋巴结绘图活检。

② ⅠA2 期：行改良广泛性子宫切除术及盆腔淋巴结切除术或考虑前哨淋巴结绘图活检。要求保留生育功能的年轻患者,行子宫颈锥形切除术加盆腔淋巴结切除术或考虑前哨淋巴结绘图活检。

③ ⅠB1 期和ⅡA1 期：行广泛性子宫切除术及盆腔淋巴结切除术或考虑前哨淋巴结绘图活检,必要时行腹主动脉旁淋巴结取样。肿瘤直径<2 cm 的 ⅠB1 期患者,若需要保留生育功能,可行广泛性子宫颈切除术及盆腔淋巴结切除术或考虑前哨淋巴结绘图活检。

④ ⅠB2 期和ⅡA2 期：行广泛性子宫切除术及盆腔淋巴结切除术和选择性腹主动脉旁淋巴结取样,或同期放、化疗后行全子宫切除术。45 岁以下未绝经的鳞癌患者可保留卵巢。

2. 放射治疗　适用于ⅠB2 期、ⅡA2 期、ⅡB～ⅣA 期及不耐受手术的患者,手术后病理检查发现有高危因素的患者,晚期患者局部减瘤放疗或对转移病灶姑息放疗。放射治疗包括腔内照射和体外照射。腔内照射多用后装机,放射源为铱-192（^{192}Ir）,可以针对宫颈、阴道及部分宫旁组织给以大剂量照射。体外照射多用直线加速器,钴-60（^{60}Co）,治疗子宫、宫旁及淋巴结转移灶。

3. 全身治疗　包括全身化疗和靶向治疗、免疫治疗。化疗主要用于晚期、复发转移患者和同期放化疗,也可用于手术前后的辅助治疗。常用化疗药物有顺铂、卡铂、紫杉醇、拓扑替康等。靶向治疗药物主要是贝伐珠单抗,常与化疗联合应用。免疫治疗正在临床试验中,如 PD-1/PD-L1 抑制剂等。

【预后】

子宫颈癌的预后决定于临床分期、病理学类型、淋巴结是否转移等。有淋巴结转移者预后差。

【随访】

治疗后 2 年内每 3～6 个月复查 1 次；第 3～5 年,每 6 个月复查 1 次；第 6 年起,每年复查 1 次。每次均应进行妇科检查、阴道脱落细胞学检查、血常规、超声及胸部 X 线摄片,必要时进行子宫颈鳞状细胞癌抗原（SCCA）、CT 或 MRI 等检查。

【预防】

普及防癌知识,开展性卫生教育,建立健康的生活方式,积极治疗性传播疾病,做好宫颈癌的三级预防,可以有效预防宫颈癌的发生。一级预防：推广 HPV 疫苗预防性接种。二级预防：普及、规范子宫颈癌筛查,及早发现 SIL。三级预防：及时治疗 HSIL,阻断子宫颈浸润癌的发生。

【子宫颈癌合并妊娠】

妊娠期出现阴道流血时,在排除产科因素后,应做详细的妇科检查。若宫颈有可疑病变应

作宫颈细胞学检查、HPV检测、阴道镜检查，必要时行宫颈活检，以免漏诊和误诊。

不要求维持妊娠者，治疗原则和非妊娠期基本相同。要求维持妊娠者，妊娠20周之前确诊的ⅠA1期患者可以延迟治疗，对于锥切切缘阴性的可延迟到产后治疗；ⅠA2期及其以上患者应终止妊娠并立即治疗。妊娠20~28周确诊的患者，依据患者及家属的意愿延迟治疗或终止妊娠立即治疗，延迟治疗不明显影响ⅠA2期和ⅠB1期子宫颈癌的预后。妊娠28周后确诊的各期子宫颈癌可以延迟至胎儿成熟后再行治疗。在延迟治疗期间，应严密观察病情，若肿瘤进展应及时终止妊娠接受治疗。延迟治疗应于妊娠34周前终止妊娠（ⅠA1期除外），分娩方式一般采用子宫体部剖宫产。

第3节　子宫肌瘤

导学案例 17-3

某女，45岁，G_2P1，以"月经量增多，经期延长2年，加重半年"为主诉入院。平素月经规律，$13\frac{5~6}{28~30}$天，量中等，色暗红，无痛经。于入院前2年，无明显诱因出现月经量明显增多，未曾治疗；入院前半年，月经周期逐渐缩短（20~25天），经期逐渐延长（10~12天），经量明显增多，如原来的2倍。服用止血药（具体用药不详），症状略有缓解。末次月经2019年3月16日，持续15天未净，色鲜红，有中等大小的血块，未见肉样及其他组织排出，伴头晕、四肢乏力，于2019年4月1日来院就诊。查体：T 36.9 ℃，P 90次/分，R 20次/分，BP 100/70 mmHg。重度贫血貌，胸、腹部检查未见异常。妇科检查：外阴阴道血染，子宫颈光滑，子宫不规则，增大如孕3个月大小，前壁可触及约4 cm×4 cm突起，质硬，无压痛，双附件无异常。

思考：
1. 初步考虑该患者为何种疾病？
2. 还应进行哪些检查？
3. 对该患者应如何治疗？

子宫肌瘤（uterine myoma）是女性生殖器官最常见的良性肿瘤。主要由子宫平滑肌组织增生而形成，其间有少量纤维结缔组织。好发于30~50岁妇女，据统计，30岁以上妇女约20%有子宫肌瘤，相当一部分妇女因肌瘤小，无明显症状而未被发现，故临床报道其发病率远较实际发病率低。

【发病相关因素】

子宫肌瘤的确切病因至今不明确。根据其好发于生育年龄的妇女，而绝经后肌瘤停止生长，甚至萎缩，子宫肌瘤常合并子宫内膜增生过长，妊娠期肌瘤生长加快，子宫肌瘤组织中雌激素受体和雌二醇含量较正常子宫肌层组织高，提示子宫肌瘤的发生、发展与雌激素有关。近年有研究表明，子宫肌瘤患者存在细胞遗传学异常以及孕激素有刺激肌瘤生长的作用。

【分类】

1. 肌壁间肌瘤　最常见，占60%~70%。肌瘤位于子宫肌层内，周围被平滑肌层包围。
2. 浆膜下肌瘤　占20%~30%。肌瘤向子宫浆膜面生长，突出于子宫表面，瘤体表面仅由子宫浆膜层覆盖。若瘤体仅有一蒂与子宫肌壁相连，则成为带蒂的浆膜下肌瘤；若蒂扭转断裂，肌瘤脱落至腹腔或盆腔，形成游离性肌瘤。若肌瘤位于宫体侧壁突出于阔韧带两叶之间生

长则称阔韧带肌瘤。

3. **黏膜下肌瘤** 占10%~15%。肌瘤向子宫黏膜面生长，突出于子宫腔，其表面仅由黏膜层覆盖。若瘤体仅有一蒂与子宫肌壁相连，则成为带蒂的黏膜下肌瘤，若蒂较长，可经宫颈脱出于阴道。

子宫肌瘤常为多个，各种类型的肌瘤可发生在同一子宫，称多发性子宫肌瘤（图17-5）。

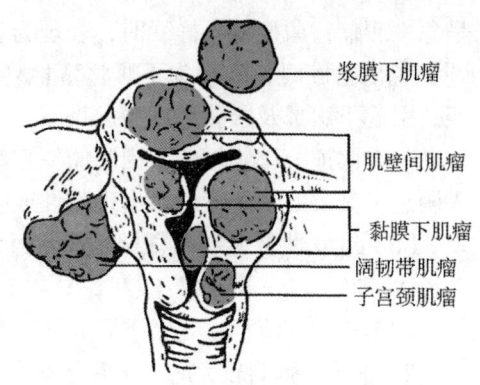

图17-5 子宫肌瘤分类示意图

【病理】

1. **巨检** 子宫肌瘤多呈实质性球形结节，质硬，表面光滑，与周围组织分界清楚，无包膜，肌瘤压迫周围子宫肌纤维形成假包膜，使肌瘤与正常子宫肌相隔。肌瘤切面呈漩涡状结构，颜色、硬度与纤维组织多少有关。含平滑肌多，色略黄、质较软；含纤维组织多则色较白、质较硬。

2. **镜检** 肌瘤组织由梭形平滑肌纤维与纤维结缔组织构成。细胞大小均匀，排列成漩涡状，核为杆状。

【肌瘤变性】

子宫肌瘤可因血循环障碍，瘤细胞营养不良，致肌瘤组织失去原有典型结构，称子宫肌瘤变性。常见变性有以下几种：

1. **玻璃样变** 又称透明变性，最多见。肌瘤漩涡状结构消失，被均匀透明样物质所替代，色苍白。镜下见病变区域肌细胞消失，为均匀透明无结构区，与无变性区边界明显。

2. **囊性变** 在玻璃样变基础上，病变组织坏死，液化形成多个囊腔，囊内有清澈无色液体，也可凝固成胶冻状，囊壁无上皮覆盖。

3. **红色变性** 常见于妊娠期、产褥期，为肌瘤的一种特殊类型坏死。发生机制不清，可能是肌瘤内小血管退行性变引起血栓及溶血、血红蛋白渗入肌瘤所导致的。肌瘤剖面呈暗红色，如半熟的牛肉，质软，典型的漩涡状结构消失。红色变性时，患者可出现发热、剧烈腹痛，伴恶心、呕吐、白细胞升高，肌瘤迅速增大、局部压痛。

4. **肉瘤样变** 为子宫肌瘤的恶性变，发生率为0.4%~0.8%，多见于绝经后患者。若绝经后肌瘤不缩小反而增大，应警惕恶变可能。恶变后肌瘤切面灰黄色，似生鱼肉状，与周围组织界限不清。镜下见旋涡状结构消失，平滑肌细胞增生，排列紊乱，细胞有异型性。

5. **钙化** 多见于蒂部狭小、血供不足的浆膜下肌瘤及绝经后妇女的肌瘤。由于血液循环障碍，肌瘤的变性、坏死区有钙盐沉积，使肌瘤坚硬如石。镜下见钙化区为层状沉积，呈圆形或不规则形。X线下可清楚看到钙化影。

【临床表现】

1. **症状** 与肌瘤的生长部位、大小和有无变性相关，与肌瘤的数目关系不大。

（1）月经改变：是子宫肌瘤最常见的症状。主要表现为周期缩短、经量增多、经期延长、不规则阴道流血。多见于较大的肌壁间肌瘤和黏膜下肌瘤，而较小的肌壁间肌瘤和浆膜下肌瘤则常无明显改变。子宫肌瘤常合并子宫内膜增生过长，也是导致月经改变的因素之一。

（2）下腹部包块：肌瘤较小时在腹部摸不到肿块，当肌瘤增大超出盆腔时，患者可在下腹部扪及质地较硬的包块，当膀胱充盈时，更易扪及。

（3）压迫症状：因肌瘤生长部位及大小不同，可出现尿频、排尿困难、尿潴留、排便困难等相应的压迫症状。阔韧带肌瘤或宫颈巨大肌瘤向侧方生长，可压迫输尿管，造成输尿管扩张甚至肾盂积水。

（4）疼痛：肌瘤本身不引起疼痛，一旦出现下列情况可引起疼痛：浆膜下肌瘤蒂扭转时，

呈急性腹痛；肌瘤红色样变时，表现为急性剧烈腹痛伴恶心、呕吐、发热等；黏膜下肌瘤经宫颈口脱出宫腔时，表现为下腹痉挛性疼痛伴腰骶部坠胀、酸痛；肌瘤较大压迫盆腔组织及神经，引起下腹部及腰背部疼痛。

（5）阴道分泌物增多：因肌瘤使宫腔面积增大，内膜腺体分泌增多而致。如黏膜下肌瘤脱入阴道，其表面易感染，可出现脓性或脓血性分泌物。

（6）继发性贫血：因长期月经量过多所致，重者出现全身乏力、面色苍白、头晕、心悸、气短等症状。

（7）不孕或流产：黏膜下肌瘤和引起宫腔变形的肌壁间肌瘤可引起不孕或流产。

2. 体征　肌瘤较大时，可在下腹部扪及质硬、无压痛的实性包块。妇科检查：子宫增大、变硬。肌壁间肌瘤，子宫呈不规则增大，表面可触及单个或多个结节状突起。浆膜下肌瘤，可触及质硬、球状包块，有蒂与子宫相连。黏膜下肌瘤，子宫多呈均匀增大，若肌瘤脱出于宫颈口或阴道内，可见粉红色、表面光滑的实质性肿块，伴感染者则表面有渗出物或溃疡形成。

【诊断】

根据病史、症状、体征和超声检查，诊断多无困难。超声检查为最主要的辅助诊断方法，必要时可借助于宫腔镜、腹腔镜、子宫输卵管碘油造影等协助诊断。

【鉴别诊断】

1. 妊娠子宫　有停经史，多有早孕反应，子宫随停经月份增大变软等。借助尿或血 hCG 测定、超声检查可确诊。

2. 卵巢肿瘤　一般无月经改变，肿块偏于下腹一侧，能与子宫分开，必要时借助于超声及腹腔镜检查可确诊。

3. 盆腔炎性包块　多有盆腔感染病史，患者出现发热、腹痛等症状。肿块边界不清，与子宫粘连或不粘连，有压痛。经抗感染治疗后肿块可缩小。超声检查可协助诊断。

4. 子宫腺肌病　可有月经量增多，多数患者有继发性、进行性加重的痛经。子宫呈均匀性增大，但很少大于孕 3 个月子宫。超声检查及外周血 CA125 检测有助于诊断。但有时两者可以并存。

5. 子宫畸形　双子宫、残角子宫易误诊为子宫肌瘤，但子宫畸形无月经改变。超声检查、腹腔镜检查、子宫输卵管造影可协助诊断。

6. 子宫恶性肿瘤

（1）子宫内膜癌：好发于老年妇女，以绝经后阴道出血为主要症状，子宫均匀增大或正常大小，质软。应警惕围绝经期妇女子宫肌瘤与内膜癌并存。诊断性刮宫或宫腔镜有助于鉴别诊断。

（2）子宫颈癌：外生型较易鉴别，内生型宫颈癌应与宫颈黏膜下肌瘤鉴别。可借助超声检查、子宫颈脱落细胞检查、HPV 检测、子宫颈活检、子宫颈管搔刮等鉴别。

【治疗】

应根据患者的临床表现、年龄和对生育的要求，及肌瘤的大小、数目、类型等全面考虑。

1. 随访观察　适用于无明显症状者，尤其是近绝经期患者。每 3～6 个月复查一次，随访期间如子宫肌瘤增大迅速或临床症状明显时，再考虑进一步治疗。

2. 药物治疗　适用于症状轻、近绝经年龄或全身情况差不能手术者。

（1）促性腺激素释放激素类似物（GnRH-a）：适应证：近绝经患者，用药后可提前绝经，避免手术；肌瘤影响妊娠者，可使肌瘤缩小利于妊娠；术前用药，可以控制症状利于纠正贫血，也可以缩小肌瘤降低手术难度。常用药物有亮丙瑞林 3.75 mg 或戈舍瑞林 3.6 mg，每 4 周皮下注射一次，连续使用 3～6 个月。用药 6 个月以上可产生绝经综合征、骨质疏松等，故长期用药受限制。

（2）其他药物：米非司酮 10 mg 或 12.5 mg，每日一次口服，可作为术前用药或提前绝经使用。因有增加子宫内膜增生的风险，故不宜长期服用。

3. 手术治疗 适应证：经量增多致继发性贫血，药物治疗无效者；有膀胱、直肠等压迫症状者；肌瘤导致不孕或反复流产者；严重腹痛、性交痛或慢性腹痛、有蒂肌瘤扭转引起急性腹痛者；怀疑恶变者。应结合患者年龄、是否需要生育选择手术方式。手术可经腹、经阴道或经宫腔镜及腹腔镜进行。

（1）肌瘤切除术：适用于希望保留生育功能的患者。可以经腹或腹腔镜手术，黏膜下肌瘤可行宫腔镜下切除，突入阴道的黏膜下肌瘤经阴道摘除。

（2）子宫切除术：对无需保留生育功能或疑恶变者应行子宫次全切除或子宫全切除术。术前应行子宫颈细胞学检查，排除子宫颈上皮内病变或子宫颈癌。围绝经期患者要排除合并子宫内膜癌。

4. 其他治疗 主要适用于不能耐受或不愿手术者。

（1）子宫动脉栓塞术：通过阻断子宫动脉及其分支，可以减少肌瘤的血供，从而延缓肌瘤的生长，缓解症状。该方法一般不建议使用于有生育要求的妇女，因为子宫动脉栓塞后可能会导致卵巢功能减退，并增加潜在的妊娠并发症的风险。

（2）子宫内膜切除术：宫腔镜切除子宫内膜，可以使月经量减少或闭经。

（3）高能聚焦超声：该方法可以使肌瘤组织坏死，逐渐吸收或瘢痕化。治疗前需排除恶性病变。

【子宫肌瘤合并妊娠】

子宫肌瘤对妊娠、分娩均有影响。黏膜下肌瘤易引起流产、早产；较大的壁间肌瘤可使宫腔变形或内膜供血不足引起流产；位置较低的肌瘤可妨碍胎先露下降，于妊娠后期及分娩时发生胎位异常、胎盘早剥、产道梗阻等；胎儿娩出后易因胎盘排出困难或子宫收缩不良导致产后出血。妊娠期及产褥期子宫肌瘤容易发生红色变，对症处理后多能缓解症状。

妊娠合并肌瘤者多能自然分娩，不需急于干预，但要预防产后出血。若肌瘤阻碍胎儿下降可行剖宫产。剖宫产时是否同时切除肌瘤或切除子宫，需根据肌瘤大小、部位和患者情况决定。

第4节 子宫内膜癌

导学案例 17-4

患者，女，60岁，G_2P_1，绝经10年，现无明显诱因出现阴道流血半个月余，曾在社区门诊抗感染治疗无效。来院妇科检查：外阴呈已婚已产型，阴道通畅，子宫颈光滑，子宫前位如孕50天大，质中，活动可，无压痛，双附件未触及异常。

思考：

1. 初步考虑该患者为何种疾病？
2. 为明确诊断，还应进行哪些检查？
3. 确诊后给予何种治疗方案？

子宫内膜癌（endometrial carcinoma）是发生于子宫内膜的一组上皮性恶性肿瘤，其中以来源于子宫内膜腺体的腺癌最为常见。平均发病年龄为60岁，75%发生于50岁以上妇女。子宫内膜癌是女性生殖器官常见的恶性肿瘤之一，占女性生殖器官恶性肿瘤20%~30%。近年来其发病率呈上升趋势。

【发病相关因素】

确切病因不清楚，目前认为子宫内膜癌有两种类型。

Ⅰ型是雌激素依赖型，临床多见，均为子宫内膜腺癌。其发生可能是子宫内膜长期受雌激素的影响，而无孕激素拮抗，发生子宫内膜增生、不典型增生（属癌前病变），继而癌变。临

床常见于无排卵性功血、多囊卵巢综合征、分泌雌激素的卵巢肿瘤、长期服用单一雌激素或他莫昔芬的妇女。患者较年轻，多有肥胖、高血压、糖尿病、不孕、不育、绝经延迟。肿瘤分化较好，雌孕激素受体多呈阳性，预后好。

Ⅱ型是非雌激素依赖型，较少见，如子宫内膜浆液性腺癌、黏液性腺癌、透明细胞癌、癌肉瘤等。发病与雌激素无明显关系。多发生于老年妇女，肿瘤恶性程度高，雌孕激素受体多呈阴性，预后差。

还有约5%的子宫内膜癌与遗传有关，其中关系最密切的是林奇综合征（Lynec syndrome），是一种常染色体显性遗传病，与年轻女性的子宫内膜癌发病有关。

【病理】

1. 巨检 根据其生长方式和范围分为弥散型和局灶型两种。

（1）弥散型：子宫内膜大部分或全部被癌组织侵犯，癌灶常表现为不规则菜花样物从内膜表层长出并凸出于宫腔内，常伴有出血、坏死，癌灶也可侵及深肌层或宫颈，如颈管阻塞可导致宫腔积脓。

（2）局灶型：病灶局限于宫腔某部位，常见于宫底部或宫角处，呈息肉状或小菜花状，表面可有溃疡，易出血。其病变虽小，但易侵犯肌层。

2. 镜检 细胞组织学分类有5种类型：内膜样腺癌（占80%～90%）、浆液性腺癌（占1%～9%）、黏液性腺癌（约占5%）、透明细胞癌（约占不足5%）和癌肉瘤（较少见）。

细胞分级：Ⅰ级（G1），高分化腺癌；Ⅱ级（G2），中分化腺癌；Ⅲ级（G3），低分化腺癌。分级越高恶性程度越高。

【转移途径】

多数子宫内膜癌生长缓慢，转移较晚，部分特殊类型（浆液性腺癌、腺鳞癌）和低分化癌可发展很快，短时间内发生转移。转移途径主要以直接蔓延、淋巴转移为主，晚期可经血行转移。

1. 直接蔓延 沿子宫内膜蔓延生长，向上经子宫角至输卵管，向下至宫颈管、阴道。也可经子宫肌层浸润至子宫浆膜层，广泛种植于盆腔腹膜、直肠子宫陷凹及大网膜。

2. 淋巴转移 是子宫内膜癌的主要转移途径。当癌组织有深肌层浸润、颈管内扩散或细胞分化不良时，易发生淋巴转移。子宫底部病灶多沿阔韧带淋巴管网转移，途经骨盆漏斗韧带转移至腹主动脉旁淋巴结；子宫角或前壁上部病灶多沿圆韧带淋巴结转移到腹股沟淋巴结；子宫下端或宫颈管病灶同宫颈癌淋巴转移途径；子宫后壁病灶可通过子宫骶骨韧带扩散到直肠旁淋巴结。

3. 血行转移 少见。晚期可经血行转移至肺、肝、骨等处。

【临床分期】

子宫内膜癌的分期，现广泛采用国际妇产科联盟（FIGO，2009年）制定的手术－病理分期（表17-3）。

表17-3 子宫内膜癌手术－病理分期（FIGO，2009年）

期别	癌瘤范围
Ⅰ期	癌瘤局限在子宫体
ⅠA	癌瘤侵犯子宫肌层深度<1/2
ⅠB	癌瘤侵犯子宫肌层深度≥1/2
Ⅱ期	癌瘤侵犯宫颈间质，但无宫体外蔓延
Ⅲ期	癌瘤局部或（和）区域转移
ⅢA	癌瘤侵犯至子宫浆膜层和（或）附件
ⅢB	癌瘤转移到阴道和（或）宫旁组织

续表

期别	癌瘤范围
ⅢC	癌瘤转移到盆腔和（或）腹主动脉旁淋巴结
ⅢC1	盆腔淋巴结有转移
ⅢC2	腹主动脉旁淋巴结转移伴（或不伴）盆腔淋巴结转移
Ⅳ期	癌瘤侵犯膀胱和（或）直肠黏膜，和（或）远处转移
ⅣA	癌瘤侵犯膀胱和（或）直肠黏膜
ⅣB	远处转移，包括腹腔内和（或）腹股沟淋巴结转移

【临床表现】

1. 症状 约90%的患者出现阴道流血或阴道排液症状。

（1）阴道流血：主要表现为绝经后阴道流血，量一般不多，大量出血者少见。未绝经者可表现为不规则出血或经量增多、经期延长。有长期子宫出血史及不孕史的年轻患者也应警惕内膜增生发生癌变的可能。

（2）阴道排液：多为血性液体或浆液性分泌物，合并感染时则阴道排液呈脓性或脓血性，伴有臭味。约有25%的患者因异常阴道排液就诊。

（3）疼痛：多发生于晚期，由于癌肿浸润组织或压迫神经而引起下肢及腰骶部疼痛，并可向下肢放射。若癌灶侵犯宫颈，堵塞宫口而致宫腔积脓时，出现下腹部胀痛或痉挛样疼痛。

（4）其他：晚期可出现贫血、消瘦、恶病质等。

2. 体征 早期无明显异常，晚期有贫血，恶病质。盆腔检查宫颈多正常，分泌物来自宫颈管内。早期子宫大小、形态可无变化，晚期可有子宫增大，合并宫腔积脓时可有压痛。偶见癌组织自宫口脱出，质脆，触之易出血。若癌灶向周围浸润，子宫固定可在宫旁扪及不规则结节状物。

【诊断】

根据病史、症状、体征、高危因素及辅助检查，可初步诊断，确诊需病理组织学检查。对围绝经期妇女月经紊乱或绝经后出现不规则阴道出血者，应先排除子宫内膜癌或其他恶性肿瘤，再按良性疾病处理。常用辅助诊断有以下方法：

1. B型超声检查 经阴道超声检查可以了解子宫的大小、子宫内膜厚度、宫腔形状、宫腔内有无赘生物、肌层有无浸润及深度等，可初步判断异常子宫出血的原因，为进一步检查方法的选择提供参考。典型子宫内膜癌的超声图像表现为子宫增大，宫腔线紊乱、中断或消失，宫腔内不均质回声区或肌层内不均质回声区。彩色多普勒显像可显示丰富血流信号。

2. 分段诊断性刮宫 可同时了解宫腔和子宫颈的情况，是确诊子宫内膜癌最常用的诊断方法。刮宫时先刮子宫颈管，后刮宫腔，将刮出物分别标明送病理检查。对病灶较小者，诊断性刮宫可能会漏诊。

3. 宫腔镜检查 直视下观察宫腔及子宫颈管内有无癌灶存在，癌灶的生长部位、大小及形态，并取材活检，诊断更为准确，减少漏诊。

4. 其他 磁共振成像可以较准确地判断肌层浸润深度和子宫颈有无间质浸润，腹部CT有助于判断有无子宫外转移。有子宫外转移者或浆液性癌，血清CA125会升高，可作为疗效观察指标。

【鉴别诊断】

1. 围绝经期无排卵性异常子宫出血 表现为月经紊乱，不规则出血症状与内膜癌相似，但血性分泌物或排液现象少见，子宫一般正常大小或稍大。及时行分段诊刮术、宫腔镜检查及

B型超声检查等可诊断。

2. 萎缩性阴道炎　主要表现为血性白带，阴道壁黏膜充血或散在点状出血。必要时可先抗感染治疗后，再作诊断性刮宫排除子宫内膜癌。

3. 子宫黏膜下肌瘤或内膜息肉　表现为经量增多、经期延长，可行B型超声、宫腔镜及诊断性刮宫术以明确诊断。

4. 内生型宫颈癌、子宫肉瘤　两者均有不规则阴道流血及排液增多。分段诊刮及影像学检查有助于鉴别。

【治疗】

主要治疗方法为手术、放疗及药物（化学药物和激素）治疗。应根据肿瘤的临床分期、组织学类型、患者的年龄及全身状况等综合评估制订治疗方案。

早期患者以手术为主，有高危因素者术后辅以放疗、化疗；晚期患者采用手术、放射、药物等综合治疗。影响子宫内膜癌预后的高危因素有：非子宫内膜样腺癌、高级别腺癌、肌层浸润超过1/2、宫颈间质受侵、脉管间隙受侵、肿瘤直径大于2 cm、子宫外转移和淋巴结转移等。

1. 手术治疗

① Ⅰ期：行筋膜外全子宫切除及双侧附件切除术，无高危因素的年轻患者可保留卵巢；伴有高危因素者应同时行盆腔和腹主动脉旁淋巴结切除。

② Ⅱ期：行改良广泛性子宫切除、双侧附件切除及盆腔和腹主动脉旁淋巴结切除。

③ Ⅲ期、Ⅳ期：行肿瘤细胞减灭术，尽可能切除肉眼可见的所有病灶。

2. 放疗　有近距离照射及体外照射两种。近距离照射多用后装机，放射源多为钴-60（^{60}Co）或铯-137（^{137}Cs）。体外照射常用钴-60（^{60}Co）或直线加速器。

单纯放疗仅用于无法手术切除的晚期患者或有手术禁忌证的患者。对于Ⅰ期高危（深肌层浸润、G3）、Ⅱ期和ⅢC患者，术后放疗是最主要的术后辅助治疗，可降低局部复发。Ⅲ期和Ⅳ期患者，通过放疗配合手术及化疗联合应用，可提高疗效。

3. 化疗　为晚期或复发子宫内膜癌的综合治疗措施之一，也适用于术后有复发高危因素的患者。常用化疗药物有顺铂、多柔比星、紫杉醇、环磷酰胺、氟尿嘧啶等。单独或联合应用，也可与孕激素联合应用。

4. 孕激素治疗　年轻的高分化子宫内膜样癌患者，经影像学评估病灶局限于子宫内膜的，可采用孕激素治疗以保留生育功能。也可作为晚期或复发癌患者的综合治疗方法之一。常用药物及用法：甲地孕酮160～320 mg/d 口服；醋酸甲羟孕酮250～500 mg/d 口服；己酸孕酮500 mg 肌内注射，每周2次。至少应用12周方可评定疗效。长期使用可有药物性肝炎或水钠潴留等副作用，停药后可恢复。有血栓性疾病史者慎用。

【预防】

预防及早期发现内膜癌的措施有：①普及防癌知识，定期行防癌检查；②正确掌握使用雌激素的指征；③围绝经期妇女月经紊乱或不规则阴道流血者应先除外内膜癌；④绝经后妇女出现阴道流血要警惕内膜癌可能；⑤对有高危因素的人群，如肥胖、不育、绝经延迟、长期应用雌激素及他莫昔芬等，应密切随访或监测。

【随访】

治疗后应进行定期随访，及时确定有无复发。术后2～3年内，每3个月随访1次，3年后，每6个月1次，5年后每年1次。随访检查内容包括询问病史、盆腔检查、腹盆腔B型超声检查、胸部X线检查、阴道细胞学检查以及血清CA125检测，如有必要，亦可选用CT、MRI等。

第5节 卵巢肿瘤

导学案例 17-5

患者，女，35 岁，3 年前体检时发现右侧卵巢囊肿（大小不详），未曾治疗。于 2 h 前晨练时"突感右下腹剧烈疼痛"急来院就诊。无停经史。体温 36.8 ℃，脉搏 92 次/分，血压 120/70 mmHg。妇科检查：外阴经产型，子宫正常大小，于子宫右侧扪及约 10 cm×8 cm×8 cm 的肿物，压痛（+），压痛以包块与子宫交界处明显。左侧附件（−）。实验室检查：WBC $8.6×10^9$/L，N 65%。

思考：
1. 初步诊断该患者为何种疾病？
2. 诊断依据是什么？
3. 应如何处理？
4. 若为卵巢肿瘤，良、恶性肿瘤如何鉴别？

卵巢肿瘤是女性生殖器官常见的肿瘤，各年龄段均可发生。卵巢恶性肿瘤是女性生殖器官三大恶性肿瘤之一。由于卵巢深居盆腔，恶性肿瘤早期病变不易发现，晚期病例又缺乏有效的治疗手段，死亡率居妇科恶性肿瘤的首位，已成为严重威胁妇女生命的肿瘤之一。

【组织学分类】

卵巢肿瘤组织学类型繁多，是全身各脏器肿瘤病理类型最多的器官。世界卫生组织（WHO）2014 年制定的卵巢肿瘤组织学分类法，将卵巢肿瘤分为 14 大类，其中主要有以下 4 类（表 17-4）。

表 17-4 卵巢肿瘤组织学分类（WHO，2014 年，部分内容）

一、上皮性肿瘤	三、生殖细胞肿瘤
1. 浆液性肿瘤	1. 无性细胞瘤
2. 黏液性肿瘤	2. 卵黄囊瘤
3. 子宫内膜样肿瘤	3. 胚胎性癌
4. 透明细胞肿瘤	4. 非妊娠性绒毛膜癌
5. 移行细胞肿瘤（Brenner 瘤）	5. 成熟畸胎瘤
6. 浆黏液性肿瘤（颈管型黏液性肿瘤/混合性）	6. 未成熟畸胎瘤
二、性索-间质肿瘤	7. 混合性生殖细胞肿瘤
1. 纯型间质肿瘤：纤维瘤、卵泡膜细胞瘤	四、转移性肿瘤
2. 纯型性索肿瘤：颗粒细胞瘤	
3. 混合型性索-间质肿瘤：支持-间质细胞瘤	

【发病相关因素】

目前病因尚不清楚。有研究表明，5%~10% 的卵巢上皮癌与遗传因素有关，有 3 种明确的遗传性卵巢癌综合征：遗传性非息肉性结肠直肠癌综合征（即 Lynch 型）、遗传位点特异性卵巢癌综合征和遗传性乳腺癌-卵巢癌综合征。其中最常见的遗传性乳腺癌-卵巢癌综合征与 *BRCA1* 或 *BRCA2* 基因突变密切相关。

【常见病理类型】

（一）卵巢上皮性肿瘤

卵巢上皮性肿瘤为最常见的卵巢肿瘤，占卵巢肿瘤的50%～70%，占卵巢恶性肿瘤的85%～90%。多见于中老年妇女，青春期前和婴幼儿很少发生。肿瘤来源于卵巢表面生发上皮，有良性、交界性、恶性之分。交界性肿瘤是一种低度恶性潜能肿瘤，镜下表现为上皮细胞增生活跃，轻度核异型性改变，无间质浸润，临床表现为生长缓慢、转移率低、复发迟。

1. 浆液性肿瘤

（1）浆液性囊腺瘤（serous cystadenoma）：常见。占卵巢良性肿瘤的25%。多为单侧，大小不一，囊性，壁薄，单房，圆形或卵圆形，表面光滑，呈灰白色，囊内充满淡黄色的清亮液体。镜下见囊壁为纤维结缔组织，内衬单层柱状上皮。

（2）交界性浆液性肿瘤（serous broderline tumor）：多为双侧，中等大小，囊性，囊内有乳头状生长，也可有卵巢表面乳头。镜下见乳头逐级分支，上皮复层排列，轻度核异型，核分裂少见，无间质浸润，预后良好。但若镜下见到乳头细长无分支，则预后较差。

（3）浆液性癌（serous carcinoma）：为最常见的卵巢恶性肿瘤，占卵巢癌的75%。多为双侧，囊性、囊实性或实性，结节状或分叶状，灰白色。囊内充满乳头，质脆，囊液清亮、浑浊或呈血性。实质区切面灰白色，质脆。镜下见囊壁上皮明显增生，复层排列。根据细胞核分级及核分裂计数，分为高级别和低级别浆液性腺癌两类，高级别浆液性腺癌预后差，低级别浆液性腺癌预后较好。

2. 黏液性肿瘤

（1）黏液性囊腺瘤（mucinous cystadenoma）：占卵巢良性肿瘤的20%，黏液性肿瘤的80%。肿瘤多为单侧多房，表面光滑，灰白色，体积较大或巨大。囊内充满胶冻状黏液。镜下见囊壁为纤维结缔组织，内被覆单层黏液柱状上皮，有时可见杯状细胞及嗜银细胞。如囊壁破裂，可发生腹膜种植，形成腹膜黏液瘤。

（2）交界性黏液性肿瘤（mucinous broderline adenoma）：一般瘤体较大，直径>10 cm，单侧，多房，表面光滑。囊壁较厚，有实质区和乳头形成，乳头细小质软。镜下见细胞复层排列，轻度核异型，增生上皮向腔内生长形成乳头，无间质浸润。

（3）黏液性癌（mucinous carcinoma）：占卵巢癌的3%～4%。卵巢原发性黏液癌少见，绝大多数为转移癌。瘤体巨大，单侧，表面光滑，切面多房或实性，囊液混浊或血性。镜下见黏液性上皮复层排列成乳头状，明显核异型，有间质浸润。

（二）卵巢生殖细胞肿瘤

肿瘤来源于原始生殖细胞，占卵巢肿瘤的20%～40%。好发于年轻妇女及幼女，60%～90%为青春期前患者，绝经后患者仅占4%。

1. 畸胎瘤（teratoma）　为最常见的生殖细胞肿瘤。由多胚层组织构成，偶见只含一个胚层成分。肿瘤多为成熟、囊性，少数为未成熟、实性，其良、恶性及恶性程度取决于细胞分化程度。

（1）成熟畸胎瘤（mature teratoma）：又称皮样囊肿，为良性肿瘤，占卵巢肿瘤的10%～20%、生殖细胞肿瘤的85%～97%、畸胎瘤的95%以上。可发生于任何年龄，20～40岁居多。肿瘤中等大小，多单侧，圆形或卵圆形，表面光滑呈黄白或灰白色，壁薄质韧，单房，囊内含油脂和毛发，有时可有牙齿或骨质；囊壁内层为复层鳞状上皮，可有向腔内突出的小丘样隆起，称"头节"。成熟畸胎瘤恶变多发生于绝经后妇女，恶变率为2%～4%。"头节"上皮易恶变，形成鳞状细胞癌，预后较差。

（2）未成熟畸胎瘤（immature teratoma）：为恶性肿瘤，占卵巢畸胎瘤的1%～3%。多发生于年轻女性，发病年龄多11～19岁。肿瘤由未成熟胚胎组织构成，原始神经组织最多见。肿瘤多为单侧，实质性。恶性程度取决于未成熟组织比例、分化程度及神经上皮含量。复发率、转移率均高，但复发后有恶性程度逆转现象。

2. 无性细胞瘤（dysgerminoma） 中度恶性肿瘤，占卵巢恶性肿瘤的1%～2%。青春期及生育期妇女多见。单侧居多，右侧多见。肿瘤为圆形或椭圆形，中等大小，实性，触之如橡皮样。切面呈淡棕色。对放疗特别敏感。

3. 卵黄囊瘤（yolk sac tumor） 又称内胚窦瘤（endodermal sinus tumor），是来源于胚外结构卵黄囊的高度恶性肿瘤，占卵巢恶性肿瘤的1%。多见于儿童及年轻女性。瘤体较大，多为单侧，圆形或卵圆形。切面呈灰红或灰黄色，质脆，易破裂，多有出血坏死区。镜下瘤细胞为未分化细胞，形态各异。肿瘤细胞分泌甲胎蛋白（AFP），故血清AFP是诊断及病情监测的重要标志物。肿瘤恶性程度高，易早期转移，但对化疗十分敏感，现经手术及联合化疗，生存期明显延长。

（三）卵巢性索间质肿瘤

1. 颗粒细胞瘤（granulose cell tumor） 病理分为成年型和幼年型。

（1）成年型颗粒细胞瘤：为低度恶性肿瘤，占颗粒细胞瘤的95%，好发年龄为45～55岁。肿瘤能分泌雌激素，青春期前患者可出现性早熟，生育年龄可出现月经紊乱，绝经后患者可有不规则阴道流血，常合并子宫内膜增生，甚至子宫内膜癌。肿瘤大小不一，多为单侧，圆形或卵圆形，表面光滑，包膜完整，实性或部分囊性，肿瘤切面组织脆而软。镜下可见颗粒细胞环绕囊腔排列成菊花样，称埃克斯纳小体（Call-Exner小体）。预后良好，5年生存率80%以上。

（2）幼年型颗粒细胞瘤：罕见，仅占颗粒细胞瘤的5%，恶性度极高，主要发生在青少年。镜下肿瘤呈卵泡样，肿瘤细胞胞质丰富，核分裂活跃，极少含Call-Exner小体，10%～15%重度核异型。若能早期就诊，肿瘤局限于一侧卵巢，预后较好。

2. 卵泡膜细胞瘤（theca cell tumor） 多为良性，常与颗粒细胞瘤同时存在，但也可单一成分。单侧多见，圆形或卵圆形，表面被覆纤维包膜，薄而有光泽。切面为实性、灰白色。镜下见短梭形瘤细胞，交错排列呈旋涡状。常合并子宫内膜增生甚至子宫内膜癌。恶性少见，预后较好。

3. 纤维瘤（fibroma） 良性肿瘤，占卵巢肿瘤2%～5%，好发于中年妇女。多为单侧，中等大小，实性，表面光滑，包膜完整，质地坚硬，切面灰白色。镜下见梭形细胞编织状排列。伴有腹腔或胸腔积液者，称梅格斯综合征（Meigs syndrome），肿瘤切除后，腹、胸腔积液自行消失。

（四）卵巢转移瘤

体内任何部位的原发肿瘤均可转移至卵巢。常见的原发部位有乳腺、胃肠道、生殖泌尿道等。其中库肯勃瘤（Krukenberg tumor）是一种特殊的卵巢转移癌，原发部位是胃肠道，肿瘤为实性，肾形，双侧，中等大小，多伴有腹水。镜下见典型的印戒细胞，能产生黏液。预后极差。

【临床表现】

1. 良性肿瘤 肿瘤生长缓慢，早期肿瘤小，多无症状，常于妇科检查时发现。肿瘤增大到一定程度，可致相应压迫症状。当肿瘤增大超出盆腔，患者可在下腹部扪及肿块。出现并发症如蒂扭转、破裂、感染时，可有急性下腹疼痛。妇科检查于子宫一侧或两侧可扪及圆形或类圆形囊性或实性包块，边界清楚，表面光滑，活动，与子宫无粘连。

2. 恶性肿瘤 早期多无症状，可于妇科检查时偶然发现。一旦出现症状常表现为腹胀、腹部肿块及腹水等。肿瘤破坏卵巢组织可致月经失调；肿瘤浸润周围组织或压迫神经，引起腹痛、腰痛、下肢疼痛；若压迫盆腔静脉，可出现下肢水肿；若为功能性肿瘤，则产生相应雌激

素和雄激素过多症状；晚期患者出现发热、明显消瘦、严重贫血等恶病质征象。妇科检查，肿瘤多为双侧，实性或囊实性，表面凸凹不平，活动差，直肠子宫陷凹触及散在硬性结节，腹股沟、腋下、锁骨上可能扪及肿大的淋巴结。

【并发症】

1. 蒂扭转　是最常见的并发症，也是妇科常见的急腹症。好发于瘤蒂长、活动度大、中等大小、重心偏于一侧的肿瘤如畸胎瘤。常在突然改变体位，或妊娠期、产褥期子宫位置、大小改变时发生蒂扭转（图17-6）。患者主要表现为突然一侧下腹剧痛，呈绞痛，伴恶心、呕吐。内诊检查可触及肿物，肿物张力大，不活动，瘤蒂处有明显压痛并有肌紧张。扭转的蒂由骨盆漏斗韧带、卵巢固有韧带和输卵管组成。急性扭转后，瘤内血管破裂出血，导致瘤体急剧增大，若动

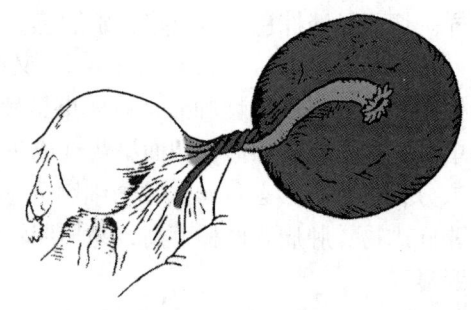

图 17-6　卵巢囊肿蒂扭转

脉血流受阻，肿瘤可坏死、破裂甚至继发感染。一经诊断须尽快手术治疗。术时应在蒂根下方钳夹将肿瘤和瘤蒂一并切除，钳夹前切不可回复扭转，以防瘤栓脱落。

2. 破裂　有自发性和外伤性破裂。囊肿破裂，囊液流入腹腔，致不同程度的腹痛及腹膜刺激征，有时因内出血导致休克。妇科检查腹部压痛、肌紧张或有腹水征，原有肿瘤轮廓消失或缩小。疑有肿瘤破裂，应立即剖腹探查，术中尽量吸净囊液，并涂片行细胞学检查，彻底清洗盆腔、腹腔。切除的标本送病理学检查。

3. 感染　少见。多于蒂扭转或肿瘤破裂后发生，也可由邻近器官感染灶扩散而致。患者可出现发热、腹痛、腹部压痛、腹肌紧张等征象。应先适当应用抗生素控制感染后，再行手术切除肿瘤，但若感染不易控制者，应及时行手术治疗。

4. 恶变　恶变早期不易发现，若发现肿瘤生长迅速，尤其双侧性，应疑恶变，出现腹水则属晚期。因此，确诊为卵巢肿瘤者应尽早手术。

【恶性肿瘤转移途径】

主要以直接蔓延及腹腔种植为主。恶性肿瘤直接侵犯包膜，累及邻近器官，并广泛种植于腹膜及大网膜表面，形成多个结节和肿块。淋巴转移常经卵巢淋巴管向上达腹主动脉旁淋巴结；或从卵巢门淋巴管达髂内、髂外淋巴结，经髂总淋巴致腹主动脉旁淋巴结；或沿圆韧带进入髂外及腹股沟淋巴结。右膈下淋巴丛密集，故横膈为易受侵犯部位。血行转移少见，晚期可转移至肝及肺。

【恶性肿瘤临床分期】

采用国际妇产科联盟（FIGO）2014 年的手术 – 病理分期（表 17-5）。

表 17-5　卵巢癌的手术 – 病理分期（FIGO，2014 年）

分期	肿瘤范围
Ⅰ期	肿瘤局限于卵巢
ⅠA	肿瘤局限于一侧卵巢，包膜完整，表面无肿瘤，腹水或腹腔冲洗液中不含癌细胞
ⅠB	肿瘤局限于两侧卵巢，包膜完整，表面无肿瘤，腹水或腹腔冲洗液中不含癌细胞
ⅠC	肿瘤局限于一侧或双侧卵巢，伴以下任何一项：
ⅠC1	术中导致肿瘤破裂
ⅠC2	术前包膜已破裂或卵巢表面有肿瘤
ⅠC3	腹水或腹腔冲洗液含癌细胞

续表

分期	肿瘤范围
Ⅱ期	一侧或双侧卵巢肿瘤，伴盆腔内扩散
ⅡA	肿瘤蔓延或转移到子宫和（或）输卵管和（或）卵巢
ⅡB	肿瘤蔓延到其他盆腔组织
Ⅲ期	肿瘤累及一侧或双侧卵巢，伴组织学证实的盆腔外的腹膜转移或证实存在腹膜后淋巴结转移
ⅢA	肿瘤转移至腹膜后淋巴结，伴或不伴有骨盆外腹膜的微小转移
ⅢA1	仅有腹膜后淋巴结转移（细胞学或组织学证实）
ⅢA1（ⅰ）	癌转移灶最大直径≤10 mm（注意是肿瘤直径而非淋巴结直径）
ⅢA1（ⅱ）	癌转移灶最大直径>10 mm
ⅢA2	显微镜下盆腔外腹膜受累，伴或不伴腹膜后淋巴结转移
ⅢB	肉眼盆腔外腹膜转移，病灶最大直径≤2 cm，伴或不伴有腹膜后淋巴结转移
ⅢC	肉眼盆腔外腹膜转移，病灶最大直径>2 cm，伴有或不伴有腹膜后淋巴转移（包括肿瘤蔓延至肝包膜和脾，但未转移到脏器实质）
Ⅳ期	超出腹腔外的远处转移
ⅣA	胸水中有癌细胞
ⅣB	转移至腹膜外器官（包括肝实质转移和腹股沟淋巴结和腹腔外淋巴结转移）

【诊断】

根据病史、症状、体征可初步诊断，确诊需借助于辅助检查。

1. 影像学检查　超声检查是最常用且诊断率较高的辅助检查方法，可了解盆腔肿块的位置、大小、形态及有无腹水等，判断肿块性质，诊断符合率达90%甚至以上。CT、MRI检查可较好地判断肿瘤的性质及其与周围器官的关系，还能显示肝、肺转移结节及腹膜后淋巴结转移情况。

2. 细胞学检查　抽取腹水或腹腔冲洗液查找癌细胞。

3. 肿瘤标志物检查　①血清CA125：80%患者血清中CA125升高，但近半数病例早期并不升高，主要用于病情监测和疗效评估。②血清AFP：卵巢卵黄囊瘤AFP升高，有特异性诊断价值。③血清hCG：原发性卵巢绒癌hCG升高，有特异性诊断价值。④性激素：颗粒细胞瘤、卵泡膜细胞瘤雌激素水平升高，浆液性、黏液性囊腺瘤有时也分泌一定量的雌激素。⑤血清HE4：与CA125联合应用来判断盆腔肿块的良、恶性。

4. 腹腔镜检查　可直视肿块大小、形态，在可疑部位进行多点取材活检，抽取腹腔液行细胞学检查，协助确诊。

【鉴别诊断】

1. 卵巢良性肿瘤与恶性肿瘤的鉴别　见表17-6。

表17-6　卵巢良性肿瘤与恶性肿瘤的鉴别

鉴别内容	良性肿瘤	恶性肿瘤
病史	病程长，肿瘤生长缓慢	病程短，肿瘤生长迅速
体征	多单侧，活动，囊性，表面光滑，一般无腹水	多双侧，固定，实性或囊实性，表面结节状不平，常伴腹水且多血性
一般情况	良好	逐渐出现恶病质
超声	液性暗区，可有间隔光带，边缘清晰	液性暗区内有杂乱光团、光点，肿块界限不清

2. **盆腔炎性包块** 有盆腔感染史，表现为发热、下腹痛。妇科检查附件区组织增厚、压痛。经抗生素治疗后症状缓解，包块缩小。B 型超声检查有助于鉴别。

3. **子宫肌瘤** 浆膜下肌瘤或肌瘤囊性变者易与卵巢实性或囊性肿瘤相混淆。但肌瘤常为多发，与子宫相连，多伴有月经改变。B 型超声检查可协助诊断。

4. **子宫内膜异位症** 患者常有继发性、进行性加重的痛经、经量增多、不孕等。妇科检查直肠子宫陷凹处与子宫骶骨韧带处可扪及结节，触痛明显。B 型超声检查、腹腔镜检查是有效的诊断方法。

5. **卵巢瘤样病变** 滤泡囊肿和黄体囊肿最常见。多为单侧，直径 ≤ 8 cm，壁薄，暂行观察或口服避孕药，一般 2~3 个月内自行消失，若持续存在或长大，应考虑为卵巢肿瘤。

【治疗】

（一）良性卵巢肿瘤的治疗

一经确诊，尽早手术治疗。根据患者年龄、生育要求及对侧卵巢情况决定手术范围。年轻、单侧良性肿瘤应行患侧卵巢切除术或卵巢肿瘤剥除术，保留对侧正常卵巢；双侧肿瘤，也应争取行肿瘤剥除术，保留正常卵巢组织；绝经后妇女可考虑全子宫及双侧附件切除术。术中应剖检肿瘤，必要时作冰冻切片组织学检查。术中应防止肿瘤囊壁破裂囊液流出，避免瘤细胞种植于腹腔。

（二）恶性卵巢肿瘤的治疗

以手术治疗为主，辅以化疗、放疗。

1. **恶性上皮性肿瘤的治疗**

（1）手术治疗：是治疗卵巢癌的主要手段。第一次手术的彻底性与预后密切相关。早期患者应行全面的分期手术。对于希望保留生育功能的年轻早期（临床Ⅰ期、所有分级者）患者，应根据肿瘤的范围，术前充分评估其预后并签署知情同意书后方可行保留生育功能的手术。

晚期患者行肿瘤细胞减灭术，手术尽可能切除所有原发灶和转移灶，使残余肿瘤病灶达到最小，必要时可切除部分肠管、膀胱、脾等器官。若最大残余灶直径小于 1 cm，称满意或理想的肿瘤细胞减灭术。对于经评估无法达到满意肿瘤细胞减灭术的ⅢC、Ⅳ期患者，在获得明确的细胞学或组织学诊断后可先行最多 3 个疗程的新辅助化疗，再行手术（即中间型减瘤术），术后继续化疗。

（2）化学药物治疗：上皮性癌对化疗敏感，即便已广泛转移，也可取得一定疗效。除经过全面分期手术的ⅠA 和ⅠB 期、黏液性癌或低级别浆液性癌和子宫内膜样癌不需化疗外，其他患者均需化疗。已经无法手术的晚期患者，可先行化疗使肿瘤缩小，为手术创造条件。化疗也可以用于治疗复发肿瘤。

常用化疗药物有顺铂、卡铂、紫杉醇、阿霉素等。多采用以铂类为主的联合化疗（表 17-7）。其中铂类联合紫杉醇为"金标准"一线化疗方案。老年患者可用卡铂或紫杉醇单药化疗。一般采用静脉化疗，初次手术达到满意的患者也可采用静脉腹腔联合化疗。早期患者 3~6 个疗程，晚期患者 6~8 个疗程。疗程间隔一般为 3 周，紫杉醇可间隔 1 周给药。

表 17-7 卵巢恶性上皮细胞癌常用化疗方案

静脉化疗方案（适用于Ⅱ~Ⅳ期）：
紫杉醇 175 mg/m², >3 h 静滴；卡铂（AUC5~6），>1 h 静滴，疗程间隔 3 周
紫杉醇 135 mg/m², >24 h 静滴；顺铂 75 mg/m², >6 h 静滴，疗程间隔 3 周
紫杉醇 80 mg/m², >1 h 静滴，间隔 1 周（第 1、8、15 日）；卡铂（AUC5~6），>1 h 静滴，疗程间隔 3 周
卡铂（AUC5）+ 脂质体阿霉素 30 mg/m²，疗程间隔 4 周
多西紫杉醇 60~75 mg/m², >1 h 静滴；卡铂（AUC5~6），>1 h 静滴，疗程间隔 3 周

续表

紫杉醇 175 mg/m², >3 h 静滴；卡铂（AUC5~6），>1 h 静滴；贝伐单抗 7.5 mg/kg，静滴 30~90 min，疗程间隔 3 周，共 5~6 周。后继续贝伐单抗 12 疗程

静脉腹腔联合化疗方案（适用于理想肿瘤细胞减灭术的Ⅱ~Ⅲ期患者）

紫杉醇 135 mg/m²，>24 h 静滴，第 1 日；顺铂 75~100 mg/m²，第 2 日腹腔注射；紫杉醇 60 mg/m²，第 8 日腹腔注射，疗程间隔 3 周

2. 恶性生殖细胞肿瘤的治疗

（1）手术治疗：对无生育要求的患者，建议行全面分期手术。对年轻、需要保留生育功能的患者，无论期别早晚，均可行保留生育功能的手术。复发患者仍主张积极手术。

（2）化学药物治疗：除Ⅰ期无性细胞瘤和Ⅰ期 G1 的未成熟畸胎瘤外，其他患者均需化疗。常用的化疗方案见表 17-8。

表 17-8　卵巢恶性生殖细胞肿瘤常用化疗方案

BEP 方案

依托泊苷 100 mg/(m²·d)，静滴，第 1~5 日，间隔 3 周

顺铂 20 mg/(m²·d)，静滴，第 1~5 日，间隔 3 周

博来霉素 30 000 IU/d，静滴或肌内注射，分别在 1，8，15 日，共 12 周

低危患者共 3 个周期，中、高危患者共 4 个周期

EP 方案

卡铂 400 mg/m²，第 1 日

依托泊苷 120 mg/m²，静滴，第 1、2、3 日

每 4 周一次，共 3~4 个周期

（3）放疗：无性细胞瘤对放疗敏感，但放疗会破坏卵巢功能，故仅用于复发无性细胞瘤的治疗。

3. 恶性性索间质肿瘤的治疗

（1）手术治疗：参照卵巢上皮性癌。有生育要求的Ⅰ期患者，可实施保留生育功能的手术。复发患者也可考虑手术。

（2）术后辅助治疗：Ⅰ期低危患者随访即可，Ⅰ期高危患者（肿瘤直径超过 10~15 cm、G3、肿瘤破裂）术后可选择化疗，也可选择随访。Ⅱ~Ⅳ期患者术后均应及时化疗，首选 BEP 或紫杉醇/卡铂方案。病灶局限者可选择放疗。

4. 转移性肿瘤的治疗　原则上是缓解和控制症状。若原发瘤已经切除，转移瘤仅局限于盆腔，可行全子宫及双附件切除术，并尽可能切除盆腔转移灶。术后化疗或放疗。绝大多数库肯勃瘤预后极差。

【随访】

恶性卵巢肿瘤易复发，应长期随访和监测。术后 1 年内每 3 个月随访 1 次；第 2 年后，每 4~6 个月 1 次；第 5 年后，每年 1 次。随访内容：询问病史、体格检查、肿瘤标志物检测和影像学检查。影像学检查首选超声，必要时作 CT 或 MRI 检查等。

【预防】

1. 筛查　主要应用血清 CA125 检测联合盆腔超声检查，但对普通人群筛查缺乏敏感性和特异性。

2. 遗传咨询和相关基因检测　对卵巢癌高风险人群的预防有一定意义。建议有卵巢癌、

输卵管癌、腹膜癌或乳腺癌家族史的妇女，进行遗传咨询、*BRCA* 基因检测，确定有基因突变者，建议在完成生育后预防性切除双附件，以降低卵巢癌风险。有非息肉结直肠癌、子宫内膜癌家族史的妇女行 LynchII 型综合征相关的错配修复基因检测，有突变的妇女进行严密监测。

3. 预防性输卵管切除　在实施保留卵巢的子宫切除术时，建议同时切除双侧输卵管，以降低卵巢癌的风险。

【妊娠合并卵巢肿瘤】

妊娠合并良性肿瘤较常见，以成熟囊性畸胎瘤、浆液性囊腺瘤居多，占妊娠合并卵巢肿瘤的 90%。合并恶性肿瘤的较少，以浆液性囊腺癌和无性细胞瘤居多。妊娠合并卵巢肿瘤于中期妊娠时易并发蒂扭转；晚期妊娠时，若肿瘤较大可致胎位异常；若肿瘤位置较低，分娩时可发生梗阻性难产或囊肿破裂。

早期妊娠发现卵巢肿瘤，应在严密观察下待妊娠12周后行手术治疗，以免诱发流产。妊娠晚期发现，可等待足月行剖宫产同时切除肿瘤。若疑为恶性肿瘤，应尽早手术，处理原则同非妊娠期。

（赵　萍）

自测题

一、选择题

1. 女，36岁，G_4P_2。性交后出血2个月。妇科检查：外阴阴道无异常，宫颈糜烂样改变，接触性出血（＋）。子宫前位，正常大小，双附件无异常。宫颈细胞学检查为 HSIL。为确诊，首选的检查是

　　A. B型超声　　　　　　　　　　B. HPV 检查

　　C. 碘试验　　　　　　　　　　　D. 子宫颈活检

　　E. 子宫颈锥切术

2. 初孕妇，30岁。妊娠26周，合并子宫肌壁间肌瘤，剧烈腹痛1天，无阴道流血。查体：T 38.6 ℃。血常规：WBC 11×10^9/L，N 0.75。最可能的诊断是

　　A. 子宫肌瘤蒂扭转　　　　　　　B. 子宫肌瘤合并急性阑尾炎

　　C. 子宫肌瘤红色变　　　　　　　D. 子宫肌瘤囊性变

　　E. 子宫肌瘤肉瘤变

3. 女，63岁。绝经8年，半年来反复阴道流血4次，量少。B型超声检查提示子宫稍大，子宫腔内可见不均质异常回声，形态不规则，宫腔线紊乱。首先应考虑的诊断是

　　A. 子宫颈癌　　　　　　　　　　B. 子宫内膜癌

　　C. 子宫内膜炎　　　　　　　　　D. 子宫肌瘤

　　E. 萎缩性阴道炎

4. 女，17岁，下腹疼痛1个月。B型超声检查：子宫大小正常，右侧附件区探及一 6 cm×4 cm×4 cm 肿物，边界清晰。血清 AFP 800 μg/L。最可能的诊断是右侧卵巢

　　A. 畸胎瘤　　　　　　　　　　　B. 无性细胞瘤

　　C. 颗粒细胞瘤　　　　　　　　　D. 卵泡膜细胞瘤

　　E. 内胚窦瘤

二、案例分析

女，63岁，绝经10年，阴道不规则流血1个月。高血压病史15年。查体：体重75 kg，心肺腹（-）。妇科检查：外阴婚产式，阴道壁、宫颈光滑，子宫如孕2个月大小，稍软，宫旁未触及异常。B型超声提示子宫内膜厚1.6 cm，宫腔内探及一1.5 cm×1.0 cm不均质回声光团，有丰富血流信号。

讨论分析：

1. 请写出初步诊断。
2. 需进一步做哪些检查？
3. 应与哪些疾病鉴别？
4. 确诊后该如何处理？

三、问答题

1. 简述早期子宫颈癌的诊断流程。
2. 简述子宫肌瘤的治疗原则。
3. 简述子宫内膜癌的诊断依据。
4. 说出卵巢良性肿瘤与恶性肿瘤的鉴别要点。
5. 说出卵巢良性肿瘤的并发症。

本章临床执业助理医师资格考试要点

1. 子宫颈癌的病因、组织发生及病理转移途径、临床分期、临床表现、诊断与鉴别诊断、治疗与预防、预后及随访。

2. 子宫肌瘤的分类、病理、临床表现、变性、诊断与鉴别诊断、治疗及子宫肌瘤合并妊娠的诊断与治疗。

3. 子宫内膜癌的病因、病理、转移途径、临床分期、临床表现、诊断、鉴别诊断及治疗。

4. 卵巢肿瘤的组织学分类、恶性肿瘤的转移途径、临床表现、诊断与鉴别诊断、卵巢良性与恶性肿瘤的鉴别诊断、卵巢良性肿瘤的并发症、卵巢肿瘤的治疗及随访。

第十八章

妊娠滋养细胞疾病

学习目标

通过本章内容的学习，学生应能够：

识记：
1. 说出葡萄胎、侵蚀性葡萄胎、绒毛膜癌、卵巢黄素化囊肿的概念。
2. 记忆葡萄胎的随访意义和内容。

理解：
1. 归纳葡萄胎的病理、临床表现、诊断与鉴别诊断、治疗。
2. 比较葡萄胎、侵蚀性葡萄胎、绒毛膜癌的临床表现。

运用：
制订妊娠滋养细胞疾病患者治疗方案。

妊娠滋养细胞疾病（gestational trophoblastic disease，GTD）是由于胎盘滋养细胞异常增生导致的一组疾病。据组织学特点分为葡萄胎、侵蚀性葡萄胎、绒毛膜癌（简称绒癌）和胎盘部位滋养细胞肿瘤。葡萄胎绒毛组织不侵蚀肌层，属于良性病变；侵蚀性葡萄胎、绒毛膜癌和胎盘部位滋养细胞肿瘤又统称为妊娠滋养细胞肿瘤（gestational trophoblastic neoplasia，GTN）。这几种疾病间的联系，葡萄胎可能持续发展为侵蚀性葡萄胎，最后导致绒毛膜癌。绒毛膜癌除上述途径以外，还可直接发生于葡萄胎、足月产、流产或异位妊娠之后。胎盘部位滋养细胞肿瘤发病与侵蚀性葡萄胎和绒毛膜癌发病不同，发病率低本章不讨论。

第1节 葡萄胎

导学案例 18-1

患者，女，26岁，G_1P_0。自诉既往月经规律，停经3个月，伴恶心，呕吐明显，阴道间歇性少量出血1周，今日增多，有水泡样物排出。查：T 36.4 ℃，P 84次/分，R 18次/分，BP 110/68 mmHg，无贫血貌，心肺检查无特殊。妇科检查：宫颈稍硬，宫口闭，有活动性出血，子宫孕4个月大小。

思考：
1. 该患者可能患哪种疾病？
2. 还应做哪些检查有助于明确诊断？
3. 请列出该病例的处理原则？

葡萄胎（hydatidiform mole）是指妊娠后胎盘绒毛滋养细胞增生，间质水肿，变成大小不等的水泡，水泡之间有细蒂相连成串，形如葡萄，亦称水泡状胎块（图 18-1），是良性滋养细胞疾病。可分为两类：完全性葡萄胎和部分性葡萄胎。

【相关因素】

病因不明，可能与卵子异常受精、营养缺乏（饮食中缺乏维生素 A 和动物脂肪）、年龄 >40 岁 或 <20 岁等因素有关。流行病学调查表明，葡萄胎发病率我国 1979

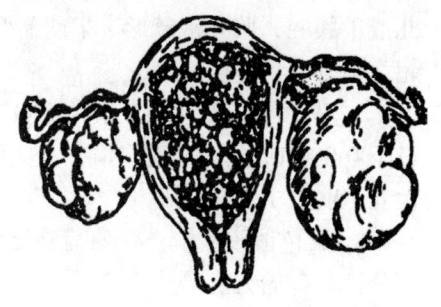

图 18-1　葡萄胎和双侧卵巢黄体囊肿

年 23 个省、市、自治区的统计为妊娠次数比葡萄胎次数为 1290:1，其中浙江省发病率最高，山西省最低。亚洲和拉丁美洲国家的发病率较高。

染色体核型显示，完全性葡萄胎多由一个空卵和一个单倍体精子（23，X）受精，自身复制为二倍体（46，XX），少数染色体核型（46，XY），由一个空卵同时和两个单倍体精子受精（23，X，23，Y）。部分性葡萄胎染色体核型 90% 以上为三倍体（69，XXY；69，XXX；69，XYY），多由一个单倍体卵子和两个单倍体精子受精形成，胎儿染色体也为三倍体。

【病理】

1. 大体病理　肉眼见壁薄、透亮，大小不等的水泡，水泡间充满血液及凝血块。完全性葡萄胎，整个宫腔充满水泡，胎盘绒毛完全受累，无胎儿及其附属物；部分性葡萄胎可见胎儿或附属物，胎儿多已死亡，仅部分绒毛变为水泡。

2. 组织学检查包括　完全性葡萄胎：①滋养细胞弥漫性增生；②绒毛间质水肿；③绒毛间质中胎源性血管消失。部分性葡萄胎镜下有胚胎和胎儿组织存在，局限性滋养细胞轻中度增生。

【临床表现】

由于诊断技术的发展，典型症状患者已明显减少。

1. 停经和阴道流血　最常见症状，大多数患者有 8~12 周停经史，因葡萄胎组织大量增生，局部缺血坏死，从蜕膜剥离而有阴道流血，流血量多少不定，反复或大量出血可导致贫血及感染。有时大量出血可自然排出水泡状组织，是诊断的可靠依据。

2. 子宫异常增大　由于绒毛水泡样变性、过度增生和宫腔积血，子宫质地变软，大于停经月份的妊娠子宫。少数患者子宫虽已超过妊娠 5 个月大小，但自觉无胎动，也听不到胎心音，触不到胎体。部分患者的子宫大小与停经月份相符，或小于停经月份，其原因可能与水泡退行性变、停止发展有关。

3. 子痫前期征象　多发生于子宫异常增大者，出现时间较正常妊娠早，可在妊娠 24 周前出现高血压、水肿、蛋白尿，症状严重，但子痫罕见。

4. 卵巢黄素化囊肿　大量人绒毛膜促性腺激素（hCG），刺激卵巢中颗粒细胞和卵泡膜细胞发生过度黄素化，而形成大小不等的囊肿，双侧或单侧卵巢增大，称卵巢黄素化囊肿。囊肿一般在葡萄胎清宫后 2~4 个月自行消退。囊肿偶可扭转或破裂。

5. 甲状腺功能亢进症　少数葡萄胎患者合并轻度甲状腺功能亢进症，可能与绒毛促甲状腺激素有关，葡萄胎清除后甲状腺功能亢进现象迅速消失。

6. 妊娠呕吐　一般较正常妊娠出现时间早，症状严重且持续时间长。

【诊断】

根据病史、临床表现，诊断多不困难，下列辅助检查可明确诊断。

1. B 型超声检查　诊断葡萄胎的重要辅助检查。完全性葡萄胎宫腔内充满不均质密集状或短条状回声，呈"落雪状"图像，水泡较大时则呈现"蜂窝状"图像，不见胎囊、胎儿影像，听不到胎心。部分性葡萄胎可在胎盘部位呈现局灶性水泡状胎块超声图像改变，还可见胎

儿或羊膜腔，胎儿常畸形。早期葡萄胎妊娠的超声征象常不典型，最好采用经阴道彩色多普勒超声检查。

2. 人绒毛膜促性腺激素（hCG）测定　葡萄胎时血 β-hCG 较相应正常妊娠月份高，常超过 100 000 U/L，且持续不降，利用这种差别，可作为辅助诊断。也有少数葡萄胎因绒毛退行性变，hCG 升高不明显。

3. 染色体核型检查　葡萄胎发生与异常受精有关。完全性葡萄胎的染色体核型为二倍体，部分性葡萄胎为三倍体。

4. 其他检查　X 线胸片、血细胞和血小板计数、肝肾功能等。

【鉴别诊断】

1. 流产　两者均有停经后阴道流血，妊娠试验阳性可能发生误诊。典型葡萄胎患者子宫异常增大，hCG 水平偏高，超声检查可显示葡萄胎特点。部分不典型患者需要病理检查，尤其部分性葡萄胎与流产的鉴别有时需基因分析。

2. 多胎妊娠　子宫较相应孕周单胎大，hCG 水平偏高，但无阴道流血，超声检查可确诊。

3. 羊水过多　子宫异常增大多发生在妊娠后期，hCG 水平在正常范围，无阴道流血，B 型超声检查可确诊。

【治疗】

1. 清宫　确诊后必须及时清宫。子宫软大，易子宫穿孔，出血较多，一般选用有经验医师，行吸刮术。子宫明显增大患者术前输液、备血；术时充分扩张宫颈管，选用大号吸管吸宫；待葡萄胎组织大部分吸出、子宫明显缩小后，改用刮匙轻柔刮宫。应用缩宫素一般不增加滋养细胞转移和肺栓塞的风险，术中静脉滴注缩宫素应在充分扩张宫颈管和开始吸宫后使用，减少出血和预防子宫穿孔。通常一次刮宫就可刮净葡萄胎组织，子宫大于妊娠 12 周或术中感到一次刮净有困难时，可于 1 周后再次刮宫，每次刮出物均需送病理检查。

2. 卵巢黄素化囊肿的处理　因葡萄胎清除后，囊肿会自行消退，一般不需处理。若囊肿急性蒂扭转，可在超声引导或腹腔镜下穿刺吸液，囊肿缩小后多能自然复位。蒂扭转时间长组织发生坏死需行患侧附件切除术。

3. 预防性化疗　适合有高危因素，随访困难的葡萄胎患者。完全性葡萄胎在我国的恶变率为 14.5%，需要随访。高危患者包括：①年龄大于 40 岁者；②子宫明显大于停经月份者；③ hCG 术前超过 100 000 U/L，术后持久不减或阴性后转阳性；④卵巢黄体囊肿直径>6 cm；⑤无条件随访者。一般在葡萄胎排空前或排空时给予预防性化疗，多采用氨甲蝶呤、氟尿嘧啶或放线菌素 D 单药化疗，至 hCG 阴性。

4. 子宫切除术　较少，合并其他需要切除子宫的指征，行子宫切除术，两侧卵巢应保留。单纯切除子宫只能去除葡萄胎侵入子宫肌层局部的危险，不能预防子宫外转移的发生。

【随访】

早期发现、早期诊断、早期治疗，以减少葡萄胎恶变的危害性，改善预后。

1. 随访内容　①监测 hCG，葡萄胎清宫后每周检查 hCG 一次，直至连续 3 次阴性，以后每个月一次共 6 个月，再每 2 个月一次共 6 个月，自第一次阴性后共计 1 年；②每次询问有无阴道流血、咳嗽、咯血及其他转移灶症状；③妇科检查，注意检查子宫大小和黄素化囊肿消长情况，阴道有无转移结节等；④必要时做盆腔 B 超、胸部 X 线等检查，了解有无转移。

2. 注意事项　葡萄胎随访期间应指导严格避孕 6 个月。hCG 降至正常后滋养细胞肿瘤极少发生，所以严格避孕 6 个月。若随访不足 6 个月意外妊娠，只要 hCG 已降至正常，超声检查和 hCG 测定明确为正常妊娠也不需终止妊娠。避孕方法首选避孕套，也可选用口服避孕药，一般不选用宫内节育器，可能发生子宫穿孔或混淆子宫出血的原因。

第 2 节 妊娠滋养细胞肿瘤

导学案例 18-2

患者，40 岁，女，葡萄胎清宫术后 5 个月，近 2 周出现阴道少量不规则流血，咳嗽、咳痰，痰中有少许血丝，来院就诊。查体：T 36.5 ℃，BP 110/60 mmHg，脉搏 70 次／分。妇科检查外阴阴道正常，宫体前倾前屈，约妊娠 50 天大小，质软，活动好，双附件无异常发现。辅助检查：血 hCG 300 ng/ml，胸部正位 X 线片提示肺野外带多个半透明小圆形阴影。

思考：
1. 该患者最可能患哪种疾病？
2. 诊断依据是什么？
3. 需与哪种疾病相鉴别？

妊娠滋养细胞肿瘤为恶性滋养细胞疾病，包括侵蚀性葡萄胎和绒毛膜癌。葡萄胎清宫术后半年内发生的一般为侵蚀性葡萄胎，一年以后发生的一般为绒毛膜癌，半年至一年的两者均有可能。葡萄胎组织侵入子宫肌层，少数转移到子宫以外器官，称为侵蚀性葡萄胎（invasive mole）。发生率约占葡萄胎的 10%，恶性程度一般不高。绒毛膜癌（choriocarcinoma）简称绒癌，除继发于葡萄胎，还可发生于正常妊娠、流产、异位妊娠之后，恶性程度极高，既往死亡率高达 90% 及以上，现在由于人绒毛膜促性腺激素检测技术的发展，化学药物治疗的发展，存活率有明显提高。

【病理】

侵蚀性葡萄胎大体检查可见葡萄胎组织侵入子宫肌层，深浅不一，或侵入转移灶；病理检查可见子宫肌层或转移病灶中有增生的滋养细胞、有坏死组织、有变性或完整的绒毛结构。

绒毛膜癌多原发于子宫，也可发生于输卵管、宫颈等，甚至生殖器以外转移部位，造成局部坏死、感染，病灶质脆、易出血，无水泡样组织。组织学检查滋养细胞高度增生、分化不良，没有绒毛结构，这是与侵蚀性葡萄胎的主要鉴别点。

【临床表现】

（一）原发灶表现

1. 阴道流血　最主要症状，葡萄胎清宫术后，或足月产、流产、异位妊娠后，出现不规则阴道流血，反复或大量出血可致贫血、休克。也可出现停经及假孕的现象。少数病例子宫无病灶，只有转移灶，也可无阴道流血。

2. 腹痛　一般无腹痛。当病变组织侵及宫壁或宫腔积血时，可有下腹胀痛。若癌组织突破子宫壁阔韧带内形成血肿或脏器转移灶破裂腹腔内出血、黄素化囊肿蒂扭转可出现急性腹痛。

3. 卵巢黄素化囊肿　因 hCG 作用出现单侧或双侧卵巢黄素化囊肿，妇科检查附件区卵巢囊性增大。

（二）转移灶表现

妊娠滋养细胞肿瘤主要经血行播散，最常见的为肺部转移，其次是阴道，大多为绒毛膜癌。侵蚀性葡萄胎较少发生脑和肝的转移；绒毛膜癌转移早，除转移至肺、生殖道外，常发生脑和肝等转移。

1. 肺转移　表现为咳嗽、咯血、胸痛及呼吸困难等。X 线检查早期可表现为肺纹理增粗，

后出现小结节状阴影，再因病灶增大可呈棉球状或团块状阴影。

2. 阴道转移　多位于阴道前壁黏膜，呈紫蓝色结节，如破溃可大量出血。

3. 脑转移　是本病的主要致死原因，常伴肺、阴道转移。临床病程分为3期：

（1）瘤栓期，脑组织缺血，患者出现突然跌倒、失语、失明等一过性表现。

（2）脑瘤期，因转移组织增生，病变压迫脑组织，水肿使颅内压增高，发生头痛、呕吐、抽搐或昏迷。

（3）脑疝期，颅内压不断升高，病情加重引起脑疝，患者可突然死亡。

4. 肝转移　常同时伴有肺或阴道的转移，出现黄疸、肝区疼痛及其他消化道症状，若病灶穿破肝包膜可出现腹腔内出血，导致死亡。

5. 其他转移　脾、肾、骨等，主要表现局部包块、出血。

【临床分期】

滋养细胞肿瘤的分期，目前仍采用2000年国际妇产科联盟制定的分期标准（表18-1、表18-2），是制订治疗方案和评估预后的重要依据。

表18-1　滋养细胞肿瘤解剖学分期（FIGO，2000年）

Ⅰ期	病变局限于子宫
Ⅱ期	病变扩散，但仍局限于生殖器官（附件、阴道、阔韧带）
Ⅲ期	病变转移至肺，有或无生殖系统病变
Ⅳ期	所有其他转移

表18-2　FIGO/WHO预后评分系统（FIGO，2000年）

评分	0	1	2	4
年龄（岁）	<40	≥40	-	-
前次妊娠	葡萄胎	流产	足月产	-
距前次妊娠时间（月）	<4	4~7	7~12	>12
治疗前血hCG（IU/L）	$<10^3$	$10^3 \sim 10^4$	$10^4 \sim 10^5$	
最大肿瘤大小（包括子宫）	-	3~5 cm	≥5 cm	-
转移部位	肺	脾、肾	胃肠道	肝、脑
转移病灶数目	-	1~4	5~8	>8
先前失败化疗	-	-	单药	两种或两种以上联合化疗

【诊断】

1. 病史及临床表现　葡萄胎清宫术后6个月以内出现不规则阴道流血和（或）有转移的症状应考虑为侵蚀性葡萄胎，在6个月至1年内发病者侵蚀性葡萄胎和绒毛膜癌均有可能，1年以上发病者考虑为绒毛膜癌，需经病理鉴别。凡足月产、流产、异位妊娠后发病者，同时伴hCG升高，均应考虑到绒毛膜癌。

2. hCG测定　是诊断妊娠滋养细胞肿瘤的主要依据。一般β-hCG降至正常值所需的时间，葡萄胎清宫术后9周，最长不超过14周，人工流产约需30天，自然流产需20天，足月产约需12天，异位妊娠需8~9天。

葡萄胎后滋养细胞肿瘤的诊断标准：①hCG测定4次呈高水平平台状态（±10%），并持续3周或更长时间，即1，7，14，21日；②hCG测定3次上升（>10%），并持续2周或更长时间，即1，7，14日；③hCG测定持续异常6个月或更长时间。凡符合上述标准中的任何一项，且排除宫内残留妊娠物或再次妊娠即可做出侵蚀性葡萄胎或绒毛膜癌的诊断。

非葡萄胎后滋养细胞肿瘤的诊断标准：足月产、流产、异位妊娠后 4 周以上血 hCG 测定仍呈高水平，或下降后又升高排除宫内残留妊娠物或再次妊娠可做出绒毛膜癌的诊断。

β-hCG 不能迅速通过血脑屏障，临床疑有脑转移，可测定脑脊液 hCG，当血清与脑脊液 β-hCG 值比值小于 20:1 时，应考虑为脑转移。

3. 影像学检查　B 型超声可了解滋养细胞组织侵入子宫肌层程度，肌层见回声不均或高回声团块无包膜；X 线检查可协助诊断肺转移；CT、MRI 对小的转移灶和脑部转移有重要诊断价值。

4. 组织学检查　不是必须的。送检标本中只见大量分化不良的滋养细胞及出血、坏死，未见绒毛结构，即可诊断为绒毛膜癌。在子宫肌层或宫外转移灶的切片中见到绒毛结构为侵蚀性葡萄胎。

【鉴别诊断】

侵蚀性葡萄胎、绒毛膜癌与流产、异位妊娠、胎盘残留等相鉴别。绒毛膜癌与侵蚀性葡萄胎鉴别。

【治疗】

治疗原则为以化疗为主，手术和放疗为辅的综合治疗。对年轻未生育患者，尽量保留生育功能。

（一）化疗

1. 目前国内常用的一线化疗药物有氨甲蝶呤（MTX）、放线菌素 D（Act-D）或国产更生霉素（KSM）、氟尿嘧啶（5-Fu）、长春新碱（VCR）、环磷酰胺（CTX）、依托泊苷（VP-16）等。

2. 化疗方案　国内根据预后评分，实施分层治疗。预后评分 ≤ 6 分的 Ⅰ～Ⅲ 期低危患者常选用单药治疗（表 18-3），预后评分 ≥ 7 分的 Ⅰ～Ⅲ 期或 Ⅳ 期高危病例可用 EMA-CO 方案或氟尿嘧啶为主的联合化疗，完全缓解率高，不良反应较少（表 18-4）。

表 18-3　常用单一化疗药物及其用法

药物	用法	疗程间隔
氨甲蝶呤	0.4 mg/（kg·d），肌内注射，连续 5 日	2 周
MTX（每周）	50 mg/m^2，肌内注射	1 周
氨甲蝶呤 +	1 mg/（kg·d），肌内注射，第 1, 3, 5, 7 日	2 周
四氢叶酸（CF）	0.1 mg/（kg·d），肌内注射，第 2, 4, 6, 8 日（24 h 后用）	
氨甲蝶呤	250 mg 静脉滴注，维持 12 h	
放线菌素 D	10～12 μg/（kg·d），静脉滴注，连续 5 日	2 周
氟尿嘧啶	28～30 mg/（kg·d），静脉滴注，连续 8～10 日	2 周

表 18-4　联合化疗方案及其用法

方案	剂量、给药途径（主疗程日数）	疗程间隔
EMA-CO 方案		2 周
第一部分 EMA		
第 1 日		
VP16	100 mg/m^2 静脉滴注	
Act-D	0.5 mg 静脉注射	
MTX	100 mg/m^2 静脉注射	
MTX	200 mg/m^2 静脉滴注	

续表

方案	剂量、给药途径（主疗程日数）	疗程间隔
第2日		
VP16	100 mg/m² 静脉滴注	
Act-D	0.5 mg 静脉注射	
四氢叶酸（CF）	15 mg，肌内注射（从静脉注射氨甲蝶呤开始算起24 h给药，每12 h 1次，共2次）	
第3日		
四氢叶酸（CF）	15 mg 肌内注射，每12 h 1次，共2次	
第4至7日	休息（无化疗）	
第二部分 CO		
第8日		
VCR	1.0 mg/m² 静脉注射	
CTX	600 mg/m² 静脉滴注	
5-Fu-KSM 方案		3周
5-Fu	26～28 mg/(kg·d) 静脉滴注（8日）	
KSM	6 μg/(kg·d) 静脉滴注（8日）	

3. 不良反应　药物不良反应常发生在化疗刚结束或停药1~2周内。主要是抑制骨髓，以白细胞与血小板下降最明显；其次是消化道反应，肝、肾损害及脱发等。化疗期间严密观察，注意随访及时对症处理。

4. 停药指征　化疗持续到症状、体征、转移灶消失，hCG 每周检测1次，连续3次在正常范围，低危患者至少巩固化疗1疗程，通常为2~3个疗程；高危患者继续化疗3疗程，第一疗程必须为联合化疗再停药。随访5年无复发者为治愈。

（二）辅助治疗

原发灶、转移灶破溃大出血，化疗效果不佳者消除耐药病灶可考虑手术切除子宫、肺叶等相应病变部位。放射治疗主要用于肝、脑转移和肺部耐药病灶的治疗，应用较少。

【随访】

侵蚀性葡萄胎、绒毛膜癌治疗后可复发，侵蚀性葡萄胎可进展为绒毛膜癌。出院后应严密随访，第1次在出院后3个月，然后每6个月1次至3年，此后每年1次直至5年，以后可每2年1次。随访内容同葡萄胎。目前也有推荐低危随访1年，高危随访2年。随访期间应严格避孕，一般于化疗停止12个月后方可妊娠。

【预后】

绒毛膜癌的病死率20%～30%，早期诊断，及时治疗，预后较好。预后与多种因素有关，如足月产、流产之后的绒毛膜癌比葡萄胎之后的绒毛膜癌预后差；潜伏期越长，预后越不良；肿瘤直径越大，预后越不良；治疗前hCG水平越高，预后越不良；转移灶的数目多，合并脑转移则预后不良。

（赵瑞芳）

自测题

一、选择题

1. 某女，32岁，葡萄胎清宫术后5个月，阴道流血不净，时多时少，伴咳嗽咯血，血β-hCG水平明显高于正常水平。该患者首先考虑为何病
   - A. 肺结核
   - B. 异位妊娠
   - C. 侵蚀性葡萄胎
   - D. 再次葡萄胎
   - E. 绒毛膜癌

2. 患者，女，23岁，G_1P_0，因患葡萄胎住院治疗，经清宫后各项化验正常，出院后随访的最重要内容是
   - A. 盆腔检查
   - B. B型超声检查
   - C. 血hCG定量测定
   - D. 血常规
   - E. X线胸片

二、案例分析

某已婚妇女，26岁，停经3个月，不规则阴道流血1个月，查体：阴道排出血液中见水泡状组织，子宫增大如孕5个月大小。

讨论分析：
1. 首先考虑的诊断是什么？依据是什么？
2. 需进一步做什么检查？
3. 说出至少3个鉴别诊断。
4. 说出诊疗计划。
5. 如何对该患者进行健康教育？

三、问答题

1. 简述葡萄胎、侵蚀性葡萄胎、绒毛膜癌的定义。
2. 简述葡萄胎的临床表现、诊断标准及治疗原则。
3. 简述侵蚀性葡萄胎和绒毛膜癌病理上的区别。
4. 说出葡萄胎随访的内容和注意事项。

本章临床执业助理医师资格考试要点

1. 妊娠滋养细胞疾病的分类。
2. 葡萄胎的病理、临床表现、诊断与鉴别诊断、治疗及随访。
3. 妊娠滋养细胞肿瘤的病理、临床表现、诊断与鉴别诊断、治疗及随访。

第十九章

子宫内膜异位症与子宫腺肌病

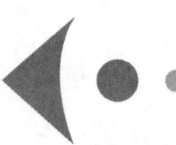

> **学习目标**
>
> 通过本章内容的学习,学生应能够:
> 识记:
> 1. 说出子宫内膜异位症和子宫腺肌病的概念、典型临床表现、辅助检查及诊断方法。
> 2. 列举子宫内膜异位症和子宫腺肌病的主要治疗方法。
> 理解:
> 解释子宫内膜异位症的病理变化特点。
> 运用:
> 能正确地评估子宫内膜异位症的临床表现,并制订诊疗方案。

导学案例 19-1

某女,27 岁,因结婚 3 年不孕就诊,月经规律,量中,色暗红,痛经,月经前 3 天显著。妇科检查:宫颈大小、质地正常,无触痛,子宫后位、固定、正常大小、质中,后穹窿有触痛结节。左附件区可扪及一 4 cm×5 cm 大小囊性包块,压痛,活动欠佳,似与子宫相连。

思考:
1. 此患者可能的初步诊断是什么?
2. 为明确诊断,需做哪些检查?

子宫内膜异位症和子宫腺肌病,两者均由具有生长功能的异位子宫内膜所致,临床上亦可并存。但两者的发病机制和组织发生学不尽相同,临床表现及其对卵巢激素的敏感性亦存在差异。

第 1 节 子宫内膜异位症

子宫内膜组织(腺体和间质)出现在子宫体以外的部位称为子宫内膜异位症(简称异位症)。由于子宫内膜依赖激素发生周期性变化,故子宫内膜异位症是激素依赖性疾病。自然绝经或人工绝经均可使异位的内膜萎缩吸收,临床症状减轻。妊娠状态或用性激素抑制卵巢功能也可阻止疾病发展。虽然异位症是良性疾病,但其有种植、侵袭、远处转移等类似于恶性肿

瘤的临床行为学特点。

子宫内膜异位症是生育期妇女常见病及多发病，在慢性盆腔疼痛和痛经患者中发病率高达20%～90%，不孕患者中25%～35%发现此病，在普通妇科手术患者中5%～15%也发现并发有子宫内膜异位症。由于近年来剖宫产、人工流产和宫腹腔镜操作增多，发病率也呈上升趋势。

异位症可以侵犯全身，绝大多数位于盆腔脏器和壁腹膜，以卵巢、宫骶韧带最常见，其次为子宫及其他脏腹膜、阴道直肠隔等部位，另外脐、膀胱、肾、输尿管、肺、胸膜、乳腺、手臂、大腿等处也有累及（图19-1）。

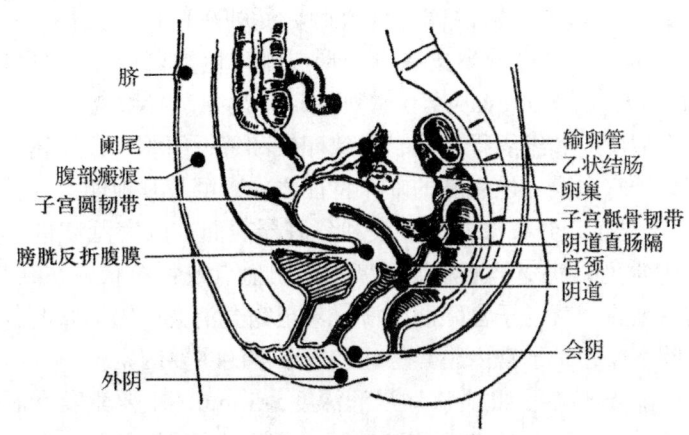

图19-1 子宫内膜异位症的发生部位

【病因】

异位子宫内膜来源至今尚未阐明，比较常见的有以下几种学说。

1. 种植学说　1921年由Sampson提出，主要包括以下3种途径：

（1）经血逆流：子宫内膜腺上皮和间质细胞可随经血逆流，经输卵管进入盆腔，种植于卵巢和盆腔腹膜，并继续生长蔓延。但该学说无法解释多数生育期妇女存在经血逆流，仅部分女性发病，且无法解释盆腔外异位症的发生。

（2）淋巴及静脉传播：不少学者在光镜检查时发现盆腔的淋巴管、淋巴结和静脉中有子宫内膜组织，临床上所见的远处内膜异位症有可能是淋巴和静脉传播的结果。但该学说无法进一步说明内膜组织是如何进入淋巴和静脉系统的。

（3）医源性种植：剖宫产术后或分娩会阴侧切后切口会出现子宫内膜，可能是手术时将子宫内膜直接带到切口处种植所致。

2. 体腔上皮化生及诱导学说　该学说由病理学家Robert Meyer提出。他认为卵巢表面上皮由具有高度化生潜能的体腔上皮分化而来，在受到激素和炎症的反复刺激下能被激活转化为子宫内膜样组织。另外腹膜组织可以在内源性生物化学因素诱导下发展为子宫内膜。目前已在小鼠和兔动物实验中被证实。

3. 遗传因素　子宫内膜异位症具有家族聚集性。患者一级亲属的发病风险是正常人群的7倍。另外，有研究发现此病与谷胱甘肽转移酶、半乳糖转移酶和雌激素受体的基因多态性有关，提示该病具有遗传易感性。

4. 免疫与炎症的因素　免疫调节的异常在内膜异位症的发生、发展各环节起重要作用，免疫细胞功能减弱不能有效清除异位内膜，导致异位症发生。

5. 其他　"在位内膜决定论"学者认为在位内膜的生物学特性是内膜异位症发生的决定因素，局部微环境是影响因素。异位症患者的子宫内膜在其粘附性、侵袭性、刺激形成血管的能力均强于普通人群的内膜。另外，血管生成因素也可能参与异位症的发生。

【病理】

子宫内膜异位症的基本病理变化为异位的子宫内膜随卵巢激素变化而发生周期性的出血，导致周围显微组织增生、粘连、囊肿形成，在病变部位出现紫褐色斑点，最终发展为大小不等的紫褐色实质性结节或包块。

（一）大体病理

1. 卵巢型内膜异位症　卵巢是最容易被异位内膜侵犯的器官。病灶依据严重程度分为两种类型。①微小病变型：病变位于卵巢浅表层，呈数毫米大小红色、蓝色、褐色的斑点或小囊，手术刺破后有黏稠咖啡色液体溢出。②典型病变型（又称囊肿型）：异位内膜在卵巢皮质内生长，形成囊肿，称为卵巢子宫内膜异位囊肿。囊肿灰蓝色，大小不一，直径多在5 cm，也有大至20 cm者。因陈旧性血液聚集在囊内形成咖啡色黏稠液体，似巧克力，也称为"卵巢巧克力囊肿（chocolate cyst of ovary）"。囊肿周期性出血，导致囊内压力增大，可反复破裂刺激腹膜发生局部炎症反应和组织纤维化，导致卵巢和邻近组织粘连紧密，手术时囊壁容易破裂。这种粘连是卵巢子宫内膜异位囊肿的临床特征之一，可与其他卵巢囊肿相鉴别。

2. 腹腔型内膜异位症　分布于盆腔腹膜和各脏器表面，以宫骶韧带、直肠子宫陷凹和子宫后壁下段浆膜最为常见。病变早期病灶呈紫褐色出血点或颗粒状散在结节。随病变的发展，子宫后壁与直肠前壁粘连，直肠子宫陷凹变浅，甚至完全消失。输卵管若与周围组织粘连，可因粘连和扭曲致管腔不通，是子宫内膜异位症造成不孕的主要因素。

3. 深部浸润型内膜异位症　此类病灶浸润深度＞5 mm，主要累及宫骶韧带、直肠子宫陷凹、阴道穹隆、阴道直肠隔、直肠或结肠壁，也可侵犯到输尿管和膀胱壁。

4. 其他部位　腹壁切口、会阴切口等处的瘢痕异位症，以及肺、胸膜等远处异位症。

（二）镜下检查

典型的子宫内膜异位症可在镜下发现子宫内膜腺体、间质、纤维素等成分。但反复出血后这些典型表现被破坏或掩盖，出现临床表现极其典型但组织学特征少的不一致现象。出血来至间质内血管，镜下找到少量内膜间质细胞即可确诊为子宫内膜异位症。临床表现和术中所见很典型，即使镜下仅能找到红细胞或含铁血黄素巨噬细胞等出血证据也可诊断。肉眼正常的腹膜组织在镜检时发现子宫内膜腺体和间质，称为镜下内膜异位症，发生率为10%~15%。

异位内膜组织可随卵巢周期性变化有增生和分泌性改变，但不一定和子宫内膜同步变化，多为增生期改变。

国外文献报道子宫内膜异位症的恶变率为1%，主要发生在卵巢型。但因病理取材不理想而易漏诊。恶变的主要组织学类型为透明细胞癌和子宫内膜样癌。

【临床表现】

（一）症状

内膜异位症的临床表现因人和病变部位的不同而呈多样化，症状特征和月经周期密切相关。约25%异位症患者无任何临床症状。

1. 下腹痛和痛经　疼痛是子宫内膜异位症的主要症状。典型表现为继发性痛经、进行性加重。疼痛多位于下腹部、腰骶及盆腔中部，可放射至会阴部、肛门和大腿，常月经来潮前出现，可持续整个经期。值得注意的是疼痛的严重程度和病灶大小不一定呈正比，粘连严重的卵巢型异位症可能并无明显疼痛，而盆腔内散在病灶可引起难以忍受的疼痛。因有部分内膜异位症患者无痛经表现，故痛经不是异位症的诊断必需症状。

2. 不孕　子宫内膜异位症患者不孕率高达40%。引起不孕的原因较复杂，如盆腔微环境改变影响精卵结合及运送、免疫功能异常而导致抗子宫内膜抗体增加而破坏子宫内膜正常代谢及生理功能、卵巢功能异常导致排卵障碍和黄体形成不良。中重度患者可因卵巢和输卵管周围粘连而影响受精卵的运输。

3. 性交不适　此症状多见于直肠子宫陷凹处有异位内膜者，因局部粘连导致子宫后倾固定，性交时碰撞或子宫收缩上提引起疼痛，在月经来潮前表现明显。

4. 月经异常　15%～30%异位症患者可能由于卵巢实质病变、黄体功能不足或合并子宫肌瘤等因素导致月经异常，常表现为经量增多、经期延长、月经淋漓不尽或经前点滴出血。

5. 其他特殊症状　盆腔外任何部位有异位内膜种植生长时，均可在局部出现周期性疼痛、出血、肿块和其他相应症状。肠道内膜异位症可致腹痛、腹泻、便秘和周期性少量便血，严重者可因肿块造成肠梗阻症状。膀胱和输尿管处异位症可造成经期尿痛、尿频和尿血。手术瘢痕患者可在手术后数月至数年出现周期性瘢痕处疼痛和包块，并随时间的延长而加剧。

（二）体征

卵巢异位囊肿较大时，妇科检查可扪及与子宫粘连的肿块。囊肿破裂时有腹膜刺激征表现。典型盆腔异位症患者做双合诊检查时，可发现子宫后倾固定，子宫后壁下方、直肠子宫陷凹等处可扪及触痛性结节，一侧或双侧附件可触及囊实性包块，因和周围组织粘连紧密而活动度差。病变累及直肠阴道间隙时可在后穹隆触痛明显，并可见局部紫蓝色斑点或小结节。

【诊断】

（一）病史和体格检查

生育期妇女有继发性痛经且进行性加重、不孕或慢性盆腔痛，妇科检查扪及与子宫相连的囊性包块，盆腔内有触痛性结节，可初步诊断为子宫内膜异位症。但确诊尚需进行相关的辅助检查。

（二）辅助检查

1. 影像学检查　超声检查是最重要的辅助检查手段，尤其是对于卵巢、膀胱和直肠子宫内膜异位症，可确定异位囊肿的位置、大小和形状，其诊断敏感性和特异性均在90%以上。因囊肿回声图像无特异性，不能单纯依靠超声检查确诊。盆腔CT及核磁共振对盆腔型子宫内膜异位症有诊断意义，但其价格昂贵，在临床上不作为首选。

2. 腹腔镜检查　是目前公认的子宫内膜异位症诊断最佳方法，除了阴道或腹壁等可直视的部位外，腹腔镜是确诊盆腔异位症的标准方法。对腹腔镜下见到典型病灶或可疑病灶进行活组织检查即可确诊。对于疑为子宫内膜异位症所致的不孕症患者、妇科检查或超声检查无明显发现的慢性腹痛或痛经进行性加重者、CA125水平升高者可以首选腹腔镜检查，并能确定临床分期。

3. 血清CA125和人附睾蛋白4（HE4）　子宫内膜异位症患者的CA125有可能增高，重症患者更为明显，但CA125也可在卵巢癌、盆腔炎患者中高表达，敏感性和特异性均较低，不能作为此病的独立诊断依据，但有助于监测病情变化、评估疗效和预测复发。而HE4在异位症患者中正常水平，在卵巢癌中高水平表达，可作为这两种疾病的鉴别。

4. EMAb测定　60%以上子宫内膜异位症患者的血清抗子宫内膜抗体（EMAb）呈阳性，对诊断异位症的特异性较高。

【鉴别诊断】

子宫内膜异位症应与以下疾病相鉴别。

1. 卵巢恶性肿瘤　多呈持续性腹痛、腹胀，病情发展较快，一般情况差。超声图像显示包块为混合型或实性。血清CA125和HE4的表达水平显著升高。腹腔镜检查或剖腹探查后做病检可确诊。

2. 盆腔炎性包块　多有急性或反复发作的盆腔感染史，疼痛无周期性，但月经期可能加重。可伴有发热或白细胞升高等表现，抗感染治疗有效。

3. 子宫腺肌病　痛经症状和子宫内膜异位症相似，但表现更为严重，疼痛多位于下腹部

正中，子宫呈均匀性增大、质硬、触痛明显。两种疾病常合并存在。

【治疗】

治疗子宫内膜异位症的根本目的是"缩减和去除病灶、减轻和控制疼痛、治疗和促进生育、预防和减少复发"，主要包括期待治疗、药物治疗、手术治疗和联合治疗等。治疗方法应根据患者年龄、症状、病变部位和范围及对生育的要求等加以选择，强调治疗个体化。

（一）子宫内膜异位症伴疼痛的处理

1. 伴或不伴轻微经期腹痛的处理　轻度异位症且无严重症状的患者可定期随访，也可应用非甾体类抗炎药（吲哚美辛、萘普生、布洛芬等）对症治疗。随访期间依据病情发展选择相应的处理方法。

2. 伴有明显疼痛的处理

（1）慢性盆腔疼痛或痛经明显但不伴卵巢囊肿或囊肿较小并有生育要求的患者可采用药物治疗，目的是减轻疼痛症状、抑制卵巢功能。

1）对症药物治疗：采用非甾体抗炎药缓解慢性盆腔疼痛及痛经。但对症治疗无法阻止病情的进一步进展。

2）性激素抑制治疗：此种疗法可造成体内低雌激素水平，阻止内膜组织的增生，使异位内膜萎缩、退化、坏死而达到治疗目的。①口服避孕药：降低垂体促性腺激素水平，抑制排卵，并直接作用于子宫内膜及异位内膜，导致内膜萎缩。长期连续服用可造成类似妊娠的人工闭经，称为假孕疗法。临床上常用低剂量高效孕激素和炔雌醇复合制剂，用法为每日1片，连续用6~9个月。副作用有恶心呕吐、乳房胀痛、体重及情绪改变和点滴阴道出血。需警惕血栓形成风险。②孕激素：直接作用于子宫内膜和异位内膜，引起内膜组织的蜕膜化，导致内膜萎缩、坏死。临床上常采用人工合成高效孕激素，如醋酸甲羟孕酮、甲地孕酮和炔诺酮等，剂量为避孕剂量的3~4倍（如醋酸甲羟孕酮每日口服30 mg），连续服用6个月。副作用有恶心、乳房胀痛、水钠潴留、体重增加、阴道不规则出血等。停药数月后可恢复。③雄激素衍生物：主要有达那唑和孕三烯酮。达那唑（danazol）为合成的17α-乙炔睾酮衍生物，可直接和内膜组织的雌孕激素受体结合，抑制内膜组织增生，导致内膜萎缩、闭经。用法为200 mg/次，每日2~3次，连续服用6个月，能缓解90%的疼痛症状，停药4~6周可恢复月经。副作用是雄性化作用，如多毛、痤疮、皮脂增加、性欲减退，另外可致体重增加、肝功能异常等，长期应用可引起动脉粥样硬化性心脏病。孕三烯酮（gestrinone）为19-去甲睾酮甾体类药物，可拮抗雌激素和孕激素，异位内膜萎缩、吸收。此药因半衰期长，每周仅需用药2次，每次2.5 mg，连续服用6个月。治疗后闭经患者达50%~100%，症状缓解率高达95%，副作用表现为雄激素样作用。④促性腺激素释放激素激动剂（GnRHa）：是人工合成的十肽化合物。其作用是抑制垂体促性腺激素分泌，导致体内雌激素减少，出现暂时性闭经，此疗法又称为假绝经疗法，或药物性卵巢切除（medical oophorectomy）。目前我国常用的此类药物有亮丙瑞林3.75 mg、戈舍瑞林3.6 mg和曲普瑞林3.75 mg。月经期第一日皮下或肌内注射第一针后每隔28日注射一次，共3~6个月。用药后3~6周可闭经，缓解症状。副作用为低雌激素表现，主要有潮热、阴道干涩、性欲减退、失眠、抑郁及骨质疏松。⑤米非司酮：为孕激素拮抗剂，具有抗孕激素作用，每日口服25~100 mg，造成闭经使病灶萎缩。⑥曼月乐节育器：可恒定定量释放少量孕酮，使内膜组织暂时性萎缩，有效控制月经量，缩短经期出血时间，缓解痛经，达到治疗目的。尤其适用于有避孕要求的生育期妇女，5年一换。

（2）慢性盆腔疼痛或痛经明显且囊肿≥4 cm患者以手术治疗为主。

（二）子宫内膜异位症伴囊肿的处理

1. 异位症伴囊肿<4 cm者，若能排除卵巢囊肿为其他原因所引起者，可短期随访或口服

避孕药 3 个月后复查，若囊肿未减小，可行手术治疗。

2. 异位症伴囊肿≥4 cm者，手术治疗为主。特别是迫切要求生育、盆腔粘连严重合并有子宫肌瘤或子宫腺肌症、药物治疗无效的患者。手术目的是明确诊断、清除病灶及囊肿、分离粘连及恢复正常解剖结构、治疗不孕、缓解和治疗疼痛。目前腹腔镜手术以创伤小、恢复快、粘连少等优点广泛应用于子宫内膜异位症的手术治疗。手术方式包括：①病灶切除：多用于年轻，有生育要求患者；②子宫切除：适用于症状重、无生育要求但需保留卵巢功能者；③子宫及双附件切除：适用于45岁以上无生育要求、症状重、药物治疗无效的患者。

（三）子宫内膜异位症伴不孕的处理

药物治疗对改善生育作用不大。腹腔镜手术能提高术后妊娠率，治疗效果取决于病变严重程度。手术后2年内不能妊娠者，自然妊娠可能性甚微，应及早采用体外受精-胚胎移植术（IVF-ET）。

【预防】

异位症病因不清，其组织学发生复杂，不能完全预防。

1. 防止经血逆流　及时发现并治疗引起经血逆流的疾病，如先天性生殖道畸形、狭窄、闭锁、宫颈粘连等。

2. 药物避孕　口服药物避孕者异位症发病风险降低，因此对于有高发家族史、容易带器妊娠者可口服避孕药预防。

3. 防止医源性异位内膜种植　月经期避免妇科检查；月经来潮前禁止做输卵管通畅试验；宫颈和阴道疾病的治疗应在月经干净后3~7天进行；人工流产负压吸宫术时避免突然将有负压的吸管拔出；凡进宫腔的经腹手术要注意保护子宫及腹壁切口，以免种植。

第2节　子宫腺肌病

子宫腺肌病（adenomyosis）是指子宫内膜腺体和间质侵入到子宫肌层中，约15%合并有子宫内膜异位症，但两者的发病机制和对激素的敏感性有所不同，子宫腺肌病对孕激素不敏感。

【病因】

病因至今不清楚，多见于经产妇。多数学者认为子宫腺肌病是子宫基底层内膜细胞增生，侵入到子宫肌层的结果。遗传、子宫内膜基底层损伤（多次妊娠、分娩时子宫壁损伤、刮宫、剖宫产、慢性子宫内膜炎）、高雌激素血症和病毒感染可能参与本病的诱发。其中，高雌激素血症与此病关系密切。

【病理】

1. 巨检　子宫呈均匀增大球形，一般不超过12周妊娠子宫大小。病灶类型有弥漫型及局限型两种。①弥漫型：一般多为弥漫性生长，剖面可见肌层明显增厚、变硬，在肌壁中可见粗厚的肌纤维带和微囊腔，腔内偶见陈旧血液。②局限型：少数子宫内膜在子宫肌层中呈局限性生长形成结节或团块，类似于子宫肌壁间肌瘤，称为子宫腺肌瘤（adenomyoma），剖面缺乏子宫肌瘤明显而规则的漩涡性结构，无包膜，与正常子宫肌无明显分界，手术中难以完整剥离出。

2. 镜检　镜下特征为子宫肌层内呈岛状分布的子宫内膜腺体和间质。因其他疾病切除子宫做连续切片检查发现10%~30%在子宫肌中可见内膜腺体和间质。由于子宫腺肌病的异位内膜为基底层内膜，对雌激素敏感，对孕激素缺少反应，腺体常处于增生期。

【临床表现】

1. 症状　本病多见于40~50岁经产妇，以经量增多（一般大于80 ml）和经期延长

（40%~50%）以及逐渐加剧的进行性痛经（25%）为主要症状。疼痛部位位于下腹部正中，在月经来潮前一周开始，一直持续到整个月经期。约35%的患者无任何症状。

2. 体征　妇科检查可扪及子宫呈均匀性球形增大或局部结节性隆起，质硬，压痛，经期压痛明显，合并子宫内膜异位症时，子宫活动度较差。

3. 辅助检查　超声和CT等影像学检查对诊断有一定帮助，但最终确诊需要行组织学检查。

【诊断】

根据典型的症状（进行性痛经和月经过多）及体征（子宫增大及压痛）可初步做出诊断，超声及CT可了解子宫形态，但最终确诊需依据术后组织病理学检查。本病需要与子宫肌瘤及子宫内膜异位症相鉴别。

【治疗】

根据患者年龄、生育要求及症状的轻重而定。

1. 期待疗法　用于无症状、无生育要求患者。

2. 药物治疗　由于子宫腺肌病的异位内膜属基底层内膜，对孕激素不敏感，高效孕激素和假孕疗法对此病无效。症状轻微者可用非甾体抗炎药及中药对症治疗；对年轻、有生育要求和近绝经患者可用促性腺激素释放激素激动剂（GnRHa）治疗；近年来，左炔诺孕酮宫内节育器（LNG-IUS）治疗该病获得良好效果，其可稳定释放左炔诺孕酮，抑制内膜增生，子宫内膜萎缩，月经量减少甚至闭经。

3. 手术治疗　对年轻且有生育要求患者行病灶切除或子宫动脉阻断术；对子宫腺肌瘤患者可行病灶挖除术，但术后易复发；无生育要求并经量增多者行子宫内膜去除术；对症状严重，无生育要求，对药物治疗无效者行子宫切除术。

（陈仁娇）

● 自测题 ●

一、案例分析

女性28岁，痛经3年，进行性加重，未避孕2年未孕，既往月经规律，人工流产1次。查体：外阴发育正常，阴道通畅，子宫颈光滑，无举痛和摆痛，后穹隆可触及多个大小不等结节，活动欠佳，触痛。子宫大小正常，后位，质硬，双附件无明显异常。

讨论分析：

1. 请说出初步诊断、诊断依据（如有两个以上诊断，请分别列出各自的诊断依据）。
2. 进一步需要做哪些检查？
3. 应与哪些疾病相鉴别？
4. 说出此病例的诊疗计划。

二、问答题

1. 请简述子宫内膜异位症的诊断及治疗要点。
2. 请简述子宫腺肌病与子宫肌瘤鉴别要点。

第十九章 子宫内膜异位症与子宫腺肌病

本章临床执业助理医师资格考试要点

1. 子宫内膜异位症的概念、病因、病理、临床表现、诊断与鉴别诊断、处理。
2. 子宫腺肌病的概念、病因、病理、临床表现、诊断及治疗。

第二十章 女性生殖器官损伤性疾病

学习目标

通过本章内容的学习，学生应能够：

识记：
1. 说出子宫脱垂、生殖道瘘及压力性尿失禁的定义。
2. 陈述子宫脱垂、生殖道瘘的病因。

理解：
1. 解释子宫脱垂、生殖道瘘及压力性尿失禁的临床表现。
2. 分析女性生殖器官损伤性疾病的处理原则。

运用：
评估女性生殖器官损伤性疾病患者，并制订诊疗计划。

女性盆底支持组织因损伤、退化等原因导致其支持薄弱，从而发生盆底器官功能障碍、结构与位置异常，包括阴道壁膨出、子宫脱垂、压力性尿失禁和生殖道瘘。

第1节 外阴阴道损伤

外阴阴道损伤多发生在分娩时，也可由外伤及粗暴性交引起。按照是否有裂伤分为外阴血肿和外阴阴道裂伤两大类。

一、外阴血肿

【病因】

外阴血肿（vulvar hematoma）多发生在分娩、外伤及初次性交时。因外阴部血管丰富，皮下组织疏松，若不慎跌倒或撞伤，突然触及硬物的棱角上，表皮虽无裂口，但皮下血管破裂，血液在疏松的结缔组织中蔓延，形成外阴或阴道血肿。也可裂伤和血肿并存。

【临床表现】

在分娩、外伤或初次性交后出现会阴部剧烈胀痛和行动不便，小阴唇极度肿胀，甚至向阴道壁扩展，因巨大血肿压迫直肠有大便感，或压迫尿道膀胱引起尿潴留。检查时可见外阴或阴道内有紫蓝色肿块，压痛明显。

【治疗】

根据血肿的大小及病情进展选择合适治疗方案。

1. 血肿 ≤ 5 cm，无活动性出血倾向，应卧床休息，病程24 h内予局部冰敷以减少局部血

量，24 h 后热敷以促进血肿吸收，并可辅助超短波或红外线照射治疗。

2. 血肿＞5 cm 或仍有活动性出血，应及时切开血肿清除积血，严密止血后缝合。注意不留死腔，必要时放置引流管，术后加压压迫预防继续渗血。如血肿陈旧或已经感染，切开引流后辅助敏感抗生素治疗。

二、外阴阴道裂伤

【病因】

和外阴血肿病因相同，有表皮裂伤。

【临床表现】

因病因不同，分为以下四类

1. 性交损伤　多见于初次性交或绝经后性交。初次性交多造成处女膜破裂，老年妇女因卵巢功能低下，阴道黏膜菲薄，组织弹性差，可造成外阴阴道裂伤。裂伤多发生在处女膜、会阴体、阴道后壁及后穹隆。因外阴阴道血供丰富，裂伤后即可出现疼痛和活动性出血，甚至流血过多而引起休克。

2. 外伤　骑车跌倒或撞伤时外阴触及有棱角的硬物，均可导致外阴部软组织不同程度的裂伤。患者外伤后即感外阴疼痛伴有出血，检查时可见外阴部皮肤及皮下组织有明显裂口及活动性出血。

3. 分娩损伤　是造成外阴阴道裂伤的主要原因。诱因有会阴水肿、会阴过紧弹性差、耻骨弓过低、胎儿过大、胎儿娩出过快等。

4. 陈旧性会阴裂伤　分娩时会阴Ⅲ度裂伤未及时修补缝合造成。若肛门括约肌部分断裂，则不能控制稀便及排气，但能控制成形大便。检查可见会阴体消失，局部陈旧性裂伤，裂伤两端可见肛门括约肌断裂收缩形成的小凹陷，若有直肠下段损伤，可见直肠黏膜外翻，手指放入肛门内做缩肛动作无紧缩感。

【治疗】

1. 若外阴阴道裂伤程度轻，出血少，可自愈，无需治疗；若明显裂伤伴有活动性出血，应查清解剖层次，逐层缝合止血。注意缝合时避免伤及直肠。

2. 分娩造成的会阴Ⅲ度裂伤及时修补缝合。若未能及时缝合，6 个月后再行修补术。

3. 非意愿性交造成的损伤应给予心理安慰，顿服米非司酮片 25 mg 行紧急避孕。

第 2 节　阴道壁膨出与子宫脱垂

盆底肌群、筋膜、韧带及神经构成复杂的盆底关系，其互相作用和支持得以维持盆底器官的正常位置（图 20-1）。盆腔器官脱出于阴道内或阴道外称为盆腔器官脱垂，主要包括阴道壁脱垂和子宫脱垂。

一、阴道壁膨出

也称为阴道壁脱垂。阴道前壁膨出包括膀胱膨出和尿道膨出，以膀胱膨出多见，常伴不同程度的子宫脱垂，可单独存在或合并阴道后壁膨出。阴道后壁膨出也称直肠膨出，可单独存在或合并阴道前壁膨出。

【病因】

阴道前壁主要由耻骨、宫颈韧带、膀胱、宫颈筋膜和泌尿生殖膈的深筋膜支持。分娩时损伤盆底的这些韧带、筋膜及肌肉，产后过早参加劳动等因素均可导致阴道壁膨出。特别是便秘、用力排便时膨出更为明显。

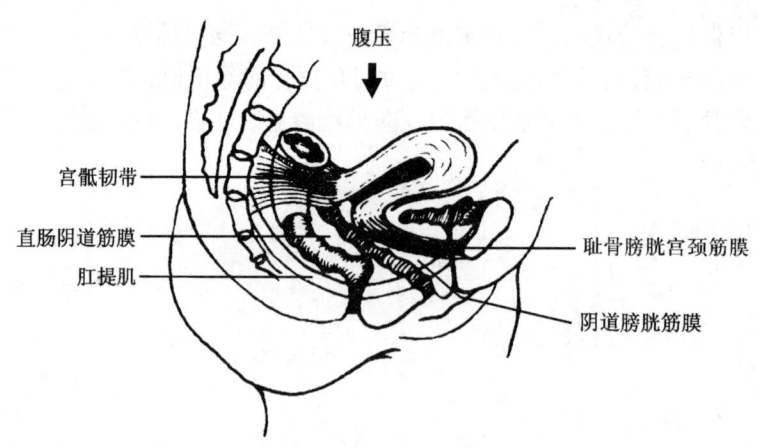

图 20-1　子宫正常位置的维持

【临床表现】

1. 症状　轻者无明显症状。重度患者有不同程度的腰骶部酸痛或自觉下坠感,并有块状物自阴道脱出。长久站立、剧烈运动后或加腹压时块状物增大,下坠感明显,卧床休息则症状减轻。阴道前壁膨出者出现排尿、残余尿增加,易发生尿路感染、压力性尿失禁等症状,但随着膨出的加重,压力性尿失禁症状可消失,甚至需要手压迫阴道前壁排尿;阴道后壁膨出者常表现为便秘。

2. 体征　检查可见阴道松弛,阴道前壁或后壁呈球状膨出。膀胱膨出时触之柔软,该处黏膜变薄透亮,皱襞消失,可有溃疡和出血。阴道后壁膨出常伴有陈旧性会阴撕裂,肛门检查时指端向前可进入凸向阴道的直肠,呈盲袋状。位于后穹隆部的球形突起是肠膨出,指诊可触及疝囊内的小肠。

【分度】

临床上传统分度为三度,以屏气时膨出的最大限度来判定(表 20-1)。

表 20-1　阴道壁膨出传统分度

程度	阴道前壁膨出	阴道后壁膨出
Ⅰ度	阴道前壁形成球状物向下突出达处女膜缘但仍在阴道内	阴道后壁达处女膜缘但仍在阴道内
Ⅱ度	阴道前壁展平或消失部分突出阴道外	阴道后壁部分突出阴道外
Ⅲ度	阴道前壁全部膨出于阴道口外	阴道后壁全部突出阴道外

【诊断】

患者有上述明显自觉症状,阴道检查时发现膨出的阴道壁,不难诊断。阴道前壁膨出时要注意区分是膀胱膨出、尿道膨出,还是两者合并存在,还要了解有无压力性尿失禁。阴道后壁膨出者要注意检查肛门括约肌功能、肛提肌的肌力。

【治疗】

轻者不需治疗,重者应行阴道前后壁修补术及会阴修补术。

【预防】

正确处理产程是预防的关键。凡头盆不称者,均应及早行剖宫产术。产后避免过早参加劳动。积极治疗便秘、咳嗽等慢性疾病。

二、子宫脱垂

子宫从正常位置沿阴道下降,宫颈外口达坐骨棘水平以下,甚至子宫全部脱出于阴道口外时称子宫脱垂。子宫脱垂常伴发阴道前壁和后壁膨出。

【病因】

1. 分娩损伤　为子宫脱垂最主要的病因。在分娩过程中，特别是经阴道手术（产钳或胎吸）助产或第二产程延长者，盆底肌、筋膜以及子宫韧带均过度伸展，张力降低，甚至出现撕裂，削弱其支撑力量，若产妇过早参加体力劳动，特别是重体力劳动，将影响盆底组织的修复，过高的腹压将未复旧的子宫推向阴道，导致子宫脱垂。

2. 腹内压增加　长期慢性咳嗽、排便困难、从事重体力劳动或腹腔巨大肿瘤、腹腔积液等可使腹内压增加，使子宫下移，导致脱出。

3. 盆底组织发育不良或衰老　子宫脱垂偶见于未产妇，甚至处女，其主要原因为先天性盆底组织发育不良导致子宫脱垂，其他脏器（如胃）也下垂。老年妇女盆底组织萎缩、退化，也可发生子宫脱垂或使脱垂程度加重。

【临床分度】

目前国外多采用 Bump 提出的盆腔器官脱垂定量分度法（pelvic organ prolapse quantitation, POP-Q）。我国则采用 1981 年全国"两病"科研协作组的分度，根据患者平卧用力向下屏气时子宫下降的程度，将子宫脱垂分为 3 度（图 20-2）。

Ⅰ度　轻型：宫颈外口与处女膜缘距离<4 cm，未达处女膜缘。
　　　重型：宫颈外口已达处女膜缘，在阴道内能见到宫颈。
Ⅱ度　轻型：宫颈已脱出阴道口外，宫体仍在阴道内。
　　　重型：宫颈及部分宫体已脱出至阴道口外。
Ⅲ度　宫颈和宫体全部脱出至阴道口外。

【临床表现】

1. 症状　Ⅰ度患者多无自觉症状。Ⅱ度患者常有腰骶部疼痛或下坠感，在行走、劳动、下蹲或排便等导致腹压增加时，有块状物自阴道口脱出（图 20-3），块状物经平卧休息可变小或消失。Ⅲ度脱垂腰骶部疼痛或下坠感明显，块状物不能自行回缩，通常需用手推送才能将其还纳至阴道内。若脱出的子宫及阴道黏膜高度水肿，即使用手协助也难以回纳，长期脱出在阴道口外。由于外阴部有块状物长时间脱出，患者行动极不方便，长期摩擦导致宫颈出现溃疡，甚至出血。当溃疡继发感染时，有脓血性分泌物渗出。Ⅲ度子宫脱垂患者多伴有重度阴道前壁膨出，容易出现尿潴留；子宫脱垂很少引起月经失调。患者的子宫若能还纳，通常不影响受孕，且受孕后随妊娠子宫逐渐上升至腹腔，子宫不再脱垂，故多能经阴道分娩。

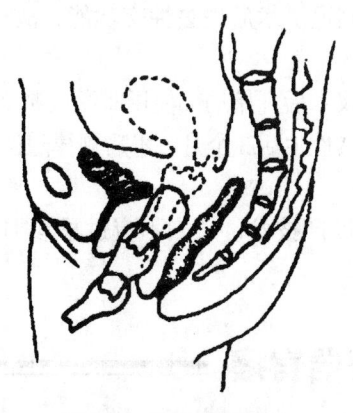　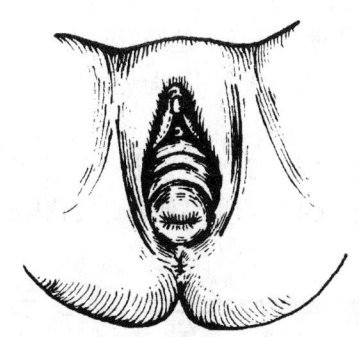

图 20-2　子宫脱垂分度　　　图 20-3　子宫脱垂外观

2. 体征　Ⅱ度、Ⅲ度子宫脱垂患者的子宫颈及阴道黏膜多明显增厚，子宫颈肥大，不少病例子宫颈管显著延长。

【诊断】

根据病史和检查所见不难确诊。妇科检查时应嘱患者向下屏气判断脱垂的最严重程度，同时注意有无溃疡、部位、大小、深浅、感染等，同时还需了解阴道前、后壁膨出及会阴陈旧性撕裂程度。还应判断有无压力性尿失禁。

【鉴别诊断】

1. 阴道前壁膨出　患者常被误认为子宫脱垂，但检查时不难确诊。
2. 阴道壁囊肿　壁薄，呈囊性，界限清楚，位置固定不变，不能移动。
3. 子宫黏膜下肌瘤　为红色球状物，质硬，表面找不到子宫颈口，但在其周围或一侧可扪及被扩张变薄的子宫颈边缘。
4. 子宫颈延长　双合诊检查阴道内子宫颈延长，但屏气时子宫体并不下移。
5. 慢性子宫内翻　罕见。阴道内可见翻出宫体，被覆暗红色绒样内膜组织，两侧角可见输卵管开口。

【治疗】

无症状者一般不需要特殊治疗，对症状较轻者可采用盆底康复训练治疗、放置子宫托等非手术治疗，对非手术治疗无效及症状严重者可采取手术治疗。

1. 非手术治疗　是盆腔器官脱垂的一线治疗方法，尤其适用于有生育要求或不愿接受手术患者。①盆底康复训练治疗：嘱患者进行盆底肌肉锻炼，对盆底的肛提肌进行自主性收缩以加强盆底肌的支撑力，又称 Kegel 锻炼或运动。每次收缩肛门时间不少于 3 s，然后放松，连续 15~30 min，每日 2~3 次。盆底肌肉锻炼还可配合生物反馈疗法、电刺激或阴道圆锥治疗。②使用子宫托：子宫托是一种使子宫和阴道壁维持在阴道内不脱出的工具。适用于各度子宫脱垂和阴道前、后壁膨出者，但重度子宫脱垂伴盆底肌肉明显萎缩以及子宫颈和阴道壁有炎症、溃疡者不宜使用。子宫托分支持型和填充型两类，前者适用于程度较轻者，后者适用于程度较重者。根据子宫托类型不同，应间断性取出、清洗、再重新放置，并定期复查。

2. 手术治疗　根据患者年龄、生育要求及全身健康情况加以选择。手术的主要目的是缓解症状，恢复正常的解剖位置和脏器功能，有满意的性功能并能维持效果。手术方式主要有以下几种：①曼切斯特手术（Manchester 手术），即阴道前后壁修补加主韧带缩短及宫颈部分切除术，适用于年龄较轻、宫颈延长的Ⅱ度、Ⅲ度子宫脱垂患者。②经阴道子宫全切除及阴道前后壁修补术，适用于Ⅱ度、Ⅲ度子宫脱垂伴阴道前后壁脱垂、年龄较大、无需考虑生育功能的患者。③阴道纵隔成形术，又称 LeFort 手术，是将阴道前、后壁各切除相等大小的黏膜瓣，然后将阴道前、后壁剥离创面相对缝合以部分封闭阴道。术后失去性交功能，故仅适用于年老体弱不能耐受较大手术者。

3. 术后处理及随访　绝经后阴道黏膜萎缩者建议术后开始局部使用雌激素制剂，每周 2 次，至少半年以上。术后 3 个月内避免增加腹压及负重。禁性生活 3 个月，术后规律随访至终身。

【预防】

防止生育过多、过密；正确处理各产程，提高助产技术；产妇不应过早参加重体力劳动；积极治疗慢性咳嗽、习惯性便秘；提倡做产后保健操。

第 3 节　生殖器官瘘

由于各种原因导致生殖器官与毗邻器官之间形成异常通道称为生殖器官瘘，临床常见的是尿瘘和粪瘘，还有极罕见的子宫腹壁瘘。本节仅介绍尿瘘和粪瘘。

一、尿瘘

尿瘘（urinary fistula）是指生殖道和泌尿道之间任何部位存在异常通道，使患者无法自主排尿，尿液不断自阴道排出的现象。临床多表现为膀胱尿道阴道瘘、膀胱宫颈瘘、尿道阴道瘘、膀胱子宫瘘及输尿管阴道瘘等类型，其中膀胱阴道瘘最为常见（图20-4）。

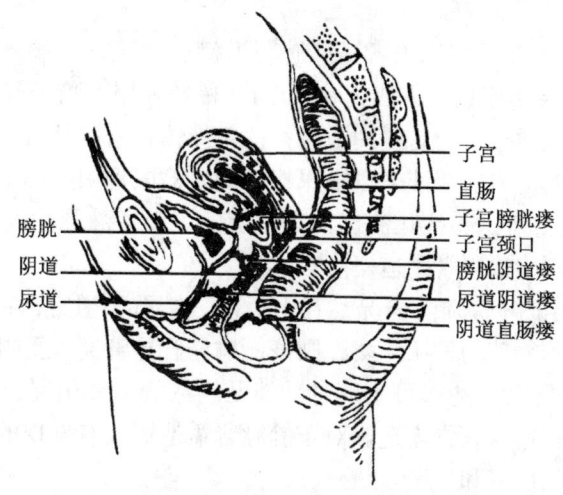

图 20-4　女性生殖器官瘘

【病因】

常见的原因为产伤和盆腔手术损伤。

1. 产伤　产伤引起尿瘘以往在我国农村常见，多发生在经济和医疗条件落后的地区。有坏死型和创伤型两类。①坏死型尿瘘是由于骨盆狭窄或轻度头盆不称，产程过长，阴道前壁、膀胱、尿道长时间被挤压在胎先露部与耻骨联合之间，以致局部缺血、坏死脱落，形成尿瘘。②创伤型尿瘘由产科助产手术或剖宫产手术时操作不当直接损伤所致。

2. 妇科手术损伤　手术时因解剖位置不清、组织广泛粘连、操作不仔细造成损伤后不能及时修补形成尿瘘。偶见术中误伤膀胱造成膀胱阴道瘘者。

3. 其他　膀胱结核、生殖器局部放射治疗后、晚期生殖道或膀胱癌肿、长期放置子宫托、膀胱结石等均能导致尿瘘。

【临床表现】

1. 漏尿　漏尿是尿瘘患者最主要的症状。患者漏尿的特点与尿瘘的类型有关。根据瘘孔的位置，患者可表现为持续性漏尿、压力性尿失禁、体位性漏尿、膀胱充盈性漏尿等。如膀胱阴道瘘者表现为持续漏尿；尿道阴道瘘者仅在膀胱充盈时才漏尿；一侧输尿管阴道瘘者在漏尿的同时能自主排尿；膀胱内瘘孔极小或瘘道曲折迂回者在取某种体位时可能暂时不漏尿，但变更体位后出现漏尿。病因不同，出现漏尿的时间也不一样。坏死型尿瘘患者一般在产后3至7日坏死组织脱落后开始漏尿，手术损伤者术后立即出现漏尿，放射性损伤所致漏尿时间晚且常合并粪瘘。

2. 外阴皮炎　由于尿液长期浸渍刺激，外阴部、臀部及大腿内侧常出现皮炎、湿疹，可引起不适、瘙痒、灼痛、行动不便。

3. 尿路感染　由于泌尿道与生殖道相通，故可引起泌尿道逆行感染，出现尿频、尿急、尿痛等症状。

4. 其他表现　阴道瘢痕狭窄可造成性交困难；有的患者出现闭经或月经稀少、不孕，可能与精神创伤有关；因长期尿液淋漓不尽，局部潮湿瘙痒给患者带来极大痛苦。

【诊断】

应仔细询问病史、手术史、漏尿发生时间和漏尿的表现。漏出液可做生化检查，若电解质和肌酐含量接近尿液说明尿瘘的存在。大瘘孔在妇科检查时可肉眼观察到，小瘘口可通过触摸瘘口边缘的增厚瘢痕组织来明确。检查时应明确瘘孔的部位、大小及其周围瘢痕情况，还应了解阴道有无狭窄，尿道是否通畅，以及膀胱容积大小等。对特殊病例需进行下列辅助检查：

1. 亚甲蓝试验　目的在于鉴别患者是膀胱阴道瘘、膀胱宫颈瘘，还是输尿管阴道瘘，并可协助辨认位置不明的极小瘘孔。方法为将 200 ml 稀释亚甲蓝溶液经尿道注入膀胱，若见到有蓝色液体经阴道壁小孔溢出者为膀胱阴道瘘；蓝色液体自宫颈外口流出者为膀胱宫颈瘘；阴道内流出清亮尿液，说明流出的尿液来自输尿管，则属输尿管阴道瘘。

2. 靛胭脂试验　亚甲蓝试验瘘孔流出清亮尿液的患者，静脉注入靛胭脂 5 ml，10 min 内见到蓝色液体流入阴道则为输尿管阴道瘘。

3. 膀胱镜检查　能了解膀胱内情况，有无炎症、结石、憩室，特别是瘘孔位置和数目。必要时行双侧输尿管插管，若为输尿管瘘，则该侧输尿管导管插入受阻。

4. 影像学检查　静脉肾盂造影可了解肾功能及输尿管通畅情况，有助于输尿管阴道瘘及膀胱阴道瘘的诊断。逆行输尿管肾盂造影对于静脉肾盂造影没有发现的输尿管阴道瘘有辅助诊断作用，可以提示瘘孔的位置和程度。

【治疗】

1. 非手术治疗　分娩或手术损伤后 7 日内发现的小的膀胱阴道瘘、尿道阴道瘘和输尿管阴道瘘可以通过留置导尿或在膀胱镜下插入输尿管导尿管，4 周~3 个月有愈合的可能。长期留置导尿管引流期间要对病情经常评估，注意补充营养，拔管前应重复诊断检查（如亚甲蓝试验），明确瘘孔是否愈合。

2. 手术治疗　手术修补是尿瘘的主要治疗方法。

（1）手术时间：器械损伤所致新鲜清洁瘘孔一经发现，应立即手术修补。坏死型尿瘘或瘘孔伴感染应等 3~6 个月，待炎症消除、瘢痕软化、局部血供恢复正常后再行手术。瘘管修补失败后至少应等待 3 个月再行手术。膀胱内有结石伴炎症者，应在控制炎症后行取石和修补术。放疗后所致尿瘘可能需要更长的时间形成结痂，因此推荐 12 个月后再修补。对月经定期来潮者，应在月经干净后 3~7 日内手术。

（2）手术途径：手术有经阴道、经腹和经阴道腹部联合途径之分。原则上应根据瘘孔类型和部位选择不同途径。绝大多数膀胱阴道瘘和尿道阴道瘘经阴道手术，输尿管阴道瘘多需经腹手术。

（3）术前准备：目的是为手术创造有利条件，促进伤口愈合。术前 3~5 日用 1:5000 高锰酸钾溶液坐浴。对有外阴湿疹者在坐浴后局部涂擦氧化锌油膏，待痊愈后再行手术。老年妇女或闭经患者，术前应口服雌激素制剂 1 周，促进阴道上皮增生，有利于伤口愈合。常规尿液检查，有尿路感染者应先控制感染，再行手术。术前 1 日开始应用抗生素预防感染。

（4）术后护理：手术能否成功，术后护理是重要环节。术后留置导尿管或耻骨上膀胱造瘘，应保证膀胱引流持续通畅，发现阻塞必须及时处理。导尿管保留 10~14 日。术后每日进液量不应少于 3000 ml，大量尿液冲洗膀胱，防止发生尿路感染。外阴部应每日擦洗干净。术后继续给予广谱抗生素预防感染并继续服用雌激素 1 个月。

【预防】

绝大多数尿瘘可以预防。提高产科质量是预防产科因素所致尿瘘的关键。疑有损伤可能者，产后应留置导尿管 10 日，保持膀胱空虚，有利于改善局部血运和防止尿瘘形成。妇科手术时对盆腔内器官有广泛粘连者先充分暴露输尿管，明确解剖关系后再行切除术，以免伤及输

尿管；若术时发现有损伤，应及时修补，以防尿瘘形成。

二、粪瘘

粪瘘（fecal fistula）是指肠道与生殖道之间有异常通道，致使粪便由阴道后壁排出，以直肠阴道瘘居多。

【病因】

1. 产伤 分娩时胎头长时间停滞在阴道内，阴道后壁及直肠受压造成缺血坏死，是形成粪瘘的主要原因。Ⅲ度会阴撕裂，修补后直肠未愈合；会阴切开缝合时，缝线穿透直肠黏膜未被发现，可导致直肠阴道瘘。此外，新生儿先天性直肠阴道瘘常合并肛门闭锁。

2. 盆腔手术损伤 行子宫切除术或严重盆腔粘连分离手术时易损伤直肠，瘘口位置一般在阴道穹隆处。

3. 感染性肠病 溃疡性结肠炎和克罗恩病是引起直肠阴道瘘的另一重要原因。炎性肠病多累及小肠，但有时结肠和直肠也有发生。

4. 其他 长期安放子宫托不取、生殖器恶性肿瘤或放疗等均可导致粪瘘。

【临床表现】

直肠阴道瘘孔较大者，多量粪便经阴道排出，稀便时更是持续外流，无法控制。若瘘孔极小，且粪便成形，阴道内可无粪便污染，但肠内气体可通过瘘管经阴道排出。

【诊断】

根据病史及临床表现不难诊断。大的直肠阴道瘘在阴道窥器暴露下能直接窥见瘘孔。瘘孔极小者往往在阴道后壁只见到一颜色鲜红的小肉芽样组织。若从此处用探针向直肠内探查，直肠内手指可直接触及到探针，即可确诊。阴道穹隆处的小瘘孔、小肠或结肠阴道瘘需经钡剂灌肠方能确诊。一旦诊断成立，则要针对其原发病采取相应的内科和外科处理措施。

【治疗】

手术修补为主要治疗方法。手术损伤者术中应立即修补。先天性粪瘘患者在15岁月经来潮后再行手术，以免造成阴道狭窄。压迫坏死造成的粪瘘，应等待3~6个月，炎症完全消退后再行手术。粪瘘修补术主要是切除瘘管，游离周围组织后进行多层缝合。术前3日进少渣饮食，用1:5000高锰酸钾溶液每日坐浴1~2次，口服抗生素控制肠道细菌。手术前晚及手术当日晨行清洁灌肠。术后应保持局部清洁，每日擦洗2次。给予静脉高营养，同时服用肠蠕动抑制剂。5日后逐渐过渡到正常饮食。通常于排便后拆线。

【预防】

原则上和尿瘘相同。产时注意缩短第二产程，避免第二产程延长。注意保护会阴，避免会阴Ⅲ度撕裂，缝合后常规肛门检查，发现有缝线穿透直肠黏膜，应立即拆除重缝。避免长期放置子宫托不取。生殖道癌肿放射治疗时，应掌握放射剂量和操作技术。

第4节 压力性尿失禁

压力性尿失禁是指腹压突然增加导致尿液不自主流出，不是由逼尿肌收缩压或膀胱壁对尿液的张力压引起的。其特点是正常状态下无遗尿，在腹压突然增高时尿液自动流出，也称张力性尿失禁、应力性尿失禁。

【病因】

压力性尿失禁分为两型。90%以上为解剖型压力性尿失禁，由盆底组织松弛引起；约不到10%为尿道内括约肌障碍型压力性尿失禁，为先天性或原因不明。引起盆底组织松弛的原因有妊娠与阴道分娩的损伤、绝经后雌激素减少导致支持组织薄弱、阴道及尿道手术、盆腔巨大肿块等。

【临床表现】

腹压突然增加时不自主溢尿是最典型的症状。尿急、尿频、急迫性尿失禁和排尿后膀胱区胀满感也是常见的症状。80%的患者伴有膀胱膨出。

【分度】

1. 轻度　尿失禁发生在压力大时，如咳嗽、打喷嚏或跑步时，至少每周发作2次。
2. 中度　尿失禁发生在快步行走等日常活动时。
3. 重度　尿失禁发生在站立位时。

【诊断】

以患者的症状为主要依据，结合妇科检查、神经系统检查及下列检查。

1. 压力试验　患者膀胱充盈时，取截石位，嘱其用力咳嗽，如检查观察到每次咳嗽时均有尿液不自主溢出，则提示为压力性尿失禁。
2. 指压试验（图20-5）　检查者把中指、示指放入阴道前壁的尿道两侧，指尖位于膀胱与尿道交接处，向前上抬高膀胱颈，再嘱患者用力咳嗽，如压力性尿失禁现象消失，则为阳性。
3. 其他检查　尿动力学检查、尿道膀胱镜检查可辅助诊断。

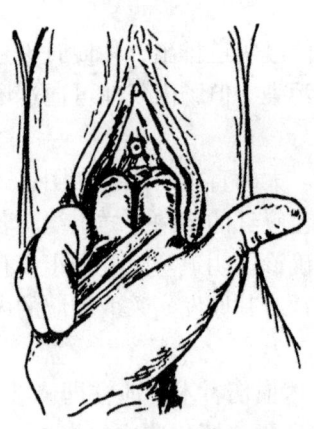

图20-5　压力性尿失禁检查法

【治疗】

1. 非手术治疗　适用于轻、中度患者及手术治疗前后的辅助治疗。方法有盆底肌肉锻炼、电刺激、磁刺激、膀胱训练等。
2. 手术治疗　常用手术方式有尿道中段悬吊术和耻骨后膀胱尿道悬吊术。

【预防】

同阴道前壁膨出。

（陈仁娇）

• 自测题 •

一、案例分析

患者，女性，61岁，G_6P_6，因阴道有肿物脱出1年就诊，自诉平卧后肿物可缩小。妇科检查：外阴老年型，阴道萎缩，宫颈及部分宫体脱出于阴道，宫颈肥大，充血，子宫体正常大小，双附件未扪及异常。

讨论分析：

1. 请说出初步诊断、诊断依据（如有两个以上诊断，请分别列出各自的诊断依据）。
2. 进一步需要做哪些检查？
3. 应与哪些疾病相鉴别？
4. 说出此病例的诊疗计划。

二、问答题

1. 简述子宫脱垂的临床分度。
2. 简述尿瘘患者的主要症状。

本章临床执业助理医师资格考试要点

子宫脱垂的概念、病因、临床分度、临床表现、诊断、治疗及预防。

第二十一章 女性生殖内分泌疾病

学习目标

通过本章内容的学习，学生应能够：

识记：
1. 复述异常子宫出血、闭经、多囊卵巢综合征、痛经及绝经综合征的概念。
2. 描述排卵障碍相关的异常子宫出血的主要病因和病理生理、闭经的常见病因。

理解：
1. 总结无排卵性异常子宫出血的治疗原则及措施。
2. 分析异常子宫出血的类型及其表现和特征，多囊卵巢综合征的诊断，绝经综合征的临床表现、治疗原则。

运用：
1. 养成关心、爱护患者的职业情操。
2. 具有较强的临床思维，能进行女性生殖内分泌案例分析，对月经失调妇女进行诊断并给予治疗。
3. 具备较强的动手操作能力，掌握诊断性刮宫术的操作步骤及注意事项。

第1节 异常子宫出血

导学案例 21-1

李某，女，15岁，因月经紊乱2年，经量过多1个月余就诊。患者2年前初潮，初潮后3个月开始月经紊乱，月经周期及经期均无规律，周期1~3个月不等，经期7~10日，1个月前月经来潮，持续至今，量多伴有暗红色血块，无腹痛，服用中药止血效果不佳，阴道出血仍时多时少，近10日来自觉头晕、乏力。查体：发育正常，营养中等，全身皮肤、黏膜苍白。外阴发育正常，直肠腹部诊：子宫前位，正常大小，质地中等，无压痛，双侧附件区未扪及异常。辅助检查：血常规提示中度贫血（血红蛋白75 g/L），性激素测定提示孕酮值偏低，妇科B型超声检查提示子宫正常大小，双侧附件区未见异常。

思考：
1. 患者的初步诊断是什么？
2. 主要治疗原则及措施是什么？

异常子宫出血（abnormal uterine bleeding，AUB）是青春期和育龄期女性常见的妇科症状和体征，指的是与正常月经的周期频率、规律性、经期长度、经期出血量中的任何 1 项不符，源于子宫腔的异常出血。本节内容不包括妊娠期、产褥期、青春期前及绝经后出血。

我国暂定的月经临床评价指标的相关术语见表 21-1，其他还有经期有无不适，如痛经、腰酸、下坠等。

表 21-1　AUB 术语范围

月经临床评价指标	术语	范围
周期频率	月经频发	<21 日
	月经稀发	>35 日
周期规律性（近 1 年）	规律月经	<7 日
	不规律月经	≥7 日
	闭经	≥6 个月无月经
经期长度	经期延长	>7 日
	经期过短	<3 日
经期出血量	月经过多	>80 ml
	月经过少	<5 ml

国际妇产科联盟（International Federation of Gynecology and Obstetrics，FIGO）2011 年提出了育龄期非妊娠妇女 AUB 病因分类 PALM-COEIN 系统，2014 年中华妇产科学会的指南接受了该分类系统。AUB 按病因分为两大类 9 个类型，按英语首字母缩写为"PALM-COEIN"，"PALM"存在结构性改变，可采用影像学技术和（或）组织病理学方法明确诊断。具体为：子宫内膜息肉所致 AUB（AUB-P）、子宫腺肌病所致 AUB（AUB-A）、子宫平滑肌瘤所致 AUB（AUB-L）、子宫内膜恶变和不典型增生所致 AUB（AUB-M）；全身凝血相关疾病所致 AUB（AUB-C）、排卵障碍相关 AUB（AUB-O）、子宫内膜局部异常所致 AUB（AUB-E）、医源性所致 AUB（AUB-I）、未分类的 AUB（AUB-N）。

根据出血时间，AUB 可分为经间期出血（IMB），不规则子宫出血、突破性出血（BTB）。出血较多者为出血（bleeding），量少者为点滴出血（spotting）。AUB 可分为急性和慢性两类：急性 AUB 指发生了严重的大出血，需要紧急处理，可发生于有或无慢性 AUB 史者。慢性 AUB 指近 6 个月内至少出现 3 次 AUB，无需紧急临床处理、但需进行规范诊疗的 AUB。

既往所称的"功能失调性子宫出血"，包括"无排卵性功能失调性子宫出血"和"排卵性月经失调"两类，前者属于 AUB-O；后者包括黄体功能不足和子宫内膜不规则脱落等，涉及 AUB-O 和 AUB-E。不再使用"功能失调性子宫出血"这一概念。

一、无排卵性异常子宫出血

【病因及病理生理】

无排卵性 AUB 的常见原因有：精神过度紧张、营养不良、环境改变、气候改变、过度劳累、全身或内分泌系统疾病、饮食紊乱、过度运动、酗酒以及其他药物等，通过大脑皮质和中枢神经系统影响下丘脑-垂体-卵巢轴的相互调节，使卵巢功能失调，性激素分泌紊乱，子宫内膜的周期性变化发生改变，导致月经周期紊乱，出现子宫不规则出血。无排卵性 AUB 导致子宫内膜受单一雌激素作用而无孕酮对抗，从而引起雌激素突破性出血。雌激素突破性出血有两种类型：①雌激素缓慢累积维持在阈值水平，可发生间断性少量出血，子宫内膜修复慢，

出血时间长；②雌激素累积维持在较高水平，子宫内膜持续增厚，但因无孕激素作用，内膜脆弱脱落而局致局部修复困难，临床表现为少量出血淋漓不断或一段时间闭经后的大量出血。无排卵性 AUB 的另一出血机制为雌激素撤退性出血，即在单一雌激素的持久刺激下，子宫内膜出现不同程度增生，此时，若有一批卵泡闭锁，或由于大量雌激素对 FSH 的负反馈作用，而导致雌激素水平下降，内膜失去支持而出现撤退性出血。无排卵性 AUB 常见于青春期、绝经过渡期，育龄期也可发生。

1. 青春期　下丘脑-垂体-卵巢轴的调节功能尚未成熟，下丘脑、垂体与卵巢间尚未建立稳定的周期性调节，尤其是对雌激素的正反馈调节存在缺陷，此时垂体分泌的 FSH 呈持续性低水平，无排卵前 LH 峰值出现，因此虽有卵泡生长，卵泡发育到一定程度即发生退行性变，形成闭锁卵泡，无排卵发生。

2. 绝经过渡期　卵巢功能开始衰退，卵泡对垂体促性腺激素的反应性低下，雌激素分泌量锐减，对垂体的负反馈变弱，以致体内促性腺激素水平升高，FSH 常比 LH 更高，不形成排卵期前 LH 峰值，故不排卵，导致无排卵性 AUB。

3. 育龄期　可因内外环境的变化如应激、劳累、流产、手术或疾病等引起短暂的无排卵。亦可因肥胖、高催乳素血症、多囊卵巢综合征等长期存在的因素引起持续无排卵。

【病理】

根据体内雌激素水平的高低和作用时间长短，以及子宫内膜对雌激素反应的敏感性，子宫内膜可表现出不同程度的增生性变化，少许可呈萎缩性改变。

1. 子宫内膜增生（endometrial hyperplasia）

根据 2014 年世界卫生组织（WHO）女性生殖系统肿瘤学分类，分为：

（1）不伴有不典型的增生（hyperplasia without atypia）：指子宫内膜腺体过度增生，大小和形态不规则，腺体和间质比例高于正常增殖期子宫内膜，但无明显的细胞不典型。因长期雌激素作用而无孕激素拮抗所致，发生子宫内膜癌的风险极低。包括既往所称的单纯型增生和复杂型增生。

（2）不典型增生（atypical hyperplasia, AH）/子宫内膜上皮内瘤变（endometrioid intraepithelial neoplasia, EIN）：指子宫内膜增生伴有细胞不典型。发生子宫内膜癌的风险较高，属于癌前病变。镜下表现为管状或分支腺体排列拥挤，并伴有细胞不典型（包括细胞核增大、圆形、多形性、极性丧失和核仁明显），病变区域内腺体拥挤，比例超过间质，仅有少量间质分隔。

2. 增殖期子宫内膜（proliferative phase endometrium）　子宫内膜与正常月经周期中的增殖期内膜无区别，只是在月经周期的后半期甚至月经期均无分泌期改变，仍表现为增殖期形态。

3. 萎缩型子宫内膜（atrophic endometrium）　少数子宫内膜菲薄，腺体少而小，腺腔狭小且直。腺上皮细胞呈单层立方形或低柱状，间质少而致密，胶原纤维相对增多。

【临床表现】

最常见的症状是不规则子宫出血，出血的类型取决于血清雌激素的水平及其下降速度，雌激素对子宫内膜持续作用的时间及子宫内膜厚度。临床特点为周期紊乱，经期长短不一，出血量时多时少，出血少时呈点滴状，多时可表现为大量出血。部分患者先有数周或数月的停经，然后出血，血量往往较多，持续 2~3 周或更长时间，不易自行停止，导致贫血或休克。出血期间多无下腹痛或其他不适。

【诊断】

主要依据病史、体格检查及其他辅助检查。诊断前必须除外生殖道或全身器质性病变。

1. 详细询问病史　包括患者的年龄、月经史、婚育史及避孕情况等。注意询问子宫异常出血持续时间、出血量及伴随症状，疾病经过和诊疗情况。近期有无服用干扰排卵的药物，有无服用抗凝药，是否有引起子宫异常出血的全身性疾病如血液病、肝病、内分泌疾病以及代谢

性疾病等，有无精神紧张、环境改变、情绪变动等影响正常月经周期的因素。

2. 全面体格检查　包括妇科检查及全身检查，有无贫血及甲状腺疾病，注意排除多囊卵巢综合征及其他生殖器官的器质性病变。

3. 辅助检查

（1）血常规及凝血功能检查：了解贫血情况、血小板计数、凝血功能情况。

（2）妊娠试验：有性生活史者应行妊娠试验检查，除外妊娠及其相关疾病。

（3）超声检查：了解子宫大小、形态、子宫内膜厚度、宫腔有无赘生物及其他生殖器官器质性病变等。

（4）诊断性刮宫或子宫内膜活检：可明确子宫内膜病理诊断和达到止血目的，应进行全面刮宫，必要时行分段诊刮。对年龄大于35岁，药物治疗无效或有子宫内膜癌高危因素的患者均应行诊刮术。刮宫时应注意宫腔大小、形态，宫壁是否平滑、有无突起，刮出物的性质和量，并注意刮取两侧宫角组织，刮出的组织送病理检查以确定出血的性质。为了明确是否排卵或判断黄体功能，应在经前1～2日或月经来潮6h内刮宫；为尽快减少大出血、除外器质性疾病，可随时刮宫。

（5）宫腔镜检查：可直视子宫内膜是否增厚、充血，表面是否平滑、有无突起等。在直视下选择病变区活检可提高诊断的准确性，宫腔镜检查目前是子宫内膜检查的金标准。

（6）激素测定：测定血清中雌激素、孕激素及促性腺激素水平，以了解垂体和卵巢功能。通过测定下次月经前5～9日（相当于黄体中期）血孕酮水平估计有无排卵，孕酮浓度<3 ng/ml提示无排卵。

（7）基础体温测定（BBT）：基础体温呈单相型，提示无排卵（图21-1）。

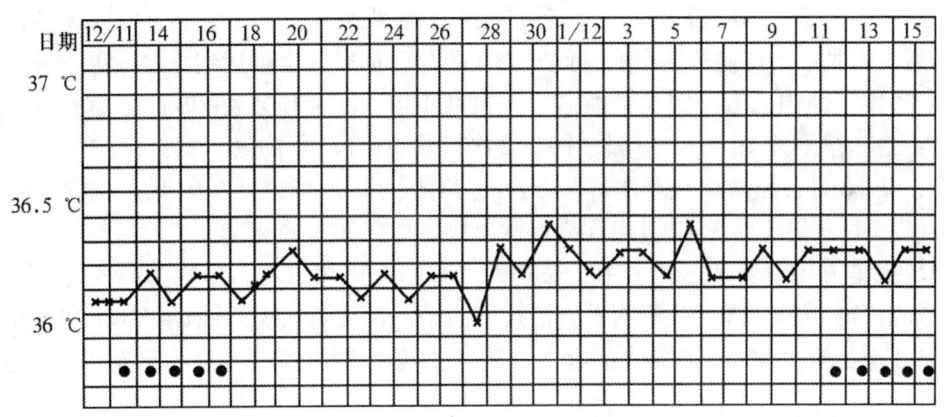

图21-1　基础体温单相型（无排卵性异常子宫出血）

【鉴别诊断】

诊断无排卵性AUB前必须排除生殖道局部或全身性疾病所致的生殖道出血，应注意鉴别以下疾病：

1. 妊娠相关疾病　生育年龄女性应首先排除与妊娠有关的疾病，如流产、异位妊娠、葡萄胎、胎盘残留等。

2. 生殖道感染及肿瘤　如子宫颈炎、子宫内膜炎、子宫肌瘤、滋养细胞肿瘤、子宫颈癌及子宫内膜癌等。

3. 生殖道损伤　如阴道裂伤出血、阴道异物等。

4. 全身性疾病　如血液病、肝病、甲状腺功能亢进或减退等。

5. 性激素类药物使用不当或宫内节育器所致的子宫异常出血。

【治疗】

（一）治疗原则

青春期患者以止血、调整周期为治疗原则，对年轻有生育要求者可同时行促排卵治疗；绝经过渡期患者以止血、调整周期、减少经量、防止子宫内膜病变为治疗原则。常用性激素药物止血和调整月经周期。出血期可辅以促凝血和抗纤溶药物，促进止血。必要时手术治疗。注意加强营养，改善全身情况。贫血者补充铁剂治疗，贫血严重者需输血治疗。出血时间长者给予抗生素预防感染。

（二）治疗措施

1. 止血 性激素为首选药物。对大量出血患者，要求在性激素治疗 6 h 内见效，24～48 h 内出血基本停止，若 96 h 以上仍不止血，应考虑有器质性病变存在。

（1）雌激素（子宫内膜修复法）：大量雌激素促进子宫内膜快速增生、修复出血创面和增强凝血功能而止血。适用于血红蛋白低于 80 g/L 的青春期患者。首选口服法止血，患者不耐受时可改为肌内注射法。

1）口服法：戊酸雌二醇每次 2 mg，或结合雌激素每次 1.25～2.5 mg，口服，每 6～8 h 一次。止血后每 3 日减少 1/3 剂量，而后改为最小剂量，戊酸雌二醇 1～2 mg/d，或结合雌激素 0.625～1.23 mg/d，维持治疗至止血后 20 日以上。所有雌激素疗法患者在血红蛋白增加至 80～90 g/L 以上后须加用孕激素，使子宫内膜转化，雌孕激素同时停药后出现撤退性出血。

2）肌内注射法：苯甲酸雌二醇每次 2 mg，每 6～8 h 1 次，止血 3 日后开始减量，用法同戊酸雌二醇，维持量为 2 mg/d。

（2）孕激素（子宫内膜脱落法）：孕激素使处于增殖期或异常增生的子宫内膜转化为分泌期，停药后内膜脱落出现撤药性出血，此时内膜脱落较彻底，也可达到止血效果，故又称"药物刮宫"。适用于体内已有一定水平雌激素，血红蛋白＞80 g/L、生命体征平稳的患者。常用的方法是：地屈孕酮片 10 mg，口服，每日 2 次，共 10 日；微粒化孕酮 200～300 mg，口服，每日 1 次，共 10 日；醋酸甲羟孕酮 6～10 mg，口服，每日 1 次，共 10 日；肌内注射黄体酮 10 mg/d，共 5 日。停药后 3～7 日出现撤退性出血。

（3）口服复方短效避孕药：适用于长期而严重的无排卵患者。药物为第 3 代短效口服避孕药，如妈富隆、达英-35 或优思明等。治疗方法是：1～2 片/次，每 6～8 h 1 次，止血后每 3 日减少 1/3 剂量至 1 片/日，维持至血止后 21 日停药。严重持续无规律出血建议连续服用 3 个月等待贫血纠正。

（4）孕激素（子宫内膜萎缩法）：高效合成孕激素可使内膜萎缩，达到止血目的，此法不适用于青春期患者。炔诺酮首剂量 5 mg，口服，每 8 h 1 次，血止后每隔 3 日递减 1/3 量，直至维持量每日 2.5～5 mg，血止后 21 日停药，停药后 3～7 日发生撤退性出血。

（5）雄激素：雄激素有拮抗雌激素、增强子宫平滑肌及子宫血管张力的作用，可减轻盆腔充血，减少出血量。雄激素不能立即改变内膜脱落过程，也不能使内膜迅速修复，没有止血作用，故不能单独应用。常用丙酸睾酮 25～50 mg 肌内注射，每日 1 次，连用 2～3 日，出血明显减少时停止使用。每月总量不超过 300 mg。

（6）其他止血药：肾上腺色腙（安络血）、酚磺乙胺（止血敏）等可减少微血管的通透性，氨基己酸、氨甲环酸等可抑制纤溶酶，有减少出血量的辅助治疗作用。

（7）刮宫术：刮宫术止血迅速，将子宫内膜送病理检查有诊断价值。对绝经过渡期患者应首先考虑行刮宫术。

2. 调整月经周期 是治疗 AUB-O 的关键步骤，可巩固疗效和避免复发。其一方面可使患者恢复自身的下丘脑-垂体-卵巢轴的正常内分泌调节；另一方面使子宫内膜发生周期性变

化，内膜脱落出血，且出血量不多。

（1）雌、孕激素序贯疗法：即人工周期。模拟自然月经周期中卵巢的内分泌变化，将雌、孕激素序贯应用，使子宫内膜发生周期性脱落，适用于青春期患者。于月经周期（或撤退性出血）的第6日开始服用结合雌激素1.25 mg/d或戊酸雌二醇1~2 mg/d，连服20日，后10日肌内注射黄体酮10 mg/d或加服甲羟孕酮10 mg/d。停药3~7日撤退性出血，于出血第6日重复用药，连用3个周期，此后多能自发排卵（图21-2）。

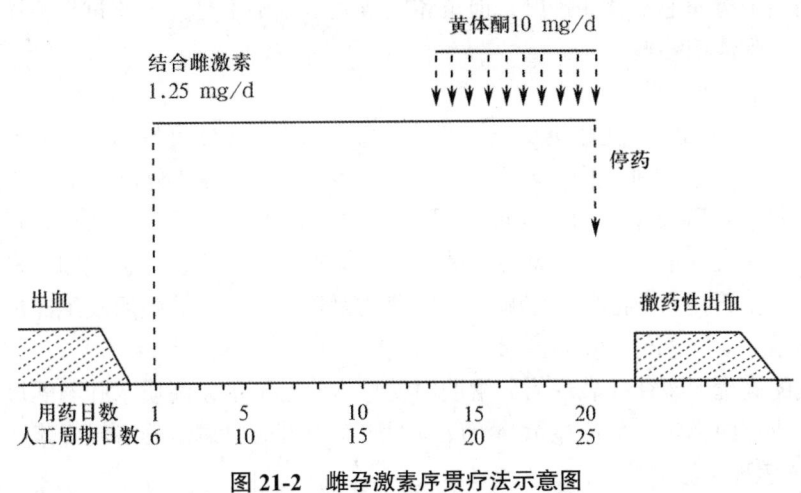

图 21-2　雌孕激素序贯疗法示意图

（2）口服避孕药：雌激素使子宫内膜增生修复，孕激素用以限制雌激素引起的内膜增生程度。可很好控制周期，尤其适用于有避孕要求的患者。有避孕药禁忌证者不宜应用。于月经第5日起，每晚1片，连服21日，停药后出现撤退性出血，出血量减少。连用3个周期。

（3）后半周期疗法：适用于体内有一定雌激素水平的各年龄段患者。于月经周期后半期（撤药性出血的第16~25日）口服醋酸甲羟孕酮10 mg/d，或肌内注射黄体酮10 mg/d，连用10日，3个周期为一个疗程。

（4）左炔诺孕酮宫内缓释系统（levonorgestrel-releasing intrauterine，LNG-IUS）：适用于无生育需求的生育期或围绝经期患者。其原理是在宫腔内局部释放左炔诺孕酮，抑制子宫内膜生长，能有效减少经量。

3. 促排卵　适用于育龄期无排卵不孕症患者。

（1）氯米芬：竞争结合下丘脑雌激素受体而产生抗雌激素作用，通过抑制内源性雌激素对下丘脑的负反馈作用，诱导GnRH的释放而诱发排卵。适用于体内有一定雌激素水平的患者。月经期第5日起，每晚服50 mg，连服5日。若排卵失败，可于下个月经周期重复用药，一般连用3个月。

（2）人绒毛膜促性腺激素（hCG）：适用于体内FSH有一定水平、雌激素中等水平者。超声监测卵泡发育接近成熟时，可大剂量肌注hCG 5000~10 000 U诱发排卵。

（3）尿促性素（human menopausal，hMG）：每支含FSH及LH各75 U。常用hMG和hCG联合用药促排卵。月经周期第5日起每日肌内注射hMG 1~2支，直至卵泡成熟，停用hMG，加用hCG 5000~10 000 U肌内注射，以提高排卵率。hMG有诱发卵巢过度刺激综合征的可能，故仅适用于氯米芬促排卵效果不佳、要求生育的不孕患者。

4. 手术治疗　以刮宫术最常用，既能迅速止血，又能明确诊断并排除子宫内膜器质性病变。子宫内膜去除术是利用宫腔镜下电切割或激光、电凝等方法使子宫内膜凝固坏死，适用于绝经过渡期患者和无生育要求的生育年龄患者。术前必须有明确的病理学诊断，排除癌或癌前病变，以避免误诊和误切。患者经各种治疗效果不佳，并了解所有可行的药物治疗方法后，由

患者和家属知情选择后接受子宫切除。

二、排卵性异常子宫出血

排卵性异常子宫出血多发生于育龄期妇女，较无排卵性 AUB 少见。常见类型为黄体功能不足、子宫内膜不规则脱落及子宫内膜局部异常所致的 AUB。

【黄体功能不足】

在月经周期中有卵泡发育和排卵，但黄体期孕激素分泌不足或黄体过早萎缩，使子宫内膜分泌反应不良，黄体期缩短。

（一）发病机制及病理

正常分泌的 FSH 和 LH 使卵巢发生周期性排卵，卵巢对 LH 良好的反应，是黄体健全发育的必要前提。各种因素如神经内分泌调节紊乱可导致卵泡期 FSH 分泌不足，卵泡发育差，雌激素分泌少，对下丘脑及垂体的正反馈作用不足；LH 脉冲峰值不高及排卵峰后 LH 低脉冲缺陷，使排卵后黄体发育不全，孕激素分泌减少；卵巢本身发育不良，造成卵泡发育不良，排卵后颗粒细胞黄素化不良，孕激素分泌减少。生理性因素如初潮、分娩后及绝经过渡期等也可导致黄体功能不足。

子宫内膜的病理形态往往表现为分泌期内膜腺体分泌不足，间质水肿不明显，腺体和间质发育不同步，或在内膜各个部位显示分泌反应不均。内膜活检显示分泌反应落后 2 日。

（二）临床表现及诊断

月经周期缩短，月经频发。有时月经周期虽正常，但卵泡期延长，黄体期缩短，易致不孕或孕早期流产。妇科检查无引起异常子宫出血的生殖器官器质性病变。基础体温呈双相型，但排卵后体温上升缓慢，上升幅度低，高温相小于 11 日（图 21-3）。子宫内膜活检示子宫内膜分泌反应不良，至少落后 2 日。

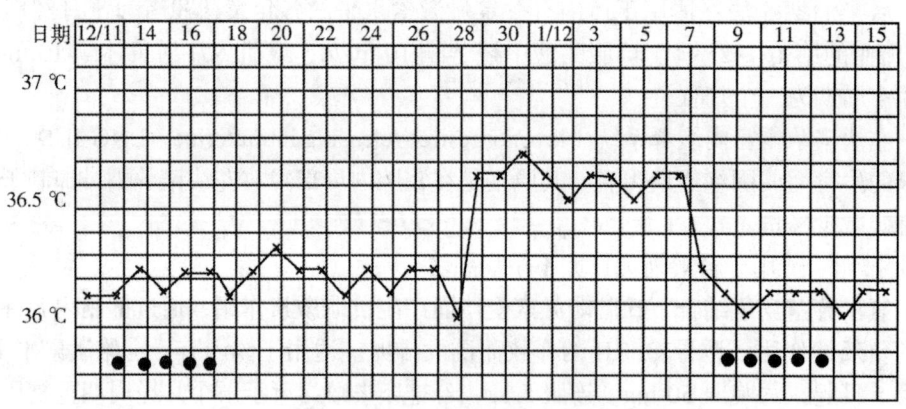

图 21-3 黄体功能不足时体温

（三）治疗

1. 促卵泡发育　针对发病原因，促使卵泡发育和排卵。

（1）卵泡期使用低剂量雌激素：月经第 5 日起口服戊酸雌二醇 1 mg/d，连用 5~7 日。

（2）氯米芬：月经第 5 日起口服氯米芬 50 mg/d，连用 5 日。

2. 促月经中期 LH 峰值形成　监测到卵泡成熟后，应用 hCG 5000~10 000 U，1 次或分 2 次肌内注射。

3. 黄体功能刺激疗法　应用 hCG 促进并支持黄体功能。于基础体温上升后开始，隔日肌内注射 hCG 1000~2000 U，共 5 次，可使体内孕酮水平明显上升，随之月经周期恢复正常。

4. 黄体功能替代疗法　自排卵后每日肌内注射黄体酮 10 mg，共 10~14 日，用以补充黄体分泌孕酮的不足。一般用药后可使月经周期正常，出血量减少。

5. 口服避孕药　适用于有避孕需求的患者。一般使用口服避孕药 3 个周期，病情反复者酌情延至 6 个周期。

【子宫内膜不规则脱落】

月经周期有排卵，黄体发育良好但黄体萎缩过程延长，导致子宫内膜不规则脱落。

（一）发病机制及病理

由于下丘脑-垂体-卵巢轴调节功能紊乱，引起黄体萎缩不全，子宫内膜持续受孕激素的影响，导致不能如期完整脱落。

正常月经期第 3~4 日时，分泌期内膜已全部脱落，代之以再生的增殖期内膜。在子宫内膜不规则脱落时，月经期第 5~6 日仍能见到呈分泌反应的内膜，子宫内膜表现为混合型，即残留的分泌期内膜与出血坏死组织及新增生的内膜混合共存。

（二）临床表现及诊断

月经周期正常但经期延长，长 9~10 日，出血量较多。基础体温呈双相型，但高温相下降缓慢（图 21-4）。在月经期第 5~6 日行诊断性刮宫，病理切片上仍能见到呈分泌反应的子宫内膜，且与增殖期内膜并存。病理检查作为确诊依据。

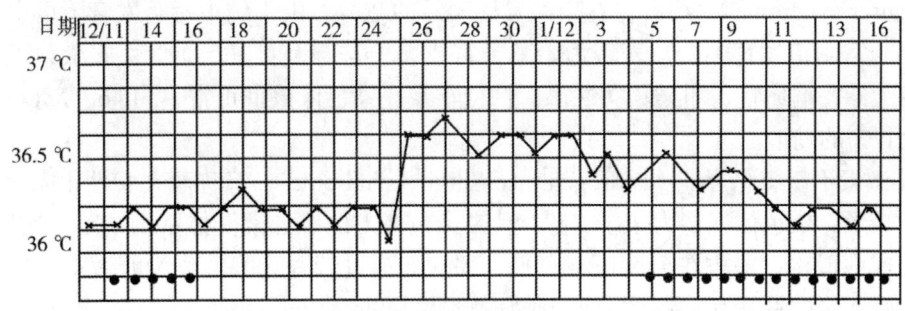

图 21-4　子宫内膜不规则脱落时体温

（三）治疗

1. 孕激素　自排卵后第 1~2 日或下次月经前 10~14 日起，口服醋酸甲羟孕酮 10 mg/d，有生育要求者可肌内注射黄体酮，可使黄体及时萎缩，内膜完整脱落。

2. 人绒毛膜促性腺激素（hCG）　hCG 有促进黄体功能的作用，用法同黄体功能不足。

3. 口服避孕药　抑制排卵，控制周期。无生育要求者可口服单相口服避孕药，自月经周期第 5 日起，每日 1 片，连服 21 日。

【子宫内膜局部异常所致异常子宫出血（AUB-E）】

指原发于子宫内膜局部异常引起的异常子宫出血。当 AUB 发生在有规律且有排卵的周期，特别是经排查未发现其他原因可解释时，则可能是 AUB-E。其机制可能涉及子宫内膜局部凝血纤溶调节机制异常如子宫内膜炎症、感染、炎性反应及子宫内膜血管生成异常等。

（一）临床表现及诊断

表现为月经过多、经间期出血或经期延长，而周期、经期持续时间正常。目前尚无特异方法诊断子宫内膜局部异常，主要基于在有排卵月经的基础上排除其他明确异常后而确定。

（二）治疗

先行药物治疗，治疗顺序为：①左炔诺孕酮宫内缓释系统，适合于近 1 年以上无生育要求者；②非甾体类抗炎药或氨甲环酸抗纤溶治疗，适用于不愿或不能使用性激素治疗或想尽快妊娠者；③短效口服避孕药；④孕激素子宫内膜萎缩法，如炔诺酮 5 mg 每日 3 次，从月经周期第 5 日起，连服 21 日。

刮宫术仅用于紧急止血及病理检查。对于无生育要求者，可行保守性手术，如子宫内膜切除术。

第 2 节 闭 经

闭经（amenorrhea）是妇科疾病中的常见症状，可由多种原因引起。闭经分为原发性和继发性两类。原发性闭经是指年龄超过 16 岁尚无月经来潮；或年龄超过 14 岁，第二性征尚未发育；或第二性征发育已过两年，尚无月经来潮者。继发性闭经则是指正常月经建立后月经停止 6 个月以上，或停经超过既往 3 个正常月经周期者。青春期前、妊娠期、哺乳期及绝经期后闭经等属于生理性闭经，不在本节讨论。

【病因及分类】

正常月经的建立和维持有赖于下丘脑 – 垂体 – 卵巢轴的神经内分泌调节，以及子宫内膜对性激素的周期性反应和下生殖道的通畅，其中任何一个环节发生障碍均可出现闭经。

（一）原发性闭经

较为少见，往往由于遗传因素或先天发育缺陷引起。约 30% 患者伴有生殖道异常。

1. 米勒管发育不全综合征（Mullerian agenesis syndrome） 即 MRKH 综合征（Mayer-Rokitansky-Kuster-Hauser syndrome） 约占青春期原发性闭经的 20%。由于副中肾管发育障碍引起的原发性闭经伴子宫阴道发育不全，表现为始基子宫或无子宫、无阴道，而促性腺激素正常，有排卵、外生殖器、输卵管、卵巢及女性第二性征正常。染色体核型正常，为 46，XX。少数患者伴有肾及骨骼的畸形。

2. 雄激素不敏感综合征（androgen insensitivity syndrome） 又称睾丸女性化完全型。为男性假两性畸形，染色体核型为 46，XY，但 X 染色体上的雄激素受体基因缺陷。性腺为睾丸，位于腹腔或腹股沟，睾酮在男性正常水平，睾酮能通过芳香化酶转化为雌激素，故表型为女型，如乳房隆起，阴道为盲端较短浅，子宫及附件缺如。

3. 低促性腺素性腺功能减退 多因下丘脑分泌 GnRH 不足或垂体分泌促性腺激素不足致原发性闭经。如常见的 Kallmann's 综合征，即嗅觉缺失综合征，先天性 GnRH 分泌不足与嗅觉神经发育不全。表现为青春期延迟、无月经、无性征发育，常伴嗅觉障碍，但女性内生殖器分化正常。

4. 特纳综合征（Tuner syndrome） 因缺少一个 X 染色体或分化不完全引起，核型为 X 染色体单体（45，XO）、或嵌合体（45，XO/46，XX 或 45，XO/47，XXX）。表现为卵巢不发育、原发性闭经、第二性征发育不良及身体外形异常。

（二）继发性闭经

临床多见，根据病变部位可分为下列几种类型。

1. 子宫性闭经 指子宫内膜失去对卵巢激素的正常反应而导致闭经。下丘脑 – 垂体 – 卵巢轴的调节功能正常，第二性征发育也正常。常见的如 Asherman 综合征：因流产或产后刮宫过度，引起宫腔粘连而导致闭经。结核性子宫内膜炎或宫腔放射治疗后子宫内膜遭受破坏易致闭经。

2. 卵巢性闭经 闭经原因在卵巢。卵巢分泌的性激素水平低下，子宫内膜不发生周期性变化而闭经。

（1）卵巢早衰（premature ovarian failure，POF）：40 岁前绝经者称卵巢早衰，由于卵巢内卵泡耗竭或医源性损伤发生卵巢功能衰竭。病因可因遗传因素、自身免疫性疾病、医源性损伤（放疗、化疗对性腺的破坏或手术所致的卵巢血供受影响）或特发性原因引起。

（2）卵巢功能性肿瘤：如睾丸母细胞瘤，因其能分泌雄激素，抑制卵巢功能而闭经；颗粒

细胞瘤、卵泡膜细胞瘤因能分泌过量的雌激素,抑制排卵并使子宫内膜增生过长而致闭经。

（3）多囊卵巢综合征：主要特征是持续无排卵和高雄激素血症。临床表现为闭经、不孕、多毛和肥胖,双侧卵巢增大,持续无排卵。

3. 垂体性闭经　主要病变在垂体。腺垂体器质性病变或功能失调,均可影响促性腺激素的分泌,进而影响卵巢功能而闭经。

（1）垂体梗死：常见的为席汉综合征（Sheehan syndrome）。由于产后大出血休克,使垂体局部的血液供应发生障碍,导致血栓形成,垂体梗死,尤以腺垂体最为敏感,不仅使促性腺激素分泌细胞发生坏死,也可累及促甲状腺激素及促肾上腺激素的分泌细胞,于是出现闭经、无乳、性欲减退、脱毛、第二性征衰退、生殖器官萎缩等症状,还可伴有畏寒、嗜睡等代谢率降低的表现。

（2）垂体肿瘤：位于蝶鞍内的腺垂体各种腺细胞均可发生肿瘤,肿瘤压迫垂体分泌细胞致使促性腺激素分泌减少导致闭经。最常见的为引起高催乳素血症的垂体催乳素瘤,可引起闭经、溢乳、头痛等症状,即闭经溢乳综合征。

（3）空蝶鞍综合征（empty sella syndrome）：蝶鞍隔因先天发育不全、肿瘤或手术破坏,使脑脊液流入蝶鞍的垂体窝,使蝶鞍扩大,垂体受压缩小,称空蝶鞍。垂体柄受脑脊液压迫而使下丘脑与垂体间的门脉循环受阻时,出现闭经和高催乳素血症。

4. 下丘脑性闭经　是最常见的一类闭经。由于中枢神经系统及下丘脑各种功能和器质性疾病引起的闭经,以功能性原因为主。

（1）精神、神经因素：由于精神创伤或过度紧张、忧虑、恐惧以及环境改变、寒冷刺激等,扰乱了中枢神经系统对下丘脑的调控,进而影响促性腺素释放激素（GnRH）的脉冲式释放,并通过下丘脑-垂体-卵巢轴,影响卵泡的发育及成熟,使排卵功能发生障碍而导致闭经。

（2）药物性闭经：长期应用避孕药,通过反馈抑制下丘脑和垂体的功能引起闭经,此种闭经是可逆的,多在停药后3~6个月恢复月经。长期服用抗精神失常类药及抗高血压类药,如氯丙嗪、阿片类、利血平、多巴胺等,可抑制下丘脑分泌的催乳素抑制因子（PIF）,引起高催乳素血症,从而使GnRH分泌不足或FSH、LH对GnRH反应性差,而引起闭经,伴有持续泌乳、生殖器官萎缩。

（3）运动性闭经：长期剧烈运动或舞蹈训练易致闭经,与患者的心理背景、应激反应程度及体脂下降有关。运动剧增后,GnRH释放受抑制使LH释放受抑制,也可引起闭经。目前认为体内脂肪减少和营养不良引起瘦素水平下降,是生殖轴功能受抑制的机制之一。

（4）体重下降和神经性厌食：中枢神经对体重急剧下降极为敏感,1年内体重下降10%左右,即使仍在正常范围也可引发闭经。无论单纯体重下降还是真正的神经性厌食,由于长期营养缺乏,使GnRH浓度降至青春期水平,以致促性腺激素和雌激素水平低下而闭经。

（5）颅咽管瘤：是罕见的闭经原因。增大的瘤体可压迫下丘脑和垂体柄引起闭经、生殖器萎缩、肥胖、颅内压增高、视力障碍等症状,也称肥胖生殖无能营养不良症。

5. 其他　内分泌功能异常如甲状腺功能异常、肾上腺皮质功能亢进、肾上腺皮质肿瘤等也会引起闭经。

【诊断】

闭经是一种症状,诊断目的是寻找病因和确定准确的病变部位,应按检查步骤进行系统检查。

（一）询问病史

1. 月经史　第二性征发育情况,初潮年龄,月经周期、经量等。
2. 生长发育史　幼年健康情况,有无先天性缺陷或患过病毒性感染、结核性腹膜炎等。

3. 有无精神刺激或生活环境改变，体重变化，剧烈运动等。
4. 有无流产、刮宫、产后出血及感染病史等。
5. 避孕药或接受激素治疗情况等。
6. 有无结核病、甲状腺疾病、有无头痛、视力障碍或溢乳等。

（二）体格检查

包括全身发育情况，第二性征发育情况，如毛发分布、乳房发育是否正常，是否泌乳等。有无体格发育畸形，身高、体重，四肢与躯干的比例，五官生长特征，精神状况，智力发育，营养和健康情况。妇科检查应注意内、外生殖器官的发育，有无先天性缺陷、畸形等。

（三）辅助检查

已婚育龄期妇女闭经应首先排除妊娠。通过病史询问及体格检查，对闭经的病因及病变部位要有初步了解，再按闭经的诊断步骤进行相关辅助检查以明确诊断。

1. 药物撤退性试验　药物撤退性试验用于评估体内雌激素水平，确定闭经程度。

（1）孕激素试验：黄体酮 20 mg 肌内注射，每日 1 次，连用 5 日；或口服醋酸甲羟孕酮，每日 10 mg，连用 5 日，停药 3~7 日出现撤退性出血为阳性反应，说明子宫内膜已受到一定水平雌激素的影响，对孕激素的反应功能正常。孕激素试验无撤退性出血为阴性反应，说明体内雌激素水平低下，以致对孕激素无反应，需进一步做雌、孕激素序贯试验。

（2）雌、孕激素序贯试验：适用于孕激素试验阴性的患者。每晚睡前服结合雌激素 1.25 mg，连续 20 日，最后 10 日加用甲羟孕酮，每日口服 10 mg，停药后 3~7 日发生撤退性出血者为阳性，提示子宫内膜功能正常，可排除子宫性闭经，病变部位在卵巢、垂体或下丘脑。无撤退性出血者为阴性，应重复一次试验，若仍无出血，提示子宫内膜有缺陷或被破坏，可诊断为子宫性闭经。

2. 激素测定　雌、孕激素序贯试验阳性时，为确定病因在卵巢、垂体还是下丘脑，需测定血清卵泡刺激素（FSH）、黄体生成素（LH）、催乳素（PRL）水平。正常月经周期中 FSH 值为 5~20 U/L，LH 为 5~25 U/L。若 PRL 正常，但 FSH>40 U/L，提示卵巢功能障碍；若 FSH、LH 值均<5 U/L，提示垂体功能减退，病变可能在垂体或下丘脑；若 PRL>25 μg/L 时为高催乳素血症，应进一步做影像学检查，排除垂体肿瘤。血甾体激素测定：血清孕酮≥15.9 nmol/L 为排卵标志。若雌、孕激素浓度低，提示卵巢功能不正常或衰竭；若睾酮值高，提示有多囊卵巢综合征、卵巢男性化肿瘤或睾丸女性化等疾病可能。

3. 垂体兴奋试验　又称下丘脑促性腺激素释放激素（GnRH）刺激试验，用以区别垂体与下丘脑病变。方法：将黄体生成素释放激素（LHRH）100 μg 溶于生理盐水 5 ml 中，静脉注射，30 s 内完成。于注射前及注射后 15 min、30 min、60 min 及 90 min 分别采静脉血 2 ml，测定 LH 含量。若注射后 15~60 min LH 峰值较注射前升高 2~4 倍以上，提示垂体功能正常，闭经原因在下丘脑。如 LH 不升高或升高不显著，则提示病变在垂体，如席汉综合征。

4. 影像学检查

（1）盆腔超声检查：观察盆腔有无子宫、子宫大小、形态及内膜厚度，卵巢大小、形态、卵泡数目等。

（2）子宫输卵管造影：了解有无宫腔病变和宫腔粘连。

（3）CT 或 MRI：用于盆腔及头部蝶鞍区检查，了解盆腔肿块和中枢神经系统病变性质，诊断卵巢肿瘤、下丘脑病变、垂体微腺瘤、空蝶鞍等。

（4）静脉肾盂造影：怀疑米勒管发育不全综合征时，用以确定有无肾畸形。

5. 内镜检查　宫腔镜可观察子宫腔及其内膜情况，并直视下取内膜组织做病理检查。腹腔镜可直接观察子宫、输卵管及卵巢形态，盆腔、腹腔病灶，并可取活组织检查，有助于诊断卵巢早衰、子宫发育不良、肿瘤及多囊卵巢综合征等。

6. 染色体检查　对原发性闭经病因诊断及鉴别性腺发育不全病因、指导临床处理有重要意义。

7. 其他检查　靶器官反应检查如基础体温测定、子宫内膜取样等。怀疑结核或血吸虫病，应行内膜培养。

（四）闭经的诊断步骤

首先区分原发性闭经或继发性闭经，若为原发性闭经，首先应检查第二性征、乳房及子宫的发育情况，然后按图 21-5 的诊断步骤进行；若为继发性闭经，按图 21-6 的诊断步骤进行。

【治疗】

（一）全身治疗

全身治疗在闭经中占重要地位。若闭经由于潜在的疾病或营养缺乏引起，应积极治疗全身性疾病，提高机体体质，供给足够的营养，保持标准体重。若闭经受应激或精神因素影响，则应进行耐心的心理治疗，消除精神紧张和焦虑。

（二）病因治疗

治疗引起闭经的器质性病变。先天性畸形如处女膜闭锁、阴道横隔等可手术切开或成形术；宫腔粘连者行宫颈、宫腔粘连分离术；结核性子宫内膜炎应积极抗结核治疗；卵巢或垂体肿瘤可行手术或放射治疗；口服避孕药引起的闭经应停药，月经多在半年内恢复。

（三）激素治疗

适用于下丘脑 – 垂体 – 卵巢轴功能紊乱患者，还可诱发排卵，恢复生育功能。凡闭经患者经病因治疗一段时间，月经不能自然恢复者，可加用激素治疗，以促进卵巢功能迅速恢复。对性腺发育不全患者进行必要的手术后，终生用雌激素替代治疗，维持女性性征的发育。

1. 性激素的补充治疗

（1）雌激素：适用于无子宫者。戊酸雌二醇 1 mg/d，妊马雌酮 0.625 mg/d 或微粒化 17-β 雌二醇 1 mg/d，连用 21 日，停药 1 周后重复给药。

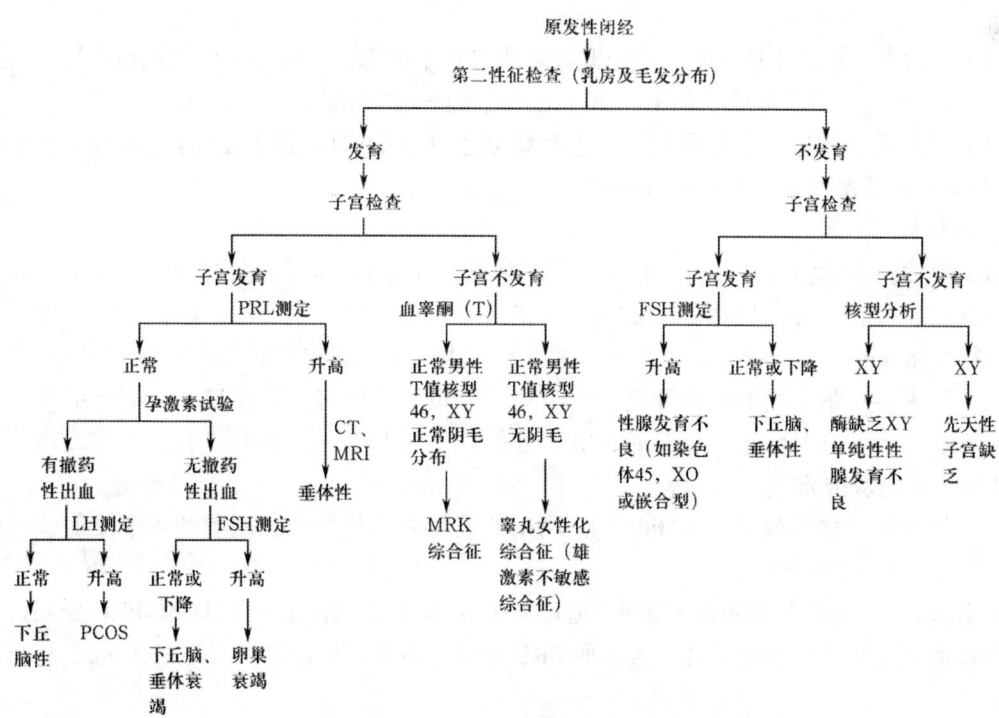

图 21-5　原发性闭经的诊断步骤

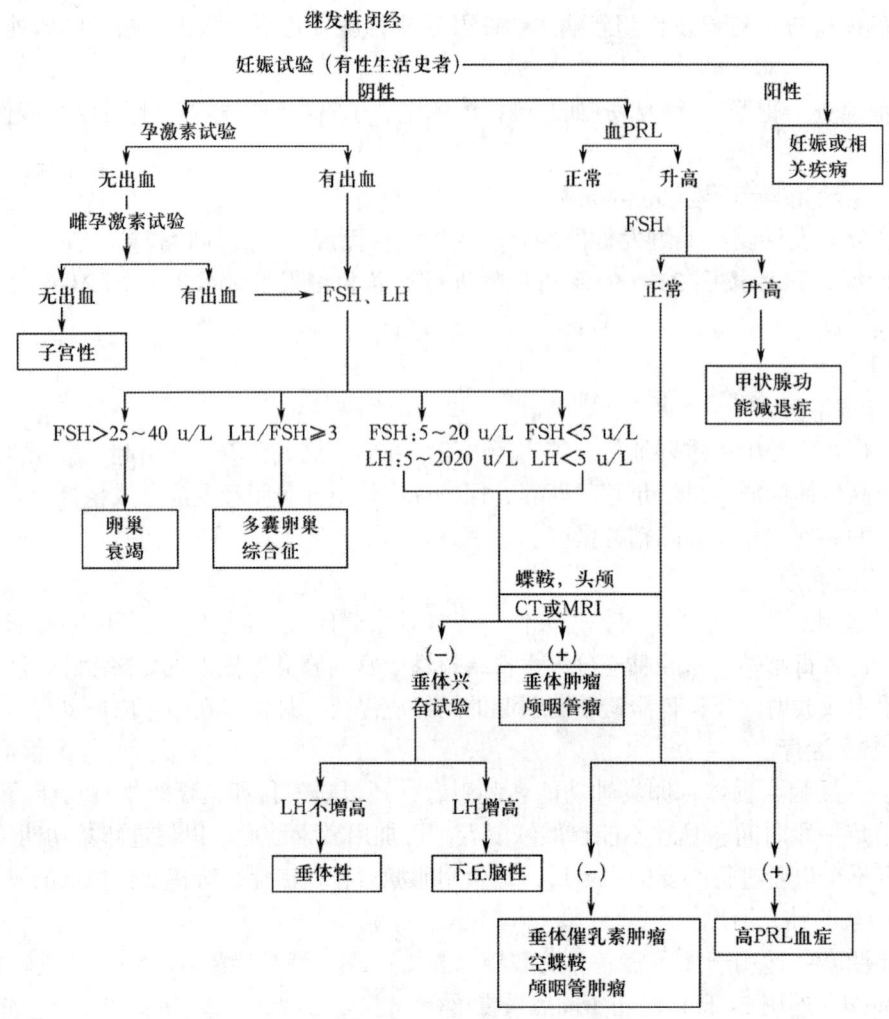

图 21-6 继发性闭经的诊断步骤

（2）孕激素：适用于体内有一定内源性雌激素水平的患者，可于月经周期后半期（撤退性出血第 16～25 日）口服地屈孕酮 10～20 mg/d 或醋酸甲羟孕酮 6～10 mg/d。

（3）人工周期：适用于有子宫者。上述雌激素连服 20 日，最后 10 日同时给予地屈孕酮 10～20 mg/d 或醋酸甲羟孕酮 6～10 mg/d。

2. 促排卵

（1）促性腺激素治疗：对有生育要求且垂体功能不全者，可用尿促性素（hMG），自撤退性出血的第 5 日起，每日肌内注射 hMG 75～150 U，连用 7 日，无反应加至每日 2 支，B 超监测卵泡直径≥18 mm 时，停用 hMG，加用 hCG 5000～10 000 U 肌内注射，诱发排卵并维持黄体。

（2）氯米芬：最常用的促排卵药物。适用于卵巢和垂体有正常反应，而下丘脑功能不足且有生育要求者。自月经第 5 日开始，氯米芬每日 50～100 mg，连用 5 日。通过促进下丘脑 GnRH 的分泌诱发排卵。

（3）促性腺激素释放激素（GnRH）：利用其天然制品促排卵，用脉冲皮下注射或静脉给药，适用于下丘脑性闭经。

3. 溴隐亭 为多巴胺受体激动剂，通过和垂体多巴胺受体结合抑制垂体 PRL 分泌，用于高催乳素血症及垂体微腺瘤患者。根据血 PRL 水平，每日口服溴隐亭 2.5～7.5 mg，从小剂量开始。

4. 其他激素 甲状腺功能减退引起的闭经，用甲状腺激素 30～40 mg，每日 1～3 次口服，连续服用，根据症状及基础代谢率调整剂量。先天性肾上腺皮质功能亢进引起的闭经，一般用泼尼松或地塞米松治疗。

（四）辅助生殖技术

对于有生育要求，诱发排卵后未能成功妊娠，或合并输卵管问题的闭经患者或男方因素不孕者可采用辅助生殖技术。

第3节 多囊卵巢综合征

多囊卵巢综合征（polycystic ovarian syndrome，PCOS）是较常见的妇科内分泌紊乱疾病。因 Stein 和 Leventhal 于 1935 年首先报道，故又称 Stein-Leventhal 综合征。多在青春期前后发病，卵巢卵泡内膜细胞良性增生，引起雄激素合成、分泌过多，而造成月经紊乱、持续无排卵、高雄激素症状、卵巢多囊样改变等一系列表现，即闭经、不孕、多毛、肥胖、双侧卵巢多囊性增大等。发病可能与遗传基因及环境因素有关。

【内分泌特征与发病机制】

内分泌特征有：①雄激素过多；②雌酮过多；③黄体生成素/卵泡刺激素（LH/FSH）比值增大；④胰岛素过多。

由于垂体对促性腺激素释放激素（GnRH）敏感性增加，分泌过量 LH，刺激卵巢间质、卵泡膜细胞产生过量雄激素。肾上腺皮质的脱氢表雄酮对促肾上腺皮质激素（ACTH）的刺激呈高敏感性，也使雄激素的合成分泌增加。卵巢内高雄激素浓度抑制卵泡成熟，导致卵泡闭锁，不能形成优势卵泡，使雌激素的分泌受阻，但卵巢中的小卵泡仍能分泌雌激素；体内雄烯二酮和游离睾酮增加，经肝和周围脂肪组织转化为雌酮，故形成 PCOS 患者的高雄激素和高雌激素状态，以雄激素过多更为突出。过多的雄激素和雌激素影响下丘脑-垂体的功能，导致 LH、FSH 分泌不同步，LH/FSH 比例失调，从而形成雄激素过多、持续无排卵的恶性循环，导致卵巢多囊样改变。PCOS 的病因还可能与高胰岛素血症和胰岛素抵抗有关。约 50% 患者存在不同程度的胰岛素抵抗及代偿性高胰岛素血症。过量胰岛素作用于垂体的胰岛素受体，增强 LH 释放并促进卵巢和肾上腺分泌雄激素，又通过抑制肝性激素结合球蛋白（sex hormone-binding globulin，SHBG）合成，使游离睾酮增加。

【病理】

1. 卵巢的变化　双侧卵巢增大，相当于正常卵巢的 2～5 倍，表面光滑，灰白色，白膜增厚质韧，白膜下可见许多大小不等的囊性卵泡，直径<1 cm，呈串珠样。镜下见白膜增厚、硬化，皮质表层纤维化，细胞少；白膜下含有多个不成熟阶段呈囊性扩张的卵泡及闭锁卵泡，无成熟卵泡及排卵迹象，有时可见卵泡内膜和卵巢间质的黄素化。

2. 子宫内膜的变化　主要表现为无排卵性子宫内膜。子宫内膜长期受雌激素刺激，当卵泡发育不良时，子宫内膜呈增殖期表现；当卵泡产生较大量雌激素时，子宫内膜呈现各种增生改变；如持续不排卵，还可导致不典型增生，甚至发生子宫内膜癌。

【临床表现】

PCOS 多起病于青春期，主要表现为月经失调、雄激素过量和肥胖。

1. 月经失调　主要表现为月经稀发（周期 35 日～6 个月）、月经过少甚至闭经，大多为继发性闭经，闭经前常有经量少或月经稀发。也可表现为不规则子宫出血、月经周期或经期或经量无规律。

2. 不孕　患者常因不孕就诊，主要由于持续不排卵所致。

3. 多毛、痤疮　是高雄激素血症最常见表现。体毛和阴毛呈男性分布，浓而密。油脂性皮肤及痤疮常见，与体内雄激素积聚刺激皮脂腺分泌旺盛有关。

4. 肥胖　较常见，约半数患者伴有肥胖（体重指数≥25），且常呈腹部肥胖型（腰围/臀围≥0.80）。肥胖与胰岛素抵抗、雄激素过多、游离睾酮比例增加及瘦素抵抗有关。

5. 黑棘皮症　常在阴唇、颈背部、腋下、乳房下和腹股沟等处皮肤出现灰褐色色素沉着，呈对称性，皮肤增厚，质地柔软。

6. 双侧卵巢增大　妇科检查子宫大小正常，双侧卵巢比正常大2~5倍，包膜厚，质坚韧。

【诊断】

1. 基础体温测定　排卵障碍的患者表现为单相型基础体温，约有10%的PCOS患者可以自然排卵。

2. B型超声检查　图像显示卵巢均匀性增大，包膜回声增强，一侧或两侧卵巢边缘可见12个以上2~9mm无回声区，呈轮状排列，称为"项链征"，连续监测无排卵迹象。

3. 诊断性刮宫　于月经前数日或月经来潮6h内行诊刮，子宫内膜呈增殖期或各种增生表现，无分泌期改变。目前临床较少使用。

4. 腹腔镜检查　腹腔镜下可见双侧卵巢增大，白膜增厚，表面光滑，呈灰白色，有新生血管。白膜下可显露多个卵泡，但无排卵征象（无排卵孔、无血体或无黄体）。镜下取卵巢活组织检查可确诊。

5. 激素测定

（1）血清游离睾酮水平通常不超过正常范围上限2倍、雄烯二酮浓度升高。

（2）血清FSH值偏低而LH值升高，LH/FSH≥2~3。

（3）尿17-酮皮质类固醇：正常时提示雄激素来源于卵巢，升高时提示肾上腺功能亢进。

（4）血清雌二醇水平恒定不变，无排卵前、后升高现象。雌酮（E_1）升高，雌二醇（E_2）正常或轻度升高，$E_1/E_2>1$。

（5）其他检查：PCOS肥胖患者，应测定空腹血糖及口服葡萄糖耐量试验（OGTT）；必要时应测定空腹胰岛素水平及葡萄糖负荷后血清胰岛素最高浓度。肥胖型患者可有三酰甘油增高。

PCOS的诊断为排除性诊断。因临床表现的异质性，诊断标准存在争议。我国原卫生部颁布了《多囊卵巢综合征诊断》（WS330-2011）：月经稀发或闭经或不规则子宫出血是诊断的必需条件；同时符合下列两项中的一项，并排除其他可能引起高雄激素的疾病和引起排卵异常的疾病即可诊断为PCOS：①高雄激素的临床表现或高雄激素血症；②超声表现为PCO。

【鉴别诊断】

1. 卵泡膜细胞增殖症　临床征象与PCOS相仿但更严重。本症患者比PCOS更肥胖，男性化更明显。血清睾酮及雌酮水平高于PCOS，LH水平正常或低于正常，LH/FSH比值可正常，多在40岁以后发病。卵巢活组织检查，镜下见卵巢皮质黄素化的卵泡膜细胞群，皮质下无类似PCOS的多个小卵泡。

2. 分泌雄激素的卵巢肿瘤　多为单侧实性肿瘤，进行性增大。如卵巢支持细胞-间质细胞肿瘤、卵巢门细胞瘤等均可产生大量雄激素。可行B超、CT或MRI协助诊断。

3. 肾上腺皮质增生或肿瘤　肾上腺皮质增生患者的血17α羟孕酮明显增高，对ACTH兴奋试验反应亢进，地塞米松抑制试验有反应；肾上腺皮质肿瘤患者对这两项试验均无反应。

4. 其他　催乳素水平升高明显，应排除垂体催乳素腺瘤。

【治疗】

（一）一般治疗

建议肥胖型PCOS患者应用运动降低体重和缩小腰围，每日30min中等至剧烈运动可增加胰岛素敏感性，降低胰岛素、睾酮水平，有效抑制糖尿病以及代谢异常，从而恢复排卵及生育功能。

（二）药物治疗

1. 调节月经周期：

（1）孕激素后半周期疗法：适合于月经稀发、月经频发或闭经的患者。可调节月经、恢复排卵并保护子宫内膜。对 LH 过高分泌同样有抑制作用

（2）口服避孕药：适合于单孕激素治疗撤退性出血较多者，月经不规则者及月经过多者。为雌孕激素联合周期疗法，孕激素通过负反馈抑制垂体 LH 异常高分泌，减少卵巢产生雄激素，并可直接作用于子宫内膜，抑制子宫内膜过度增生并调节月经周期。雌激素可促进肝产生性激素结合球蛋白，减少游离睾酮。周期性服用口服短效避孕药，3~6 个月为一个疗程。能有效抑制毛发生长和治疗痤疮。

2. 诱发排卵　对有生育要求者在生活方式调整、抗雄激素和改善胰岛素抵抗等基础治疗后，进行促排卵治疗。CC 为最常用的促排卵药，也可用 hMG/hCG 或 CC/hMG/hCG 方案。注意预防卵巢过度刺激综合征。

3. 抗雄激素治疗

（1）口服避孕药：口服短效避孕药可使卵巢和肾上腺皮质产生的雄激素浓度降低。用药 3~6 个月能治疗痤疮，用药 6~9 个月可改善多毛。

（2）糖皮质类固醇：适用于雄激素过多为肾上腺来源或肾上腺和卵巢混合来源者。常用药物为地塞米松，每晚 0.25 mg 口服，能有效抑制脱氢表雄酮硫酸盐浓度。剂量不宜超过每日 0.5 mg，避免过度抑制垂体-肾上腺轴功能。

（3）环丙孕酮：为合成 17-羟孕酮衍生物，具有较强的抗雄激素作用，对降低高雄激素血症和治疗高雄激素体征有效。目前多用达英-35 作周期疗法，于出血第 5 日开始，每日口服 1 片，连用 21 日，共 3~6 个月。

（4）螺内酯：是人工合成的 17-螺内酯甾类化合物，具有抑制卵巢和肾上腺合成雄激素，并在毛囊竞争雄激素受体作用。常用 100 mg/d，连用 6~9 个月，可治疗多毛。

4. 改善胰岛素抵抗　对肥胖或有胰岛素抵抗者常用胰岛素增敏剂。二甲双胍可降低血胰岛素水平，纠正体内高雄激素状态，改善卵巢功能，提高排卵率。常用剂量为每次口服 500 mg，每日 2~3 次。

（三）辅助生殖治疗

有生育要求的患者，上述治疗失败可以考虑辅助生殖治疗，通过促排卵+人工授精或者体外受精-胚胎移植（IVF-ET）的方式提高怀孕率。

（四）手术治疗

1. 腹腔镜下双侧卵巢打孔术　适用于严重的 PCOS 对促排卵药物治疗无效者，对 LH 和游离睾酮升高者效果较好。在腹腔镜下用电凝或激光对多囊卵巢穿刺打孔，每侧打孔 4 个为宜，并注意打孔深度和避开卵巢门，可获得 90% 排卵率和 70% 妊娠率。可能出现的问题有治疗无效、盆腔粘连及卵巢功能低下。

2. 卵巢楔形切除术　剖腹探查时首先确定诊断，然后将双侧卵巢楔形切除 1/3，可降低雄激素水平，减少多毛症状，提高妊娠率。术后卵巢周围粘连发生率较高，临床已不常用。

第 4 节　痛　经

凡在月经前后或月经期出现下腹疼痛、坠胀，伴腰酸或其他不适，严重影响生活和工作者称痛经（dysmenorrhea）。痛经为妇科最常见症状之一。痛经分原发性和继发性两类，原发性痛经是指生殖器官无器质性病变的痛经，占痛经 90% 以上；继发性痛经则是指由于盆腔器质性疾病如子宫内膜异位症或宫颈狭窄等所致的痛经。本节讲述原发性痛经。

【病因】

原发性痛经的病因不清，可能与下列因素有关。

1. **内分泌因素** 近年研究发现，患者子宫内膜和经血中 $PGF_{2\alpha}$ 和 PGE_2 含量均较正常妇女明显升高，内膜中 PG 浓度越高，痛经症状越严重。前列腺素诱发子宫平滑肌过强收缩，产生分娩样下腹痉挛性绞痛，导致子宫腔压力增高及子宫缺血，代谢产物堆积，刺激疼痛神经元而产生疼痛。在月经周期中，分泌期子宫内膜前列腺素浓度较增殖期子宫内膜高，无排卵的增殖期子宫内膜因无孕酮刺激，所含前列腺素浓度很低，通常不发生痛经。

2. **全身因素** 疼痛的主观感受与个体痛阈有关，研究表明有痛经的患者存在痛觉中枢敏感化，对疼痛的过分敏感或痛阈较低。原发性痛经还受精神因素影响，如精神过度紧张、抑郁、恐惧及情绪不稳定等。

【临床表现】

原发性痛经在青少年期常见，多在初潮后 1~2 年内发病。主要症状为下腹疼痛，呈痉挛性，剧烈，可放射至腰骶部和大腿内侧。疼痛多于月经来潮后开始，最早出现于经前 12 h，月经第一日疼痛最剧烈，持续时间长短不一，2~3 日后缓解。严重者常伴有面色苍白、出冷汗、恶心、呕吐、头痛、头晕、腹泻、乏力或晕厥等。妇科检查无异常发现。

【诊断与鉴别诊断】

根据月经期痛经症状，妇科检查无异常发现，临床即可诊断。鉴别诊断时需排除引起痛经的盆腔器质性病变，继发性痛经多在初潮后数年出现症状，大多有月经过多、不孕、放置宫内节育器、子宫内膜异位症、子宫腺肌病或盆腔炎病史，妇科检查可发现引起痛经的器质性病变。必要时可行腹腔镜检查加以鉴别。

【治疗】

原发性痛经的治疗，主要是对症治疗。

1. **一般治疗** 对患者进行健康教育，尤其是青春期少女，阐明月经期轻度不适是生理反应，消除患者的紧张和顾虑。加强锻炼，增强体质，经期注意保暖，不食生冷及刺激性食物，避免重体力劳动及剧烈运动。疼痛不可耐受时辅以药物治疗。

2. **前列腺素合成酶抑制剂** 通过抑制前列腺素合成酶的活性从而减少前列腺素产生，防止过强子宫收缩和痉挛，达到止痛效果。常用药物布洛芬、酮洛芬、双氯芬酸等。布洛芬 200~400 mg，口服，每日 3 次；酮洛芬 50 mg，每日 3 次。

3. **口服避孕药** 适用于要求避孕的痛经妇女，疗效达 90%。通过抑制排卵，无内源性孕酮产生，降低 PG 浓度，从而达到缓解痛经的作用。

第 5 节 绝经综合征

绝经综合征（menopause syndrome）指妇女绝经前后出现性激素波动或减少所致的一系列躯体和精神心理症状，如潮热、出汗、情绪不稳定、烦躁失眠等。绝经分为自然绝经和人工绝经。自然绝经指卵巢内卵泡生理性耗尽而绝经，人工绝经指两侧卵巢经手术切除或放射或化学治疗而绝经。

【内分泌变化】

卵巢功能衰退、雌激素分泌减少是绝经综合征的主要内分泌变化。绝经前最早出现的变化是卵巢功能衰退，排卵次数减少，雌激素分泌减少，对垂体和下丘脑的反馈调节作用减弱，促性腺激素分泌增多，绝经过渡期卵泡刺激素（FSH）水平升高，促黄体生成素（LH）仍在正常范围。绝经后雌激素水平降低，诱导下丘脑释放下丘脑促性腺激素释放激素（GnRH）增加，刺激垂体释放 FSH 和 LH 增加，其中 FSH 升高较 LH 显著；此时卵巢几乎已不能分泌雌

激素，但仍分泌雄激素。绝经后妇女血循环中仍有低水平雌激素，主要来自肾上腺皮质和来自卵巢的雄烯二酮经转化的雌酮。绝经后妇女血循环中雌酮（E_1）高于雌二醇（E_2）。绝经后抗米勒管激素（AMH）水平下降，比 FSH 升高、E_2 下降早，能较早反映卵巢功能衰退。

【临床表现】

1. 泌尿生殖系统症状

（1）月经紊乱：月经紊乱是绝经过渡期的常见症状，如月经周期不规则、月经稀发而逐渐绝经，经量减少，少数患者经量增多。

（2）生殖器官萎缩：阴道黏膜变薄，阴道分泌物减少，阴道干涩，性交困难。盆底肌肉松弛，易出现子宫脱垂和阴道壁膨出。

（3）泌尿系统症状：尿道短缩，黏膜变薄，尿道括约肌松弛。常出现尿失禁和排尿困难，尿痛、尿急等反复发生的尿路感染。

2. 血管舒缩症状　主要为潮热，是雌激素降低的特征性症状。其特点是反复出现短暂的面部、颈部及胸部皮肤阵阵发红，伴烘热，继而出汗，一般持续 1~3 min。症状轻者每日发作数次，重者十余次或更多，夜间或应激状态易促发。此种症状可持续 1~2 年，有时长达 5 年或更长。潮热严重时可影响妇女的工作、生活及睡眠，是绝经后期妇女需要性激素治疗的主要原因。

3. 自主神经失调症状　常出现心悸、失眠、头昏、头痛、眩晕、耳鸣等自主神经失调症状。

4. 精神神经症状　绝经过渡期女性往往激动易怒，焦虑不安或情绪低落、抑郁，不能自我控制。部分患者出现记忆力和认识能力减退，使生活质量和工作效率降低。近年研究发现雌激素水平低下对阿尔茨海默病（Alzheimer's disease）的发生可能有潜在危险。

5. 骨质疏松　由于绝经后妇女雌激素缺乏使骨质吸收增加，导致骨量快速丢失，继而出现骨质疏松。50 岁以上的妇女约 50% 患有骨质疏松症，严重者导致骨折，椎体、髋部等部位易发生。

6. 心血管病变　绝经后妇女糖脂代谢异常增加，动脉粥样硬化、冠心病的发病风险明显增加，可能与雌激素低下有关。

【诊断】

根据病史及典型临床表现，结合实验室检查容易确诊，需除外相关的器质性病变。

1. 血清 FSH 及 E_2 测定　如 FSH>10 U/L，提示卵巢储备功能下降，进入绝经过渡期。如闭经、FSH>40 U/L 且 E_2<10~20 pg/ml，提示卵巢功能衰竭。

2. AMH 测定　AMH 低至 1.1 ng/ml 提示卵巢储备功能下降，如低于 0.2 ng/ml 提示即将绝经，绝经后 AMH 一般测不出。

3. 盆腔超声检查　子宫萎缩变小，内膜变薄，一般不超过 5 mm，卵巢的窦状卵泡数减少，卵巢容积缩小。

【治疗】

治疗目标：缓解近期症状，早期发现并有效预防骨质疏松症、动脉硬化等老年性疾病。

（一）一般治疗

加强绝经过渡期知识宣传，提高女性对绝经过渡期的认识，通过心理疏导，解除思想顾虑，以乐观的心态去适应。保证充足的睡眠，可适当应用镇静剂改善睡眠，如艾司唑仑 1~2 mg 睡前服。鼓励建立健康生活方式，增加日晒时间，摄入足量蛋白质及含钙丰富的食物，适当补充钙剂预防骨质疏松。谷维素 20 mg，每日 2~3 次，有助于调节自主神经功能。

（二）激素替代治疗

1. 激素替代治疗（hormone replacement therapy，HRT）适应证

（1）绝经症状严重影响生活质量，如潮热、盗汗、睡眠障碍、疲倦、情绪障碍如易激动、

烦躁、焦虑、紧张或情绪低落等。

（2）泌尿生殖道萎缩相关问题：阴道干涩、疼痛、性交痛、反复发作的阴道炎、排尿困难、反复泌尿系统感染、夜尿多、尿频、尿急。

（3）需要防治绝经后骨质疏松症。

2. HRT 禁忌证

（1）已知或可疑患有乳腺癌、已知或可疑患有性激素依赖性恶性肿瘤。

（2）原因不明的阴道出血。

（3）已知或可疑妊娠。

（4）近 6 个月内患有活动性静脉或动脉血栓栓塞性疾病。

（5）严重肝肾功能障碍。

（6）血卟啉症、耳硬化症、脑膜瘤（禁用孕激素）等。

3. 慎用情况 子宫肌瘤、子宫内膜异位症、子宫内膜增生史、尚未控制的糖尿病及严重高血压、有血栓形成倾向、胆囊疾病、高催乳素血症、癫痫、偏头痛、哮喘、系统性红斑狼疮、乳腺良性疾病、乳腺癌家族史、已完全缓解的部分性激素依赖性妇科恶性肿瘤，如子宫内膜癌、卵巢上皮性癌等。在 HRT 应用前和应用过程中，应该咨询相关专业的医师，共同确定应用的时机和方式，严密监测病情的进展。

4. 常用药物

（1）雌激素：原则上应选择天然制剂，具体用药及剂量：如结合雌激素 0.3～0.625 mg/d，连续应用。

（2）组织选择性雌激素活性调节剂：替勃龙（tibolone），在体内的 3 种代谢物分别表现出雌激素、孕激素及弱雄激素活性，每日 1.25～2.5 mg。

（3）孕激素：适用于绝经过渡期，调整卵巢功能衰退过程中出现的月经问题。近年来倾向于选用天然孕激素制剂，具体用药：如微粒化孕酮 100～300 mg/d。

5. 用药途径及方案

（1）口服：主要优点是血药浓度稳定，但对于肝有一定损害，还可刺激产生肾素底物及凝血因子。用药方案有：①单纯雌激素，适用于已切除子宫的女性；②雌、孕激素联合或序贯疗法，适用于有完整子宫的女性。两种用药又分连续性和周期性，前者连续性用药，避免周期性出血，适用于年龄较长或不愿意有月经样出血的绝经后期妇女；后者每周期停用激素 5～7 日，有周期性出血，又称为预期计划性出血，适用于年龄较轻、绝经早期或愿意有月经样定期出血的妇女。

（2）胃肠道外途径：能避免肝首过效应，对血脂影响小，能缓解潮热，防止骨质疏松。①经阴道给药：常用药物有结合雌激素霜、E_3 栓及 E_2 阴道环。主要用于治疗下泌尿生殖道局部低雌激素症状；②经皮肤给药：制剂包括皮肤贴膜及涂胶，常用药物为 17β- 雌二醇，每周 1～2 次。

6. 其他药物治疗

（1）钙剂：氨基酸螯合钙胶囊，每日口服 1 粒，可减缓骨质丢失。

（2）维生素 D：适用于缺少户外活动患者，每日口服 400～500 U，与钙剂合用有利于钙的吸收。

（3）选择性 5- 羟色胺再摄取抑制剂：盐酸帕罗西汀 20 mg，每日 1 次早晨口服，能有效改善血管舒缩症状及精神神经症状。

7. HRT 的注意事项

（1）HRT 开始的时间窗非常重要，在卵巢功能开始衰退并出现相关症状时即可应用，需定期评估，明确受益大于风险方可继续应用。

（2）雌激素以能缓解症状的最小有效量为宜。症状缓解后即应减量以至停药。需长期应用雌激素的患者，应采用雌、孕激素联合或序贯疗法，以防长期应用雌激素使子宫内膜过度增生甚至癌变。

（3）HRT 必须个体化，根据症状、体征、个人史、家族史、相关检查的结果、患者的期望等制订治疗方案。

（4）接受 HRT 的女性应至少每年就诊一次，包括病史的更新、体格检查、相关实验室检查（肝肾功能、血糖、血脂、防癌检查）、影像学检查（骨密度检查、盆腔超声、乳腺超声或钼靶检查）以及对生活方式的探讨，从而判断 HRT 是否达到目的、有无不良反应、个体危险/受益比是否发生改变，并决定是否需要继续治疗或调整方案。

（5）在 40 岁以前出现自然或医源性绝经的女性患心血管疾病及骨质疏松症的风险更高，她们可以从 HRT 中更多获益，治疗应该至少持续到正常的绝经年龄。

（6）在没有明确适应证的情况下不推荐使用 HRT。

（陈　霞）

自测题

一、选择题

1. 患者，女，48 岁，近 1 年来月经周期缩短，经期延长，本次经期持续 10 日且量多。妇查：子宫稍大稍软。应选择以下哪种止血方法

    A. 口服雌激素　　　　　　　　B. 大剂量黄体酮肌内注射
    C. 口服氨甲苯酸　　　　　　　D. 大剂量丙酸睾酮肌内注射
    E. 立即行刮宫术

2. 患者，女，26 岁，结婚 3 年未孕，继发性闭经 6 个月就诊。妇查：子宫稍小。予黄体酮治疗 5 日，停药后未见阴道流血。予雌、孕激素序贯试验出现阴道流血。放射免疫法测定 FSH 正常。本例的闭经诊断为

    A. 下丘脑性闭经　　　　　　　B. 垂体性闭经
    C. 卵巢性闭经　　　　　　　　D. 子宫性闭经
    E. 肾上腺性闭经

3. 患者，女，17 岁，在校中学生，月经周期紊乱，25~60 日。查体：体型偏胖，面部痤疮、多毛。辅助检查：雄激素升高，LH/FSH＞2，血脂代谢未见异常。初步诊断为多囊卵巢综合征。以下哪种治疗措施最为合适

    A. 氯米芬促排卵
    B. 口服二甲双胍
    C. 口服抗雄激素药物螺内酯
    D. 孕激素后半周期疗法调整月经周期
    E. 腹腔镜下卵巢打孔术

二、案例分析

李某，女，50 岁，已婚，育有一子，体健。因"月经不规律 9 个月，伴烦躁、头颈部潮热、多汗 1 年，停经 3 个月"就诊。平素月经规律，周期 26~28 日，经期 5~7 日。近 7 个

月，周期20～60日，现停经3个月。近一年常有头颈部潮热感，伴出汗，常一日数次发作。情绪易激动，焦虑不安，时而情绪低落、流泪，性欲低下。近半年睡眠质量差，早醒，疲倦感。曾就诊于神经内科，给予镇静安眠药物，病情稍好转，但仍常发作。查体：体重58 kg，神清，对答切题。心肺、肝脾及神经系统检查未见异常，乳房检查未触及肿块。妇科检查：阴道黏膜皱襞较平坦，子宫颈呈轻度糜烂样改变，子宫大小正常，附件区未触及增厚和肿块。辅助B型超声检查：子宫回声正常，子宫内膜厚6 mm，双侧卵巢小于正常，未探及明显窦状卵泡回声。

讨论分析：
1. 该患者可能的诊断是什么？
2. 如果该患者进一步检查未发现器质性疾病，其治疗的主要方法是什么？

三、问答题

1. 简述诊断性刮宫的目的、适应证及刮取时间。
2. 简述雌、孕激素止血的原理，常用药物及方法。
3. 画图表述闭经的诊断步骤。
4. 简述绝经综合征激素替代治疗的注意事项。

本章临床执业助理医师资格考试要点

1. 异常子宫出血的病因、病理生理、病理、临床表现、诊断与鉴别诊断、治疗。
2. 闭经的病因与分类、诊断及诊断步骤、治疗。
3. 绝经综合征的概念、内分泌变化、临床表现、诊断及治疗。

第二十二章

女性生殖器官发育异常

学习目标

通过本章内容的学习，学生应能够：

识记：
1. 说出阴道发育异常的常见类型及特点。
2. 说出处女膜闭锁的诊断和治疗。
3. 说出子宫发育异常的分类及治疗。

理解：
解释生殖器官发育异常的病因。

运用：
关心、尊重、理解生殖器官发育异常的患者，与患者及家属进行良好的沟通，并能全面准确地搜集病史，做出正确的临床诊断，制订女性常见生殖器官发育异常诊疗方案。

正常生殖器官发育是一个非常复杂的过程。精子卵子结合后形成46, XX或46, XY合子。生殖系统向女性发育是胚胎发育过程中的固有倾向，未分化的性腺分化发育成卵巢。副中肾管通过复杂的联合作用形成子宫、阴道和上泌尿道，中肾管萎缩。若胚胎具有Y染色体，其短臂末端的性别决定区（SRY）基因表达，使原始性腺偏离卵巢发育轨迹，形成睾丸，并分泌副中肾管抑制因子和雄激素，副中肾管萎缩，中肾管发育形成男性生殖器。

在胚胎的发育过程中由于某些内在的因素，如染色体、5α-还原酶及其受体的干扰，或外在因素的影响，如使用性激素药物等，均可造成女性生殖器官发育停滞或发育异常，称为女性生殖器官发育异常或先天性畸形。女性生殖器官发育异常多见于阴道和子宫，输卵管和卵巢畸形较少见。畸形很少在青春期前发现，多在青春期因原发性闭经、腹痛、婚后性生活困难、流产或早产就医。由于女性生殖器官与泌尿器官在起源上相同，故生殖器官发育异常常伴有泌尿系统畸形。

第1节 处女膜闭锁

导学案例 22-1

钱某，女性，今年14岁，尚无月经来潮，半天前无明显诱因出现下腹胀痛，呈持续性，后渐感排尿困难。查体：T 36.7 ℃，P 91次/分，R 20次/分，BP 106/76 mmHg，心肺听诊无异常，腹平软，无压痛、反跳痛及肌紧张。妇科检查：

处女膜向外膨隆，表面呈紫蓝色，未见阴道开口。肛查：扪及阴道内有球状包块向直肠前壁突出，按压此处包块时，可见处女膜向外膨隆，穿刺处女膜抽取出黏稠陈旧血液。

思考：
1. 该患者可能患哪种疾病？诊断依据是什么？
2. 该如何处理？

处女膜闭锁（imperforate hymen）又称无孔处女膜，系泌尿生殖窦上皮未与阴道前庭贯通所致，临床上较常见。处女膜闭锁时经血无法排出，积聚于阴道，多次月经来潮后，逐步发展至宫腔积血，甚至引起输卵管或腹腔积血。

【诊断】

1. 绝大多数处女膜闭锁患者表现为青春期后原发性闭经和进行性加重的周期性下腹痛。严重者可出现便秘、肛门坠胀、尿频或尿潴留等压迫症状。

2. 妇科检查　可见处女膜呈紫蓝色向外膨隆，无阴道开口。肛门指诊时可触及阴道呈长形肿物向直肠前壁突出，有囊性感，触痛明显。宫腔积血严重者下腹部正中可触及包块，尤其行肛诊检查时更易触及。用力向下压迫包块时，可见处女膜向外膨隆更明显（图22-1）。

3. 盆腔B型超声检查　可发现子宫和阴道内有积液。

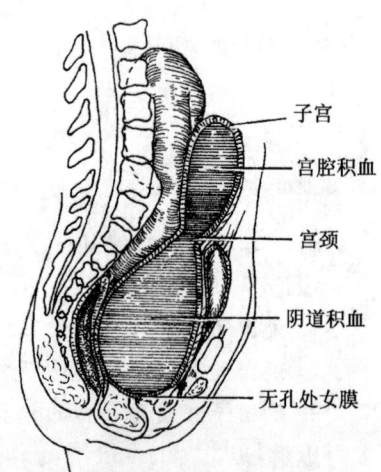

图22-1　处女膜闭锁并发阴道和宫腔积血（矢状面）

【治疗】

1. 确诊后应在局麻下或骶麻下手术。先用粗针头于处女膜膨隆正中部穿刺，抽出褐色黏稠积血后，将处女膜行"X"形切开，清除积血并剪除多余的处女膜瓣，使切口呈圆形，再用3-0可吸收线间断缝合切口边缘，以防止粘连并保持引流通畅。术后检查阴道口以能容一指为好，常规检查宫颈是否正常。

2. 术后保持外阴清洁，留置导尿管1~2天，外阴部置消毒的会阴垫，每日外阴擦洗两次至积血排净。

3. 围手术期应用抗生素预防感染。

第2节　阴道发育异常

一、先天性无阴道

先天性无阴道（congenital absence of vagina）为双侧副中肾管未发育，或者副中肾管尾端发育停滞未向下延伸所致。发生率为1/5000~1/4000，几乎均合并先天性无子宫或始基子宫，但卵巢多发育正常。

【临床表现】

临床症状为青春期后无月经来潮，或婚后性交困难而就诊。偶有子宫发育正常者，可因经血潴留引起周期性下腹坠痛。检查第二性征发育正常，染色体为46，XX，女性内分泌检查正常。妇科检查外阴发育正常，无阴道开口或阴道外口处为一浅凹陷，也可有短浅的阴道盲端，肛查触不到子宫颈及子宫体，或可能触及肌性结节。盆腔B型超声检查无子宫。

【治疗】

少数子宫发育正常者，应在出现周期性下腹部疼痛时进行治疗，治疗方法为人工阴道成形术，可采用腹膜代阴道、乙状结肠代阴道等。先天性无阴道并无子宫者，应行人工阴道成形术，建议18岁以后治疗。治疗方法包括非手术治疗及手术治疗。对准备有性生活的先天性无阴道患者，有短浅阴道者可先用机械扩张法，按顺序由小到大使用阴道模型局部加压扩张，可逐渐加深阴道长度，直至能满足性生活要求为止；阴道模型夜间放置日间取出，便于工作和生活，以达到满足性生活要求为目的。对不适宜机械扩张或机械扩张无效者，行阴道成形术，可采用腹膜代阴道、乙状结肠代阴道等。

二、阴道纵隔

阴道纵隔（longitudinal vaginal septum）为双侧副中肾管下段会合后，其中隔未消失或未完全消失所致。

【分类及临床表现】

阴道纵隔可分完全性及不完全性纵隔两种。完全性纵隔形成双阴道，常合并双宫颈、双子宫。有时纵隔偏向一侧则形成斜隔，致该侧阴道闭锁，可出现经血潴留形成阴道侧方包块。阴道纵隔多无症状，如双阴道宽松不影响性生活，患者无症状，双阴道窄小则引起性交困难。分娩时纵隔对胎先露的影响取决于纵隔的部位和韧度。

【治疗】

绝大多数阴道纵隔无症状，一般不需治疗，如伴有性交困难应行纵隔切开术。临产后如纵隔影响先露下降可在纵隔中央切开，分娩后再切除纵隔。若阴道纵隔影响性交导致不孕患者，切除纵隔可能提高受孕机会。

三、阴道横隔

阴道横隔（transverse vaginal septum）为双侧副中肾管会合后的尾端与泌尿生殖窦相接处未贯通或部分贯通所致。

【分类及临床表现】

阴道横隔以阴道中上段交界处为多见，分完全性与不完全性两种：阴道横隔无孔称为完全性横隔，隔上有孔称为不完全性横隔。不完全性横隔较完全性横隔多见。不完全性横隔位于阴道上段者多无症状，位置低者可影响性生活，阴道分娩时影响胎先露下降。完全性横隔有原发性闭经伴周期性下腹痛。妇科检查见阴道较短或仅见盲端，横隔中部可见小孔，肛诊时可及宫颈及宫体。

【治疗】

需行横隔切开术，剪去多余的组织，间断缝合切缘防止粘连，术后短时间放置模型，防止阴道挛缩。如在分娩时发现横隔，横隔薄者可于横隔撑薄时切开后胎儿即经阴道娩出，间断缝合切缘，横隔厚者应行剖宫产术结束分娩。术后要定期扩张阴道或放置阴道模具，防止横隔残端挛缩。

第3节 子宫发育异常

导学案例 22-2

卢某，女性，今年17岁，因尚无月经来潮在家人的陪伴下就诊，医生进一步询问了解到：卢某13岁开始乳房发育，腋毛及阴毛正常，无月经来潮，否认周期性下腹痛、

膀胱刺激及漏尿病史。妇产科检查：乳房发育正常，有腋毛，阴毛女性分布，外阴发育正常，尿道口正常，阴道口未见。肛诊：未触及子宫。医生让其行子宫附件B型超声检查提示：常规膀胱充盈后盆腔反复扫描，未探及子宫，卵巢无异常。

思考：
1. 该患者可能患哪种疾病？
2. 诊断依据是什么？

【分类】

（一）子宫未发育或发育不全

1. 先天性无子宫（congenital absence of uterus） 为两侧副中肾管中段及尾段未发育，未能在中线会合形成子宫。常合并无阴道，但卵巢发育正常，临床表现为原发性闭经，第二性征正常，肛查触不到子宫，盆腔B型超声检查未探及子宫。

2. 始基子宫（primordial uterus） 又称痕迹子宫，为双侧副中肾管向中线横行伸展会合后不久停止发育所致。子宫极小，仅长1~3cm，无宫腔，多数因无宫腔或一实性肌性子宫，故无月经来潮。

3. 子宫发育不良（hypoplasia of uterus） 又称幼稚子宫，是因两侧副中肾管融合后在短时间内即停止发育。子宫发育小于正常，子宫颈相对较长而外口小，宫体和宫颈之比为1∶1或2∶3，有时子宫体呈极度的前屈或后屈。临床表现为月经量过少，婚后不孕，直肠—腹部诊可扪及小而活动的子宫。

（二）子宫发育畸形

1. 双子宫（didelphic uterus） 为两侧副中肾管完全未融合，各自发育形成双子宫、双宫颈及双阴道。左右侧子宫各有单一的卵巢和输卵管。患者多无自觉症状，不影响生育，常在产前检查、人工流产或分娩时被发现。偶有双子宫单阴道，或双子宫伴阴道纵隔，常因性交困难或经血流出不畅而就诊。妊娠晚期胎位异常率增加，产程中难产机会增多，以子宫收缩乏力、胎先露下降受阻为常见。

2. 双角子宫（uterus bicornis）及鞍状子宫（saddle form uterus） 两副中肾管中段的上部未完全融合而形成双角子宫，轻者仅子宫底部下陷而呈鞍状或弧形。一般无症状，妊娠后易发生流产及胎位异常。

3. 单角子宫（uterus unicornis） 仅一侧副中肾管发育而成为单角子宫，常偏向一侧，仅有一条输卵管及一个卵巢，未发育侧的输卵管及卵巢多缺如。单角子宫一旦妊娠，多发生流产或早产。

4. 残角子宫（rudimentary horn of uterus） 为一侧副中肾管发育正常，另一侧发育不全形成残角子宫，正常子宫与残角子宫各有一条输卵管和一个卵巢。多数残角子宫与对侧的正常宫腔不相通仅有纤维带相连，若残角子宫内膜无功能，多无自觉症状，若残角子宫内膜有功能，可因宫腔积血而引起痛经，甚至并发盆腔子宫内膜异位症。偶有残角子宫妊娠至16~20周时发生破裂，出现典型输卵管妊娠破裂的症状和体征，若不及时手术治疗可因大量内出血而危及生命。

5. 纵隔子宫（uterus septum） 为两侧副中肾管融合不全，在宫腔内形成纵隔所致。子宫外形正常，纵隔末端到达或超过宫颈内口为完全纵隔，纵隔末端终止在宫颈内口以上水平者为不全纵隔。一般无症状。临床上纵隔子宫易发生流产、早产及胎位异常。经阴道超声检查是目前最常用的诊断方法，表现为两个内膜回声区，子宫底部无明显凹陷切迹。子宫输卵管造影有助于了解宫腔形态，宫腔镜检查是诊断纵隔子宫的金标准。（图22-2）

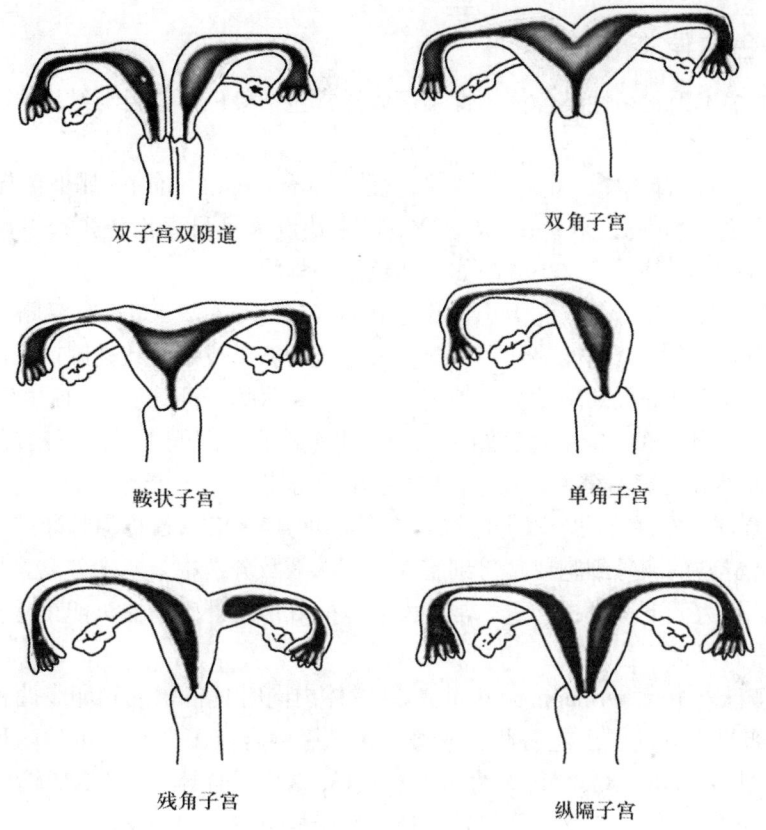

图 22-2 各种子宫发育畸形

【治疗】

可根据子宫发育的情况及临床表现采取相应的治疗措施。

1. 因先天性无子宫或始基子宫引起的原发性闭经不需治疗。子宫发育不良者，主张用雌孕激素周期疗法，以促进子宫发育。

2. 如因双角子宫或纵隔子宫引起的反复流产，可行子宫整形术或宫腔镜下行纵隔切除术。妊娠分娩时，为防止子宫破裂，宜采用剖宫产术结束分娩。

3. 双子宫妊娠行人工流产时，术前先做 B 型超声检查，以免误吸非孕侧的子宫或漏吸或导致子宫穿孔。因子宫发育异常引起的难产应行剖宫产术。

4. 残角子宫患者确诊后应做残角子宫切除术。若妊娠发生在残角子宫内可引起破裂，确诊后应及时切除残角子宫。

第 4 节　性分化及发育异常

性别的分化与发育过程是一个非常复杂的过程。男女性腺及内外生殖器的发育是由多种因素决定的，任何一个因素异常均可导致性发育异常，其中关键的因素是：性染色体、性腺与性激素。部分患者染色体、性腺性别、生殖器官性别发生错乱，并伴有第二性征异常，称两性畸形。若染色体核型与性腺性别一致，但与生殖器官性别不一致，称为假两性畸形，包括女性假两性畸形和男性假两性畸形。若染色体核型与性腺不一致，则属于性腺发育异常，包括真两性畸形、单纯生殖腺发育不全等。两性畸形对患儿的抚养、身心、学习、工作、生活和婚姻等带来一系列问题，必须早诊断、早治疗。

一、性染色体异常

决定性别的根本因素是性染色体。性染色体异常包括染色体数目与结构异常。常见的性染色体异常包括：

1. **先天性卵巢发育不全** 也称特纳综合征（Turner syndrome），其染色体多为 45，XO，也可有多种嵌合体，如 45，XO/46，XX 等。临床特点为身材矮小、颈蹼、两眼间距宽、盾胸、发育幼稚的外阴阴道、子宫小或缺如、卵巢呈条索状。

2. **XO/XY 性腺发育不全** 此类患者染色体为 45，XO/46，XY，有双侧发育不全的卵巢或睾丸，或一侧为发育不全的性腺伴另一侧发育不全的卵巢或条索状性腺。临床特征有特纳综合征的表现，有时可见增大的阴蒂。内外生殖器的发育依赖于性腺发育的程度。若睾丸发育不全，该侧可有部分中肾管与副中肾管两个系统的生殖器官。睾酮不足时可出现外生殖器模糊。凡有 Y 染色体而性腺发育不全者，发生性腺肿瘤的可能性较大。

3. **超雌综合征** 女性有两个以上的 X 染色体，如 47，XXX，称为超雌综合征。发生的原因是由于正常或异常的卵母细胞或精母细胞在第二次减数分裂中未发生分离。临床特点为智力低下，X 越多，智力低下程度越严重。常伴发育差的乳房及外生殖器，卵巢常萎缩，但也有报道患者可有正常月经甚至生育者。

4. **真两性畸形（true hermaphroditism）** 患者体内同时具备睾丸和卵巢两种生殖腺，十分罕见，睾丸和卵巢可分别位于左右侧，或每侧生殖腺内含有睾丸和卵巢的两种组织，称为卵睾。染色体核型多为 46，XX，其次为 46，XX/46，XY 嵌合体，46，XY 较少见。检查：外生殖器多为混合型，可倾向于女性或男性，体内性腺均可具有内分泌功能。

5. **46，XX/46，XY 性腺发育不全** 类似于 XO/XY 性腺发育不全，但无特纳综合征的表现（详见本节性腺发育异常）。

6. **曲细精管发育不全** 又称克氏综合征（Klinefelter 综合征），是一种染色体数目异常的性发育异常，染色体为 47，XXY，性腺睾丸，幼年时尿道下裂，青春期身材偏高，睾丸与阴茎不发育，睾丸小而硬，曲细精管退化成玻璃样，无生精现象，睾酮水平低下。寿命明显短于正常男性。

二、性腺发育异常

性染色体正常，但因某些因素使性腺发育不全或退化，造成性腺发育异常。此类性腺发育异常中以单纯性腺发育不全最常见，尤其以 XX 单纯性腺发育不全多见。

1. **XX 单纯性腺发育不全** 染色体核型为 46，XX，染色体正常，可能因基因突变导致性腺发育不全，性腺呈条索状。临床特点为外观女性，身高正常，乳房及第二性征不发育，内外生殖器发育不良，原发性闭经，用人工周期可来月经。雌激素水平低下。

2. **XY 单纯性腺发育不全** 与 XX 单纯性腺发育不全表现类似，但性染色体为 46，XY，胚胎早期睾丸不发育，未分泌睾酮和副中肾管抑制因子，因此中肾管缺乏雄激素刺激，未能向男性发育，副中肾管未被副中肾管抑制因子抑制而发育为输卵管、子宫与阴道上段，外生殖器未受雄激素影响而发育成女性外阴。临床特点为女性内外生殖器，但发育不良，双侧条索状性腺，此类患者出生后按照女性抚养，常至青春期无乳房发育或无月经来潮就诊。

3. **真两性畸形** 指同时具有卵巢和睾丸两种性腺组织，可能一侧为卵巢，另一侧为睾丸，也可能一侧或两侧为卵睾。其染色体核型多为 46，XX，少数为 46，XY 或 46，XX/XY 嵌合型，因体内有两种性腺及激素，故具有男女两性特征，生殖器官多为混合型，多数患者有阴蒂增大或小阴茎，又有子宫及输卵管，但发育不良，第二性征与占优势的激素相一致。如子宫发育较好成年后能来月经，在切除男性性腺后有生育的可能性，因此应早期诊断，认定社会性别

以女性为宜。

4. 睾丸退化　此类患者染色体为46，XY，胚胎发育过程中，睾丸退化前有过一段时间的功能，分泌一段时期的睾酮和副中肾管抑制因子，故外生殖器可有不同程度的男性化和副中肾管不全退化。外生殖器有阴唇融合、阴蒂增大、尿道口在阴蒂根部等男性胚胎早期的表现。

三、性激素与功能异常

患者性染色体与性腺无明显异常，而主要表现为性激素的合成和（或）功能异常。性激素的产生需要性腺分泌激素的细胞，其合成过程需要多种酶，性激素发挥作用则需要靶器官的相应受体。

1. 雄激素过多

（1）先天性肾上腺皮质增生：又称肾上腺生殖综合征。性染色体为46，XX，生殖腺为卵巢，外生殖器出现不同程度男性化，为常染色体隐性遗传病。其原因是胎儿肾上腺合成皮质醇的一些酶缺乏，导致皮质醇合成障碍，对下丘脑和垂体的负反馈作用消失，使垂体分泌促肾上腺皮质激素增加，肾上腺分泌大量雄激素，使女性胎儿外生殖器部分男性化。表现为出生时即有阴蒂肥大似阴茎、阴唇肥厚或融合似阴囊，子宫、输卵管、阴道均存在。随女婴发育男性化更明显，至青春期乳房不发育，内生殖器发育受抑制，无月经来潮，骨骺愈合早至成年反较正常妇女矮。实验室检查：血雄激素含量增高，尿17酮增高，血雌激素、FSH呈低值。

（2）孕妇于妊娠早期服用具有雄激素作用的药物，如人工合成孕激素、达那唑、睾酮等有不同程度的雄激素作用，可导致女性胎儿外生殖器男性化，但在程度上较先天性肾上腺皮质增生所致畸形轻，出生后脱离雄激素故男性化程度不再进展，成年后可有正常生育。血雄激素和尿17酮在正常范围。

2. 雄激素缺乏　雄激素合成不足可见于某些酶的缺乏，其中以17α羟化酶不足为多见。17α羟化酶存在于肾上腺和性腺。46，XY的男性患者可表现为：发育不全的睾丸，位于盆腔、腹股沟或阴唇，有发生肿瘤的可能；无子宫与输卵管，阴道呈盲端；外生殖器性别不清，男性化不足，或为女性幼稚型；可伴高血压及低血钾。17α羟化酶不足，在女性患者表现为雌激素合成受阻，卵巢发育不全，外生殖器为幼稚型，身材偏高。17α羟化酶缺乏，性染色体为46，XY者应注意与单纯性腺发育不全及完全型雄激素不敏感综合征鉴别。

3. 雄激素不敏感综合征　染色体为46，XY，是性连锁性遗传病，与雄激素受体异常有关。雄激素反应的缺陷与雄激素和受体的结合障碍密切相关。由于患者体内睾酮能通过芳香化酶转化为雌激素，故患者显示出某些女性特征，分为完全型及不完全型两种。完全型无男性化表现，表现为乳房发育，外阴为女性，阴道为短浅盲端，无子宫，两侧睾丸正常大小，多为隐睾，位于腹腔内、腹股沟或大阴唇内。血睾酮、尿17酮值符合正常男性，雌激素略高于正常男性。不完全型较少见，外生殖器多表现为两性畸形，如阴蒂肥大或阴茎短小，有短浅阴道，青春期后可出现阴毛、腋毛增多，阴蒂继续增大等男性改变。

【诊断】

1. 病史和体检　详细询问病史及仔细检查内外生殖器是诊断本病的重要环节。应询问家族史，并注意胚胎期其母亲是否有应用高效孕激素及雄激素史。仔细进行体格检查，注意内外生殖器发育状况。

2. 实验室检查　染色体核型为46，XX，血雌激素及FSH呈低值，血雄激素及尿17酮呈高值者为先天性肾上腺皮质增生。染色体核型为46，XY，血睾酮及尿17酮值在正常男性范围，雌激素高于正常男性值但低于正常女性值者，为雄激素不敏感综合征。

3. 活检　真两性畸形多需通过腹腔镜或剖腹探查对性腺进行活检，方可获得正确的诊断。

【治疗】

诊断明确后应根据原社会性别、本人的要求及畸形的程度给予矫治。原则上除阴茎发育良好者外，均应矫治为女性。

1. 先天性肾上腺皮质增生　应补充肾上腺皮质激素从而抑制肾上腺分泌产生过多的雄激素，并阻止骨骺过早愈合。临床常用醋酸可的松、氢化可的松、泼尼松、地塞米松等药物治疗。开始用大剂量5~7日，然后减至最小维持剂量保持血17α羟孕酮在正常范围。女性患者需终生服药，一旦停药，男性化将反复。疗效与开始治疗时间密切相关。女性外生殖器畸形需要手术整形治疗：缩小增大的阴蒂，扩大融合的会阴。

2. 17α羟化酶缺乏　该疾病男性患者应切除发育不全的睾丸，以防止肿瘤的发生，辅以糖皮质激素替代治疗，青春期后行雌激素替代治疗。

3. 雄激素不敏感综合征　睾丸易在青春期后恶变，应切除睾丸并给以雌激素治疗以维持女性第二性征，阴道短浅者可在结婚前后用圆棒压迫法扩张阴道，或阴道成形术重建阴道。

4. 真两性畸形　除阴茎粗大能勃起外，一般矫治为女性为宜，可切除睾丸及阴茎，行阴道成形术，青春期后行雌孕激素替代治疗，促进第二性征发育。

5. 特纳综合征　长期用雌激素刺激乳房和生殖器官发育，对有子宫的患者应采用雌孕激素周期疗法。

6. XX单纯性腺发育不全　不需手术，青春期后应给予雌孕激素周期性替代治疗，促进第二性征发育，可来月经。

（高　慧）

自测题

一、选择题

1. 张某，27岁，婚后3年，自然流产3次，宫腔镜检查可见双侧输卵管开口，宫底部向内突出，最可能的诊断是
   A. 双角子宫　　　　　　　B. 纵隔子宫
   C. 单角子宫　　　　　　　D. 双子宫
   E. 残角子宫

2. 王某，女，25岁，首次妊娠，未定期产检，妊娠17周后出现剧烈腹痛伴有心悸、头晕、四肢湿冷，最可能的诊断是
   A. 残角子宫妊娠破裂　　　B. 瘢痕子宫破裂
   C. 难免流产　　　　　　　D. 胎盘早剥
   E. 前置胎盘

3. 刘某，25岁，因婚后性交困难就诊，发现阴道完全纵隔，对该患者处理正确的是
   A. 期待疗法　　　　　　　B. 阴道纵隔切除
   C. 药物治疗　　　　　　　D. 子宫输卵管造影
   E. 手术切除子宫

二、案例分析

王某，27岁，社会性别男，因婚后性生活困难就诊，查体：身高160 cm，声音粗犷，有

胡须、喉结，乳房平坦，阴毛腋毛发育正常。阴茎短小，阴囊空虚，未扪及睾丸。辅助检查：染色体核型：46，XX，B 型超声检查示盆腔探及卵巢及幼稚子宫，血雄激素含量增高，尿 17 酮增高，血雌激素、FSH 呈低值。

讨论分析：

1. 该患者最可能的诊断是什么？
2. 该如何处理？

三、问答题

1. 简述处女膜闭锁的典型临床表现和治疗方法。
2. 简述常见的阴道发育异常类型。

本章临床执业助理医师资格考试要点

1. 处女膜闭锁的典型临床表现和治疗方法。
2. 子宫发育异常的典型临床表现和治疗方法。

第二十三章 不孕症和辅助生殖技术

学习目标

通过本章内容的学习，学生应能够：

识记：
1. 说出不孕症的概念、检查步骤及诊断。
2. 列举不孕症的主要治疗方法。

理解：
1. 解释不孕症的病因。
2. 分析辅助生殖技术的类型及并发症。

运用：
评估不孕症与辅助生殖技术，并制订诊疗方案。

 导学案例 23-1

患者，女性，31岁，已婚，未避孕未孕3年。14岁初潮，平时月经一直不规律，1~4个月来一次，每次持续时间长短不一，经量多少不等。曾到中医院就诊，行中药治疗后效果不明显。妇科检查未发现异常。男方精液检查正常。

思考：
1. 该患者最可能的诊断是什么？
2. 需要进一步做哪些检查？
3. 针对该患者的生育问题，主要治疗方案是什么？

不孕症是一种低生育力状态，严重危害育龄期女性的生殖健康。随着辅助生殖技术的迅猛发展，许多不孕夫妇通过该技术获得了后代，但因技术本身涉及一些伦理和法律问题，应严格管理和规范。

第1节 不孕症

女性凡未避孕、有正常性生活，同居1年以上而未孕者，称为不孕症（infertility），在男性则称为不育症。既往无避孕且从未有过妊娠史者，称为原发不孕；既往有过妊娠史而后无避孕连续1年未孕者，称为继发不孕。我国不孕症发病率为7%~10%。

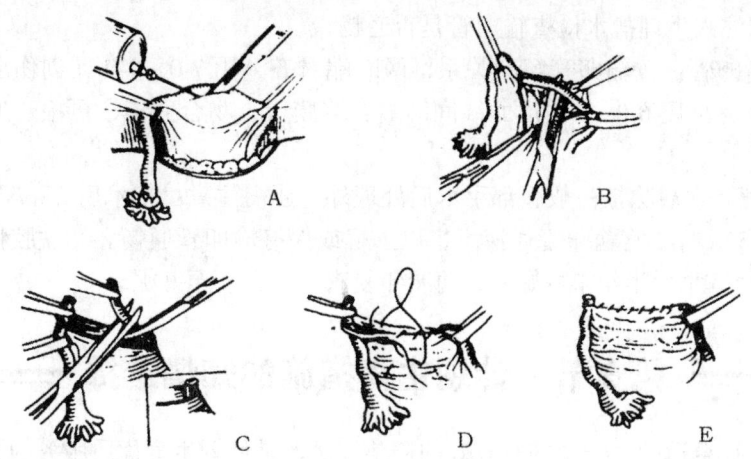

图 24-5 经腹输卵管结扎术

A. 输卵管浆膜下形成水垫后,沿着输卵管纵形切开浆膜层 B. 分离出输卵管管芯 C. 切断输卵管管芯 0.5~1.0 cm 后,分别结扎断端 D. 输卵管近端包埋 E. 输卵管远端游离

（二）腹腔镜输卵管结扎术

1. 禁忌证 主要是腹腔粘连、膈疝、心肺功能不全,其余同经腹输卵管结扎术。

2. 手术步骤 局部浸润麻醉、硬膜外麻醉或全身麻醉。取头低臀高仰卧位,于脐孔下壁作 1 cm 切口,将气腹针插入腹腔,充入 2~3 L 二氧化碳,之后插入套管针放置腹腔镜,直视下双极电凝法在输卵管峡部烧灼 1~2 cm,也可在输卵管峡部放置硅胶管或弹簧夹,以阻断输卵管。腹腔镜输卵管结扎术创伤小,时间短,恢复快。

3. 手术并发症及防治

（1）腹腔内出血：术中损伤输卵管系膜或其他部位的血管,或断端结扎不紧均可造成腹腔内出血。手术要稳、准、轻、细、严格止血；术后若可疑大量腹腔内出血应剖腹探查。

（2）脏器损伤：多因解剖关系不清或手术操作粗暴所致。术中发现应及时行修补术,术后可疑脏器损伤时应剖腹探查。

（3）感染：手术无菌操作不严格或受术者机体内有感染灶,均可引起术后感染。严格无菌操作规程,发生感染及早应用抗生素治疗。

（4）手术失败：可能因施术时误扎圆韧带或输卵管再通。

二、输卵管吻合术

输卵管吻合术又被称为输卵管复通术。指输卵管绝育术后,由于各种原因要求恢复生育功能,将结扎或堵塞部位的输卵管切除,再将两断端重新接通的手术。常用方法有经腹输卵管吻合术和腹腔镜下输卵管吻合术。主要介绍经腹输卵管吻合术。

1. 禁忌证 卵巢功能早衰或其他原因无排卵者；高度可疑结核性盆腔腹膜炎,盆腔严重粘连；其余同经腹输卵管结扎术。

2. 手术步骤 术前应行子宫输卵管碘油造影或腹腔镜检查,评估双侧输卵管结扎部位及其远、近端状况。

（1）切口宜取下腹正中纵切口,长 5~8 cm,剔除原切口瘢痕组织。

（2）探查盆腔了解盆腔器官有无异常及粘连,将子宫、输卵管暴露于手术野。

（3）切除输卵管瘢痕：向浆膜下注入生理盐水使浆膜层与管芯分离,平行或垂直切开浆膜层,游离切除输卵管瘢痕至两端正常组织为止,切除瘢痕及输卵管两侧盲端。

（4）检查输卵管是否通畅：用硬膜外麻醉导管插入输卵管管腔,近端入宫腔,远端出输卵管伞端，于伞端注入生理盐水检查输卵管是否通畅。

（5）吻合输卵管：按输卵管解剖关系，两断端对齐，用7-0~9-0无创伤尼龙线缝合输卵管肌层。肌层缝完再用6-0~5-0尼龙线间断缝合浆膜层，吻合完毕，再检验通畅与否，从伞端抽去支架。

3. 术后处理　术后除按一般腹部手术后处理外，还需注意：①术后2~7天、术后第一次月经干净后3~5天行子宫输卵管通液术，以了解或保持输卵管通畅。②盆腔粘连者应禁止性生活1~2个月。③术后半年未妊娠者，每半年复查一次，直至妊娠。

第3节　计划生育措施的知情选择

育龄妇女选择合适的、安全的、有效的避孕方法，是计划生育优质服务的重要内容。

【新婚期】

新婚夫妇应选用使用方便、不影响生育的避孕措施。①首选复方短效口服避孕药：使用方便，避孕效果好，不影响性生活。②男用阴茎套：安全、有效。③新婚夫妇尚未生育，一般不选用宫内节育器，也不适宜用安全期、体外排精法及长效避孕药。

【哺乳期】

原则是不影响乳汁质量和婴儿健康。①阴茎套：常用避孕方式。②放置宫内节育器：注意哺乳期子宫柔软，操作要轻柔，避免子宫损伤。③单孕激素制剂长效避孕针或皮下埋植剂：使用方便，不影响乳汁质量。④哺乳期不适宜用避孕药膜，也不适宜用雌、孕激素复合避孕药或避孕针以及安全期避孕。

【生育后期】

选择长效、安全的避孕方法。①宫内节育器是首选方法；②男用阴茎套；③复方口服避孕药；④避孕针、皮下埋植剂；⑤已生育两个或两个以上子女的妇女，可采用绝育术。

【绝经过渡期】

选择以外用避孕药为主的避孕方法：①阴茎套；②宫内节育器，原来使用者无不适可继续使用；③可选用避孕栓、凝胶剂；④不宜选用复方避孕药及安全期避孕。

第4节　人工流产

凡在妊娠14周内采用人工或药物方法终止妊娠，称人工流产。可分为药物流产与手术流产两种方法。人工流产是避孕失败的补救方法。

一、药物流产

导学案例24-2

患者，女，33岁，G_3P_2，平时月经规律，现停经42天，查尿妊娠试验阳性，超声检查提示宫内妊娠，要求终止妊娠。选择人工流产术，术中患者突然感觉胸闷、头晕、大汗淋漓、面色苍白，测血压BP 80/50 mmHg，P 50次/分。

思考：

1. 该患者可选择哪些方式终止妊娠？
2. 手术中出现什么情况？如何处理？

药物流产是用药物终止早孕的一种方法。米非司酮配伍米索前列醇的方案终止早孕有良好效果，完全流产率可达90%。米非司酮与孕激素竞争受体，妊娠蜕膜变性、坏死，影响妊娠，米索前列醇可兴奋子宫平滑肌，扩张和软化宫颈。

【适应证】

妊娠7周以内，确诊为宫内早孕，要求使用药物终止妊娠者；具有人工流产高危因素者，如宫颈坚硬、生殖道畸形严重、骨盆畸形、瘢痕子宫、哺乳期及多次人工流产史等。

【禁忌证】

1. 使用米非司酮、米索前列醇的禁忌证　青光眼、哮喘、心血管疾病、肾上腺疾病、糖尿病、肝、肾功能异常、血液病及血栓性疾病等。

2. 带器妊娠、异位妊娠、妊娠剧吐、不能随访者。

3. 其他　过敏体质、长期服用抗结核、抗癫痫、抗抑郁、抗前列腺素类药物者。

【用药方法】

顿服法：第1日顿服150 mg米非司酮，于第2日早晨加服米索前列醇600 μg，前后空腹2 h。分服法：米非司酮150 mg分次服用，每日2次，每次25 mg，连续3日，于第4日早晨加服米索前列醇600 μg口服，前后空腹2 h。

【不良反应及注意事项】

1. 一般症状　恶心、呕吐、腹痛、腹泻等症状常见。一般无需处理。

2. 出血、感染　药物流产必须在具有正规抢救条件的医疗机构，患者能够随访的条件下进行。流产失败、不全流产、出血量多时需行急诊清宫术。阴道流血时间一般10~14天，流血时间长有感染可能时应给予抗生素治疗。

二、手术流产

手术流产是指妊娠14周以内，以手术终止妊娠的方法。妊娠在6~10周以内使用负压吸引术，妊娠10~14周者可采用钳刮术。

【负压吸引术】

负压吸引术是妊娠10周以内，利用负压将妊娠物由子宫腔吸出的手术。适合所有妊娠10周以内要求终止妊娠而无禁忌证者。

1. 禁忌证　各种疾病的急性期，生殖系统急性炎症，妊娠剧吐酸中毒尚未纠正者，术前2次体温在37.5 ℃以上者。

2. 手术步骤

（1）受术者排空膀胱，取截石位，碘附常规消毒外阴、阴道，铺消毒巾。精神高度紧张者可考虑无痛人工流产术。

（2）再次检查子宫位置、大小及附件情况，阴道窥器暴露子宫颈，碘附消毒子宫颈、阴道。

（3）探测子宫腔深度（图24-6）：宫颈钳夹持宫颈前（或后）唇，子宫探针探测子宫腔深度。正常妊娠6~8周，子宫腔深8~10 cm；妊娠9~10周，子宫腔深10~12 cm。

（4）扩张子宫颈：用子宫颈扩宫器由小到大，逐号扩张子宫颈，至大于吸引管半号或一号为宜。按子宫方向，操作用力适度，以防子宫颈内口损伤和子宫穿孔。

（5）子宫腔吸引（图24-7）：根据孕周大小选择吸管型号及负压大小。连接负压吸引器，吸引管送至子宫底，一般控制负压400~500 mmHg，按顺时针或逆时针方向在子宫腔内转动吸引管。子宫内容物吸尽时，宫腔会缩小，吸引管有紧缩感，宫壁粗糙，取出吸引管。小刮匙轻刮宫腔一周，尤其是两侧宫角处。取下宫颈钳、阴道窥器，术毕。术后检查负压瓶内子宫腔内容物绒毛及胚胎组织，是否与孕周相符。

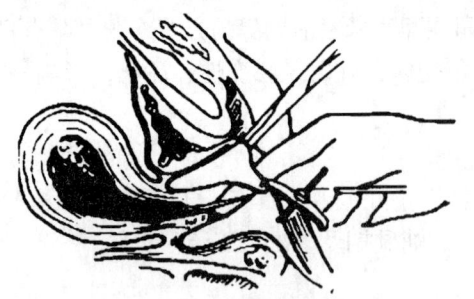
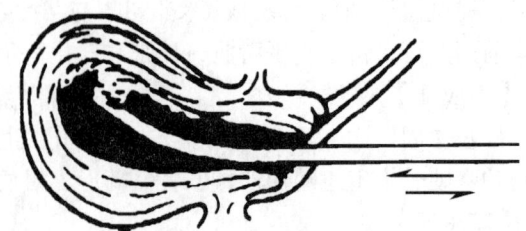

图 24-6　探测宫腔深度图　　　　　图 24-7　负压宫腔吸引

3. 术后处理　术后观察 1~2 h，注意腹痛及阴道流血情况；术后休息 14 日，1 个月内禁性生活和盆浴；术后应给予抗生素及促子宫收缩的药物；落实避孕措施。

【钳刮术】

钳刮术是指用机械方法（橡皮导尿管等）或药物（前列腺素制剂）充分扩张宫颈，用卵圆钳取胎儿及胎盘的手术。因胎儿较大，容易出现并发症需住院手术。近年来由于米非司酮、米索前列醇的临床应用，钳刮术逐渐被药物引产所替代。

【手术流产的并发症】

1. 人工流产综合反应　指受术者由于紧张、机械性刺激在人工流产术中或术后，出现心动过缓、心律失常、血压下降、头晕、胸闷、面色苍白、出冷汗，严重者出现晕厥或抽搐等一系列迷走神经兴奋症状。注意给予精神安慰，操作轻柔。发现症状立即停止操作，给予吸氧，一般能自行恢复。严重者肌内或静脉注射阿托品 0.5~1 mg 可有效控制。

2. 术中出血　多见于钳刮术，因妊娠月份较大，子宫较大，且组织不能及时迅速排出而影响子宫收缩所致。注射缩宫素，同时尽快清除宫腔内组织物。

3. 子宫穿孔　是手术流产的严重并发症（图 24-8）。原因：哺乳期子宫薄软、子宫过度倾或屈、瘢痕子宫、子宫畸形及术者技术不熟练等情况。症状：当器械进入子宫腔出现"无底"感觉，或子宫腔深度明显超过术前大小时，严重者损伤大血管，甚至经破口吸出大网膜、肠管。处理：停止操作。若患者情况稳定，子宫腔内组织已清除，促子宫收缩，预防感染，严密观察；若组织物尚未吸净者，也可在 B 型超声或腹腔镜监护下行清宫术，或 1 周后再清除子宫腔内容物；发现内出血增多或疑有脏器损伤者，应立即剖腹探查。

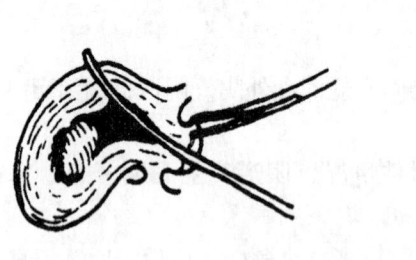 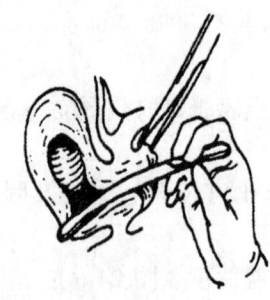

图 24-8　子宫穿孔

4. 吸宫不全　最常见并发症，指流产术后有部分胚胎或绒毛细胞残留宫腔。表现为阴道流血超过 10 日，流血量多或流血停止后再次多量流血。与操作者技术不熟练或子宫位置异常有关。若无感染征象，应尽早行刮宫术，刮出物送病理检查，术后预防感染。若伴有感染者，应在控制感染后行刮宫术。

5. 漏吸或空吸　确诊宫内妊娠未吸出胚胎组织及绒毛称为漏吸。误诊宫内妊娠行人工流产术，称空吸。诊断为空吸，吸出物全部送病理检查，警惕异位妊娠。漏吸常见于胚囊过小、生殖器畸形或子宫位置异常等情况，及时发现终止妊娠。

6. 术后感染　多因不全流产、无菌操作不严格、术后过早性生活而引起感染。人工流产术后出现下腹疼痛、白带混浊、不规则流血、体温升高，妇科检查时子宫或附件区有压痛。应卧床休息，促进宫缩，及时应用广谱抗生素。吸宫不全者感染控制后行清宫术。

7. 羊水栓塞　钳刮术宫颈损伤、胎盘剥离使血窦开放，羊水进入血液循环。妊娠早、中期羊水中有形成分少，并发羊水栓塞时症状及严重性不如晚期妊娠发病凶猛。

8. 子宫颈或子宫腔粘连　发生粘连主要在子宫颈管，单纯子宫腔粘连少见。子宫腔粘连阻断经血排出，可导致闭经或周期性腹痛。处理：负压吸引术时避免吸管负压进出子宫颈管，损伤子宫颈黏膜。粘连时将探针缓慢进入子宫颈，分离粘连处。子宫腔粘连时用子宫探针伸入宫腔后，扇形钝性分离粘连部位，放置 IUD。也可加用雌、孕激素做人工周期疗法 2~3 个月，使子宫内膜逐渐恢复。

9. 远期并发症　有子宫颈粘连、子宫腔粘连、盆腔炎性疾病后遗症、月经异常、继发不孕等。

第 5 节　妊娠中期引产术

妊娠 14~27 周，用人工方法终止妊娠称妊娠中期引产。分为药物引产和手术引产两大类。药物引产有依沙吖啶（利凡诺）、前列腺素等，手术引产有水囊引产。中期妊娠引产并发症多，危险性大，应尽量避免。

一、依沙吖啶引产

依沙吖啶（利凡诺）是一种强力杀菌药，对子宫有较强的直接刺激宫缩作用，引产成功率达 98%，用于妊娠 14~27 周要求终止妊娠而无禁忌证者。

【禁忌证】

1. 心力衰竭，肝、肾功能不全，严重贫血不能耐受手术者。
2. 急性生殖器官炎症及各种疾病急性期。
3. 子宫有手术瘢痕者、胎膜早破或羊水过少、前置胎盘等。

【手术步骤】

1. 孕妇排空膀胱　取平卧位，常规消毒腹部皮肤，铺无菌洞巾。
2. 确定穿刺点　术前 B 型超声下确定胎盘及羊水暗区定位标记，于宫底下 2~3 横指中线两侧 1~2 cm 选择囊性感最明显处为穿刺点。用 7 号腰穿针垂直刺入腹壁，进入羊膜腔内，拔出针芯，见有羊水溢出。
3. 注药　将抽有依沙吖啶 50~100 mg 的注射器接于穿刺针，回抽出羊水注入药液。拔出穿刺针，局部消毒纱布压迫固定，术毕。

【注意事项】

1. 穿刺针抽出血液，出血可能来自腹壁、子宫壁、胎盘或胎儿血管，不能注药，更换穿刺点后可再次进行穿刺，每次操作穿刺不得超过 2 次。
2. 手术中注意孕妇有无呼吸困难、发绀等异常表现，术后观察阴道出血及宫缩等情况。
3. 个别孕妇注药后 24 h 左右可出现体温轻度上升和白细胞计数增多现象。如无感染症状和体征，胎儿娩出后，体温和白细胞可自然恢复。如体温超过 38 ℃，应给予抗生素。
4. 引产后胎儿及胎盘娩出时间多需 38~48 h，注意胎盘、胎膜残留，软产道裂伤。

二、水囊引产

水囊引产是将水囊放置于子宫壁与胎膜之间，产生机械性刺激，引起宫缩而导致流产的方法。易引起感染，现已少用。可用于乳酸依沙吖啶过敏或肝肾疾患稳定期且要求中期引产者。

三、前列腺素引产

前列腺素具有广泛的宫缩、扩张宫颈内口及溶解黄体等药理作用，国外将前列腺素用于中期妊娠引产已有多年历史。前列腺素使用方便，既可口服，也可羊膜囊内或囊外给药，还可制成栓剂放置于阴道内引产。1993年后，国内开始临床试用米非司酮配伍前列腺素引产，其已成为终止中期妊娠可选用的方法之一。

（赵瑞芳）

自测题

一、选择题

1. 新婚夫妇计划婚后1年再生育，目前最适当的避孕方法是
   A. 安全期避孕法　　　　B. 避孕针
   C. 放置宫内节育器　　　D. 阴茎套
   E. 皮下埋植避孕制剂

2. 一剖宫产术后9个月的妇女，正在哺乳期，已恢复月经，经量很少，应首先选择下列哪种方法避孕最为合适
   A. 口服短效避孕药　　　B. 复方长效避孕针
   C. 皮下埋植剂　　　　　D. 输卵管结扎术
   E. 含铜IUD

3. 妊娠4$^+$月，终止妊娠最常用的方法是
   A. 缩宫素引产　　　　　B. 负压吸宫术
   C. 钳刮术　　　　　　　D. 依沙吖啶羊膜腔注射
   E. 米非司酮 + 米索前列醇

4. 患者吸宫流产术中，感胸闷、头晕，检查：血压70/50 mmHg，脉搏50次/分，应首先选用何种药物抢救治疗
   A. 安定　　　　　　　　B. 阿托品
   C. 杜冷丁　　　　　　　D. 苯巴比妥钠
   E. 氯丙嗪

5. 患者33岁，5个月前曾因妊娠2个月行电吸流产术。术后月经停止来潮，无不适，测基础体温双相型，盆腔检查无异常，最可能引起闭经的原因是
   A. 妊娠　　　　　　　　B. 子宫内膜海绵层与致密层损坏
   C. 子宫颈粘连　　　　　D. 子宫内膜基底层破坏
   E. 卵巢功能早衰

二、问答题

1. 简述宫内节育器避孕的禁忌证，放置节育器的时间。
2. 说出药物避孕的避孕机制，禁忌证。
3. 简述人工流产的注意事项及并发症。

本章临床执业助理医师资格考试要点

1. 宫内节育器避孕的避孕机制、适应证、禁忌证、放置及取出时间、副作用及并发症处理。
2. 药物避孕的避孕机制、适应证、禁忌证、不良反应及处理。
3. 输卵管绝育术的适应证、禁忌证、手术时间、并发症处理。
4. 人工流产的适应证、禁忌证、注意事项及并发症处理。
5. 中期妊娠引产的适应证、禁忌证、注意事项及并发症处理。
6. 育龄妇女计划生育措施的选择。

第二十五章

妇女保健

学习目标

通过本章内容的学习，学生应能够：

识记：

说出妇女保健工作的任务、目的、方法。

理解：

1. 总结妇女各期保健的内容。
2. 归纳妇女保健统计指标的计算。

运用：

1. 能够对妇女各期保健工作进行健康指导，保障妇女身心健康。
2. 能够正确应用妇女保健常用指标，评价妇女保健工作质量。

妇女保健是以妇女为对象，针对妇女一生不同阶段的生理和心理特点，运用现代医学和社会科学的基本理论、技能、方法，对妇女不同阶段进行系统的健康管理和健康保护工作，以维护妇女的身心健康，提高人口素质。

第1节 妇女保健的意义与组织机构

【妇女保健工作的意义】

妇女保健是我国卫生保健事业的重要组成部分，是以维护和促进妇女健康为目的。做好妇女保健工作，保护妇女身心健康，有利于子代健康、家庭幸福、民族素质的提高。妇女保健工作要做到：以保健为中心，以临床为基础，以生殖健康为核心，以基层为重点，全面面向群众，开展妇女保健。

【妇女保健工作的目的】

通过积极的预防、普查、监护和保健措施，降低孕产妇死亡率和围生儿死亡率，降低患病率，消灭、控制某些疾病及遗传病的发生，控制性传播疾病的传播，促进妇女身心健康，提高妇女健康水平。

【妇女保健工作的方法】

妇女保健工作是一个系统工程，必须充分发挥各级妇幼保健专业机构及三级妇幼保健网的作用，调动各方面的积极性，切实将妇女儿童保健纳入医改和卫生事业发展规划中，有计划地培训和复训专业队伍；建立健全有关的规章制度，加强检查督促；大力开展妇女保健宣传教育，提高群众的自我保健意识；重视资料的收集，定期做好统计分析，以提高妇女保健工

作质量。

【妇女保健工作的组织机构】

为了确保妇女保健工作有效展开,各级政府在卫生行政组织内和卫生业务部门均设立了各级妇女保健机构,建立了妇女保健网。

(一)行政机构

①国家卫生健康委员会设置妇幼健康服务司(简称妇幼司),领导全国妇幼保健工作。妇幼司下设综合处、妇女卫生处、儿童卫生处、计划生育技术服务处、出生缺陷防治处。②各省、直辖市、自治区卫生和计划生育委员会下设妇幼健康服务处(简称妇幼处),领导本辖区内的妇幼卫生工作。③市(地、州、盟)卫生和计划生育委员会内设妇幼健康科或预防保健科。④县(区)卫生和计划生育委员会主要设妇幼健康科或预防保健科负责妇幼健康服务工作。

(二)专业机构

1. 妇幼健康服务专业机构　包括各级妇幼保健机构、各级妇产科医院、儿童医院(妇女儿童医院)、综合医院妇产科、儿科、新生儿科、计划生育科、预防保健科,中医医疗机构中的妇产科,儿科,不论其所有制关系(全民、集体、个体)均属妇幼健康服务专业机构。

2. 各级妇幼保健机构　情况如下:①国家级,目前为国家疾病预防控制中心妇幼保健中心负责管理;②省级(直辖市、自治区)妇幼健康服务机构设立省级(直辖市、自治区)妇幼保健院及高等院校妇幼系、附属医院妇产科等;③市(地)级设立市(地)级妇幼保健院;④县级设立县妇幼保健院。各级妇幼健康服务机构均属于业务实体,均在同级卫生计生行政部门领导下,认真贯彻落实各项妇幼保健工作。

第2节　妇女保健工作任务

妇女保健工作任务包括妇女各期保健措施,妇女疾病及恶性肿瘤的普查普治,计划生育技术指导,妇女劳动保护,妇女心理保健等。

【妇女各期保健】

1. 青春期保健　针对青春期女性健康和行为方面的问题,以加强一级预防为重点。一级预防包括自我保健、营养指导、体育锻炼、健康教育、性知识教育。二级预防包括小儿、妇科常见病的筛查和防治。通过学校保健,定期体格检查,早期发现各种疾病和行为异常,减少或避免诱发因素。三级预防包括对青年女性疾病的治疗和康复。青春期保健以预防为重点。

2. 生育期保健　针对生育期女性,保护生殖功能,降低孕产妇死亡率和围生儿死亡率,确保母婴安全。以加强一级预防为重点。一级预防:普及孕产期保健和计划生育技术指导。二级预防:对妇女在生育期因孕育或节育导致的各种疾病,及时做到早发现、早防治,提高防治质量。三级预防:提高对高危孕产妇的处理水平,降低孕产妇死亡率及围产儿死亡率。

3. 围产期保健　指从妊娠前、妊娠期、分娩期、产褥期、哺乳期为孕产妇和胎儿及新生儿的健康所进行的一系列保健措施,降低孕产妇死亡率和围产儿死亡率,从而保障母婴安全。

(1)孕前保健:妊娠前的准备阶段。这一阶段主要是选择最佳受孕时机,有计划妊娠,减少高危妊娠及高危儿的发生。提倡计划妊娠,建议在受孕前3~6个月进行孕前健康检查,包括进行生殖相关的健康保健,仔细评估既往慢性疾病史、家族和遗传病史,积极治疗对妊娠有影响的疾病等。选择合适受孕时间,告知两次妊娠间隔时间最好为2~5年。评估妊娠前健康心理和社会环境,戒烟戒酒,避免接触有毒物质和放射线,孕前3个月补充叶酸以降低胎儿神经管畸形的发生。对有严重疾病可能危及孕妇生命者,应给予医学指导和建议。

（2）妊娠早期保健：妊娠早期是胚胎、胎儿分化发育的关键时期，若受外界因素及孕妇疾病的影响，可导致胎儿畸形或发生流产，应注意预防。尽早确定妊娠及妊娠胎数，排除异位妊娠；做好预防出生缺陷，避免接触有毒物质和放射线，避免密切接触宠物，避免病毒感染，患病时遵医嘱服药。做好预防流产相关知识宣教，加强对孕妇早期营养的指导，保证充足睡眠和适当的运动；做好高危妊娠初筛，了解有无不良孕产史、家族成员有无遗传病史；了解有无高血压、糖尿病等慢性病史，对于不宜继续妊娠者应告知并及时终止妊娠；加强出生缺陷的妊娠早期筛查，如早期唐氏综合征筛查、胎儿严重畸形的早期初筛等。

（3）妊娠中期保健：妊娠中期是胎儿生长发育较快的时期。胎盘已形成，不易发生流产，妊娠晚期并发症尚未出现。在此阶段需要进行的保健包括：①出生缺陷筛查，如中期唐氏综合征筛查、无创产前检测技术、胎儿结构异常的超声筛查等。②妊娠并发症的筛查，如早产、妊娠期糖尿病等。③监测与评估胎儿生长，早期发现胎儿生长受限。④加强营养，改变生活习惯。⑤评估孕产妇心理，及早发现孕产妇抑郁症，并及时处理。

（4）妊娠晚期保健：妊娠晚期是胎儿生长发育最快，体重明显增加的时期。此期需加强妊娠晚期营养及生活习惯的指导、告知孕妇自我监护、加强分娩及产褥期相关知识、母乳喂养、新生儿筛查及预防接种等知识宣教。定期进行产前检查，检测胎儿生长发育的各种指标，防治妊娠并发症，及早发现并矫正胎位异常且及时纠正胎儿缺氧。作好分娩前的心理准备，考虑对母儿合适的分娩方式。指导孕妇作好乳房准备，有利于产后哺乳。

（5）分娩期保健：分娩期是整个妊娠安全的关键时期，提倡住院分娩，高危孕妇应提前入院待产。这一阶段应充分了解产妇的生理、心理问题，给予支持和帮助。缓解孕产妇分娩时的焦虑和疼痛，并对其健康情况进行全面和动态评估，以确保分娩顺利进行，母儿安全。做到"五防""一加强"。"五防"是指防产程停滞、防产后出血、防产道损伤、防产褥感染、防新生儿窒息。"一加强"是指加强产时监护和产程处理。

（6）产褥期保健：均在初级保健单位进行，于产妇出院后3日内、产后14日及28日开始产后访视（详见第十二章第三节产褥期处理与保健）。

（7）哺乳期保健：哺乳期是指产后产妇用自己乳汁喂养婴儿的时期，一般为1年。哺乳期保健的中心任务是保护母婴健康，降低婴幼儿死亡率，保护、促进和支持母乳喂养。告知母乳喂养的好处有：母乳是婴儿最理想的营养食品，营养丰富，适合婴儿消化吸收；母乳喂养省时、省力、经济又方便；母乳中含丰富抗体、活性细胞和其他免疫活性物质，能提高婴儿的免疫功能，预防疾病；通过母乳喂养，母婴皮肤接触频繁，促进婴儿的心理健康发育，增加母子感情。为提高母乳喂养率，WHO还提出了"促进母乳喂养的十项措施"：对所有卫生保健人员常规传达母乳喂养政策；对所有保健人员进行技术培训；向所有孕妇宣传母乳喂养优点；协助产妇分娩半小时内哺乳；指导母亲如何哺乳，以及在必须与婴儿分开的情况下如何保持泌乳；除喂母乳外，不给新生儿任何其他食品和饮料，除非医疗需要；实行母婴同室；按需哺乳；不给婴儿吸橡胶奶嘴；促进建立母乳喂养支持组织，并将出院的母亲介绍给妇幼保健组织。建立和健全三级医疗保健网可使母亲继续获得支撑和帮助。

4. 围绝经期保健　妇女在40岁左右开始进入围绝经期，随着人们生活水平的提高，绝经相关的生理变化可以延缓到50岁以后。有部分妇女在此期前后可因性激素下降引起一系列躯体和精神心理症状，所以需加强保健。其内容有：①合理安排生活，重视营养搭配，保持心情舒畅，坚持体育锻炼；②保持外阴清洁，预防萎缩的生殖器发生感染；③进行肛提肌锻炼，加强盆底组织的支持力，预防子宫脱垂及压力性尿失禁；④定期体检，做好妇女疾病及肿瘤普查；⑤在医生指导下，合理补充激素、钙剂等以预防围绝经期综合征、骨质疏松、心血管疾病等的发生。⑥虽然此期生育能力下降，但仍避孕至月经停止12个月以后。

5. 老年期保健　国际老年学会规定60~65岁为老年前期，65岁以后为老年期。老年期是

人一生中生理改变明显的时期，可带来心理及生活上的巨大变化，使处于老年期的妇女比较容易患各种疾病，如萎缩性阴道炎、子宫脱垂、妇科恶性肿瘤、骨质疏松、脂代谢紊乱、认知功能障碍等。定期体格检查，加强身体锻炼，注重慢性疾病，合理使用药物，提高生命质量，使之健康长寿。

【积极防治妇女疾病及恶性肿瘤】

建立健全妇女疾病及防癌保健网，定期进行妇女疾病及恶性肿瘤的普查普治工作，每1~2年普查一次。普查内容包括妇科检查、阴道分泌物检查、宫颈细胞学检查和（或）HPV检查、超声检查，筛查妇科恶性肿瘤和乳腺癌。做到早发现、早诊断、早治疗。制定预防措施，降低发病率，提高治愈率。

【做好计划生育技术指导】

开展计划生育技术咨询，普及计划生育科学知识，大力推广以避孕为主的综合节育措施，宣传人工流产为避孕失败的补救措施，不应作为避孕方式。指导育龄夫妇安全、有效的节育方法，降低人工流产率及中期妊娠引产率。保证和提高节育手术质量，杜绝医疗事故发生，减少和防止手术并发症的发生，确保手术者安全与健康。

【做好妇女劳动保护】

对女职工劳动保护应采用法律手段，以确保女职工在劳动工作中的安全与健康。对各种有关妇女保健的法规，如《女职工劳动保护规定》《女职工保健工作暂行规定》《劳动部关于女职工生育待遇若干问题的通知》《中华人民共和国妇女权益保障法》《中华人民共和国母婴保健法》等，各级卫生部门和工会、妇联组织有权对执行情况进行监督。有关规定如下：

1. 妊娠7个月以上的女职工　用人单位不得延长劳动时间或安排夜班劳动，并应当在劳动时间内安排一定休息时间。妇女怀孕后在劳动时间进行相关产前检查，所需时间计入劳动时间。不得在女职工妊娠期、分娩期、哺乳期降低基本工资或解除劳动合同；对有过两次以上自然流产史，现又无子女的，应暂时调离有可能直接或间接导致流产的作业岗位。

2. 围产期女职工　女职工顺产假为98日。其中产前休息15日，难产增加产假15日，多胎生育每多生一个婴儿，增加产假15日；女职工怀孕未满4个月流产的，享受15日产假，怀孕满4个月流产的，享受42日产假。

3. 哺乳期女职工　哺乳时间为1年，不得安排夜班和加班。每班工作应给予女职工安排1 h哺乳时间；女职工若生育多胞胎的，每多哺乳1个婴儿每日多增加1 h哺乳时间。

【女性心理保健】

生理因素导致疾病仅为生物、心理、社会诸因素相互作用的一个环节，了解女性心理问题很有必要。

1. 与月经有关的心理问题　青春期少女月经初潮来临，身心会发生巨大变化，应对青春期少女进行适当的月经期健康教育。经前期雌激素水平低，情绪常低落，经期前后可出现乏力、烦躁不安、嗜睡等常见心理行为症状，应放松并适当运动。

2. 与妊娠和分娩有关的心理问题　妊娠期由于时间较长，孕产妇心理状态变化较大，可分为3个时期：较难耐受期、适应期和过度负荷期。应根据每一时期孕妇出现的心理问题进行心理咨询和心理疏导。分娩全过程对孕妇与胎儿均属强烈应激。产妇在分娩期常见心理问题有不适应的心理、焦虑紧张心理、恐惧心理、依赖心理等，医护人员应及时给予心理疏导，并提倡家庭式产房，让丈夫或家人参与进来，以消除产妇的焦虑紧张心理。

3. 与产褥有关的心理问题　产妇在产后两周内情绪不稳定，易出现焦虑或产后抑郁等心理问题。家人和社区妇女保健人员应及时了解产妇心理需要和心理问题，并进行心理疏导。

4. 与围绝经期及老年期有关的心理问题　围绝经期和老年期妇女体内雌激素水平低下，引起神经体液调节紊乱，导致绝经前后出现心理障碍。表现为焦虑及情绪不稳定、身心疲劳、

孤独、个性行为改变、抑郁等，随着机体逐步适应，这些心理反应也会逐渐消失。必要时加强心理疏导和激素替代治疗，并鼓励多参加社会文体活动。

5. 与妇科手术有关的心理问题　主要有：①行子宫切除、卵巢切除手术的心理问题：因病需要切除子宫或卵巢时，很多妇女会担心自我完整感丧失，形象受损，易出现情绪低落、抑郁等心理问题。对子宫、卵巢切除患者应加强术前心理咨询，告知手术的必要性及术后不会影响夫妻性生活，还需做好丈夫和家属的工作，减少患者的心理压力。②行输卵管结扎术的心理问题：女性对手术容易产生恐惧、疼痛及手术后遗症的心理。因此术前应做心理评估，告知手术原理，缓解其不良心理反应。

第3节　妇女保健常用指标

【妇女病普查普治常用统计指标】

1. 妇女常见病筛查率 = 该年该地区妇女常见病实查人数 / 某年某地区妇女常见病应查人数 × 100%

2. 妇女常见病患病率 = 该年该地区妇女常见病患病总人数 / 某年某地区妇女常见病实查人数 × 10万/10万

3. 妇女病治愈率 = 治愈例数 / 患妇女病总例数 × 100%

【孕产期保健常用统计指标】

（一）孕产期保健工作统计指标

1. 早孕建册率 = 辖区内孕13周之前建册并进行第一次产前检查的孕妇数 / 该地该时间段内活产数总数 × 100%

2. 产前检查率 = 期内产前检查总人数 / 期内活产总数 × 100%

3. 产后访视率 = 期内产后访视产妇数 / 期内活产总数 × 100%

4. 住院分娩率 = 期内住院分娩活产数 / 期内活产总数 × 100%

（二）孕产期保健效果指标

1. 孕产妇死亡率 = 年内孕产妇死亡数 / 年内活产总数 × 10万/10万

2. 围产儿死亡率 = （孕28周以上死胎死产数 + 生后7日内新生儿死亡数）/（孕28足周以上死胎死产数 + 活产数）× 1000‰

3. 新生儿死亡率 = 期内生后28日内新生儿死亡数 / 期内活产数 × 1000‰

4. 早期新生儿死亡率 = 期内生后7日内新生儿死亡数 / 期内活产数 × 1000‰

（三）孕产期保健质量指标

1. 妊娠期高血压疾病发生率 = 期内患病人数 / 期内孕妇总数 × 100%

2. 高危孕产妇比例 = 期内高危孕产妇数 / 期内孕产妇总数 × 100%

3. 产褥感染率 = 期内产褥感染产妇人数 / 期内产妇总数 × 100%

4. 产后出血率 = 期内产后出血产妇人数 / 期内产妇总数 × 100%

5. 会阴侧切率 = 期内会阴侧切产妇人数 / 期内阴道分娩产妇总数 × 100%

【计划生育技术工作统计指标】

1. 人口出生率 = 某年出生人数 / 该年平均人口数 × 1000‰

2. 人口自然增长率 = 年内人口自然增长数 / 同年平均人口数 × 1000‰

3. 人口死亡率 = 某年死亡人数 / 该年平均人口数 × 1000‰

4. 出生人口性别比 = 出生男婴数 / 出生女婴数 × 100

5. 出生人流比 = 期内人工流产总例数 / 同期活产总数

6. 计划生育手术并发症发生率 = 期内该项计划生育手术并发症发生例数 / 同期某项计划

生育手术总例数 ×100%

（蒋　娜）

自测题

一、案例分析

王女士，35 岁，结婚 8 年，G_1P_0，目前孕 30 周，至产科门诊咨询，想了解有关于孕产妇产假时间，以便合理安排。

讨论分析：

你应该告知王女士如何休产假？

二、问答题

1. 简述妇女保健工作的主要内容。
2. 简述分娩期保健内容。
3. 试述哺乳期女职工的劳动保护政策。

本章临床执业助理医师资格考试要点

1. 妇女保健工作的任务。
2. 妇女各期保健的内容。
3. 妇女保健常用指标。

第二十六章

妇产科常用诊疗手术

学习目标

通过本章内容的学习，学生应能够：

识记：
1. 说出妇产科常用的各种手术的适应证。
2. 说出妇产科常用的各种手术的禁忌证。

理解：
1. 总结妇产科常用的各种手术的操作过程。

运用：
1. 运用妇产科常见手术相关知识和技能，进行相关临床实训操作。
2. 通过妇产科常见手术的操作过程，培养无菌操作意识、团队协作精神及科学严谨态度等职业素质。

第1节　会阴切开缝合术及会阴裂伤缝合术

一、会阴切开缝合术

会阴切开缝合术是在第二产程胎儿娩出时为了避免会阴及盆底软组织严重裂伤，减轻盆底组织对胎头的压迫，或需缩短第二产程所采取的产科手术。偶可见于为扩大阴道手术视野而应用于妇科手术中。

依据切开部位可分为两种术式：会阴正中切开术（median episiotomy）和会阴后斜切开术（postero-lateral episiotomy）。

【适应证】
1. 会阴裂伤不可避免者　会阴体过紧、会阴部组织坚韧、会阴发育不良、会阴部组织水肿或瘢痕、会阴体过长等。
2. 需行阴道助产术者　产钳术、臀位牵引术、胎头吸引术等，尤为初产妇。
3. 需缩短第二产程者　胎儿窘迫、妊娠期高血压疾病、妊娠合并心脏病、严重肺结核等。
4. 需保护胎头预防新生儿颅内出血者　巨大儿、早产、胎儿宫内生长发育迟缓等。

【体位】
取膀胱截石位或仰卧屈膝位。

【麻醉】
会阴、外阴局部神经浸润麻醉及阴部神经阻滞麻醉。

1. 会阴、外阴局部神经浸润麻醉　消毒后在拟切开组织的下外方用 0.5% 利多卡因注射一皮丘，再沿拟切开组织的皮内、皮下、阴道前庭黏膜下依次做扇形浸润注射（图 26-1）。如为正中切开，则在会阴部注入麻醉剂，但应防止刺入直肠。

2. 阴部神经阻滞麻醉　取会阴部，消毒后用细长针在坐骨结节与肛门连线中点处进针，用 0.5% 利多卡因先注射一皮丘，以示指伸入阴道向外后方扪及坐骨棘做引导，推至坐骨棘尖端，后退少许，转向内侧约 1 cm 骶棘韧带处，再进针约 1.5 cm，感到有落空感，回抽如无血，即可注入 0.5% 利多卡因 5~10 ml，可维持麻醉 1~1.5 h（图 26-2）。

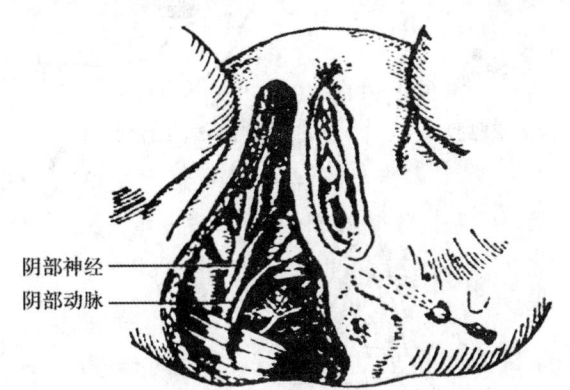
图 26-1　会阴、外阴局部神经浸润麻醉

图 26-2　阴部神经阻滞麻醉

【方法】

（一）会阴侧斜切开术

该术是临床常用的一种切开方式，接产者需把握最佳时机，经阴分娩者应选择在估计会阴切开后 5~10 min 内胎儿可娩出。具体操作步骤为（以会阴左侧切开为例）：

1. 皮肤消毒　用 0.5% 聚维酮碘棉球消毒切口皮肤三遍。消毒皮肤范围以侧切口为中心，由内向外消毒皮肤，约 10 cm×10 cm。

2. 麻醉　一般采取阴部神经麻醉＋局部扇形浸润麻醉。注射的利多卡因应控制在 20 ml 左右。数分钟后，会阴肌肉松弛。

3. 切开　术者以左手示、中指伸入阴道与先露之间，撑起会阴体，置入侧切剪一叶，待宫缩高峰时会阴体膨隆，自会阴后联合中线向左侧 45°方向一次切开会阴。如会阴高度膨隆，则略向上呈 60°~70°切开（图 26-3），娩出胎儿后可自然恢复至 45°。切口一般为 4~5 cm，注意切忌角度过小，误伤直肠；同时皮肤与黏膜切开等长。切开后应用纱布压迫止血，必要时钳夹结扎止血。

4. 缝合　分娩结束后，仔细检查会阴伤口，有无深延或上延，检查子宫颈是否有裂伤，检查阴道壁是否有裂伤及血肿。若子宫颈有裂伤，应先缝合。然后在阴道内置一带尾纱布卷，将宫颈上推暴露伤口。用 0.5% 聚维酮碘棉球消毒切口，重新更换手套后，铺消毒巾，再进行缝合。

（1）阴道黏膜缝合：用 2-0 可吸收线从阴道黏膜切口顶端上 0.5 cm 处开始，间断或者连续缝合（图 26-4），直到处女膜缘，将其切缘对齐。

（2）缝合肌层：用 2-0 可吸收线间断缝合肌层（图 26-5），达到止血和关闭无效腔的目的，缝合不宜过密，肌层伤口缘要对称，注意恢复原解剖关系。

（3）缝合皮下脂肪及皮肤：用 2-0 可吸收线或 1 号丝线间断缝合皮下脂肪及皮肤（图 26-6），皮肤也可选用 3-0 可吸收线作皮内缝合。注意缝线不宜过紧、过密，以免组织水肿后缝线嵌入组织内，影响伤口愈合。

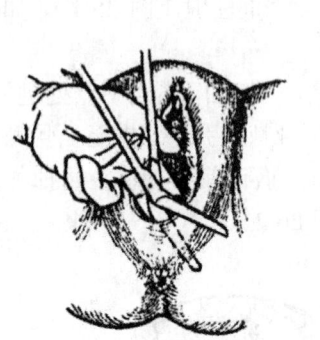
图26-3 会阴侧斜切开

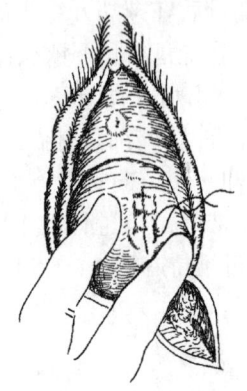
图26-4 缝合阴道黏膜

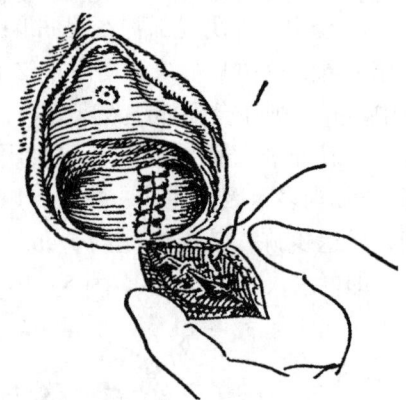
图26-5 缝合肌层

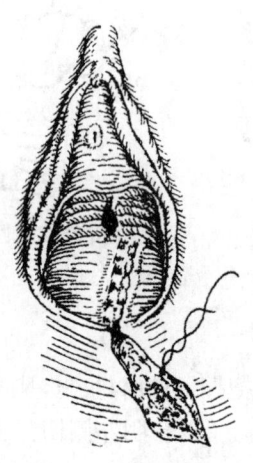 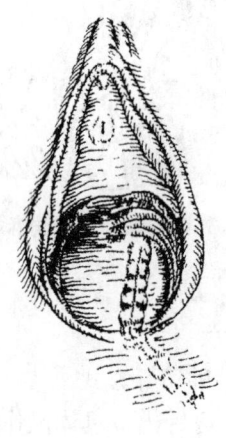

图26-6 缝合皮下脂肪及皮肤

（4）缝合操作要点：按照解剖结构逐层缝合、确切止血、不留无效腔、对合整齐、深浅适宜。注意缝合前首先仔细检查伤口有无裂延和其他损伤，针对出血的大、小血管进行结扎，避免血肿（hematoma）形成。

5. 缝合后处理　术毕取出阴道内纱布卷，检查有无纱布残留、阴道黏膜缝合有无漏洞、是否平展，处女膜环口大小以容两指为宜，并做肛诊检查，如发现缝线穿透直肠黏膜，则应拆除后重新缝合。缝合后记录皮肤外缝针数，清洁外阴血渍。

（二）会阴正中切开术

此种术式具有损伤小、出血少、术后疼痛、水肿轻、瘢痕小等优点，但若会阴体短、产钳术或臀位牵引术、胎儿偏大、操作者接生技术不熟练时不宜选用，以免切口向下延伸造成会阴Ⅲ度裂伤。

1. 切口　沿会阴后联合中点向肛门方向垂直切开，长2.5~3.0 cm（图26-7），应注意避免损伤肛门括约肌。

2. 缝合　方法及注意要点同会阴侧斜切开术。

【术后处理】

1. 保持外阴清洁　术后常规行会阴擦洗，每日两次，鼓励患者向健侧侧卧，避免恶露对切口的污染。

2. 会阴切口肿胀的处理　可用50%硫酸镁进行湿热敷或用95%的乙醇纱布湿敷，每日两次，每次15 min，酌情使用抗生素。

3. 注意切口感染　切口如有硬结者，可行局部理疗（红外线或超短

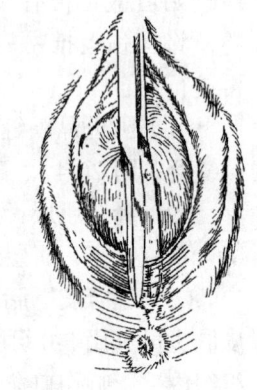
图26-7 正中切开

波照射，每日 1 次，每次 15 min），若出现脓肿则应立即拆线引流，高锰酸钾坐浴。

4. 适时拆线　会阴侧切者一般 3~5 天拆除丝线，会阴正中切开一般 3 天拆除丝线，如有严重贫血、低蛋白血症等情况应延期拆线。

【常见的手术失误】

1. 切开过早，会阴没有充分扩张，出血较多。
2. 切口过小，导致会阴撕裂伤。

【常见并发症及处理】

1. 出血

（1）会阴切口出血多的原因：①侧切或中侧切易伤及会阴部动静脉，出血比正中切开多。②会阴切开过早、胎头未能压迫会阴组织、切口较大、胎儿未能立即娩出、会阴没有充分扩张，切口容易出血。③手术产出现复杂裂伤，弥散性血管内凝血、血小板减少紫癜等。

（2）处理：接产者应正确掌握会阴切开的时机，会阴切开后注意伤口流血情况，会阴切开后局部应用纱布压迫，针对活动出血点进行缝扎；胎盘娩出后立即缝合切口；针对凝血功能障碍者对因进行处理；如有失血性休克的情况应立即补充血容量纠正休克及贫血。

2. 会阴血肿

（1）血肿发生的原因有：①基本操作不规范，漏缝扎回缩的血管断端，出血点未及时缝扎；②缝针时刺破血管而不自知，深部血管出现挫裂伤，血液不能外流。

（2）临床表现：血肿发生时表现为伤口疼痛、肛门坠胀感、局部肿胀感及压痛逐渐加重，肛门指诊可触及逐渐增大的囊性肿块。

（3）处理：较小的血肿，如无继续增大可给予冷敷、止血药物，如继续增大则应拆除缝线进行确切止血后重新缝合。

3. 会阴切口裂伤及延伸　胎儿过大、急产、会阴保护不当等可导致，可能损伤会阴和阴道的任何部位。处理：会阴缝合前仔细检查伤口局部的情况，会阴裂伤处予以修补加强抗感染，必要时留置尿管。

4. 直肠损伤　当会阴伤口较深时，在会阴缝合时应当将手指放入肛门内引导缝合，可以避免会阴缝合时缝针穿透肠壁。

（1）缝合时穿透直肠处理：发生后应立即拆除并重新缝合，缝合时术者或助手示指伸入直肠内做引导。

（2）手术时误将直肠剪开处理：主要发生在会阴正中切开术。直肠裂开伤口小时，可用可吸收线间断内翻缝合，并加固一层缝合，切开大者，按Ⅳ度会阴裂伤进行修补。

5. 会阴伤口感染　会阴伤口属于污染性伤口，容易引起感染、裂开、缝线外露等。感染发生的主要原因：①无菌操作不规范，致使切口污染；②缝合技术欠缺，缝线过密、提线、结扎过紧致使组织缺血坏死，或缝合时留有死腔。

处理：产后应积极预防性抗感染，保持会阴清洁。当发生感染时，应注意清除异物（包括缝线等）、高锰酸钾坐浴、局部换药、理疗等。

二、会阴裂伤缝合术

【分度】

会阴裂伤按裂伤程度分为Ⅳ度：

Ⅰ度裂伤：会阴皮肤及阴道入口黏膜撕裂，未达肌层；常见发生部位有阴唇系带、处女膜环、前庭黏膜及小阴唇内侧等，常可累及阴道黏膜，因较浅，故出血不多，但若累及尿道旁、阴蒂及阴蒂脚，则出血稍多。

Ⅱ度裂伤：裂伤已达会阴体筋膜及肌层，累及阴道后壁黏膜，沿阴道后壁两侧沟向上撕

裂，解剖结构不易辨认，出血较多；主要累及会阴体中心腱、球海绵体肌、会阴浅横肌及深横肌，重者可达肛提肌内侧及其筋膜；阴道裂伤向上可达穹隆，侧方沿肛提肌内缘达直肠、侧壁，暴露直肠筋膜。

Ⅲ度裂伤：裂伤向会阴深部扩展，肛门外括约肌已断裂，未伤及直肠黏膜。

Ⅳ度裂伤：肛门、直肠及阴道完全贯通，直肠腔外露，组织损伤严重，但出血量可不多。

【适应证】

会阴裂伤者。

【体位】

取膀胱截石位或仰卧屈膝位。

【麻醉】

Ⅰ、Ⅱ度会阴裂伤常采取局部浸润麻醉，Ⅲ、Ⅳ度裂伤常采用阴部神经阻滞麻醉。具体操作方法同会阴切开缝合术。

【方法】

1. Ⅰ、Ⅱ度会阴裂伤缝合术　如裂伤浅，能自然对合，出血极少则可不缝合，若出血多或深度达黏膜下或皮下组织则应立即缝合。缝合时注意按照黏膜层、肌层、皮肤的顺序依次缝合，以恢复原来的解剖层次，避免无效腔的形成及缝线穿透直肠黏膜。方法同会阴后斜切开术。

2. Ⅲ度会阴裂伤缝合术　无菌生理盐水彻底清洗伤口、直肠及肛门内黏液及粪便，消毒后换无菌巾、单，术者更换手套，重新铺无菌台，换消毒器械。麻醉后，阴道内放置带尾盐水纱布。

如有直肠前壁撕裂，肛门裂口内放无菌干纱布，使用小圆针3-0可吸收线自裂口顶端上0.5～1.0 cm处开始间断褥式缝合直肠前壁（图26-8），注意不要穿进直肠黏膜；然后，用两把鼠齿钳分别夹住两侧肛门括约肌断端用7号丝线"8"字缝合2针（图26-9），继以2-0可吸收线间断缝合肛提肌（图26-10），再以2-0可吸收线连续缝合阴道黏膜，最后用丝线间断缝合皮肤（图26-11），取出纱布，示指入肛门内检查肛门括约肌收缩力。

3. Ⅳ度会阴裂伤缝合术　肛管包括直肠黏膜、肛门内括约肌与肛门外括约肌。彻底清洗伤口、消毒麻醉后（具体操作方法同Ⅲ度会阴裂伤缝合），严格按照裂伤处解剖结构进行缝合，3-0薇乔线间断缝合直肠黏膜3～5针，注意直肠内进行打结；3-0 PDS线端端褥式缝合肛门内括约肌3～4针；3-0 PDS线全层重叠缝合肛门外括约肌，并间断加固缝合2～3针；余裂伤处缝合同Ⅲ度会阴裂伤缝合术，术毕示指入肛门内检查肛门括约肌收缩力。

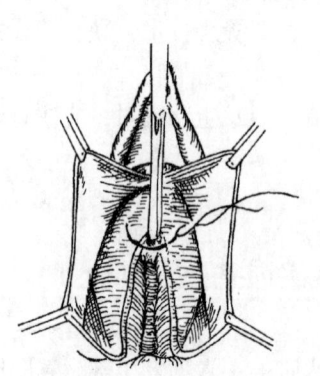

图26-8　缝合直肠前壁

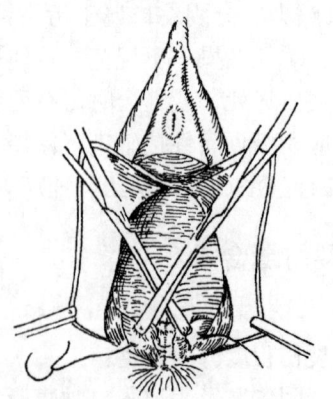

图26-9　缝合肛门括约肌

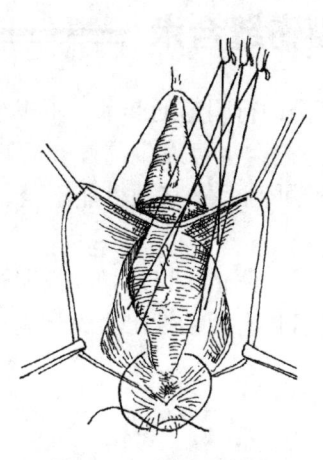 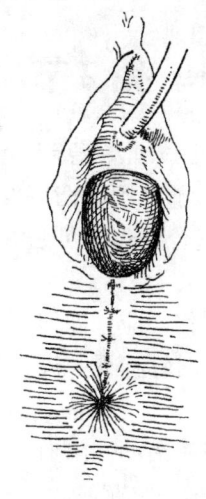

图 26-10　缝合肛提肌　　　图 26-11　缝合阴道黏膜及皮肤

【手术技巧与要点】

处理原则：针对出血，原因，确切止血，补充血容量，纠正失血性休克；防止感染。

1. 术后感染是手术失败的主要原因，在修补缝合之前，应用无菌生理盐水、消毒液重新彻底清洗伤口。术中强调严格无菌操作，术后应酌情给予广谱抗生素。

2. 仔细检查软产道，缝合前用无菌带尾纱布卷填入阴道顶端，以阻止来自子宫的出血，检查时应有良好的照明，用阴道拉钩牵开阴道壁，充分暴露手术野，在直视下自上而下（阴道穹隆、阴道上段、阴道下段）依次仔细检查阴道前后壁及左右侧壁，以免遗漏。尤须注意有时阴道拉钩可能会遮挡部分裂伤处，故应移动拉钩充分暴露阴道壁以进行全面检查。

3. 辨清解剖关系是手术成功的关键，一定要分清各层组织，尤其要准确辨识肛门括约肌断端，然后进行正确的"8"字缝合。

4. 如果阴道撕裂上延较深，不能暴露裂伤的顶端时，可在肉眼所及之处先缝一牵引线，向下牵拉此线即可将裂伤的顶端充分暴露，再自顶端向下依次缝合即可。

【术后处理】

1. 术后无渣半流质饮食 3 天，服用复方樟脑酊 2 ml，每日 3 次，共用 3 日，控制 3 天不排大便，防止缝合处再次裂伤，利于伤口愈合，自术后 4 天晚可口服液状石蜡 30 ml，以软化大便。

2. 保持伤口局部清洁，每日冲洗会阴 2 次，持续 5 天，大小便后均应清洁外阴。

3. 给予抗生素预防感染。

4. 3～5 天拆除缝线，也可用薇荞线缝合，不用拆线，但在加固肛门括约肌时应用丝线，一般术后 7 天进行拆线，拆线时应核对手术记录中缝线的针数，避免漏拆。

5. 术后严禁放置肛管或灌肠。

【常见并发症及处理】

1. 术后感染　可造成会阴伤口肿胀、裂开。此时应进行局部湿热敷，必要时应拆除缝线，清洁伤口，进行Ⅱ期缝合。

2. 瘘管形成和大便流入阴道　常由于会阴解剖层次不清，肛门正常结构未能恢复，大便不能控制。应于 6 个月后，重新进行肠道准备，再次进行修补。

3. 会阴血肿生成　常由于局部止血不彻底造成。缝合时要仔细检查并结扎出血点。

第 2 节　子宫颈裂伤缝合术

子宫颈裂伤常见于巨大儿、急产、子宫颈口未开全即行阴道助产术、不规范使用催产药物或者妇科手术损伤等。子宫颈裂伤多发生于两侧或一侧，也可发生前唇、后唇、环形裂伤或多处裂伤。若不及时缝合处理，可引起子宫颈管黏膜外翻、子宫颈机能不全、慢性子宫颈炎等情况。

一旦疑为子宫颈裂伤，应立即使用阴道拉钩充分暴露阴道，以两把无齿卵圆钳轻轻夹持牵拉子宫颈，顺时针或逆时针检视一周，如确定为裂伤且伴有活动性出血时，应立即缝合。

【适应证】

子宫颈裂伤严重或有活动性出血。

【体位】

取膀胱截石位。

【麻醉】

无麻醉或阴部神经阻滞。

【方法】

1. 阴道拉钩充分暴露阴道，用两把宫颈钳或卵圆钳夹持子宫颈裂口两边进行止血，并向外牵拉使子宫颈裂伤部位充分暴露。

2. 自裂口顶端上 0.5～1.0 cm 处开始，用 1-0 或 2-0 可吸收线或薇荞线向子宫颈外口进行连续或间断全层缝合，注意最外侧一针应距子宫颈外口 0.5 cm，避免出现子宫颈外口狭窄的情况（图 26-12）。

3. 子宫颈环形脱落伴有活动出血者，可循子宫颈撕脱的边缘处，用 1-0 或 2-0 可吸收线做连续锁边缝合。

4. 若子宫颈裂伤合并阴道穹隆部裂伤者一并修复缝合；合并子宫下段破裂者、阔韧带血肿者或内出血休克者应立即行剖腹探查术。

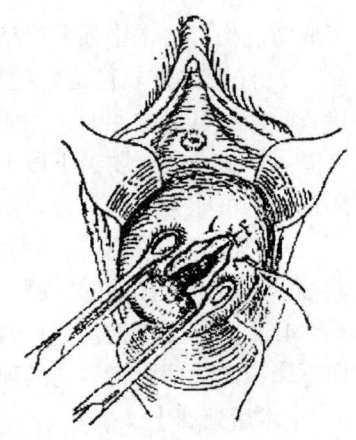

图 26-12　缝合宫颈裂伤

【手术技巧与要点】

1. 无活动性出血的子宫颈裂伤一般不做特殊处理，如有子宫颈裂伤伴有活动性出血者，均应立即行子宫颈裂伤缝合术。

2. 若裂伤深达穹隆、子宫下段，应当进行彻底缝合。

3. 若伤及子宫动静脉或其分支引起严重的出血、阔韧带血肿者、合并子宫下段破裂、甚至子宫破裂或内出血休克者应立即行剖腹探查术。

4. 偶尔可见到子宫颈环形裂伤或脱落，即使出血不多，也应进行缝合。

5. 子宫颈裂伤超过 3 cm 时，应立即缝合。

【常见并发症及处理】

1. 出血　在缝合线吸收或脱落时（大约在产后 10 天）偶可发生出血，多为创面出血。此时如有阴道出血量异常，应及时行产道检查，寻找出血部位，可先用 1∶250 去甲肾上腺素盐水纱布压迫止血，若压迫无效，则行电凝止血或再次予以缝合。

2. 子宫颈管狭窄　缝合时应注意切勿牵拉过紧，最外侧一针应距子宫颈外口 0.5 cm，否则可能出现子宫颈管狭窄的情况。此种情况较少见，常表现为产褥期结束后或月经来潮后出现下腹疼痛、痛经来院检查，发现经血潴留、子宫颈管狭窄，此种情况应行子宫颈管扩张术。

第3节 胎头吸引术

胎头吸引术是指利用真空负压吸引的原理，将吸引器置于胎头，形成负压，吸住胎头先露部分并进行牵引或旋转，协助胎儿娩出的手术。

该手术简单、方便、易掌握，在一定条件下可以替代低中位产钳术，但可能会造成胎儿头部的损伤，故须严格掌握适应证。

【胎头吸引器构造】

胎头吸引器由吸头器、橡皮导管及抽气器三部分组成。

1. 吸头器　有金属型和硅胶型，形状多呈锥形、扁圆形和喇叭形，锥形吸头器又分为直形和牛角形。硅胶型吸头器对母体损伤较小，基本取代了金属型吸头器。硅胶型吸头器的两端分别是胎头端和牵引端。胎头端分为大、中及小号，直径分别为 6 cm、5 cm、4 cm；牵引端顶部有牵引环，环下方两侧各有一个牵引柄，其中一个为空心管与吸头器主体内腔相通，称牵引柄气管，供与橡皮导管连接抽气用（图 26-13）。

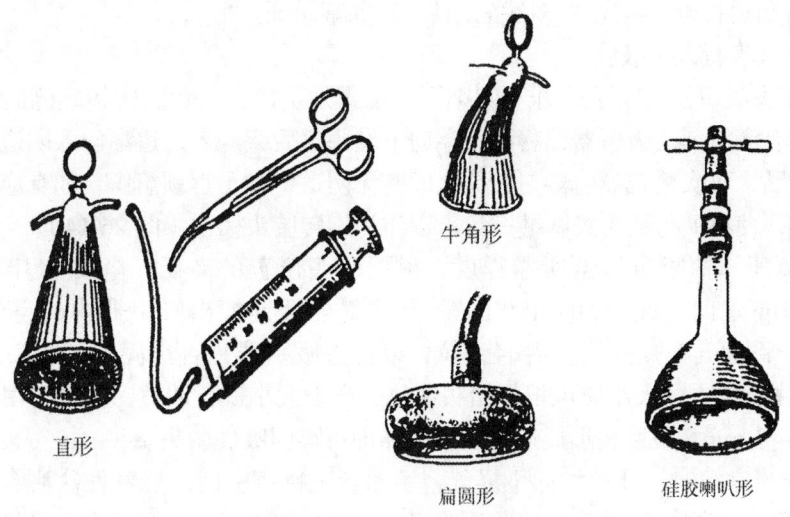

图 26-13　胎头吸引器构造

2. 橡皮导管　橡皮导管是用于连接吸头器与抽气器之间的管道。

3. 抽气器　一般用电动吸引器或 100 ml 注射器代用。电动吸引器产生负压较快且较恒定，并可随时控制调整负压。

【适应证】

1. 宫缩乏力致使第二产程延长。
2. 母体因妊娠合并症需缩短第二产程者，如妊娠合并心脏病等。
3. 胎儿窘迫等需尽快结束分娩者。
4. 轻度头盆不称，胎头内旋转受阻者。
5. 瘢痕子宫（既往有剖宫产史或宫体手术史），分娩时不宜在第二产程用力者。

【禁忌证】

1. 有严重头盆不称，产道阻塞、畸形、子宫颈癌、尿瘘修补术后、子宫脱垂手术后等，胎儿不能或不适于经阴分娩。
2. 胎位异常（面先露、额位、横位、臀位）。
3. 未进入第二产程、胎膜未破。
4. 胎头未衔接。

5. <34周，极早产，严重未成熟儿。

6. 需要额外的牵引力。

【必备条件】

1. 无明显头盆不称，胎头双顶径已达坐骨棘水平，先露骨质部已达 S^{+3} 或以下。

2. 只用于枕或顶先露。

3. 宫口已开全。

4. 胎膜已破。

5. 有一定强度的子宫收缩，预计 10 min 内胎儿可以娩出。

【体位】

取膀胱截石位或仰卧屈膝位。

【麻醉】

行双侧阴部神经阻滞麻醉。

【方法】

1. 外阴常规消毒、铺单、导尿，排空膀胱，会阴紧者行会阴切开术，做好新生儿抢救准备。

2. 再次行阴道检查，确认手术必备条件，排除禁忌证。

3. 胎膜未破者行人工破膜。

4. 放置胎头吸引器 左手分开双侧小阴唇暴露外阴口，以示、中指掌侧向下撑开阴道后壁，右手持涂有润滑剂的吸引器，将胎头端向下经阴道后壁送入，逐渐滑入阴道，使吸引器开口端与胎头紧贴，再次检查吸引器与胎头之间有无阴道壁和子宫颈组织，如有应将其推开。同时调整吸引器，使横柄与胎头矢状缝一致，以作为旋转胎头标记（图 26-14）。

5. 形成负压 抽吸负压至所需程度，根据胎头位置的高低，电动吸引器负压掌握在 300~450 mmHg 之间，或用 50~100 ml 的空注射器缓慢抽出吸引器内的空气，一般抽出 150~200 ml。将抽气橡皮管钳夹并轻牵拉，以检查吸引器是否牢固吸住胎头，以维持负压（图 26-15）。注意压力的大小应该根据胎头部位、产力大小进行调整，抽吸后用止血钳夹住橡皮管，等待 2~3 min，使胎头形成产瘤，吸引器即可牢固吸住胎头。

6. 牵引 当宫缩时，让产妇向下屏气，手术者手持牵引柄，沿着骨盆轴的方向，并循自然分娩机制牵引，即先向下牵引保持胎头俯屈。当胎头枕部抵达耻骨联合下缘时，吸引器逐渐向上牵引，帮助胎头逐渐仰伸娩出。注意：①宫缩间歇时暂不用力牵引，但应维持原牵引位置不松手，不让胎头回缩，待宫缩时再行牵引，并注意保护会阴（图 26-16）。持续性枕后位或枕横位者在牵引的同时应缓慢旋转胎头，使枕部转至枕前位娩出，旋转时助手可在腹部予以协助。如无旋转可能，可按枕后位分娩机制，牵引胎头娩出。②注意牵引的角度、用力的大小、保持吸引器与胎头的密接，不使吸引器漏气或滑脱，争取一次成功。

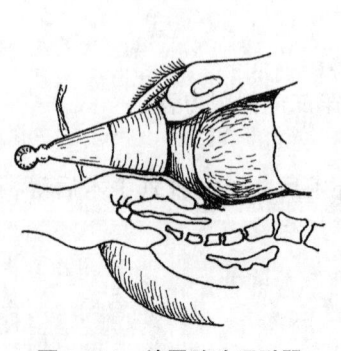
图 26-14 放置胎头吸引器

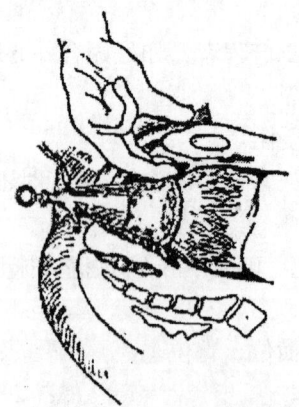
图 26-15 检查吸引器附着位置

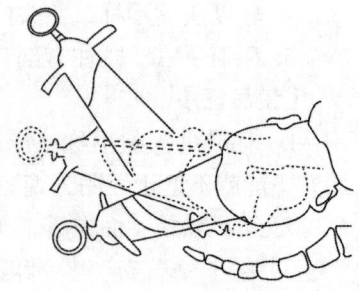
图 26-16 胎头牵引

7. 取下吸引器　待牵引至胎头双顶径娩出后，立即放开气管钳，消除负压，取下吸引器，然后按正常分娩步骤娩出胎体。

【手术技巧与要点】

1. 严格掌握适应证，宫缩乏力者应先加强宫缩再放置胎头吸引器，按分娩机转均匀用力牵引。

2. 吸引器必须安置正确，应在后囟前 3 cm 放置吸引头。若怀疑有轻度头盆不称，枕后位或横位时，最好用手转旋胎头至枕前位后再行胎头吸引术。缓慢抽吸增加负压，使其牢固地吸附在胎头上（注意避开囟门），宫缩时沿产轴方向牵引。

3. 选择最小有效的负压强度，牵引力不宜过大，以形成良好的人工产瘤为佳，牵引时间不超过 10 min，最长不超过 20 min。

4. 牵引次数不应超过两次，牵引时发生滑脱应寻找原因，滑脱两次者应改用其他方式结束分娩。

【常见并发症及处理】

（一）母体并发症及处理

1. 软产道裂伤

（1）子宫颈裂伤：多因宫口未开全造成，行阴道检查要确定宫口开大情况。如有出血及时缝合。

（2）外阴阴道裂伤：多因阴道壁组织弹性差或会阴切口过小所致，必要时应行充分的会阴侧切。产后检查有裂伤及时缝合。

2. 阴道壁血肿　因阴道壁被吸引器吸入所致，旋转吸引器后应仔细检查，排除软组织受压。术后应常规检查软产道，如有裂伤则立即按照解剖结构进行缝合。阴道壁血肿如不大可不必处理，如需处理则应先压迫止血，待血止后再取出瘀血块。

（二）新生儿并发症及处理

1. 头皮血肿　牵引时负压过大、牵引力过大、牵引时间过长所致。多于 1 个月内自然吸收，避免穿刺或揉搓血肿，无需特殊处理。血肿过大者，分娩结束后 24 h 内局部冷敷，24 h 后可穿刺抽出积血，促进吸收。

2. 颅内出血　按新生儿颅内出血处理。

3. 颅骨损伤　和牵引力过猛或吸引负压过大有关。颅骨损伤多为颅骨性骨折，可自愈不需处理，罕见的凹陷性骨折可影响脑组织，应行手术治疗。

第 4 节　产 钳 术

产钳术（delivery forceps）是将产钳置于胎头两侧，两叶扣合，配合宫缩进行牵拉，协助娩出胎儿的一种手术。若使用恰当，可挽救母儿的生命。产钳包括低位产钳（Simpson 产钳）、出口产钳（Kielland 产钳）、剖宫产小产钳及臀位后出头产钳（Piper 产钳）（图 26-17）。目前临床上出口产钳和低位产钳应用较多。

【产钳构造】

产钳由左、右两叶组成，每叶又分为钳匙、钳颈、钳锁和钳柄四部分。钳匙中空，呈卵圆形，含骨盆弯曲和胎儿弯曲，以减少对胎头的压力。常用的出口产钳每叶的钳匙有两个弯曲，上边凹，下边凸，呈弧形弯曲，称为母体骨盆弯，以适应产道轴的弯曲度；钳匙内面凹，外面凸，亦呈弧形弯曲，称为胎头弯曲，适应胎头的形状，便于夹持胎头。一般钳锁和钳柄的构成固定为左叶在下，右叶在上，两叶相互扣锁。扣合后的产钳两柄完全靠拢，两匙间留有间隙，足以容纳胎头。两叶产钳最宽处距离为 9 cm，钳叶前端间距为 3 cm。

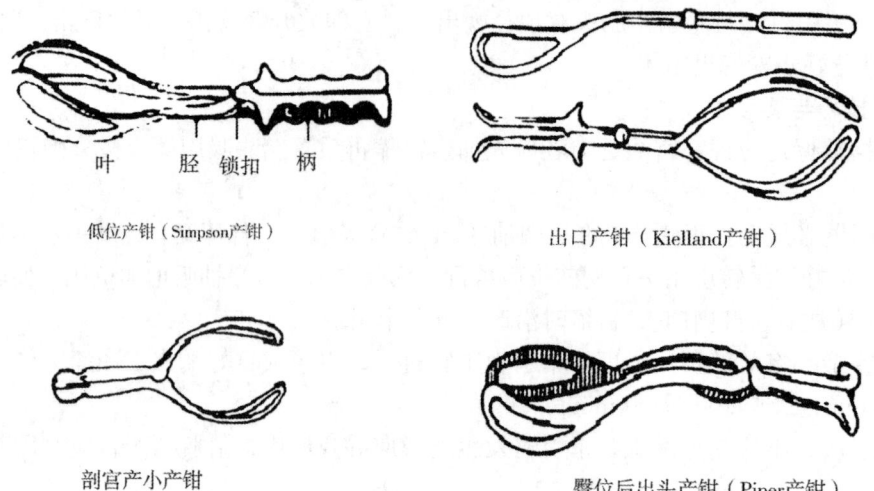

图 26-17 常用产钳示意图

【适应证】
1. 同胎头吸引术。
2. 胎头吸引术失败者。
3. 臀位后出胎头娩出困难者。
4. 行剖宫产术时，术中胎头娩出困难者。

【必备条件】
1. 宫口开全或近开全。
2. 无明显头盆不称（cephalo-pelvic disproportion），胎头双顶径已达坐骨棘平面或以下。
3. 正常活胎胎膜已破，未破膜者可行人工破膜。
4. 先露部为顶先露或枕先露，颜面位必须是颏前位，臀位时只用于牵拉后出头。
5. 操作者已熟练掌握使用产钳的技能。
6. 做好抢救新生儿准备。

【体位】
取膀胱截石位或仰卧屈膝位。

【麻醉】
行双侧阴部神经阻滞麻醉。

【手术步骤】
1. 准备　常规消毒、铺巾、导尿。
2. 阴道检查　确定宫口是否开全、胎先露高低、胎方位、有无头盆不称、骨盆的大小。
3. 切开会阴　对会阴较紧者或初产妇行会阴后斜切开术。
4. 放置产钳　置入前先检查产钳，确定产钳左、右叶及上下方向，涂抹液状石蜡润滑后，先放左叶产钳，后放右叶产钳，最后扣合。

（1）放置左叶产钳：将右手拇指以外的四指伸入阴道左侧壁与胎头之间，查清胎儿耳部再次确定胎方位。左手以执笔式握持左叶钳柄使钳叶直立，钳匙头弯向上，盆弯向外，钳匙顶端由会阴左侧置入胎头左侧与右手掌之间，把钳匙贴在胎儿左耳外侧，使钳叶及钳柄在同一水平位（图 26-18），改由助手把持左叶并保持钳柄位置。

（2）放置右叶产钳：术者改用左手示、中指伸入胎头与阴道右侧壁之间，并用右手握持右叶产钳缓缓滑向胎头右侧方，到达与左叶对称的位置（图 26-19）。

（3）扣合：产钳放置恰当后，两叶钳锁平行交叉容易扣合（图 26-20）。检查胎头矢状缝

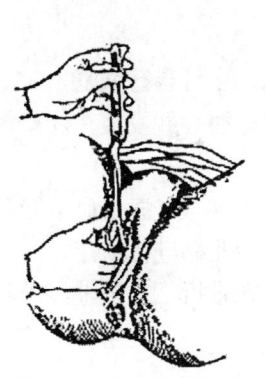 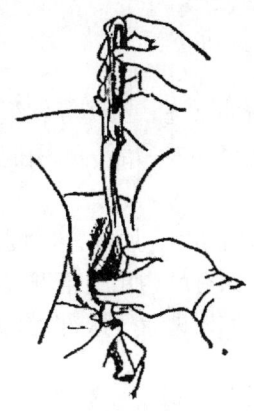 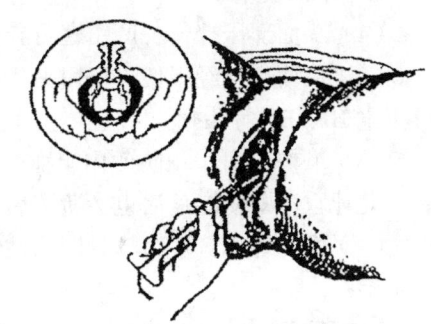

图 26-18　放置左叶产钳　　　图 26-19　放置右叶产钳　　　图 26-20　扣合钳柄

与会阴 12 点与 6 点连线是否重合。因先置入的钳叶较为准确，故稍有错位应调整后置入的右叶，若调整后仍不能扣合，应取出产钳，查清胎位后再次放置。

5. **检查钳叶位置**　产钳扣合后应注意听胎心音，检查产钳与胎头之间有无软组织或脐带夹入，产钳是否放置在胎耳前，胎头矢状缝是否位于两钳叶中间或接近中间。

6. **牵引**　在宫缩时合拢钳柄，沿着产钳的走向向外、向下缓慢牵拉。当先露部着冠时逐渐将钳柄向上移，使胎头渐仰伸而娩出（图 26-21）。如一次宫缩不能娩出可稍放松锁扣，待下次宫缩时再合拢锁扣继续牵拉。如遇紧急情况上好产钳后可立即牵拉，不必等待宫缩。若为枕后位行侧切时会阴切口应大些，开始先水平向外牵拉，待前额或鼻根部抵达耻骨联合下缘时略抬高钳柄使枕部徐徐自会阴娩出，然后稍向下牵拉使前额、鼻、面颊相继娩出（图 26-22）。

7. **取出产钳**　当胎头着冠、前额完全被牵出或胎头接近全部被牵出时即可取下产钳。取钳顺序与放钳时相反，应先取右叶再取左叶。取钳后按正常分娩机转娩出胎儿。

【臀位后出头产钳】

操作时助手先将胎体提起，术者在胎体下面（腹侧）置入产钳。先将左叶产钳沿骶骨凹向胎头左侧插入，然后放置右叶产钳，扣合好略向前、向上牵引，当枕骨达耻骨联合下缘时，可缓慢继续向上抬高钳柄，使胎头俯屈并将胎儿同时上举娩出胎头（图 26-23）。

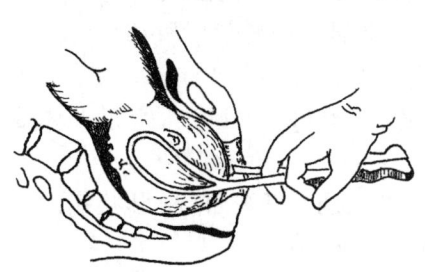 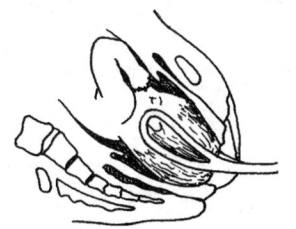 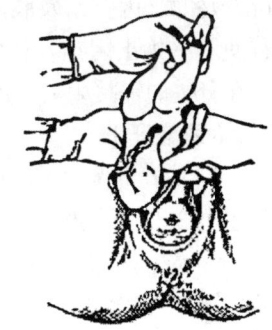

图 26-21　牵引　　　　　　图 26-22　枕后位产钳　　　　图 26-23　臀位后出头产钳

【常见并发症的处理】

1. **产妇产道损伤**　阴道裂伤，以纵裂多见，常为侧切口上延。

（1）会阴裂伤处理：详见"会阴裂伤缝合术"。

（2）子宫颈裂伤处理：详见"子宫颈裂伤缝合术"。

（3）骨盆骨及关节损伤：该操作可能会引起骨性产道的损伤，包括耻骨联合分离、尾骨骨折、骶髂关节或骶尾关节受损等。当骨产道损伤时，术者往往能够听到声响，摄骨盆 X 线片可明确诊断，并应请相关的科室会诊，对骨产道损伤无特殊处理，嘱其卧床休息，口服钙片、鱼肝油等促进骨愈合。

2. 新生儿损伤

（1）头面部压挫伤：产钳匙可导致头面部压迹、擦伤等软组织损伤，多可自行恢复。

（2）头面部神经损伤：产钳夹于胎头乳突部或颊部，可引起面神经瘫痪等并发症，应给予维生素 B_1、B_{12} 等治疗。

（3）颅内出血：预防颅内出血可给予维生素 K_1 肌注，轻度出血可治愈，重症出血可导致新生儿死亡，即使能存活也会遗留后遗症，如有颅内出血情况发生应急转儿科进行治疗。

（4）颅骨骨折：多为颅骨凹陷性骨折，如钳匙置于眼部，可导致眼眶骨折。应请神经外科协助治疗。

【注意事项】

1. 术前应查清楚胎位，严格掌握产钳术的适应证及条件，操作准确、谨慎，避免并发症。施术时注意预防母体软产道损伤及胎儿颅内出血、面神经麻痹，甚至眼球压伤等。若产钳不易扣合应取下，重新检查子宫颈、胎位、胎头大小及胎头进展情况，以便及时做出处理；扣合后应立即听胎心，注意有无变化以防止夹住脐带。

2. 要持续稳妥、均匀地牵引产钳，用力恰当。按胎头分娩机转操纵胎头进展，切忌左右摇摆钳柄，否则易导致母儿损伤。牵拉困难时要及时查找原因。

3. 胎头娩出时，助手应与操作者做好配合工作，保护好会阴，使胎头缓缓娩出，以免造成会阴严重裂伤。

4. 结束后仔细检查胎盘、胎膜是否完整，软产道有无裂伤、导尿、行肛查，以排除膀胱、尿道或直肠的损伤，若有损伤则应立即处理。

5. 新生儿处理同胎头吸引术。

第5节 臀位助娩术

臀位属于异常分娩中最常见的一种异常胎位，占总分娩数的 3%~4%。足月妊娠时臀先露多提示存在难产或病理产科等因素，因此应进行系统产检，寻找原因并重点监护及处理。臀位分娩时，因臀部及肢体不能很好地扩张软产道，且胎头比臀部周径大，未经产道的挤压变形，致使胎头娩出困难。臀位易发生胎膜早破导致脐带脱垂，产程延长，引起胎儿窘迫，故臀位胎儿在分娩时需接生者协助完成部分分娩机转然后才能经阴娩出，这种方法被称为臀位助娩术。

【适应证】

1. 完全性臀先露或单臀先露 初产妇估计胎儿体重不超过 3000 g，经产妇估计胎儿体重不超过 3500 g、产道无异常、胎头无仰伸。

2. 臀位 胎儿窘迫、第二产程延长、产妇合并心、肺、肾疾病及妊娠期高血压疾病，需缩短第二产程；第二产程发生脐带脱垂、死胎或估计胎儿出生后难以存活。

3. 横位或其他异常胎位行内倒转术后，继以牵引娩出胎儿。

【禁忌证】

1. 骨产道或软产道异常。

2. 初产妇估计胎儿体重超过 3000 g，经产妇估计胎儿体重超过 3500 g。

3. 合并严重妊娠并发症或合并症。

4. B 型超声检查提示胎头仰伸、存在隐性脐带脱垂或脐带先露。

【体位】

取膀胱截石位。

【臀位助娩方式】

1. 堵臀法　适用于完全和不完全臀先露，适度用力阻止，堵住胎儿先露部，避免先露部过早娩出，刺激宫缩反射性增强，有助于充分扩张软产道，避免后出头困难。

2. 扶持法　适用于单臀先露，待胎儿自然娩出至脐部显露后，由接产者协助胎儿娩出胎肩及胎头。

3. 臀牵引术　因该术对胎儿损伤较大，故常用于无存活希望的小月份流产儿或死胎等情况。胎儿完全由接产者协助娩出。

【手术步骤】

以堵臀法为例重点讲述臀位的助娩方法：

1. 常规消毒、铺巾、导尿。若为初产臀位或会阴体较紧的经产妇则需在会阴神经阻滞麻醉行较大的会阴后斜切术。

2. 堵臀　待胎儿先露部显露后，即用一无菌巾遮盖阴道口，并用手掌堵住，防止胎足过早脱出，宫缩时一掌力抵挡，指导产妇正确运用腹压，使胎臀逐渐下降，充分扩张宫颈及阴道。

3. 娩出臀部　宫口开全后，会阴明显膨隆，手掌感觉到冲力足够大，胎儿粗隆间径已达坐骨棘水平以下，行会阴切开，然后在强宫缩时嘱产妇尽量用力，术者放开手，胎臀及下肢即可顺利娩出。若胎儿单足或双足已脱落于外阴或阴道内，术者即以手握持牵引（图26-24），先向产妇的后下方牵引，随胎儿下降握持点渐移至胎儿大腿，胎臀显露后，双手拇指分别放在胎儿腰骶部两侧，其余四指握住髋部扶持胎臀，旋转胎儿至骶前位（图26-25）。注意应当用双手大鱼际与手掌间的力量握胎儿，避免指端挤压胎腹，以防损伤内脏。当脐部娩出后等待片刻，将脐带向外牵出5~10 cm，以防脐带过紧影响胎儿血液循环。

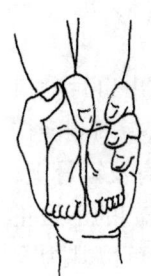  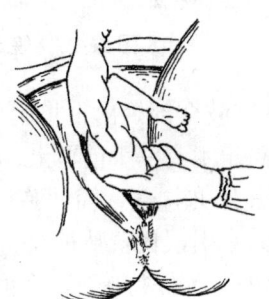 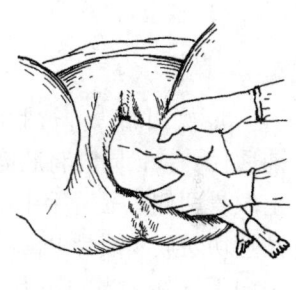

图26-24　全臀牵引　　　　　　　　　　　　图26-25　胎臀牵出

若为单臀，术者可用双手或一手轻钩腹股沟向下牵引，若为骶后位在牵引中使其转成骶前位（图26-26），然后将双手大拇指置于胎儿大腿侧，其余四指放在胎儿背部握持胎儿，随宫缩时将胎儿向背侧方上举牵引，使两伸直的腿自会阴前缘滑出。

图26-26　单臀牵引

若为单足先露而另一腿为上直位,胎儿呈骶后位,则术者先牵引先露侧下肢,并同时旋转(牵右下肢时顺时针方向旋转,牵左下肢时逆时针方向旋转),使胎儿渐成骶前姿势。而胎臀显露时,可用示指钩住直伸腿之腹股沟,向胎儿背侧方向上举牵引,于是伸直腿可经会阴前缘自然滑出。

4. 娩出肩部　待耻骨联合下可见腋窝时即可用下述方法之一娩出胎肩。

(1) 滑脱法:右手握持胎儿双足,向前上方提起,使后肩显露于会阴,再用左手示、中指伸入阴道,由后肩沿上臂至肘窝处,协助上肢沿前胸滑出阴道。然后将肢体放低,前肩自然由耻骨弓下娩出。

(2) 旋转胎体法:以消毒巾包裹臀部,双手紧握,避免滑脱。拇指在脊侧,另四指在腹侧(避免挤压脐带),将胎体向逆时针方向旋转,同时稍向下牵拉,右肩及右臂自然从耻骨弓下滑出(图26-27)。再将肢体顺时针方向旋转,娩出左肩及左臂。

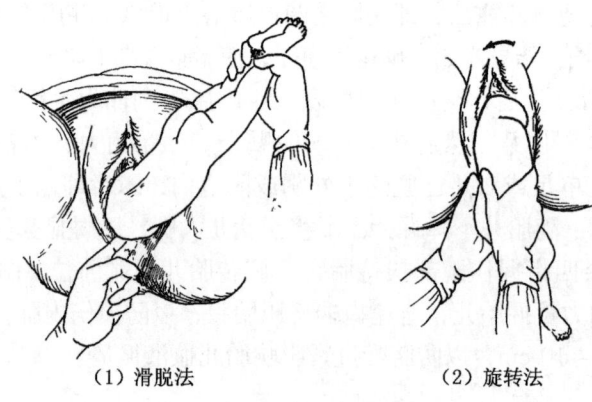

(1) 滑脱法　　　　(2) 旋转法

图 26-27　娩出上肢

5. 娩出胎头　待胎肩及上肢全部娩出,将胎背转向正前方,使胎头矢状缝与出口骨盆口前后径一致,同时将肢体骑跨于术者一手前臂上,中指伸入胎儿口内,示指及无名指两侧轻扶上颌骨两侧,另一手中指轻压胎儿枕部,辅助胎头俯屈,示指及环指置于胎儿双肩及锁骨上,注意切勿放入锁骨上窝,以防牵引误伤臂丛神经。先向下方牵引,同时助手可于产妇的下腹正中向下施加适当的压力,协助胎头保持俯屈。待胎儿枕骨结节抵耻骨弓下时,即可以其为支点,逐渐将胎体上举,使胎儿下颌、口、鼻、眼、额相继娩出(图26-28)。胎头娩出困难的可用后出头产钳协助娩出(详见产钳术)。

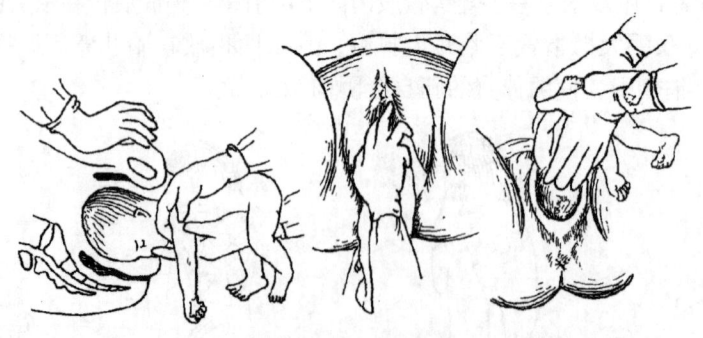

图 26-28　娩出胎头

【操作注意事项】

严格掌握手术适应证及禁忌证,操作时应注意以下事项:

1. 胎臂上举(胎臂位于颈背部者),牵引时应向胎儿手指所指示的方向旋转,即右上肢上举时逆时针旋转,左上肢上举时顺时针旋转,使胎臂转于胸前后娩出(图26-29)。

2. 娩出胎肩及后出头时切记不可强拉硬拽，这个过程均应严格按照分娩机转进行，以免造成胎儿产伤。

3. 后出胎头因径线较大故需保护会阴，防止出现软产道严重裂伤的情况，术后应常规查软产道，若有裂伤及时缝合。

4. 待脐部娩出后，脐带已开始受压，故使牵出部分松解，应在8 min内娩出胎儿，防止新生儿窒息（图26-30）。

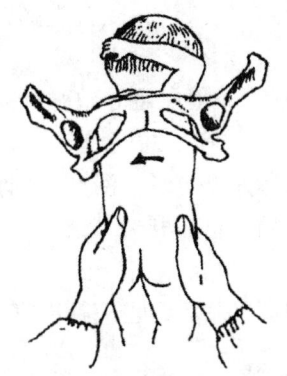
图26-29　臂后上举转于胸前娩出

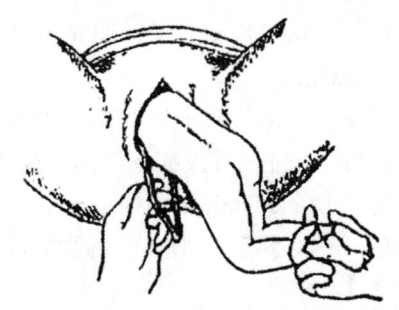
图26-30　向下牵出脐带

5. 牵引胎头时搭在两肩上的手指，切忌抠压锁骨上窝，以免造成臂丛神经损伤导致上肢瘫痪。

6. 若胎儿已死或已知畸形者，可待其自然分娩或行穿颅术。

7. 新生儿娩出后常规肌内注射维生素K_1及维生素C以防颅内出血。

第6节　剖宫产术

剖宫产术（caesarean section, CS）是指妊娠满28周及以上，经腹切开子宫壁娩出胎儿及其附属产物的手术；因其是解决难产、某些孕期并发症及合并症的一种快速有效、相对安全的方法，故而属于产科领域中的重要手术。但临床上并不主张非医学指征者行剖宫产术，因为无医学指征的CS非但不能够降低围生儿死亡率，反而会增加术后病率及孕产妇的死亡率。

CS术式：子宫下段式、子宫体式、腹膜外式，其中子宫下段式为目前应用最广的一种术式。

【适应证】

剖宫产指征十分繁杂，可以是单一的，也可以多因素共存。

（一）绝对指征

即不可阴道分娩，一旦确诊就应选择CS分娩，以保母子平安。

1. 骨盆狭窄或畸形。

2. 软产道异常　软产道瘢痕狭窄或闭锁、宫颈坚韧、水肿、不扩张或肿物阻塞产道。宫颈癌及尖锐湿疣有宫颈裂伤、出血、癌肿扩散、尖锐湿疣传给胎儿的危险。

3. 子宫有瘢痕者　子宫发育畸形矫正手术史者，或瘘、裂伤修补术，体部剖宫术估计切口愈合差。

4. 胎位异常　①额位、高直后位、前不均倾、颏后位及颏横位难以手法纠正者，足月活胎应考虑剖宫分娩。②初产臀位足先露，估计胎儿大于3500 g或胎头仰伸呈望星式者。③双胎第一个胎儿臀位、横位，如发生两头交锁，或两头碰撞不能入盆者。

5. 其他方面　如部分性或完全性前置胎盘；先兆子宫破裂或已破裂者；脐带脱垂，胎心好，短时间内不能经阴道分娩者；胎儿宫内窘迫，胎心监护出现异常经处理无改善者；或头先露，羊水粪染短时间内不能结束分娩者；心脏病（心功能Ⅲ至Ⅳ级）。

（二）相对指征

指母子行剖宫产比经阴分娩更安全，出现以下情况应分析对待，若估计经阴分娩会威胁母儿健康，可适当放宽 CS 的指征。

1. 相对头盆不称　骨盆轻度狭窄或胎儿较大，经试产失败者。
2. 异常头位方向，持续性枕后位及持续性枕横位经充分试产，复合先露，先露下降不到 S^{+2} 者，考虑剖宫产术。
3. 高龄初产、初产臀位、子宫肌瘤剔除术史、严重的外阴白斑导致弹性病变差、外阴和阴道严重的静脉曲张。
4. 产科并发症　如羊水过少、严重的产前出血危及母儿安全者、滞产、剖宫产史等。
5. 全身严重合并症或并发症不能耐受分娩者，如肾病、重症肝炎。
6. 引产失败（failed induction of labor）。
7. 畸形儿　一般不考虑剖宫产，但如畸形难以经阴道碎胎者，也应行剖宫产。

【术前准备】

1. 腹部准备　同一般开腹手术。
2. 若为选择性 CS，嘱术前晚上进流质饮食，手术前 8 h 禁饮食。
3. 术前合并症处理　如纠正水、电解质的失衡，胎儿窘迫的宫内复苏，使相关化验接近正常。
4. 备血与输血　对妊娠合并贫血者术前应先纠正贫血、有出血倾向者给予备血酌情输血，急性大出血者可边输血边手术。
5. 术前放置保留导尿管　置入尿管如遇先露低压迫尿道时，可用示、中两指沿尿道两侧插于先露与阴道前壁之间，使尿管易于插入，并可防尿道损伤。
6. 术前用药　对于有感染或疑有感染者，术前应给予抗生素。未成熟胎儿术前给予地塞米松。术前 2 h 禁用呼吸抑制剂，如吗啡、哌替啶、地西泮等。
7. 备好气管插管、氧气及急救用品，以便抢救新生儿。
8. 术前向孕妇及家属详细交代病情、手术指征及手术相关风险、并发症等，并签署手术知情同意书。

【体位】

取仰卧位，为避免仰卧位低血压综合征，可稍倾斜手术台 15°~30°。

【麻醉】

一般采用硬膜外麻醉，也可用蛛网膜下腔阻滞麻醉、腰－硬联合麻醉。局部麻醉适用于不宜搬动的患者在紧急情况下或医疗条件差的地区实施。必要时也可采用全身麻醉。

【手术种类与选择】

CS 一般分子宫下段剖宫产术（lower segment transverse incision）、子宫体部剖宫产术又称古典式剖宫产术（classical cesarean section）、腹膜外剖宫产术（extra-peritoneal cesarean section）和 Stark 剖宫产术（Michael stark cesarean section）。

1. 子宫下段剖宫产术　优点：切口愈合好，再次分娩时子宫破裂率低；并发症少，很少发生腹膜炎及肠麻痹；术时出血少，便于止血；子宫切口因有腹膜覆盖，术后与腹前壁、大网膜及肠管罕有粘连。
2. 子宫体部剖宫产术　优点：操作简易、迅速。缺点：体部肌肉壁厚，血管丰富，出血多，缝合不理想，常对合不良，肌纤维收缩时，对肌纤维及血管再生不利，再孕时子宫破裂率高，切口易与大网膜、腹膜、小肠袢粘连，手术后肠胀气、肠麻痹的发病率高。故已被下段剖宫产代替，仅适用于中央性前置胎盘，下段形成不好，或二次剖宫产严重粘连者。

3. **腹膜外剖宫产术**　特点：不切开腹壁，仅将腹膜反折自膀胱顶剥离，到达子宫下段，不进入腹腔，适用于宫腔感染及潜在感染者（如破膜时间长、反复阴道内诊、产程延长）。优点：减少腹腔内污染、损伤小、肠蠕动恢复快。但是无法在术中探查腹腔及盆腔脏器状况。不适于估计为巨大儿或有手术史者。

4. **Stark 剖宫产术**　由以色列 Stark 在传统子宫下段剖宫产术的基础上改良的一种手术方式，特点如下：①切口位置高，远离锥状肌，使腹直肌易于撕拉，开腹时对皮下采取撕拉的方法，使走行于其中的血管、神经借助于本身的弹性完整保留。既减少了出血，也减少了因为结扎血管或电凝止血造成的局部缺血，大大地缩短了从开腹到胎儿娩出的时间，更适宜紧急情况下的剖宫产。关腹时皮肤、皮下脂肪全层宽距离缝合，整个切口仅仅缝合 2~3 针，不仅简单、省时，而且有利于愈合，减少瘢痕形成。②子宫肌肉层缝合：优点是减少肌肉的损伤，减少因为缝合过多造成的缺血甚至局部坏死。③不缝合膀胱腹膜反折与腹膜。

【手术步骤】

以子宫下段剖宫产术为例。

1. 腹部常规消毒，铺无菌巾。
2. **切开腹壁**　取自脐下 4~5 cm 起，至耻骨联合上缘长 10~12 cm 纵切口，或取下腹部横切口，依次切开腹壁各层达腹腔。
3. 探查子宫位置、下段扩张情况、胎先露高低、胎头大小等。
4. **打开子宫膀胱反折腹膜**　显露子宫下段，提起子宫膀胱腹膜反折，取腹膜反折下方 1~1.5 cm 处弧形切开腹膜，并向两侧延长至 10~12 cm。
5. **下推膀胱**　两把 Allis 钳提起子宫下段腹膜膀胱缘，术者用手指钝性剥离子宫下段及膀胱间隙 3~4 cm，然后向两侧游离至近子宫侧缘，下推膀胱，充分暴露子宫下段（图 26-31）。
6. **切开子宫下段**　取子宫下段腹膜反折切缘下方 2~3 cm 处，横行切开子宫肌层 2~3 cm，此处应注意把握用刀力度，切勿损伤到胎儿，待胎膜显露时刺破胎膜并吸尽羊水。用两手示指向顺子宫肌纤维方向撕开（或呈笑脸状两端弧度向上剪开）约 10 cm（图 26-32）。

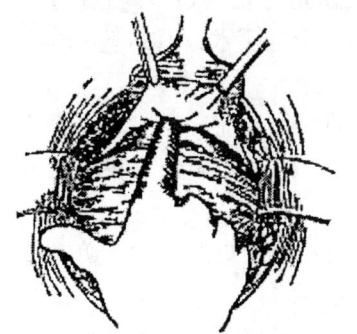
图 26-31　下推膀胱

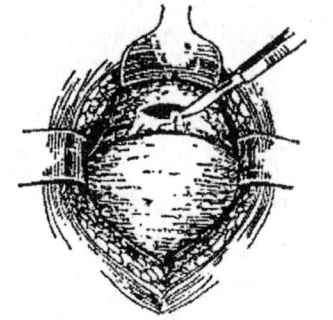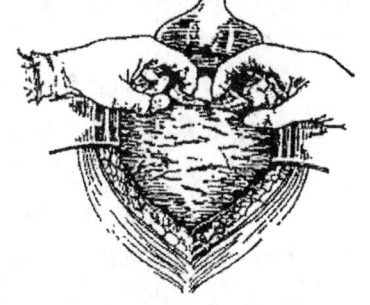
图 26-32　下段横切口并钝性分离

7. **娩出胎儿**　探手入宫腔，用手指掌面托起胎头，将胎头枕部转向上，然后托起胎头，另一手或助手在子宫底部加压协助胎头娩出（图 26-33）。胎头娩出后立即用手挤出胎儿口、鼻腔中的液体。胎身相继娩出，断脐后交台下处理。若为臀位，先将先露部娩出子宫切口后，按臀位助娩方式娩出胎儿。若为横位则将手入宫腔握住胎足牵引，按臀位分娩的方式缓慢娩出子宫切口。若胎头浮于子宫切口上，可推压宫底迫使胎头下降，并固定于切口下，以便娩出，或行产钳下推膀胱牵引，或手入宫腔寻握胎足以臀牵引方式娩出胎儿。若手法娩出胎头困难，可以向宫底方向剪开倒"T"字形切口，利于胎儿娩出。

8. 胎盘娩出　胎儿娩出后,子宫体部注射缩宫素 10~20 U,等待胎盘自行剥离或用手剥离胎盘,胎盘交台下检查,卵圆钳夹干纱布擦净宫腔内残余胎膜组织(图 26-34)。注意不使胎盘、胎膜组织残留,对高危感染因素者,可以取碘酊纱布块擦拭宫腔一次,预防产后感染。

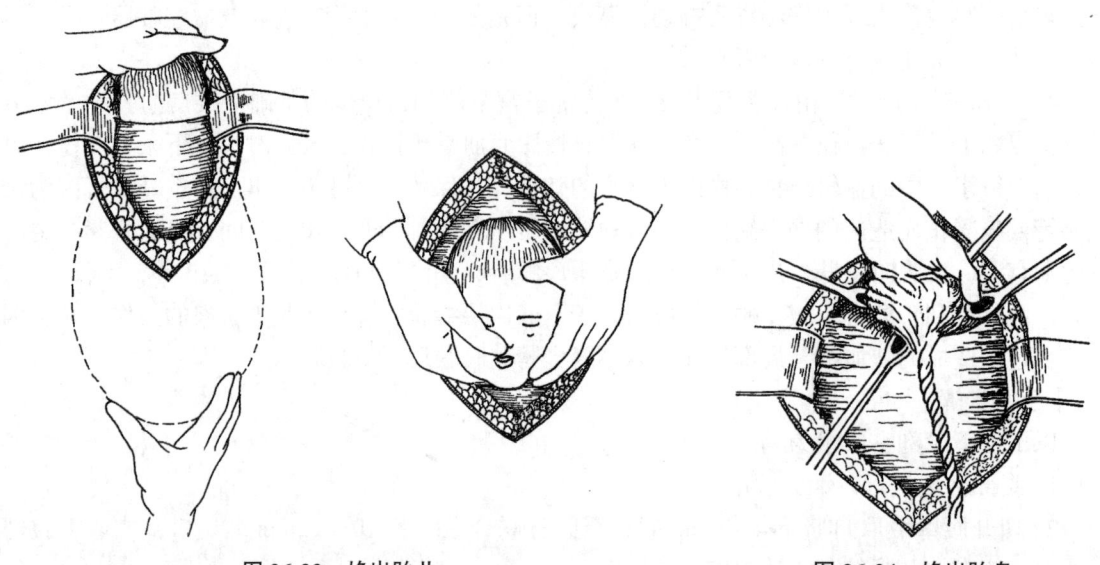

图 26-33　娩出胎儿　　　　　　　　　图 26-34　娩出胎盘

9. 缝合子宫切口　原则:由厚向薄(由上向下)。对合准确,不留空隙,避免切口内打结,用 2-0 可吸收缝合线缝合,不要将子宫内膜缝入子宫切口内,各层缝合时应穿插进针。第一层全层连续缝合,第二层间断或连续褥式包埋缝合,亦可全层连续缝合。

10. 缝合腹膜反折　先检查子宫缝合口,特别注意两侧宫角以及子宫膀胱剥离面有无出血,然后用 3-0 可吸收线连续缝合腹膜反折。

11. 清理并关闭腹腔　探查子宫及双侧附件有无异常,彻底清除盆腹腔积液及积血,清点敷料、器械无误后逐层关闭腹腔。

【注意事项】

1. 严格掌握剖宫产适应证　术时、术后出血及感染发生率比阴道分娩明显升高且严重。麻醉及其他意外和损伤也增加母儿患病率及死亡率。虽然被视为较安全的手术,但亦蕴藏着诸多不安全的因素。

2. 避免仰卧位低血压综合征　因妊娠增大的子宫压迫及腰椎的代偿性前突,加之硬膜外麻醉对血压的影响,易发生血压下降,剖宫产术宜向左侧倾斜 15°~30°。可减少下腔静脉压力(10~15 cm H$_2$O),并增加回心血量,起到内输液作用。

3. 子宫切口的选择　切口大小及位置是预防术中出血以及胎头娩出困难的关键。切口过小、未按分娩机转娩出胎头或用暴力等可使切口延裂累及子宫动、静脉。

4. 注意勿伤胎儿　直视下切开子宫,由浅入深渐次切开,需扩大切口时,术者以左手示指伸入宫腔切口下,挡开胎体,用钝头剪刀延长切口,以防刺伤胎儿。

5. 注意勿伤膀胱及输尿管　子宫切口不宜过低,应距腹膜反折 2 cm 以上,以防娩出胎儿时切口延长伤及膀胱,若胎头嵌入骨盆较深,易发生子宫切口撕裂损伤输尿管及子宫动静脉,此时可由术者在无菌操作下,自阴道向上推送胎头,协助其娩出。同时,在钝性撕开子宫下段破口时要注意子宫右旋的特点,以免切口过长,偏向一侧而损伤子宫动脉,引发大出血。一旦发生裂伤应该辨认其解剖关系,将出血点结扎或缝合止血,切勿盲目钳夹、缝扎,以免伤及输尿管。

6. 缝合子宫　缝合时注意切缘对合整齐,若有裂伤先给予缝扎止血,切忌过多过密缝扎,以防切口缺血坏死。关腹前常规清理腹腔，关腹后常规按压宫底，排出阴道积血。

7. 预防羊水栓塞　刺破胎膜时需吸净羊水，再扩大子宫切口，当胎儿娩出后，涌出的羊水同样吸净后再操作。

8. 术后鼓励产妇早活动、半卧位，无并发症者 24 h 可下地活动，有利于恶露排出，并可预防深静脉血栓及肠粘连。

9. 要求避孕者可以在关腹之前行输卵管结扎手术，剖宫产术后主张避孕 2 年。

10. 术后禁性生活及盆浴 6 周。

【特殊情况及处理】

在娩出胎儿过程中，可能会发生以下情况：

1. 子宫前壁切口下有胎盘组织　如前壁切口下为胎盘组织，应避免胎盘"打洞"或剪开胎盘，可迅速从胎盘一侧破膜后娩出胎儿。

2. 子宫切口过小　术中估计不足，子宫切口过小而发生出头困难时，助手将左手迅速伸入子宫切口内做引导，术者右手持剪刀迅速向宫体延长切口，使胎儿能顺利娩出。

3. 臀位足先露或膝先露深入骨盆　此时胎头多位于较低水平，可伸手入宫腔，绕过胎头顶部向下压，将胎头推于子宫切口处，再用手指端向上撬托胎头，以头位分娩方式娩出胎儿。

4. 横位　胎背向上时下肢位于切口处，可直接拉一足或双足以臀位的方式娩出胎儿。胎背向下，可沿胎臀辨认并握住近产妇脊柱的胎足，行臀位牵引娩出胎儿。

5. 复合先露　胎手已入盆时，不能强行牵拉，应先旋转胎儿，使手臂从胎头部滑下再向上娩出胎头。

6. 娩出胎盘前后出血过多的处理

（1）胎儿娩出后出血过多：应立即静脉滴注缩宫素。助手用小拉钩拉紧子宫切口或在子宫切口两端各缝一针可吸收线，并提起拉紧，使血窦受压减少出血。

（2）当切口下胎盘被推至一侧时，娩出胎儿后，应立即徒手剥离胎盘并全部取出，同时尽快使用宫缩剂。出血多者，可行按摩子宫或宫腔内填压纱布垫。

【并发症】

1. 感染（infection）　感染率 3.6%～8.1%。如子宫内膜炎、尿道感染、子宫或腹壁切口感染、血栓性静脉炎、盆腔脓肿等。

2. 出血（bleeding）　剖宫产术中、术后，远、近期的出血率可达 5%～6%。剖宫产术中大出血是产科严重的并发症，病情危急，常危及产妇生命，必须寻找原因，迅速采取有效的止血方法。剖宫产术中大出血多见于子宫收缩不良，胎盘附着部位出血，损伤血管等。剖宫产术晚期出血多见于感染。

3. 脏器损伤（organ wound）　剖宫产术造成的脏器损伤较少见，可有膀胱、肠管、输尿管等损伤。

4. 栓塞（embolism）　由于手术后卧床不动，易发生栓塞，其中以肺栓塞最多见，是剖宫产术孕产妇死亡的主要原因之一。

5. 远期并发症　手术后盆腔炎、月经不调、腰痛、异位妊娠等并发症明显比阴道分娩高，可能与感染及术后粘连有关。剖宫产术后再次妊娠，前置胎盘、胎盘植入的机会也明显增加；如行人工流产或足月妊娠时子宫破裂的危险性比无剖宫产史者高。子宫内膜异位症的发生率也随着剖宫产率的增加而升高，至于腹壁切口疝显然与剖宫产术密切相关。

6. 剖宫产儿综合征　剖宫产儿胸廓未经过产道挤压，胎儿缺乏活性纤溶酶，从而影响肺泡表面活性物质的合成，再加上麻醉的影响，容易出现湿肺、产后呼吸困难等，称剖宫产儿呼吸困难综合征。剖宫产儿由于没有经历反复的子宫收缩的刺激，也没有阴道分娩过程中自然产生的一系列适应功能的改变，故剖宫产儿常表现出以后的适应力差、反应迟钝等感觉统合失调的征象。

第 7 节 子宫颈手术

一、子宫颈活检及宫颈管搔刮术

子宫颈活检是指钳取宫颈的一块或几块活体组织进行病理检查,以明确诊断、确定治疗方案,子宫颈活检是确诊子宫颈癌的最可靠的依据。由于子宫颈癌好发部位为子宫颈鳞-柱状上皮交界处,而绝经后女性的该区域往往向子宫颈管内回缩,故行子宫颈活检时应先行子宫颈管搔刮。

【适应证】
1. 子宫颈细胞学检查反复可疑或高度怀疑恶性病变、阴道镜不满意,或已查到癌细胞需要确诊者。
2. 虽子宫颈细胞学检查阴性,但临床存在以下情况:反复子宫颈接触性出血、子宫颈炎症久治不愈、绝经后阴道出血等。
3. 为明确子宫病变性质者。
4. 针对子宫颈病变者进行临床治疗效果的观察与随访。

【禁忌证】
生殖道有急性炎症者。

【体位】
取膀胱截石位。

【手术步骤】
1. 准备 消毒外阴、阴道。
2. 搔刮子宫颈管 窥阴器暴露子宫颈,用小型宫颈管刮匙搔刮子宫颈管 1 圈,将刮取的颈管内组织送检。
3. 子宫颈多点活检 窥阴器暴露子宫颈,在碘试验阳性区或阴道镜下病变可疑区用活检钳钳取子宫颈组织送检(图 26-35);如无上述条件者在子宫颈鳞-柱状上皮交界部 3 点、6 点、9 点、12 点依次各取一块组织,大小 0.5 cm³(图 26-36)。
4. 送检 刮取组织分瓶标记信息后送病理科检查。

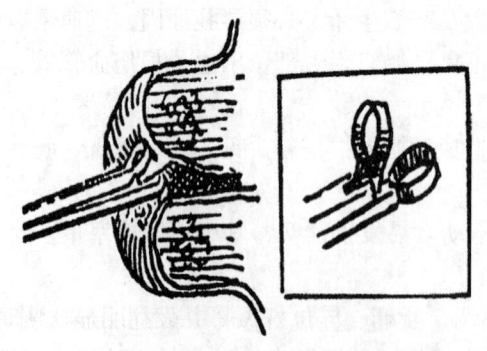
图 26-35 活检钳咬取宫颈组织

图 26-36 宫颈多点活检

【注意事项】
1. 手术最好避开月经前 1 周、月经期等时间阶段。
2. 术前应预先检查白带,排查阴道炎症。
3. 取材后创面用无菌带尾纱布棉球压迫止血,24 h 后取出。
4. 术后禁性生活、盆浴、阴道灌洗 1 个月,阴道出血多时,应及时到医院处理。

5. 在阴道镜下取活检可提高诊断的准确率。

二、子宫颈超高频电波刀手术

子宫颈超高频电波刀（loop electrosurgical excision procedure，LEEP）术以高效精确著称，已取代传统的宫颈锥切术。该术利用高频电波在接触身体组织的瞬间，由组织本身产生阻抗，吸收电波产生高热，使细胞内水分形成蒸波来完成各种切割、止血等目的，但不影响切口边缘组织病理学检查，是目前常用的诊断、治疗子宫颈息肉、慢性子宫颈管黏膜炎、子宫颈裂伤、子宫颈癌前病变等疾病的方法。

【适应证】

1. 高级别鳞状上皮内病变（HSIL）。
2. 持续低级别鳞状上皮内病变（LSIL）或低级别鳞状上皮内病变（LSIL）患者随访不方便者，LSIL合并HPV感染者。
3. 怀疑子宫颈早期浸润癌或原位癌。
4. 子宫颈细胞学多次检查阳性，而活检未见异常者。
5. 有症状的子宫颈外翻、慢性子宫颈管黏膜炎、子宫颈湿疣及赘生物等。
6. 怀疑子宫颈非典型增生ASC-US，怀疑子宫颈早期浸润，需进一步行组织学活检者。
7. 阴道镜无法看到病变的边界、无法直接活检者。

【禁忌证】

生殖道有急性炎症者。

【体位】

取膀胱截石位。

【麻醉】

局部麻醉。

【手术步骤】

1. 准备　常规消毒外阴、阴道。
2. 暴露子宫颈　窥阴器暴露子宫颈，碘试验或阴道镜下确定病变范围。
3. 切除病变区　接通电源，调节开关、功率，一般选用环形电极。病灶切除范围、宽度一般应超过病变边缘约5 mm，切除深度为5~15 mm。止血时改用球形电极（图26-37）。

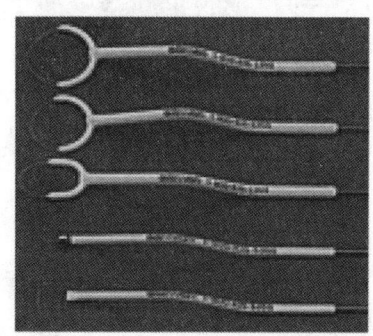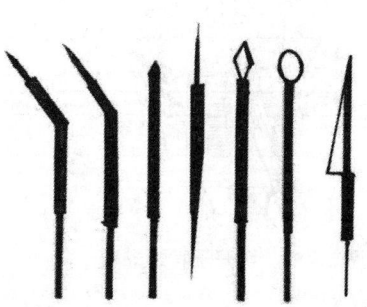

图26-37　子宫颈超高频电波刀（LEEP）

【注意事项】

1. 手术时间宜选择月经干净后3~7日。
2. 术前需完善血常规、凝血功能、传染病八项等辅助检查。
3. 患有内、外科急性疾病患者（如发热患者），不宜手术。
4. 有内、外科疾病（如心脏病）患者要慎重选择手术。

5. 切除组织均送病理检查。
6. 要注意保持外阴清洁，切勿自行阴道灌洗上药。
7. 术后2个月内禁性生活、盆浴。
8. 定期复查。

三、子宫颈切除术

【适应证】
1. 子宫颈活检为原位癌，欲确定有无浸润者。
2. 子宫脱垂合并子宫颈延长，且无生育要求者。
3. 严重子宫颈炎经物理治疗未能治愈者。

【禁忌证】
1. 生殖道急性炎症者。
2. 子宫颈恶性病变者。
3. 合并严重内、外科疾病不能够耐受手术者。

【体位】
取膀胱截石位。

【麻醉】
骶管麻醉或蛛网膜下腔阻滞麻醉。

【手术步骤】
1. 准备　消毒外阴、阴道、子宫颈，铺无菌巾。
2. 暴露子宫颈　阴道拉钩暴露子宫颈，扩张子宫颈口至10号以便于包埋子宫颈创面，避免术后子宫颈管狭窄，然后用鼠齿钳钳夹子宫颈向下牵引。用金属导尿管插入膀胱内探查膀胱底的界限。
3. 切开子宫颈黏膜　距宫颈外口上1~1.5 cm处环形切开子宫颈黏膜层（图26-38），用鼠齿钳夹持切口黏膜上缘，用刀柄或手指包纱布钝性分离，使黏膜缘游离宽约2 cm（图26-39），用以覆盖子宫颈创面。

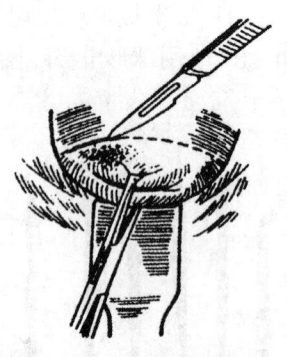
图26-38　切开子宫颈黏膜

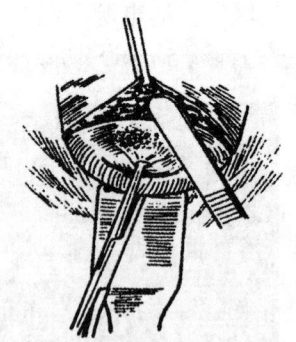
图26-39　游离子宫颈黏膜

4. 切除子宫颈　用止血钳钳夹并切断双侧阔韧带基底部血管分支，并用7号丝线缝扎。环形切除已分离的子宫颈（图26-40），也可做楔形切除，创面先压迫止血。
5. 成形子宫颈　用三角针带2-0号可吸收线缝合子宫颈下唇黏膜边缘的中点，打结使两侧余线等长，用其中一根线头穿三角针自宫颈管向子宫颈右后方穿出，另一线头同法自左后方穿出，两针相距0.5~1 cm（图26-41），拉紧两线头打结，使子宫颈黏膜覆盖在残余子宫颈下唇表面，同法处理子宫颈上唇（图26-42）。再用2-0号可吸收线间断缝合对合宫颈两侧的黏膜，缝合时穿过子宫颈组织，以便止血、闭合无效腔，成形子宫颈（图26-43）。

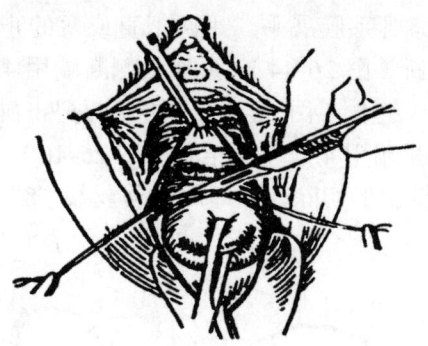
图 26-40　切除子宫颈

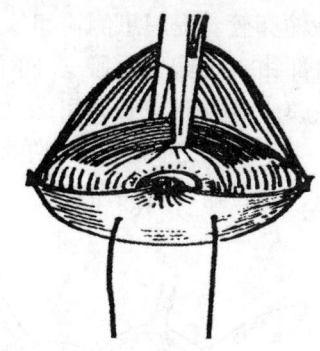
图 26-41　包埋缝合子宫颈下唇

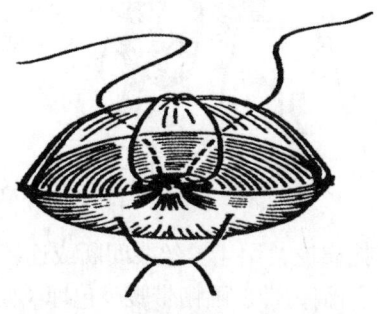
图 26-42　包埋缝合子宫颈上唇

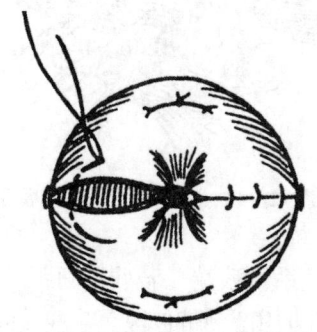
图 26-43　前后唇侧方黏膜缝合

【注意事项】

1. 术中注意及时、彻底止血。

2. 成形宫颈时注意进针方向、位置。

3. 术毕用 4 号宫颈扩张器扩张并探查宫颈，于宫颈口填塞聚维酮碘纱条，24 h 后取出，以防宫颈口粘连。

【术后处理】

同子宫颈裂伤缝合术。

第 8 节　输卵管切除术

输卵管切除术包括输卵管部分切除和全部切除两种术式，其中部分切除仅限于病变未涉及输卵管间质部且为良性病变的情况。

【适应证】

1. 输卵管部位妊娠破裂或流产，存在盆腹腔内出血者。

2. 输卵管积水、输卵管积脓未累及卵巢而药物治疗无效者。

【体位】

取仰卧位。

【麻醉】

硬膜外麻醉、蛛网膜下腔阻滞麻醉或全身麻醉。

【手术步骤】

1. 准备　开放留置导尿，消毒、铺无菌单。

2. 切开腹壁探查　取下腹正中、旁正中切口或横切口逐层切开进入腹腔，切口长 8~10 cm。洗手探查子宫、双侧附件与大网膜、肠管等周围脏器有无粘连，先行分解粘连，使附近解剖关系恢复正常，然后探查邻近器官有无异常。

3. 切除输卵管 提起患侧输卵管,使得输卵管系膜展平。用两把直或弯的止血钳自伞端向子宫角部钳夹输卵管系膜,于两钳之间切断(图26-44),近卵巢侧断端用4号丝线缝扎输卵管系膜。若系膜较长,可分次钳夹切断、缝扎(图26-45)。再用两把止血钳钳夹输卵管峡部,并于两钳之间切断,切除输卵管,断端用4号丝线结扎(图26-46)。若行输卵管全部切除,则将输卵管间质部(子宫角部)做楔形切除,立即用7号丝线"8"字缝合肌层止血。

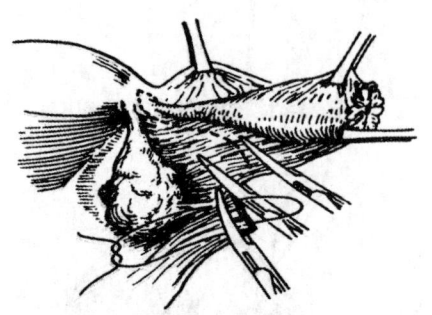

图26-44 钳夹并切断输卵管系膜

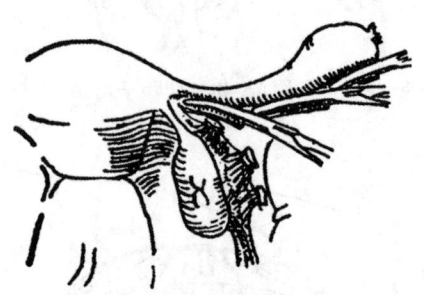

图26-45 缝扎输卵管系膜

4. 包埋系膜残端 若残端间距小,将残端均缝扎靠拢,用4号丝线间断或连续缝合,连同子宫角部都可用圆韧带包埋。若残端间距大,可分别用阔韧带、圆韧带腹膜包埋(图26-46)。

5. 关腹 探查创面无渗血、渗液,清理腹腔积液及积血,清点敷料器械无误后逐层关闭腹腔(图26-47)。

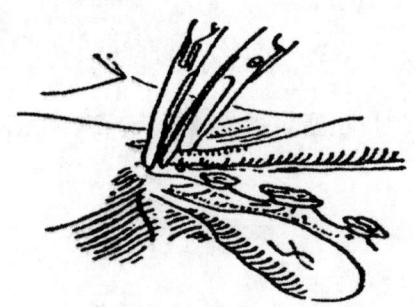

图26-46 钳夹并切断输卵管峡部

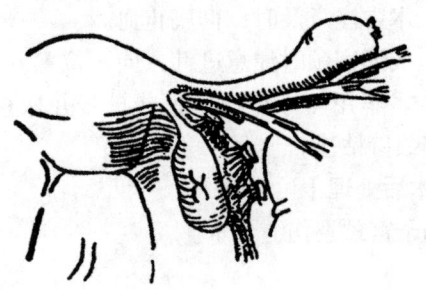

图26-47 输卵管峡部、系膜残端包埋缝合

【注意事项】
1. 术中尽量避免损伤周围脏器。
2. 对输卵管妊娠者应将病灶切除干净。
3. 切除标本经家属过目后送常规病理检查。

第9节 卵巢囊肿切除术

卵巢囊肿切除术是指针对良性的卵巢囊肿,将其从卵巢中剥除、保留健康卵巢组织的手术。但当肿瘤过大无正常组织存在或剥除困难时则不适宜选择该手术。

【适应证】
1. 卵巢赘生性囊肿 以畸胎瘤最为常见。
2. 卵巢非赘生性囊肿 黄体囊肿、滤泡囊肿、出血性囊肿如卵巢巧克力囊肿等。

【体位】
取仰卧位。

【麻醉】

常选用硬膜外麻醉或蛛网膜下腔阻滞麻醉,也可采用全身麻醉。

【手术步骤】

1. 准备　开放留置导尿,消毒、铺无菌单。

2. 切开腹壁探查　取下腹正中、旁正中或横切口逐层切开进入腹腔。洗手探查子宫、双侧输卵管、卵巢、卵巢肿瘤性质及与盆腹腔脏器等有无粘连。

3. 提出囊肿　若肿瘤不大,有粘连应先行分解粘连;若无粘连,可将肿瘤提出腹腔在直视下操作。除非为巨大肿瘤,否则应尽量将肿瘤完整摘除,以防囊液溢入腹腔。

4. 切开囊壁　固定卵巢囊肿后,取卵巢囊肿包膜近卵巢正常组织的根部避开血管区轻轻做一横贯切口,以不切开囊肿壁为宜。

5. 剥除囊肿　钳夹卵巢包膜切缘,沿囊壁球面钝性剥离直至将囊肿完整剥除(图26-48),离体囊肿应立即切开剖视,若可疑为恶性即送快速冰冻检查明确性质,必要时扩大手术范围。

6. 缝合卵巢成形　若剥除囊肿后剩余卵巢组织创面较深,需先2-0可吸收性或1号丝线间断缝合内部组织,然后连续褥式或连续缝合包膜,若创面不深<5 cm且无活动性出血时可不缝合,或行囊内缝合,至卵巢成形。

针对剩余正常卵巢组织较少的情况则应先修剪卵巢包膜,然后用1号丝线或2-0可吸收线行对边折叠缝合成光滑的实质块。

7. 关腹　探查创面无渗血、渗液,清理腹腔积液及积血,清点敷料器械无误后逐层关闭腹腔。

【注意事项】

1. 尽量将囊肿完整剥除,若剥离时发生破裂,则应予以充分清洗盆腹腔。

2. 若肿瘤扭转时,应先钳夹扭转蒂根部的正常组织,然后再复位(图26-49),以防血栓脱落游走。

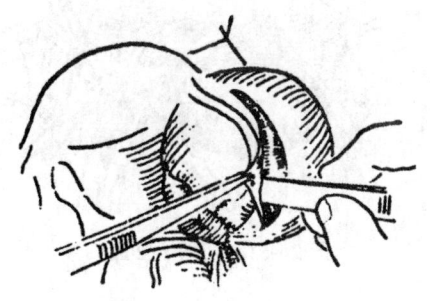 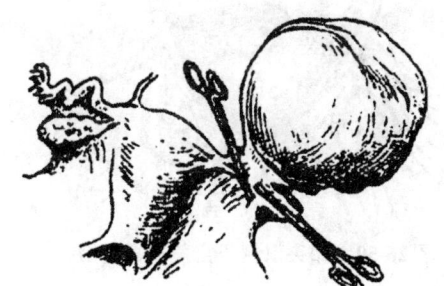

图 26-48　卵巢囊肿剥除　　　图 26-49　钳夹后切断卵巢韧带、输卵管

3. 摘除的肿瘤立即剖开检查,疑有恶变应行冰冻切片检查,然后根据结果给予相应的处理措施。

4. 切除标本经家属过目后送常规病理检查。

第10节　经腹全子宫切除术

本节介绍传统而常用的经典术式——经腹全子宫切除术,该术是妇科常用的基本手术。

【适应证】

1. 子宫肌瘤等良性肿瘤需要切除子宫者。

2. 严重功能失调性子宫出血经药物治疗无效者。

3. 子宫内膜异位症或子宫肌腺病造成严重的痛经且盆腔粘连者。

4. 附件病变需切除双侧附件者,子宫一并切除。

5. 围绝经期、绝经后期子宫内膜不典型增生异常出血者。

6. 早期宫颈原位癌至Ⅰa期宫颈鳞癌、早期子宫内膜癌等。

【禁忌证】

1. 生殖道、盆腔有急性炎症者。

2. 合并严重的内、外科疾病不能耐受手术者。

【体位】

取仰卧位。

【麻醉】

多采用蛛网膜下腔阻滞联合硬膜外阻滞的麻醉方式，也可采用连续硬膜外阻滞或全身麻醉。

【术前准备】

术前两天行阴道冲洗，每天两次、手术前晚进行肥皂水灌肠等，同一般妇科腹部手术前准备。

【手术步骤】

1. 准备　开放留置导尿，消毒、铺无菌单。

2. 切开腹壁　通常取下腹正中切口逐层切开进入腹腔。洗手后探查盆腔脏器，了解病变范围、性质是否与术前诊断一致，再决定手术方式及范围。若有粘连，先分解周围粘连，用湿纱布垫保护肠管，以便暴露术野。

3. 提拉子宫　用两把带齿弯止血钳钳夹双侧子宫角及宫旁组织如圆韧带、输卵管峡部及卵巢固有韧带，提拉子宫（图26-50）。

4. 处理子宫圆韧带　牵拉子宫向头端，使阔韧带前叶腹膜和圆韧带充分伸展，取圆韧带上中1/3处用2把止血钳钳断，7号丝线缝扎断端（图26-51）。

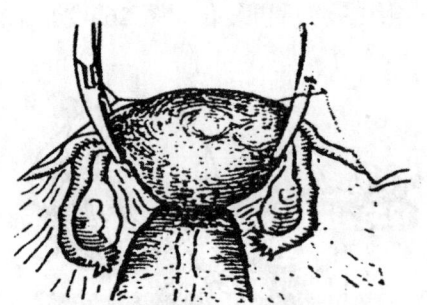

图26-50　钳夹双侧子宫角及宫旁组织

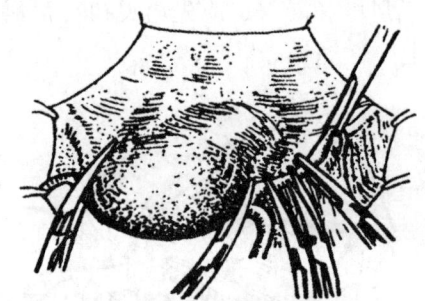

图26-51　切断子宫圆韧带

5. 处理附件　卵巢的去留要根据患者病情、年龄以及卵巢是否合并病变来决定。若不保留卵巢，提起子宫及一侧附件，选取子宫圆韧带断端阔韧带后叶中部无血管区打洞，用3把止血钳由外向内钳夹骨盆漏斗韧带，自第2钳与第3钳之间切断骨盆漏斗韧带，用0号及7号丝线缝扎两道（图26-52），同法处理对侧。若保留双侧附件，则用止血钳钳夹卵巢固有韧带、输卵管峡部并切断，断端仍用10号及7号丝线缝扎两道（图26-53）。

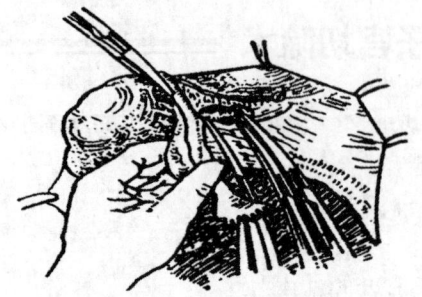

图26-52　切断骨盆漏斗韧带

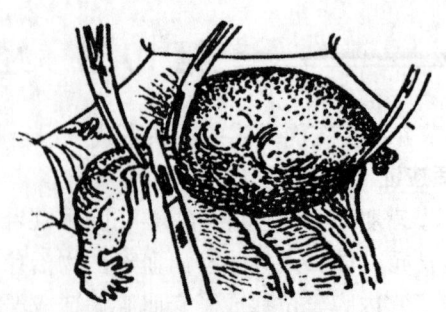

图26-53　切断输卵管峡部及卵巢固有韧带

6. 剪开膀胱腹膜反折　沿圆韧带断端钝性、锐性分离并弧形剪开阔韧带前叶及膀胱腹膜反折达对侧圆韧带，用止血钳钳夹并提起膀胱腹膜反折边缘，用刀柄或手指沿宫颈筋膜间的疏松组织向下及两侧钝性分离下推膀胱至宫颈外口水平，侧边达宫旁 1 cm（图 26-54），用干纱布压迫创面止血。

7. 处理子宫血管　将子宫向前提拉，贴近子宫剪开阔韧带后叶至子宫骶骨韧带附近，钝性分离阔韧带内疏松组织，暴露子宫动、静脉。于子宫峡部水平用 3 把止血钳由下往上钳夹子宫动、静脉，钳尖紧靠子宫，钳体不可过外，以防漏掉血管、损伤输尿管。并在第 2 钳与第 3 钳之间切断子宫动、静脉（图 26-55），断端分别用 10 号及 7 号丝线缝扎两道。同法处理对侧。

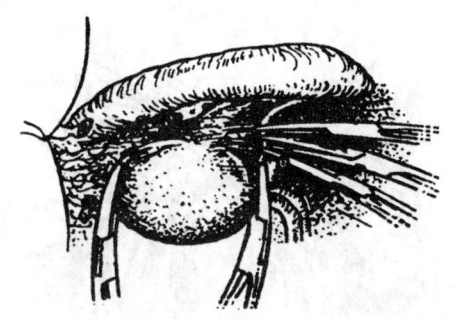

图 26-54　剪开膀胱腹膜

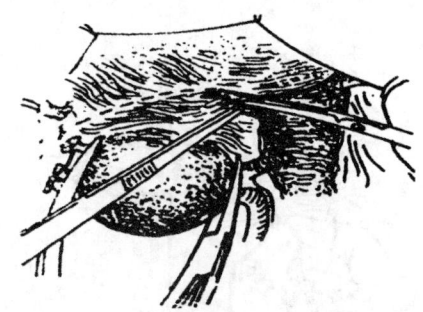

图 26-55　钳夹并切断子宫动、静脉

8. 处理子宫骶骨韧带　向前提拉子宫，暴露子宫骶骨韧带，用长止血钳钳夹近子宫颈端的子宫骶骨韧带并切断（图 26-56），断端用 7 号丝线缝扎 1 道，同法处理对侧。剪开两侧子宫骶骨韧带之间的腹膜。

9. 处理主韧带　向上牵拉子宫，用有齿血管钳自子宫动、静脉血管断端紧贴子宫颈钳夹主韧带并切断，钳尖达侧穹隆，也可分次钳夹并切断，断端用 10 号丝线缝扎（图 26-57），同法处理对侧。

图 26-56　切断子宫骶骨韧带

图 26-57　切断主韧带

10. 切除子宫　提起子宫，用小纱布环绕子宫颈并轻轻向下推，以防分泌物流入腹腔。暴露阴道及子宫颈连接部，腹壁拉钩向下牵拉膀胱及反折腹膜，充分暴露术野，在阴道前穹隆处横行切一小口（图 26-58），确定进入阴道，用组织钳钳夹阴道切缘，自切口向阴道填塞干纱布一块，伸进剪刀，沿穹隆部环行切断阴道，切除子宫（图 26-59），阴道残端用组织钳钳夹提起。

11. 缝合阴道残端　用聚维酮碘消毒阴道残端，用 2-0 可吸收线连续锁边缝合关闭阴道残端（图 26-60）。检查残端，若有出、渗血，应及时止血。

12. 缝合后腹膜　清理后腹膜，再次检查各断端及阴道残端有无渗、出血。用组织钳提起后腹膜前后叶，从一侧卵巢结扎端开始，用 4 号丝线连续、间断包埋缝合后腹膜（图 26-61）。

13. 关腹　探查各断端无异常，彻底清除盆腹腔积液及积血后，清点敷料器械无误后逐层关闭腹腔。术毕从阴道内取出填塞纱布。

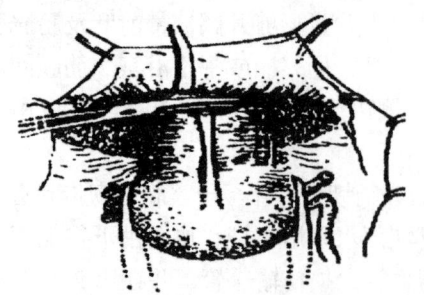
图 26-58 切开阴道穹隆

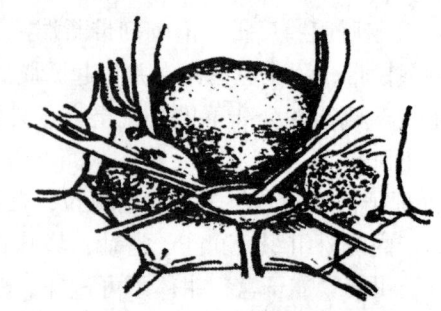
图 26-59 环形切除子宫

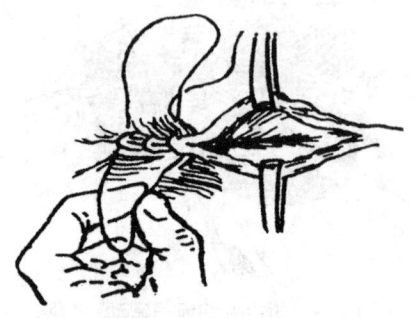
图 26-60 缝合阴道残端

图 26-61 缝合后腹膜

【注意事项】
1. 术中注意仔细操作、分离，避免损伤输尿管、膀胱等邻近脏器。
2. 结扎骨盆漏斗韧带，子宫动、静脉等必须牢固无遗漏。
3. 阴道残端彻底止血，避免术后形成血肿或感染。
4. 术后切记取出阴道内填塞的纱布。
5. 切除标本经家属过目后送常规病理检查。

第11节　妇科腔镜手术

一、腹腔镜手术

腹腔镜手术是指应用先进的摄像监视系统、光学系统及各种细长的特殊器械来替代手术者的眼睛、手指来完成对体内病灶的诊断及治疗的操作。

【适应证】
1. 妇科急腹症　输卵管妊娠破裂、黄体破裂、卵巢囊肿蒂扭转、急性盆腔炎非手术治疗无效及盆腔脓肿或其他急腹症。
2. 全子宫切除或全子宫＋双附件切除　内生殖器良性病变如子宫肌瘤、子宫腺肌病、良性卵巢肿瘤及早期子宫内膜癌等。
3. 子宫内膜异位症病灶切除　腹膜型子宫内膜异位症、卵巢子宫内膜异位囊肿及腹部浸润子宫内膜异位病灶。
4. 盆腔重建手术　Cooper韧带悬吊术、人工阴道成形术、盆底组织修补术、子宫或阴道残端悬吊术等。
5. 其他　多囊卵巢囊肿打孔术或楔形切除术、绝育术、输卵管造口术、子宫穿孔修补术、浆膜下、肌壁间子宫肌瘤切除术、腹腔镜辅助阴式子宫切除及腹腔镜下辅助生育技术（如卵细胞的收集及输卵管内配子移植术等）、腹腔镜下盆腔粘连松解术等。

【禁忌证】

1. 严重的心、肺、肝、肾功能不全者。
2. 腹腔内大量出血伴休克者。
3. 膈疝。
4. 盆腔、腹腔广泛粘连或肿瘤巨大者。
5. 弥漫性盆腔腹膜炎。
6. 疾病的发热期,盆腔、腹腔内有急性弥漫性炎症伴肠胀气者。

【术前准备】

1. 盆腔、肝胆胰脾 B 型超声检查,子宫颈细胞学、阴道清洁度、心电图、胸部 X 线等检查,实验室检查要求基本同开腹手术。
2. 腹部(尤其是脐孔)、外阴部常规备皮,术前一晚及手术当日早晨灌肠,术前 8 h 禁饮食。
3. 术前 1 日冲洗阴道。

【体位】

取仰卧位或改良膀胱截石位(头低臀高)。

【麻醉】

首选全身麻醉,也可行硬膜外麻醉,偶可选局部麻醉辅以静脉麻醉。

【手术流程】

1. 常规消毒腹部、外阴、阴道,铺无菌巾单。
2. 酌情放置举宫器　固定子宫位置,以便腹腔镜检查、手术中活动需要。
3. 腹腔穿刺　气腹针穿刺多选脐部或脐下,脐周是腹壁最薄的部位。腹部切口大小必须与所选套管针的尺寸相一致,才能使套管针顺利进入腹壁,一般取大小约 1 cm 的切口即可满足需要。
4. 人工气腹　气腹针穿刺成功后,注入 CO_2 形成气腹,可将肠推向上腹部。
5. 置入腹腔镜　取出套管针后,随即放入腹腔镜,进行全面扫描观察确定方位,并观察穿刺时有无损伤。举起子宫,仔细探查盆腔、腹腔,此时可通过第二或第三个穿刺点(操作孔)进行操作,认真观察,做出正确的诊断。只有在全面检查盆腔、腹腔内器官明确诊断后,才能确定进一步的腹腔镜手术治疗。
6. 腹腔镜下手术　根据病情需要,选择其他穿刺点(操作孔)的位置及个数,再进行相应的手术操作。
7. 取出器械　手术结束后压迫腹部,排出腹腔内气体,关闭所有切口。

【手术优点】

1. 效果直观可视,较开腹手术出血少、术野更清晰。
2. 该术既可诊断亦可治疗。
3. 创伤小,术后恢复快,几乎不留瘢痕,腹部美容效果好,缩短平均住院日。

【注意事项】

1. 操作准确、轻柔,避免损伤腹壁下血管、肠管、膀胱等。
2. 术中注意腹腔内静态压力的控制。
3. 穿刺(采用"Z"字形穿刺技术)及关闭切口时注意防止切口疝形成。

【术后处理】

1. 手术后当天可进水,次日则根据手术情况酌情进流质饮食、半流质饮食或普通饮食,饮食应清淡、易消化。
2. 手术后当天或次日可拔除导尿管,并鼓励患者早下床活动以预防肠道粘连及深静脉血栓形成。根治性子宫切除者,可适当延长导尿管留置的时间。

3. 术后酌情使用抗生素预防感染。

二、宫腔镜手术

宫腔镜是一种纤维光源内窥镜，包括宫腔镜、光源系统、能源系统、灌洗系统和成像系统。

【适应证】
1. 针对不孕症者进行输卵管堵塞的疏通。
2. 取出宫腔内异物。
3. 分离宫腔内粘连。
4. 子宫纵隔切除。
5. 月经过多，排除子宫内膜恶性病变，无生育要求者，行子宫内膜环形切除。
6. 子宫内膜息肉、黏膜下子宫肌瘤的摘除。
7. 子宫颈管内赘生物切除等。
8. 节育器的定位。

【相对禁忌证】
1. 合并严重生殖道感染或体温超过 37.5 ℃者。
2. 月经期或宫腔出血多于月经量者。
3. 急性生殖道炎症。
4. 半年内曾行子宫穿孔修补术者。
5. 子宫颈浸润癌、子宫内膜癌。
6. 患严重心、肺、肝、肾内科疾病及血液病者。
7. 生殖道结核未经抗结核治疗者。
8. 宫腔过度狭小或宫颈过硬难以扩张者等。
9. 子宫颈严重裂伤或松弛，膨宫液大量外漏者。
10. 血液病无后续治疗措施者。

【术前准备】
1. 常规检查　详细询问病史了解全身情况，常规妇科检查、宫颈脱落细胞学检查、心电图、血常规及传染病相关检查。对宫腔镜手术患者还应查肝功能、肾功能、电解质、胸部 X 线、盆腔 B 型超声等检查。
2. 子宫颈准备　根据子宫颈松紧状况，术前可给予米非司酮、米索前列醇服用。
3. 子宫内膜预处理　有些宫腔镜手术前行子宫内膜预处理使内膜变薄，术野清晰，减少切割组织厚度，有利于手术操作，减少术中出血。常用的药物有促性腺激素释放激素激动剂（gonadotropin releasing hormone agonist，GnRH-α）、孕三烯酮、达那唑、米非司酮等。
4. 月经干净后 5~7 日手术为佳。

【体位】
取膀胱截石位。

【麻醉】
宫腔镜检查术一般无需麻醉，也可给予局部麻醉。宫腔镜手术需行硬膜外麻醉或全身麻醉。

【手术流程】
1. 准备　常规消毒外阴、阴道，与 B 型超声联合检查者适度充盈膀胱。
2. 膨宫　宫颈钳钳夹子宫颈前唇，探针探清宫腔的深度和方向，子宫颈口较紧者，根据鞘套外径酌情扩张子宫颈，用 5% 葡萄糖溶液或生理盐水膨宫。
3. 检查宫腔　设定膨宫压力，不能超过平均动脉压。打开光源，置入宫腔镜检查，旋转

镜体并按子宫颈→子宫底→子宫腔前后左右壁→子宫角及输卵管开口→子宫体→子宫颈的顺序全面观察。注意观察宫腔形态、有无占位性病变或子宫内膜异常，必要时定位取材送检。

4. 手术　对需要行宫腔镜手术的患者根据病情选择相应的器械、术式，进行相应的处理。

【并发症】

主要包括子宫穿孔、泌尿系及肠管损伤出血、过水化综合征、盆腔感染、心脑综合征等。

【注意事项】

1. 宫腔镜进宫腔前应排尽连接管及管鞘内空气，避免气泡进入宫腔影响检查，防止空气进入血管而发生栓塞。

2. 术前查清子宫位置，了解子宫颈与子宫体的关系，避免子宫穿孔。

3. 宫腔镜应在直视下边观察边进入宫腔，避免盲目进入导致损伤。

4. 膨宫的压力不能超过平均动脉压。

5. 术中应对进出子宫腔的液体计量，避免水中毒。

（魏　伟）

中英文专业词汇索引

A

阿普加评分（Apgar score） 78
鞍状子宫（saddle form uterus） 322

B

白色恶露（lochia alba） 187
边缘性前置胎盘（marginal placental previa） 123
丙型病毒性肝炎（viral hepatitis type C） 164
不全流产（incomplete abortion） 108
不孕症（infertility） 328
部分性前置胎盘（partial placental previa） 123

C

残角子宫（rudimentary horn of uterus） 322
产后出血（postpartum hemorrhage，PTH） 175
产科学（obstetrics） 1
产褥病率（puerperal morbidity） 193
产褥感染（puerperal infection） 193
产褥期（puerperium） 185
产褥期抑郁症（postpartum depression，PPD） 198
耻骨弓角度（angle of subpubic arch） 51
出口横径（transverse outlet，TO） 50
出口后矢状径（posterior sagittal diameter of outlet） 50
出生缺陷（birth defects） 56
出血（bleeding） 299，371
处女膜（hymen） 5
雌激素（estrogen） 22
促性腺激素释放激素（gonadotropin-releasing hormone，GnRH） 25

D

大阴唇（labium majus） 4
单角子宫（uterus unicornis） 322
单卵双胎（monozygotic twin） 145
低级鳞状上皮内病变（low-grade squamous intraepithelial lesion，LSIL） 247
滴虫阴道炎（trichomonal vaginitis） 232
骶耻外径（external conjugate，EC） 50
丁型病毒性肝炎（viral hepatitis type D） 164
对角径（diagonal conjugate，DC） 51
多囊卵巢综合征（polycystic ovarian syndrome，PCOS） 311
多胎妊娠（multiple pregnancy） 144

E

儿童期（childhood） 18

F

分化型外阴上皮内瘤变（differentiated-type vulvar intraepithelial neoplasia） 247
分泌期（secretory phase） 24
粪瘘（fecal fistula） 295
辅助生殖技术（assisted reproductive techniques，ART） 331
妇产科学（obstetrics and gynecology） 1
妇科学（gynecology） 1
复发性流产（recurrent spontaneous abortion，RSA） 108
复合先露（compound presentation） 103
腹腔妊娠（abdominal pregnancy） 121

中英文专业词汇索引

G

感染（infection） 371
高级鳞状上皮内病变（high-grade squamous intraepithelial lesion，HSIL） 247
高危妊娠（high-risk pregnancy） 52
宫骶韧带（uterosacral ligament） 8
宫内节育器（intrauterine device，IUD） 116，333
宫缩应激试验（contraction stress test，CST） 55
骨盆（pelvis） 12
过期妊娠（postterm pregnancy） 113

H

横产式（transverse lie） 40
黄体生成素（luteinizing hormone，LH） 21，26
黄体生成素释放激素（luteinizing hormone releasing hormone，LHRH） 25
会阴后斜切开术（postero-lateral episiotomy） 352
会阴正中切开术（median episiotomy） 352

J

基础体温（basal body temperature，BBT） 215
稽留流产（missed abortion） 108
计划生育（family planning） 1，333
甲型病毒性肝炎（viral hepatitis type A） 164
浆液性恶露（lochia serosa） 187
绝经后期（postmenopausal period） 19
绝经综合征（menopause syndrome） 314
绝经过渡期（menopausal transition period） 19

K

空蝶鞍综合征（empty sella syndrome） 307
空腹血糖（fasting plasma glucose，FPG） 169
口服葡萄糖耐量试验（oral glucose tolerance test，OGTT） 169

L

老年期（senility） 19
流产（abortion） 107
流产合并感染（septic abortion） 108
卵巢巧克力囊肿（chocolate cyst of ovary） 282
卵巢妊娠（ovarian pregnancy） 120
卵巢早衰（premature ovarian failure，POF） 306
卵巢周期（ovarian cycle） 20
卵泡刺激素（follicle stimulating hormone，FSH） 22，26
卵泡刺激素释放激素（follicle stimulating hormone releasing hormone，FSHRH） 25

M

蒙氏结节（Montgomery's tubercles） 38
弥散性血管内凝血（disseminated intravascular coagulation，DIC） 108
面先露（face presentation） 98
末次月经（last menstrual period，LMP） 37，48

N

难产（dystocia） 84
难免流产（inevitable abortion） 108
内生殖器（internal genitalia） 5
尿道外口（external orifice of urethra） 5
尿瘘（urinary fistula） 293

P

排卵（ovulation） 21
盆腔炎性疾病（pelvic inflammatory disease，PID） 240
剖宫产术（caesarean section，CS） 367
剖宫产术后再次妊娠阴道分娩（vaginal birth after cesarean，VBAC） 79
葡萄胎（hydatidiform mole） 273

Q

脐带缠绕（cord entanglement） 174
脐带脱垂（prolapse of umbilical cord） 172
髂嵴间径（intercrestal diameter，IC） 50
髂棘间径（interspinal diameter，IS） 50
前不均倾位（anterior asynclitism） 97
前庭大腺（major vestibular gland） 5
前庭大腺囊肿（bartholin cyst） 231
前庭大腺脓肿（abscess of Bartholin gland） 231
前庭大腺炎（bartholinitis） 231

前庭球（vestibular bulb） 5
侵蚀性葡萄胎（invasive mole） 275
青春期（adolescence or puberty） 19

R

人工授精（artificial insemination，AI） 331
人绒毛膜促性腺激素（human chorionic gonadotropin，hCG） 32
人乳头状瘤病毒（human papilloma virus，HPV） 249
人胎盘催乳素（human placental lactogen，hPL） 32
妊娠剧吐（hyperemesis gravidarum，HG） 138
妊娠滋养细胞疾病（gestational trophoblastic disease，GTD） 272
妊娠滋养细胞肿瘤（gestational trophoblastic neoplasia，GTN） 272
绒毛膜癌（choriocarcinoma） 275

S

神经管缺陷（neural tube defects，NTD） 45
生化妊娠（biochemical pregnancy） 107
始基子宫（primordial uterus） 322
输卵管妊娠（tubal pregnancy） 116
栓塞（embolism） 371
双角子宫（uterus bicornis） 322
双卵双胎（dizygotic twin） 144
双胎妊娠（twin pregnancy） 144
双子宫（didelphic uterus） 322
死产（stillbirth） 151
缩宫素激惹试验（oxytocin challenge test，OCT） 55

T

胎产式（fetal lie） 40
胎动（fetal movement，FM） 39
胎儿颈后透明层厚度（nuchal translucency，NT） 58
胎儿生物物理评分（biophysical profile，BPP） 56
胎儿生长受限（fetal growth restriction，FGR） 148

胎方位（fetal position） 41
胎膜早破（premature rupture of membrane，PROM） 154
胎盘早剥（placental abruption） 126
胎先露（fetal presentation） 41
胎心率基线（FHR-baseline） 53
特纳综合征（Turner syndrome） 324
痛经（dysmenorrhea） 313

W

外生殖器（external genitalia） 4
外阴慢性单纯性苔藓（lichen simplex chronicus） 224
外阴瘙痒（pruritus vulvae） 227
外阴血肿（vulvar hematoma） 288
外阴阴道假丝酵母菌病（vulvovaginal candidiasis，VVC） 234
外阴硬化性苔藓（lichen sclerosus of vulva） 226
完全流产（complete abortion） 108
完全性前置胎盘（complete placenta previa） 123
晚期产后出血（late puerperal hemorrhage） 197
晚期妊娠（third trimester of pregnancy） 37
无创产前检测（noninvasive prenatal test，NIPT） 59
无应激试验（non-stress test，NST） 54
戊型病毒性肝炎（viral hepatitis type E） 164

X

细菌性阴道病（bacterial vaginosis，BV） 235
下腹部肿块（subabdominal mass） 204
先天性无阴道（congenital absence of vagina） 320
先天性无子宫（congenital absence of uterus） 322
先兆流产（threatened abortion） 108
小阴唇（labium minus） 5
新生儿期（neonatal period） 18
性成熟期（sexual maturity） 19
雄激素（androgen） 22
血性恶露（lochia rubra） 187

Y

羊水过多（polyhydramnios） 141
羊水过少（oligohydramnios） 142
羊水指数（amniotic fluid index，AFI） 141
羊水最大暗区垂直深度（amniotic fluid volume，AFV） 141
乙型病毒性肝炎（viral hepatitis type B） 164
异常白带（abnormal leucorrhea） 203
异常分娩（abnormal labor） 84
异常子宫出血（abnormal uterine bleeding，AUB） 299
异位妊娠（ectopic pregnancy） 116
阴道（vagina） 6
阴道横隔（transverse vaginal septum） 321
阴道口（vaginal orifice） 5
阴道前庭（vaginal vestibule） 5
阴道纵隔（longitudinal vaginal septum） 321
阴阜（mons pubis） 4
隐性脐带脱垂（presentation of umbilical cord） 172
预产期（expected date of confinement，EDC） 48
月经（menstruation） 20
月经初潮（menarche） 20
月经周期（menstrual cycle） 20
孕激素（progestogen） 22
孕酮（progesterone，P） 22

Z

脏器损伤（organ wound） 371
早产（premature delivery） 110
早产儿（premature infant） 110
早期妊娠（first trimester of pregnancy） 37
早孕反应（morning sickness） 38
增殖期（proliferative phase） 23
中央型前置胎盘（central placenta previa） 123
子宫（uterus） 6
子宫发育不良（hypoplasia of uterus） 322
子宫肌瘤（uterine myoma） 256
子宫颈鳞状上皮内病变（cervical squamous intraepithelial lesion，SIL） 249
子宫颈妊娠（cervical pregnancy） 121
子宫阔韧带（broad ligament of uterus） 7
子宫内膜癌（endometrial carcinoma） 259
子宫收缩力异常（abnormal uterine action） 86
子宫腺肌病（adenomyosis） 285
子宫腺肌瘤（adenomyoma） 285
子宫圆韧带（round ligament of uterus） 7
子宫主韧带（cardinal ligament of uterus） 8
纵产式（longitudinal lie） 40
纵隔子宫（uterus septum） 322
坐骨棘间径（bi-ischial diameter） 51

主要参考文献

1. 曹泽毅. 中华妇产科学. 3版. 北京：人民卫生出版社，2014.
2. 邓开玉，林新容. 妇产科护理学. 2版. 北京：北京大学医学出版社，2015.
3. 胡蘅芬，唐晖，欧阳春霞. 妇产科护理. 武汉：华中科技大学出版社，2018.
4. 廖秦平. 妇产科学. 4版. 北京：北京大学医学出版社，2014.
5. 陆虹，柳韦华. 妇产科护理学. 2版. 北京：北京大学医学出版社，2016.
6. 茅清，李丽琼. 妇产科学. 7版. 北京：人民卫生出版社，2014.
7. 裴巧霞，田小英. 妇产科学. 2版. 北京：北京大学医学出版社，2015.
8. 沈铿，马丁. 妇产科学. 3版. 北京：人民卫生出版社，2015.
9. 谢幸，孔北华，段涛. 妇产科学. 9版. 北京：人民卫生出版社，2018.
10. 郑修霞. 妇产科护理学. 3版. 北京：北京大学医学出版社，2014.